Finances municipales

Finances municipales

Manuel à l'usage des collectivités locales

Catherine Farvacque-Vitkovic et Mihaly Kopanyi, directeurs de publication

GROUPE DE LA BANQUE MONDIALE

TABLE DES MATIÈRES

Chapitre 8. Renforcer la transparence et la responsabilité des collectivités locales : Comment évaluer la performance des finances municipales et ouvrir la voie aux réformes
Catherine Farvacque-Vitkovic et Anne Sinet

La voie à suivre
Catherine Farvacque-Vitkovic

Index

Encadrés

Graphiques

Cartes

Tableaux

AVANT-PROPOS

Le présent ouvrage, *Finances municipales : manuel à l'usage des collectivités locales*, prend parti — le parti des maires et des gestionnaires municipaux. Rares sont les publications consacrées aux finances publiques qui ciblent de façon aussi directe et pragmatique les responsables de l'action publique et le personnel financier à l'échelon local. Le contenu et les principaux messages de ce manuel ont été conçus de manière à répondre aux questions et préoccupations auxquelles les villes et les municipalités sont quotidiennement confrontées dans le cadre de la gestion de leurs finances. Les municipalités ressentent le besoin d'avoir accès au savoir-faire mondial et d'être intégrées dans un réseau d'échanges. L'équipe de la Banque mondiale qui a rédigé le présent ouvrage a également développé un programme complémentaire d'apprentissage en ligne intitulé en anglais *Municipal Finances — A Learning Program for Local Governments*.

Les auteurs de *Finances municipales : manuel à l'usage des collectivités locales* prennent position. Composé de huit chapitres, le présent ouvrage examine les leçons acquises sur les sujets suivants : relations intergouvernementales, finances des métropoles, gestion financière, gestion des recettes, des dépenses et du patrimoine public, financements extérieurs et évaluation de la performance des finances municipales. Il traite de sujets allant de la décentralisation à la transparence et à l'obligation de rendre compte. Il explore aussi des domaines moins balisés, tels que la gestion du patrimoine, la solvabilité, la réponse aux crises financières, les mécanismes d'évaluation des performances.

Enfin, l'ouvrage *Finances municipales : manuel à l'usage des collectivités locales* appelle à l'action. En plus de partager avec le lecteur un savoir très pointu sur de nombreux sujets techniques, il guide les autorités locales à travers le labyrinthe des instruments existants. Il propose notamment un cadre d'auto-évaluation des finances municipales visant à aider les municipalités à analyser leur situation de façon honnête et pragmatique, à tirer des conclusions et à progresser sur la voie des réformes. Dans les sociétés démocratiques, où la transparence de l'État et le libre accès aux données sont désormais des normes acceptées, l'omniprésence des médias sociaux permet de faire écho aux voix citoyennes qui demandent aux pouvoirs publics de rendre des comptes et de faire preuve de transparence. Il est crucial que les collectivités locales soient prêtes à présenter et expliquer, aussi objectivement que possible, leur situation financière et économique, leurs blocages et leurs perspectives.

Le monde d'aujourd'hui façonnera les villes de demain et les villes d'aujourd'hui imprimeront leur forme sur le monde de demain. Améliorer les finances municipales est un objectif urgent et immédiat. Nous espérons que les leçons et propositions formulées dans le présent manuel sont un pas dans la bonne direction.

Ede Jorge Ijjasz-Vasquez
Directeur principal
Développement social, urbain et rural
Banque mondiale

Abha Joshi-Ghani
Directrice
Partage des connaissances
Banque mondiale

REMERCIEMENTS

Nous tenons tout d'abord à remercier tous les auteurs qui ont collaboré à ce livre pour leur effort et leur soutien.

Nous sommes particulièrement reconnaissants à Christine F. Kessides et Abha Joshi-Ghani pour le soutien et les avis qu'elles nous ont fournis. Nous souhaitons également remercier Roland White, Jonas Frank, Matthew Glasser, Tony Levitas, Lili Liu, Gabor Peteri, Hiroaki Suzuki et Victor Vergara, ainsi que Stephen Hammer et Sameh Naguib Wahba (Banque mondiale). Par ailleurs, les nombreuses conversations que nous avons eues avec les collègues, confrères et spécialistes régionaux au sein de la Banque mondiale et en dehors nous ont été très utiles. Nous remercions également les nombreux responsables de municipalités et collectivités locales qui, dans le monde entier, nous ont aidés à tirer parti de la richesse de leur expérience sur le terrain.

Nous avons bénéficié également du soutien professionnel et technique de Sabine Palmreuther, Sheila Jaganathan, Maya Brahmam et Chisako Fukuda (Banque mondiale) et de Jeffrey N. Lecksell, cartographe à la Banque mondiale. Sawdatou Wane et Brett Beasley nous ont également apporté une assistance notable.

Nous sommes reconnaissants au Service des publications de la Banque mondiale, notamment à Patricia Katayama, Rick Ludwick et Nora Ridolfi pour leurs conseils professionnels.

Enfin, nous tenons à exprimer notre gratitude au Gouvernement autrichien pour sa participation au financement d'une partie des travaux dans le cadre du Partenariat urbain Banque mondiale-Autriche, ainsi qu'à Cities Alliance qui a généreusement financé la traduction en francais de cet ouvrage. La traduction en français a été revue, corrigée et éditée par Catherine Farvacque-Vitkovic avec l'aide de Bernadette Poaty.

Catherine Farvacque-Vitkovic et Mihaly Kopanyi, directeurs de publication

Dédié à Patrick Farvacque, dont la fascination pour les mathématiques et l'implication dans la gestion des finances de sa commune, ont été une source d'inspiration.

LES DIRECTEURS
DE PUBLICATION

Catherine Farvacque-Vitkovic a à son actif une carrière de plus de vingt-cinq ans à la Banque mondiale, qui l'a amenée à travailler dans de nombreuses régions du globe et une trentaine de pays. En sa qualité de spécialiste principale du développement urbain, elle a dirigé la préparation et l'exécution d'un grand nombre de projets de développement urbain et de gestion municipale dans le monde entier, et a été distinguée à de nombreuses reprises. Elle est l'auteur ou co-auteur de plusieurs publications dont *Crest 1650-1789 — La Ville et son évolution ; Politiques foncières des villes en développement ; L'avenir des villes africaines — Enjeux et priorités ; Street Addressing and the Management of Cities ; Building Local Governments' Capacity, A Handbook on Municipal Self-Assessments.*

Mihaly Kopanyi est actuellement consultant en matière de finances municipales. Avant de prendre sa retraite de la Banque mondiale en 2011, il exerçait les fonctions de conseiller en finances municipales et coprésident du Groupe thématique sur les finances municipales, et avait travaillé dans une trentaine de pays. Ses principaux champs de compétence concernent les relations financières intergouvernementales et les intermédiaires financiers. Il a signé ou dirigé la publication d'une dizaine d'ouvrages et de nombreux articles, dont le plus récent s'intitule *Financing Municipalities in Turkey ;* il a également contribué à l'élaboration d'un programme d'apprentissage en ligne de l'Institut de la Banque mondiale sur les finances municipales. Il est titulaire d'un doctorat en économie et a suivi une formation de troisième cycle à la Wharton School et à l'université Stanford.

LES CONTRIBUTEURS

Mats Andersson est spécialiste du développement urbain et de la gestion des métropoles, des finances municipales, de la gestion de projet, du développement institutionnel et des formations y afférentes. Ses clients sont des organismes de développement multilatéraux et bilatéraux, des institutions financières, des administrations et des établissements de recherche. De 1994 à 2007, il a travaillé à la Banque mondiale comme spécialiste de la gestion urbaine et des finances municipales et était chargé du développement de projets, des opérations de prêt et des programmes de conseil dans ce domaine en Chine et en Europe orientale et centrale. Il a également mené des missions de conseil en Suède, au Canada, en Afrique de l'Est et en Amérique latine. Titulaire d'un MBA obtenu en Suède et aux États-Unis, il est conseiller en management certifié (CMC) auprès de l'Association canadienne des conseillers en management.

Robert D. Ebel est un consultant international et ancien économiste principal au sein de l'Institut de la Banque mondiale. Il a exercé la fonction de conseiller technique de la Banque mondiale pour les consultations de paix au Soudan (2002-2005), et, pour le compte de l'Union africaine, la fonction d'expert technique aux pourparlers de paix inter-soudanais pour le Darfour (2006). De 2006 à 2009, il a été responsable adjoint de l'analyse des recettes et économiste en chef pour la ville de Washington (district de Columbia).

Maria E. (Mila) Freire est une consultante internationale spécialisée dans l'économie et les finances publiques urbaines. Elle a exercé différentes fonctions à la Banque mondiale, dont celles de conseiller senior auprès du Réseau du développement durable et de responsable du programme de développement urbain en Amérique latine ; elle a également figuré parmi l'équipe de rédaction du *Rapport sur le développement dans le monde 2009 : Repenser la géographie économique*. Ses publications récentes comprennent les ouvrages suivants : *Urban Land Markets* (2009), *Cities and Climate Change: An Urgent Agenda* (2011) et *Financing Slum Upgrading* (2013, Lincoln Institute of Land Reform). Titulaire d'un doctorat en économie de l'université de Californie à Berkeley (États-Unis), elle enseigne l'économie urbaine à l'université Johns Hopkins à Baltimore (Maryland).

Hernando Garzon est un économiste titulaire d'un doctorat délivré par la Maxwell School à l'université de Syracuse (1988). Entré à la Banque mondiale en 1989 comme spécialiste du financement des collectivités locales, il travaille actuellement comme consultant international. Ses travaux portent essentiellement sur la décentralisation fiscale, les relations financières intergouvernementales, les finances urbaines et les fonds de développement municipaux. Son expérience internationale dans les économies en développement et émergentes couvre 36 pays dans l'ensemble des régions du monde. Il a récemment cosigné « Municipal Finance and Service Provision in West Bank and Gaza » (Banque mondiale, 2010) et « City Finances of Ulaanbaatar » (Banque mondiale, 2013).

Olga Kaganova est chercheur principale au National Opinion Research Center (NORC) de l'université de Chicago. Experte de renommée internationale en matière de gestion du patrimoine, elle mène des missions de conseil auprès d'organismes donateurs et de gouvernements sur un large éventail de réformes allant des politiques nationales à l'amélioration de la rentabilité des biens municipaux. Elle a travaillé dans 30 pays et conseillé les autorités du Chili, de la République arabe d'Égypte, de l'Éthiopie, du Kosovo et du Koweït, ainsi que celles de l'État de Californie et des villes de Bichkek, Le Cap, Moscou, La Mecque, Oulan-Bator, Varsovie et Laibin. Elle a publié deux ouvrages et de nombreux articles. Conseillère auprès du Congrès national des cadres en immobilier public (Canada), elle est professeure auxiliaire à l'université de Clemson.

Lance Morrell possède plus de trente-cinq années d'expérience professionnelle dans la gestion financière appliquée au service public et au service privé. Après avoir pris sa retraite de la Banque mondiale, au terme d'une carrière de vingt-deux ans consacrée à des projets en Asie de l'Est et en Afrique, il a fondé le cabinet FEI Consulting LLC, et continue de travailler sur des projets de gestion financière et de renforcement des institutions dans le monde entier. Avant d'entrer à la Banque mondiale, il avait exercé les fonctions de trésorier et de contrôleur de division pour de grandes sociétés. Il a le titre d'expert-comptable (Certified Public Accountant) et possède la certification CGMA (Chartered Global Management Accountant).

Abdu Muwonge est économiste senior à la Banque mondiale, au sein du service Eau et développement urbain du département Développement durable de la Région Asie du Sud. Auparavant, en Ouganda, il avait travaillé pour l'Economic Policy Research Center (EPRC) et dispensé des cours de premier cycle en économie et statistiques à l'université Makerere et à l'université des sciences et technologies de Mbarara. Il est titulaire d'une maîtrise d'économie de l'université de Dar es Salaam ainsi que d'une maîtrise et d'un doctorat en finances publiques de l'Andrew Young School of Policy Studies (université d'État de Géorgie).

Anne Sinet est spécialiste internationale des finances et institutions locales et munici-pales en France et dans les pays en développement. Ancienne cadre à la Direction générale des collectivités locales (DGCL, ministère de l'Intérieur, France), elle a été associée au sein de trois cabinets de consultants français et a mené de nombreuses missions de conseil pour la Banque mondiale, l'Union européenne, la Banque européenne d'investissement (BEI), la Banque asiatique de développement (BAsD) et les agences françaises de coopération. Elle a pris part à de nombreuses analyses des finances publiques pour les collectivités locales d'une cinquantaine de pays et est l'auteur ou co-auteur de plusieurs manuels et ouvrages de référence.

Rama Krishnan Venkateswaran est spécialiste principal de la gestion financière à la Banque mondiale. Il possède une vaste expérience dans le domaine des finances municipales et a travaillé sur des projets au Sri Lanka, au Bhoutan, au Népal, en Inde, au Ghana, en Ouganda et au Swaziland ; il a par ailleurs œuvré auprès du Secrétariat de l'Alliance des villes (Cities Alliance), dans le cadre du groupe de travail sur les finances municipales. Avant d'entrer à la Banque mondiale, il avait travaillé avec le Gouvernement indien et occupé des postes de direction à l'échelon des collectivités locales, dont celui de directeur général de district. Il est titulaire d'une maîtrise de gestion des politiques économiques obtenue à l'université Columbia et d'une maîtrise de comptabilité délivrée par l'université George Washington. Il a le titre d'expert-comptable (Certified Public Accountant) et possède la certification CGFM (Certified Government Financial Manager).

Introduction

Catherine Farvacque-Vitkovic

De Detroit à Lahore, la plupart des villes du monde sont confrontées à des difficultés financières. Faillites, déficits budgétaires, débâcles financières, infrastructures négligées, dégradation de la qualité des services, quartiers à l'abandon, aggravation de la pauvreté urbaine et de l'exclusion sociale : ces maux, souvent à la « une » des journaux, sont malheureusement le lot de nombreuses collectivités locales. La plupart des pays ont lancé des programmes de décentralisation avec plus ou moins de résultats et de réussite. Il n'est pas exagéré de dire que le transfert de responsabilités de l'administration centrale aux collectivités locales ne s'est généralement pas accompagné d'un transfert de ressources équivalent. Parmi les plus importantes questions en suspens figure la nécessité de a) définir plus clairement la répartition des responsabilités entre les divers échelons de l'État et b) renforcer la base de ressources des collectivités locales. Certaines réformes visent à clarifier les responsabilités sans traiter les questions financières. D'autres attribuent aux collectivités locales de nouvelles responsabilités qu'elles ne sont pas préparées à exercer. Par ailleurs, les municipalités sont de plus en plus tributaires des transferts intergouvernementaux alors même que ceux-ci accusent une diminution en partie provoquée par les pressions budgétaires dues au ralentissement de l'activité économique mondiale.

Aujourd'hui, les budgets municipaux suffisent à couvrir les charges de fonctionnement des villes dans la plupart des pays, mais pas à financer les dépenses d'investissement dont ces municipalités ont tant besoin. Les villes devront donc optimiser l'utilisation de leurs propres recettes en plus de solliciter le marché du crédit. Il est important de savoir comment les collectivités locales peuvent élargir leur base de ressources au-delà des transferts. Les professionnels de la gestion municipale sont soucieux d'utiliser et d'intégrer les nouvelles méthodes et nouveaux outils de gestion financière pour maîtriser les coûts, trouver de nouvelles sources de recettes et améliorer le recouvrement des impôts locaux. De surcroît, les collectivités locales ont la possibilité de recourir à d'importantes sources de financement extérieur même si elles ignorent bien souvent comment les exploiter (c'est le cas, par exemple, des financements de l'Union européenne destinés à l'Europe du Sud-est). Les municipalités demandent à être conseillées au sujet de la planification et l'exécution d'investissements prioritaires ainsi que sur l'élaboration de projets pouvant prétendre à un financement extérieur. Quant aux collectivités locales en relativement bonne santé financière, elles peuvent se donner le moyen de procéder à de profonds changements en renforçant leur solvabilité et en sollicitant prudemment les marchés financiers. Dans tous les cas, l'amélioration des pratiques de gouvernance et le renforcement des mécanismes de responsabilisation sont devenus des éléments essentiels de toute administration municipale et de toute gestion municipale de qualité.

La Banque mondiale participe à de nombreux projets de développement urbain et municipal : selon le rapport 2009 du Groupe indépendant d'évaluation (IEG), plus de 190 projets de ce type ont été mis en œuvre depuis 1998. Les auteurs de ce rapport soulignent en outre que « parmi les trois volets de la gestion municipale — planification, finances et prestation de services — la fonction « finances » a obtenu de bons résultats » et que les meilleures performances ont été observées dans le cadre de projets de développement municipal réalisés par la Banque mondiale en Afrique. Dans le présent ouvrage, nous examinerons comment l'introduction de certains instruments a contribué à ces résultats. Il est certes difficile de mener à bien des réformes à l'échelle macroéconomique, mais les enseignements recueillis sur le terrain montrent qu'il est possible d'obtenir des résultats au niveau des collectivités locales lorsque les deux conditions suivantes sont remplies : 1) les responsables politiques ont la volonté de mieux faire respecter l'obligation de rendre compte de l'utilisation des fonds publics et 2) les réformes portant sur la mobilisation des recettes sont clairement liées à des dépenses ou investissements concrets dans l'infrastructure et la prestation de services. Cette démarche est elle-même ancrée dans deux principes : a) la gestion stratégique des finances municipales est essentielle à la viabilité à long terme des infrastructures et services locaux ; b) l'accroissement des contraintes et pressions budgétaires engendrées par la détérioration de la conjoncture économique et financière mondiale exige des collectivités locales qu'elles prennent des mesures de plus en plus sophistiquées pour mobiliser et utiliser les ressources financières disponibles.

Dans ce contexte, il existe à la fois une nécessité impérieuse et une occasion exceptionnelle de mettre en œuvre des programmes de renforcement des capacités en faveur des villes. En dépit des pressions financières qui s'exercent sur ces collectivités locales un peu partout dans le monde, il est nécessaire de mettre en commun les nombreuses bonnes pratiques existantes et de tirer les leçons des échecs, nombreux eux aussi. Le présent manuel s'inspire de ces pratiques pour aider les autorités municipales à améliorer leur gestion financière, y compris dans les contextes économiques les plus difficiles.

Aperçu des objectifs et du contenu du manuel

Objectif : Le présent manuel s'inscrit dans un programme plus vaste, intitulé *Municipal Finances — A Learning Program for Local Governments* (Finances municipales : programme de formation pour les collectivités locales), que la Banque mondiale s'efforce de promouvoir. Il vient compléter une plateforme d'apprentissage en ligne proposée par la Banque et ses partenaires. Son objectif consiste à améliorer le savoir-faire des collectivités locales et à renforcer leurs capacités. Le programme se place dans la perspective de ces municipalités auxquelles il fournit des outils et instruments pratiques pour améliorer la gestion et la transparence de leurs finances.

Chapitre 1 : Les finances des collectivités locales dans un monde décentralisé. Rédigé à l'intention des professionnels des finances municipales et des responsables de l'action publique, le chapitre 1 établit les bases nécessaires à l'exploration des sept chapitres suivants. Il débute par une analyse des raisons pour lesquelles une saine gestion des finances municipales est essentielle à la réalisation d'objectifs de plus grande ampleur à l'échelle de la nation, tels que la croissance économique et la stabilité macroéconomique, mais aussi la cohésion nationale dans certains pays composés de populations diverses. Le chapitre décrit ensuite les principaux modes de gouvernance ainsi que les questions fondamentales liées au rôle que les municipalités devraient jouer au sein des systèmes nationaux de recettes et de dépenses. Il s'achève par une analyse de la politique des dotations intergouvernementales et des instruments facilitant le respect du principe de responsabilité entre les différents échelons des administrations publiques ainsi qu'entre les municipalités et leurs administrés.

Chapitre 2 : Gouvernance et finances des métropoles. Ce chapitre décrit les modes de croissance des villes et les défis auxquels sont confrontées les collectivités locales interdépendantes dans les grandes zones métropolitaines. Le lecteur y trouvera une synthèse des différents modèles de gouvernance ainsi que les différentes options de financement de l'urbanisation dans un contexte multi-juridictionnel.

Chapitre 3 : Gestion financière des collectivités locales. Le chapitre 3 présente les éléments fondamentaux de la gestion financière au niveau des municipalités et fournit les bases théoriques des chapitres suivants quant à l'amélioration de la gestion des dépenses et de l'évaluation des résultats. Il examine des concepts de base, tels que la préparation du budget, la comptabilité, l'établissement de rapports financiers et la fonction d'audit. Ce chapitre a pour objectif de permettre au lecteur de mieux comprendre les procédures essentielles de la gestion des finances municipales et de les rattacher de façon pratique à des objectifs plus généraux, tels que l'amélioration de la transparence, de l'efficience et de l'efficacité financières des collectivités locales.

Chapitre 4 : Gestion des recettes locales. Ce chapitre passe en revue les principales sources de recettes dont disposent les collectivités locales. Il définit les sources de recettes les plus prometteuses. Il examine les grandes questions et les enjeux majeurs liés aux fonctions de gestion des recettes et offre des conseils sur la manière d'optimiser l'efficacité et l'efficience du recouvrement et de l'administration des recettes fiscales et non fiscales. Ce chapitre offre également un aperçu sur la manière d'établir des projections financières dans le but de permettre à la municipalité d'avoir une plus grande visibilité sur sa marge de manœuvre. Enfin, le chapitre aborde les principales difficultés que les considérations d'économie politique posent à la gestion des recettes, décrit la façon de mettre en œuvre des stratégies de mobilisation des recettes et examine l'impact de la politique de recettes.

Chapitre 5 : Gestion des dépenses locales. Le chapitre 5 passe en revue les méthodes et instruments d'amélioration de la gestion des dépenses. Ceux-ci comprennent : 1) priorisation des investissements, 2) suivi des dépenses, 3) adoption de procédures de passation de marchés pour réduire les coûts. En administrant et en contrôlant les dépenses et en définissant des procédures de suivi et d'évaluation des résultats, les représentants des collectivités locales seront mieux à même d'alléger le fardeau fiscal de la population tout en assurant le niveau de services souhaité.

Chapitre 6 : Gestion du patrimoine municipal. Ce chapitre explique pourquoi il est important pour les municipalités de mieux saisir leur patrimoine foncier et immobilier (terrains, bâtiments, infrastructures, etc.). Il propose un cadre et des outils pratiques pour améliorer la gestion du patrimoine municipal et la relier à la gestion financière. Il conseille les autorités locales sur la répartition des tâches et la façon de lancer des programmes d'amélioration à long terme. Il propose différentes méthodes pour réaliser des économies supplémentaires et accroître les revenus du patrimoine. Il décrit quelques outils d'analyse financière du patrimoine. Il approfondit plusieurs questions techniques — essentielles à une bonne gestion du patrimoine municipal — telles que les moyens permettant d'encourager l'investissement dans les biens fonciers municipaux. Enfin, le chapitre décrit des instruments plus perfectionnés de gestion du patrimoine, tels que les politiques foncières, les instruments de financement assis sur le foncier, les stratégies de gestion du patrimoine foncier et les partenariats public-privé.

Chapitre 7 : Gestion des financements extérieurs. Le chapitre 7 analyse la façon dont les collectivités locales peuvent mobiliser des ressources externes pour financer les programmes de développement locaux. Il examine les types de ressources extérieures mises à la disposition des collectivités locales — subventions, emprunts, partenariats avec le secteur privé, etc. —, explique comment appliquer une politique d'emprunt prudente et montre à quel point il importe de recourir à un programme d'investissement participatif pour guider le choix des projets prioritaires et assurer leur financement. Le chapitre illustre diverses expériences et stratégies à l'aide d'études de cas.

Chapitre 8 : Renforcer la transparence et la responsabilité des collectivités locales : Comment évaluer la performance des finances municipales et ouvrir la voie aux réformes. Ce chapitre s'efforce de définir en quoi consiste véritablement l'évaluation des résultats. Faisons-nous ce qu'il faut ? Le faisons-nous correctement ? Le chapitre commence par passer en revue les enseignements tirés des méthodes d'évaluation des résultats et de l'expérience des pays développés en la matière, ainsi que les moyens d'adapter ces méthodes à la situation des municipalités des pays en développement. Ensuite, il examine les quatre principaux mécanismes d'information généralement utilisés pour mesurer les résultats obtenus dans le domaine des finances municipales : a) supervision par l'État, b) analyse du risque par les partenaires financiers, c) contrôle financier interne par le personnel des services municipaux, et d) information des citoyens. Enfin, le chapitre contient un guide pratique visant à faciliter la réalisation d'autoévaluations des finances municipales (Municipal Finances Self-Assessment: MFSA) dont l'objectif est de a) évaluer la santé financière des municipalités et b) définir les mesures à prendre pour améliorer la gestion des finances locales, la mobilisation des ressources locales, les dépenses publiques, la gestion et l'entretien du patrimoine, la programmation des investissements et l'accès aux financements extérieurs. Lorsqu'ils auront achevé la lecture de cet ouvrage, les lecteurs seront en mesure d'utiliser le modèle (MFSA) à l'échelle de leur municipalité et d'appliquer les conclusions de l'évaluation dans leurs activités quotidiennes et leur programme de réformes à moyen terme. Pour plus de commodité, le modèle en format Excel peut être téléchargé à l'adresse suivante : http://siteresources.worldbank.org/EXTURBAN DEVELOPMENT/Resources/MFSA-Template.xlsx.

CHAPITRE 1

Les finances des collectivités locales dans un monde décentralisé

Abdu Muwonge et Robert D. Ebel

Le *Rapport sur le développement dans le monde* intitulé *Le développement au seuil du XXIᵉ siècle* aboutit à la conclusion étonnante que deux forces modèlent le monde dans lequel la politique de développement sera définie et mise en œuvre. La première est la *mondialisation* (l'intégration continue des pays de la planète). La seconde est la *territorialisation* (l'autonomie politique et le transfert des compétences financières) (Banque mondiale, 2000). Ce qui relève de la « territorialisation » est souvent désigné sous le terme « décentralisation » — la répartition des fonctions intergouvernementales du secteur public entre plusieurs types d'administrations, centrales et infranationales. Par ailleurs, si ces deux tendances paraissent antinomiques à première vue, elles sont en fait complémentaires, car elles ont souvent pour origine les mêmes phénomènes extérieurs.

Cette complémentarité tient à plusieurs facteurs. Les progrès de l'informatique et des télécommunications favorisent par exemple la propagation du savoir mondial, ce qui permet aux groupes locaux de contourner l'administration centrale dans l'objectif d'améliorer l'efficacité du secteur public. La montée en puissance d'organisations et d'institutions locales, nationales, et régionales, comme les réseaux de la société civile et autres réseaux citoyens, les régimes de libre-échange, les partenariats pour la réalisation des *objectifs du Millénaire pour le développement* et, dans certains cas, une monnaie commune, exerce également une influence.

Le chapitre s'articule autour de trois sections. La première dresse un tableau général des finances intergouvernementales en établissant une distinction entre décentralisation administrative et financière avant de définir différents modèles ou variantes de gouvernance décentralisée. Elle s'achève sur un examen des enseignements dégagés des récentes études empiriques portant sur les résultats économiques et financiers de la décentralisation. La deuxième section s'intéresse au thème essentiel des transferts de l'administration centrale aux collectivités locales, à leurs objectifs, leur utilisation, et aux résultats prévus. Le chapitre se termine sur une liste de messages clés.

Vue d'ensemble des finances intergouvernementales

Partout dans le monde, un programme de décentralisation, sous une forme ou une autre, est en cours ou envisagé. Le terme « décentralisation » recouvre tout un éventail de définitions, principes et mécanismes. Il est donc utile de commencer par quelques considérations terminologiques.

Décentralisation administrative

La décentralisation administrative désigne les dispositifs en vertu desquels la légitimité juridique des collectivités locales est reconnue, soit explicitement dans la constitution nationale, soit par des décisions statutaires et administratives. Dans la plupart des pays, elle entraîne a) l'organisation d'élections locales ; b) la répartition des responsabilités ou compétences en matière de dépenses entre différentes catégories d'administrations ; c) l'établissement d'une autorité fiscale locale (municipale par exemple) ; d) l'instauration de règles et règlements relatifs à la gestion locale des emprunts et de la dette ; et e) la définition d'un statut spécial pour les capitales (Slack et Chattopadhyay, 2009). Dans une grande partie du monde post-socialiste et en développement, ce processus est conduit et légiféré par l'administration centrale ; autrement dit, il suit une approche du sommet vers la base. Même si l'élan politique en faveur de la décentralisation de l'État est impulsé « par la base » en réaction à de longues années de suprématie de l'administration centrale (Bird, Ebel, et Wallich, 1995 ; Swianiewicz, 2006 ; Regulski, 2010) voire, dans certains cas, « par une réaction du sommet », pour instaurer la confiance dans un nouveau régime de gouvernance par exemple, et même si l'administration centrale a engagé la décentralisation en commençant par les échelons les plus bas (Smoke et Taliercio, 2007), c'est généralement elle qui, dans les faits, gère le processus. Cela se vérifie même dans les cas où cet élan aboutit, sur le plan politique, à la dévolution de compétences politiques et financières importantes aux collectivités locales, tout au moins par la législation en vigueur (encadrés 1.1 et 1.2).

Décentralisation fiscale

Si la décentralisation relève d'une décision politique, ses avantages économiques et financiers découlent d'un mécanisme bien conçu de *décentralisation fiscale* — à savoir la répartition des responsabilités de dépenses et de financement entre les différents échelons, catégories ou niveaux de l'administration publique, en harmonie avec le cadre politique.

Questions relatives à tout dispositif intergouvernemental

Quatre questions fondamentales doivent être examinées en ce qui concerne la décentralisation fiscale :

1. Qui fait quoi ?

2. Quel type de recettes chaque niveau d'administration est-il chargé de recouvrer (responsabilités en matière de recettes) ?

3. Comment remédier aux déséquilibres fiscaux entre l'administration centrale et les collectivités locales, quand, comme c'est souvent le cas, les dépenses excèdent les revenus ?

4. Comment sera organisé le calendrier des encaissements et des décaissements pour les dépenses d'investissement (emprunts et dette) ?

Le présent chapitre traite uniquement la troisième question, celle portant sur les transferts de l'État ou d'autres échelons supérieurs aux collectivités locales (transferts intergouvernementaux). Les deux premières et la quatrième sont examinées dans les chapitres suivants. Une brève synthèse s'impose donc avant d'aborder l'étude détaillée des transferts intergouvernementaux.

Responsabilités en matière de dépenses. Le critère fondamental pour décider de la répartition des responsabilités de dépenses entre les différents niveaux de l'administration publique est le *principe de subsidiarité*, selon lequel les responsabilités doivent généralement être exercées par les autorités les plus proches des citoyens, et l'attribution d'une responsabilité à une autre autorité doit se fonder sur un examen de l'ampleur de la tâche et des obligations d'efficience (Oates, 1972 ; Yilmaz, Vaillancourt et Dafflon, 2012 ; Marcou, 2007). D'autres éléments à prendre en compte sont la présence d'externalités (les retombées des dépenses au-delà des frontières administratives reconnues), les économies d'échelle (le coût unitaire de la production), et la capacité à administrer et à exécuter la fonction (on citera parmi les multiples études portant sur le problème des responsabilités de dépenses, celles de Martinez-Vazquez, 1999, et de Dafflon, 2006).

Encadré 1.1 Économie politique de la réforme de décentralisation : le Népal

La structure des collectivités locales d'un pays est fonction de plusieurs facteurs complexes, notamment son histoire, son action politique, son potentiel économique, ses constitutions et ses lois. Le Népal offre un exemple de la difficulté à établir, mettre en œuvre et gérer des processus de décentralisation. Tout au long de son histoire moderne, le pays a appliqué un système administratif unitaire. Avant 1951, la dévolution de pouvoirs aux collectivités locales n'était guère ou pas envisagée. Malgré les diverses réformes politiques intervenues dans les années 50, ce n'est que dans les années 80 que des mesures ont été prises pour décentraliser le pouvoir. Plusieurs textes législatifs forment l'assise du système d'administration local actuel. Dans les années 50, deux lois avaient été promulguées qui établissaient des collectivités locales : la loi sur les municipalités de 1953, et la loi sur les villages de 1956. Après le retour du pays à un régime autocratique en 1960, ces lois ont été remplacées par la loi sur les Panchayats de ville de 1962 et la loi sur les Panchayats de village de 1962.

En 1981-1982, la loi sur la décentralisation a été adoptée, qui conférait aux organismes locaux quelques responsabilités en matière de planification et d'affectation des ressources à l'échelon local. En 1990, la démocratie multipartite a été rétablie, et la cinquième constitution nationale, qui inscrivait la décentralisation parmi les composantes fondamentales de la démocratie, a été ratifiée. En 1991, trois lois étaient adoptées qui instituaient des organismes locaux élus, à savoir la loi sur les comités de développement de district, la loi sur les comités de développement villageois et la loi sur les municipalités. Il a été reproché à ces textes de ne pas avoir accordé assez d'autonomie aux collectivités locales ; les organismes locaux ne disposaient pas de pouvoirs suffisants en matière de dépenses et d'impôts, et la société civile, les organisations non gouvernementales, les groupes défavorisés et le secteur privé n'étaient pas explicitement intégrés à la structure de gouvernance locale.

En 1999, le Parlement votait la loi sur l'autonomie des collectivités locales. Ce texte a été jugé constituer un jalon décisif au Népal. Il a établi les fondations de l'autonomie locale par la dévolution de pouvoirs administratifs, financiers et judiciaires plus importants aux organismes locaux. L'attribution actuelle des responsabilités de dépenses se fonde en grande partie sur cette loi. Depuis 2011, la structure administrative locale est constituée de 75 districts, 58 municipalités, et 3 913 comités de développement villageois (CDV). Ces collectivités locales sont réparties entre 5 régions de développement et 14 zones administratives. Un CDV se compose de 9 sections électorales ; les municipalités en comptent entre neuf et 35. Les municipalités et les CDV sont élus au suffrage direct. Officiellement, les trois organismes locaux sont autonomes, de sorte qu'il n'existe pas entre eux de lien hiérarchique établi par la loi. Dans la pratique, les administrations de district exercent un certain degré de surveillance sur les municipalités et les villages, et une partie des ressources qui financent les programmes municipaux et villageois sont transférées par l'intermédiaire des districts.

La loi sur l'autonomie des collectivités locales était censée constituer un modèle pour la décentralisation fiscale, mais la plupart de ses composantes fondamentales n'ont pas été mises en application. Dans les localités, les services publics sont en majorité assurés par des organismes opérationnels relevant des ministères centraux. Dans certains cas, ils sont délégués à la région. Les collectivités locales fournissent des services, mais en quantité limitée. Globalement, le Népal demeure en grande partie centralisé, 6 % seulement des dépenses publiques étant effectuées par les collectivités locales.

Source : Sharma et Muwonge, 2010.

Encadré 1.2 Pologne : la décentralisation administrative dans un système à plusieurs niveaux

La structure administrative locale en Pologne est le fruit de deux vagues de réformes décentralisatrices. La première est intervenue en 1990, lorsque le système de collectivités locales a été instauré à l'échelon des *gminas*. La réforme de la collectivité locale a été l'une des priorités essentielles du premier gouvernement postcommuniste, constitué en septembre 1989. Des préparatifs rapides, mais intensifs, ont permis l'adoption de la nouvelle loi sur les collectivités locales en mars 1990, suivie d'élections locales en mai de la même année, et d'une décentralisation radicale des réglementations financières en janvier 1991. La réforme de 1990 n'instituait l'élection des pouvoirs locaux qu'à l'échelon des *gminas* ; la gestion des échelons supérieurs de la division territoriale continuait de relever de l'administration centrale. La deuxième phase de réformes a instauré en 1999 deux nouveaux échelons dont les

représentants sont élus : les *powiats* (comtés) et les *voïvodies* (régions).

Il existe actuellement trois niveaux d'administration territoriale : près de 2 500 municipalités, 315 comtés et 65 villes ayant statut de comté, et 16 régions. À l'échelon des municipalités et des comtés, l'administration publique est uniquement représentée par les collectivités locales autonomes. Les fonctions de l'administration centrale, comme l'enregistrement des naissances et des mariages, leur sont déléguées et financées par des dotations spécifiques. À l'échelon régional, il existe une double structure — une collectivité territoriale élue, et un gouverneur, désigné par le Premier ministre, disposant de son propre appareil administratif. Les fonctions des collectivités locales autonomes et des administrations publiques régionales sont clairement séparées, et il n'existe aucun lien de subordination hiérarchique entre elles.

Source : Swianiewicz, 2006.

Morrell et Kopanyi présentent au chapitre 5 du présent ouvrage une analyse détaillée des pratiques en matière de dépenses pour les municipalités.

Responsabilités en matière de recettes. L'un des principes de mise en application d'un système bien conçu de décentralisation fiscale est que « le financement suit la fonction » (Bahl, 1999a ; Bahl et Martinez-Vazquez, 2006 ; Smoke et Taliercio, 2007). Une fois attribuées les responsabilités en matière de dépenses, se pose la question suivante : quelle administration publique percevra quelles recettes ? Cette question du financement est tout aussi importante et complexe que celle de la fonction de dépenses. En effet, on peut aisément soutenir qu'il n'existe pas de système de décentralisation des finances publiques si les pouvoirs locaux ne disposent pas de l'autonomie nécessaire pour percevoir (et, dans de nombreux cas, recouvrer) leurs propres recettes. Pour réaliser les gains d'efficience

découlant d'un mécanisme de décentralisation bien conçu, les collectivités locales doivent être en mesure de produire leurs propres recettes (Jensen, 2001 ; Ebel et Weist, 2007). L'assignation des responsabilités en matière de recettes à différentes catégories d'administrations n'implique en aucun cas que le produit de chaque type d'impôt ne doit être affecté qu'à une catégorie d'administration. Il n'existe aucune raison d'attribuer les recettes d'un impôt ou d'un droit donné à une administration précise dès lors que l'utilisation de cet impôt ou de ce droit ne crée pas d'inégalités inacceptables, de distorsions économiques, ou de difficultés en termes de discipline fiscale ou d'administration des recettes fiscales. Souvent, ce type de problèmes peut être évité en affectant un impôt à plusieurs niveaux administratifs (McClure, 1999). Garzon et Freire analysent le solide corpus d'études portant sur ce point et l'appliquent aux municipalités au chapitre 4 (voir également Ebel et Taliercio, 2005 ; Bird, 2011a ; et Smoke, 2008).

Transferts intergouvernementaux. Une fois les responsabilités en matière de dépenses et de recettes réparties entre les différents niveaux gouvernementaux, il apparaît très clairement qu'il n'existe a priori aucune raison pour que, dans les administrations locales (municipales par exemple), la somme des dépenses soit égale aux recettes potentielles. Dans quasiment tous les cas, il y aura un déséquilibre financier entre l'administration centrale et les administrations locales. C'est pourquoi les systèmes décentralisés doivent aussi établir un mécanisme de transferts intergouvernementaux, presque toujours de l'administration centrale vers les collectivités locales. Le problème des déséquilibres et des moyens d'y remédier est examiné plus loin.

Emprunt et dette. Qu'en est-il du calendrier des recettes nécessaires pour payer les dépenses d'investissement ? Comment les infrastructures (écoles, routes et autoroutes, réseaux d'eau et de transports) sont-elles financées ? C'est là le quatrième problème auquel une société décentralisée est confrontée — la gestion locale des emprunts et de la dette. Comment structurer le calendrier des recettes versées aux pouvoirs locaux pour régler les dépenses d'investissement ? La règle d'or du financement de l'investissement est que, pour des raisons d'efficience et d'équité, le paiement des biens d'équipement doit être réparti sur leur durée de vie. Il s'ensuit donc qu'un mécanisme de financement doit être établi pour que les générations futures, qui bénéficient des dépenses d'investissement dans l'infrastructure effectuées aujourd'hui, paient ultérieurement les avantages que leur apporte l'utilisation de cette infrastructure. Les collectivités locales doivent être autorisées à emprunter et à contracter des dettes qui seront financées à terme, si leur situation financière est saine.

Ce processus obéit à des principes et à des règles ; il est examiné dans le cadre de l'étude de la gestion de la dette locale (Canuto et Liu, 2013). Un problème fréquent et récurrent est celui du surrendettement des collectivités locales. Dans ces circonstances, l'administration centrale devra éventuellement imposer des limites ou d'autres contrôles aux emprunts locaux. Kaganova et Kopanyi étudient cette question et d'autres sujets relatifs à la gestion de la dette au chapitre 6, et Freire au chapitre 7 (pour d'autres études, voir Rangarajan et Prasad, 2012 ; Wong, 2013 ; Peteri et Sevinc, 2011 ; et Canuto et Liu, 2013 ; le site web du groupe thématique de la Banque mondiale sur l'emprunt et la dette infranationaux présente également des informations utiles : www.worldbank.org/subnational).

Les trois D — déconcentration, délégation, et dévolution

L'expression « décentralisation fiscale » englobe trois mécanismes distincts, ou variantes, donc chacun a sa place dans le système de financement intergouvernemental d'un pays. Il s'agit de la déconcentration, de la dévolution, et de la délégation. Une question de premier plan consiste à définir laquelle de ces trois variantes domine les finances publiques nationales.

Déconcentration. La déconcentration est parfois désignée sous le nom de *décentralisation administrative*. Il s'agit d'un processus en vertu duquel des services régionaux des ministères centraux sont établis dans les circonscriptions administratives locales afin de décider du volume et de la composition des biens et services locaux à fournir. La déconcentration *avec transfert de compétences* implique que les services régionaux des ministères sont dans une certaine mesure habilités à prendre des décisions indépendantes, quoique généralement en respectant les orientations définies par l'administration centrale. La déconcentration sans *transfert de compétences* intervient lorsque les services régionaux sont créés, mais qu'aucun pouvoir de décision indépendant ne leur est conféré. Dans les deux cas, lorsque les services déconcentrés assurent la prestation de services (éducation, santé, eau ou transports), il faut s'attendre à ce que les résidents ne soient guère consultés quant à la gamme ou à la qualité des services et à la façon dont ils sont fournis (encadré 1.3).

Dévolution. La dévolution se situe à l'autre extrémité de la série des « trois D ». Elle suppose l'établissement de collectivités territoriales indépendantes chargées d'assurer la prestation d'une gamme de services publics et habilitées à percevoir des impôts et des droits pour les financer. Ces collectivités ont une marge de manœuvre considérable pour définir l'éventail et le volume des services et, dans certains cas, disposent des pleins pouvoirs pour engendrer leurs propres recettes. Dans le cadre de la dévolution, les citoyens peuvent s'adresser aux collectivités locales pour leur faire part de leurs préférences quant à la gamme et au volume de services publics qu'ils souhaitent (demande), tout en tenant compte de leur coût (offre). Une dévolution qui prévoit un mécanisme de décision local aboutit à une « meilleure » utilisation (plus efficiente) de ressources limitées que celle qui résulterait de décisions portant sur les dépenses et les impôts locaux prises dans une capitale lointaine. Quand chaque localité prend les décisions la concernant, c'est la société tout entière qui en retire des avantages financiers. Dans le jargon technique, on dit que le bien-être social a augmenté. Les gains d'efficience ou de bien-être dérivant de la décentralisation peuvent être particulièrement substantiels dans les pays à forte diversité économique, démographique et géographique.

Délégation. La troisième variante, la délégation, est souvent considérée comme un dispositif intermédiaire entre la dévolution et la déconcentration. On peut la qualifier de relation mandant-agent entre un échelon supérieur de l'administration (le mandant) qui assigne à une collectivité locale (l'agent) la responsabilité de certaines fonctions locales (éducation, distribution d'eau, dispensaires de santé), financées ou pas par des transferts du mandant à l'agent. Le manquement de l'autorité supérieure mandante à financer les fonctions déléguées — à savoir l'instauration d'un *mandat non financé* — peut créer une relation éventuellement litigieuse entre l'administration centrale et les collectivités locales, et donner lieu à des batailles juridiques (si la collectivité locale a légalement le droit de saisir la justice), à des tours de passe-passe budgétaires à l'échelon local, voire à des conflits.

Lorsqu'elle est financée, en revanche, la délégation peut améliorer l'efficience si elle autorise les collectivités locales à administrer des programmes de priorité nationale sous des formes qui tiennent mieux compte des conditions économiques, sociales et financières locales. Dans ces circonstances, l'administration

---

■

Encadré 1.3 Égypte : Déconcentration avec transfert limité des pouvoirs

La République arabe d'Égypte compte cinq catégories de collectivités locales : le gouvernorat, le *markaz*, la ville, le district, et le village. Elle se compose de 26 gouvernorats, dirigés par des gouverneurs nommés par le président. Le gouvernorat est la principale unité de prestation de services. Il peut être simple et entièrement urbain (sans *markaz* ni village), ou complexe et constitué de collectivités urbaines et rurales. Les gouvernorats sont des collectivités locales déconcentrées, dénuées de pouvoir de décision politique ; ils suivent simplement les instructions de l'administration centrale.

Le *markaz* est le deuxième échelon de la collectivité locale dans les gouvernorats complexes. Il se compose d'un chef-lieu et d'autres villes et villages, et fait fonction de centre administratif. Il est dirigé par un chef, désigné par le Premier ministre. Chaque gouvernorat compte au moins

une ville. Les villes sont parfois divisées en districts. Le district (*hay*) est la plus petite unité administrative locale des gouvernorats urbains. Il est divisé en sections (sous-districts) ou quartiers (*sheyakha*). Les présidents des villes et les chefs de districts sont nommés par le ministre du Développement local. Le village (*qariya*) est la plus petite unité administrative locale des gouvernorats ruraux. Les responsabilités des villages en matière de prestation de services varient selon leur taille. Les plus grands font partie du système de collectivités locales et sont responsables des services. Les plus petits, appelés villages « satellites », n'ont pas statut d'unité administrative locale et n'ont pas de responsabilités en matière de services. Ils font partie d'un village ou d'un *markaz*. Le chef de village est désigné par le gouverneur.

Source : Amin et Ebel 2006.

---

centrale peut établir un niveau minimum ou standard de services — ce qu'elle fera probablement. Néanmoins, si les décisions quotidiennes détaillées concernant la prestation de services demeurent l'apanage des collectivités locales, il est possible de trouver des moyens nouveaux, créatifs et éventuellement susceptibles de réduire les coûts associés à la fourniture de ces services. Comme indiqués dans la section suivante, la conception des transferts fiscaux intergouvernementaux et le degré et la nature du contrôle de l'administration centrale influeront sur l'équilibre entre les décisions centrales et locales dans les domaines de responsabilité délégués.

Systèmes unitaires, fédéraux et confédéraux

Pour ajouter à la complexité du processus de décentralisation, la structure des systèmes intergouvernementaux dans le monde varie considérablement. On peut distinguer trois systèmes de gouvernance : *unitaire, fédéral, et confédéral*. Le surcroît de complexité tient à ce que, dans la pratique, chacun de ces systèmes présente un dosage différent des trois D.

Systèmes unitaires. Un système unitaire est un système dans lequel la constitution confère à l'administration centrale le pouvoir (dans certains cas, ce pouvoir est conféré par une monarchie absolue ou une théocratie) de décider des pouvoirs politiques attribués à ses unités constituantes (collectivités locales), mais aussi de la création, de l'abolition ou de la modification des frontières de ces collectivités locales. Dans ce contexte, il peut y avoir différentes sortes de collectivités locales, comme les municipalités, mais elles ne sont pas souveraines ; elles sont des créations de l'État central.

On trouve de très nombreux exemples de systèmes unitaires dans le monde. En Afrique, on citera le Burkina Faso, l'Égypte, le Ghana, et l'Ouganda. En Asie de l'Est et dans le Pacifique, le Japon, la République de Corée du Sud et la Thaïlande. En Europe et en Asie centrale, le Royaume-Uni, l'Ukraine, et toutes les républiques d'Asie centrale en sont des exemples, de même que la Colombie et le Pérou en Amérique latine. Au Moyen-Orient et en Afrique du Nord, on mentionnera l'Arabie saoudite, l'Égypte, la Jordanie et la Tunisie et, en Asie du Sud, le Bangladesh, le Bhoutan et le Sri Lanka. Mais système unitaire n'est pas pour autant synonyme de système centralisé. La Chine, par exemple, a été

qualifiée de système à la fois fédéral et décentralisé (Wong, 2007 ; Bahl, 1999b). L'Indonésie est un exemple d'État unitaire qui a décentralisé son système de finances publiques de sorte que les collectivités locales sont aujourd'hui d'importants prestataires de services ; elles sont à l'origine d'un tiers des dépenses publiques et gèrent la moitié des investissements publics (Ellis, 2010).

Systèmes fédéraux. Dans le cadre d'un système *fédéral*, les décisions du secteur public sont prises par des administrations de catégories ou d'échelons différents qui sont indépendantes les unes des autres (Griffiths et Nerenberg, 2005 ; Ahmad et Brosio, 2006 ; Boadway et Shah, 2009). La liste, quoique moins longue que celle des États unitaires, en est fournie : en Afrique, l'Éthiopie, le Nigéria, et le Soudan du Sud ; en Asie de l'Est et dans le Pacifique, l'Australie, la Malaisie, et les États fédérés de Micronésie ; en Europe, l'Allemagne, l'Autriche, et la Belgique ; en Amérique latine, le Brésil, le Mexique et Saint-Kitts-et-Nevis ; au Moyen-Orient et en Afrique du Nord, les Émirats arabes unis et l'Iraq et, en Asie du Sud, l'Inde, le Népal, et le Pakistan. Dans ce système, certaines constitutions indiquent explicitement qu'il n'existe pas de hiérarchie entre certaines catégories d'administrations (par exemple, au Pakistan, entre l'État central et les quatre provinces ; aux États-Unis, entre le gouvernement central et les autorités des 50 États). D'autres pays ont un système fédéral sur le plan constitutionnel, mais néanmoins plus centralisé que décentralisé (l'Éthiopie, la Malaisie, le Soudan).

Confédération. Une confédération est généralement un système d'États fondé sur un traité dans lequel un gouvernement central faible sert d'agent aux unités membres ; ses pouvoirs autonomes en matière de dépenses et d'imposition sont généralement modérés (Wallich et Zhang, 2013). On en trouve quelques exemples dans l'histoire (comme la Suisse, en tant que Confédération helvétique, 1815-1848). À l'heure actuelle, la meilleure illustration en est donnée par la Bosnie-Herzégovine (l'encadré 1.4 apporte des éclaircissements sur la situation de la Bosnie). Néanmoins, même dans ce cas, l'influence de l'administration centrale sur les finances publiques s'intensifie puisqu'elle a été autorisée à percevoir une taxe nationale à la valeur ajoutée (TVA) à compter de janvier 2006.

Décentraliser ou pas ?

Un examen en trois étapes nous permet de comprendre pourquoi certains États demeurent centralisés, tant sur le plan politique que sur celui des finances publiques, tandis que d'autres engagent un processus de décentralisation. La première étape consiste à examiner les raisons pour lesquelles tant de pays continuent de préserver un secteur public centralisé. La deuxième examine les arguments, théoriques et pratiques, habituellement évoqués à l'appui de la décentralisation, et la façon dont la théorie des finances publiques traite cette question. La troisième analyse les retombées de la décentralisation — autrement dit, les éléments empiriques.

Pourquoi favoriser la centralisation ?

Le *Rapport sur le développement dans le monde 1999-2000* (Banque mondiale, 2000) observait que de nombreux pays en développement demeurent centralisés, malgré l'évolution constatée vers la territorialisation. Trois arguments sont invoqués en faveur de la centralisation :

Pénurie de capacité locale. Un argument souvent avancé dans les pays en développement est que les collectivités locales ne disposent pas des capacités nécessaires pour l'exercice de l'autonomie gouvernementale. Dans les pays de longue tradition centralisatrice, l'observation selon laquelle les collectivités locales ne disposent pas des capacités nécessaires pour exercer leur autonomie est probablement vraie et tautologique à la fois. Comme les collectivités locales de plusieurs pays récemment décentralisés l'ont montré, le développement de la capacité à gouverner est un processus d'apprentissage par la pratique (Thomas, 2006). Pour paraphraser dans les grandes lignes l'essai d'Amartya Sen « La démocratie comme valeur universelle », un pays n'a pas à être jugé « apte » à la décentralisation, ce sont les administrations qui le deviennent (Sen, 1999).

Encadré 1.4 Le confédéralisme de la Bosnie-Herzégovine

En application de l'accord de Dayton-Paris (1995), l'ex-République yougoslave de Bosnie-Herzégovine comporte désormais deux entités : la Fédération de Bosnie-Herzégovine et la Republika Srpska. Il s'agit en fait de deux organes gouvernementaux et administratifs distincts, dotés d'importantes compétences législatives, fiscales, et autres compétences nécessaires pour gouverner. Sarajevo est à la fois la capitale de la Bosnie et celle de la Fédération. Banja-Luka est la capitale de la Republika Srpska.

La fédération compte dix échelons administratifs intermédiaires (les cantons) et 80 municipalités environ. Les cantons ont leur propre assemblée législative, leurs propres lois et constitution fondamentales, et leurs propres gouverneurs et ministères. Les questions financières et budgétaires concernant les municipalités de la fédération sont soit déléguées aux cantons, soit réparties entre plusieurs services administratifs des ministères fédéraux. La constitution de la Fédération de Bosnie-Herzégovine définit les fonctions de chaque niveau de l'administration, y compris l'attribution aux cantons de tous les pouvoirs qui ne sont pas expressément accordés à la fédération, comme l'aménagement du territoire, le développement des entreprises locales et le développement économique local. La Republika Srpska possède une structure administrative centralisée et un ministère des Collectivités locales responsable de la réglementation et du dialogue avec les municipalités (une soixantaine, dont une ville indépendante, Brcko) ; la fédération n'a pas de ministère de cette nature.

Source : Fox et Wallich, 2007.

Au début des années 90, par exemple, la municipalité de Budapest, dont le maire était alors Gabor Demszky, a emprunté sur le marché des euro-obligations, non pas parce qu'elle ne pouvait emprunter auprès de sources hongroises, mais pour montrer que la ville était suffisamment solvable. Comme l'a écrit Demszky, en 1991 « le triste état dans lequel se trouvait Budapest était le fruit de quarante ans de dictature », c'est pourquoi ses « citoyens ont choisi de suivre une autre voie » (Demszky, 2003).

Il convient ici d'insister sur deux préceptes concernant l'aptitude d'un pays à se décentraliser. D'abord, « décentraliser l'État central » ne consiste pas à le démanteler. Une décentralisation réussie consiste tout autant à renforcer sa capacité à se transformer en un système intergouvernemental (Kopanyi et al., 2000 ; Pallai, 2003). Ensuite, une réforme fructueuse du secteur public ne saurait se limiter à des capacités précises (administratives par exemple) ; elle appelle également la mise en relation des capacités organisationnelles, institutionnelles et spécifiques pour obtenir les résultats voulus en termes de développement (Thomas, 2006).

Accomplissement des fonctions centrales. Le deuxième argument est que dans un système unitaire ou fédéral bien établi, l'administration centrale peut affirmer sa primauté par rapport aux administrations territoriales parce que les priorités de l'État-nation doivent prévaloir sur les autres. Il s'agit notamment d'assurer la défense nationale, la conduite de la politique étrangère, la protection des frontières nationales et la gestion de la stabilisation macroéconomique. Cet argument opposé à une décentralisation d'envergure est particulièrement répandu dans les pays à faible revenu et les pays à revenu intermédiaire, dont l'économie n'est généralement pas diversifiée et qui sont donc plus exposés aux fluctuations des cours internationaux des produits de base, aux catastrophes naturelles et aux coûts de la dette. En conséquence, l'administration centrale exerce un contrôle très strict sur les principaux instruments fiscaux et d'emprunt (Tosun et Yilmaz, 2010).

Tradition. L'argument en faveur de la concentration du pouvoir politique et financier au niveau central évoque souvent la perpétuation des méthodes anciennes — « les vieilles méthodes sont les bonnes ». Ce phénomène est particulièrement observable sur une grande partie du continent africain, où des décennies de colonialisme ont profondément ancré une tradition d'autoritarisme hiérarchique (Ndegwa, 2002 ; Commins et Ebel, 2010). Dans une réflexion sur l'héritage du colonialisme, la *Charte africaine de la participation populaire au développement et à la transformation* (dite Déclaration d'Arusha, 1990) décrivait l'Afrique comme étant caractérisée par « une centralisation excessive du pouvoir et par l'entrave à la participation efficace de la population au développement social, politique et économique ».

Il va sans dire que l'Afrique n'est pas la seule à revendiquer l'application des « vieilles méthodes ». Malgré une tradition d'autonomie locale dans une grande partie de l'Europe, le mode de gouvernance dirigiste caractérise encore bon nombre d'anciennes républiques soviétiques, notamment celles d'Asie centrale. Ces deux dernières années, on a également assisté à une reconquête du pouvoir de l'administration centrale en Hongrie (Barati-Stec, 2012). Au Moyen-Orient, le régime autoritaire est perpétué par un système d'oligarchie politique établi de longue date qui a abouti à ce que Tosun qualifie de « centralisation excessive », un héritage actuellement contesté dans toute la région. Le monde attend de voir si cette remise en question aboutira à un statu quo ou créera des sociétés plus pluralistes et autonomes (Tosun, 2010 ; Tosun et Yilmaz, 2010).

Pourquoi décentraliser ?

Le fait qu'une bonne partie de la planète ait engagé un processus de décentralisation atteste de l'importance de cette évolution. Quatre facteurs au moins expliquent cette tendance :

La mondialisation. La conclusion du *Rapport sur le développement dans le monde 1999-2000* selon laquelle les évolutions vers la mondialisation et la territorialisation du début du XXIe siècle se renforcent est corroborée par des études plus récentes. Celles-ci comportent notamment une modélisation de la séparation qui constate « une demande d'autonomie locale de la part des régions de l'intérieur qui augmente parallèlement à la croissance du revenu national, de la proportion relative de leur population, et de la population nationale » (Arzaghi et Henderson, 2005), et des monographies sur la montée en puissance des organisations citoyennes qui « ne comptent plus sur des mesures impulsées par le sommet pour améliorer la gouvernance » (McNeil et Malena, 2010).

Cela dit, les pays ne sont pas seulement assujettis à des tendances, mais aussi à des cycles, quel que soit leur degré de développement économique (Bird, 2011b). Ainsi, une période de décentralisation peut être suivie d'un recul politique des autorités centrales après les réformes accomplies les années précédentes. Ces volte-face sont généralement plus rapides et profondes dans les États unitaires que dans les États fédéraux, car ces derniers, s'ils sont correctement constitués, confèrent aux administrations locales le pouvoir constitutionnel de mobiliser leurs propres recettes.

À vrai dire, une reprise en main cyclique de l'administration centrale dans les États unitaires est en cours. Le rapport 2011 de Cités et Gouvernements locaux unis (CGLU) sur les collectivités locales en Afrique conclut que « la décentralisation fiscale subit les conséquences de la situation financière difficile que connaît la majorité des pays africains » et que « si le niveau de prélèvement des pays africains s'est amélioré progressivement depuis le début des années 2000, et ce après quatre décennies de stagnation, les perspectives futures sont moins optimistes » (Yatta et Vaillancourt, 2010). Une mise en garde identique a été formulée concernant certaines mesures de décentralisation en Europe en raison de « la soudaineté et de la gravité » de la crise financière qui a interrompu une période prolongée de croissance régulière des ressources budgétaires locales (Regulski, 2010).

Politique et « Réaction de la base ». La deuxième explication revient au point évoqué plus haut, à savoir que la décision de décentraliser est politique mais que, une fois qu'elle est prise, ce sont les réformes économiques et financières qui conduisent à une modification des mécanismes financiers intergouvernementaux. Kalandadze et Orenstein (2009) citent 17 exemples — pas tous couronnés de succès à ce stade — de révolutions électorales douces impulsées « par la base » depuis 1991 en Afrique, en Amérique latine et dans l'Eurasie post-communiste.

L'argument de l'efficience économique. Pour un économiste, l'argument essentiel en faveur de la décentralisation a trait aux gains d'efficience — à savoir

les « gains de bien-être » généraux qui résultent de mécanismes de transferts intergouvernementaux bien conçus (Oates, 1972, 1997 ; Yilmaz, Vaillancourt, et Dafflon, 2012). L'argument se présente comme suit : comme les préférences des collectivités locales quant au volume et à l'éventail de biens et de services publics locaux varient, et comme les coûts locaux de production et de distribution de ces biens et services diffèrent, le bien-être de l'ensemble de la société augmentera si les décisions concernant les biens et services locaux qui doivent être fournis d'une collectivité à l'autre sont prises à l'échelon local (c'est-à-dire par des représentants locaux librement choisis), plutôt que par un agent central (qui fondera sa décision sur un ensemble de critères définis à l'échelon central ou pour répondre à des considérations bureaucratiques).

Prenons par exemple un ensemble d'équipements et de services municipaux, comme les soins de santé primaire et l'éducation. Supposons ensuite que leur coût de production est le même dans tout le pays. Les collectivités locales ont des préférences et des besoins différents quant à la gamme de services à fournir. Ainsi, au moment de répartir un budget public d'un montant donné, il y a de fortes chances que la collectivité Y, dont un pourcentage élevé de la population est jeune, exprime une préférence marquée pour des services de scolarité, alors que la collectivité E, à la population essentiellement vieillissante, jugera des dispensaires de santé plus utiles. Pour un budget donné, concilier les coûts et les choix à un niveau décentralisé permet une utilisation efficiente des ressources publiques. En évitant de créer des dispensaires sous-utilisés dans la collectivité Y, et des salles de classe vides dans la collectivité E, l'ensemble de la société y trouve son compte. Ce principe, — selon lequel la prestation de services doit être assurée, dans la mesure du possible, par le niveau administratif le plus proche de la population — trouve son expression dans le « principe de subsidiarité » de la Charte européenne de l'autonomie locale (Marcou, 2007).

Édification de la nation. Dans certains pays, la décentralisation a servi de stratégie pour favoriser la cohésion nationale et désamorcer les tensions lorsque la société était fragmentée pour des raisons ethniques, religieuses, linguistiques, de répartition des ressources naturelles ou d'autres raisons. Dans plusieurs cas avérés, l'application pratique du principe de subsidiarité par un État-nation a permis de renforcer la cohésion nationale et d'endiguer les tendances sécessionnistes dans une région donnée. Les exemples historiques concernent notamment l'Allemagne, la Belgique, le Canada, l'Espagne, la Russie, l'Inde, l'Indonésie, le Soudan, et la Suisse. L'encadré 1.5 présente le cas du Soudan (voir également Bird et Ebel, 2007 ; Bird et Vaillancourt, 2010).

En octobre 2012, le gouvernement central des Philippines, dirigé par Benigno Aquino, a signé avec le Front Moro islamique de libération (FMIL) un accord de paix qui doit servir de cadre de référence pour mettre fin à quarante ans de conflit dans la région de Mindanao, dans le sud de l'archipel. L'accord prévoit que, d'ici à 2015, une nouvelle administration locale autonome aura coopéré avec les autorités centrales pour régler les questions relatives à la répartition des richesses dérivant de l'extraction pétrolière et minière, l'État central conservant certaines prérogatives, comme la monnaie, l'administration des douanes, la défense nationale et la politique étrangère. Comme les consultations sur le processus de paix au Soudan (2002-2005) l'ont montré, il faudra du temps, de la bonne volonté, et du savoir-faire politique pour que celui-ci réussisse. On ignore encore le rôle que pourrait jouer une éventuelle opposition à l'accord d'un groupe rebelle rival, le Front Moro de libération nationale, (FMLN), mais si l'accord aboutit, ce sera grâce à une décentralisation réussie (Bauzon, 1999 ; Wallich, Manasan, et Sehili, 2007).

Décentralisation — Enseignements et bilan

L'argument présenté ci-dessus répond à la question : « pourquoi décentraliser ? ». Mais est-ce que la décentralisation fonctionne ? Tient-elle les promesses inscrites dans ses principes ? Bien qu'il soit difficile de l'évaluer (Ebel et Yilmaz, 2003), on trouvera ci-dessous une synthèse des connaissances empiriques actuelles quant au lien entre autonomie financière décentralisée et réalisation des objectifs économiques et financiers généraux d'un pays :

- *Une forte corrélation entre la décentralisation et la croissance* du produit intérieur brut (PIB) par habitant étaye l'argument selon lequel une population dont le niveau d'instruction augmente, qui est mieux informée de la politique gouvernementale et plus consciente des problèmes qui influent sur sa vie quotidienne sera plus désireuse de voir les fonctions gouvernementales s'exercer à un niveau plus proche d'elle.

- *Le bilan macroéconomique* du centralisme démocratique en Europe centrale et en Europe de l'Est a été bien documenté (Bird, Ebel et Wallich, 1995). Les pays développés, en revanche, sont associés à des régimes de décentralisation bien établis et des degrés d'autonomie financière élevés (voir par exemple Akai et Sakata, 2002).

Encadré 1.5 L'édification de l'État par le biais de la décentralisation au Soudan et au Soudan du Sud

Suite à la signature de l'Accord de paix global, en 2005, le Gouvernement sud-soudanais a notablement progressé dans la prestation de services d'infrastructure et de base. Améliorer l'accès des collectivités locales à ces services est cependant une tâche colossale. Les autorités peuvent opter pour une décentralisation des compétences afin de développer l'accès aux services publics de base. La décentralisation peut aussi contribuer à renforcer la cohésion nationale pour unifier l'État. De plus, si elle est bien conduite, elle peut donner aux citoyens les moyens de demander des comptes aux autorités locales.

Source : Zoellick, 2009.

- Si, comme le soutient la théorie, la *décentralisation rehausse l'efficience* des services publics, cela devrait se traduire par une croissance économique. De fait, les données observées viennent corroborer cette idée. Martinez-Vazquez et McNab (1997) ont observé cette relation à propos des recettes budgétaires. Ebel et Yilmaz (2003) sont parvenus à une conclusion analogue, quelle que soit la définition (étroite ou large) des recettes (la définition large englobant les dotations non affectées). Une constatation analogue concernant l'autonomie en matière de recettes établit que « la décentralisation des dépenses accompagnée d'une gestion centrale des recettes semble faire obstacle à la croissance économique » (Meloche, Vaillancourt, et Yilmaz, 2004). Imi (2005) a conclu que dans un groupe hétérogène de pays développés et de pays en transition, la décentralisation « des dépenses en particulier, favorise la croissance économique ».

- S'agissant de la *stabilité macroéconomique*, des éléments indiquent que la décentralisation financière améliore la situation financière des administrations locales, mais que la dépendance à l'égard des transferts intergouvernementaux risque de l'aggraver (Ebel et Yilmaz, 2003).

- Les données relatives au *lien entre décentralisation fiscale et taille du secteur public* sont très mitigées : une étude portant sur les États-Unis, fédération parvenue à maturité, n'observe aucune relation de cet ordre (Oates, 1985), mais d'autres indiquent que, dans les pays en transition post-socialiste, la part des dépenses du secteur public dans le PIB national diminue lorsque la décentralisation financière augmente (Ebel et Yilmaz, 2003).

Une fois que la définition de la décentralisation, les arguments en sa faveur, et les résultats des études la concernant auront été présentés, il conviendra d'aborder la lourde tâche consistant à mettre en œuvre les réformes des différents échelons de l'administration publique (Kopanyi, El Daher, et Wetzel, 2004 ; Barati-Stec, 2012 ; Martinez-Vazquez et Vaillancourt, 2011). Une première étape consiste à répondre correctement aux quatre questions fondamentales énoncées plus haut concernant : 1) les responsabilités en matière de recettes ; 2) les responsabilités en matière de dépenses ; 3) le système des transferts intergouvernementaux, et 4) les responsabilités en matière d'emprunt et de dette. La mise en œuvre de ces composantes fondamentales incombe aux États, aux organisations de la société civile et aux collectivités locales, et il est souhaitable que ces entités travaillent en coopération. Des tensions surgiront certainement entre les responsables de la mise en œuvre des réformes, mais dans une société ouverte et pluraliste, elles peuvent s'avérer salutaires pour l'ensemble du système (Soros, 2006 ; Eaton, Kaiser, et Smoke, 2011 ; Smoke, 2013).

Transferts intergouvernementaux

Cette partie du chapitre aborde certaines questions relatives aux transferts intergouvernementaux, à savoir leur bien-fondé, leur répartition entre les différents échelons de l'administration, les facteurs d'une bonne ou d'une mauvaise organisation des transferts, le cadre institutionnel de cette organisation. Ce chapitre examine également les exemples pratiques de subventions basées sur les résultats (Performance Grants) ainsi que des exemples de contrats de ville (Municipal Contracts).

Ces transferts sont une composante nécessaire d'un système décentralisé solide, car deux sortes de déséquilibres budgétaires — *verticaux* et *horizontaux* — interviendront, auxquels il conviendra de remédier. Il s'agit de péréquation verticale ou horizontale pour remédier à des déséquilibres dans la répartition des recettes et des charges. (Bird, Ebel, et Gianci, 2007 ; Boadway et Shah, 2009).

Cette section examine les aspects financiers des relations intergouvernementales qui influent puissamment sur la nature, l'ampleur et la profondeur de la décentralisation. Ces aspects sont souvent mesurés par : a) la répartition des recettes et des dépenses entre les différents échelons de l'administration, à savoir l'administration centrale, l'échelon intermédiaire (l'État fédéré ou la province), et les collectivités locales (municipalités par exemple) ; b) la répartition des compétences entre ces différents échelons ; et c) les recettes « propres » des collectivités locales, à savoir les recettes qu'elles peuvent recouvrer ou dégager de manière autonome et utiliser à leur discrétion (Jensen, 2001 ; Blochliger et Petzold, 2009 ; Blochliger et Rabesona, 2009).

Aux échelons inférieurs, l'insuffisance des recettes résulte souvent d'un décalage entre les ressources et les dépenses, dénommé « écart budgétaire ». L'État dispose parfois de recettes plus élevées que ne le justifie ses responsabilités en termes de dépenses, directes et indirectes, alors que celles des collectivités locales sont parfois inférieures aux dépenses qu'elles doivent assumer. Il y a déséquilibre budgétaire vertical lorsque l'écart entre les différents échelons n'est pas corrigé par une réaffectation des responsabilités, des transferts budgétaires, ou d'autres mesures. Dans les pays en développement, l'administration centrale se voit souvent conférer le pouvoir de percevoir les flux de recettes les plus abondants — comme les recettes douanières, la taxe à la valeur ajoutée, et l'impôt sur le revenu des personnes physiques et morales. Le tableau 1.1 illustre un déséquilibre vertical au Pakistan, où l'État fédéral perçoit 90 % des recettes publiques mais n'en dépense que 67 %. Les collectivités locales, par contre, recouvrent environ 10 % des recettes, mais assument 33 % de la dépense publique.

Très souvent, la répartition des compétences dans un pays ayant opté pour la décentralisation produit des déséquilibres, les collectivités locales ayant des besoins en dépenses et des capacités de recouvrement différents. C'est pourquoi les transferts intergouvernementaux jouent un rôle capital, car ils permettent aux collectivités locales d'assumer les responsabilités qui leur sont assignées et ils maintiennent les disparités régionales à des niveaux acceptables.

Les besoins en dépenses dépendent de la répartition des compétences. Ainsi, dans les pays où les municipalités ont peu de responsabilités, leurs besoins en dépenses sont relativement modérés. En Jordanie par exemple, elles assurent essentiellement des services de gestion des déchets solides, d'entretien des routes et quelques services administratifs ; la part des dépenses municipales dans les dépenses publiques (moins de 5 %) est faible en comparaison aux normes internationales (Dillinger, 1994). À l'autre extrême, lorsque les collectivités territoriales assurent la majeure partie des services locaux, y compris les soins de santé primaire, l'enseignement primaire, l'assurance sociale, l'infrastructure, la distribution d'eau et la collecte des déchets solides, leurs besoins en dépenses sont nettement plus élevés. En Hongrie, la part des collectivités locales dans les dépenses publiques s'établissait aux environs de 12 % en 2012.

Types de transferts entre les différents échelons de l'administration

Les transferts intergouvernementaux se classent globalement en deux grandes catégories : les *dotations globales* (ou « transferts inconditionnels ») et les subventions spécifiques (transferts conditionnels ou affectés) (tableau 1.2). Le financement des transferts est assuré par le budget général de l'État et peut être indexé en pourcentage sur certaines taxes. L'État se réserve souvent les ressources les plus rentables. En Turquie, par exemple, 11,5 % des recettes de la taxe sur la valeur ajoutée et de l'impôt sur le revenu des particuliers et des sociétés alimentent les fonds destinés aux transferts aux collectivités locales (Peteri et Sevinc, 2011). L'encadré 1.6 donne un exemple des différents transferts dont peut bénéficier une collectivité locale et de la façon dont ils sont enregistrés dans des états financiers type.

Dotations globales

Ces transferts n'imposent à leurs bénéficiaires aucune condition quant à la nature des dépenses à financer. Les municipalités sont donc libres de les utiliser à leur discrétion (tableau 1.2). Ils peuvent revêtir la forme de *dotations globales* sectorielles. Dans de nombreux pays, les dotations globales sont déterminées par des formules, c'est-à-dire que leur répartition se fonde sur des indicateurs particuliers, comme la population et la superficie de la collectivité

Tableau 1.1 Déséquilibres verticaux au Pakistan

	Recettes (%)	Dépenses (%)
National	90,2	67,1
Provincial	4,9	28,8
Local	4,8	4,1
Total	100	100

Source : Shah, 1998.

concernée, révélateurs du poids des dépenses assumées par la collectivité. L'Afrique du Sud et l'Allemagne figurent parmi les pays qui pratiquent ce type de transfert. Récemment, des organisations internationales, comme la Banque mondiale, ont financé des programmes de développement municipal au moyen de dotations globales au Bangladesh, au Ghana, en Inde, en Ouganda, en Tanzanie, et dans d'autres pays en développement.

Subventions spécifiques

Les subventions spécifiques financent des programmes ou activités spécifiques, ou incitent les autorités à en engager. Ces subventions peuvent être systématiques et intervenir chaque année, ou bien n'intervenir que ponctuellement. Les subventions spécifiques mentionnent généralement le type de dépenses qu'elles peuvent financer ou même précisément la dépense à financer. Il peut s'agir de dépenses d'investissement ou de fonctionnement. Elles peuvent aussi être conditionnées à certains résultats en termes de niveau de services. La conditionnalité fondée sur la nature de la dépense est souvent inopportune et improductive, alors que celle qui se base sur les résultats peut concourir à la réalisation des objectifs de l'administration à l'origine du transfert et préserver dans le même temps l'autonomie locale.

Les subventions spécifiques peuvent s'accompagner d'exigences en termes de contrepartie ; autrement dit, elles peuvent imposer aux municipalités de financer un pourcentage donné des dépenses sur leurs propres ressources (tableau 1.2). Cette obligation de contrepartie peut être non limitative, auquel cas la subvention complète l'apport de la municipalité quel que soit son montant, ou limitée, et l'administration à l'origine du transfert applique un plafond prédéterminé. Cette obligation favorise l'examen plus approfondi des dépenses à financer et une plus grande responsabilisation des collectivités locales sur les subventions. La subvention plafonnée garantit à l'administration procédant au transfert qu'elle peut exercer un certain contrôle sur les coûts du programme concerné.

L'État exige le paiement préalable des contreparties dans le but de matérialiser l'engagement des municipalités à contribuer à l'entretien de leur patrimoine. Il peut leur demander de financer des dépenses spécifiques à hauteur d'un montant donné au-delà duquel il apporte les moyens supplémentaires nécessaires. Ce genre de contrepartie soulève un problème d'équité dans la mesure où les municipalités disposant de ressources propres importantes peuvent satisfaire aux obligations dont elle est assortie, et obtenir ainsi des transferts substantiels de l'administration centrale. Les municipalités plus défavorisées, en revanche, auront des difficultés à satisfaire à ces obligations pour financer certaines dépenses, surtout dans les pays en développement.

Comme l'indique clairement le tableau 1.2, certaines subventions spécifiques n'appellent pas de contrepartie locale, mais exigent seulement que les fonds soient affectés à une finalité particulière. Si elles en ont la possibilité, les municipalités pourront opter pour des dotations globales sans contrepartie, qui leur laisse la plus grande latitude pour poursuivre leurs propres objectifs. Ces dotations augmentent les ressources sans influer sur la composition des dépenses, et permettent aux municipalités d'optimiser leur gestion (Shah, 2007).

Impôts partagés

Plusieurs questions de politique générale se posent concernant la répartition.

Un principe de base du financement des collectivités locales établit que le transfert des recettes aux collectivités locales doit être conforme au transfert de compétences. Dans l'idéal, du point de vue de la responsabilisation, chaque administration devrait être en mesure de lever les recettes dont elle a besoin pour financer ses dépenses. Néanmoins, comme indiqué plus haut, en dehors des collectivités locales les plus riches, un décalage entre dépenses et recettes est, pour maintes raisons, souvent fréquent. Il en résulte une autre forme de transfert de l'administration centrale aux collectivités locales, la *fiscalité partagée ou impôts partagés*.

Partage de l'assiette fiscale. Il existe deux types de dispositifs de partage des recettes fiscales. Le premier prévoit que l'échelon qui a créé la taxe (État

Tableau 1.2 Classification des formes de transferts intergouvernementaux

	Conditionnel			Inconditionnel
	Contrepartie, non limitée	Contrepartie, limitée	Pas de contrepartie	
Description	Contrepartie : pour chaque euro (ou autre unité monétaire) accordé par l'administration à l'origine de la dotation (administration centrale par exemple) à une administration infranationale, cette dernière doit consacrer une partie de ses propres fonds à l'activité faisant l'objet de la dotation. Cette « contrepartie » est généralement exprimée en pourcentage de la dotation reçue. Une dotation « non limitée » n'est pas plafonnée. Son coût dépend du montant apporté en contrepartie par le bénéficiaire.	Si la dotation est «limitée », l'administration qui l'accorde fixe un plafond sur le montant transféré.	L'administration bailleur de fonds apporte une somme fixe sous réserve qu'elle soit consacrée à un bien public. Le bénéficiaire n'est pas tenu de la compléter par un pourcentage donné (contrepartie).	Dotation apportée à des fins de péréquation ou pour des domaines fonctionnels fondamentaux. Le bénéficiaire est libre d'utiliser ces fonds à sa discrétion.
Objet de la dotation	Encourager les dépenses consacrées à la production d'un bien ou d'un service ayant des externalités sociales et/ou interjuridictionnelles positives.		Encourager les dépenses dans un secteur prioritaire au plan national. Son utilisation est assujettie à des restrictions, ce qui la distingue de la dotation inconditionnelle.	Augmente la capacité de dépenses globale. Peut être assortie d'un objectif de péréquation précis (déséquilibre horizontal) et/ou offrir un moyen de corriger un déséquilibre vertical.
Illustration	Le montant du financement n'est ni plafonné, ni limité dès lors que le groupe bénéficiaire (une administration infranationale ou un groupe déterminé d'individus) satisfait aux conditions (évaluation des besoins par exemple) fixées pour bénéficier du transfert. La dotation devient en conséquence un « droit ». Les dotations visant à donner aux citoyens accès à des services de protection sociale, de logement ou d'éducation, sont souvent structurées sous cette forme.	La plupart des dotations spécifiques (gestion environnementale, logement, traitement des toxicomanies) limitent d'une manière ou d'une autre le coût pour le bailleur (dotation limitée). Les subventions au résultat (qui n'imposent pas toujours de contrepartie) en sont un autre exemple.	Développement local, formation professionnelle, transports. Dotations d'investissement.	Une dotation de péréquation vise à remédier au déséquilibre horizontal de son bénéficiaire. Les dotations globales sectorielles ont une finalité précise, définie de manière générale. « Sectorielle » renvoie par exemple aux secteurs de la santé, de l'éducation, des transports, de l'eau.

(suite page suivante)

Tableau 1.2 *(suite)*

	Conditionnel			Inconditionnel
	Contrepartie, non limitée	**Contrepartie, limitée**	**Pas de contrepartie**	
Effet sur les dépenses publiques	L'administration bailleur de fonds (centrale par exemple) définit les conditions de contrepartie, mais l'administration bénéficiaire est libre de les accepter ou non. Ainsi, même si l'administration centrale influe considérablement sur le montant potentiel des dépenses, le montant réel en est fixé d'un commun accord.	Le montant total des dépenses est fixé conjointement par l'administration bailleur et par l'administration bénéficiaire, mais ne peut dépasser le plafond défini par la première. Le plafond offre à l'administration centrale un moyen de contrôler son propre budget. Autrement dit, à partir d'un niveau donné, le bénéficiaire n'a plus droit à la dotation.	L'administration bailleur accorde à l'administration bénéficiaire une dotation d'un montant fixe dont elle précise l'utilisation. Si la collectivité souhaitait consommer une part inférieure du bien public que celle correspondant à la dotation, cette dernière influe sur le comportement de l'administration infranationale. Dans le cas contraire, elle s'apparente à une dotation inconditionnelle.	L'administration bailleur plafonne le montant de la dotation. Dès lors que la collectivité locale souhaite consommer une part du bien public au moins égale au montant de la dotation, le caractère conditionnel ou inconditionnel de la dotation importe peu.
Fongibilité	On entend par fongibilité le fait que l'argent puisse être utilisé à d'autres fins que l'objectif fixé. En conséquence, l'argent apporté par l'administration bailleur au titre de la dotation peut remplacer les ressources propres que l'administration bénéficiaire aurait consacrées à l'activité concernée en l'absence de dotation. Autrement dit, la dotation « libère » les fonds que l'administration infranationale aurait utilisés pour l'opération visée par la dotation si celle-ci n'avait pas existé. Une stratégie à la disposition des administrations bailleurs pour réduire le degré de fongibilité consiste à exiger une *poursuite des efforts* avant d'allouer la dotation. Consciente que tous les financements de dotation sont plus ou moins fongibles (ce qui se vérifie tout particulièrement pour les dotations inconditionnelles et de contrepartie), l'administration bailleur stipule que l'administration infranationale doit maintenir le montant des ressources propres allouées à un programme donné au même niveau que l'une des années précédentes. Cette année précédente peut être exprimée en montant absolu du financement ou en pourcentage des recettes totales de l'administration infranationale.			
Autres observations	Le prix relatif des biens publics diminue.	Le prix relatif des biens publics diminue.	Pas de changement des prix relatifs des biens publics dont le montant dépasse la dotation	Pas de changement des prix relatifs des biens publics par rapport aux biens privés

Source : les auteurs, d'après Ebel et Peteri, 2007.

ou échelon intermédiaire) lève l'impôt, et que l'échelon local (municipal par exemple), y ajoute sa propre « surtaxe », à savoir un impôt local supplémentaire appliqué sur la même assiette que la part principale, sur la base d'un taux qu'elle définit. Dans ce cas, c'est soit la collectivité locale soit, généralement, l'État qui administre et recouvre les recettes pour l'ensemble des échelons bénéficiaires. Le partage de l'assiette fiscale, en vertu duquel l'administration centrale « libère » une partie de l'assiette globale pour permettre aux collectivités locales de déterminer leur propre taux d'imposition — mécanisme souvent désigné sous le nom de « taxes additionnelles ou centimes additionnels » — est particulièrement répandu en Amérique du Nord. Ce système a pour avantage de préserver l'autonomie fiscale locale tout en réduisant au minimum le coût de l'administration fiscale locale.

Partage des recettes fiscales. Le deuxième type de dispositif consiste à répartir un pourcentage des recettes perçues par l'administration centrale entre l'État et les collectivités locales. Cette répartition peut être déterminée par une commission constitutionnelle, décidée sur la base d'un accord entre l'État et les collectivités locales ou, plus couramment, par la loi de finances. La structure de ces dispositifs de partage des recettes (ou, selon certains rapports statistiques, de partage des « impôts ») varie d'un pays à l'autre pour ce qui est des catégories de recettes concernées, des procédures de définition de la répartition entre l'État et les collectivités locales, de la fréquence des modifications apportées à la formule de calcul, du partage selon qu'il s'applique aux impôts recouvrés dans les limites de la collectivité, ou qu'il intègre un certain degré de péréquation (Blochliger et Rabesona, 2009).

Indépendamment de questions, telles que la structure et la procédure de répartition des recettes perçues par l'administration centrale, la fiscalité partagée ne peut pas être assimilée à des recettes « locales propres ». Pour qu'un impôt soit classé dans la catégorie des recettes « propres », la collectivité locale doit être habilitée dans une certaine mesure à définir le taux d'imposition ou le montant de la redevance ou encore d'un droit non fiscal, le cas échéant (Jensen, 2001). Les lecteurs doivent donc être attentifs aux modalités d'inscription comptable des recettes dans les budgets et les comptes des collectivités locales. Pour des raisons uniquement comptables, « ce qui figure sous le terme *impôt partagé* dans un pays peut être classé comme *transfert financier* dans un autre », ce qui fait que « les deux dispositifs de financement des administrations locales, le mécanisme de répartition de l'impôt et les dotations intergouvernementales, sont difficiles à distinguer l'un de l'autre » (Blochliger et Petzold, 2009).

Comme pour les dotations, le partage des recettes fiscales témoigne d'un engagement de l'administration centrale à corriger le déséquilibre vertical. Cet engagement peut toutefois évoluer au fil du temps. En Hongrie, l'impôt sur le revenu des personnes physiques est perçu par l'administration centrale et redistribué à l'échelon local. En 1990, la totalité de son produit était redistribuée sur la base des montants recouvrés dans les limites de la collectivité ; en 2006, 8 % seulement l'étaient, et 20 % à 25 % étaient redistribués à d'autres municipalités selon une formule de péréquation. Depuis 2011, la part répartie selon l'origine des montants recouvrés (8 %) est supprimée (Barati-Stec, 2012). Parfois, une administration centrale, provinciale ou, comme dans le cas de Lima (Pérou), locale bien établie peut percevoir certains impôts pour le compte d'autres administrations, et leur en remettre le produit après déduction d'une commission correspondant aux frais de recouvrement (Mikesell, 2003).

Le partage des recettes fiscales est un trait distinctif de plusieurs systèmes fédéraux, développés et en développement (Rao, 2007). Parmi les pays de l'Organisation de coopération et de développement économiques qui le pratiquent, on citera l'Autriche (où le Parlement national définit tous les quatre ans la répartition des impôts sur le revenu des personnes physiques et morales, de la taxe foncière et des taxes à la valeur ajoutée) et l'Allemagne, où la répartition du produit central des impôts sur le revenu des personnes physiques et morales et de la taxe sur la valeur ajoutée est déterminée par le Parlement national (le Bundestag, représentant l'administration centrale) avec le consentement des autorités des États et des autorités locales (Blochliger et Rabesona, 2009). L'Australie affecte l'intégralité des recettes perçues au titre de la taxe sur les produits et services aux États en fonction d'une formule de péréquation ou de « relativités ». Les versements au titre de la péréquation sont diminués d'un montant proportionnel au pourcentage du produit de la taxe sur les produits et services qu'ils reçoivent. En réalité, ce dispositif a simplement pour objectif de garantir un pourcentage de péréquation.

Les besoins financiers grandissants des collectivités locales dans les pays de « transition » ayant récemment engagé un processus de décentralisation ont conduit plusieurs pays post-socialistes, outre le cas déjà cité de la Hongrie, à adopter un système de fiscalité partagée (tableau 1.3). En Russie, par exemple, l'administration centrale partage désormais avec les *oblasts*, l'intégralité du produit de l'impôt sur le revenu des particuliers, une part du produit de la TVA, et un pourcentage du produit de l'impôt sur le revenu des sociétés. En Roumanie, les collectivités locales ont droit à une partie des impôts sur les bénéfices et les dividendes perçus par l'administration centrale sur les entreprises locales. Dans ces pays, l'État peut réduire son déficit en diminuant le pourcentage des impôts attribué aux collectivités locales, lorsque la pression fiscale à l'échelon central s'accentue, comme cela s'est produit en Hongrie.

Une autre caractéristique des pays en transition est que les recettes fiscales sont souvent réparties en fonction de leur origine, en partie parce que les collectivités locales tiennent à maintenir le principe d'un droit de recouvrement à la source et veulent exercer leur droit fondamental aux recettes fiscales produites sur leur territoire. Des problèmes surgissent parfois lorsqu'elles recouvrent les recettes et doivent les transférer à l'administration centrale, en prélevant la part qui leur revient conformément aux ratios prédéterminés ou établis par contrat.

En Indonésie, bien que l'essentiel du dispositif de partage des recettes fiscales repose sur le principe de l'origine, l'impôt sur la pêche et l'impôt foncier utilisent « l'égalité des parts » comme critère supplémentaire. La part de 9 % de la taxe foncière revenant à l'État central est en réalité une commission destinée à rémunérer l'administration fiscale nationale pour le recouvrement et la gestion de l'impôt. Il convient de noter que la répartition du produit de l'impôt sur le revenu des personnes physiques se fonde sur le lieu de travail, et non sur le lieu de résidence, presque universellement utilisé. Outre leur pourcentage des recettes fiscales nationales, les collectivités locales reçoivent leur part de quatre taxes provinciales : la taxe sur les véhicules (30 %), la taxe sur la mutation des véhicules (30 %), la taxe sur les carburants (70 %), et la taxe sur l'eau (70 %). La contribution de ces taxes à l'ensemble des recettes locales est toutefois relativement modeste. En 2009, 84,5 % des recettes pétrolières sont revenues à l'administration centrale et 15,5 % aux collectivités locales. Le partage des recettes gazières

Tableau 1.3   Partage des recettes fiscales dans les pays d'Europe du Sud-Est

Pays	Impôt	Part locale en pourcentage
Bulgarie	Revenu des personnes physiques	50
Croatie	Revenu des personnes physiques	52
	Foncier	60
Macédoine	Revenu des personnes physiques	3
Monténégro	Revenu des personnes physiques	10
	Foncier	50
	Ressources naturelles	30
Roumanie	Revenu des personnes physiques	77
Slovénie	Revenu des personnes physiques	50
Serbie	Revenu des personnes physiques	40
	Droits de succession	100
	Droits de mutation	100
Turquie	Tous les impôts perçus à l'échelon national	5

Source : NALAS, 2008.

était de 69,5 % pour l'État central et de 30,5 % pour les régions. Les collectivités locales reçoivent un supplément de 0,5 % des recettes pétrolières et gazières, qui est affecté à l'augmentation des dépenses locales allouées à l'enseignement primaire. Le partage de ces recettes a été instauré pour satisfaire aux réclamations des provinces riches en ressources naturelles, celles-ci faisant valoir qu'elles assumaient les coûts de développement et les conséquences environnementales de leur exploitation alors que seul l'État central en recueillait les bénéfices.

Transferts fondés sur les résultats

Les dotations ou subventions, sans contrepartie, fondées sur les résultats peuvent être utilisées si la dotation a pour objet de permettre à l'administration bénéficiaire de prendre en charge des dépenses prioritaires pour l'État central (par exemple quand celui-ci détermine l'existence d'effets « externes » ou « d'entraînement » positifs nets pour une région ou pour l'ensemble du pays) ou lorsque l'obligation de résultats est l'objectif visé. Les transferts fondés sur les résultats respectent l'autonomie locale et la souplesse budgétaire, et offrent, en parallèle, des incitations et des mécanismes de responsabilisation dans l'objectif d'améliorer la prestation de services. Ils peuvent aussi donner aux citoyens les moyens d'agir en améliorant leurs connaissances concernant le lien entre le financement des dotations et les résultats en matière de prestation de services (comme au Canada et au Chili, comme décrit ci-dessous). Ces transferts imposent des conditions fondées sur les résultats à obtenir tout en laissant une marge de manœuvre dans la conception des programmes et la définition des niveaux de dépenses nécessaires à la réalisation de ces objectifs. Ils aident les villes à se recentrer sur la chaîne de résultats et sur le dispositif de production de services le plus efficace.

Pour répondre aux objectifs de la dotation, un responsable municipal examine la chaîne de résultats afin de déterminer si les activités programmées sont susceptibles ou pas d'aboutir aux résultats souhaités (voir le graphique 1.1). Pour cela, il faut 1) assurer le suivi des activités par rapport aux ressources utilisées, 2) évaluer la quantité et la qualité des biens et services fournis, 3) s'assurer des bénéfices apportés aux consommateurs et contribuables et, 4) déterminer les retombées et conséquences à long terme des activités programmées. Cette démarche renforce l'adhésion et la responsabilité conjointes du mandant et de l'agent dans la réalisation d'objectifs communs en mettant l'accent sur la confiance réciproque. Les rapports internes et externes accordent désormais plus d'importance aux résultats.

Le programme de Transfert canadien en matière de santé est un exemple de système de dotation axé sur les résultats (Shah, 2007). Ce programme a permis aux provinces canadiennes d'assurer à tous les citoyens l'accès à des soins de qualité, indépendamment de leurs revenus ou de leur lieu de résidence. On citera comme autres exemples le système chilien de dotations par élève allouées à toutes les écoles, dont une dotation supplémentaire de 25 % sous forme de prime salariale aux enseignants des établissements qui obtiennent les

Graphique 1.1 La chaîne de résultats dans le secteur de l'éducation

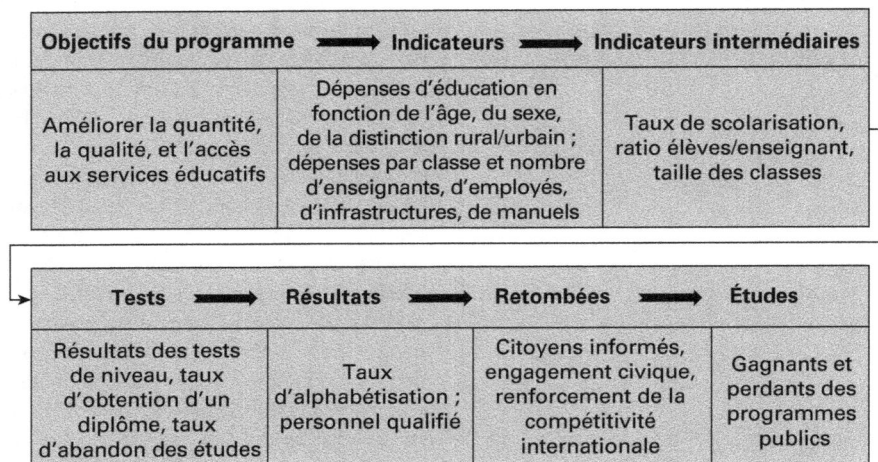

Objectifs du programme ➡ Indicateurs ➡ Indicateurs intermédiaires		
Améliorer la quantité, la qualité, et l'accès aux services éducatifs	Dépenses d'éducation en fonction de l'âge, du sexe, de la distinction rural/urbain ; dépenses par classe et nombre d'enseignants, d'employés, d'infrastructures, de manuels	Taux de scolarisation, ratio élèves/enseignant, taille des classes

Tests ➡ Résultats ➡ Retombées ➡ Études			
Résultats des tests de niveau, taux d'obtention d'un diplôme, taux d'abandon des études	Taux d'alphabétisation ; personnel qualifié	Citoyens informés, engagement civique, renforcement de la compétitivité internationale	Gagnants et perdants des programmes publics

Source : Shah, 2007.

meilleurs résultats (Gonzalez, 2005) ; la dotation de l'administration centrale chilienne aux autorités municipales pour subventionner la consommation d'eau et l'utilisation des réseaux d'assainissement des populations défavorisées (Gomez-Lobo, 2001) ; des transferts par habitant, pour l'éducation, de l'administration centrale en Afrique du Sud et en Colombie ; et les dotations par élève de l'administration fédérale aux États pour l'enseignement secondaire, et aux municipalités pour l'enseignement primaire au Brésil (Gordon et Vegas, 2004).

L'administration des transferts

Définir un système de transferts intergouvernementaux n'est pas une tâche facile. L'État peut soit s'en charger directement, soit le déléguer à une entité indépendante. Un organisme autonome peut participer à la conception et à l'application des mécanismes financiers. Il peut être doté d'un véritable pouvoir de décision, ou intervenir à titre purement consultatif. Les ressources financières du budget de l'État proviennent de différentes sources, et notamment des impôts générés par les activités exercées dans les

municipalités. Une question fondamentale consiste à définir comment allouer la part qui revient à ces dernières. Il est de bonne règle de transférer les ressources aux municipalités selon une formule clairement établie, comme dans les cas évoqués dans l'encadré 1.7, qui présente les formules appliquées en Afrique du Sud et en Arabie saoudite. La formule sud-africaine est complexe ; elle recouvre les dotations générales, les dotations de développement et un facteur de péréquation pour tenir compte des capacités contributives différentes. La formule saoudienne n'alloue que des dotations de développement, tout en tenant compte des besoins généraux (évalués en fonction de la population et de la superficie) et des besoins en infrastructures (évalués d'après la pénurie en infrastructures et équipements et leur coût). Les formules de transfert relèvent à la fois de considérations techniques et politiques, ces dernières prenant souvent le pas sur les premières. Ainsi, certaines formules changent tous les ans et finissent par comporter une douzaine de variables (comme en Jordanie) qui sont souvent redondantes, incompatibles et contradictoires, et compromettent l'efficacité du mécanisme de transfert.

La mise au point du dispositif de transfert prévoit couramment la désignation d'une commission des dotations indépendante, une instance intergouvernementale, ou une instance intergouvernementale avec participation de la société civile. La commission peut être permanente, comme en Afrique du Sud et en Australie, ou se réunir à intervalles réguliers, comme en Inde, où des commissions de dotations indépendantes relevant des États dispensent des conseils sur les relations financières entre l'administration de l'État et

---

Encadré 1.7 Formules de calcul des transferts fiscaux — Afrique du Sud et Arabie saoudite

L'Afrique du Sud applique une formule de partage équitable aux transferts de l'État aux collectivités locales. Le montant de la dotation est calculé comme suit :

$$Dotation = (BS + D + I - R) \pm C,$$

où *BS* est la composante « services de base », *D* la composante développement, *I* la composante « appui institutionnel », *R* le facteur de péréquation, et *C* un facteur de correction et de stabilisation.

La composante « services de base » vise à donner aux municipalités les moyens d'assurer les services essentiels (eau, assainissement, électricité, collecte des ordures, etc.) et d'offrir ces services gratuitement aux ménages dont les revenus mensuels sont inférieurs à 800 rands (111 dollars). (Le 1er avril 2006, les services de salubrité de l'environnement ont été intégrés aux services de base). Comme, de par leur nature, les services de salubrité de l'environnement bénéficient à tous les habitants d'une municipalité, cette sous-composante est calculée sur l'ensemble des ménages, pas seulement sur les ménages défavorisés. À chaque service de base subventionné correspondent deux niveaux d'aide : une subvention intégrale pour les ménages qui bénéficient effectivement des services de la municipalité, et une subvention partielle pour ceux qui n'en bénéficient pas, actuellement fixée à un tiers du coût de la subvention accordée aux ménages desservis.

La composante « développement » a été fixée à zéro lorsque la formule actuelle a été établie le 1er avril 2005.

Sources : Shah, 2007 ; et les auteurs.

La composante « appui institutionnel » complète l'enveloppe allouée à une municipalité pour les coûts d'administration et de gestion. Elle est importante pour les municipalités défavorisées qui, souvent, ne peuvent percevoir des recettes suffisantes pour financer ces coûts.

Le facteur de péréquation mobilise d'autres ressources pour financer le coût des services de base et l'infrastructure administrative. La méthode se fonde sur le rapport entre la capacité de prélèvement fiscal prouvée des municipalités qui communiquent des informations et les chiffres objectifs figurant dans *Statistics South Africa* afin d'évaluer cette capacité pour l'ensemble des municipalités.

Les autorités saoudiennes ont établi une formule de transfert pour distribuer les dotations de développement en 2009, les collectivités locales étant censées financer leurs dépenses de fonctionnement sur leurs propres recettes. La formule adoptée alloue les fonds réservés au développement de telle sorte que la dotation se fonde à 35 % sur la population, à 20 % sur la superficie, à 10 % sur l'indice des coûts de construction, et à 35 % sur le déficit d'infrastructure. La formule s'énonce plus précisément comme suit :

$$0,35*(Pop_i \sum Pop) + 0,20*(Area_i \sum Area) + 0,10* ICC + 0,35* Infgap$$

Elle est claire et simple, mais nécessite des données détaillées pour estimer l'indice du coût de la construction et le déficit d'infrastructure.

les collectivités locales. Les commissions financières indiennes ayant une fonction consultative, leurs recommandations ne sont pas toujours adoptées. Dans un cas, au Kerala, presque toutes les recommandations de la commission ont été suivies par l'État (Shah, 2007).

D'autres pays, comme l'Allemagne et le Canada, disposent d'instances intergouvernementales ou de comités fédéraux-provinciaux qui négocient l'agencement du mécanisme de transferts financiers. Une autre solution consiste à établir un comité réunissant les différents échelons de l'administration et la société civile, avec représentation paritaire de toutes les unités constitutives, présidé par les autorités fédérales, pour négocier les modifications aux relations financières entre l'État fédéral et les collectivités. Au Pakistan, par exemple, les commissions provinciales des finances définissent et gèrent les transferts des provinces aux municipalités. Les allocations sont calculées en fonction d'une règle de partage des recettes entre le gouvernement fédéral et les provinces. Chaque province est ensuite habilitée à définir la formule de répartition de ses allocations aux autorités locales.

En Inde, la fonction cruciale des commissions des finances des États consiste à déterminer les transferts de l'État aux organismes locaux sous la forme de partage des recettes et de dotations. Depuis l'adoption du 80e amendement de la Constitution, qui a fait suite à la recommandation de la dixième Commission des finances (1995-2000), un certain pourcentage des impôts de l'Union est distribué aux États. Beaucoup de commissions des finances ont également adopté ce système, car il permet aux administrations locales de bénéficier du dynamisme des impôts et des taxes de l'État. Par ailleurs, la transparence, l'objectivité et la visibilité sont des aspects importants dans la définition et la mise en œuvre des mécanismes de transferts. Les administrations locales doivent pouvoir anticiper, au début de chaque exercice budgétaire, la part de ressources qui leur revient. Un tel dispositif leur permet de prendre en considération l'ensemble de l'économie pour établir leur propre budget annuel, et les incite à générer leurs propres recettes et à mobiliser des ressources complémentaires.

Péréquation fiscale

Comme indiqué plus haut, la répartition des compétences et des ressources dans un pays pratiquant la décentralisation donnent généralement lieu à des déséquilibres entre collectivités locales, celles-ci ne disposant pas des mêmes moyens et ne devant pas répondre aux mêmes besoins. L'organisation de la décentralisation provoque aussi souvent des déséquilibres en faveur de l'Etat, les recettes fiscales étant rarement aussi décentralisées que les responsabilités. Pour remédier à ces déséquilibres, mais également dans l'objectif de répondre à d'autres objectifs de politiques publiques, les dotations de péréquation et autres transferts intergouvernementaux sont devenus des éléments fondamentaux de la réforme du financement des collectivités locales partout dans le monde (Martinez- Vasquez, 2007).

La péréquation peut être utilisée pour garantir un niveau (minimum) de services rendus à l'échelon local, parallèlement à l'objectif plus large de réduire les écarts de capacité de financement entre collectivités locales. Une question essentielle consiste à définir si une dotation assure véritablement cette *égalisation* entre des municipalités dont les patrimoines financiers et économiques sont différents (disparités financières). l'État peut décider de limiter l'impact de la péréquation : i) pour des raisons de ressources, ii) pour ne pas pénaliser certaines collectivités, et iii) pour ne pas rendre trop dépendantes les collectivités défavorisées. Élaborer une formule de répartition qui garantisse un bon niveau de péréquation entre l'ensemble des collectivités est un exercice difficile.

Les autorités des pays développés et en développement sont confrontées à des difficultés considérables avec l'instauration et la réforme des dotations de péréquation et des autres types de transferts intergouvernementaux. Ces difficultés sont liées à l'absence de cadre de référence précis et au manque d'information sur les bonnes pratiques internationales. Par exemple, faut-il prendre les besoins en dépenses d'investissement des collectivités locales en considération dans les dotations de péréquation ? Les commissions des dotations indépendantes sont-elles le mécanisme institutionnel à retenir pour mettre en œuvre les dotations de péréquation ? Quel est le bon équilibre entre les éléments conditionnels et inconditionnels du dispositif de dotation ? Faut-il s'efforcer de combler les écarts entre les ressources, entre les dépenses, ou les deux à la fois ? Par ailleurs, comment mesurer ces écarts avec des données limitées (Vaillancourt, 2002 ; Box et Martinez-Vazquez, 2004 ; Hofman et Guerra, 2007) ? La péréquation, lorsqu'elle n'est pas faite correctement, peut inciter les régions à prendre des mesures pour influer sur le montant de leurs dotations, et entraîner des pertes de qualité dans le niveau de services rendus.

La plupart des gouvernements d'Asie de l'Est et du Sud sont soucieux d'offrir à leur population un accès aux services, qui soit équitable et s'intéressent par conséquent à la répartition des ressources financières entre les collectivités locales qui assurent ces services. Des pays comme l'Indonésie ont inscrit dans la Constitution un objectif explicite d'équité entre ces dernières. Les constitutions d'autres pays, comme les Philippines ou la Chine, prennent l'engagement ferme d'assurer l'égalité d'accès aux services, et la prestation de bon nombre d'entre eux est dévolue aux collectivités locales (Hofman et Guerra, 2007).

En Asie de l'Est, de nombreux systèmes de péréquation présentent des exemples intéressants. Tous assoient la répartition des ressources sur une formule, et la plupart déterminent le montant du fonds général de dotations selon une formule également. Dans certains pays, le dispositif de péréquation tient compte à la fois de la capacité de recettes et des besoins en dépenses, tandis que d'autres (Thaïlande et Philippines) prennent en considération uniquement les besoins en dépenses. Le montant du fonds de dotations varie considérablement selon les pays. En Indonésie et aux Philippines, les dotations de péréquation constituent l'essentiel des transferts de l'administration centrale aux collectivités locales, alors qu'en Thaïlande et en Chine, les dotations affectées prédominent. Outre la dotation de péréquation, le modèle de répartition des dotations affectées comporte parfois des éléments de péréquation. Dans d'autres cas, en revanche, ces transferts ne sont pas orientés sur les régions défavorisées et peuvent même avoir un effet de contre-péréquation.

En Indonésie la dotation de péréquation, dénommée *Dana Alokasi Umum*, ou DAU, est devenue une composante essentielle du mécanisme de transferts intergouvernementaux. Le financement de la DAU se compose à 25 % de recettes de l'administration centrale après partage du produit de l'impôt avec les régions. Dix pour cent de la DAU sont alloués à l'échelon provincial, qui intervient relativement peu dans la prestation des services publics, et 90 % sont attribués aux municipalités. globalement cette dotation finance 70 % des dépenses des collectivités locales et 50 % de celles des administrations provinciales. La DAU est distribuée selon une formule qui tient à la fois compte des ressources et des besoins en dépenses. On entend par ressources les recettes propres potentielles, auxquelles s'ajoutent les recettes fiscales partagées plus 75 % des recettes tirées des ressources naturelles. Les besoins en dépenses sont définis en fonction de la population, du taux de pauvreté, de la superficie, et de l'indice du coût de la construction en tant qu'indicateur des particularités géographiques. Outre la formule d'allocation, une partie de la DAU est distribuée en fonction des schémas de dépenses antérieurs, généralement pour tenir compte d'effets transitoires intervenus lors de la décentralisation de 2001. Elle comporte enfin une dotation forfaitaire par région. Le nouveau dispositif de dotations affectées, le *Dana Alokasi Khusus* (DAK), demeure restreint par rapport au système général de dotations (3 % environ des dotations totales), mais il comporte aussi un élément de péréquation sous forme de financement de contrepartie obligatoire : les régions dotées d'une faible capacité financière versent la somme de contrepartie minimale (10 %), tandis que les régions disposant de moyens substantiels versent jusqu'à 50 % à ce titre.

En Chine, un montant ad hoc est réservé aux transferts aux 16 provinces les plus défavorisées et distribué sur la base de la péréquation. La réforme du dispositif de partage des recettes fiscales de 1994 a certes instauré un mécanisme de péréquation fondé sur une formule, mais celui-ci est encore en phase « transitoire » et dispose de fonds limités. Le mécanisme basé sur une formule fait appel à plusieurs variables : PIB des provinces, ratio élèves/enseignant, nombre de fonctionnaires et densité démographique. Son ampleur demeure modérée, et chaque province bénéficiaire ne perçoit qu'une fraction des besoins budgétaires déterminés par la formule d'allocation des transferts. En 2001, le dispositif de péréquation ne représentait que 3 % des transferts de l'administration centrale.

Les mécanismes de péréquation diminuent les disparités financières entre collectivités, mais celles-ci subsistent malgré tout. Les inégalités persistent pour diverses raisons :

- Les besoins en dépenses peuvent varier sensiblement, par exemple en raison d'importants écarts de coûts entre les différentes collectivités locales ou d'une asymétrie de la décentralisation ; autrement dit, certaines régions sont plus performantes que d'autres.

- La priorité donnée par l'administration centrale à la mobilisation des recettes. Si les dotations de péréquation sont trop importantes ou mal conçues, les collectivités locales risquent d'être moins enclines à mobiliser leurs propres recettes, au détriment des rentrées fiscales de l'État.

- Les inégalités interrégionales risquent de provoquer des migrations à destination de régions aux perspectives économiques plus favorables.

- Les régions défavorisées sont parfois moins en mesure de gérer des fonds que les régions riches, ou moins soucieuses de faire reculer la pauvreté que l'État central.

- Les régions riches sont également des régions puissantes et n'aiment pas se voir devancer par les régions plus défavorisées. Il est difficile pour l'administration centrale de prendre les recettes fiscales des régions riches pour les redistribuer (Hoffman et Guerra, 2007).

Structuration des transferts

La gestion financière des collectivités locales est plus aisée si les transferts sont structurés et exécutés avec efficacité et simplicité, au moyen d'une formule de base fondée sur des données aisément disponibles. Les principes suivants seront utiles à l'aménagement du dispositif de transferts :

- *Clarté des objectifs.* Les objectifs de la dotation doivent être clairs et précis.

- *Autonomie.* Les collectivités locales doivent être totalement autonomes et libres de fixer leurs priorités.

- *Adéquation des recettes.* Les collectivités locales doivent disposer de moyens suffisants pour remplir les responsabilités qui leur sont conférées.

- *Réactivité.* Le programme de dotations doit être assez souple pour s'adapter aux aléas de la situation financière des municipalités.

- *Équité.* Les sommes allouées doivent varier en raison directe des facteurs relatifs aux besoins financiers, et inversement à la capacité contributive de chaque collectivité.

- *Prévisibilité.* Le mécanisme doit permettre la publication de projections à cinq ans des financements disponibles pour assurer la prévisibilité du montant total du fonds de dotations et des parts allouées aux collectivités locales.

- *Transparence.* La formule et les allocations doivent être largement diffusées de manière à mobiliser le plus vaste consensus possible quant aux objectifs et au fonctionnement du programme.

- *Efficience.* La conception du dispositif doit être neutre en ce qui concerne les choix des collectivités locales en termes d'allocation des ressources à différents secteurs ou types d'activité.

- *Simplicité.* L'allocation des dotations doit se fonder sur des facteurs objectifs sur lesquels les différentes administrations exercent peu de contrôle. La formule doit être facile à comprendre de manière à ne pas récompenser les plus compétents en matière de demande de dotations.

- *Incitations.* Le dispositif doit être conçu de manière à encourager une gestion financière raisonnée et à décourager les pratiques inefficaces.

- *Impact.* Tous les programmes de dotations créent des gagnants et des perdants. Il convient de définir à qui un programme bénéficiera et sur qui il aura des effets négatifs pour déterminer son utilité et sa viabilité globales.

- *Préserver les objectifs de l'administration à l'origine du transfert.* La meilleure pratique à cet égard consiste à spécifier dans les conditions régissant la dotation les résultats à atteindre (dotations fondées sur les résultats) et à laisser les municipalités décider de l'utilisation des fonds.

- *Faisabilité.* Le programme de dotations doit tenir compte des contraintes budgétaires des bailleurs de fonds.

- *Objectif unique*. Chaque programme doit viser un objectif unique.

- *Responsabilité des résultats*. L'administration à l'origine de la dotation ou un échelon supérieur de l'administration doit être responsable de la conception et du fonctionnement du programme. La municipalité doit être comptable, vis-à-vis de cette administration et de ses administrés, de l'intégrité financière et des résultats, à savoir des améliorations apportées à la prestation des services.

Dispositif de transferts insatisfaisant ou préjudiciable

Le dispositif de transferts peut être jugé insatisfaisant ou préjudiciable dans les cas suivants :

- Un *syndrome de dépendance* peut surgir quand les collectivités locales savent qu'il y aura toujours quelqu'un pour assumer leurs dépenses.

- *L'autonomie* de décision en matière de recettes et de dépenses peut disparaître, surtout quand les transferts sont conditionnels ou motivés par le clientélisme politique.

- La *pérennité* risque de ne pas être assurée si des mécanismes spécifiques ne sont pas intégrés au dispositif, de sorte que les transferts servent des objectifs à court terme et ne contribuent pas au renforcement du système de transferts financiers intergouvernementaux. C'est généralement le cas des transferts ponctuels dérivant du clientélisme politique (comme les allocations spéciales versées à chaque membre de l'assemblée provinciale au Pakistan). Un problème analogue survient quand aucun mécanisme n'est mis en place pour assurer le fonctionnement et l'entretien durables d'investissements existants par des transferts ponctuels.

- Le *renforcement des capacités* est compromis lorsque les transferts reposent sur des systèmes qui n'incitent pas les collectivités locales à mettre en place leurs propres mécanismes de conformité. Parfois, les obligations administratives et de conformité sont trop complexes, et les données requises ne sont pas toujours disponibles, ce qui participe des coûts de transaction élevés liés aux transferts. Le problème est exacerbé quand les collectivités locales disposent seulement de

ressources humaines restreintes pour gérer les exigences considérables des échelons supérieurs en matière de notification.

- Les « *dotations au déficit* » — des transferts spécifiques destinés à financer les déficits des municipalités — sont très pernicieuses et risquent de créer des incitations contraires aux effets visés, à moins d'être assorties de conditions très rigoureuses.

- La *responsabilisation* est mise en échec lorsque les transferts ne font pas l'objet d'un suivi pour vérifier que les responsables locaux sont en mesure de rendre compte honorablement de l'utilisation des fonds transférés.

Problèmes relatifs aux données concernant la péréquation

Le débat sur les inégalités financières, et les relations financières intergouvernementales plus généralement, requiert davantage de données. En l'absence d'informations supplémentaires sérieuses sur l'ampleur des inégalités et leur évolution dans le temps, une discussion relative aux inégalités acceptables ou souhaitables risque de reposer sur des critères et une volonté politique fragiles. Dans la plupart des pays en développement, il n'existe guère de données financières sur les collectivités locales. Pour les échelons inférieurs au premier niveau de décentralisation, elles sont encore plus rares. Des informations relatives aux différences en matière de services rendus sont également indispensables. La collecte de données plus solides passe par l'établissement de mécanismes de suivi à l'intérieur de l'administration publique, ce qui nécessite des moyens considérables. L'Indonésie, par exemple, a réussi à tenir à jour, au sein de l'administration centrale, une base de données financières sur les collectivités qui — grâce à des lois qui exigent des régions qu'elles communiquent des rapports — contient des informations concernant la plupart de ses 410 collectivités locales. En Chine, les données nécessaires existent au niveau des collectivités locales qui les établissent, mais comme les informations sont agrégées à chaque échelon de l'administration, l'État central ne dispose guère de renseignements pertinents sur la situation financière aux niveaux infranationaux. Certains pays devront procéder à des ajustements de leurs systèmes comptables et de leur classification budgétaire pour obtenir des données de meilleure qualité. Par ailleurs, des analyses plus fréquentes des données s'imposent pour éclairer le débat public. À terme, les pays doivent s'attacher à examiner régulièrement les résultats et les progrès de leurs mécanismes financiers intergouvernementaux, notamment des disparités budgétaires et de celles concernant la prestation de services. L'Indonésie, suivant l'exemple très probant de l'Afrique du Sud, a ainsi entrepris de procéder à des examens financiers intergouvernementaux ; ces rapports permettront aux autorités d'évaluer leurs systèmes à intervalles réguliers.

En résumé, qu'un renforcement ou une diminution de la péréquation soit souhaitable, la conception des dispositifs intergouvernementaux est susceptible d'être améliorée. La plupart des pays doivent définir un objectif plus général pour l'ensemble de leur dispositif. L'administration centrale doit déterminer ses objectifs et priorités en matière de péréquation (à savoir les niveaux de revenus, la capacité de financement, les besoins en dépenses, les recettes disponibles par personne) dans le cadre d'une évaluation en règle du contexte politique. Les objectifs visés par les dotations de péréquation sont souvent imprécis, de sorte que certains présentent les caractéristiques de dotations affectées. Un objectif plus global consisterait à faire en sorte que chaque collectivité locale soit en mesure de fournir un niveau minimal de biens et de services publics.

Les mécanismes de dotations basées sur les résultats dans le monde en développement

Les collectivités locales reçoivent des transferts soit sous la forme de dotations générales fondées sur une formule ou définies selon des critères comme la population, la pauvreté, l'éloignement, soit sur la base de conditions de résultats. Comme analysé plus haut dans la section portant sur les catégories de transferts, les mécanismes de transferts basés sur les résultats sont utilisés pour favoriser les réformes de la gouvernance et du développement institutionnel, notamment la gestion financière, la transparence et la participation et l'engagement des citoyens. La présente section résume les conditions permettant d'obtenir des transferts intergouvernementaux en fonction de divers critères de résultats.

Accès aux dotations basées sur les résultats

Certains transferts d'un échelon supérieur de l'administration (autorités centrales, de l'État fédéré ou provinciales) sont subordonnés à des résultats généraux dans des domaines, tels que l'exécution budgétaire, la mobilisation des recettes et la prestation de services. Ces dotations complètent souvent les transferts de base alloués aux collectivités locales indépendamment de leurs efforts ou de leurs progrès. L'encadré 1.8 décrit le système népalais de « conditions minimales et mesure de la performance » (Minimum Conditions and Performance Measurement — MCPM) qui offre des incitations en fonction de l'amélioration des services de base locaux. La Banque mondiale finance d'autres programmes analogues comportant des mesures de la performance, notamment le Programme ougandais de renforcement des collectivités locales, le Projet portant sur les collectivités locales et la prestation de services au Kerala, le Projet de renforcement institutionnel du Bengale occidental, et le Projet de soutien à la gouvernance locale du Bangladesh.

Les transferts accordés à une municipalité sous réserve de résultats s'appuient sur une formule logique qui tient compte de facteurs comme la population et la superficie. Généralement, les dotations sont allouées en fonction de chiffres antérieurs ou d'une formule simple. La formule du Népal, par exemple, tient compte de la population (50 %), de la superficie (10 %), de la pauvreté (25 %), et de la capacité contributive (15 %). Les municipalités doivent néanmoins se conformer aux conditions minimales ou de base pour obtenir leur dotation. Le respect de ces conditions est la condition sine qua non pour obtenir les transferts. Les conditions minimales prévoient des sauvegardes pour ramener les risques fiduciaires à des niveaux acceptables. Une collectivité locale peut ainsi être jugée admissible aux transferts sur la base d'audits favorables, de l'établissement périodique de rapports financiers trimestriels et de preuves d'une planification participative.

Les dotations basées sur les résultats reposent sur une hypothèse fondamentale, à savoir qu'elles induiront chez les autorités municipales, soucieuses de leurs résultats, le comportement souhaité. Il convient de noter que le débat théorique sur la question de savoir si les transferts améliorent la mobilisation des recettes n'a toujours pas abouti. Du point de vue opérationnel, toutefois, le processus vise à démontrer clairement aux autorités municipales que « l'on n'a rien sans rien ». Comme indiqué plus haut, les dotations

Encadré 1.8 Conditions minimales et évaluation des résultats

Le dispositif « de conditions minimales et de mesure de la performance » (Minimum Conditions Performance Measurement system — MCPM) vise à augmenter les dotations accordées aux collectivités locales dans l'ensemble du pays et à créer des incitations pour les encourager à améliorer leurs résultats et leur conformité aux normes de gouvernance, ceci en fonction de 35 critères d'évaluation.

Ces dotations globales et inconditionnelles ont pour objectif d'aider les collectivités locales à augmenter leur offre de biens et de services publics et à répondre de manière plus efficace aux besoins et aux priorités de leurs administrés. Elles devraient aussi favoriser l'autonomisation en renforçant la participation des citoyens à la gouvernance locale. Les conditions minimales et les mesures de la performance sont associées

aux dotations de développement destinées à améliorer les résultats dans des domaines fondamentaux comme la planification, la gestion financière, la gouvernance et la transparence.

Les conditions minimales servent à garantir que les fonctions critiques (approbation en temps voulu du budget et du programme annuels) des organismes locaux seront effectivement assurées. Le ministère du Développement local ajuste chaque année les dotations des collectivités locales en fonction de la note que l'évaluation MCPM leur a attribuée. Les organismes locaux qui satisfont aux conditions minimales et se voient attribuer une note de performance élevée reçoivent une dotation d'investissement complémentaire que n'obtiennent pas celles qui ne remplissent pas les conditions minimales.

Source : autorités népalaises.

---

basées sur les résultats ne tiennent plus exclusivement compte des intrants, mais intègrent la notion selon laquelle les autorités municipales sont responsables des améliorations en matière de résultats. Les municipalités satisferont probablement aux objectifs de l'administration centrale en s'efforçant de produire des résultats démontrables qui leur permettront par la suite d'obtenir des transferts plus élevés. Un mécanisme de dotations basées sur les résultats bien conçu peut donc procurer des avantages à la fois à l'administration centrale et aux municipalités. Divers problèmes — notamment le manque de données, l'insuffisance des capacités à l'échelon municipal, l'accaparement des ressources par les élites, la corruption, et l'absence de volonté — peuvent néanmoins faire obstacle à la mise en place d'un mécanisme bien intentionné de dotations fondées sur les résultats.

Amélioration des résultats : objectifs et indicateurs

Les collectivités locales doivent souvent apporter la preuve d'améliorations en matière de gestion des finances publiques pour obtenir des dotations fondées

sur les résultats. D'autres indicateurs, portant par exemple sur la problématique homme-femme, la pauvreté et les questions environnementales, sont parfois pris en considération. Le processus consiste à attribuer des coefficients de pondération et des notes à un groupe d'indicateurs examinés dans un contexte particulier. Par exemple, dans certains cas, un plus grand poids sera donné à la planification et à l'établissement du budget, dans d'autres, l'accent sera mis sur la mobilisation des recettes. Cette décision est délibérée et se fonde sur la volonté d'inciter les collectivités locales à modifier leur comportement dans un domaine précis. L'évaluation est conduite par une équipe de spécialistes (dans l'idéal d'avis indépendant) et les notes sont communiquées aux administrations locales et centrales dans les délais voulus pour leur permettre de prendre des décisions concernant le cycle suivant de dotations. Le tableau 1.4 présente des exemples d'indicateurs et leurs objectifs correspondants.

Considérations relatives aux données

Pour élaborer et établir un dispositif de transferts performant, il faut disposer des données financières nécessaires. Une source essentielle de données est généralement le budget municipal, qui donne une vue synthétique de la configuration des recettes et des dépenses annuelles. D'autres données (quantitatives ou qualitatives) peuvent entrer en jeu, par exemple dans les cas où les municipalités sont tenues de prouver à l'administration centrale qu'elles ont obtenu une note spécifique pour pouvoir bénéficier de la dotation. Il s'agira par exemple d'une condition minimale imposée aux municipalités d'organiser un processus de planification participative, avec communication des procès-verbaux détaillés, et d'établir un plan annuel de qualité rattaché au plan de développement quinquennal. Les municipalités seraient alors notées en fonction de ce critère dans le cadre de l'évaluation visant à déterminer leur admissibilité à la dotation, par exemple selon une échelle comprise entre 1 (note minimale) et 10 (note maximale).

Une telle combinaison de données qualitatives et quantitatives peut servir à analyser divers aspects de la politique municipale et prendre des décisions éclairées en matière de gestion des recettes et des dépenses, et à guider les autorités locales dans la programmation de leurs investissements. Farvacque-Vitkovic et Sinet présentent au chapitre 8 des conseils sur la collecte et l'organisation des données municipales et sur les ratios de performance (Autoévaluation des finances municipales — MFSA) en vue d'accompagner les collectivités locales dans leurs activités quotidiennes et leur programme de réformes à moyen terme.

Les dotations fondées sur les résultats peuvent donc avoir pour effet — direct ou indirect — de créer un nouveau jeu de données financières à l'échelon de la population locale. Ce processus améliore les capacités d'organisation, du fait que les autorités municipales, pour obtenir les dotations disponibles, mettent au point des modes de présentation simples

Tableau 1.4   Indicateurs appliqués aux dotations basées sur les résultats

Fonctions	Objectifs	Exemple d'indicateurs
Planification	• Programmation dans le temps • Sélection des projets	• Plan de développement quinquennal • Plan d'investissement triennal
Établissement du budget	• Dans le respect des délais • Crédibilité	• Présentation à la date convenue • Écart entre le budget à moyen terme et le budget réel
Gestion des dépenses	• Efficience • Gestion régulière des contrats • Viabilité des opérations et de la maintenance • Contrôle (actifs, autorisations de dépenses)	• Pourcentage des dépenses effectuées en temps voulu • Programmes d'achats publics en place à la date spécifiée • Création ou actualisation du registre des actifs • Respect des procédures de passation de marchés
Gestion des recettes	• Effort fiscal	• Amélioration du recouvrement des recettes (en pourcentage)
Établissement de rapports financiers	• Ponctualité et précision	• États financiers annuels
Suivi et surveillance	• Audit • Dissémination d'informations • Satisfaction des citoyens	• Publication de l'opinion d'audit • Réponse aux questions des auditeurs • Publication des états financiers annuels • Preuves que des réunions consultatives ont eu lieu

des données financières. Parfois, les collectivités locales ne se rendent même pas compte qu'elles sont en train de mettre en place une base de données financières simple, de qualité. Dans d'autres cas, elles ont besoin d'une assistance pour établir des états financiers simples et faciles à utiliser, des listes de contrôle des registres d'actifs, et des mises à jour de la prestation de services. Si tous ces processus sont correctement effectués et saisis par voie informatique, les collectivités locales seront en mesure d'établir des archives de la gestion des services et de l'information (voir également les chapitres 3 et 8). En Inde (au Kerala, au Bengale occidental, au Tamil Nadu, et au Karnataka par exemple), divers projets de gouvernance électronique ont transformé la façon dont les municipalités saisissent les principales données financières et relatives à la prestation de services, en partie grâce à la révolution des technologies de l'information et de la communication que connaît le pays.

Distorsions dans l'évaluation des résultats

Divers phénomènes et pratiques peuvent fausser les mesures visant à améliorer les résultats des collectivités locales.

Les *mécanismes de transfert ad hoc*, que les auteurs classeraient dans la catégorie des mécanismes et pratiques à éviter, sont des transferts que l'administration centrale alloue aux municipalités sans objectif bien défini, et qui ne se fondent ni sur une formule, ni sur un processus de décision précis. Ces transferts résultent souvent d'un favoritisme politique et, s'ils coexistent avec un dispositif de transfert raisonnablement performant, le système tout entier risque d'être exposé à des distorsions et à des manœuvres déloyales des municipalités. On citera pour exemple les allocations spéciales dont bénéficient les membres des Assemblées provinciales au Pakistan, les « enveloppes pour dotations personnelles ». Il s'agit de fonds remis aux membres des assemblées provinciales et nationale pour qu'ils les distribuent, en grande partie à leur discrétion, à l'appui de projets dans leur circonscription. Les financements de cette nature soulèvent un autre problème en ce qu'ils tendent à fragiliser l'autonomie des collectivités locales.

Les *événements imprévus* peuvent aussi amener l'administration centrale à accorder des transferts (généralement conditionnels) à des fins spécifiques.

Par exemple les séismes, les ouragans, et les inondations catastrophiques peuvent détruire l'infrastructure et les biens et provoquer des décès dans de nombreuses localités. Beaucoup de collectivités locales sont aujourd'hui censées formuler et appliquer une stratégie de réduction des risques de catastrophe. Elles jouent un rôle majeur dans l'apport de secours d'urgence et l'évaluation des dégâts. Quand une catastrophe naturelle se produit, l'administration centrale procède parfois à des transferts.

Les dispositifs de *partage des ressources naturelles* entraînent parfois la mise en place d'un programme de transfert pour dédommager certaines régions et collectivités locales en fonction de leurs richesses naturelles (ou de l'absence de telles richesses). Un mécanisme de cette nature peut être préconisé pour favoriser l'équité entre les autorités locales d'un pays. Un débat majeur se déroule actuellement à ce sujet au Pakistan parce que les provinces peu urbanisées, comme le Baloutchistan, et dotées de ressources abondantes perçoivent une part injustement faible des transferts alloués en fonction de la population ou de la superficie urbanisée. Elles réclament une part plus équitable, basée sur les recettes dérivées de leurs ressources naturelles, mais qui sont souvent réalisées par les provinces industrialisées qui vendent les produits transformés. Un débat du même ordre est en cours en Afrique du Sud avec les investisseurs internationaux (Haysom et Kane, 2009).

Contrats municipaux

Les contrats municipaux sont un autre instrument de première importance fondé sur les résultats. Dans le contexte d'une plus grande décentralisation et d'une plus forte participation des collectivités locales, le contrat municipal est apparu comme un outil utile pour faciliter le choix, la mise en œuvre et le financement des services et infrastructures urbains et faire avancer les réformes de la gestion municipale. De nombreux pays européens ont adopté cette approche. En France, les contrats municipaux ont été institués à titre expérimental dans les années 80. Durant la première décennie du XXIᵉ siècle, 247 contrats municipaux concernant 2 000 municipalités ont été signés au profit de projets intermunicipaux (2 milliards d'euros d'investissements). Les Pays-Bas ont adopté cette formule dans le cadre de leur politique « des grandes villes ». Le Royaume-Uni a opté pour une politique originale fondée sur le « partenariat local stratégique » qui réunit des intervenants locaux (société civile, secteur privé, collectivités locales) dans le but de définir et de financer des projets de quartier. Le pays élargit actuellement l'utilisation de ces contrats à d'autres champs que l'objectif initial de rénovation urbaine. L'Allemagne, la Belgique, le Canada et la Suède ont également expérimenté différentes formes de contrats municipaux. Un contrat municipal est généralement un accord consensuel et contraignant, fondé sur les résultats, conclu entre une municipalité et l'administration centrale pour une durée de quatre à cinq ans. Il comporte généralement un plan d'investissement prioritaire, un plan municipal d'entretien et un programme municipal d'ajustement ou de réforme. En Afrique du Nord, ces contrats ont également été utilisés au Maroc et en Tunisie. En Afrique subsaharienne, ils ont été largement appliqués avec l'aide de la Banque mondiale et de l'AFD dans des pays comme le Bénin, le Burkina Faso, le Cameroun, la Côte d'Ivoire, la Guinée, Madagascar, la Mauritanie, le Mali, le Niger, le Rwanda, le Sénégal, et le Tchad (Farvacque-Vitkovic et Godin). L'encadré 1.9 résume leurs principaux objectifs et caractéristiques.

Le Groupe indépendant d'évaluation (IEG) de la Banque mondiale a classé parmi les projets les plus performants le premier projet de réhabilitation et de gestion urbaine ainsi que les deuxième et troisième projets de gestion municipale décentralisée du Bénin ; le premier programme de développement urbain et de décentralisation ainsi que le deuxième programme de développement des collectivités locales du Sénégal. (Banque mondiale, 2009).

Principaux messages

Partout dans le monde, une nouvelle génération de responsables publics, de théoriciens et de militants de la société civile débat des avantages et des inconvénients de la décentralisation. Cela vaut dans les États unitaires comme dans les États fédéraux et confédéraux. La nature de la décentralisation du secteur public varie d'un pays à l'autre, mais il y a généralement consensus sur le fait que le terme « décentralisation » a trait à la structure des relations entre les différentes catégories d'administration publique — autrement dit, la répartition des fonctions et responsabilités gouvernementales entre l'État central et les collectivités locales (municipales par exemple). On s'accorde également sur le fait que

---

Encadré 1.9 Objectifs des contrats municipaux

Les contrats municipaux visent notamment les principaux objectifs suivants :

- Favoriser un développement urbain et local intégré moyennant l'augmentation des investissements dans l'infrastructure urbaine, le renforcement de la prestation de services et l'amélioration de la gouvernance et de la gestion municipales.
- Conférer aux municipalités de plus grandes responsabilités en matière de choix et de financement des investissements municipaux en définissant leurs fonctions sous forme contractuelle.
- Établir une hiérarchisation des investissements et améliorer la visibilité et la transparence de l'utilisation des fonds publics.

- Obtenir un engagement ferme, par la signature d'un contrat municipal entre l'administration centrale et les autorités municipales, fondé sur les dispositions du contrat et les obligations publiquement reconnues.
- Renforcer la participation de la population à l'élaboration d'un projet stratégique de croissance et de développement de la municipalité et affirmer les liens de responsabilité entre la municipalité et ses administrés.
- Définir et suivre la mise en œuvre des principales composantes du contrat municipal (Programme municipal d'investissement et Programme municipal d'ajustement — y compris le Plan municipal d'amélioration de la gestion financière).

Sources : Farvacque-Vitkovic et Godin, 1998 ; Farvacque-Vitkovic, Godin et Sinet, 2013 ; Goudrian, 2010.

Encadré 1.10 Le processus d'établissement des contrats municipaux

Le contrat municipal est établi à partir d'une évaluation des caractéristiques de la municipalité concernée, notamment de ses spécificités urbaines et de ses capacités et insuffisances structurelles et financières. L'évaluation aboutit à un programme municipal qui définit des priorités d'investissement précises (le Programme municipal d'investissement) et des mesures explicites de renforcement des capacités (Programme municipal d'ajustement).

L'élaboration d'un contrat municipal comporte quatre étapes :

1. La phase *diagnostic/audit/autoévaluation* : cette phase comprend : 1) la réalisation d'un audit/autoévaluation financier et organisationnel qui vise à évaluer la santé financière de la municipalité et à définir des mesures spécifiques en vue d'améliorer la mobilisation des ressources locales, les dépenses publiques, la gestion et l'entretien du patrimoine, la programmation des investissements et l'accès aux financements extérieurs. L'autoévaluation des finances municipales conduit à l'élaboration d'un Plan d'amélioration des finances municipales très concret ; et 2) un audit urbain qui vise à repérer, recenser et quantifier les lacunes en matière de prestation de services et d'infrastructure et qui donne lieu à a) un programme d'investissements prioritaires et b) un programme municipal d'entretien.

2. La phase de *validation/consultation* examine les principaux résultats de ces évaluations/audits. Elle est très importante parce qu'elle prévoit une série de consultations avec les intervenants stratégiques afin de parvenir à un consensus sur un « programme municipal » qui comporterait 1) un ensemble de mesures très concrètes et contrôlables de renforcement des capacités et d'accroissement des recettes et 2) un programme d'investissements

fondé sur la capacité financière et les priorités des citoyens.

3. La troisième phase consiste à rédiger le contrat municipal, assorti d'un ensemble précis d'engagements des collectivités locales et centrale afin de conclure un accord portant sur le programme technique et de financement. Le contrat précisera le contenu des programmes d'investissements prioritaires et du programme municipal d'ajustement/amélioration (MAP).

4. La phase d'*exécution* et de suivi appelle des efforts coordonnés pour aligner le financement sur les ressources techniques et humaines, et la volonté politique d'exécuter le contrat.

Il ressort des données dont on dispose que les contrats municipaux ont apporté un appui efficace aux collectivités locales, même dans les collectivités où la réforme de la décentralisation a été difficile (Banque mondiale, 2009). Ils ont renforcé la capacité financière des municipalités et contribué aux investissements dans l'infrastructure et la prestation de services.

La réussite ou l'échec d'un contrat municipal est fonction de deux facteurs déterminants : la qualité du contrat lui-même, et le contexte politique et institutionnel dans lequel il est élaboré et exécuté. Sa qualité dépend des mesures de renforcement des capacités prises par les municipalités pour améliorer l'élaboration, l'exécution, le suivi, l'audit et le développement stratégique. Le degré de volonté et d'adhésion politiques aux échelons central et locaux, le degré de participation des intervenants et des citoyens, et le degré d'harmonisation et de rapprochement entre les différents bailleurs de fonds travaillant dans le secteur des collectivités locales exercent aussi une influence considérable.

Source : Farvacque-Vitkovic, Godin, Sinet, 2013.

Encadré 1.11 Contrats municipaux : quelques exemples de bonnes pratiques

Un examen récent du Groupe indépendant d'évaluation (IEG) souligne qu'à la fin des années 2000, plus de 200 municipalités en Afrique de l'Ouest francophone recouraient à des contrats municipaux. À court terme, ceux-ci se sont traduits par une hausse de la capacité des municipalités à investir. L'investissement municipal, en pourcentage des recettes courantes, est passé de 10 % à 17 % au cours de la période 2001-2003 (Banque mondiale, 2009).

Un exemple de réussite est celui du projet Sénégal (Programme d'appui aux communes - PAC), qui a permis à 67 municipalités sénégalaises de consolider leur gestion financière et organisationnelle et d'améliorer l'exécution des investissements dans l'infrastructure et les services urbains. Le projet a fait appel à des contrats municipaux dans le cadre desquels les autorités centrales et locales ont défini d'un commun accord certains critères pour la réforme municipale.

Un projet très satisfaisant a été le projet Bénin I (Rénovation et gestion urbaines), qui a permis d'améliorer les services urbains dans les deux plus grandes villes du pays, Cotonou (690 584 habitants) et Porto Novo

(234 168 habitants). Confirmée par des évaluations des bénéficiaires une fois le projet mené à terme, sa réussite a été favorisée par l'introduction de pratiques de gestion contractuelle déléguée. Celles-ci ont facilité la préparation et l'exécution rapide de contrats de service avec de petites et moyennes entreprises locales, qui ont fourni des services d'infrastructure urbaine de meilleure qualité à moindre coût et ont permis aux administrations municipales de consacrer davantage de temps à leurs travaux de planification et de programmation.

Le Ghana aussi a mis en œuvre une série de programmes fructueux de développement municipal. Le projet Ghana I a notablement amélioré les services dans six municipalités, notamment en matière de gestion des déchets solides. Il a élargi cette expérience concluante à 11 autres municipalités. Le projet Ghana IV a développé le modèle en investissant fortement dans la formation financière et technique des agents de 23 municipalités ; cette formation a été dispensée par l'Institut national des études territoriales, lequel est lui-même sorti considérablement renforcé du projet (Banque mondiale, 2009).

« l'intergouvernementalité » requiert un État central doté d'une assise financière solide, mais restructuré et recentré, ainsi qu'un réseau bien conçu et performant de collectivités locales. À l'heure actuelle, les études portant sur les finances publiques distinguent généralement deux formes essentielles de décentralisation : politique et financière. La « décentralisation administrative » désigne les dispositions en vertu desquelles la légitimité juridique des collectivités locales est explicitement reconnue, dans la constitution nationale ou par des décisions statutaires et administratives. La « décentralisation fiscale » est la répartition des fonctions et responsabilités en matière de dépenses et de financement entre les différents échelons de l'administration, selon une structure

compatible avec le cadre politique. Pour qu'une nation concrétise les avantages sociaux et économiques d'une société reposant sur l'articulation de différents niveaux d'administrations que promet la théorie, elle doit procéder à la fois à une décentralisation administrative et à une décentralisation fiscale.

Quatre questions fondamentales se posent dans le cadre d'une décentralisation fiscale : 1) quelles fonctions confier à quelle catégorie ou à quel échelon de l'administration (responsabilités de dépenses) ? 2) Quelle administration perçoit quelles recettes (responsabilités de recettes) ? 3) Comment remédier aux déséquilibres budgétaires « verticaux » entre l'administration centrale et les collectivités locales ?

4) Comment déterminer le calendrier des encaissements (emprunt et dette) ?

L'expression « décentralisation fiscale » recouvre également trois variantes : déconcentration, délégation, et dévolution. Une question importante consiste à déterminer laquelle de ces trois variantes peut être considérée dominer les finances publiques nationales. La *déconcentration* désigne un processus en vertu duquel des services régionaux des ministères centraux et/ou des fonctionnaires désignés par l'administration centrale sont établis dans les circonscriptions administratives locales afin de décider du volume et de la composition des biens et services locaux à fournir. Les autorités centrales gardent la main sur les règles régissant la composante financière de l'équation budgétaire. La déconcentration « avec transfert de compétences » signifie que les services régionaux disposent d'une certaine latitude pour prendre leur « propres » décisions en matière de services et d'impôts locaux, mais là encore en fonction de directives de l'administration centrale. Dans un régime de déconcentration « sans transfert de compétences » les services et agents publics régionaux ne sont pas habilités à modifier les règles et règlements prescrits à l'échelon central. La *délégation* peut être qualifiée de relation mandant-agent entre un échelon supérieur de l'administration (le mandant) qui assigne à une collectivité locale (l'agent) la responsabilité d'assurer certaines fonctions locales. Un dispositif de *dévolution* met en place des collectivités territoriales indépendantes qui sont pleinement responsables de la prestation d'une gamme de services publics et habilitées à appliquer des impôts et des droits pour les financer.

Pourquoi certains États restent-ils profondément centralisés sur les plans politique et financier tandis que d'autres progressent sur la voie de la décentralisation ? Trois arguments sont avancés pour expliquer la prédilection persistante pour la centralisation : 1) la pénurie de capacités locales pour gouverner ; 2) l'accomplissement des fonctions centrales comme la défense nationale, la politique étrangère, la protection des frontières nationales et la gestion de la stabilisation macroéconomique ; et 3) la tradition — la perpétuation des méthodes anciennes et la conviction que « les vieilles méthodes sont les bonnes ».

Le fait qu'une bonne partie de la planète ait engagé, sous une forme ou une autre, un processus de décentralisation, témoigne de l'importance de cette dernière. Quatre éléments au moins expliquent cette évolution : 1) le caractère complémentaire, voire synergique, des deux évolutions observées au XXIe siècle, la mondialisation et la territorialisation ; 2) la politique fondée sur la « réaction de la base » en faveur de régimes permettant aux citoyens d'exercer un contrôle sur leurs collectivités locales ; 3) les arguments d'efficience économique et de responsabilisation politique selon lesquels des systèmes intergouvernementaux bien conçus engendrent des gains de bien-être généraux ; et 4) dans certains pays, la décentralisation peut servir de stratégie pour favoriser la cohésion nationale et désamorcer les tensions qui surgissent quand la société est fragmentée pour des raisons historiques, ethniques, religieuses, linguistiques, par la répartition des richesses naturelles ou pour d'autres raisons géographiques et territoriales.

Quelles leçons les spécialistes tirent-ils de ce processus ? Que sait-on des liens entre l'autonomie financière décentralisée et l'accomplissement des objectifs économiques et financiers nationaux ? Quatre enseignements se dégagent : 1) le bilan macroéconomique négatif du dirigisme centralisé est avéré ; les pays avancés (de l'OCDE par exemple) sont généralement ceux qui ont adopté un régime accordant un certain degré d'autodétermination locale et de dévolution des responsabilités financières ; 2) conformément à la théorie des finances publiques qui soutient que la décentralisation améliore l'efficience de répartition des services publics, des preuves empiriques de plus en plus nombreuses révèlent un lien positif entre un système bien conçu et mis en œuvre de gouvernement décentralisé et la croissance économique nationale ; 3) des études monographiques confirment le renforcement de la cohésion nationale dans plusieurs États-nations ; 4) certains éléments montrent que l'autonomie infranationale en termes de recettes améliore la stabilité macroéconomique de l'État-nation.

Les transferts intergouvernementaux jouent un rôle fondamental dans le financement des municipalités. Il convient de bien analyser la façon dont ils sont conçus et exécutés pour comprendre leurs effets dans une structure décentralisée. La conception de ces transferts n'est pas tâche aisée. Les opérations quotidiennes du responsable financier d'une collectivité locale seront plus efficaces si les transferts sont conçus et exécutés selon un dispositif transparent, basé sur une formule et s'appuyant sur des données que les bailleurs de fonds comme les bénéficiaires peuvent aisément consulter et comprendre. L'administration centrale peut se charger de l'aménagement du dispositif ou le déléguer à une entité indépendante, laquelle peut être dotée d'un véritable pouvoir de décision ou intervenir à titre consultatif. Les méthodes les plus couramment utilisées consistent à confier l'élaboration du système de transferts au pouvoir législatif ou exécutif, à une commission des dotations indépendante, ou à une instance intergouvernementale.

On peut classer les transferts intergouvernementaux dans deux grandes catégories : les dotations globales (également dénommés « transferts inconditionnels ») et les subventions spécifiques (également dénommées transferts « conditionnels » ou « affectés »). Les premiers ne sont assujettis à aucune condition et peuvent être imposés par la loi (la constitution par exemple) ou effectués à la discrétion du pouvoir législatif central. Les dotations inconditionnelles peuvent être conçues de manière à remédier simultanément au déséquilibre vertical (la capacité de mobilisation de recettes de l'administration centrale par opposition à celle des collectivités locales) et aux déséquilibres horizontaux (égalisation des disparités budgétaires entre les collectivités locales). Les subventions spécifiques financent des programmes ou activités spécifiques, ou visent à inciter les autorités à les engager. Elles peuvent inclure des dispositions en matière de contrepartie exigeant des municipalités qu'elles financent un pourcentage précis des dépenses sur leurs ressources propres. Une autre catégorie importante de transferts est le partage des recettes perçues à l'échelon central, un mécanisme en vertu duquel un pourcentage des fonds (recettes) dérivant d'un impôt national, ou d'autres recettes, non fiscales, est transféré aux collectivités locales. Néanmoins, selon la formule de répartition entre l'administration centrale et les collectivités locales, ce mécanisme peut exacerber ou réduire les disparités budgétaires entre collectivités locales.

Les dispositifs de transfert fondés sur les résultats visent à appuyer ou à encourager les réformes de la gouvernance et de développement institutionnel, notamment en matière de gestion financière, de transparence, et d'engagement et de participation des citoyens. Dans ce cadre, les dotations sont allouées aux administrations en fonction de certains critères (population, pauvreté, éloignement, etc.) ou de certaines conditions de résultats. Divers phénomènes et pratiques peuvent néanmoins fausser les mesures visant à améliorer ces dispositifs. Il s'agit notamment des transferts qui a) sont alloués de manière arbitraire, sans objectif précis ou formule transparente ; b) servent à colmater les déficits de financement des collectivités locales ; c) visent à faire face à des catastrophes (séismes, ouragans, crues dévastatrices, etc.) mais sont parfois conditionnels et alloués à une fin spécifique pendant une durée limitée ; et d) tiennent compte de la répartition des recettes dérivant des ressources naturelles pour indemniser certaines régions et, partant, les collectivités locales, de la diminution de leurs ressources ou pour compenser l'absence de ressources sans prendre leurs résultats en considération.

Les contrats municipaux sont un autre instrument fondamental basé sur les résultats qui a permis aux municipalités de s'attaquer aux problèmes liés à l'urbanisation. Ils portent essentiellement sur le renforcement des capacités et les réformes financières et structurelles, et visent à faire des municipalités les premières institutions de prestation de services de base aux populations.

Bibliographie

Ahmad, E., and G. Brosio. 2006. *Handbook of Fiscal Federalism*. Cheltenham, U.K.: Edward Elgar.

Akai, Nobu, and Masayo Sakata. 2002. "Fiscal Decentralization Contributes to Economic Growth: Evidence from State-Level Cross Section Data for the United States." *Journal of Urban Economics* 52 (1): 93–108.

Amin, Khalid, and Robert D. Ebel. 2006. "Intergovernmental Relations and Fiscal Decentralization in Egypt." Egypt Public Expenditure Review, Policy Note No. 8, World Bank, Washington, DC.

Arzaghi, Mohammad, and J. Vernon Henderson. 2005. "Why Countries Are Fiscally Decentralizing." *Journal of Public Economics* 89: 1157–89.

Bahl, Roy W. 1999a. "Implementation Rules for Fiscal Decentralization." Georgia State University,

Andrew Young School of Public Policy, Atlanta, Georgia, U.S.A., www: asyps.gsu.edu/publications.

———. 1999b. *Fiscal Policy in China: Taxation and Intergovernmental Fiscal Relations*. Ann Arbor: 1990 Institute Press/University of Michigan Press.

Bahl, R., and J. Martinez-Vazquez. 2006. "Sequencing Fiscal Decentralization." World Bank Policy Research Working Paper 3914, World Bank, Washington, DC.

Barati-Stec, Izabella. 2012. *Hungary: An Unfinished Decentralization?* IMFG Papers on Municipal Finance and Governance. Toronto: Munk School of Global Affairs.

Bauzon, Kenneth E. 1999. "The Philippines: The 1996 Peace Agreement Southern Philippines: An Assessment." *Ethnic Studies Report* 17 (2): 253–80.

Bird, Richard M. 2011a. "Subnational Taxation in Developing Countries: A Review of the Literature." *Journal of International Commerce, Economics and Policy* 2 (1): 1–23.

———. 2011b. "Are There Trends in Local Finance? A Cautionary Note on Comparative Studies and Normative Models of Local Government Finance." Institute on Municipal Finance and Governance, Munk School of Global Affairs, University of Toronto.

Bird, Richard M., and Robert D. Ebel. 2007. *Fiscal Fragmentation in Decentralized Countries: Subsidiarity, Solidarity, and Asymmetry*. Cheltenham, U.K. and Northampton, MA: Edward Elgar.

Bird, Richard M., Robert D. Ebel, and Sebastiana Gianci. 2007. "Country Studies: Aspects of the Problem." In *Fiscal Fragmentation in Decentralized Countries: Subsidiarity, Solidarity, and Asymmetry*, edited by Richard M. Bird and Robert D. Ebel. Cheltenham, U.K. and Northampton, MA: Edward Elgar.

Bird, Richard M., Robert D. Ebel, and Christine I. Wallich. 1995. *Decentralization of the Socialist State: Intergovernmental Finance in Transition Economies*. Washington, DC: World Bank.

Bird, Richard M., and François Vaillancourt. 2006. "Perspectives on Fiscal Federalism." WBI Learning Resources Series 35628, World Bank, Washington, DC.

———. 2010. "Is Decentralization 'Glue' or 'Solvent' for National Unity?" Working Paper 10-03, International Studies Program, Andrew Young School of Policy Studies. Atlanta: Georgia State University.

Blöchliger, H., and O. Petzold. 2009. *Finding the Dividing Line between Tax Sharing and Grants: A Statistical Investigation*. OECD Working Paper on Fiscal Federalism No. 10. Paris: Organisation for Economic Co-operation and Development.

Blöchliger, H., and J. Rabesona. 2009. *The Fiscal Autonomy of Sub-Central Governments: An Update*. OECD Working Paper on Fiscal Federalism No. 9. Paris: Organisation for Economic Co-operation and Development.

Boadway, R., and A. Shah, eds. 2009. *Fiscal Federalism*. Cambridge: Cambridge University Press.

Box, Jamie, and Jorge Martinez-Vazquez. 2004. "Designing Intergovernmental Equalization Transfers with Imperfect Data: Concepts, Practices and Lessons." Working Paper 04-12, International Studies Program, Andrew Young School of Policy Studies. Atlanta: Georgia State University. www.aysps.gsu.edu.

Canuto, Otaviano, and Lili Liu, eds. 2013. *Until Debt Do Us Part: Subnational Debt, Insolvency and Markets*. Washington, DC: World Bank.

Commins, Stephen, and Robert D. Ebel. 2010. "Participation and Decentralization in Africa: Revisiting the Arusha Declaration." Consultation for African Civil Society Organizations on Peace Building and State Affairs. Addis Ababa: United Nations Economic Commission for Africa.

Dafflon, Bernard. 2006. "The Assignment of Functions to Decentralized Government: From Theory to Practice." In *Handbook on Federalism*, edited by Ahmad Ehtisham and Giorgio Brosio. Cheltenham, U.K.: Edward Elgar.

Demszky, Gabor. 2003. "Liberalism in Practice" In *The Budapest Model: A Liberal Urban Policy Experiment*, edited by Katalin Pallai. Budapest: Open Society Institute.

Dillinger, William. 1994. "Decentralization and Its implications for Urban Service Delivery." Urban Management Program Notes Series 16, World Bank, Washington, DC.

Eaton, Kent, Kai Kaiser, and Paul Smoke. 2011. *The Political Economy of Decentralization Reforms in Developing Countries: A Development Partner Perspective.* Washington, DC: World Bank.

Ebel, Robert D., and Gabor Peteri. 2007. *The Kosovo Decentralization Briefing Book.* Prishtina: Kosovo Foundation for an Open Society/Soros Foundation. www.lgi.osi.

Ebel, Robert D., and Robert Taliercio. 2005. "Subnational Tax Policy and Administration in Developing Countries." *Tax Notes International* 37 (1): 919–36.

Ebel, Robert D., and Dana Weist. 2007. *Sequencing Subnational Tax Policy and Administration.* World Bank Decentralization Thematic Group. Washington, DC: World Bank.

Ebel, Robert D., and Serdar Yilmaz. 2003. "On the Measurement and Impact of Fiscal Decentralization." In *Public Finance in Developing and Transition Countries: Essays in Honor of Richard M. Bird,* edited by Jorge Martinez-Vazquez and James Alm. Cheltenham, U.K.: Edward Elgar.

Ellis, Peter. 2010. "Indonesia Rising. Policy Priorities for 2010 and Beyond: Completing Decentralization." Policy Note, World Bank, Washington, DC.

Farvacque-Vitkovic, Catherine, and Lucien Godin. 1998. *The Future of African Cities.* Washington, DC: World Bank.

Farvacque-Vitkovic, Catherine, Lucien Godin and Anne Sinet. *Municipal Self-Assessments: A Handbook for Local Governments.* Washington, DC: World Bank (forthcoming).

Fox, William, and Christine Wallich. 2007. "Fiscal Federalism in Bosnia and Herzegovina: Subsidiarity in a Three-Nation State." In *Fiscal Fragmentation in Decentralized Countries: Subsidiarity, Solidarity, and Asymmetry,* edited by Richard M. Bird and Robert D. Ebel, 267–94. Cheltenham, U.K.: Edward Elgar.

Gomez-Lobo, Andres. 2001. "Making Water Affordable." In *Contracting for Public Services,* edited by Penelope Brooke and Suzanne Smith, 23–29. Washington, DC: World Bank.

Gonzalez, Pablo. 2005. "The Financing of Education in Chile." Fund for the Study of Public Policies, University of Chile, Santiago, Chile.

Gordon, Nora, and Emiliana Vegas. 2004. "Education Finance Equalization, Spending, Teacher Quality and Student Outcomes: The Case of Brazil's FUNDEF." Working paper, World Bank, Washington, DC.

Goudriaan, Mirco. 2010. "Effective Aid through Municipal Contracts." Internal working paper, VNG International, The Hague, Netherlands.

Griffiths, Ann L., with Karl Nerenberg, eds. 2005. *Handbook of Federal Countries.* Montreal and Kingston: McGill-Queens University Press.

Haysom, N., and S. Kane. 2009. "Negotiating Natural Resources for Peace. Ownership, Control and Wealth Sharing." Briefing paper, Center for Humanitarian Dialogue, Geneva, Switzerland.

Hofman, Bert, and S. C. Guerra. 2007. "Ensuring Inter-regional Equity and Poverty Reduction." In *Fiscal Equalization,* edited by J. Martinez-Vazquez and B. Searle. New York: Springer.

Imi, A. 2005. "Fiscal Decentralization and Economic Growth Revisited: An Empirical Note." *Journal of Urban Economics* 57: 449–61.

Jensen, Leif. 2001. *Fiscal Design Surveys across Levels of Government.* Tax Policy Studies No. 7. Paris: Organisation for Economic Co-operation and Development.

Kalandadze, K., and M. A. Orenstein. 2009. "Electoral Protests and Democratization: Beyond the Color Revolutions." *Comparative Political Studies* 42 (11): 1403–25.

Kopanyi, Mihaly, Samir El Daher, and Deborah Wetzel. 2004. *Intergovernmental Finance in Hungary: A Decade of Experience, 1990–2000,* edited by Mihaly Kopanyi, Deborah Wetzel, and Samir El Daher. Washington, DC: World Bank.

Kopanyi, Mihaly, Samir El Daher, Deborah Wetzel, Michel Noel, and Anita Papp. 2000. "Modernizing the Subnational Government

System." World Bank Discussion Paper No. 417, World Bank, Washington, DC.

Marcou, Gerard. 2007. "Legal Framework and the European Charter of Local Self Government." In *The Kosovo Decentralization Briefing Book,* edited by Robert D. Ebel and Gabor Peteri, 50–59. Prishtina: Kosovo Foundation for an Open Society.

Martinez-Vazquez, Jorge. 1999. "The Assignment of Expenditure Responsibilities." Paper prepared for the core course on Intergovernmental Relations and Local Financial Management, World Bank Institute, Washington, DC.

———. 2007. "Challenges in the Design of Intergovernmental Transfers." In *Fiscal Equalization,* edited by Jorge Martinez-Vazquez and Bob Searle. New York: Springer.

Martinez-Vazquez, Jorge, and Robert Martin McNab. 1997. "Tax Reform in Transition Economies: Experience and Lessons." Working Paper No. 97-6, Andrew Young School of Policy Studies, Georgia State University, Atlanta.

Martinez-Vazquez, Jorge, and François Vaillancourt, eds. 2011. *Decentralization in Developing Countries: Global Perspectives on the Obstacles to Fiscal Devolution.* Northampton, MA: Edward Elgar.

McClure, Charles E., Jr. 1999. "The Tax Assignment Problem: Conceptual and Administrative Considerations in Achieving Subnational Fiscal Autonomy." Paper prepared for the core course on Intergovernmental Relations and Local Financial Management, World Bank Institute, Washington, DC.

McNeil, Mary, and Carmen Malena. 2010. "Social Accountability in Africa." In *Demanding Good Governance: Lessons from Social Accountability Initiatives in Africa,* edited by Mary McNeil and Carmen Malena, 1–28. Washington, DC: World Bank.

Meloche, J. P., F. Vaillancourt, and S. Yilmaz. 2004. "Decentralization or Fiscal Autonomy? What Does Really Matter? Effects on Growth and Public Sector Size in European Transition Countries." Policy Research Working Paper 3254, World Bank, Washington, DC.

Mikesell, John L. 2003. "International Experiences with Administration of Local Taxes: A Review of Practices and Issues (2003)." Report prepared for the World Bank Thematic Group on Taxation and Tax Policy, World Bank, Washington, DC. www.worldbank.org.

NALAS (Network of Association of Local Authorities of South-East Europe). 2008. Skopje, www.nalas.eu.

Ndegwa, Stephen N. 2002. "Decentralization in Africa: A Stocktaking Survey." Africa Region Working Paper Series No. 40, World Bank, Washington, DC.

Oates, Wallace E. 1972. *Fiscal Federalism.* New York: Harcourt Brace Jovanovich.

———. 1985. "Searching for Leviathan: An Empirical Study." *American Economic Review* 75 (4): 748–57.

———. 1997. "On the Welfare Gains from Fiscal Decentralization." *Journal of Public Finance and Public Choice* 2 (3): 83–92.

Pallai, Katalin. 2003. *The Budapest Model.* Budapest: Open Society Institute. www.lgi.osi.hu.

Peteri, Gabor, and Fikret Sevinc. 2011. "Municipal Revenues and Expenditures in Turkey and in Selected EU Countries." Local Administration Reform Project in Turkey, LAR Phase II. Local Administration Reform Project, Bakanliklar-Ankara.

Rangarajan, C., and Abha Prasad. 2012. "Managing State Debt and Ensuring Solvency: The Indian Experience." Policy Research Working Paper 6039, World Bank, Washington, DC.

Rao, M. Govinda. 2007. "Resolving Fiscal Imbalances." In *Intergovernmental Fiscal Transfers: Principles and Practice,* edited by Robin Boadway and Anwar Shah. Washington, DC: World Bank.

Regulski, Jerzy. 2010. *A Practical Guide to Building Local Government: The Polish Experience.* Budapest: Local Government and Public Service Reform Initiative/Open Society Institute. www.lgi.osi.hu.

Sen, Amartya. 1999. "Democracy As a Universal Value." *Journal of Democracy* 10 (3): 3–17. http://muse.jhu,demo/jod.10.3sen.html.

Shah, A. 2007. "A Practitioner's Guide to Intergovernmental Fiscal Transfers." In *Intergovernmental Fiscal Transfers: Principles and Practice*, edited by R. Boadway and A. Shah. Washington, DC: World Bank.

Shah, Anwar. 1998. "Indonesia and Pakistan: Fiscal Decentralization—An Elusive Goal?" In *Fiscal Decentralization in Developing Countries*, edited by Richard M. Bird and François Vaillancourt. Cambridge: Cambridge University Press.

Sharma, Y., and A. Muwonge. 2010. "An Opportunity to Improve Service Delivery in Nepal through Local Governance." Himalayan Research Papers Archive. Fifth Annual Himalayan Policy Research Conference, Nepal Study Center, University of New Mexico. http://repository.unm.edu/handle/1928/11328.

Slack, Enid, and Rupak Chattopadhyay, eds. 2009. *Finance and Governance of Capital Cities in Federal Systems*. Montreal and Kingston: McGill-Queen's University Press.

Smoke, Paul. 2008. "Local Revenues under Fiscal Decentralization in Developing Countries: Linking Policy Reform, Governance and Capacity." In *Fiscal Decentralization and Land Policies,* edited by Gregory Ingram and Yu-Hung Hong, 33–69. Cambridge, MA: Lincoln Institute Press.

———. 2013. "Why Theory and Practice Are Different: The Gap between Principles and Reality in Subnational Revenue Systems." In *Taxation and Development: The Weakest Link. Essays in Honor of Roy Bahl,* edited by Richard M. Bird and Jorge Martinez-Vazquez. Cheltenham, U.K.: Edward Elgar.

Smoke, Paul, and Robert R. Taliercio, Jr. 2007. "Aid, Public Finance, and Accountability: Cambodian Dilemmas." In *Peace and the Public Purse*, edited by James K. Boyce and Madalene O'Donnell, 55–84. London: Lynne Rienner.

Soros, George. 2006. *The Age of Fallibility*. Cambridge, MA: Public Affairs Books.

Swianiewicz, Pawel. 2006. "Local Government Organization and Finance: Poland." In *Local Governance in Developing Countries*, edited by Anwar Shah. Washington, DC: World Bank.

Thomas, Vinod. 2006. "Linking Individual, Organizational, and Institutional Capacity Building to Results." WBI Capacity Development Brief 19, World Bank, Washington, DC.

Tosun, Mehmet Serkan. 2010. "Middle East and North Africa." In *Local Government Finance: The Challenges of the 21st Century*, edited by Jorge Martinez-Vazquez and Paul Smoke. Barcelona: United Cities and Local Governments.

Tosun, Mehmet Serkan, and Serdar Yilmaz. 2010. "Centralization, Decentralization and Conflict in the Middle East and North Africa." *Middle East Development Journal* 2 (1): 1–14.

Vaillancourt, François. 2002. "Simulating Intergovernmental Equalization Transfers with Imperfect Data." Proceedings of the Annual Conference, 2001, 57–64, National Tax Association, Washington, DC.

Wallich, Christine, and Qianqian Zhang. 2013. "Bosnia and Herzegovina: Subsidiarity As Conflict Avoidance in a Three Nation State." Paper presented to the Forum on Conflict, Security and Development, May, World Bank, Washington, DC.

Wallich, Christine I., Rosario Manasan, and Saloua Sehili. 2007. "Subsidiarity and Solidarity: Fiscal Decentralization in the Philippines." In *Fiscal Fragmentation in Decentralized Countries: Subsidiarity, Solidarity, and Asymmetry*, edited by Richard M. Bird and Robert D. Ebel, 363–98. Cheltenham, U.K.: Edward Elgar.

Wong, Christine. 2007. "Ethnic Minority Regions and Fiscal Decentralization in China: The Promises and Reality of Asymmetric Treatment." In *Fiscal Fragmentation in Decentralized Countries: Subsidiarity, Solidarity, and Asymmetry*, edited by Richard M. Bird and Robert D. Ebel, 267–94. Cheltenham, U.K.: Edward Elgar.

———. 2013. "Paying for Urbanization in China: Challenges of Municipal Finance in the 21st Century." In *Financing Metropolitan Governments in Developing Countries,* edited by R. W. Bahl, J. F. Linn, and D. L. Wetzel. Cambridge, MA: Lincoln Institute for Land Policy.

World Bank. 2000. *World Development Report 1999/2000. Entering the 21st Century.* New York: Oxford University Press.

——. 2009. *Improving Municipal Management for Cities to Succeed: An Independent Evaluation Group (IEG) Special Study.* Washington, DC: World Bank.

Yatta, F., and F. Vaillancourt. 2010. "Africa." In *Local Government Finance: The Challenges of the 21st Century,* edited by Jorge Martinez-Vazquez and Paul Smoke. Barcelona: United Cities and Local Governments.

Yilmaz, Serdar, François Vaillancourt, and Bernard Dafflon. 2012. "State and Local Governments: Why They Matter and How to Finance Them." In *The Oxford Handbook of State and Local Government Finance,* edited by Robert D. Ebel and John E. Petersen, 45–82. Oxford and New York: Oxford University Press.

Zoellick, Robert. 2009. "Securing Development." Conference on Passing the Baton, United States Institute of Peace, Washington, DC, January 8.

CHAPITRE 2

Gouvernance et finances des métropoles

Mats Andersson

L'urbanisation planétaire crée des villes et des zones économiques plus vastes. Plus de 3,5 milliards de personnes vivent désormais dans des villes et leurs environs. À la mi-2012, on recensait 27 mégapoles comptant plus de 10 millions d'habitants, et plus de 500 régions métropolitaines peuplées de plus d'un million de personnes (Brinkoff, 2012). Les villes connaissent une expansion particulièrement rapide dans les pays en développement, certaines affichant un taux de croissance annuel compris entre 3 % et 5 %. Ceux qui vont s'installer en ville le font pour y trouver un meilleur emploi, des services de meilleure qualité ou un environnement économique plus favorable, pour des raisons familiales, ou en raison de catastrophes naturelles ou de troubles sociaux dans leur région d'origine. Grâce à l'amélioration des transports, des migrations pendulaires sur de plus longues distances sont également possibles entre les villages ou les petites villes et les zones urbaines plus importantes. De ce fait, une interdépendance économique s'est instaurée entre les villes et les zones habitées de l'arrière-pays avoisinant, qui forment des zones *métropolitaines* — chacune constituant une économie et un marché du travail uniques, une collectivité aux intérêts communs tirant profit de quelques interventions concertées.

Le présent chapitre fait le point sur les principales caractéristiques des zones métropolitaines. Il met d'abord en évidence les facteurs socioéconomiques de l'urbanisation, les modes de croissance spatiale des villes, et les possibilités et défis que présentent les mégapoles. Il fait la synthèse des modèles de gouvernance appliqués dans le monde au niveau des métropoles, décrit leurs incidences pour les finances municipales, et cite des exemples à l'appui. Il existe un large éventail de modèles et modalités de gouvernance métropolitaine et de nombreux dispositifs efficaces et équitables. Souvent, les circonstances et décisions politiques influencent la conception ou l'évolution des mécanismes de gouvernance et de financement.

Émergence des zones métropolitaines

Tout au long de l'histoire, des villes se sont créées et développées. Mais au fil du temps, beaucoup de grandes villes sont devenues économiquement interdépendantes des zones habitées et de l'arrière-pays environnant, constituant une *économie et un marché du travail uniques* dénommés ville-région, zone métropolitaine, ou région urbaine étendue. Les liens économiques entre le centre et la périphérie deviennent parfois si étroits qu'aucune des deux composantes ne peut réussir sans l'autre, et qu'elles se comportent donc comme une entité unique. Le terme « zone métropolitaine » est souvent défini de manière imprécise, ses limites n'étant pas clairement établies. Il peut se référer au marché du travail (la population vit dans une partie de la région et travaille dans une autre), à une zone d'attraction pour les équipements collectifs et les établissements d'enseignement ou pour l'accès aux infrastructures de base, ou bien à une zone correspondant à l'environnement économique local d'une entreprise. L'encadré 2.1 présente à titre de référence générale quelques définitions de notions apparentées. Nous définissons ici la zone métropolitaine comme suit :

Une région constituant une économie et un marché du travail uniques, une collectivité aux intérêts communs et aux interventions concertées, comportant souvent plusieurs circonscriptions administratives locales.

La zone métropolitaine couvre souvent un rayon de l'ordre de 20 à 40 kilomètres (km), mais parfois davantage, ou peut revêtir la forme d'un couloir urbain ou d'une « ceinture » urbaine (une succession de circonscriptions administratives). La cohésion socioéconomique détermine sa formation et son apparition. Même si les frontières administratives des circonscriptions sont fixées de longue date, des années d'expansion urbaine modifient souvent le caractère d'une région. Une zone métropolitaine comporte donc généralement plusieurs circonscriptions locales administratives indépendantes. Ces zones sont souvent dotées de quelques institutions et dispositifs leur permettant de coordonner leur développement ou d'assurer des fonctions communes afin de fournir des services de manière plus efficiente et équitable et de partager les coûts, au-delà des efforts déployés par chaque collectivité locale.

Les agglomérations accueillent un quart de la population mondiale. La planète compte plus de 500 régions métropolitaines comptant un million d'habitants au moins (Brinkoff, 2012), leur population totale étant estimée à 1,6 milliard de personnes à la mi 2012. Ces agglomérations sont constituées d'une ville principale et de collectivités avoisinantes. Une agglomération se voit généralement attribuer le nom de sa ville principale. Certaines comptent plus d'une ville (comme la région de la Ruhr, en Allemagne).

■

Encadré 2.1 Termes relatifs aux zones métropolitaines

Une *agglomération urbaine* est un territoire urbain étendu composé de la zone bâtie d'une localité centrale (une municipalité) et des banlieues reliées entre elles par une urbanisation continue.

Une *conurbation* est un terme plus spécifique qui s'applique aux grands pôles urbains, où les zones bâties d'influence de différentes villes sont reliées par un développement continu du bâti (Essen-Dortmund dans la région Rhin-Ruhr en Allemagne) et ce, même entre différentes régions ou différents États ou pays (Lille-Kortrijk

Source : Wikipédia.

à la frontière entre la France et la Belgique par exemple). Chacune des villes d'une conurbation peut toutefois continuer de faire fonction de centre indépendant pour une partie substantielle de la région.

Une *métropole* est une très grande ville ou zone urbaine qui constitue un centre économique, politique et culturel de premier plan d'un pays ou d'une région et une plate-forme stratégique de liaisons et de communications régionales ou internationales. La ville de New York est souvent citée comme la quintessence de la métropole.

Comment les villes se développent-elles sur le plan spatial ?

La croissance spatiale des villes revêt différentes formes. Les graphiques 2.1 à 2.4 illustrent quatre modèles de développement spatial d'une ville ou d'une région. Dans une *structure monocentrique* (graphique 2.1), une ville s'étend progressivement, à partir d'un noyau central, en cercles plus ou moins concentriques, la densité démographique diminuant avec l'éloignement. Parfois, l'extension spatiale produit un *étalement urbain* (graphique 2.2), des zones de faible densité se développant dans différentes directions.

Une *structure polycentrique* (graphique 2.3) est le fruit d'une croissance qui relève davantage de l'intégration de plusieurs zones que de l'expansion d'un noyau central. Souvent, plusieurs centres urbains secondaires se développent et, à la longue, se rapprochent suffisamment de la ville principale, permettant une interaction et des déplacements pendulaires importants. La structure polycentrique évolue généralement vers une *structure multipolaire* (graphique 2.4), caractérisée par une ville-centre et

plusieurs centres secondaires qui, sous l'effet de la densification démographique des zones intermédiaires, créent des habitats urbains contigus. La naissance ou la constitution d'une zone métropolitaine peut donc résulter soit de la croissance d'une ville, soit de l'expansion et de l'intégration graduelles de différents habitats qui, à un moment donné, forment une zone métropolitaine d'agglomérations interdépendantes.

Une zone métropolitaine revêt parfois la forme d'un couloir ou d'une « ceinture » (une suite de circonscriptions administratives locales), par exemple, en raison de sa topographie, de l'emplacement des infrastructures stratégiques (aéroport international) ou d'une attraction touristique. La zone métropolitaine de Tbilissi (Géorgie) en est un bon exemple (voir la carte B2.2.1). Elle constitue un couloir de 60 km regroupant quatre collectivités locales le long d'une vallée, dont Tbilissi est la ville dominante. Le développement de ce couloir est brièvement décrit à l'encadré 2.2, et illustré sur la carte qui l'accompagne.

Graphique 2.1   Structure monocentrique

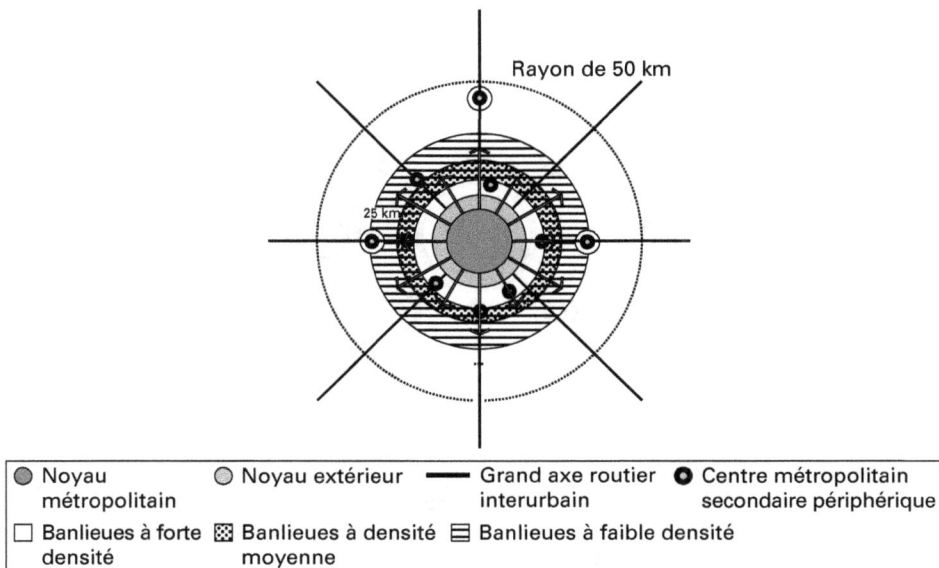

Rayon de 50 km

25 km

○ Noyau métropolitain   ○ Noyau extérieur   ▬ Grand axe routier interurbain   ◉ Centre métropolitain secondaire périphérique

□ Banlieues à forte densité   ▨ Banlieues à densité moyenne   ▤ Banlieues à faible densité

Source : Chreod Ltd.

Graphique 2.2   Étalement urbain

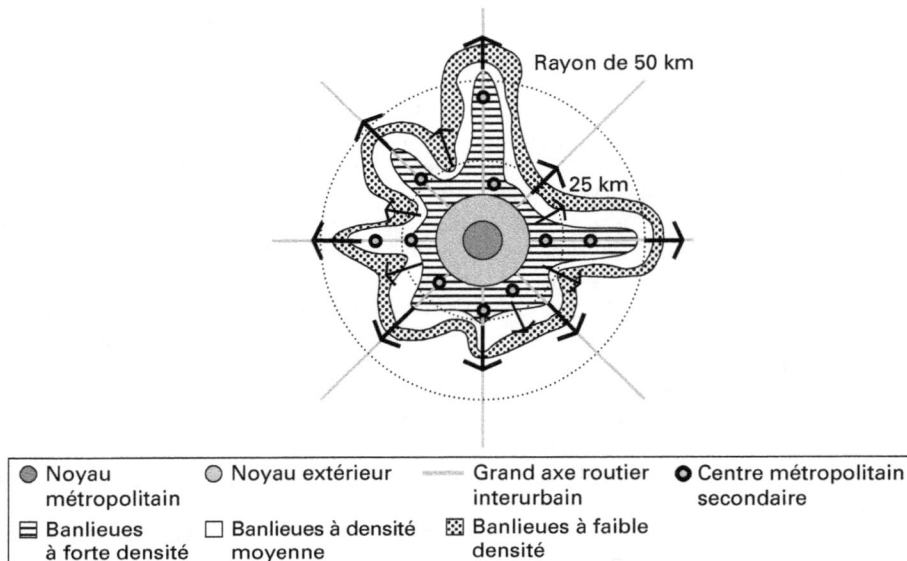

Rayon de 50 km

25 km

◉ Noyau métropolitain	◯ Noyau extérieur	⸺ Grand axe routier interurbain	◉ Centre métropolitain secondaire
▤ Banlieues à forte densité	☐ Banlieues à densité moyenne	▨ Banlieues à faible densité	

Source : Chreod Ltd.

Graphique 2.3   Structure polycentrique

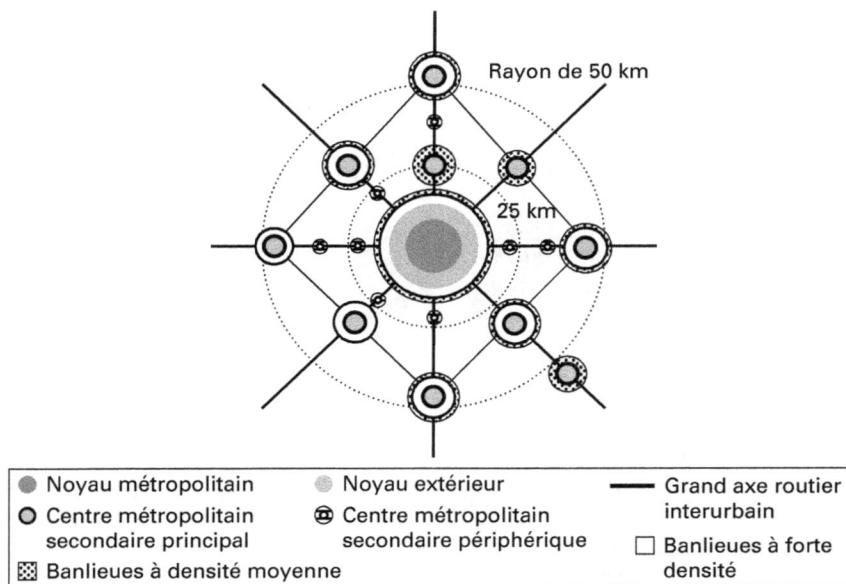

Rayon de 50 km

25 km

● Noyau métropolitain	◉ Noyau extérieur	▬ Grand axe routier interurbain
◎ Centre métropolitain secondaire principal	✪ Centre métropolitain secondaire périphérique	☐ Banlieues à forte densité
▨ Banlieues à densité moyenne		

Source : Chreod Ltd.

Graphique 2.4   Structure multipolaire

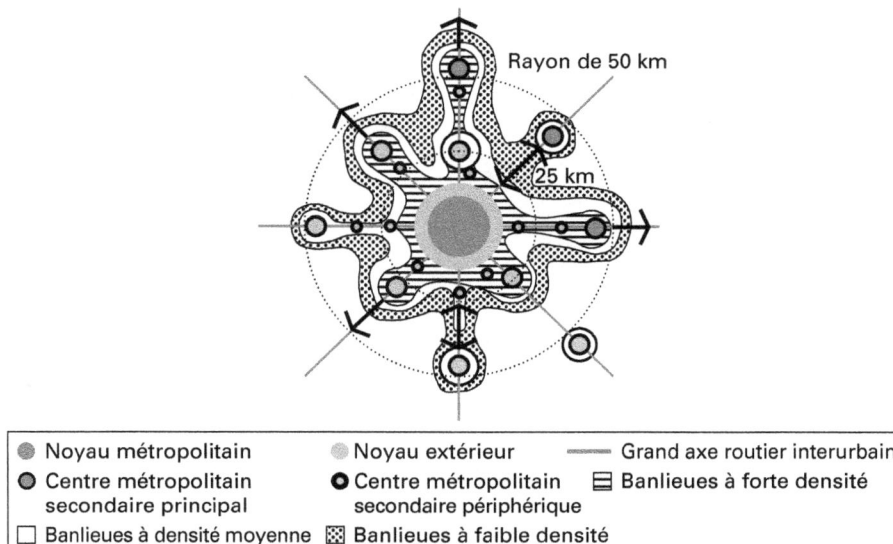

Rayon de 50 km

25 km

- ⬤ Noyau métropolitain
- ◉ Centre métropolitain secondaire principal
- ☐ Banlieues à densité moyenne
- ⬤ Noyau extérieur
- ◉ Centre métropolitain secondaire périphérique
- ▩ Banlieues à faible densité
- ─── Grand axe routier interurbain
- ⊟ Banlieues à forte densité

Source : Chreod Ltd.

Encadré 2.2 L'essor du couloir de Tbilissi

La région de Tbilissi est devenue une agglomération, l'économie et le marché du travail locaux englobant la ville de Rustavi et le district et la municipalité de Gardabani dans une direction, et le district et la municipalité de Mtskheta dans l'autre. Ces quatre collectivités locales forment la zone métropolitaine de Tbilissi, une région qui couvre quelque 2 600 km² et compte 1,5 million d'habitants.

Pour réaliser le plein potentiel de la zone métropolitaine, les autorités municipales de Tbilissi ont créé en 2009 l'Agence de développement de la métropole de Tbilissi. Pour certaines fonctions, les quatre municipalités peuvent avoir intérêt à mener des interventions communes ou coordonnées au lieu d'agir séparément ou de rivaliser les unes avec les autres.

Tbilissi est la ville principale, mais la zone métropolitaine n'en est pas une simple extension. Elle constitue un petit groupe de territoires administratifs dotés d'atouts et de caractéristiques complémentaires. Rustavi et Mtskheta peuvent tirer profit, en termes de dynamisme économique, de leur proximité de Tbilissi, une ville nettement plus grande, et Tbilissi est susceptible, à la longue, de bénéficier des aménagements effectués à Rustavi, Mtskheta, et Gardabani sous la forme d'une diminution des encombrements. La proximité des zones urbaines, reliées par un réseau routier de qualité, a créé un marché du travail relativement intégré. Selon les estimations, de 20 % à 30 % des habitants de Rustavi et plus de 40 % de ceux de Mtskheta travailleraient à Tbilissi, et 10 % environ des habitants de la ville de Gardabani feraient la navette avec Tbilissi.

(suite page suivante)

Encadré 2.2 *(suite)*

Certains organismes et aménagements desservent une grande partie de la région, par exemple l'entreprise privée de distribution d'eau et de traitement des eaux usées qui couvre Tbilissi, Rustavi et Mtskheta, et la nouvelle décharge en construction pour Rustavi et Gardabani.

Carte B2.2.1 La zone métropolitaine de Tbilissi

Source : Banque mondiale

Source : autorités locales de Tbilissi.

Zones non loties

Les agglomérations sont composées de villes, de villages, d'aires urbaines et rurales, de forêts, de cours d'eau, et de terres publiques et privées. Ce mélange donne aux habitants des zones rurales la possibilité de s'installer dans la zone urbaine pour tirer profit des avantages qu'offre l'agglomération ; ils y créent souvent de vastes lotissements informels, essentiellement sur des terrains publics. Ces lotissements sont dispersés dans la ville (comme à Lahore, au Pakistan), ou peuvent abriter un pourcentage substantiel de la population citadine[1]. Beaucoup se constituent dans des marécages, dans le lit de rivières ou dans zones exposées aux crues. Le terme « quartier précaire » désigne les lotissements de logements surpeuplés dépourvus des infrastructures de base (routes, eau, électricité, services de santé et d'éducation), dont la plupart des habitants ne détiennent aucun titre de propriété ou autorisation officielle d'utilisation. Les lotissements informels sont des conséquences fréquentes du développement d'agglomérations et sont à l'origine de problèmes juridiques, sociaux et économiques majeurs dans le monde en développement.

Mégapoles

Comme signalé plus haut, la planète comptait en 2012 27 mégapoles d'au moins 10 millions d'habitants (Brinkoff, 2012). Les grandes zones urbaines offrent d'importants marchés locaux (en raison de coûts de transport inférieurs) et favorisent les économies d'échelle et la diversité industrielle (par des incitations à l'innovation). Toutes contribuent à la création d'emplois et au développement économique. L'agglomération stimule la croissance économique au travers des échanges d'informations, de main d'œuvre, de la spécialisation et des échanges intrasectoriels, et de la concurrence. Les mégapoles n'en sont pas moins confrontées à des problèmes, notamment les suivants :

• Pénuries d'infrastructure et de logements (création de vastes zones d'habitat spontané)

• Graves problèmes de circulation et surpeuplement des logements

• Vastes secteurs informels (entreprises familiales) nécessitant des aides

• Problèmes de gouvernance et de gestion des mégapoles

• Accès insuffisant aux capitaux d'investissement.

Faire face à l'urbanisation

Ces problèmes appellent des mesures des autorités locales et nationales, notamment pour faire face aux enjeux suivants :

• augmentation de la demande de services de base

• nécessité de modérer la hausse des coûts (des terrains, de la main d'œuvre, du logement, etc.) pour les entreprises et les habitants.

• nécessité d'atténuer les pressions sur l'environnement

Carte 2.1   Densités économiques dans certaines régions du monde

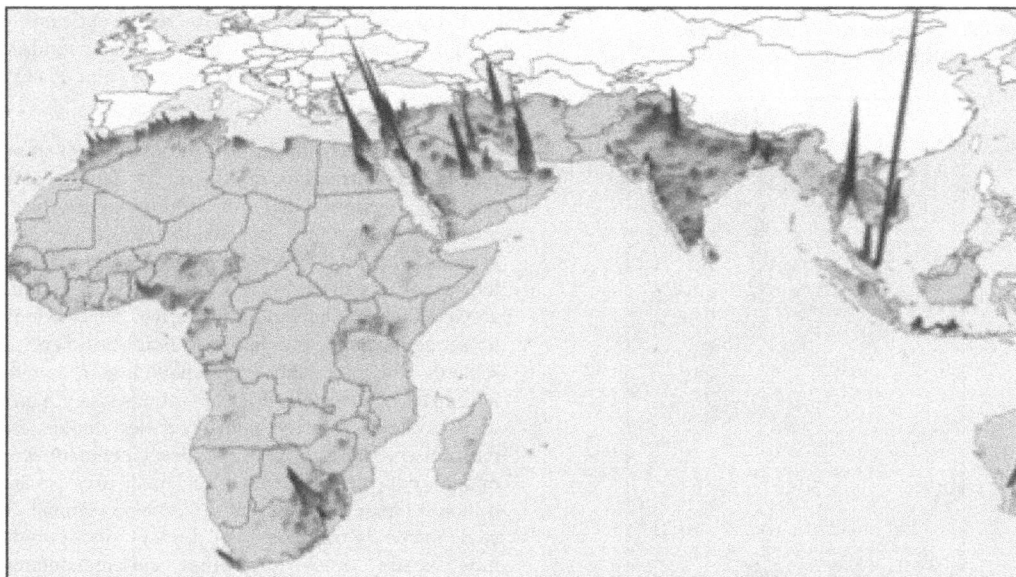

Source : Banque mondiale, 2010.

- nécessité d'établir une structure de gouvernance efficace, dotée d'institutions chargées de faciliter la circulation des biens et des personnes, d'appliquer les réglementations, etc.

- besoin de subventions pour résorber les disparités sociales et économiques.

Les densités économiques sont très concentrées sur la planète (carte 2.1). La gestion des mégapoles doit dans une certaine mesure se différencier de celle des autres villes. Les grands centres urbains et leur expansion doivent être placés dans le contexte de leurs économies nationales. De plus en plus, les mégapoles et la productivité des centres urbains déterminent la croissance économique nationale et l'économie des sous-régions (Banque mondiale, 2010). Par exemple, l'efficience de Dar es Salaam en tant que ville portuaire a des retombées sur la Tanzanie et les pays limitrophes (Ouganda, République démocratique du Congo, et Zambie). Les liaisons entre les villes de différents pays font que la productivité de chacune influe sur les autres, créant des pôles de croissance transfrontaliers à l'échelon infrarégional. La carte de l'Afrique de l'Est (carte 2.2) illustre clairement le poids des grandes villes dans la région.

Carte 2.2   Afrique de l'Est, densités démographiques

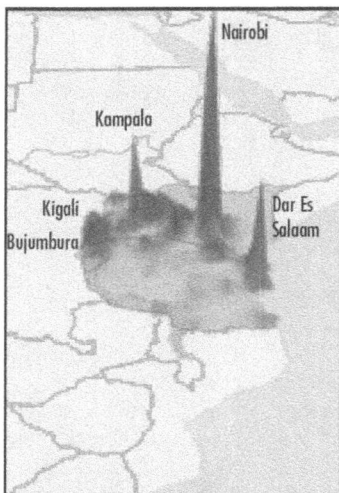

Source : Banque mondiale, 2010.

Bien que l'Afrique soit jusqu'ici restée en retrait en termes d'urbanisation, elle est en passe de devenir un continent essentiellement urbain. Le taux de croissance annuel de la population urbaine, qui s'y établit en moyenne à 4 %, est le plus élevé du monde. Trois des dix villes qui enregistrent la croissance la plus rapide se situent en Afrique (Lagos, au Nigéria ; Dar es Salaam, en Tanzanie ; et Lilongwe, au Malawi). Sur ce vaste continent, la population urbaine devrait dépasser la population rurale à l'horizon 2030.

Gouvernance métropolitaine

Pour les zones métropolitaines, la coordination ou l'intégration de la prestation de services, le développement concerté et le partage des coûts sont nettement plus avantageux que les efforts séparés de chacune des collectivités locales adjacentes. Il ressort de l'expérience internationale que les zones métropolitaines performantes ont réalisé des économies d'échelle considérables dans la prestation de certains services. À Paris, Londres et Shanghai, par exemple, les administrations métropolitaines couvrent des régions dont la population représente le double de celle du noyau urbain. Le concept de *gouvernance d'une zone métropolitaine* peut être défini comme suit :

> Un ensemble d'institutions, de règles, et de mesures qui délimitent les politiques et les conditions régissant la vie et l'économie d'une région métropolitaine.

Les zones métropolitaines se caractérisent souvent par la transformation rapide de la densité et des paysages, l'évolution de l'utilisation mixte des sols, des marchés immobiliers spéculatifs, l'absence d'intégration spatiale de l'économie et de l'infrastructure locales, et des disparités en termes de prestation de services et de capacités administratives. S'il convient de laisser à l'échelon le plus bas de l'administration responsable de la communauté économique le soin de *retenir* les entreprises existantes, les opérations visant à *attirer* de nouvelles entreprises pour créer des emplois et les mesures corollaires à l'appui du développement économique ont généralement les meilleures chances d'aboutir lorsqu'elles relèvent de l'échelon régional. Il en va de même du traitement des déchets solides ou de la lutte contre divers problèmes environnementaux, comme la qualité de l'air et de l'eau, dont les retombées transcendent les frontières administratives.

À titre d'exemple, l'entretien insuffisant des systèmes d'évacuation des eaux pluviales dans un endroit peut provoquer des inondations dans d'autres circonscriptions (effets secondaires). S'agissant des services de protection civile, la criminalité ne respecte pas les frontières administratives ; une coordination s'impose donc. Il existe aussi de fortes interdépendances en matière de promotion et de gestion touristiques. Ces effets secondaires favorisent généralement le dialogue entre les différentes collectivités locales et la mise en place de dispositifs communs.

L'absence de mécanisme (officiel ou pas) de gouvernance à l'échelle métropolitaine est généralement à l'origine de graves problèmes et d'occasions manquées (récapitulés à l'encadré 2.3).

Une gouvernance métropolitaine de qualité

Parallèlement à la naissance et au développement des zones métropolitaines, le besoin d'assurer une gestion au niveau de la métropole, aux fins de coordination et de décisions communes, va croissant. La liste ci-dessous présente des cas dans lesquels la gestion métropolitaine est particulièrement avantageuse pour les résidents et leurs collectivités locales. Bon nombre de ces dispositifs sont institués pour répondre à des problèmes ou à des possibilités de financement :

- *Mise en commun des ressources financières.* Dans les cas où une action commune des collectivités locales de la région créerait une synergie — par la mise en commun de leurs ressources financières ou humaines dans un objectif particulier, comme la promotion de la région, la passation conjointe de marchés publics, le partage des équipements d'urgence, etc.

- *Partage des coûts.* Dans les cas où les collectivités locales de la région atteindraient l'efficience (économies d'échelle) en partageant les coûts liés à la prestation d'un service, par exemple un dispositif de transfert et de mise en décharge des déchets ou un système de drainage coordonné pour l'ensemble de la région, ou un service de protection civile unique.

Encadré 2.3 Problèmes liés à l'absence de gouvernance métropolitaine

Il existe toujours des règles dans les zones métropolitaines, mais il est possible de distinguer une gouvernance adéquate d'une gouvernance inadéquate. Les conséquences négatives d'une mauvaise gouvernance, qui se caractérise par l'absence de dialogue et de coordination (éventuellement due à la diversité politique), sont les suivantes :

- *Fragmentation.* La prestation de certains services publics (surtout ceux présentant un intérêt collectif, comme les autobus ou les autres services de transport public) est parfois fragmentée, ce qui se traduit par des coûts plus élevés et crée des difficultés de financement pour chaque collectivité locale.
- *Parasitisme.* Si certaines zones, généralement la ville intra-muros, sont encombrées, et que la pollution atmosphérique y augmente, la ville victime de ce phénomène devra éventuellement lutter contre ce qui constitue un problème collectif ou régional par ses propres moyens, sans bénéficier d'une contribution équitable des collectivités voisines, qui bénéficient des effets positifs pour l'agglomération mais consacrent leur argent à d'autres activités et risquent même d'aggraver les problèmes du centre-ville.
- *Sous-utilisation.* Certains terrains peuvent présenter un intérêt limité sur le plan local, mais une plus grande utilité du point de vue régional.
- *Disparités.* Le niveau et la qualité des aménagements et des services peuvent différer selon les régions de la zone métropolitaine, car l'inégalité de revenus des habitants influe sur l'assiette fiscale des différentes collectivités locales.

- *Effets secondaires.* Lorsque, par souci d'équité, il convient de remédier aux effets secondaires (également dénommés « externalités ») qui dépassent les frontières administratives ; par exemple, dans les cas de pollution atmosphérique ou aquatique provoquée par des zones industrielles avoisinantes (effet secondaire négatif), de même que dans les cas où toutes les attractions touristiques se situent dans une zone, mais où les visiteurs logent et dépensent leur argent dans une autre zone (effet secondaire positif).

- *Services spécialisés.* Lorsque les collectivités locales d'une région ont besoin de services (élimination des déchets dangereux par exemple) ou d'équipements spécialisés qu'il serait plus efficace de fournir conjointement, à moins que l'une de ces collectivités ne s'en charge et que les autres ne la rémunèrent pour le service fourni.

- *Disparité.* Dans les cas où la zone métropolitaine présente des inégalités substantielles (disparités de revenus des habitants), par sous-région ou par circonscription territoriale, et que ce problème est jugé prioritaire.

Il convient toutefois de reconnaître que les besoins et le potentiel d'intervention d'une zone urbaine donnée sont fonction de divers facteurs locaux, par exemple :

- Le contexte national :

  — La constitution et les autres lois et règlements nationaux

  — La répartition des responsabilités (fonctions) entre les différents échelons de l'administration

  — Les relations avec les échelons supérieurs de l'administration, le système intergouvernemental

- Le contexte local :

  — L'histoire et la culture de la région (l'existence d'une tradition d'autonomie locale bien ancrée, ou son absence)

  — La facilité d'accès des habitants à leurs collectivités locales et la responsabilisation correspondante de ces dernières

  — Les sources de recettes dont disposent les collectivités locales.

Dans les zones métropolitaines, les structures administratives locales fragmentées sont en général fortement tributaires des transferts intergouvernementaux (transferts de l'État ou d'autres échelons supérieurs aux collectivités locales) ou des dépenses effectuées par des administrations de plus haut niveau. Les dispositifs de gouvernance à l'échelle de la métropole, en revanche, permettent d'internaliser les externalités de nombreux services publics et de confier un éventail plus large de services aux organismes métropolitains (Bahl, Linn et Wetzel, 2013).

Dans certaines régions, les collectivités locales ne coopèrent que lorsqu'elles y sont invitées par une administration supérieure ou pour obtenir des avantages collectifs (pour être admissibles à des financements par exemple), ce qui peut, ou pas, déboucher sur une gouvernance métropolitaine réelle et durable. La coopération entre collectivités locales a parfois été encouragée par des incitations d'une administration provinciale ou nationale. Aux États-Unis, les collectivités locales ont ainsi été tenues pendant de nombreuses années de soumettre à l'approbation d'un organisme régional les besoins et les solutions exposés dans un plan régional avant de pouvoir obtenir des subventions de l'État fédéral — surtout pour l'infrastructure routière et de transport et pour la gestion des eaux usées. Beaucoup de conseils régionaux de planification ont été créés après que l'UE a mis à disposition des subventions au développement économique régional (OCDE, 2006). D'autres incitations à la coordination régionale ont été instaurées par le biais de systèmes intergouvernementaux (en Inde par exemple), de cadres juridiques (Brésil, France, Italie, et Pologne), ou par le jeu d'incitations financières et des influences politiques (Pays-Bas).

Modèles de gouvernance métropolitaine

Les pratiques internationales présentent une grande diversité de modèles métropolitains, notamment en Amérique du Nord (Dodge, 1996) et en Europe (OCDE, 2006). En Asie de l'Est, la Chine, le Japon, et la République de Corée ont regroupé les administrations métropolitaines au niveau de la mégapole (Yang, 2009). Bon nombre de mégapoles se situent en Asie du Sud, cependant les modèles de gouvernance ne sont pas encore complètement performants. Si beaucoup d'autorités responsables du développement métropolitain sont en place, elles s'intéressent généralement au premier chef à la planification de l'investissement et aux aménagements fonciers.

Bien que l'Amérique latine compte aussi de nombreuses mégapoles, les structures de gouvernance métropolitaine à São Paulo, Mexico, Buenos Aires, et Rio de Janeiro sont inexistantes ou insuffisantes. Le district métropolitain de Quito (Équateur) fait exception, car il dispose d'un conseil métropolitain élu doté de nombreuses responsabilités, présidé par le maire élu de l'agglomération. Bogota et Caracas, ont des systèmes similaires, mais moins performants en pratique (Rojas, Cuadrado-Roura, et Fernandez Guell, 2007). L'Afrique subsaharienne est en pleine urbanisation, mais la plupart des villes sont dépourvues des institutions nécessaires pour régler les problèmes à l'échelle métropolitaine. L'Afrique du Sud constitue une exception, qui a créé par fusion huit municipalités donc chacune est essentiellement responsable de son agglomération.

En cas d'absence ou d'insuffisance des mécanismes institutionnels à l'échelon local, la coordination est généralement assurée par les autorités nationales, provinciales, ou de l'État fédéré (l'État de Lagos par exemple). En Australie, les transports publics et d'autres services locaux sont administrés par les autorités provinciales (Abbott, 2011).

Il ressort des pratiques internationales qu'un cadre de gouvernance officiel est nécessaire, sous une forme ou une autre, pour coordonner les collectivités locales d'une zone métropolitaine. Divers modèles ont été appliqués dans le monde pour répondre à ce besoin. Les approches énumérées ci-après seront décrites plus loin, et leurs variations illustrées par des exemples. Les sections suivantes montreront par quels moyens les villes ont fait face aux problèmes de financement et en quoi leurs dispositifs institutionnels et financiers ont évolué au fil du temps.

Les principaux modèles et approches de gouvernance métropolitaine sont les suivants :

- Coopération entre collectivités locales

  — Projets collectifs ponctuels

  — Contrats entre collectivités locales

  — Comités, commissions, groupes de travail, partenariats, instances consultatives, etc.

- Autorités régionales (parfois appelées « districts à vocation spéciale »)

- Un conseil métropolitain des communes

- Une autorité régionale de planification

- Une autorité régionale de prestation de services

- Une autorité régionale de planification et de prestation de services

- Administration métropolitaine

  — Administration locale à l'échelon de la métropole

  — Administration régionale établie par un échelon supérieur de l'administration publique (fédéral, provincial ou État fédéré)

- Annexion de territoires ou fusion de collectivités locales.

Comment les parties intéressées choisissent-elles un modèle ou en changent-elles ?

Le système de collectivité locale influe considérablement sur l'efficience et l'équité de l'économie régionale. Bien qu'aucun dispositif de gouvernance locale ne soit parfait, chacun présente des avantages et des inconvénients. Le système de transparence et de responsabilité politiques coïncide dans l'idéal avec les compétences et l'assiette des revenus. L'apparition de grandes zones métropolitaines suppose l'administration de territoires relativement importants et la mise en place d'un *organisme permettant de représenter les différentes juridictions*. Cela signifie que toute entité établie pour coordonner les localités ou les fonctions de prestation de services relevant d'une circonscription administrative doit idéalement être représentative de l'ensemble de ce territoire et lui rendre compte de son action, et doit recevoir les moyens et les pouvoirs correspondants.

La structure de la gouvernance définit le degré de participation de la population aux décisions et la réactivité des autorités. L'évolution spatiale d'une zone urbaine, son potentiel économique, ses économies d'échelle, son pouvoir de financement, son accessibilité, et la facilité de circulation de la main-d'œuvre comptent parmi les facteurs qui déterminent la conception d'une forme de gouvernance métropolitaine particulière. Le modèle le plus approprié pour une région donnée dépend à la fois du contexte national et du contexte local. L'encadré 2.4 présente une simple liste de questions

Encadré 2.4 Questions à étudier dans le cadre d'un examen de la structure de gouvernance d'une zone métropolitaine

Une réflexion sur les questions suivantes sera utile pour faire évoluer la structure de gouvernance d'une zone métropolitaine :

- Quels sont les *problèmes* de nature similaire, dans les circonscriptions administratives de la région, qui doivent être ou auraient tout intérêt à être résolus solidairement ? Il s'agira par exemple des transports publics, du réseau routier local, de l'élimination des déchets solides et du système de drainage.
- Quelles *possibilités* s'offrent aux autorités locales de la zone métropolitaine de gagner en puissance et en efficacité en agissant collectivement ? On citera pour exemples la création d'une image de marque urbaine, des mesures visant à attirer l'investissement direct étranger (IDE), la promotion touristique et la passation de certains marchés.
- Les autorités locales pourraient-elles *économiser les deniers publics* (gains d'efficience) en assurant la prestation de certains services conjointement plutôt que séparément, par exemple grâce aux économies d'échelle, aux possibilités de coordination, etc. ?
- Les problèmes et possibilités pourraient-ils être gérés par une *agence métropolitaine* ou pas ? Pourquoi pas ? Quelles seraient les obstacles ? Dans la négative, comment ces problèmes et possibilités pourraient-ils être gérés au mieux ? Dans l'affirmative, l'agence serait-elle créée et dirigée par les collectivités locales ou par une administration supérieure ? Sa création nécessiterait-elle une procédure législative ou réglementaire de longue durée ? Dans l'affirmative, cela en vaut-il la peine ?
- Si une *agence régionale de développement* chargée de certaines fonctions est déjà en place, serait-il possible d'élargir son mandat pour intégrer certains des éléments mentionnés ou pas ? Quels en seraient les avantages et les inconvénients ?
- Les divers problèmes et possibilités seraient-ils mieux pris en charge par un *échelon supérieur de l'administration métropolitaine* pour certaines fonctions ? Dans l'affirmative, les fonctions d'éventuelles agences régionales pourraient-elles y être intégrées ? La fusion de certaines autorités locales serait-elle une solution à envisager ?
- Comment garantir que *l'accès des citoyens* aux autorités, et que la réactivité et la transparence de ces dernières ne seraient pas affaiblies dans une structure modifiée ?
- S'il existe une agence métropolitaine, quelles *autres fonctions*, actuellement remplies par un échelon supérieur de l'administration, pourrait-on lui confier ?
- Le problème de l'*inégalité* entre les différentes circonscriptions administratives (en termes de revenus et de prestation de services) peut-il être pris en main par les autorités nationales, par l'intermédiaire des collectivités locales de la région, ou par la métropole, dans le cadre d'une action commune des autorités locales ?
- Le *partage des coûts* au sein de la zone métropolitaine est-il équitable du point de vue des effets secondaires et des externalités sur les autres territoires (pollution atmosphérique, personnes vivant et payant des impôts dans un territoire mais travaillant dans un autre, etc.) ? Dans la négative, ce problème doit-il être résolu par les autorités nationales, par le biais des transferts, ou au niveau métropolitain, par des mesures des collectivités locales elles-mêmes ?

permettant d'analyser les dispositifs de gouvernance métropolitaine.

Les avantages liés à des administrations publiques de plus petite taille

Il ressort des différentes expériences que les systèmes de gouvernance métropolitaine bien conçus institutionnalisent une division adéquate du travail entre les instances exerçant au niveau de la métropole et les collectivités locales. À de rares exceptions près, les collectivités locales continuent d'assumer la plupart des fonctions, tout en acceptant la création d'un organe directeur métropolitain commun pour d'autres fonctions. Elles conservent des responsabilités essentielles — assurer l'accessibilité, la réactivité, la transparence, et des liens étroits et explicites entre les dépenses et les recettes, allouer les ressources de manière efficace, et enfin, mais ce n'est pas là le moins important, assurer la participation de la population aux décisions locales. Nombreux sont ceux qui estiment qu'un certain degré de concurrence entre collectivités locales est salutaire dans certains domaines, car cela les incite à être plus efficientes.

Les pratiques métropolitaines indiquent également que ce sont les considérations politiques, plutôt que le souci d'efficience et d'équité, qui déterminent souvent le choix de la structure de gouvernance. Les études de cas examinées plus loin montrent que les réformes de la gouvernance métropolitaine à Londres, à Toronto et en Afrique du Sud ont été en grande partie motivées par des facteurs politiques, même si les aspects économiques et financiers et l'efficience ont également été pris en compte. Les pratiques internationales inclinent à penser que les dispositifs de gouvernance doivent être assez souples pour évoluer dans le temps et selon les territoires. Comme le montrent certains des cas présentés ci-après, quelques zones métropolitaines ont recouru à différents modèles au fil du temps.

Le tableau 2.1 récapitule les avantages et les inconvénients de différents modèles de gouvernance qui sont analysés en détail dans les sections suivantes.

Financement des zones métropolitaines

Les résultats d'une zone métropolitaine en matière de finances publiques dépendent en grande partie de la structure des relations entre les administrations.

Ils sont notamment fonction du statut accordé aux métropoles, selon que celui-ci est identique ou distinct de celui d'autres collectivités locales dans le pays — un statut spécial pour les capitales nationales ou les villes ayant statut de « villes de province » par exemple, des responsabilités de dépenses et des régimes fiscaux spéciaux dont elles sont susceptibles de bénéficier en raison de leur taille, ou de l'existence éventuelle d'autres modalités spéciales dans le cadre du système de transferts intergouvernementaux. Le niveau de régulation des activités des collectivités locales par l'administration supérieure joue un rôle important, tout comme la coordination de la prestation des services entre les différentes juridictions (Bahl, Linn, et Wetzel, 2013).

Les considérations financières comptent souvent parmi les motivations essentielles à l'établissement de systèmes métropolitains spéciaux, soit dans le cadre d'un processus impulsé par les collectivités locales en exercice, soit suite à une décision d'un échelon supérieur de l'État (provincial ou national). Les principales considérations économiques ou financières sont les suivantes : possibilité d'économiser sur les coûts grâce à des projets communs (économies d'échelle) ; partage des coûts relatifs à la prestation de services ou aux investissements au niveau de la région ; et volonté de remédier aux disparités financières lorsque les bases d'imposition des diverses administrations de la zone métropolitaine sont sensiblement différentes. Cette section résume les caractéristiques financières génériques applicables à tous les modèles de gouvernance ; les études de cas présentées ci-après décrivent diverses situations ainsi que les solutions qui leur ont été apportées.

Financement des services et du fonctionnement

Ce sont dans une large mesure les éléments financiers opérationnels (recettes et dépenses de fonctionnement) qui motivent la coopération métropolitaine et influent sur sa configuration et ses instruments.

Partage des coûts liés à la prestation de services

Quand la gestion d'un service public est assurée à l'échelon d'une zone métropolitaine, il convient de mettre en place un mécanisme équitable de partage des coûts entre les collectivités locales

Tableau 2.1 Avantages et inconvénients de différents modèles de gouvernance métropolitaine

Modèle conceptuel	Avantages	Inconvénients
	COOPÉRATION DES COLLECTIVITÉS LOCALES	
Projets communs ponctuels (accords entre collectivités locales).	Intéressant pour les régions où les interdépendances entre les collectivités locales sont limitées (ou pour une petite région ne comptant par exemple que deux collectivités locales).	Généralement de portée limitée.
		Aucun engagement à satisfaire un besoin de manière permanente et continue.
	Peut constituer une étape liminaire pour acquérir une expérience et instaurer la confiance envers les efforts collectifs coordonnés des collectivités locales.	
	Approche envisageable quand les politiques en vigueur font obstacle à des dispositifs plus permanents et officiels, ou quand les cadres juridiques les interdisent.	
Contrats entre collectivités locales.	Une collectivité locale peut se spécialiser dans la prestation d'un service ou d'une fonction au profit de toutes les collectivités locales de la région.	La collectivité locale contractante doit tout de même surveiller la qualité et la couverture des services fournis (externaliser ne signifie pas abdiquer la responsabilité du service ou de la fonction).
	Parfois utile lorsque l'une des collectivités locales est dotée de capacités humaines et financières supérieures.	Risques : l'accès des résidents au prestataire de services peut en être affecté ; l'obligation de rendre compte risque d'en être affaiblie, ou moins perceptible pour les habitants.
Comités, commissions, groupes de travail, partenariats, instances consultatives, etc.	Organes de coordination temporaires ou permanents.	N'ont en général qu'un rôle consultatif.
	Plus souvent assimilables à des réseaux qu'à des institutions[a]	
	Approches souples.	

Conseil métropolitain et mécanismes analogues.	Un cadre d'échanges où les collectivités locales membres peuvent aborder des questions d'intérêt commun et régional tout en conservant leur autorité sur toutes les décisions puisque celles-ci doivent être avalisées par leurs conseils respectifs. Peut présenter une certaine souplesse si les collectivités locales sont libres de s'y joindre ou de s'en retirer à tout moment.	Son influence est fonction a) des moyens financiers et humains mobilisés ou attribués au Conseil ; et b) de la cohérence globale des avis des conseils des collectivités locales sur les questions relatives à la zone métropolitaine.
Autorité régionale de planification (dotée ou pas du pouvoir d'exécuter ou de faire exécuter les programmes).	Centre de coordination permanent pour la planification (régionale) métropolitaine. Systèmes analytiques spécialisés à l'échelle de la métropole (pour mettre en lumière les effets secondaires, les économies d'échelle possibles, les inégalités, etc.).	Son influence risque d'être limitée si elle n'est dotée que d'un pouvoir consultatif et n'a pas les moyens d'exécuter ou de faire exécuter les programmes. Doit disposer d'une capacité institutionnelle et de ressources substantielles pour être efficace.
Autorité régionale de prestation de services (sous forme d'entité ou d'entreprise publique, ou de régie régionale)	Économies d'échelle (rentabilité) pour certains services. Engagement des collectivités locales en tant que « propriétaires » de l'entreprise ou de l'autorité du fait que la responsabilité de la prestation des services est « déléguée » à ces dernières. La création d'une entreprise (de services publics) facilite la transition au secteur privé ou à un mécanisme de partenariat public-privé (PPP), (selon le cas).	Son efficacité dépend de son pouvoir à recouvrer des redevances d'utilisation, à percevoir des contributions auprès des collectivités locales, à déterminer le taux de l'impôt, ou à disposer de transferts affectés ou de l'autorité fiscale. Risques : l'accès des résidents peut en être affecté ; l'obligation de rendre compte risque d'en être affaiblie, ou moins perceptible.
Autorité régionale de planification et de prestation de services (sous forme d'entité ou d'entreprise publique, ou de régie régionale).	Combinaison des avantages mentionnés plus haut pour les autorités régionales de planification et les autorités régionales de prestation de services.	Combinaison des inconvénients mentionnés plus haut pour les autorités régionales de planification et les autorités régionales de prestation de services.

(suite page suivante)

Tableau 2.1 *(suite)*

Modèle conceptuel	Avantages	Inconvénients
ADMINISTRATION AU NIVEAU MÉTROPOLITAIN		
Une collectivité locale métropolitaine de niveau plus élevé	Une structure gouvernementale permanente (élue au suffrage direct ou par l'intermédiaire de collectivités locales de niveau inférieur) pour certaines fonctions métropolitaines. Ressources spécialisées à l'échelon de la métropole.	Son efficacité dépend généralement : a) de son degré d'autorité sur les collectivités locales de niveau inférieur et b) de ses fonctions, selon qu'elle est principalement dotée de fonctions de planification ou également chargée de certaines fonctions de prestation de services.
Une administration régionale établie par une administration de niveau supérieur (pour une zone métropolitaine donnée)	Une structure gouvernementale permanente (élue au suffrage direct ou par l'intermédiaire de collectivités locales de niveau inférieur) pour certaines fonctions métropolitaines. Ressources spécialisées à l'échelon de la métropole. Ressources obtenues directement auprès de l'administration supérieure.	Risque de contacts restreints avec les collectivités locales de la région, et d'engagement limité de la part de ces dernières (peut parfois être atténué par une forte représentation des collectivités locales). L'accès des résidents peut en être affecté ; l'obligation de rendre compte risque d'en être affaiblie ou moins perceptible.
ANNEXION DE TERRITOIRES OU FUSION DE COLLECTIVITÉS LOCALES		
	Crée une circonscription administrative qui couvre une plus grande partie de la zone métropolitaine (ou sa totalité), ce qui facilite généralement la coordination à l'échelon métropolitain, même si des services administratifs locaux ou des systèmes sectoriels demeurent parfois nécessaires. Facilite l'égalisation au sein de la région (une seule assiette fiscale).	L'expansion de la circonscription administrative peut avoir pour effet de compromettre l'accès des habitants à la collectivité locale et d'affaiblir l'obligation de rendre compte.

a. OCDE, 2006.
b. Également dénommées « districts à vocation spéciale » ; organisations non contraignantes, impulsées par la base.

concernées — pour l'élimination des déchets solides, l'entretien du réseau de canalisations, du réseau d'assainissement et d'évacuation des eaux usées, et du réseau routier par exemple. Les coûts facturables en fonction de l'utilisation, comme le volume de déchets éliminés d'un quartier d'habitation, doivent dans l'idéal être facturés sur cette base (comme les redevances de déversement payées à la décharge). S'agissant de l'entretien de réseaux métropolitains (routes, canalisations et eaux usées), toutefois, les redevances basées sur la taille du réseau et sur son utilisation dans différentes zones administratives locales ne sont pas toujours appropriées ou équitables. Par exemple, tous les usagers des transports d'une région tirent profit d'un réseau routier bien intégré et bien entretenu. L'entretien du réseau d'eaux usées a des retombées sanitaires favorables sur l'ensemble de la région. Il se peut néanmoins que l'entretien de certains tronçons d'un réseau soit plus coûteux en raison de la topographie (une partie de la population vit sur des collines, l'autre en plaine),

de l'emplacement des stations de pompage, etc. Les administrés des différentes collectivités doivent aboutir à un accord quant à ce qui constitue un mécanisme raisonnablement équitable de partage des coûts, sujet qui revêt souvent une dimension très politique.

Retombées fiscales

Dans certains pays, les recettes de la taxe à la valeur ajoutée (TVA) sont réparties entre l'État et les collectivités locales. Dans certains cas, les recettes dues aux collectivités locales sont transférées à une collectivité territoriale qui accueille le siège d'une entreprise, ce qui peut fausser la répartition de la taxe entre les collectivités locales. Ce phénomène peut concerner tout particulièrement une zone métropolitaine si, par exemple, le siège de l'entreprise est situé dans le centre-ville, mais que les usines ou ateliers de production se trouvent en banlieue. Un réajustement des recettes fiscales s'impose

---

Encadré 2.5 Raisons financières courantes à l'instauration d'une coopération régionale ou à l'établissement d'agences de développement régional

- *Des accords de coordination des politiques d'imposition ou de tarification* (harmonisation de l'assiette, des taux et de l'administration des impôts) entre les collectivités locales de la région peuvent prévenir la concurrence fiscale et tarifaire. La taxe professionnelle, la formule de l'impôt foncier et la taxe sur les automobiles peuvent par exemple être communes à la région, de même que les droits appliqués à différents types de permis. (Cela dit, les politiques fiscales communes peuvent favoriser, ou non, la mobilisation des recettes en général).
Exemple : la métropole de Marseille (France) fait appel à un système commun de recouvrement de la taxe professionnelle qui applique un taux unique afin d'éviter la concurrence fiscale dans la région.

- *Un budget commun pour les programmes ou services fournis à l'échelle métropolitaine* peut être établi sur la base d'une contribution définie d'après une formule convenue et versée par chaque collectivité locale sur ces recettes générales.
Exemple : Lyon (France) répartit la base d'imposition de sa zone métropolitaine. Une partie des recettes des impôts locaux de chaque commune est affectée à un budget collectif alloué aux programmes et dépenses communs.
- *Un système de partage des recettes fiscales,* destiné à harmoniser les recettes et les dépenses au sein d'une région, peut remédier à un décalage substantiel entre les besoins sociaux et l'assiette fiscale (la taxe foncière locale par exemple) dans différentes collectivités locales.

(suite page suivante)

---

alors, qui sera effectué soit par un échelon supérieur de l'administration (au niveau des transferts), soit localement, à l'échelon métropolitain. L'encadré 2.5 récapitule les considérations financières concernant la coopération régionale et l'établissement d'entités régionales.

Économies d'échelle ponctuelles

Les collectivités locales peuvent unir leurs efforts dans un but donné de manière à bénéficier d'économies d'échelle, par exemple pour acheter du matériel à meilleur prix ou passer un contrat de service. Une action commune permet de réduire les coûts de transaction, voire d'obtenir un prix avantageux, par exemple lorsqu'il s'agit d'engager un cabinet-conseil pour élaborer un plan d'utilisation des sols à l'échelle métropolitaine, d'assurer la promotion d'une manifestation internationale, ou d'inciter des entreprises à s'installer dans la région. Ce type d'action appelle généralement des négociations pour que les collectivités locales parviennent à un accord de partage des coûts.

Financement d'une entité métropolitaine

Toute entité métropolitaine (autorité de planification ou de prestation de services par exemple) doit être financée dans la durée. Le financement des dépenses d'exploitation provient généralement de plusieurs sources : a) contributions prédéfinies d'un commun accord des collectivités locales concernées ; b) dans la mesure du possible, redevances sur les services que l'entité métropolitaine est chargée de fournir ; c) transferts d'échelons supérieurs de l'administration ; d) impôts préaffectés ; e) pouvoir de déterminer le taux de l'impôt versé aux collectivités locales ; f) pouvoir d'imposition directe (taxe routière par exemple) ; g) donations ; et h) autres sources, comme les redevances et subventions directes, selon les fonctions attribuées.

La contractualisation de certains services offre parfois un moyen de renforcer l'intégration. Une entreprise de services privée peut stimuler une plus grande coordination dans le cadre de contrats avec chaque collectivité locale de la zone métropolitaine.

Financement de grands projets d'infrastructure dans une zone métropolitaine

La mobilisation des fonds nécessaires aux grands projets d'infrastructure qui concernent plusieurs collectivités locales (ou leur apportent des avantages) appelle des dispositifs spéciaux. Dans certains cas, les parties intéressées établissent une entité distincte qui mettra en œuvre le projet et qui, éventuellement, en sera aussi le propriétaire et l'exploitant et sera chargée d'entretenir les actifs ultérieurement (pont, station de traitement des eaux usées ou décharge par exemple). Elles peuvent aussi passer contrat avec une entreprise de services publics métropolitaine (régionale) existante qui sera chargée de planifier, d'exécuter et de gérer le projet. Dans les deux cas, l'entité ou l'entreprise de services publics recourt souvent à l'emprunt (émet des titres d'emprunt) pour financer le projet. Une autre possibilité consiste, pour les collectivités locales concernées, à emprunter séparément pour apporter leur concours à l'investissement collectif dans l'infrastructure. Les participants doivent convenir d'un dispositif de contribution équitable, proportionnel aux avantages dont chacun compte bénéficier, ou éventuellement fondé sur une formule tenant compte du nombre de citoyens qui en tireront profit.

Exemples de financement de l'investissement

Étant donné le montant élevé des investissements effectués à l'échelle métropolitaine, la participation active d'une administration supérieure et le financement de divers intervenants sont souvent indispensables. Deux exemples de ce cas de figure sont présentés ci-dessous. Dans le premier cas, une entreprise dénommée ARPEGIO a été créée pour établir la planification et passer les contrats nécessaires pour le compte de collectivités locales d'une zone métropolitaine et d'une région en Espagne. Le second décrit un investissement ferroviaire métropolitain avec la coopération du gouvernement fédéral, des autorités d'un État fédéré, et des administrations de deux comtés aux États-Unis.

ARPEGIO et la Comunidad Autónoma de Madrid.

ARPEGIO, une société de droit privé, appartient à la Comunidad Autónoma de Madrid (CAM), une administration régionale espagnole qui correspond grosso modo à la zone fonctionnelle de l'agglomération de Madrid (5,2 millions d'habitants)[2]. Le champ de responsabilités de la CAM couvre les transports et l'infrastructure, l'éducation, la santé, l'aménagement, le développement économique, l'environnement, la culture, et la recherche. ARPEGIO a pour finalité de fournir et d'administrer les terrains destinés à toutes sortes d'usage : industriel, résidentiel, commercial, public et bureaux. C'est un instrument de planification qui a la capacité d'engager des projets stratégiques à moyen et long termes peu intéressants pour le secteur privé. ARPEGIO met sur le marché des terrains à aménager à des prix abordables, investit dans l'infrastructure, le foncier et les équipements collectifs, et assure par la suite la gestion des services publics urbains dans ces zones. Le financement d'ARPEGIO provient de l'achat de terres publiques à faible prix auprès des collectivités locales, de leur restructuration et de leur vente aux fins d'aménagement, et de la prestation de services de commercialisation et de gestion dans un cadre défini par les autorités de la CAM (www.arpegio.com).

Le projet de métro du couloir de Dulles.

Le Dulles Corridor Metrorail line est un prolongement de 37 km du système actuel de transports en commun du grand Washington jusqu'à l'aéroport international de Dulles. La Metropolitan Washington Airports Authority (MWAA) gère le projet, dont les partenaires sont la Washington Metropolitan Area Transit Authority (WMATA), l'État de Virginie, et deux comtés. Une fois les travaux achevés, la ligne sera opérée par la WMATA, qui en sera également propriétaire. L'encadré 2.6 décrit le mode de gouvernance et les modalités financières de ce projet, et met en avant la volonté des partenaires à optimiser les avantages d'un financement commun et d'un accord de gestion clairement établi. Aucune des entités concernées n'aurait été en mesure de financer et de réaliser ce projet en tant qu'investisseur et exploitant unique.

Mobilisation de financements dans le cadre de partenariats public-privé

Certaines collectivités locales ne sont pas en mesure d'emprunter, soit en raison de réglementations nationales, soit parce qu'elles ne sont pas solvables aux yeux des banques et des marchés financiers. Dans ces cas, les partenariats public-privé (PPP) leur offrent la possibilité d'obtenir des financements extérieurs. Les collectivités locales peuvent s'associer à des partenaires privés pour financer et exploiter conjointement des actifs de services, sur la base d'accords portant sur le partage des coûts, des risques et des bénéfices de l'investissement. Les accords de PPP prévoient généralement des dispositions relatives à la propriété, à l'exploitation et à l'entretien des actifs. Le chapitre 7 présente différentes approches les concernant.

Fonds de développement municipal ou métropolitain

Une autre solution pour financer les investissements consiste à mettre en place un fonds de développement municipal, métropolitain, ou régional abondé par différents échelons de l'administration, des organismes internationaux et le secteur privé. Une soixantaine de pays (comme la Géorgie, l'Inde, le Népal, l'Ouganda et la Tanzanie) ont établi des fonds nationaux dans le cadre de leur système intergouvernemental dans le but spécifique de financer les projets des collectivités locales. Ces instruments ne s'appliquent généralement

Encadré 2.6 Le projet de métro du couloir de Dulles (Région de Washington, États-Unis)

Le projet de métro de Dulles est financé par de nombreuses parties intéressées, notamment par des contributions volontaires des entreprises et propriétaires fonciers de la région, les administrations des comtés, une administration d'État et des subventions du gouvernement fédéral. Les propriétaires de biens fonciers et commerciaux de la région ont accepté de payer un impôt spécial pour la première phase du projet (trois ans avant son achèvement), dans l'espoir que ce prolongement du service ferroviaire favorisera la densification et l'aménagement de la région, de même qu'une valorisation de l'immobilier.

La phase 2 du projet, dont le coût est estimé à 2,7 milliards de dollars, sera financée par la MWAA, l'État de Virginie et deux comtés, le gouvernement fédéral garantissant les prêts mais n'apportant pas de financement en numéraire. Les parties ont signé un accord de coopération portant sur le financement et la gestion du projet.

Répartition des financements — Phase 1 (2,6 milliards de dollars)

	Entité de financement	Source
41 %	MWAA	Recettes de la route à péage existante (avec augmentation des tarifs)
10 %	État de Virginie	Obligations d'État et autres sources budgétaires
15 %	Comté	Impôt spécial sur les entreprises/propriétaires fonciers de la région
34 %	Gouvernement fédéral	Recettes de la taxe sur les carburants et fonds de relance économique

Source : www.dullesmetro.com.

---

pas exclusivement aux zones métropolitaines, mais à toutes les zones urbaines ou collectivités locales du pays. Les autorités des aires métropolitaines sont toutefois souvent les premières bénéficiaires de ces fonds, sous forme de prêts ou de subventions.

Exemples de gouvernance métropolitaine

Les sections qui suivent analysent divers modèles et exemples de gouvernance et de financement métropolitains.

Coordination entre les collectivités locales

Dans les cas où la coordination locale appelle des mesures spécifiques, mais où l'autonomie des collectivités locales doit être préservée, elle peut être assurée par divers dispositifs ad hoc sans engagement plus général ou de long terme. Le tableau 2.2 présente sous forme synthétique les modèles, caractéristiques et exemples de méthodes de coordination de cette nature.

Projets collectifs ponctuels des collectivités locales

Les collectivités locales d'une région peuvent unir leurs forces lorsqu'il leur est manifestement plus profitable, ainsi qu'à leurs administrés, de procéder ainsi plutôt que d'agir isolément. Le plus souvent, elles s'entendent pour résoudre un problème temporaire particulier, comme la gestion d'une crue ou la coordination de la circulation associée à une manifestation d'envergure. Il est plus rare, mais également possible, qu'elles mettent leurs actifs en commun afin de rendre la région plus attrayante pour une entreprise qui envisagerait d'y installer une usine ou des bureaux, d'accroître leurs chances de remporter l'organisation d'une manifestation régionale ou internationale, d'obtenir un prêt bancaire à des conditions légèrement plus favorables, ou de promouvoir le tourisme et d'attirer des visiteurs.

Tableau 2.2   Coordination entre collectivités locales

Modèles	Caractéristiques	Exemples
Projets collectifs ponctuels	Des interventions collectives permettent aux collectivités locales de réaliser des économies d'échelle (achats groupés, lutte contre les incendies, entretien des routes, promotion touristique) ou de renforcer leur position, par exemple pour attirer une entreprise ou une manifestation, ou promouvoir le tourisme. Considérations financières courantes : • Les accords se fondent généralement sur l'évaluation, par chacune des collectivités locales participantes, des coûts et des bénéfices que présente pour elles l'activité collective. • Lorsque le projet s'accompagne de coûts substantiels, une formule raisonnable de partage des coûts doit être définie d'un commun accord.	Les villes candidates aux jeux Olympiques ou à d'autres manifestations de premier plan déposent généralement leur candidature au nom de la zone métropolitaine à laquelle elles appartiennent.
Contrats entre collectivités locales	Une collectivité locale confie à une autre collectivité locale (ou à une administration de niveau supérieur) la prestation du service dont elle est responsable. Considérations financières courantes : • La collectivité locale qui sous-traite le service ou la fonction évalue le coût et les bénéfices associés à cette solution par rapport à ce qu'ils seraient si elle fournissait le service elle-même. Ce point revêt une importance particulière si des investissements substantiels sont nécessaires, à court ou à plus long terme.	Comté de Los Angeles (États-Unis d'Amérique) U.S. Association of Contract Cities Shanghai (Chine).
Comités, groupes de travail, instances consultatives, etc.	Organismes de coordination provisoires ou permanents.	Ruhr (Allemagne) ; Turin, Milan (Italie) ; Paris, (France) ; grand Toronto (Canada).

Contrats entre collectivités locales

Une collectivité locale qui est responsable de la prestation d'un service public n'est pas nécessairement tenue de fournir ce service elle-même. Plusieurs modes de collaboration avec une autre administration s'offrent à elle : a) un contrat entre deux administrations de même niveau (une collectivité locale fournit à une autre collectivité locale, à titre onéreux, le service dont cette dernière est responsable) ; b) une collectivité locale fournit à titre onéreux le service dont une collectivité locale d'un autre niveau est responsable ; ou c) une administration d'échelon supérieur assume à titre onéreux la fonction relevant d'une collectivité locale. L'encadré 2.7 décrit des contrats établis par plusieurs collectivités locales dans la région de Los Angeles. À Shanghai, les collectivités locales de certains districts et comtés ont chargé un service spécialisé de l'administration municipale (échelon supérieur de l'administration) d'organiser le financement et de gérer l'exécution de certains de leurs projets d'infrastructure, tirant ainsi parti des capacités plus fournies de l'administration municipale.

Bien que cette approche ne s'applique pas spécifiquement aux zones métropolitaines, mais à n'importe quelle collectivité locale, nous l'évoquons ici parce qu'elle offre aux collectivités locales d'une zone métropolitaine un moyen d'établir une coopération limitée, mais néanmoins profitable. Elle est particulièrement recommandée dans les régions où une collectivité locale, éventuellement dotée de capacités humaines et financières supérieures, prédomine. Les résultats positifs d'un premier mécanisme contractuel peuvent ouvrir la voie à des modèles de coopération

Encadré 2.7 La U.S. Association of Contract Cities (Association américaine des villes contractuelles)

La passation de contrats de services entre deux collectivités locales au moins peut être organisée par les intéressées elles-mêmes, ou pilotée par une association de collectivités locales. La U.S. Association of Contract Cities — dont les membres se situent pour la plupart dans l'État de Californie — favorise et facilite une approche de marché pour les collectivités locales de très petite taille. Celles-ci n'assument qu'un petit nombre des fonctions qui leur sont confiées, mais s'achètent et se vendent des services entre villes partenaires, selon leur spécialisation. Elles font souvent appel à des entreprises privées dans un environnement très concurrentiel. Si les

économies dérivant de ce type de prestation contractuelle ou coopérative de services doivent être évaluées à l'aune des coûts de coordination des interventions (coûts de transaction), le programme permet d'organiser avec souplesse la prestation de services locaux, surtout pour les petites collectivités qui n'ont pas nécessairement les moyens d'assurer certaines fonctions elles-mêmes. La région de Los Angeles (Californie) compte de nombreuses petites collectivités locales. L'administration du comté de Los Angeles, de loin la plus grande, fournit sur une base contractuelle toute une gamme de services aux collectivités locales de plus petite taille.

Source : www.contractcities.org.

plus perfectionnés et de plus grande envergure comme ceux qui sont examinés plus loin.

Autorités régionales

Une autorité régionale est une entité juridique indépendante, théoriquement une association ou une entreprise établie de leur propre initiative par les collectivités locales qui en sont membres pour assurer la planification, la prestation de services ou une meilleure utilisation de leurs ressources publiques. Ces accords entre villes sont parfois appelés « associations d'intérêt spécifique », ou « districts à vocation spéciale » aux États-Unis. Le tableau 2.3 résume les principes de certains de ces modèles.

Deux collectivités locales ou plus peuvent créer une association pour réaliser des économies d'échelle. Pour la gestion des déchets, par exemple, elles peuvent exploiter conjointement une station d'élimination des déchets, une décharge ou des transports publics. Certains pays (Brésil, France, Italie et Pologne par exemple) ont établi un cadre juridique distinct pour ces dispositifs. Cette approche constitue une intégration administrative ou politique, les administrations membres étant représentées au conseil de direction ou d'administration de l'association. Les autorités régionales ou

les entreprises de services publics peuvent recouvrer des cotisations auprès des collectivités locales membres, ou percevoir des redevances sur les services fournis. Certaines sont même habilitées à percevoir des taxes.

En Amérique du Nord, les collectivités locales des zones métropolitaines créent souvent des organismes « à vocation spéciale » pour des services particuliers. On citera les commissions scolaires, les services de protection civile, les services bibliothécaires, les offices de protection de la nature, les commissions des loisirs, les services d'hygiène, les commissions des services d'utilité publique (pour un bassin lacustre ou fluvial, ou un bassin hydrographique) et les sociétés publiques de transport. Pour les services dont les effets secondaires sont plus importants (externalités), comme les routes, auxquelles il est impossible ou inefficace d'appliquer des redevances d'utilisation, les autorités métropolitaines sont parfois habilitées à percevoir des taxes. Ces mécanismes de regroupement des services peuvent produire des gains d'efficience, pour les petites collectivités locales d'une zone métropolitaine surtout, ce qui leur permet de conserver leur indépendance.

Tableau 2.3　Types d'autorités régionales

Modèles	Caractéristiques	Exemples
Conseil métropolitain	Cadre d'échanges pour la coordination des activités des collectivités locales membres. Les décisions doivent être avalisées par le conseil des différentes collectivités locales.	Sao Paulo (Brésil) ; Bologne (Italie) ; nombreux exemples aux États-Unis.
Autorité régionale de planification	Chargée de la planification ou de la résolution d'un problème donné, de l'aménagement régional, ou de fonctions spécifiques ; dotée ou pas du pouvoir d'exécuter ou de faire exécuter les programmes.	Beaucoup d'exemples d'entités consultatives, mais peu disposent de pouvoirs de décision ou d'exécution. Portland (États-Unis) (auparavant dotée d'un pouvoir de décision) ; New York (exploitée par une ONG).
Autorité régionale de prestation de services	Chargée de la prestation d'un service au moins ; parfois dénommée « district à vocation spéciale » ; opère sous forme d'entité publique, un organisme de service (entreprise ou coopérative) appartenant aux collectivités locales membres (actionnaires ou membres). Peut généralement percevoir des redevances et des impôts ou recouvrer des fonds auprès des collectivités locales pour payer les services.	Le Greater Vancouver Regional Service District (GVRSD) (Canada) est une entreprise publique multiservices ; elle est dotée de fonctions de planification importantes, mais son action se concentre sur la prestation de services à grande échelle.
Autorité régionale de planification et de prestation de services	Une instance associative qui organise et fournit un service au moins (autorité régionale de transport ou régie des eaux par exemple) ; opère sous forme d'entité publique, d'entreprise publique, de régie régionale ou de coopérative.	Les villes de Lyon et de Marseille en France, quelques « offices d'aménagement municipal » (à Delhi et à Dhaka par exemple), et l'Autorité d'aménagement de la mégapole de Lagos au Nigéria.

L'encadré 2.8 décrit le système d'élimination des déchets solides de la municipalité de Shanghai. Cette entreprise, coordonnée par neuf administrations de district, collecte environ 9 millions de tonnes de déchet par jour et les transporte jusqu'à une vaste décharge exploitée dans le cadre d'un partenariat public-privé.

Les contrats de prestation de services sont conclus entre l'autorité métropolitaine (l'entreprise de services publics) et les administrations participantes. Dans certains cas, les autorités nationales ont favorisé la mise en place d'autorités régionales par le biais d'incitations et de lois spéciales. Aux États-Unis, les collectivités locales ont ainsi été tenues pendant de nombreuses années de soumettre à l'approbation d'un organisme régional un plan régional exposant les besoins et les solutions avant de pouvoir obtenir des subventions de l'État fédéral — surtout pour l'infrastructure routière, de transport et de traitement des eaux usées.

Il existe de nombreuses catégories d'autorités régionales. Les collectivités locales membres ont pour point commun essentiel, par opposition aux autorités métropolitaines élues ou désignées, de diriger les opérations par l'intermédiaire de leurs représentants aux conseils ou commissions. Le tableau 2.4 énumère diverses caractéristiques des autorités régionales.

Conseils métropolitains

Les conseils métropolitains sont nombreux aux États-Unis. Ils sont si répandus, qu'il existe aussi quelques associations nationales de conseils métropolitains[3]. Le conseil métropolitain est une variante de l'autorité régionale ; il est doté d'un pouvoir de décision indépendant limité de manière à ne pas

Encadré 2.8 Gestion des déchets solides dans la municipalité de Shanghai

Shanghai offre un exemple de la diversité avec laquelle la gestion des déchets solides peut être organisée pour trouver la solution la plus économique pour tous les intervenants, y compris dans le cadre d'un dispositif de partenariat public-privé. La municipalité de Shanghai se compose de neuf administrations de district du centre-ville, de sept administrations de district de banlieue, et d'une administration de comté rural. En 2004, une société de portefeuille et d'investissement municipale a créé avec une société internationale une co-entreprise pour la construction, l'exploitation et la gestion d'une décharge contrôlée (pendant 25 ans) au service des districts du centre-ville. L'enlèvement et le transport des déchets jusqu'à la décharge relèvent de la responsabilité des administrations de district dont certaines sous-traitent ces fonctions à des entreprises privées. Les administrations de district sont facturées en fonction des volumes éliminés à la

décharge (elles prélèvent une redevance forfaitaire minime auprès des ménages). Les déchets alimentaires sont collectés séparément dans les restaurants et facturés au volume. L'administration municipale exploite également une décharge centralisée de déchets dangereux qui dessert toutes les administrations de district et de comté et deux incinérateurs. Il existe en outre un petit nombre d'installations de recyclage privées.

La société de portefeuille et d'investissement municipale se finance par différents moyens, notamment l'émission d'obligations, et finance également, sur demande, les programmes d'investissement des districts de banlieue et des comtés. Cet exemple montre comment une entité métropolitaine d'envergure peut mobiliser ses capacités financières et humaines au profit de collectivités locales moins riches.

Tableau 2.4 Caractéristiques des autorités régionales (métropolitaines)

Dimension	Simple	Avancée
Fonction	Planification	Planification et prestation de services
Champ d'intervention	Fonction unique	Fonctions multiples
Degré d'autorité	Conseil ou orientation de la (des) fonction(s)	Gestion de la (des) fonction(s)
Statut juridique	Organisme public	Entreprise publique ou entreprise de services publics
Mode opératoire	À but non lucratif	À but lucratif (rare)
Obligation de rendre compte du conseil ou de la commission	Désigné(e) ou élu(e) par les collectivités locales de la région	Élu(e) par les habitants de la région

affaiblir le sens des responsabilités de chacune des collectivités locales.

Le Conseil métropolitain de Washington

Le Conseil métropolitain de Washington (États-Unis) a été constitué en 1957. Il se compose de 21 collectivités locales de la région de Washington, qui couvrent une superficie de 7 733 km² et comptent 4,5 millions

d'habitants. Il s'agit d'une association indépendante à but non lucratif financée par les cotisations des collectivités locales participantes, des subventions fédérales et des États, des contrats de services, et de dons de fondations ou du secteur privé (encadré 2.9 et tableau 2.5).

Les politiques du Conseil métropolitain sont définies par les collectivités locales par la voie d'un

Encadré 2.9 Le Conseil métropolitain de Washington

Le Conseil métropolitain de Washington définit des objectifs d'intervention et élabore des plans d'action en réponse aux problèmes intéressant l'ensemble de la région du grand Washington. Il a pour mission d'améliorer les conditions de vie et de renforcer les avantages compétitifs de la région en offrant un cadre de concertation et d'élaboration de politiques, d'exécuter les politiques, plans et programmes intergouvernementaux, et d'apporter un soutien à la région en qualité de source d'informations spécialisées. Le Conseil dispose de commissions sur les transports, l'environnement, la santé et les services sociaux, le logement et l'aménagement, les achats groupés et les publications, ce qui rend compte de l'ampleur de ses compétences et des objectifs communs de ses 21 membres.

Le Conseil a récemment publié un document intitulé « Region Forward — A Comprehensive Guide for Regional Planning and Measuring Progress in the 21st Century », son nouveau guide de planification dans les domaines de l'environnement, du logement, des transports et d'autres secteurs prioritaires pour la région. Il s'agit d'un accord non contraignant qui demande à toutes les collectivités locales de s'engager à faire progresser autant que faire se peut les objectifs formulés dans le document. Le document tient compte des différences entre les villes et les comtés, mais aussi des interconnexions régionales. Les objectifs et indicateurs établis pour mesurer les progrès évaluent l'ensemble de la région, et non les différents territoires. L'évaluation d'éléments, tels que les espaces verts, le nombre de logements abordables, les taux d'obtention de diplômes scolaires et les résultats financiers au niveau régional au moyen d'objectifs et d'indicateurs permettra de déterminer si la région évolue globalement dans la bonne direction.

Source : www.mwcog.org.

Tableau 2.5 Profil financier du Conseil métropolitain de Washington, 2010

Recettes	En milliers de dollars	Dépenses	En milliers de dollars
Loyers/intérêts	1 000,0	Aménagement et services collectifs	1 095,1
Cotisations des membres	3 223,5	Services aux membres	1 105,7
Subventions de l'État	4 323,6	Sécurité et santé publiques	1 883,0
Autres subventions et redevances sur les services	4 427,4	Programmes de protection de l'environnement	5 649,4
Subventions fédérales	14 526,7	Planification et projets de transports	17 768,0
Total	27 501,2	Total	27 501,2

conseil d'administration. La plupart de ses décisions doivent être avalisées par les conseils des différentes administrations membres. Le Conseil de Washington dispose pour l'infrastructure de transport intermunicipale (comme le réseau routier principal) d'un pouvoir de décision autonome fondé sur le principe d'une voix par membre.

Région ABC de São Paulo

La Région ABC de São Paulo[4] est l'un des rares exemples de coopération intermunicipale au Brésil (encadré 2.10). Cet organisme politique constitué de représentants du gouvernement de l'État fédéré, de sept collectivités locales et de la société civile a joué un rôle de premier plan dans le développement économique d'une partie au moins de la région. Outre

Encadré 2.10 La Région ABC de São Paulo

La constitution brésilienne de 1988 a conféré aux collectivités locales une plus grande autonomie et délégué la responsabilité de définir les structures métropolitaines aux parlements (provinciaux) des États. La région métropolitaine de São Paulo comprend la ville de São Paulo et 38 municipalités avoisinantes, soit 18 millions d'habitants.

Il n'existe pas d'institution responsable de la gouvernance métropolitaine à proprement parler, mais un Consortium intermunicipal de la Région du Grand ABC qui recouvre sept villes et 2,5 millions d'habitants (carte B2.10.1). Ces municipalités ont créé le consortium en 1990, essentiellement pour qu'il coordonne les politiques dont les retombées dépassent les frontières municipales. Les problèmes auxquels les collectivités locales étaient confrontées ont forgé une identité régionale qui a permis aux dirigeants et responsables politiques locaux de lutter contre le déclin économique dans le cadre de divers programmes.

Le consortium, constitué de représentants du gouvernement de l'État, de sept collectivités locales et de la société civile, a pour mission de promouvoir le développement économique de la région dans un cadre de concertation, et de mettre en œuvre des politiques publiques innovantes. Bien que la participation des maires concernés ait faibli au milieu des années 90, la communauté locale a lancé plusieurs initiatives, notamment la création d'un Forum sur les questions de citoyenneté, une organisation non gouvernementale (ONG) de coordination qui compte plus de 100 ONG membres et met l'accent sur les questions régionales. En 1997 a été créée la Chambre de la région du Grand ABC, une instance chargée de la planification straté-gique qui bénéficie de la participation de la société civile, du secteur public et des forces économiques locales (entreprises et syndicats). L'un des résultats majeurs du processus de planification régionale établi par l'intermédiaire de la Chambre a été la création, en octobre 1998, de l'Agence de développement régional (ADR) dont le conseil d'administration est composé de représentants du secteur privé (participation majoritaire de 51 %) et du Consortium intermunicipal (49 %). L'ADR est aujourd'hui considérée comme la branche juridique du consortium et est habilitée à signer des accords avec des organismes extérieurs et à recevoir des ressources financières. Depuis 1997, de nombreux accords portant sur le dévelop-pement économique, social et territorial ont été conclus. L'ADR est un exemple d'une approche souple et pragmatique à la résolution des problèmes métropolitains. Les projets pilotes ont à la longue affermi la confiance entre les participants.

Carte B2.10.1 Région métropolitaine de São Paulo

Source : Banque mondiale.

Sources : voir www.agenciagabc.com.br ; D'autres informations sont disponibles sur le site www.unhabitat.org/downloads/docs/SantoAndredetailedsummary.pdf.

l'engagement des collectivités locales, il bénéficie de la participation active de la société civile et du secteur privé local.

Bologne (Italie)

La ville de Bologne, en Italie, offre un autre exemple de gouvernance métropolitaine établie sur libre décision. En 1994, 48 collectivités locales et la province de Bologne ont signé un « accord de métropole » qui créait un conseil métropolitain composé des maires de la région et présidé par le président de la province. Chaque administration est libre de s'en retirer à tout moment, et peut participer à toutes les activités du conseil ou à certaines seulement. Cette approche souple présente peu de risques pour les collectivités locales.

Communauté métropolitaine de Montréal (CMM)

En 2000, le gouvernement de la province du Québec créait la Communauté métropolitaine de Montréal (CMM), un organisme de coordination métropolitain pour la région du grand Montréal. Le Conseil de la CMM est constitué de représentants des municipalités membres. La CMM est responsable de la planification, du financement et de la coordination des transports publics, de la gestion des déchets, du développement économique et du logement social. Dirigée par un président désigné (actuellement le maire de Montréal), elle couvre une superficie de 3 838 km² et compte 3,5 millions d'habitants. Son budget est essentiellement financé par les cotisations des municipalités membres et quelques subventions du gouvernement provincial.

Agences de développement régional

Une agence de développement régional de planification est une entité officielle qui a pour mission d'élaborer des stratégies régionales (métropolitaines) ou d'exercer en permanence des compétences en matière de planification et de définition des politiques. Certaines se sont vu confier des mandats très larges, tandis que d'autres ont un cadre d'action très ciblé, comme les commissions de bassin fluvial ou de bassin versant. Il existe de nombreux exemples d'organismes consultatifs, directeurs et planificateurs (pour l'utilisation des sols par exemple), mais certains sont fragiles, car ils ne disposent pas de pouvoirs bien définis en matière de décision ou d'exécution des programmes.

Conseil métropolitain de Portland (Oregon)

À l'origine, le Conseil métropolitain de Portland, dans l'Oregon, était essentiellement une autorité métropolitaine chargée de gérer l'utilisation des sols. Fort de ce pouvoir, il a adopté le concept de périmètre d'expansion urbaine pour la zone métropolitaine. Avec le temps, il a assumé d'autres fonctions, et a finalement été promu par le gouvernement de l'État de l'Oregon au statut supérieur de gouvernement métropolitain élu.

La Regional Plan Association (zone urbaine de New York)

La ville de New York fait partie d'une zone métropolitaine dont la planification régionale relève en grande partie d'une organisation non gouvernementale (ONG), la Regional Plan Association (RPA). La RPA, qui dessert la région métropolitaine de New York-New Jersey-Connecticut, couvre la plus grande zone urbaine des États-Unis, composée de 31 comtés. Elle remplit la plupart des fonctions de planification régionale. Il s'agit d'une association métropolitaine indépendante d'orientation, de recherche et de sensibilisation, soutenue et en partie financée par les municipalités. La RPA dispose de trois commissions d'État, composées de dirigeants d'entreprise, d'experts et de personnalités influentes qui formulent des conseils stratégiques à ses services régionaux. Guidés par les commissions d'État, ces services assurent la présence de l'organisation sur le terrain dans le New Jersey et le Connecticut, et sur Long Island. Ils jouent un rôle crucial dans la recherche, la planification et la sensibilisation associées aux projets prévus dans leur région. Les projets portent notamment sur la protection de l'environnement (aménagement des bassins versants et des espaces verts), les systèmes de transport public, les routes à grande circulation, et le plan détaillé d'aménagement coordonné des aéroports (informations supplémentaires sur le site www.rpa.org).

Agences métropolitaines de planification et d'aménagement

Les agences métropolitaines de planification et d'aménagement sont des formes juridiques d'autorités régionales qui associent souvent un pouvoir directeur et des responsabilités en matière d'aménagement et de services. Beaucoup de grandes villes dans le monde ont créé une agence de planification et d'aménagement indépendante, dont certaines ont

Tableau 2.6 Profil financier de la London Development Agency, 2010-2011 (en millions de GBP)

Exécution de projets	142
Terrains pour les jeux Olympiques de 2012	214
Administration	56
Dépenses totales nettes	412
Subventions publiques	275
Emprunts	111
Recettes d'investissement	44
Financement total	430
Excédent/(déficit)	18

Source : www.lda.gov.uk.

un mandat limité, portant sur la planification de l'utilisation des sols par exemple, et d'autres des mandats plus larges couvrant l'aménagement de l'ensemble de la zone métropolitaine. Ces agences sont établies par les collectivités locales ou nationales sous forme d'entités autofinancées et sont souvent chargées d'aménager des terrains appartenant à la municipalité ou à l'État et de les vendre pour la construction de logements ou de bureaux. On citera notamment les exemples suivants.

London Development Agency (Royaume-Uni)

En 1999 a été créée la Greater London Authority (GLA), composée de 32 collectivités locales et de la Corporation of London. La GLA est dirigée par une assemblée élue et présidée par le maire de Londres, élu au suffrage direct. Ce dernier a le pouvoir d'enjoindre à une collectivité locale « subordonnée » de rejeter un grand projet d'aménagement, mais pas de l'approuver.

Jusqu'en 2012, la London Development Agency (LDA) rendait compte de la coordination du développement économique à l'assemblée de la GLA, par l'intermédiaire du maire. Elle travaillait en partenariat avec l'industrie, le public, et les secteurs bénévoles. Le maire désignait un conseil constitué de 17 membres et le directeur général de la LDA. Le tableau 2.6 présente le profil financier de la LDA en 2010-2011. En mars 2012, le Gouvernement britannique a supprimé la LDA, dont les fonctions ont été intégrées à la GLA.

Agence de développement de la capitale — Dhaka (Bangladesh)

La région du Grand Dhaka est actuellement composée de la Dhaka City Corporation et de cinq municipalités (dont Dhaka elle-même). Elle compte à peu près 15 millions d'habitants, et devrait connaître une croissance démographique de 3 % à 4 % par an. L'Autorité (dont le nom bangladais est Rajdhani Unnayan Kartripakkha, ou RAJUK) a été établie en 1987 pour aménager, améliorer, développer et gérer la ville et sa périphérie dans le cadre d'un processus de planification équilibrée du développement et d'aménagement contrôlé. La RAJUK est responsable des questions associées aux politiques, aux projets et aux contraintes de développement, ainsi que de l'acquisition et de la cession de terrains. Le Gouvernement du Bangladesh en nomme le président et cinq autres membres dirigeants à plein temps (pour de plus amples informations, consulter le site www.rajukdhaka.gov.bd).

Zone métropolitaine de Delhi et Agence de développement de Delhi (Inde)

Le Territoire de la capitale nationale (*National Capital Territory* ou NCT) de Delhi est l'agglomération qui entoure Delhi, où vivent plus de 22 millions de personnes. Le NCT se divise en neuf districts fiscaux, eux-mêmes sous-divisés en 27 *tehsils*, des collectivités locales d'échelon inférieur. Delhi est placée sous l'autorité opérationnelle du gouvernement national depuis 1953. Parce qu'elle est un « Territoire de l'Union », elle ne peut bénéficier des transferts financiers attribués aux États indiens. Elle perçoit seulement des subventions discrétionnaires, et non un pourcentage des impôts centraux. Ses principales sources de recettes fiscales sont la taxe à la valeur ajoutée (TVA), les droits d'accise de l'État, les droits de timbres et d'enregistrement, et les taxes sur les véhicules. Delhi a recouvré 121,9 milliards de roupies (2,2 milliards de dollars environ) au titre de ses propres impôts en 2008-2009 (pour de plus amples informations, consulter le site www.delhi.gov.in).

L'Autorité de développement de Delhi (Delhi Development Authority — DDA) a été instituée en 1957 pour conduire et assurer le développement de Delhi conformément au programme adopté. Elle est notamment responsable de l'établissement des plans directeurs, de la conception de logements et de l'investissement dans leur construction, de l'acquisition et de

Tableau 2.7   Profil financier de la Delhi Development Authority (2010-2011, estimations révisées)

Recettes	Millions de roupies	Dépenses	Millions de roupies
Cession de terrains aux fins d'utilisation résidentielle et commerciale	1 036,2	Acquisition de terrains	246,0
Recettes des magasins	93,0	Aménagement de terrains	1 272,6
Cessions de logements	226,6	Logements et magasins	449,3
Services publics de logement	10,7	Dépenses immobilières	250,4
Intérêts des investissements	1 605,0	Gestion du programme d'aménagement	226,8
Travaux de construction/réparation (transferts affectés)	525,6	Travaux de construction/réparation	525,6
Recettes diverses	260,9	Dépenses diverses	255,4
Total	3 232,4		3 226,0

Source : http://dda.org.in.

l'aménagement de terrains, gestion des espaces verts, des sports, de la biodiversité, du patrimoine urbain, et de la construction de passerelles autoroutières, d'installations sportives et de parcs de biodiversité. La DDA a joué un rôle essentiel dans l'aménagement d'installations sportives, la construction de logements et le développement de l'infrastructure de transport pour les jeux du Commonwealth en 2011. Le tableau 2.7 donne un aperçu de son budget. La DDA est une petite entité par rapport au budget global de Delhi, mais elle remplit une fonction fondamentale de mise en valeur des terrains et de construction d'infrastructures publiques.

Agences régionales de prestation de services

Une autorité régionale de prestation de services est une entité créée avec le mandat opérationnel explicite de fournir certains services pour répondre aux besoins régionaux (métropolitains), sur la base d'accords conclus entre les collectivités locales participantes. Sa compétence peut porter sur un service unique (transports publics, distribution d'eau, ou gestion des déchets solides par exemple), ou sur plusieurs services. Sa responsabilité en matière de planification régionale (si elle en a) se limite généralement à la planification des services dont elle est chargée d'assurer la prestation.

District régional de la métropole de Vancouver/du Grand Vancouver (Canada)

L'administration métropolitaine de Vancouver est un exemple d'organisation adaptable et régie par la demande, qui fournit différents services aux municipalités membres dans le cadre d'accords ponctuels.

Le District régional du Grand Vancouver (GVRD) a été créé en 1965. Il s'agissait à l'origine d'un organisme de services qui avait pour mission d'assurer la planification régionale et d'assumer les fonctions de différentes agences pour les services d'assainissement, l'approvisionnement en eau, les services de santé et les hôpitaux, et le développement des entreprises. Les fonctions de gestion des logements sociaux, des parcs régionaux, de la qualité de l'air et des interventions d'urgence ont été ajoutées ultérieurement. Aujourd'hui, l'organisme fournit également aux municipalités des services de gestion des ressources humaines sur une base contractuelle. Il n'est pas doté de pouvoirs particulièrement importants en matière de planification de l'utilisation des sols. Le GVRD est maintenant une entreprise publique dont le conseil d'administration est constitué de représentants issus des 18 collectivités locales membres. Initialement établi par le gouvernement provincial, il est devenu une entreprise dirigée par les municipalités membres. Il finance l'essentiel de ses services par des redevances d'utilisation, le recouvrement des coûts, un pourcentage de la taxe foncière, et les cotisations annuelles des collectivités locales membres (pour

Carte 2.3   Le Grand Lyon, avec la ville de Lyon au centre, entourée de 57 banlieues

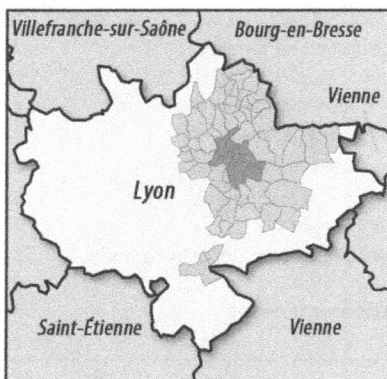

Source : Banque mondiale.

de plus amples informations, consulter le site www.metrovancouver.org).

Agences de développement régional

Certaines agences régionales remplissent des fonctions fondamentales tant sur le plan de la planification que de la prestation des services, et conjuguent de ce fait les deux approches décrites plus haut. Ce système est particulièrement répandu en France. Les collectivités locales (les « *communes* ») couvrent généralement des superficies et des populations de petite taille à l'aune des normes internationales. Elles font donc amplement appel à des mécanismes de coopération pour la prestation de services. Le pays dispose d'une structure juridique particulière pour la coopération intermunicipale, les *syndicats intercommunaux*. Ces *syndicats* sont assimilables à des coopératives ou des fédérations de collectivités locales et sont constitués pour remplir une seule ou plusieurs fonctions. Une collectivité locale peut avoir à faire avec plusieurs *syndicats*.

Le Grand Lyon (France)

L'administration métropolitaine du Grand Lyon est une *communauté urbaine* créée en 1969, trois ans après l'approbation d'une loi nationale à cet effet (carte 2.3). Elle a été établie selon une approche

définie en fonction des besoins et des intérêts des municipalités participantes. Les administrations ne coordonnent pas seulement le développement économique, l'utilisation des sols et la prestation de certains services, mais partagent aussi (depuis 1999) l'assiette fiscale. Une part des recettes des impôts locaux de chaque commune est affectée à un budget commun alloué aux projets et dépenses engagés au niveau métropolitain. La taxe professionnelle est régie par le Grand Lyon ; l'impôt foncier et la taxe d'habitation sont administrés à l'échelon municipal.

Le conseil de la communauté urbaine est composé de représentants des villes membres en nombre proportionnel à celui de leurs habitants. Depuis 2002, suite à l'instauration des conférences de maires, les villes membres ont la possibilité de débattre de leurs problèmes et de leurs aspirations en groupes plus restreints en vue de les soumettre à la communauté urbaine. (Ce pouvoir consultatif a permis au Grand Lyon de mettre en place un zonage innovant de son territoire en neuf sous-zones). Les services de transport urbain sont administrés par une autorité distincte, en partie financée par une subvention du Grand Lyon, dont les principales sources de recettes sont les tarifs et une taxe préaffectée sur les entreprises. Depuis 2000, le Grand Lyon a étendu son territoire moyennant l'annexion de villes voisines. Si la ville de Lyon ne compte qu'un demi-million d'habitants, le Grand Lyon englobe 58 municipalités peuplées de 1,4 million de personnes. La zone métropolitaine (le Grand Lyon et trois régions voisines) se compose au total de 139 municipalités et compte 2 millions d'habitants (pour de plus amples informations, consulter le site www.grandlyon.com).

Communauté urbaine de Marseille (France)

Marseille offre un exemple de transition d'une coopération volontaire entre collectivités locales à une autorité régionale de planification et de prestation de services. Les municipalités de Marseille, Marignane, et Saint Victoire ont créé en 1992 une entreprise publique chargée d'un petit nombre de projets de routes et de transport. En 2000, 17 villes ont rejoint le consortium et créé la Communauté urbaine de Marseille (CUM). La région recensait 980 000 habitants en 2000. La CUM est une organisation métropolitaine dirigée par les maires et les conseillers des municipalités. Elle est désormais chargée du développement économique régional, des transports, de l'utilisation des sols, du logement, de la prévention de la criminalité, de l'élimination des déchets et des mesures environnementales. Elle perçoit une taxe commune sur les entreprises et supprime ainsi la concurrence fiscale entre municipalités. Elle parvient en outre à recouvrer les impôts de manière plus économique que si chaque collectivité locale le faisait sur son territoire. Comme le montre cet exemple, une collectivité locale peut être responsable d'un service ou, dans ce cas, recouvrer un impôt, sans pour autant avoir à exécuter la tâche elle-même. Des consultations sont en cours en vue d'élargir les frontières de la CUM aux communautés urbaines avoisinantes, riches en activités et en

Tableau 2.8 L'administration à l'échelle de la métropole

Modèle	Caractéristiques	Exemples
Administration métropolitaine	Une collectivité locale distincte, à l'échelle métropolitaine, élue au suffrage direct ou désignée par les collectivités locales partenaires.	Toronto (Canada, 1954–1998) ; Londres, (Royaume-Uni) ; Quito (Équateur) ; Le Cap (Afrique du Sud, jusqu'en 2000) ; Dar es Salaam (Tanzanie) ; Budapest (Hongrie) ; Abidjan (Côte d'Ivoire, jusqu'en 2001) ; Shanghai (et d'autres grandes villes chinoises).
	Responsable de la coordination et de certaines fonctions dont, éventuellement, la prestation de services.	
	Son pouvoir sur les collectivités locales partenaires varie : elle peut a) n'exercer sur elles aucun pouvoir substantiel (Dar es Salaam par exemple) ; b) exercer un pouvroir limité (Budapest) ; ou c) exercer un pouvoir substantiel sur les collectivités locales d'échelon inférieur de la région (Londres ; villes chinoises).	
	L'administration métropolitaine est dans certains cas la seule collectivité locale de la région, l'échelon inférieur étant constitué de services administratifs (comme les municipalités métropolitaines en Afrique du Sud).	
	Considérations financières courantes :	
	• Une collectivité locale de niveau supérieur est généralement financée par des transferts d'un échelon plus élevé de l'administration et/ou le partage des recettes fiscales des collectivités locales de la région.	
Administration régionale établie par une administration d'échelon supérieur	Une administration métropolitaine (régionale) de niveau plus élevé est établie par une administration provinciale ou nationale pour une zone métropolitaine	Les Twin Cities et Portland (États-Unis d'Amérique) ; Abidjan (Côte d'Ivoire, depuis 2001) ; Madrid (Espagne) ; maire de Londres (Royaume-Uni, élu au suffrage direct) ; Stuttgart (Allemagne) ; Manille (Philippines) ; Nairobi (Kenya).
	De nombreux types de structures sont envisageables, notamment : a) une institution élue au suffrage direct (Stuttgart, maire de Londres) ; b) un organisme désigné (comme les Twin Cities, aux États-Unis, et le ministère du Développement métropolitain de Nairobi) ; et c) une entité où sont largement représentées les collectivités locales et où seul le président est élu au suffrage indirect ou nommé par une administration de niveau plus élevé (zone métropolitaine de Manille).	
	Considérations financières courantes :	
	• Son financement serait normalement inscrit au budget de l'administration provinciale ou nationale	

potentiel industriels et économiques (pour de plus amples informations, consulter le site www.marseille-provence.com).

Administration métropolitaine des « Twin Cities », Minneapolis et St. Paul (Minnesota, États-Unis)

L'Administration métropolitaine des Twin Cities est un exemple d'autorité régionale de planification et de prestation de services qui a évolué en une administration régionale. La zone métropolitaine de Minneapolis-St. Paul a dû réagir à la polarisation croissante entre deux centres-villes voisins en déliquescence et leurs banlieues en pleine expansion (étalement urbain). Les principaux problèmes étaient les suivants : le décalage spatial entre les logements abordables et les emplois, à l'origine de graves encombrements de la circulation ; deux villes centrales à faible revenu qui fournissaient dans la journée des services à de nombreux salariés, lesquels ne leur versaient pas d'impôts parce qu'ils vivaient dans les banlieues plus riches ; et la nécessité pour les collectivités locales des banlieues de satisfaire à un besoin permanent d'infrastructures coûteuses dans de nouvelles zones résidentielles (pour de plus amples informations, consulter le site www.metrocouncil.org).

En somme, il existait dans différentes zones des décalages considérables entre les besoins sociaux et l'assiette de l'impôt foncier des circonscriptions administratives riches et des circonscriptions défavorisées. L'harmonisation des recettes et des dépenses sur l'ensemble de la région était suffisamment nécessaire pour motiver la création d'un système de partage des recettes fiscales. Cette première organisation établie à l'initiative des collectivités locales, au début des années 70, est par la suite devenue une autorité régionale de planification et de prestation de services chargée de limiter les écarts de qualité des services entre les différents territoires. Elle a depuis évolué en une administration régionale mandatée par l'État du Minnesota avant de devenir une entreprise publique.

Administration à l'échelle de la métropole

La responsabilité de la coordination régionale et, parfois, certaines fonctions de prestation de services peuvent être confiées à une collectivité locale ou un conseil régional indépendant (tableau 2.8). Quoique

dotées de fonctions distinctes, ces administrations ne seraient pas toujours hiérarchiquement supérieures aux autres collectivités locales de la zone métropolitaine, mais seraient plutôt des entités indépendantes de même rang et de même statut juridique. Les villes de Budapest (Hongrie) et de Dar es Salaam (Tanzanie) offrent des exemples de cette structure.

Administration métropolitaine
Administration municipale, Budapest (Hongrie)

Budapest est un exemple d'administration métropolitaine dotée de vastes fonctions. La ville couvre une superficie de 525 km² et compte 1,7 million d'habitants (2011), soit près de 20 % de la population nationale. Le système de la collectivité locale de Budapest est le seul de son genre en Hongrie ; il englobe la municipalité de Budapest (« la ville ») et ses 23 administrations de district, toutes de même rang et de même statut juridique (Horvath et Peteri, 2003). La ville comme les districts sont des collectivités locales sans liens hiérarchiques explicites, et tous ont des missions et des pouvoirs précis, définis par la loi sur les collectivités locales et par la loi sur la capitale.

Si la ville a été considérée comme un cas particulier, les administrations de district ont reçu des mandats étendus. La municipalité de Budapest, constituée d'un maire et d'une assemblée générale de 33 membres, fournit les services publics suivants : entretien et supervision des hôpitaux et polycliniques, des institutions artistiques et culturelles publiques, des foyers pour enfants et adolescents, des écoles secondaires et pensionnats, des foyers d'accueil prestataires de soins spécialisés, et des marchés et halles marchandes. Les sociétés de services publics de la municipalité opèrent maintenant sous forme d'entreprises municipales.

Un amendement juridique de 1994 a néanmoins donné à l'assemblée générale la primauté en ce qui concerne les questions importantes de la réglementation, du partage des recettes et de l'aménagement urbain. S'agissant de la répartition de certaines recettes budgétaires nationales et des recettes locales, l'influence des districts a été réduite à un avis consultatif, alors que l'approbation des maires de districts était auparavant requise. En matière d'urbanisme, la ville est devenue la principale autorité de réglementation ; auparavant, les districts pouvaient contester le plan général. En 1997, la ville s'est vu confier de nouveaux

Encadré 2.11 Le système de gouvernance métropolitaine de Dar es Salaam

Le système d'administration métropolitaine a été instauré en 2000. Il se compose du Conseil municipal de Dar es Salaam (Dar es Salaam City Council, ou DCC), qui exerce une fonction de coordination, et de trois municipalités de population à peu près équivalente, dotées de leur propre maire et conseil municipal (illustrés par des couleurs différentes sur la carte B2.11.1). Compte tenu de son statut distinct, le DCC est constitué de six conseillers issus de chacune des trois municipalités et de quelques représentants de l'administration nationale, qui élisent un maire parmi leurs membres.

Le DCC est responsable de la coordination entre les trois municipalités et de quelques fonctions particulières, comme la gestion de la décharge municipale, de son plus grand marché et de son principal terminal routier. Il n'a cependant compétence sur aucun territoire et n'a aucune autorité ni aucun pouvoir de décision sur les trois autres collectivités locales, ce qui a limité son aptitude à influer sur le développement de la ville. Malgré la cohésion socioéconomique et l'intégration physique prononcées des trois municipalités, leur intégration et coordination administratives n'ont à ce stade guère progressé.

Le DCC est financé par des transferts limités de l'administration nationale et par les revenus des installations dont il assure la gestion. Les trois municipalités tirent leurs propres recettes des taxes d'aménagement, des baux agricoles, des redevances sur les services municipaux, des loyers fonciers, des licences et des droits. La taxe foncière fait également partie des recettes des collectivités locales en Tanzanie, mais c'est une autorité fiscale nationale qui la recouvre et en redistribue le produit. Celui-ci a commencé à augmenter sensiblement après que des mesures ont été prises pour mieux identifier et évaluer les biens, processus auquel les collectivités locales mettent actuellement la dernière main.

Comme dans de nombreux pays en développement, les collectivités locales de Dar es Salaam sont fortement tributaires des transferts intergouvernementaux, surtout pour leurs investissements. En Tanzanie, les transferts englobent les dotations sectorielles globales courantes, les fonds communs sectoriels et les subventions ministérielles, ainsi que les subventions d'aménagement (tableau B2.11.1). Les dotations globales courantes représentent deux tiers environ des transferts intergouvernementaux. Jusqu'en 2004, la Tanzanie appliquait un système discrétionnaire de dotations intergouvernementales qui, entre autres nombreux défauts, tendait à accentuer les inégalités du fait qu'il en allouait une part relativement importante aux administrations urbaines et plus riches. À partir de l'exercice 04-05, un nouveau mécanisme est entré en vigueur. Les dotations globales courantes et les subventions d'aménagement sont désormais allouées aux collectivités locales en fonction de formules.

Carte B2.11.1 Région métropolitaine de Dar es Salaam

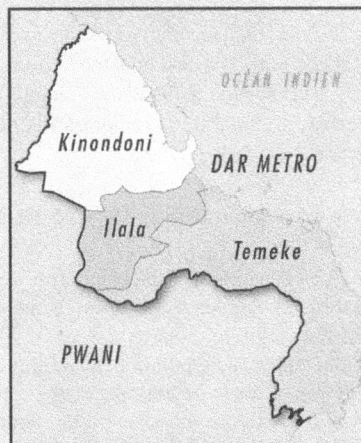

Source : Banque mondiale.

(suite page suivante)

Tableau B2.11.1 Transferts aux collectivités locales de la région métropolitaine de Dar es Salaam 2009-2010 (en millions de TZS)

Conseil municipal (CM) et Conseil communal (CC)	CM de Ilala	CM de Kinondoni	CM de Temeke	CC de Dar es Salaam	Région métropo-litaine
Dotations à l'éducation	20 852	31 062	19 733	6	71 654
Dotations à la santé	10 859	7 106	5 998	273	24 237
Autres dotations sectorielles	740	618	299	241	1 898
Dotations générales	6 621	2 923	2 483	2 157	14 184
Total des dotations courantes	39 073	41 709	28 514	2 677	111 973
Subventions	1 506	2 838	4 196	0	8 540
Transferts courants	40 578	44 547	32 710	2 677	120 512
Subventions d'aménagement	6 514	5 368	8 513	10 075	30 471
Total des transferts	47 092	49 916	41 223	12 753	150 983

Source : www.logintanzania.net/report4b.asp.

Source : www.logintanzania.net.

pouvoirs en termes d'aménagement et de protection de l'environnement bâti. Un système particulier de plans directeurs d'urbanisme a depuis été établi, qui témoigne du renforcement et de l'harmonisation de la gestion municipale.

Administration métropolitaine de Dar es Salaam, (Tanzanie)

Avec ses 4 millions d'habitants (10 % environ de la population nationale) Dar es Salaam est le centre industriel et commercial le plus grand et le plus important de Tanzanie. Sa population augmente de 4,3 % par an environ. C'est l'une des villes qui connaît la plus forte croissance au monde ; elle devrait atteindre les 5 millions d'habitants d'ici à 2030.

Sur le plan juridique, Dar es Salaam est une région administrative. L'administration régionale est une branche du gouvernement national, qui y nomme un commissaire régional, et coexiste avec les trois munici-palités de Dar es Salaam et son conseil municipal, autre entité administrative de la même région. L'encadré 2.11 fournit de plus amples informations sur le système de gouvernance de Dar es Salaam.

Système de la collectivité locale à deux niveaux de rang et de statut juridique distincts

Un système à deux niveaux comporte parfois une administration locale relevant d'un échelon distinct, généralement élue, dotée d'un pouvoir de coordi-nation sur les échelons inférieurs et responsable de certaines fonctions de planification et de prestation de services[5]. Nous décrivons d'abord la structure de gouvernance de Quito (Équateur). Les exemples qui suivent illustrent également l'influence qu'une administration d'échelon supérieur (nationale, d'État, ou provinciale) peut exercer, et le caractère souvent évolutif des dispositifs institutionnels de gouver-nance métropolitaine. Certaines villes ont eu recours à une structure à deux niveaux par le passé, mais sont revenues au système de la collectivité locale à un niveau (Toronto et Abidjan), et d'autres ont rétabli

Encadré 2.12 Toronto : évolution du système métropolitain

Phase 1. Au début des années 50, alors que les collectivités locales de banlieue aux ressources limitées faisaient face à une demande de services croissante, la ville de Toronto disposait d'une base financière solide (une assiette stable d'impôts fonciers, commerciaux et industriels) ; les frontières politiques ne correspondaient donc plus aux réalités socioéconomiques. À l'époque, chaque municipalité gérait indépendamment les transports, l'utilisation des sols et le logement.

Phase 2. En 1954, la métropole de Toronto (Toronto métropolitain) a été créée par une loi provinciale sous forme d'administration métropolitaine de la ville de Toronto et de 12 administrations de banlieue. Il s'agissait a) de redistribuer la richesse de la ville aux banlieues pour que ces dernières puissent fournir des infrastructures ; b) de coordonner l'utilisation des sols et les transports ; et c) de préserver la capacité des collectivités locales à répondre aux besoins locaux. À l'origine, la métropole assumait les fonctions suivantes : planification, emprunts, évaluation foncière, transports publics, routes et administration de la justice. Les administrations de banlieue étaient responsables de la protection contre les incendies, de la collecte et de l'élimination des ordures, de la délivrance de permis et des inspections, de la distribution d'électricité à l'échelon local, des services de protection civile, de la santé publique, du bien-être général, des loisirs et des services à la collectivité, et du recouvrement des impôts. Les responsabilités relatives aux parcs, à l'aménagement, aux routes et au contrôle de la circulation, à l'approvisionnement en eau et à l'assainissement étaient partagées. Les coûts étaient répartis en fonction de l'assiette de l'impôt foncier.

Avec le temps, les responsabilités ont évolué. La métropole a pris en charge les services de protection civile et d'assistance sociale, le contrôle de la circulation, la délivrance de permis, et les services de ramassage des ordures. En 1967, le nombre de municipalités a été ramené de 13 à 6. L'évaluation foncière et l'administration de la justice sont devenues des fonctions provinciales en 1970.

Phase 3. Cette structure a permis de remplir les objectifs relatifs à la fourniture d'infrastructure dans les banlieues, au maintien d'un centre-ville dynamique, et à la mise en commun des recettes sur l'ensemble de la zone métropolitaine. Dans les années 70, toutefois, les besoins ont évolué sous l'effet de la croissance des régions extérieures à la métropole. Entre 1971 et 1975, l'administration provinciale a établi quatre administrations régionales autour de la zone métropolitaine et, en 1988, elle a institué le Bureau de la région du grand Toronto pour inciter la métropole et les quatre régions environnantes à coordonner leurs services d'élimination des déchets, les transports régionaux, l'utilisation des sols et l'aménagement des infrastructures. Une assemblée des maires du Grand Toronto et des présidents des administrations régionales a engagé une réflexion sur le développement économique et la promotion commerciale de la région.

Phase 4. L'actuelle Ville de Toronto a été créée en 1998 par une loi provinciale qui a fusionné l'administration métropolitaine et six collectivités locales d'échelon inférieur pour former une administration à un seul niveau. Le Greater Toronto Services Board (GTSB) a été mis en place peu après pour superviser les transports régionaux, et s'est vu attribuer à cette fin un niveau de gouvernance distinct. Le GTSB était dirigé par des représentants élus de chacune des collectivités locales, et disposait de pouvoirs limités pour coordonner les décisions entre les collectivités locales membres. Il a été supprimé en 2001. En 2006, l'administration provinciale a créé la Régie des transports du Grand Toronto (RTGT) pour coordonner les transports, domaine le plus crucial où la coordination est indispensable.

Source : Slack, 2007.

une structure à deux niveaux après avoir appliqué un système à niveau unique pendant quelques temps (Londres).

Le District métropolitain de Quito

Le District métropolitain de Quito a été établi par la loi en 1993 en tant que collectivité locale de deuxième niveau ; il couvre une superficie de 4 230 km² et compte actuellement quelque 2,5 millions d'habitants. L'échelon inférieur est constitué de 61 zones et paroisses. Le District jouit d'un statut spécial en tant que capitale nationale. Il a un maire élu au suffrage direct et un conseil de 15 membres doté de responsabilités stratégiques en matière de développement économique, d'utilisation des sols, de planification écologique et de transports. Il supervise également les entreprises métropolitaines chargées de l'approvisionnement en eau, de la gestion des déchets solides, et des services de santé et d'éducation. Sur le plan financier, le District est tributaire des transferts de l'administration nationale, mais dispose aussi de sa propre base de ressources (taxes et contributions spéciales). Des systèmes apparentés ont été instaurés à Bogota (Colombie) et à Caracas (Venezuela), mais ils fonctionnent moins bien (Rojas, 2007).

Encadré 2.13 Londres : évolution du système métropolitain

Phase 1. De 1964 à 1986, Londres a été gouverné par une structure à deux niveaux constituée du Greater London Council et de 32 collectivités locales, dont chacune avait son propre maire et son propre conseil.

Phase 2. En 1986, le Greater London Council a été aboli et la gouvernance de Londres est devenue la responsabilité directe des ministres du gouvernement central, coordonnés par un sous-comité dirigé par un Secrétaire d'État pour Londres, qui assurait la planification régionale au moyen d'accords et de dispositifs ponctuels. En 1994 était créé le Government Office for London (GOL) pour permettre à l'administration centrale de remplir la fonction d'autorité stratégique responsable de la coordination de toutes les entités associées à Londres.

Phase 3. En 1999, la nouvelle Greater London Authority (GLA) était créée, composée de 32 collectivités locales et de la Corporation of London. Le maire de Londres a été élu au suffrage direct en 2002 ; il peut ordonner à une collectivité locale de rejeter (mais pas d'approuver) des demandes d'aménagement. Quatre entités fonctionnelles ne relèvent pas de l'Assemblée de la GLA, mais lui rendent compte par l'intermédiaire du maire de Londres :

- Transport for London est responsable des routes, du réseau d'autobus, de train et de métro, des feux de circulation et de la réglementation des taxis. Le maire désigne un commissaire, préside le conseil d'administration, et nomme 15 membres non exécutifs.
- La London Development Agency (supprimée en 2012 ; ses fonctions sont désormais intégrées à la GLA) coordonnait le développement économique et travaillait en partenariat avec l'industrie et les secteurs public et associatif.
- La Metropolitan Police Authority compte 23 membres, dont 12 sont membres de l'assemblée, et six des Londoniens indépendants.
- La London Fire and Emergency Planning Authority est responsable des services d'incendie et de secours. Le maire nomme son président. Elle compte 17 membres, dont neuf sont issus de la GLA et huit sont désignés par l'association des collectivités locales londoniennes.

Source : www.london.gov.uk.

Ville de Toronto (Canada)

Toronto était constituée de 13 municipalités indépendantes jusqu'en 1953, date à laquelle un système à deux niveaux, composé d'une administration métropolitaine élue pour Toronto et de six municipalités locales, a été institué. Après avoir fonctionné plus de 40 ans sous cette forme, pendant une période d'explosion démographique et d'essor économique, les sept municipalités ont fusionné en 1995 pour former une collectivité locale unique, la Ville de Toronto, qui couvre une superficie de 632 km² actuellement peuplée de 2,5 millions de personnes. Avec les municipalités urbaines environnantes, la zone métropolitaine compte 5 millions d'habitants. L'encadré 2.12 décrit l'évolution des dispositifs institutionnels de Toronto. Il montre comment ces mécanismes peuvent changer à mesure qu'une ville se transforme.

Les mutations de Toronto ont en grande partie été motivées par la volonté de renforcer l'efficacité de la gestion urbaine et de la prestation des services, notamment l'harmonisation du niveau de services sur l'ensemble du territoire. Chaque fois qu'une autorité régionale a été supprimée, un autre dispositif a rapidement pris sa place. L'administration provinciale a joué un rôle de premier plan dans cette évolution. Il est très courant qu'un échelon supérieur de l'administration exerce une forte influence sur les questions métropolitaines, non seulement du point de vue des transferts financiers, mais pour vérifier que des modalités sont en place pour assurer une coordination raisonnable des services publics et de l'aménagement de l'ensemble de la région.

Greater London Authority (Royaume-Uni)

Londres, dont la population s'élève aujourd'hui à plus de 7 millions d'habitants, élit depuis 2000 les membres de la Greater London Authority (GLA), l'administration responsable de la ville, composée d'un maire et d'une assemblée. La GLA recouvre 32 collectivités locales (les « boroughs ») qui ont leur propre maire et leur propre conseil. Les fonctions attribuées aux boroughs sont notamment le logement, l'éducation, les services sanitaires et sociaux ; ils sont également responsables de l'aménagement local. La GLA est une administration stratégique de niveau plus élevé chargée de promouvoir le développement durable et de définir des stratégies. Elle a pour principales responsabilités les transports, les services de

protection civile, la planification des interventions en cas d'incendies et de situations d'urgence, la planification de l'utilisation des sols, la culture, l'environnement et la santé ; elle assure en outre la coordination des manifestations dans toute la ville. Son autonomie financière est toutefois très faible. Plus de 80 % des recettes de la GLA et des collectivités locales proviennent de dotations de l'administration centrale. Leurs autres recettes dérivent d'un impôt foncier local et des redevances d'utilisation. L'encadré 2.13 explique comment Londres en est arrivé à établir la structure actuelle.

Ville d'Abidjan (Côte d'Ivoire)

Abidjan est l'ancienne capitale de la Côte d'Ivoire, et sa plus grande ville. Cette structure polycentrique était à l'origine constituée de 10 communes qu'aucun centre d'importance ne dominait. La zone métropolitaine actuelle se compose de 13 municipalités peuplées d'environ 6 millions d'habitants. Elle est un centre économique et culturel de l'Afrique de l'Ouest, et présente un degré d'industrialisation élevé. Abidjan est devenue une municipalité en 1956 ; alors divisée en zones administratives correspondant aux lagons (carte B2.14.1 de l'encadré 2.14), elle a depuis connu de nombreuses réformes institutionnelles. La structure métropolitaine s'appelle aujourd'hui District d'Abidjan (nom qui a remplacé celui de Ville d'Abidjan en 2001). L'encadré 2.14 décrit les trois phases qui ont conduit au système en vigueur.

Administrations régionales établies par un échelon supérieur de l'administration publique

Les réformes de la gouvernance métropolitaine sont rarement nées d'initiatives purement locales ; elles ont généralement été amorcées par une administration nationale ou provinciale, qui les a soit imposées, soit encouragées (OCDE, 2006). L'échelon supérieur de l'administration a ainsi parfois proposé aux municipalités d'établir une coopération pour améliorer la coordination des services comme la distribution d'eau, la gestion des déchets ou les transports publics. Bien que de nombreuses administrations métropolitaines aient été créées par un échelon administratif plus élevé, l'expérience montre qu'une telle institution sera souvent fragile si elle n'a pas le soutien des collectivités locales avec lesquelles elle doit travailler.

Encadré 2.14 Abidjan : évolution du système métropolitain

Phase 1. En 1978, des réformes ont rétabli le statut de *commune* des grandes villes ivoiriennes. À l'époque, Abidjan comptait 10 communes, différentes par leur taille et leur capacité à mobiliser leurs propres financements, chacune dotée d'un maire élu et d'une assemblée de conseillers (voir la carte B2.14.1). Parallèlement, une administration métropolitaine de niveau supérieur était créée, la Ville d'Abidjan, avec un conseil composé du maire de la ville et de quatre conseillers de chaque collectivité locale. Le maire de la ville était élu indirectement par les 10 maires des communes. Cette administration métropolitaine assurait principalement les fonctions suivantes : élimination des déchets ; éclairage public ; assainissement ; régulation de la circulation ; entretien des routes, des parcs et des cimetières ; aménagement urbain. Les collectivités locales de la région étaient responsables des marchés, de l'affectation des lotissements à des fins publiques, de l'entretien des écoles primaires et des dispensaires (mais pas de la politique scolaire ou de santé, ni de la supervision et du paiement des salariés), et du fonctionnement des centres sociaux ; elles devaient partager avec d'autres échelons administratifs les responsabilités en matière de pollution et d'hygiène. Des entreprises privées géraient la collecte des déchets solides, la distribution d'électricité et l'approvisionnement en eau. Ce système est resté en vigueur pendant plus de 20 ans, mais l'administration nationale intervenait dans certaines fonctions locales, comme l'inspection des sites de construction et la délivrance de permis de conduire. La ville n'exerçait guère d'influence sur ses finances. L'administration nationale recouvrait les taxes foncières et les remettait aux collectivités locales, qui en reversaient (souvent tardivement) un pourcentage fixe au plus haut niveau administratif local, la Ville d'Abidjan (Stren, 2007).

Phase 2. En 2001, la Ville d'Abidjan a été remplacée par une administration régionale, le District d'Abidjan. Au poste de maire d'Abidjan s'est substitué celui de gouverneur de district, personnalité nommée par le président ivoirien et assistée d'un conseil de district. Cette structure est devenue une administration régionale de niveau supérieur à celui des 10 communes, auxquelles trois grandes banlieues (collectivités locales) et quelques zones rurales ont été ajoutées. Cette zone métropolitaine compte aujourd'hui quelque 6 millions d'habitants. L'urbanisme est une fonction fondamentale de l'administration de district. L'insuffisance des ressources locales limite la prestation de services. Après une tentative de coup d'État militaire en 2002, la sécurité a progressivement acquis une place prioritaire.

Phase 3. En septembre 2012 (après l'élection présidentielle), le District d'Abidjan a été dissous par décret présidentiel et remplacé par un gouvernorat (organisme exécutif) directement placé sous le contrôle du gouvernement national. Décision a été prise de dissocier les finances du District d'Abidjan des contributions des municipalités, et d'instaurer le partage des recettes locales de la région entre les deux échelons administratifs (municipalités et district) selon des pourcentages fixés par la loi. Au début de 2013, la réaffectation des recettes antérieures du district était encore à l'étude, plusieurs possibilités étant envisagées.

Carte B2.14.1 Les 10 Communes d'Abidjan

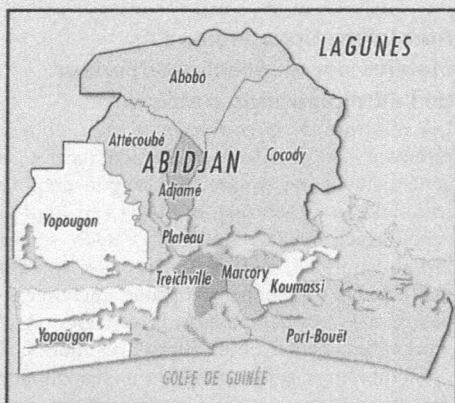

Source : Banque mondiale.

Encadré 2.15 Création de l'administration métropolitaine de Portland

La métropole de Portland est gouvernée par un conseil métropolitain élu au suffrage direct qui compte sept conseillers et un administrateur général. Elle a pour instrument d'aménagement régional une loi explicite en matière d'utilisation des sols qui prévoit notamment l'établissement de frontières d'expansion urbaine à plus long terme pour permettre aux promoteurs privés de disposer d'un certain degré de prévisibilité pour planifier leurs opérations. Un élément important de la loi est que la métropole de Portland est autorisée à percevoir des taxes foncières, des taxes sur les ventes et des impôts sur les revenus, et à émettre des obligations métropolitaines pour financer ses programmes d'investissement. En complément, les collectivités locales de la région (trois comtés et 25 municipalités et arrondissements urbains) ont créé un groupe de coordination (« FOCUS ») pour formuler des recommandations communes à l'intention du Conseil métropolitain. Elles sont également représentées à une commission consultative de planification régionale.

Le Conseil métropolitain de Portland dégage environ 15 % de ses revenus des taxes foncières. Plus de 50 % de ses recettes proviennent

des droits et redevances sur les installations qu'il exploite (une décharge, un parc zoologique et un centre de congrès, arts et expositions).

En 1973 une loi de l'État a établi un périmètre d'expansion urbaine qui limite les aménagements de grande ampleur à Portland afin de prévenir un étalement urbain démesuré. Elle limite l'accès aux services d'utilité publique comme les réseaux d'assainissement, d'eau et de télécommunications, de même que la zone de desserte des services de pompiers et de protection civile et celle des écoles. À l'origine, cette loi imposait à la ville de prévoir un nombre suffisant de terrains sur son territoire pour faire face à la croissance estimée sur vingt ans, mais elle a été amendée en 2007 pour exiger un horizon de planification de la croissance de 50 ans au sein de ce périmètre, de même que la protection des terres agricoles et rurales avoisinantes. Le périmètre de croissance, conjugué aux efforts de la ville pour créer des zones d'expansion économique, a donné lieu au développement d'un grand centre-ville, à la construction de nombreux immeubles de moyenne et grande hauteurs, et à un accroissement global de la densité de logements et d'entreprises.

Source : www.oregonmetro.gov.

Il existe de nombreux modèles pour mettre en place des administrations ou conseils régionaux chargés de la gouvernance, de l'aménagement régional et de la prestation de services, notamment les suivants :

- Élection au suffrage direct (Stuttgart, en Allemagne ; Londres, au Royaume-Uni ; et Portland, dans l'Oregon, aux États-Unis).

- Nomination par un échelon administratif supérieur (les Twin Cities, dans le Minnesota, aux États-Unis ; et le ministère du Développement métropolitain de Nairobi, au Kenya).

- Forte représentation des collectivités locales (l'administration supérieure ne nomme que le président, comme dans la zone métropolitaine de Manille, aux Philippines).

Les trois exemples ci-après illustrent ces différentes méthodes, de même que la façon dont les échelons administratifs supérieurs ont instauré la gouvernance coordonnée dans les zones métropolitaines.

Portland Metro Service District, États-Unis

La ville de Portland est dotée d'une administration régionale élue, la Portland Metropolitan Service District (ou « Portland Metro »), qui a été instituée par l'assemblée législative de l'État d'Oregon en 1977.

Encadré 2.16 La métropole des Twin Cities (Minneapolis-St. Paul), Minnesota (États-Unis).

Les collectivités locales de la région de Minneapolis-St. Paul avaient des motivations particulières pour procéder à des réformes institutionnelles. Au fil du temps, elles s'étaient rapprochées, mais il leur fallait réagir à la polarisation croissante entre des centres-villes en décrépitude et des banlieues en pleine expansion (« étalement urbain »). Le déséquilibre territorial entre les logements abordables et les emplois provoquait des encombrements et créait un besoin constant d'infrastructures coûteuses dans les nouvelles banlieues. Avec deux noyaux urbains à faible revenu et des collectivités de banlieue plus riches, les deux administrations municipales devaient fournir des services aux nombreux employés qui travaillaient dans le centre dans la journée, mais qui contribuaient à l'assiette fiscale des nombreuses banlieues où ils vivaient.

Les Twin Cities présentent un exemple d'évolution d'une administration responsable de l'aménagement régional et de la prestation de services en une administration régionale, puis en une entreprise publique. La zone métropolitaine actuelle couvre sept comtés, qui englobent quelque 200 petites municipalités, une centaine d'organismes de services de district, et une population de l'ordre de 3 millions d'habitants. Le Conseil métropolitain des Twin Cities a été établi par le Gouvernement de l'État du Minnesota en 1974 pour définir les plans et politiques d'aménagement et coordonner les activités des agences régionales de prestation de services existants. Il était par ailleurs chargé de nommer leur conseil d'administration et d'examiner leur budget annuel. Le Conseil a également été habilité à passer en revue tous les projets « d'importance métropolitaine » proposés par les collectivités locales de la région.

En 1994, Le Conseil métropolitain a été transformé en une société publique appartenant à l'État du Minnesota. Il s'est vu confier la responsabilité opérationnelle des services métropolitains de transport et d'assainissement, et ses fonctions antérieures ont été renforcées. Sa part des taxes foncières régionales a par ailleurs été élargie pour financer ses subventions aux administrations et aux transports. Cette réforme a transformé le conseil, qui était un organisme de planification régionale exerçant un contrôle souple sur plusieurs agences régionales, en une nouvelle administration régionale à laquelle le gouvernement de l'État alloue une enveloppe budgétaire annuelle représentant 15 fois son budget antérieur.

La constitution d'un conseil métropolitain directement élu a été proposée et discutée à plusieurs reprises, mais n'a pas encore mobilisé un soutien suffisant au sein de l'assemblée législative de l'État. Actuellement, le Conseil est constitué d'un président et de 16 membres représentant les districts géographiques, tous désignés par le gouverneur du Minnesota et confirmés dans leurs fonctions par le parlement de l'État. Il remplit les fonctions suivantes : exploitation d'un vaste réseau d'autobus ; collecte et traitement des eaux usées ; planification de la croissance future avec la participation des collectivités locales et du public ; établissement des prévisions de la croissance démographique régionale et de celle du nombre de ménages ; fourniture de logements sociaux aux particuliers et aux familles à revenu faible et modéré ; planification, acquisition et financement de parcs et de chemins de randonnée. Il fournit également un cadre de référence pour les décisions concernant les réseaux régionaux et leur réalisation, notamment dans les domaines de l'aviation, des transports, des parcs et espaces verts, de la qualité et de la gestion de l'eau.

Source : www.metrocouncil.org.

Encadré 2.17 Étapes de la création de la métropole de Manille (Philippines)

Phase 1. Dans les années 60, les maires de Manille et des municipalités environnantes ont créé une ligue pour traiter les problèmes pressants liés à la croissance dans la région. Néanmoins, l'adhésion à la ligue étant volontaire, elle n'a pas été en mesure de coordonner efficacement l'aménagement à long terme. En 1975, à la suite d'un référendum, la Commission de la métropole de Manille (MMC) a été constituée pour créer une zone métropolitaine unique regroupant quatre villes et 13 municipalités. Dans ce cadre, tous les pouvoirs législatifs et exécutifs métropolitains étaient confiés à un organe de direction restreint nommé par le président philippin. La MMC avait une fonction exécutive et était chargée de l'élaboration des politiques et de la fourniture des services communs à la zone métropolitaine. Les collectivités locales lui versaient 20 % de leurs recettes annuelles.

Phase 2. Le soutien de la population à la MMC s'est émoussé et, en 1990, le nouveau président l'a remplacée par la Metro Manila Authority (MMA). La MMA était responsable des services urbains fondamentaux, dont l'aménagement du territoire, la gestion de la circulation, la sécurité publique, la rénovation urbaine et la gestion des déchets. Elle était gouvernée par un conseil métropolitain

constitué des maires des 17 collectivités régionales, et dirigée par un président indirectement élu par les membres tous les six mois. Elle continuait de percevoir une part des recettes des collectivités locales, mais le pourcentage en avait été ramené à 15 % de leurs recettes annuelles.

Phase 3. En 1995, la MMA a été remplacée par la Metropolitan Manila Development Authority (MMDA). La MMDA est un service administratif responsable de l'aménagement placé sous le contrôle direct du président philippin. Elle exécute des fonctions de planification, de suivi et de coordination, mais n'est habilitée à le faire que si son action n'entame pas l'autonomie des collectivités locales sur les questions les concernant. Son conseil est toujours dominé par les 17 maires des collectivités de la région, mais le président et plusieurs responsables sont nommés par le président. La MMDA est responsable de quasiment tous les services publics locaux classiques. Ses ressources proviennent de l'État central, d'une contribution des collectivités locales (à hauteur de 5 %) et des recettes des redevances sur les services métropolitains et des amendes. La MMDA s'est vu reprocher d'être davantage une entreprise nationale qu'une institution pleinement locale.

Source : www.mmda.gov.ph.

Cet organisme s'est acquis le soutien et le respect des collectivités locales de la région par l'exercice d'une fonction : la réglementation et la gestion de l'utilisation des sols. À l'origine, il regroupait un conseil d'aménagement régional, un conseil métropolitain de services responsable de l'élimination des déchets solides, et l'administration d'un zoo régional. En 1990, il s'est vu confier la responsabilité d'autres équipements (le stade et le parc des expositions), et, peu après, celle de plusieurs parcs régionaux, cimetières et équipements maritimes. L'encadré 2.15 explique comment une administration supérieure a progressivement mis en place le système métropolitain de Portland.

La métropole des Twin Cities (Minneapolis-St. Paul, États-Unis)

La métropole des Twin Cities illustre le cas d'une administration responsable de l'aménagement régional et de la prestation de services devenue une administration régionale désignée par l'État du Minnesota. La coopération entre les nombreuses collectivités locales des deux zones urbaines a initialement été motivée par la nécessité de partager les recettes fiscales en raison des disparités substantielles entre les collectivités territoriales riches et pauvres. Cette organisation à l'origine spontanée a évolué pour former l'actuel Conseil métropolitain des

Carte 2.4 Métropole de Nairobi

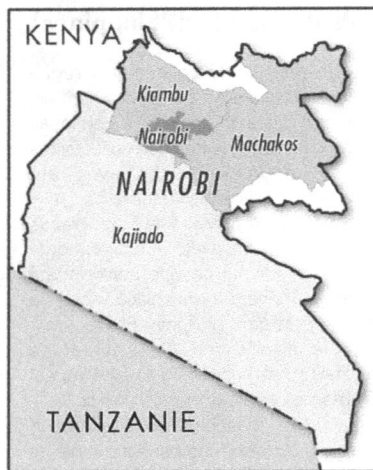

Source : Banque mondiale.

Twin Cities, dont les vastes fonctions sont décrites à l'encadré 2.16.

Manille métropolitaine (Philippines)

La métropole de Manille compte environ 11 millions d'habitants et 17 municipalités. Sa zone urbaine élargie accueille 4 millions d'habitants et regroupe 18 collectivités locales. Aux Philippines, les collectivités locales autonomes résistent depuis longtemps à la mainmise des échelons plus élevés, et la population est très attachée aux services administratifs locaux. Il n'en demeure pas moins que la plupart des entités métropolitaines qui se sont succédé à Manille ont été créées, et leurs membres désignés, par le gouvernement national (encadré 2.17).

Verband Stuttgart (Allemagne)

La Verband Region Stuttgart (Association régionale de Stuttgart) a été créée par le Gouvernement de l'État de Bade-Wurtemberg par une loi votée en 1993. La *Verband* est une entité métropolitaine de niveau supérieur directement élue, composée de 179 collectivités locales dont la Ville de Stuttgart. À l'heure actuelle, sa principale responsabilité consiste à gérer les transports publics de la région, mais elle intervient aussi dans les domaines du tourisme et de l'aménagement régional. Cette structure de gouvernance s'est sensiblement affaiblie, en grande partie parce qu'elle n'est pas habilitée à percevoir des impôts ou des redevances d'utilisation. Son financement provient à parts à peu près égales des cotisations des collectivités locales et de dotations intergouvernementales de l'État de Bade-Wurtemberg (www. region-stuttgart.org ; www.region-stuttgart.de/en).

Ministère du Développement métropolitain de Nairobi

La métropole de Nairobi a été créée en 2008 par décret présidentiel pour faciliter la mise en œuvre d'une stratégie de croissance et de développement pour la zone métropolitaine de Nairobi, composée de 15 collectivités locales (carte 2.4). À l'origine, elle était censée assumer la plupart des fonctions d'une administration locale, plus la promotion et l'élaboration d'un cadre de financement. Pour l'heure, le ministère a essentiellement fait fonction de vecteur supplémentaire de financement de l'administration nationale pour des investissements mineurs dans la zone métropolitaine. La « zone métropolitaine » définie dans ce cas est nettement plus vaste qu'elle ne le serait si elle avait été établie selon des facteurs de cohésion socioéconomique, comme l'existence d'une économie et d'un marché du travail uniques. Elle recouvre en effet 32 000 km², et englobe quatre comtés constitués de 15 collectivités locales. Sa population, de l'ordre de 11 millions d'habitants, progresse au rythme annuel de 3,4 %. Sa taille tient à ce que le Gouvernement kenyan a décidé que si une petite portion d'un comté faisait partie de l'économie et du marché du travail intégrés, la totalité du comté devait être incorporée à la zone gouvernée par le ministère.

Le Randstad (Pays-Bas)

Le Randstad est une conurbation composée des quatre plus grandes villes néerlandaises — Amsterdam, Rotterdam, La Haye et Utrecht — et de leurs environs. Peuplée de 7,1 millions d'habitants, elle est l'une des conurbations les plus importantes d'Europe. Elle couvre une superficie de 8 287 km². Ce chiffre est la somme des superficies des quatre provinces membres, bien que le Randstad ne soit normalement pas considéré recouvrir ces dernières en totalité. Les villes du Randstad se sont longtemps livré une concurrence vigoureuse, surtout les deux plus importantes,

Tableau 2.9　Annexion de territoires ou fusion de collectivités locales

Caractéristiques	Exemples
Crée une circonscription administrative qui couvre une plus grande partie (ou la totalité) de la zone métropolitaine, ce qui facilite la péréquation au sein de la région (une seule assiette fiscale).	Toronto, Le Cap, Istanbul, Pittsburgh, Madrid, Anchorage
L'agrandissement de la circonscription administrative risque de compromettre l'accès des résidents à la collectivité locale et d'affaiblir l'obligation de rendre compte à l'échelon local.	
Considérations financières courantes :	
• Des économies d'échelle sont réalisées.	
• L'harmonisation des niveaux de services et de salaires sur l'ensemble de la nouvelle administration locale risque de prendre pour référence la collectivité locale où ils sont les plus élevés, ce qui entraîne une hausse des coûts.	
• Des coûts de transition ponctuels doivent être pris en compte.	

Rotterdam et Amsterdam. Les autorités nationales ont joué un rôle majeur en favorisant, par des incitations financières et une influence politique, la collaboration plutôt que la concurrence dans certains domaines prioritaires pour la région. Depuis peu, les urbanistes locaux donnent au Randstad le nom de « Deltametropool », composé de deux grandes zones métropolitaines (source: www.randstadregion.eu).

Zone métropolitaine de Mexico (Mexique)

La zone métropolitaine de Mexico illustre un cas dans lequel des mesures de décentralisation fiscale appliquées dans les années 90 ont involontairement aggravé les disparités financières de la Zone métropolitaine de la vallée de Mexico (ZMVM) (Raich, 2008). Malgré l'intervention de l'État au travers d'un système de transferts redistributifs, ces disparités se sont accentuées pour trois raisons essentielles : a) un effet négatif indirect des transferts sur les efforts financiers des collectivités locales, y compris le recouvrement des taxes foncières ; b) la répartition inégale des services et des infrastructures dans la zone métropolitaine ; et c) l'existence de structures de gouvernance distinctes dans les différentes zones administratives de la région. Étant donné les complexités juridiques et politiques, il a été difficile d'atténuer ces problèmes, mais la situation s'est cependant légèrement améliorée depuis.

Annexion ou fusion de collectivités locales

Si les frontières d'une région économique s'élargissent au fil du temps, les frontières administratives n'évoluent que de temps à autre, par voie légale. L'annexion et la fusion sont parfois les méthodes les plus efficaces pour assurer l'échelle, le partage des coûts, l'efficience et l'équité nécessaires à la fourniture de services publics (tableau 2.9). Or, la fusion est souvent source de polémiques politiques et appelle d'ordinaire l'intervention active d'une administration nationale ou provinciale. Peu de fusions ont réussi à couvrir la totalité d'une zone métropolitaine, généralement en raison des dynamiques politiques locales. En voici quelques exemples :

- *Londres (Royaume-Uni).* La Greater London Authority comptabilise une population de 7,5 millions de personnes, mais la zone économique fonctionnelle, le grand sud-est, compte 20 millions d'habitants.

- *Toronto (Canada).* La Ville de Toronto (2,5 millions d'habitants) est parfois jugée à la fois trop petite et trop grande. Elle est trop petite pour couvrir la région économique métropolitaine dénommée « Région du grand Toronto » (5 millions d'habitants) ou pour prendre en charge les retombées régionales des transports et de la planification. Elle est trop grande pour être aussi pleinement réactive et accessible à l'échelon local que les six municipalités distinctes qui l'ont précédée.

Encadré 2.18 Évolution des modèles de gouvernance métropolitaine au Cap (Afrique du Sud)

La Constitution intérimaire sud-africaine de 1996 prévoyait trois types de collectivités locales : métropolitaine, urbaine et rurale. Le Conseil métropolitain de la ville du Cap est une administration métropolitaine. La Constitution prévoyait également trois catégories de municipalités. Les municipalités de catégorie A bénéficiaient d'une autorité exécutive et législative exclusive dans leur circonscription. Celles de la catégorie B partageaient cette autorité avec une municipalité de la catégorie C dans la circonscription de laquelle elles se situaient. Les municipalités de catégorie C avaient compétence sur une région comportant plus d'une municipalité.

Une étude ultérieure a recommandé l'instauration d'un système d'administration métropolitaine à un seul niveau, dans le cadre duquel chaque municipalité serait responsable de sa zone métropolitaine et chargée de corriger les inégalités, de promouvoir un aménagement territorial stratégique, de coordonner les investissements d'infrastructure et d'élaborer un cadre de développement économique et social couvrant l'ensemble de la ville. Ce changement était censé empêcher les collectivités locales de se disputer les investissements sans coordonner leur action. En 1998, toutes les municipalités de catégorie C d'Afrique du Sud sont devenues des municipalités (fusionnées) à un seul niveau

Source : www.capetown.gov.za.

Carte B2.18.1 Densité démographique de la ville du Cap (Afrique du Sud)

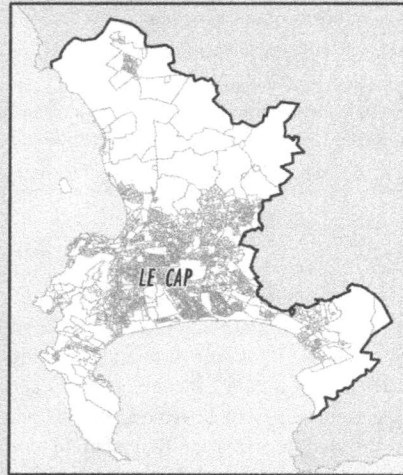

Source : Banque mondiale.

administratif, comme Le Cap (voir la carte ci-dessus).

Quelques collectivités locales couvrent cependant bien la totalité de leur zone économique métropolitaine (leur zone fonctionnelle). On citera pour exemples :

• *Le Cap (Afrique du Sud)*. Les frontières du Cap ont été tracées par le conseil chargé du redécoupage municipal (Municipal Demarcation Board) d'Afrique du Sud[6] en 1998, et englobent désormais 95 % de la population qui y vit et y travaille.

• *Istanbul (Turquie)*. Les frontières administratives d'Istanbul ont été élargies en 2004 de manière à recouvrir des zones précédemment gouvernées

par l'État central, la superficie couverte passant de 1 830 km^2 à 5 340 km^2 (Turan, 2011).

Pittsburgh, en Pennsylvanie (États-Unis), est un exemple classique d'annexion. Au début du XXe siècle, la ville a réussi à annexer 12 municipalités avoisinantes. Plus récemment, de nouvelles collectivités de banlieue ont été progressivement intégrées au territoire administratif de la Ville de Pittsburgh, suivant l'évolution de la région.

Le Cap, qui recense quelque 3,5 millions d'habitants, avait dans les années 90 une structure métropolitaine à deux niveaux que le regroupement de plusieurs

Tableau 2.10 Budget de la Ville du Cap, 2011-2012

Dépenses	En millions de rands	Variation en %	Recettes	En millions de rands	Variation en %
Coûts salariaux	7 091,6	9,1	Taxes foncières	4 582,0	8,9
Rémunération des conseillers	108,8	17,9	Pénalités et autres frais	85,8	6,6
Dépréciation de la dette	1 040,0	7,5	Frais de services	8 125,7	22,4
			– electricité		
Amortissement	1 392,8	17,0	– eau	1 828,1	10,1
Frais financiers	766,4	3,6	– assainissement	991,1	10,2
Achats en gros	5 785,9	22,1	– déchets	820,4	7,6
Services contractuels	2 320,2	31,6	– autres frais de services	625,4	–4,0
Transferts et dotations	96,4	10,1	Locations (installations, matériel)	264,0	8,0
Autres dépenses	3 539,8	4,4	Intérêts des investissements extérieurs	192,4	–10,0
Total des dépenses	22 141,9	100,0	– encours des créances	218,3	3,6
Budget d'investissement			Amendes	186,9	3,5

Sources	En millions de rands	Variation en %			
			Licences et permis	30,0	4,5
Dotations en capital et donations	2 715,4	940,2	Services d'agence	116,0	
Réserve de remplacement	970,9	272,0	–Transferts opérationnels	1 897,8	28,4
Fonds de financement externe	1 357,4	85,4	Autres recettes	1 912,3	8,6
Recettes	46,3	32,7	Gains sur cession du matériel de protection individuel	105,0	–66,2
Total	5 089,9	100	Total des recettes	21 981,2	100,0

Source : www.capetown.gov.za/en/Budget/Pages/Budget2011-2012.aspx.

collectivités locales a transformé en 1998 en une seule municipalité (encadré 2.18). En superficie, la ville est aujourd'hui la plus grande d'Afrique du Sud (2 455 km²). Le tableau 2.10 donne un aperçu de son budget pour l'exercice 11-12 et précise l'évolution des postes budgétaires par rapport aux années précédentes.

Un autre exemple est celui d'Anchorage, en Alaska (États-Unis), une municipalité dont la superficie est passée de 20 km² à plus de 5 000 km² au cours des 50 dernières années.

Incidences financières des fusions

Des ajustements financiers particuliers s'imposent lorsqu'une fusion de collectivités locales est envisagée. Par exemple, comment va-t-on harmoniser les salaires ou désinvestir les actifs en double ? La fusion ne réduit pas forcément les coûts. Ainsi, lorsque Toronto a regroupé ses six municipalités pour créer la Ville de Toronto, elle a uniformisé les salaires et les services sur l'ensemble de la zone couverte par les six anciennes collectivités locales, et le total des coûts a augmenté. L'harmonisation des niveaux de service suppose souvent leur alignement sur le niveau offert par la collectivité locale qui y consacre les plus fortes dépenses, d'où une augmentation globale des coûts

Encadré 2.19 Évolution de la structure de gouvernance de Johannesburg (Afrique du Sud)

La zone métropolitaine du Grand Johannesburg recensait 7,2 millions d'habitants environ en 2007. Une définition encore plus large de la région lui attribuait à l'époque une population de près de 10,3 millions de personnes. La province du Gauteng connaît une forte croissance et une urbanisation massive (pour de plus amples informations, consulter le site www.gautengonline.gov.za).

La partie urbaine du Gauteng est une région polycentrique (comme le montre la carte ci-dessous) dont la population devrait atteindre près de 15 millions en 2015 (voir la carte). La ville de Johannesburg, qui était une ville de ségrégation (comptant sept conseils blancs et quatre conseils noirs), est passée par une phase de fragmentation durant laquelle elle comptait un conseil métropolitain et quatre conseils locaux subordonnés à ce dernier avant d'atteindre la phase actuelle d'intégration, à savoir une administration municipale à un seul échelon disposant d'une assiette fiscale unique qui couvre l'essentiel de la zone métropolitaine. Dans le cadre du dispositif à deux niveaux antérieur, la collectivité locale supérieure était responsable des emprunts et du remboursement des dettes, celle de l'échelon inférieur du recouvrement de la majeure partie des recettes. Or, lorsque la situation financière était tendue à l'échelon inférieur, les transferts à l'échelon supérieur étaient généralement reportés ou interrompus. Depuis sa constitution, l'administration à niveau unique a sensiblement amélioré la gouvernance et l'efficience. Elle a par exemple établi des contrats de gestion pour les services d'eau et d'assainissement, transformé les services responsables des routes et de la gestion des déchets solides en sociétés, vendu du matériel informatique qu'elle a ensuite reloué, et opté pour la gestion privée de ses biens fonciers.

Carte B2.19.1   Johannesburg dans la province du Gauteng

Source : Banque mondiale.

pour l'entité résultant de la fusion. Cela risque d'annuler les économies qu'il est généralement possible de dégager par ailleurs. Il faut également prévoir des coûts de transition ponctuels lors du passage à une nouvelle structure de gouvernance. Le Cap, par exemple, a conduit en peu de temps différentes réformes de la gouvernance locale et, ces dernières années, a procédé à d'autres réformes structurelles et modifications territoriales et instauré de nouvelles structures de gestion et de nouvelles formes de prestation de services. Des réorganisations aussi fréquentes risquent de perturber la prestation de services à l'échelon local compte tenu du temps et des moyens qu'elles exigent.

Une grande municipalité couvrant la zone métropolitaine

Dans les cas où l'aire géographique d'une municipalité coïncide pour l'essentiel avec l'économie d'une zone métropolitaine, la coordination de la gestion financière est moins delicate, car la situation institutionnelle est moins complexe. Dans d'autres cas, l'affectation des ressources aux fins de prestation de services et d'investissements sur une grande région, souvent avec la participation active des antennes municipales, pose des difficultés particulières au conseil municipal.

Carte 2.5 Shanghai : centre-ville et districts/comtés de banlieue

Source : Banque mondiale.

Ville de Johannesburg (Afrique du Sud)

L'Afrique du Sud compte huit grandes municipalités métropolitaines constituées d'un seul niveau administratif, dont Le Cap et Johannesburg. La ville de Johannesburg, avec près de 4 millions d'habitants, est la capitale de la province du Gauteng et la plus grande ville du pays. La municipalité couvre un vaste territoire de 1 645 km², et affiche une densité démographique modérée de 2,364 habitants au km². Elle est la plus grande ville du monde qui ne soit pas située au bord d'un fleuve, d'un lac ou de la mer. L'encadré 2.19 explique brièvement comment s'est effectuée la fusion de Johannesburg en une municipalité unique.

Municipalité de Shanghai (Chine)

Shanghai est un autre exemple d'une administration municipale qui couvre la totalité de sa zone métropolitaine. Les villes chinoises ont une structure administrative locale à deux niveaux : une municipalité composée de plusieurs districts subordonnés et de comtés. Toutes les grandes villes fonctionnent selon le même modèle de gouvernance, en vertu duquel les circonscriptions municipales recouvrent à la fois des zones urbaines et de grandes zones rurales. Les districts sont généralement les administrations les plus urbaines, et les comtés les plus ruraux.

La municipalité de Shanghai est actuellement composée de neuf districts, qui constituent le noyau urbain, de sept districts de banlieue semi-urbains, et d'un comté rural (la grande île, voir la carte 2.5). Shanghai est l'une des quatre municipalités qui sont considérées comme des provinces et disposent des pouvoirs correspondants. La zone métropolitaine a une superficie globale de 6 340,5 km². Bien que les administrations municipales chinoises couvrent la totalité de leur zone métropolitaine grâce au système de la collectivité locale à deux niveaux, la coordination et les affectations financières n'en demeurent pas moins délicates. Si les districts urbains du centre-ville disposent généralement de services bien coordonnés (réseaux de transport, de distribution d'eau, d'assainissement, etc.), la coordination avec les administrations subordonnées, les comtés en particulier, est souvent difficile, car elles sont gouvernées de manière autonome.

Shanghai est un exemple de ville dont le passé économico-politique et la culture peuvent influer sur la façon dont la région est administrée dans la pratique. Dans ce cas, l'administration municipale de niveau plus élevé n'intervient généralement pas dans la gestion détaillée des administrations subordonnées.

Principaux messages

Les zones métropolitaines deviennent la « nouvelle norme ». Face à l'urbanisation continue de la planète, l'interdépendance économique des villes avec les habitats environnants et leur arrière-pays va croissant, et crée des zones métropolitaines caractérisées par une économie et un marché du travail uniques, une collectivité aux intérêts communs et aux actions concertées. Ces zones appellent une gestion régionale pour certaines fonctions. La coopération entre collectivités locales peut être encouragée par des incitations d'une administration provinciale ou nationale, par le biais de systèmes intergouvernementaux, de cadres juridiques, ou d'incitations financières spécifiques.

Il existe cependant de nombreux modèles de gouvernance, dont chacun présente des avantages et des inconvénients. Ceux-ci incluent : la coopération entre collectivités locales ; la mise en place d'autorités régionales ou de districts à vocation spéciale ; la mise en place d'administrations métropolitaines ; et le regroupement des collectivités locales par fusion ou annexion de territoires.

Il n'existe pas de modèle unique. La structure de gouvernance la plus appropriée est fonction du contexte national et local (cadre juridique, responsabilités des collectivités locales, problèmes et perspectives de la région, capacité institutionnelle et tradition, etc.). Elle peut être définie par les collectivités locales de la région, ou par décision d'une administration provinciale ou nationale. Les modalités institutionnelles et financières devront éventuellement évoluer avec le temps, selon les besoins et les circonstances. Ce sont des considérations politiques, plutôt que celles ayant trait à l'efficience et à l'équité, qui déterminent souvent la définition ou l'évolution de la gouvernance d'une zone métropolitaine et des systèmes de financement.

Des dispositifs de financements adaptés s'imposent. On citera parmi les dispositifs financiers envisageables dans le cadre d'une coopération régionale les mécanismes de partage des recettes fiscales pour prévenir la concurrence fiscale et financière et pour harmoniser les recettes et les dépenses sur l'ensemble d'une zone métropolitaine ; le partage des coûts ou un budget commun pour les projets et services (et entités) concernant l'ensemble de la zone métropolitaine ; la mobilisation coordonnée des recettes au travers des redevances d'utilisation, des taxes foncières, des taxes affectées, etc. ; et la mobilisation de plusieurs sources de financement pour les grandes infrastructures profitant à l'ensemble de la région. Un fonds de développement municipal constitué à l'échelle nationale, aux sources de financement multiples, est parfois utilisé pour financer les investissements locaux dans les régions.

Ne pas rivaliser, mais coopérer. C'est là l'essence de l'approche métropolitaine : coopérer dans le cadre de certains projets et services (tout en rivalisant éventuellement dans d'autres, en termes de qualité des services et d'efficacité économique). Les accords de coopération peuvent notamment prévoir des efforts collectifs en matière de mobilisation des recettes, de financement des investissements et de dépenses associées aux services.

Choix d'une structure. Le choix d'une structure de gouvernance répond à deux exigences : 1) la nécéssité de réaliser des économies d'échelle et de fournir des services à moindre coûts, et 2) le besoin de résoudre les disparités régionales en répondant aux attentes de la population.

Répartition des fonctions. Tout dispositif de gouvernance métropolitaine doit énoncer clairement les fonctions et responsabilités des entités concernées (pas de duplication, pas d'équivoque possible, etc.), surtout si des autorités spécialisées ou différents échelons de la collectivité locale sont établis. En outre, dans le cas de la création d'une autorité métropolitaine, celle-ci devrait avoir assez d'autonomie pour pouvoir agir.

Sources de financement bien définies et fiables. Pour qu'une autorité régionale ou une administration métropolitaine remplisse ses fonctions, il est indispensable qu'elle dispose de sources de revenus suffisantes pour exercer durablement sa mission.

Engagement des collectivités locales. Pour être efficace, la structure métropolitaine doit bénéficier du soutien et de l'adhésion de toutes les collectivités locales concernées, qu'elle ait été constituée par la base ou par l'État. Selon les circonstances, on pourra envisager de donner aux différentes collectivités locales la possibilité de participer à une partie ou à la totalité des fonctions métropolitaines.

Annexe
Villes citées en exemple dans le chapitre

Zone métropolitaine

Principales caractéristiques

Amérique du Nord

Comté de Los Angeles
(États-Unis)

- Offre des services, à titre onéreux, à de nombreuses collectivités locales de plus petite taille de la région dans le cadre de contrats personnalisés ; système économique pour toutes les parties concernées.

Mexico (Mexique)
Zona Metropolitana del Valle de Mexico (ZMVM)

- Vaste zone regroupant des territoires municipaux et de l'État, régie par des organismes collectifs (les commissions) et des accords bilatéraux. Caractérisée par des complexités juridiques, politiques et financières qui ont involontairement créé des inégalités dans le cadre du système de transferts en vigueur auparavant.

Twin Cities (États-Unis)

- Le premier projet de coordination et les pouvoirs correspondants ont été motivés par les disparités financières dans la région.
- Les organismes responsables de la planification régionale et de la prestation de services se sont transformés en une administration régionale de l'État, et aujourd'hui en une entreprise publique à laquelle une partie des taxes foncières de la région est attribuée pour couvrir les coûts liés à la prestation de services.

Portland (États-Unis)
Conseil métropolitain

- Un conseil métropolitain élu, établi aux fins de gestion de l'utilisation des sols, nanti de pouvoirs substantiels ; désormais doté de fonctions plus larges et d'un comité consultatif constitué de diverses collectivités locales.

Toronto (Canada)

- Évolution d'un système à un échelon à un système à deux niveaux, et retour à un système à un niveau avec la fusion des collectivités locales (et une base fiscale commune) suite à une intervention d'envergure de l'administration provinciale.

Vancouver (Canada)
Greater Vancouver Regional District (GVRD)

- Entreprise publique appartenant aux collectivités locales membres et leur fournissant différents services (mais toutes les collectivités locales ne fournissent pas tous les services par l'intermédiaire du GVRD).
- Dispose de plusieurs sources de financement, notamment les redevances d'utilisation, un pourcentage des taxes foncières, et les cotisations annuelles des collectivités locales membres.

Washington, (États-Unis)
Metropolitan Washington Council of Governments

- Conseil constitué de 21 collectivités locales, doté de fonctions de coordination, mais dépourvu de pouvoir de décision propre (les conseils des collectivités locales doivent ratifier toutes les décisions), sauf en ce qui concerne certains domaines des transports.

Afrique

Abidjan (Côte d'Ivoire)

- Évolution d'un système d'administration régionale à un niveau à un système à deux niveaux ; projets relevant des collectivités locales comme de l'administration nationale.

Le Cap (Afrique du Sud)

- De nombreuses réformes dans les années 90, et la fusion en 2000 en une vaste municipalité correspondant à la zone économique fonctionnelle et au marché du travail régional. (Le pays compte huit municipalités métropolitaines de cette nature).

Dar es Salaam (Tanzanie)	• Trois collectivités locales plus le conseil de la ville de Dar es Salaam (de même niveau que les trois collectivités locales et n'exerçant aucune autorité sur elles), chargés de la coordination générale et de quelques fonctions particulières ; ne possèdent pas de terrains et disposent de recettes propres très limitées ; les collectivités locales dégagent des recettes croissantes de la taxe foncière, mais demeurent lourdement tributaires des transferts de l'administration nationale.
Johannesburg (Afrique du Sud)	• Évolution de sept collectivités locales à un système à deux échelons, puis à une administration locale avec des entités sectorielles.
Nairobi (Kenya) *Ministry of Nairobi Metropolitan Development*	• Depuis 2009, ministère du Développement de la zone métropolitaine de Nairobi ; un nouveau guichet de financements nationaux pour les 15 collectivités locales de la région.

Australie

Melbourne	• L'administration (provinciale) de l'État fournit (et finance) plusieurs services assurés d'ordinaire à l'échelon local, comme les transports publics.

Europe et Asie centrale

Bologne (Italie)	• Une approche souple instaurée par 48 collectivités locales ; le président de la province préside le conseil municipal métropolitain ; les collectivités locales peuvent participer à tout ou partie des activités du conseil.
Budapest (Hongrie)	• Une administration municipale et de nombreuses administrations de district, toutes de rang et de statut juridique égaux ; la zone métropolitaine et la zone de migrations journalières sont considérées former deux cadres d'aménagement distincts.
Londres (Royaume-Uni)	• Évolution d'un système à deux niveaux à un système à un niveau, et retour à un système à deux niveaux. La Greater London Authority (GLA) dispose d'une autonomie financière limitée ; plus de 80 % de ses recettes et de celles des collectivités locales proviennent de dotations de l'administration centrale. Il existe des autorités responsables des services de transports, des services de protection civile et d'incendie, et de la planification des mesures d'urgence.
Lyon (France)	• Compétences en matière de planification et de prestation de services dans le cadre d'un système de partage des recettes fiscales métropolitaines ; mécanismes de coopération pour la prestation de services entre les petites collectivités locales.
Marseille (France) *Communauté urbaine de Marseille*	• Assiette fiscale commune pour prévenir la concurrence fiscale entre les collectivités locales de la région.
Prague (République tchèque)	• Une administration locale élue et des services de district subordonnés.
Randstad (Pays-Bas)	• L'une des plus grandes conurbations d'Europe, regroupant les quatre principales villes néerlandaises (Amsterdam, Rotterdam, La Haye, Utrecht) et les régions environnantes ; interventions communes sur une base ponctuelle essentiellement, ou sur pression du gouvernement national.

Stuttgart (Allemagne)	• Une entité métropolitaine de niveau supérieur directement élue, essentiellement chargée des transports publics ; intervient également dans les domaines du tourisme et de la planification régionale. Non habilitée à percevoir des impôts ou des redevances (financée par l'État et les collectivités locales).
Tbilissi (Géorgie)	• Une ville dominante (la capitale) et un petit nombre de collectivités locales de plus petite taille et moins riches ; à ce jour, quelques mesures de coordination informelles, sur une base ponctuelle.

Amérique latine

Bogotá (Colombie)	• La ville est divisée en 20 localités, dont chacune est gouvernée par un conseil administratif comptant au minimum sept membres, élus au suffrage universel ; le maire principal nomme les maires locaux parmi les candidats désignés par les conseils administratifs correspondants.
Santiago (Chili)	• Le Grand Santiago compte 37 collectivités locales mais n'a pas d'administration métropolitaine ; les fonctions sont réparties entre les différentes autorités. Un « intendant » de la Région métropolitaine de Santiago est nommé par le Président.
São Paulo (Brésil) *Consortium intermunicipal de la région du Grand ABC*	• Le Conseil ABC, un organisme politique constitué de représentants de l'État, des collectivités locales, et de la société civile ; participation active de la société civile et du secteur privé, surtout en ce qui concerne le développement économique de la zone métropolitaine ; constitue une approche souple et pragmatique à la résolution de problèmes régionaux, mais pas une structure administrative.
Quito (Équateur)	• Le District métropolitain de Quito et un conseil métropolitain élu doté de vastes responsabilités, et présidé par un maire métropolitain élu. Il est tributaire des transferts du gouvernement national, mais dispose également de ses propres ressources (taxes et contributions spéciales).

Asie de l'Est et du Sud

Dhaka (Bangladesh)	• Un organisme de planification et d'aménagement régional chargé des questions foncières.
Manille (Philippines)	• Tradition bien ancrée d'autonomie locale, mais la plupart des entités métropolitaines sont créées et contrôlées par le gouvernement national.
New Delhi (Inde)	• La zone métropolitaine de Delhi est constituée des neuf districts du Territoire de la capitale nationale de Delhi et de quatre grandes villes satellites de sa périphérie (situées dans deux États différents), et compte plusieurs organismes responsables de l'aménagement et de la prestation de services.
Shanghai (Chine)	• Une administration municipale pour une grande région, avec plusieurs administrations de district subordonnées (pour les zones très urbanisées) et des comtés subordonnés mais plus indépendants (couvrant de vastes zones rurales).

Moyen-Orient

Istanbul (Turquie)	• Annexion de territoires précédemment gouvernés par l'État.

Notes

1. Dar es Salaam (Tanzanie) est un exemple de ville où plus de 70 % de la population vit dans des zones non loties. Plus de 50 % de la superficie urbaine de Kampala (Ouganda) et plus de 70 % de celle de Kaboul (Afghanistan) sont des zones d'habitat non structuré.

2. Il s'agit là d'un exemple de système à deux niveaux comptant à l'échelon inférieur 179 municipalités. La CAM a été instaurée en 1983 ; elle est administrée par un conseil directement élu (qui élit son président). Elle a repris les pouvoirs dont la province de Madrid était précédemment investie. À sa création, les pouvoirs et responsabilités des collectivités locales d'échelon inférieur ont été sensiblement réduits.

3. L'Association nationale des Conseils régionaux et l'Association des organismes métropolitains de planification par exemple. D'autres informations sont disponibles à l'adresse suivante : www.abag.ca.gov/abag/other_gov/rcg. html, qui affiche les liens avec tous les Conseils métropolitains des États-Unis.

4. La région ABC tient son nom des trois plus petites villes limitrophes de São Paulo—Santo André, São Bernardo do Campo, et São Caetano do Sul.

5. Certaines parties de cette section s'inspirent de Enid Slack, « Managing the Coordination of Service Delivery in Metropolitan Villes: The Role of Metropolitan Gouvernance », Document de travail consacré à la recherche sur les politiques, août 2007, Banque mondiale, Washington.

6. Le Municipal Demarcation Board a procédé à des regroupements de circonscriptions similaires visant à couvrir la « zone fonctionnelle » dans d'autres parties du pays, créant dans un premier temps six grandes municipalités métropolitaines (aujourd'hui au nombre de huit).

Bibliographie

Abbott, J. 2011. "Regions of Cities: Metropolitan Governance and Planning in Australia." In *Governance and Planning of Mega-City Regions—An International Comparative Perspective*, edited by J. Xu and A. Yeh, 172–90. New York: Routledge.

Bahl, Roy W., Johannes F. Linn, and Deborah L. Wetzel, eds. 2013. *Financing Metropolitan Governments in Developing Countries.* Cambridge, MA: Lincoln Institute of Land Policy.

Brinkhoff, Thomas. 2012. "City Population." The Principal Agglomerations of the World, www.citypopulation.de/world/Agglomerations.html.

Dodge, William R. 1996. "Regional Excellence—Governing Together to Compete Globally and Flourish Locally." Washington, DC: National League of Cities.

Horváth, Tamás M., and Gábor Péteri. 2003. "General Conditions of a Decade's Operation." In *The Budapest Model—A Liberal Urban Policy Experiment,* edited by Katalin Pallai, 359–405. Budapest: Open Society Institute.

OECD (Organization for Economic Co-operation and Development). 2006. "The Governance of Metro-Regions." In *Competitive Cities in the Global Economy.* Paris: OECD Publishing.

Raich, Uri. 2008. *Unequal Development—Decentralization and Metropolitan Finance in Mexico City.* Saarbrucken: VDM Verlag Dr. Muller.

Rojas, Eduardo, Juan R. Cuadrado-Roura, and José Miguel Fernández Güell, eds. 2007. *Governing the Metropolis—Principles and Experiences.* Washington, DC: Inter-American Development Bank.

Slack, Enid. 2007. "Managing the Coordination of Service Delivery in Metropolitan Cities—The Role of Metropolitan Governance." Policy Research Working Paper, World Bank, Washington, DC.

Turan, Neyran. 2011. "Towards an Ecological Urbanism for Istanbul." In *Megacities–Urban Form, Governance and Sustainability,* edited by A. Sorensen and J. Okata, 245–87. Heidelberg: Springer.

World Bank. 2010. *World Development Report 2009: Reshaping Economic Geography.* Washington, DC: World Bank.

Yang, J. 2009. "Spatial Planning in Asia—Planning and Developing Megacities and Megaregions." In *Megaregions: Planning for Global Competitiveness,* edited by C. L. Ross, 35–52. Washington, DC: Island Press.

CHAPITRE 3

Gestion financière des collectivités locales

Rama Krishnan Venkateswaran

La gestion financière est un aspect déterminant de la gestion municipale. Elle permet aux collectivités locales de planifier, de mobiliser et d'utiliser les ressources financières de manière efficace et efficiente, et aussi d'honorer leur obligation de rendre compte aux citoyens. Ce chapitre examine les éléments fondamentaux du processus de gestion financière au niveau des municipalités. Il passe en revue les quatre étapes principales de la gestion financière des collectivités locales : la préparation budgétaire (ou budgétisation), l'exécution comptable du budget (ou comptabilité), le reporting et l'audit. Ces étapes principales sont examinées indépendamment les unes des autres, mais le chapitre fait ressortir les liens et les synergies entre ces dernières.

Le graphique 3.1 décrit les piliers de la gestion des finances publiques locales. Nous allons les passer rapidement en revue avant de les examiner plus en détail. Les *budgets* fournissent des prévisions annuelles en recettes et en dépenses en vue de la réalisation des objectifs que se sont fixés les collectivités locales. Ils sont conçus sur la base d'informations financières et non financières. Les informations financières comprennent des

estimations des ressources financières — celles qui sont disponibles et celles qui sont nécessaires — pour atteindre les objectifs prioritaires que s'est fixés la collectivité. Les informations non financières comprennent les priorités, les stratégies et les considérations politiques des collectivités locales.

La *comptabilité* donne lieu à la classification et à la documentation des différentes opérations financières des collectivités locales ; elle fournit les informations financières de base nécessaires à la préparation du budget et à l'établissement des données et des rapports financiers requis pour communiquer avec les clients et les partenaires, notamment les prêteurs ou les administrations opérant à un échelon supérieur. Les informations comptables comprennent des données particulières sur les revenus dégagés et les dépenses encourues durant une période déterminée (généralement l'exercice) ainsi que des informations sur les actifs et les passifs de l'entité. Les *rapports financiers* présentent des chiffres globaux sur les recettes et les dépenses des administrations publiques, qui aident le lecteur à comprendre la situation financière générale et la manière dont les finances sont gérées. L'*audit des comptes* s'entend du processus de vérification

Graphique 3.1 Les piliers de la gestion des finances publiques locales

les pays ne suivent pas les mêmes pratiques pour établir leur budget. « Le processus de budgétisation est le moyen de déterminer les services publics qui seront assurés et la manière dont ils seront financés » (Mikesell 2011). La budgétisation est le processus qui consiste à affecter des ressources rares pour répondre à des besoins illimités ; elle produit un plan financier et d'exploitation couvrant un exercice (12 mois). Le budget contient des informations sur les types de dépenses proposées et les montants correspondants, les objets des dépenses et les moyens de financement envisagés. Bien que les budgets soient généralement préparés pour un seul exercice, il est devenu courant d'établir un plan sur trois à cinq ans pour servir de base aux budgets annuels. Le processus de budgétisation annuelle s'inscrit par conséquent dans un processus de planification et d'exécution des programmes à moyen terme, ce qui aide les entités à assurer la continuité de la planification et de l'exécution de leurs programmes de développement.

Le budget en tant qu'instrument de planification
L'adoption d'un budget implique qu'il a été décidé — sur la base d'un processus de planification — de la manière dont l'organisation prévoit d'atteindre ses objectifs. La fonction de planification de toute administration publique revêt une importance cruciale pour les raisons suivantes :

- *Biens publics.* Le type, la quantité et la qualité des biens et des services que le secteur public produit ne sont ni évalués ni ajustés par le biais des mécanismes du marché.

- *Intérêt public.* Les biens et services fournis par le secteur public comptent souvent parmi ceux qui sont le plus essentiels à l'intérêt public.

- *Portée considérable.* En raison de la portée considérable et de l'extrême diversité des activités modernes des administrations publiques, une planification exhaustive, réfléchie et systématique est une condition nécessaire à un processus de prise de décision méthodique.

- *Participation.* Les activités de planification et la prise de décisions par les administrations publiques ont généralement lieu dans le cadre d'un processus concerté auquel participent, les citoyens, les élus et les membres de l'exécutif.

indépendante des informations financières contenues dans les comptes et dans les rapports financiers. Il assure les personnes ou les entités extérieures de la crédibilité des informations présentées.

Budgétisation

Le budget d'une collectivité locale est son plan financier annuel : il définit ses priorités en matière de fonctionnement et d'investissement pour l'exercice à venir, et décrit la manière dont les dépenses seront financées. Le processus de budgétisation contribue de manière fondamentale à l'exposé du choix des priorités de la municipalité au niveau des dépenses et au recensement des ressources nécessaires à la réalisation des dépenses prévues. Cette section explique le rôle de la budgétisation dans la gestion financière des municipalités et aide le lecteur à comprendre les objectifs du processus budgétaire, les conditions d'une bonne préparation budgétaire, les étapes du processus budgétaire et la relation entre le budget et les autres étapes du processus de gestion financière.

Budgétisation : Concepts et pratiques
La budgétisation et les budgets sont essentiels à la planification, au contrôle et à l'évaluation des opérations des administrations publiques, mais tous

Les budgets contribuent par conséquent à assurer que les administrations publiques fournissent les services que les citoyens demandent, en procédant à des choix dans le cadre d'un processus démocratique, et que les ressources disponibles sont employées de manière efficace.

Le budget en tant qu'instrument de discipline et de contrôle financiers

Le budget est un *instrument de contrôle financier* employé à la fois par le corps exécutif et par le corps législatif des collectivités locales. Par exemple, le maire, le directeur financier, ou le directeur des services municipaux peut utiliser le budget pour assurer le suivi des dépenses effectives, les comparer aux plans établis en début d'exercice et améliorer l'efficacité des opérations. Dans le même temps, le conseil municipal peut utiliser le budget pour déterminer si le corps exécutif utilise les ressources de manière efficace pour atteindre les priorités de développement définies par le conseil.

La fonction de contrôle du processus budgétaire consiste à limiter les dépenses au niveau imposé par le montant de financements disponibles, à veiller à ce que les budgets adoptés soient exécutés et que les rapports financiers soient exacts, et à préserver la légalité des dépenses publiques. La fonction de contrôle permet de réunir des informations pour calculer les estimations des coûts utilisées dans le cadre de la préparation de nouveaux budgets et préserve les pistes d'audit après l'exécution du budget. L'encadré 3.1 présente quatre principes nécessaires à l'établissement d'un budget satisfaisant.

Types de budgets

Des budgets sont établis depuis des siècles, mais leur forme, leur nature et leur portée ne cessent d'évoluer. Cette section examine les différents types de budgets, ainsi que leurs mérites et leurs lacunes, notamment les problèmes que pose leur application concrète (analyse basée sur Mikesell 2011).

Budget administratif

Les budgets peuvent être classés en fonction de l'entité administrative chargée d'assurer la gestion de la fonction ou du service public considéré. Le budget peut, par conséquent, être organisé en fonction de l'organisme ou de la direction qui exécutera des travaux au titre desquels les fonds sont accordés, par exemple la direction de la santé ou des eaux, le service de l'éducation, la direction de la gestion des déchets, etc.

Budget économique

Les budgets peuvent être organisés par fonction économique, c'est-à-dire par catégorie de revenus et de dépenses, tels que taxes, salaires, fournitures, etc. Ce type de classification est également qualifié de classification « par poste » ou par « objet des dépenses ».

Budget fonctionnel

La classification fonctionnelle identifie les dépenses en fonction de leur objectif ou de leur fonction prévue, par exemple l'éducation, la santé, les services sociaux, sans préciser les directions administratives (souvent

---

Encadré 3.1 Principes d'un bon budget

Les responsables de la préparation du budget d'une collectivité locale doivent respecter les principes suivants :

Principe 1. Définir des objectifs de vaste portée pour guider le processus de décision.

Principe 2. Établir des démarches crédibles pour atteindre les objectifs qui ont été définis en formulant des politiques, des programmes et des stratégies appropriées.

Principe 3. Doter les collectivités locales d'un budget cadrant avec les objectifs et les démarches qui ont été retenues.

Principe 4. Donner à la collectivité locale le pouvoir de suivre et d'évaluer sa performance et de procéder à des ajustements en cas d'imprévu et d'évolution des circonstances.

Source : basé sur NACSLB 1998.

multiples) qui recevront les ressources ou la catégorie de dépenses au titre de laquelle les fonds inscrits au budget seront utilisés.

Budgets fixes ou budgets flexibles

Les *budgets fixes* sont les budgets qui établissent des crédits de montants fixes. Les montants de ces crédits ne peuvent pas être dépassés, quelle que soit la mesure dans laquelle la demande de services publics évolue. Les dons d'affectation spéciale émanant d'un échelon plus élevé des administrations publiques sont généralement accordés dans le cadre de budgets fixes, et ne peuvent être dépensés qu'aux fins visées (par exemple l'éducation, la santé ou les routes) ; les fonds non dépensés peuvent être reversés à l'administration qui a accordé le don. Les *budgets flexibles* permettent à la collectivité locale d'ajuster le montant des crédits budgétaires en cours d'exercice, en fonction des besoins des programmes, et lui permet par conséquent de s'adapter aux imprévus et aux événements inattendus.

Budgets par poste

Les budgets par poste présentent les dotations budgétaires de manière très détaillée, en indiquant les allocations correspondant à chaque poste de dépenses. Ces budgets sont axés sur les entrées et enregistrent des informations extrêmement détaillées ;

les documents budgétaires sont par conséquent volumineux. Bien que les budgets par poste aident les administrations publiques à exercer un contrôle financier sur chaque poste de dépenses, ils ne leur laissent aucune marge de manœuvre pour ajuster les dépenses en fonction de l'évolution des besoins et des circonstances et ne fournissent pas une vue « générale » de l'emploi des ressources. Le tableau 3.1 est une photo d'un extrait du budget de la ville de Bangalore (Inde).

Budgets de programme

Les budgets de programme établissent les dotations budgétaires pour l'ensemble du programme et c'est au responsable du budget qu'il incombe de répartir les allocations entre les différentes catégories de dépenses relevant du programme. Dans ce cas, la collectivité locale exerce un contrôle sur les dépenses du programme dans son ensemble et non pas sur les différents postes des dépenses. Les budgets de programme sont axés sur les produits. Bien que ce type de budget confère au responsable dudit budget la souplesse dont il a besoin pour gérer ses ressources de manière efficace, il exige des procédures de comptabilité et de contrôle efficaces, qui permettent d'éviter tout gaspillage ou toute utilisation inappropriée des ressources. C'est pourquoi les administrations commencent

Tableau 3.1 Budget par poste de dépenses de Bangalore (Inde)

Source : http://bbmp.gov.in.

généralement par mettre en place des processus efficaces de budgétisation par poste avant de passer à des budgets de programme.

Budgets de fonctionnement

Les budgets locaux comprennent généralement deux budgets, un *budget de fonctionnement* et un *budget d'investissement*. Le budget de fonctionnement (également appelé « budget ordinaire » ou « budget des opérations courantes ») est généralement plus important et plus détaillé que le budget d'investissement. Le budget de fonctionnement regroupe les recettes des opérations de l'exercice en cours (impôts et taxes recouvrés, loyers) et les dépenses qui sont nécessaires pour assurer le fonctionnement courant durant l'exercice (traitements et salaires, dépenses de fonctionnement des bureaux, dépenses d'entretien, etc.).

Budgets d'investissement

Le budget d'investissement comprend les recettes des opérations en capital (par exemple le produit de la vente ou de la location d'actifs, de terrains ou d'autres biens) et les dépenses au titre de biens et de services procurant des avantages au-delà de l'exercice. Il s'agit notamment des dotations au titre de la construction de bâtiments et de l'acquisition d'actifs, tels que des installations, des machines et équipements et des véhicules. Le budget d'investissement est également appelé « budget de développement » (dans certains pays d'Asie). Il n'existe pas dans de nombreux pays en développement parce que son établissement n'est pas imposé par la loi au niveau central.

Le tableau 3.2 récapitule les principaux attributs des dépenses de fonctionnement et des dépenses d'investissement. Il est important d'établir une distinction entre les dépenses de fonctionnement (également appelée « dépenses courantes ») et les dépenses d'investissement (également appelées « dépenses non récurrentes » ou « dépenses de développement »), et de séparer le budget de fonctionnement du budget d'investissement. Le tableau confirme qu'il est possible d'isoler les deux budgets et que cela est très utile pour l'analyse de la situation financière de la collectivité locale, que la réglementation nationale stipule ou non l'existence de deux budgets distincts.

Tableau 3.2   Attributs des dépenses de fonctionnement et des dépenses d'investissement

Dépenses de fonctionnement	Dépenses d'investissement
Montants dépensés pour acquérir des biens ou des services essentiels à la poursuite des activités courantes ; immédiatement passés en charge.	Montants dépensés pour acquérir ou améliorer un actif à long terme, par exemple du matériel ou des bâtiments.
Leurs effets sont temporaires — leurs avantages se matérialisent durant l'exercice auquel elles se rapportent.	Leurs effets sont de longue durée — leurs avantages se matérialisent pendant un certain nombre d'années après avoir été encourues.
Aucun actif n'est acquis, et la valeur d'aucun actif n'augmente.	Un actif est acquis, ou la valeur d'un actif existant est accrue.
Ces dépenses n'ont aucune contrepartie physique, parce qu'elles sont encourues au titre d'éléments utilisés par l'entité.	Sauf dans le cas de certains actifs intangibles, ces dépenses ont une contrepartie physique.
Elles sont récurrentes et régulières ; elles sont effectuées à maintes reprises.	Elles ne se reproduisent pas de manière répétée ; elles sont non récurrentes et irrégulières.
Elles contribuent à la poursuite des activités.	Elles améliorent les résultats des activités.
Elles sont normalement imputées aux revenus dans le compte de résultat de l'exercice durant lequel elles sont passées en charge.	Une partie des dépenses (amortissement des actifs) apparaît dans le compte de résultat en tant que dépenses, le solde apparaissant au bilan, du côté des actifs.
Elles n'apparaissent pas au bilan.	Elles apparaissent au bilan, jusqu'à ce que les avantages qu'elles procurent se soient totalement dissipés.
Elles viennent en réduction des revenus (bénéfices) de l'entité.	Elles ne réduisent pas les recettes ; l'acquisition d'un actif fixe n'a pas d'effet sur les recettes.

Préparation du budget

Cette section décrit les étapes du processus budgétaire, notamment le cycle budgétaire, le manuel du budget ou la circulaire budgétaire, le calendrier du budget, les pratiques de formulation du budget, les estimations budgétaires, l'approbation du budget et le budget supplémentaire ou budget rectificatif. Elle examine les processus budgétaires et la manière dont ils aident les collectivités locales à maintenir la discipline financière et à rendre compte de leurs activités.

Le cycle du budget

Le budget du secteur public suit un cycle qui couvre l'année fiscale, ce qui permet au système d'absorber de nouvelles informations, de réagir à ces informations et, par conséquent, de tenir les administrations publiques responsables de leurs actions. Le cycle budgétaire comprend quatre phases : 1) la préparation et la soumission, 2) l'approbation, 3) l'exécution, et 4) l'audit et l'évaluation. Les trois premières phases sont examinées en détail ici, mais celle de l'audit est analysée au chapitre 8.

Le graphique 3.2 décrit un cycle budgétaire, c'est-à-dire un processus continu composé de phases interconnectées qui ne se produisent pas nécessairement durant le même exercice budgétaire. Parce que les collectivités locales sont tenues d'approuver leur budget avant le début de l'exercice financier, la phase de préparation du cycle a lieu avant l'exercice budgétaire. De même, la phase d'audit et d'évaluation a lieu, pour l'essentiel, après la clôture de l'exercice financier. Le processus budgétaire a pour objectif général d'aider les responsables de l'action publique à prendre des décisions sur les services à fournir et sur les nouveaux investissements à réaliser. Il contribue également à promouvoir la participation des parties prenantes au processus de formulation du budget.

La formulation du budget. La formulation du budget se caractérise à la fois par ses aspects stratégiques et par ses aspects procéduraux. Les responsables de l'exécutif (généralement le bureau du maire, dans une ville) énoncent les objectifs détaillés des stratégies et des programmes qu'ils veulent mettre en œuvre dans leur zone de compétence. Ces objectifs sont généralement établis dans le cadre d'un processus de planification du développement suivi par les villes pour préparer des plans de développement à moyen et long termes. En Inde, par exemple, les plans quinquennaux préparés au niveau national et au niveau provincial présentent les grands programmes et priorités de développement. Les provinces et les villes préparent, sur la base de ces plans quinquennaux, des plans annuels qui, à leur tour, servent de base à des budgets annuels décrivant les priorités et les programmes pour un exercice donné.

Aux États-Unis, le National Advisory Council on State and Local Budgeting (NACSLB) recommande

Graphique 3.2   Le cycle du budget

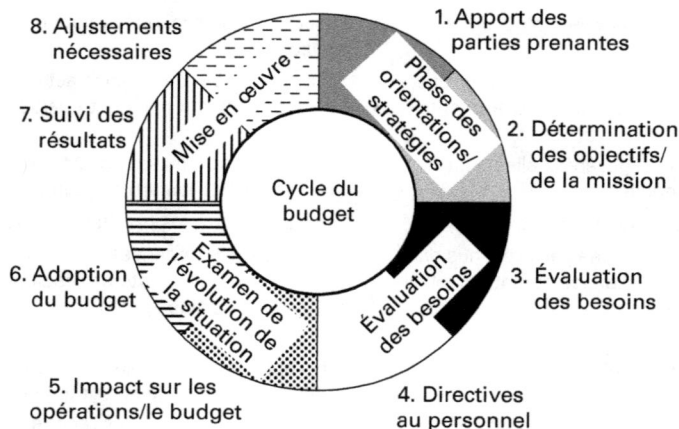

Source : NACSLB 2000.

de suivre la démarche décrite ci-après pour améliorer la qualité du processus budgétaire (Freeman et Shoulders 2000) :

- Le processus budgétaire doit comprendre des activités couvrant la formulation, l'exécution et l'évaluation d'un plan conçu pour assurer la prestation de services et l'offre de biens d'équipement.

- Un processus budgétaire satisfaisant s'inscrit dans une perspective à long terme, établit des liens avec des objectifs organisationnels de portée générale, oriente les décisions budgétaires sur les résultats et les réalisations, fait intervenir et encourage des communications efficaces avec les parties prenantes, et offre des incitations aux responsables et aux employés de l'État.

- Le processus budgétaire doit avoir un caractère stratégique, comprendre un plan de fonctionnement et financier pluriannuel affectant les ressources sur la base d'objectifs déterminés.

- Un processus budgétaire satisfaisant sort du cadre traditionnel du contrôle des dépenses par poste, et fournit des incitations ainsi qu'une certaine marge de manœuvre aux responsables pour leur permettre d'améliorer l'efficacité et l'efficience des programmes.

Circulaire budgétaire et calendrier du budget. Les procédures de formulation du budget concernent la transformation des stratégies et des plans en estimations budgétaires. Au premier trimestre de l'exercice, la direction des finances de la collectivité locale communique une *circulaire budgétaire* pour l'exercice suivant à tous les services, agences ou entités de l'administration. Cette circulaire comprend : a) le *calendrier de planification du budget* ; b) les *instructions* pour la préparation des plans budgétaires ; c) une indication des *fonds* qui seront probablement disponibles ; et d) les grandes *orientations prioritaires* données par les chefs de l'exécutif. Les municipalités importantes doivent créer des budgets complexes qui exigent la collecte de quantités considérables de données et d'informations auprès de chaque service ou direction. Pour gérer ce processus de longue haleine, il est nécessaire de planifier et d'établir un calendrier comportant des dates pour chaque service, indiquant les dates butoirs pour la soumission de leurs données financières à la direction de la comptabilité. Le tableau 3.3 donne un exemple d'un calendrier budgétaire devant être publié au milieu de l'année précédant l'exercice considéré.

Entités chargées de la préparation ou de l'approbation du budget

Les collectivités locales suivent généralement des directives précises concernant la préparation du budget, qui leur sont transmises par les autorités opérant à un échelon supérieur. De nombreux autres acteurs participent également au processus de préparation. Dans les municipalités des pays occidentaux, les principaux acteurs sont :

Le conseil municipal. Le conseil municipal est chargé de l'adoption des budgets de fonctionnement et d'investissement pour l'exercice à venir. Il promulgue souvent son approbation sous forme d'ordonnance ou de règlement municipal. Il a donc également pour mission d'approuver les modifications apportées au budget en cours d'exécution tout au long de l'exercice.

Le maire. Le maire est essentiellement chargé de présenter le budget municipal au conseil municipal. Il peut déléguer cette responsabilité à un sous-comité municipal, par exemple un comité du budget ou un comité permanent des finances.

Les directeurs de département. Le directeur de chaque direction, organisme ou de toute autre unité indépendante doit soumettre des plans de budget pour son entité au responsable des finances ou au comité du budget. Les plans doivent comprendre des estimations détaillées des besoins budgétaires de l'entité pour l'exercice suivant (certaines municipalités exigent la présentation d'estimations également pour les trois années suivantes) et des estimations de toutes les recettes que l'entité prévoit de collecter.

Le directeur financier. Le directeur financier dirige généralement les activités courantes de la préparation du budget et opère sous la direction du maire et du comité du budget. Il est chargé d'examiner le budget municipal et les plans financiers pluriannuels de la ville. Il est tenu de soumettre des rapports périodiques au conseil et au maire sur l'état d'avancement de l'exécution du budget et la situation économique et financière de la municipalité. Le rapport du directeur financier doit comprendre une analyse et une évaluation des différentes opérations de la municipalité, de sa politique budgétaire, de ses opérations financières et doit présenter des recommandations.

Tableau 3.3   Calendrier budgétaire pour l'exercice couvrant la période janvier-décembre 2010

4 juin 2009	Ouverture du processus d'établissement du budget au niveau des divisions : apport des informations budgétaires.
7 juillet 2009	Soumission des estimations de budget du personnel pour 2010 aux directions, pour examen.
Juillet 2009	Lancement de l'enquête auprès des citoyens en vue de la détermination des priorités budgétaires.
14 juillet 2009	Clôture des plans budgétaires au niveau des divisions ; lancement du processus d'établissement du budget au niveau des directions.
20 juillet 2009	Retour du budget du personnel pour 2010 à la direction des finances.
28 juillet 2009	Réunion du conseil municipal sur le budget.
3 août 2009	Mise au point des droits, redevances et commissions services.
10 août 2009	Clôture des demandes budgétaires des directions et des estimations de revenus pour tous les fonds.
20 août 2009	Date de soumission, pour examen, au directeur financier du compte de résultat.
8-10 septembre 2009	Examen interne du budget avec le directeur financier, les directeurs des directions et le comité des finances.
21-25 septembre 2009	Dernier examen interne avec le directeur financier, les directeurs des directions et le comité des finances.
29 septembre 2009	Réunion spéciale avec le conseil en vue de la présentation du budget provisoire pour 2010.
7 octobre 2009	Présentation au conseil municipal des ajustements proposés pour les droits et redevances des services de réseaux.
20 octobre 2009	Publication par le greffier d'un avis d'audience publique sur les sources de revenus.
1er novembre 2009	Enregistrement du budget préliminaire par le greffier et communication de ce budget au public. Publication par le greffier d'un avis d'enregistrement du budget préliminaire et d'un avis d'audience publique sur le budget.
2 novembre 2009	Rapport d'étape au conseil et estimations des modifications devant être apportées au budget préliminaire pour le budget de 2010 ; audience publique sur les sources de revenus de la ville et les impôts fonciers.
14 novembre 2009	Poursuite des audiences publiques sur les sources de revenus et audience publique sur le projet de budget et le prélèvement des impôts fonciers.
8 décembre 2009	Deuxième audience publique sur le budget et adoption du budget par le conseil.
1er janvier 2010	Mise en œuvre du nouveau budget.

Source : établi par l'auteur à partir du calendrier budgétaire de l'administration municipale d'une ville des États-Unis.

Approbation du budget par le corps législatif

Les budgets des collectivités locales sont préparés par le maire (ou par le représentant désigné ou délégué par ce dernier), puis sont présentés au conseil. Après avoir reçu l'avant-projet de budget, ce dernier le soumet généralement, pour examen, à un de ses comités qui lui présente son avis sur les propositions budgétaires. Dans certains pays, les projets sont préparés par des comités du conseil municipal avec l'aide des représentants du corps exécutif de la ville (par exemple le comité permanent des finances, qui est généralement l'une des entités constitutives des collectivités locales en Asie du Sud). Dans le cadre de cet examen, le conseil municipal peut tenir des audiences pour obtenir les avis et les opinions des principales parties prenantes. À l'issue de son examen, le conseil municipal adopte le budget en passant une loi portant affectation des crédits à l'échelon local ou une résolution du conseil.

Le budget est donc devenu un règlement local qui ne peut être modifié par aucune entité de rang inférieur au conseil. Si nécessaire, le conseil peut adopter un budget modifié, appelé budget « supplémentaire » ou budget « rectificatif ». Dans certains pays, les règlements exigent la publication d'un budget rectificatif si les recettes ou les dépenses s'écartent fortement des plans (par exemple de plus de 20 %). Les collectivités locales de nombreux pays en développement révisent leur budget juste avant la clôture de l'exercice, ce qui a pour effet de compromettre la discipline budgétaire et les fonctions de contrôle du processus budgétaire.

Exécution du budget

Le *processus d'exécution du budget* comprend les différentes opérations donnant lieu à la transformation du document budgétaire en décisions et en opérations financées par les ressources budgétaires. L'exécution du budget commence par le processus d'*allocation des fonds*, qui a pour objet d'assurer que les directions et autres services reçoivent les fonds affectés de manière systématique pour que les activités planifiées puissent être exécutées de manière ordonnée sans causer de problèmes de trésorerie à la municipalité. Le processus d'allocation permet aux administrateurs des services municipaux de planifier et d'exécuter les dépenses et les projets en fonction des ressources disponibles. Une fois que les fonds sont alloués, les directions procèdent au *déblocage des crédits* en faveur de leurs services d'exploitation sur une base mensuelle ou trimestrielle, de manière à contrôler les dépenses durant l'exercice.

De multiples sous-systèmes de la municipalité opèrent en collaboration durant l'exécution du budget. Le produit des taxes et des impôts locaux et d'autres revenus est collecté. Les liquidités sont gérées de manière à ce que les fonds qui ne sont pas nécessaires de manière temporaire soient investis. Les fournitures, matériaux et équipements donnent lieu à la passation de marché et sont payés. Les dépenses encourues sont enregistrées dans les comptes et les écritures sont consolidées dans les rapports financiers.

Audit

L'audit constitue la phase ultime du cycle du budget. Un audit est un « examen des comptes et écritures, installations, systèmes et autres éléments probants effectués dans le but de trouver ou de vérifier les informations requises » (Mikesell 2011). L'audit a pour objet de détecter des divergences par rapport aux règles et pratiques agréées et de faire ressortir toute opération ou décision illicite ou irrégulière. Les audits visent à tenir les responsables comptables de leurs actions et à empêcher toute répétition d'actions inappropriées à l'avenir. L'objectif du processus d'audit peut différer selon l'objet de l'audit.

Budgétisation à caractère participatif — pour assurer la participation des parties prenantes à la formulation du budget

La budgétisation à caractère participatif est un processus démocratique dans le cadre duquel les citoyens ou les membres de la collectivité participent directement à la prise de décision sur la manière de dépenser tout ou partie d'un budget local (www.participatorybudgeting.org). La participation des citoyens revêt des formes diverses et n'a pas toujours la même ampleur ou la même portée. De nombreuses collectivités locales ouvrent le processus de décision pour l'intégralité du budget municipal, et font participer les assemblées citoyennes à la fixation des priorités générales et au choix des nouveaux investissements. Les États, les villes, les comtés, les écoles, les universités, les autorités chargées du logement et les coalitions de groupes communautaires utilisent le processus de budgétisation à caractère participatif pour assurer un processus démocratique de prise de décision de dépenses. Dans certains cas, les collectivités locales mettent en réserve une petite partie du budget qu'elles confient aux membres de la collectivité, qui peuvent décider de projets prioritaires pour leur quartier. Les formes habituellement revêtues par la participation des citoyens à la préparation du budget sont examinées ci-après, ainsi que certaines des difficultés qu'elle pose en pratique. L'encadré 3.2 décrit brièvement un exemple de planification participative observé à Kerala (Inde).

Préparation du budget à caractère participatif : mode de fonctionnement

Dans le contexte d'un mécanisme de préparation du budget à caractère participatif, les membres de la collectivité prennent des décisions budgétaires dans le cadre d'une série annuelle d'assemblées et de réunions locales. Bien qu'il existe de nombreux modèles de préparation du budget à caractère participatif, la plupart d'entre eux suivent les mêmes étapes fondamentales : diagnostic, discussion, prise de décision, exécution et suivi :

- Les résidents déterminent les besoins les plus importants à l'échelle locale, proposent des idées pour répondre à ces besoins et choisissent des représentants budgétaires pour chaque collectivité.

Encadré 3.2 Planification participative à Kerala (Inde)

En 1996, l'État indien de Kerala a lancé une expérience remarquable de planification et de budgétisation locale appelée « People's Plan Campaign for the Ninth Plan » (PPC). La PPC avait pour objectif de déléguer 35 % du budget de développement de l'administration centrale aux collectivités locales, pour laisser les populations locales déterminer leurs propres priorités et exécuter les projets correspondants. La PPC a été conçue à partir d'une série d'expériences de planification menée à l'échelon local par les partis centre-gauches de l'État, sous la direction du parti communiste (marxiste) qui a testé différentes formes de mobilisation communautaire. La PPC a été organisée dans le cadre d'une série d'assemblées, de groupes de travail, de réunions de conseils locaux, de comités d'exécution et de suivi, etc. Les réunions ont été tenues à l'échelon inférieur de la structure des collectivités locales, appelé *grama sabha*, dans les localités rurales, et dans les comités de quartier dans les zones urbaines.

Ces réunions, souvent animées par des représentants d'une ONG populaire, ont donné lieu à l'examen et à l'établissement de l'ordre de priorité des différents besoins de développement de la collectivité et à leur soumission au conseil de la collectivité locale, qui les a regroupés dans un « Rapport de développement ». Le conseil de la collectivité locale s'est alors basé sur les priorités de développement ainsi définies pour préparer le plan et budget annuels et les soumettre aux citoyens. Les plans ont ensuite été soumis au comité de planification du district, qui les a examinés pour éliminer les incohérences, combler les lacunes et, ainsi, assurer que les plans locaux couvrent l'ensemble des besoins.

La PPC a radicalement amélioré la prestation des services publics, réduit les inégalités entre les castes et les groupes ethniques, facilité l'entrée des femmes dans la vie publique et renforcé les pratiques démocratiques. Elle a offert un modèle tellement différent pour faire participer les citoyens au développement communautaire et au processus de décision locale que même le changement de gouvernement survenu en 2001 n'a pas pu permettre de revenir sur le modèle.

Source : Franke 2007.

- Les représentants examinent les priorités locales et, en concertation avec des spécialistes, formulent des projets concrets pour atteindre leurs objectifs.
- Les résidents votent pour déterminer les projets qui seront financés.
- La collectivité locale inclut ces projets dans le budget et alloue les fonds nécessaires pour exécuter les projets sélectionnés.
- Les résidents assurent le suivi de l'exécution des projets inscrits au budget.

Où ce type de budgétisation donne-t-il de bons résultats ?

La ville brésilienne de Porto Alegre a lancé le premier processus d'établissement du budget municipal pleinement participatif en 1989. Jusqu'à 50 000 personnes participent chaque année à l'*orcamento participativo* (expression portugaise signifiant « budget participatif ») inauguré à Porto Alegre, pour prendre des décisions concernant jusqu'à 20 % du budget municipal. Depuis 1989, le système de la préparation d'un budget participatif a été adopté par plus de 1 200 villes d'Amérique latine, d'Amérique du Nord, d'Asie, d'Afrique et d'Europe (pour de plus amples détails, consultez le site http://internationalbudget. org). L'encadré 3.3 contient de plus amples informations sur l'expérience de Porto Alegre.

Au Pakistan, la loi de finances dispose que les collectivités locales doivent réserver 25 % de leur budget de développement local pour le confier à des « comités communautaires citoyens » (CCC). Les collectivités locales présentent des demandes d'utilisation du budget CCC pour réaliser de petits projets d'amélioration des routes, des systèmes de drainage, d'approvisionnement en eau et d'assainissement, et elles s'engagent à effectuer une contribution monétaire représentant une fraction du coût du projet (par exemple 15 à 30 %). Au Népal, de nombreux projets

Encadré 3.3 Établissement participatif du budget à Porto Alegre

Les processus de planification et de gestion à caractère participatif au niveau de la gouvernance locale sont une condition nécessaire au succès des stratégies d'inclusion sociale qui font une place essentielle à la réduction de la pauvreté. Dans cette perspective, l'expérience d'établissement participatif du budget (OP) menée au Brésil est à la fois intéressante et instructive. L'OP s'est révélé être un instrument plus polyvalent et souple que l'on ne l'imaginait au départ. Il offre aux groupes défavorisés et marginalisés une occasion unique de participer aux affaires publiques locales sans aller à l'encontre des pouvoirs statutaires des élus ou du pouvoir exécutif des autorités municipales. Les représentants publics et les chefs de file des collectivités locales s'accordent à reconnaître que l'OP contribue à faire mieux comprendre le rôle et les fonctions des collectivités locales, ce qui est une condition nécessaire à la poursuite d'un dialogue constructif, à la coopération et aux partenariats. Les résultats du processus de l'OP suscitent néanmoins quelques préoccupations, qui tiennent notamment à la possibilité que des fonds soient affectés à des projets sociaux au détriment d'autres projets ;

que les investissements nécessaires au développement économique local ne soient pas jugés aussi prioritaires qu'ils le devraient dans un pays en développement et que l'attention portée aux besoins pressants fasse parfois oublier l'importance de considérer les problèmes dans une perspective à plus long terme.

Il importe en outre de considérer le coût des importantes ressources humaines et financières qui doivent être consacrées à la poursuite d'activités efficaces de communication, d'organisation et d'exécution.

Il ne fait toutefois aucun doute que l'OP a contribué à modifier les relations entre les citoyens et leur municipalité, chacune des parties ayant appris à mieux comprendre les besoins, les contraintes et les rôles et responsabilités de l'autre partie. La possibilité de participer au processus de décision concernant l'allocation des fonds publics au titre des projets a favorisé une transformation de la culture politique locale, jusqu'alors caractérisée par des tactiques conflictuelles et des négociations politiques corrompues, au profit de débats constructifs et d'un engagement citoyen dans la gouvernance locale.

Source : Serageldin et al. 2005.

---

d'approvisionnement en eau sont proposés, financés et exécutés par des collectivités locales de consommateurs d'eau, le coût total du projet étant financé pour 50 % par des subventions de l'État, pour 20 % par une contribution monétaire des utilisateurs et pour environ 30 % par des emprunts.

Quels sont les avantages d'une telle démarche ?

Les élus, les organisations communautaires, les universitaires et les institutions internationales comme les Nations Unies et la Banque mondiale ont déclaré que l'établissement participatif du budget était un modèle d'exercice des principes démocratiques. Pourquoi ? Leur assertion repose sur les éléments suivants :

- *Il donne voix au chapitre aux membres des collectivités locales.* Les citoyens ont davantage voix au chapitre, et peuvent prendre de réelles décisions.

- *Il aboutit à des décisions de meilleure qualité et plus équitables.* Les résidents sont les mieux placés pour savoir ce dont ils ont besoin, et des ressources budgétaires sont réaffectées aux collectivités locales qui en ont le plus besoin.

- *Il forme des citoyens engagés et démocrates.* Les membres de la collectivité, le personnel et les responsables des administrations apprennent la démocratie en la pratiquant. Ils comprennent mieux les questions politiques complexes et les besoins des collectivités locales.

- *Il forge des collectivités locales et renforce les organisations communautaires.* Les membres de la collectivité apprennent à connaître leurs voisins et se sentent plus profondément attachés à leur ville. Les organisations locales peuvent réduire le temps qu'elles consacrent à exposer les questions qu'elles souhaitent défendre et plus de temps à formuler elles-mêmes des stratégies. Les assemblées budgétaires permettent aux groupes d'établir des contacts et d'attirer de nouveaux membres.

- *Il établit un lien entre les responsables politiques et leurs administrés.* Les responsables politiques forgent des liens plus étroits avec leurs administrés. Les membres de la collectivité apprennent à connaître leurs élus et les membres des collectivités locales.

- *Il oblige les administrations à rendre davantage compte de leurs actions et à accroître leur efficacité.* Les responsables locaux sont davantage responsabilisés lorsque les membres des collectivités décident des dépenses durant des assemblées publiques. Il existe moins de possibilités de corruption, de gaspillage ou de coûteuses réactions négatives du public.

Techniques de préparation du budget

Les techniques et les pratiques de préparation du budget consistent à appliquer les concepts et les principes de l'établissement du budget général à la formulation d'un budget municipal type. Cette section recense et examine les principales composantes d'un budget municipal du côté des recettes et du côté des dépenses.

Cette section regroupe les différents concepts par le biais d'un exercice pratique d'établissement d'un budget. Elle considère ensuite les concepts et techniques applicables à la préparation d'un budget d'investissement, notamment aux différentes techniques d'évaluation des projets d'investissement et à leur pertinence dans le contexte municipal. Le graphique 3.3 est une représentation visuelle d'un budget type ; il revêt la forme présentée dans ce manuel. Contrairement aux volumineux budgets par poste, ce type de budget récapitulatif ou d'aperçu budgétaire sert de base à la prise de décisions par les responsables, à l'établissement de rapports financiers et aux communications avec les parties prenantes, en particulier les citoyens.

Les recettes du budget municipal

La préparation du budget est un processus itératif dans le cadre duquel les avant-projets de budget et les estimations des coûts et des recettes sont transmis entre les entités de rang inférieur et les entités de rang supérieur, par exemple les directions et leurs unités, ou entre les directions et le conseil municipal ou son comité budgétaire. Les échanges horizontaux et la coordination entre les services, par exemple les services et les directions fonctionnelles, et la direction des finances sont également importants. Le volet « recettes du budget » est néanmoins le point de départ logique pour trois raisons (Lee et Johnson 1998) :

- *Entités préparant le budget.* La détermination des ressources qui pourraient être disponibles pour financer les crédits budgétaires aide les responsables de la préparation du budget à définir l'enveloppe maximale des dépenses sur la base desquelles les entités peuvent établir leurs plans.

Graphique 3.3   Structure type d'un budget

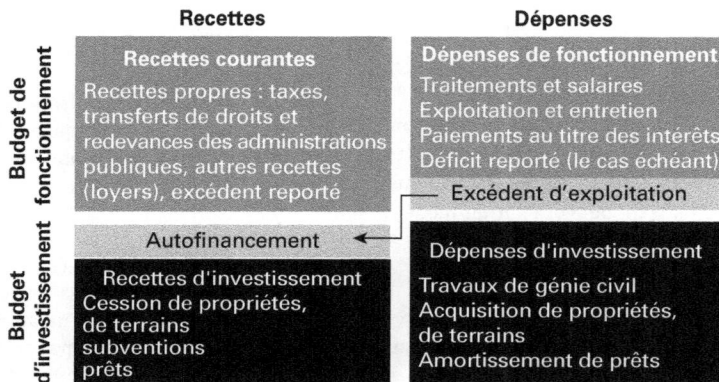

	Recettes	**Dépenses**
Budget de fonctionnement	**Recettes courantes** — Recettes propres : taxes, transferts de droits et redevances des administrations publiques, autres recettes (loyers), excédent reporté	**Dépenses de fonctionnement** — Traitements et salaires, Exploitation et entretien, Paiements au titre des intérêts, Déficit reporté (le cas échéant)
	Autofinancement	— Excédent d'exploitation
Budget d'investissement	**Recettes d'investissement** — Cession de propriétés, de terrains, subventions, prêts	**Dépenses d'investissement** — Travaux de génie civil, Acquisition de propriétés, de terrains, Amortissement de prêts

- *Citoyens.* Les citoyens se préoccupent généralement des impôts et craignent, lors de la préparation du budget, un alourdissement de ces derniers.

- *Responsables politiques.* Les dirigeants politiques sont toujours conscients du fait que les initiatives prises dans le cadre de programmes entraînant des dépenses plus élevées et, par conséquent, un alourdissement des impôts, peuvent avoir des répercussions négatives sur le plan politique.

Les recettes d'un budget municipal ont généralement quatre composantes : 1) les ressources propres, 2) les transferts fiscaux d'échelons supérieurs des administrations publiques, 3) les impôts dont le produit est partagé, et 4) la dette ou les emprunts.

Les « recettes propres » recouvrent les différentes recettes d'origine fiscale et non fiscale que les municipalités peuvent recouvrer. Elles peuvent comprendre les impôts fonciers, les impôts sur le revenu, les impôts sur les ventes de détail et autres taxes, selon la manière dont les recettes nationales sont assignées (voir le chapitre 1). Les recettes d'origine non fiscale comprennent les redevances et les droits, comme les droits qu'un vendeur de légumes doit acquitter pour pouvoir utiliser un espace du marché municipal, mais également les produits de la vente ou de la location d'actifs. Les transferts fiscaux recouvrent les différents dons effectués par les échelons supérieurs des administrations publiques aux municipalités, à titre inconditionnel ou conditionnel. Les impôts dont le produit est partagé comprennent ceux qui sont recouvrés à des échelons supérieurs des administrations publiques, mais dont une partie, déterminée au moyen d'une formule, est versée aux collectivités locales. Les emprunts correspondent aux prêts et à d'autres formes de créances assumées par les municipalités pour financer leurs dépenses (ce point est repris plus en détail au chapitre 5 et au chapitre 7).

Au début du processus de préparation du budget, le bureau du budget (ou la direction des finances ou des recettes) examine l'évolution des recettes au cours des années antérieures pour estimer les ressources qui peuvent être levées. Il s'efforce aussi d'estimer la possibilité d'accroître le taux des impôts ou d'autres prélèvements ou d'élargir la base d'imposition existante. Le bureau du budget étudie également la possibilité d'établir de nouvelles sources de revenus. Ces efforts, qui ont un caractère essentiellement technique, ont pour objet de formuler des options pouvant être soumises à l'administration municipale. Cette dernière prend les décisions ultimes en matière de revenus, compte tenu de leur faisabilité technique, économique, administrative et politique.

Les dépenses du budget municipal

Le bureau du budget informe dans le même temps les directions (ou les directeurs des projets et des programmes) de l'ampleur de l'appui budgétaire sur lequel ils pourront compter, et il les invite à soumettre leurs propositions de dépenses. Les différents postes de dépenses de fonctionnement, notamment les dépenses au titre des salaires et les frais de bureau, sont estimés sur la base des dépenses des périodes antérieures et de la période en cours. Le bureau du budget prend également en compte les variations escomptées des indicateurs économiques généraux, notamment le taux d'inflation, pour préparer ses estimations. Les plans et les informations établis et échangés à ce stade aident les services ainsi que le bureau du budget à établir l'ordre de priorité de leurs programmes, de leurs projets et de leurs dépenses. En règle générale, le bureau du budget fournit à l'avance certaines directives (par le biais de la circulaire budgétaire) concernant les différentes hypothèses, tendances et priorités, ce qui aide les directions et autres services à préparer leurs propositions de dépenses. Le bureau du budget examine ces propositions et les établit sous leur forme définitive, souvent dans le cadre de négociations avec les directions respectives. Ces examens aident également le bureau du budget à planifier la gestion des dépenses (voir également le chapitre 5).

Comme indiqué dans le contexte du processus de préparation du budget, il est essentiel de collecter des données sur les recettes et les dépenses effectives pour un ou deux exercices antérieurs, et de présenter des estimations des recettes et des dépenses pour l'exercice à venir, qui prennent en compte l'évolution de la situation et les mesures prises par l'exécutif. Le budget doit indiquer le volume des ressources qui seront disponibles, l'origine de ces ressources, et la manière dont elles seront utilisées.

Établissement du budget d'investissement des administrations municipales

L'établissement du budget d'investissement est un outil de planification des dépenses qui donne souvent lieu à la formulation d'un plan d'amélioration des immobilisations et à la préparation d'un budget

Tableau 3.4 **Déroulement logique du processus d'établissement du budget d'investissement**

Phases	Étapes	Résultats
Planification	Mise à jour des inventaires et évaluation de l'état des actifs.	Inventaire des équipements, analyse de leur état et estimation des dépenses d'entretien.
	Recensement des projets.	Liste de projets associés d'estimation approximative de leur coût (plan d'amélioration des équipements).
	Évaluation des projets	Établissement des coûts détaillés de construction et des coûts d'exploitation ultérieurs, estimation des revenus éventuels, comparaison avec les plans stratégiques et analyse des coûts-avantages pour établir l'ordre des priorités.
	Classement des projets	Classement des projets au moyen des techniques d'établissement de budgets d'investissement.
Budgétisation	Financement	Modalités de financement des projets devant être inclus dans le budget.
	Budget	Inclusion des dépenses dans les propositions de budget des directions pertinentes, prise en compte dans l'enveloppe budgétaire de l'administration publique, inclusion des coûts d'exploitation du projet dans les prévisions budgétaires à long terme pour la période commençant à la date d'achèvement et à la mise en exploitation du projet.
Exécution	Passation des marchés	Processus de sélection des entrepreneurs pour les projets.
	Suivi	Examen de l'état d'avancement physique et financier des projets ; coordination des dépenses avec les flux de recettes.
Audit	Audit externe	Examen a posteriori des écritures et des comptes financiers lors de l'achèvement du projet.

d'investissement annuel. Le plan d'amélioration des immobilisations est important parce que la passation de marchés et de contrats, la conception, l'expansion ou la remise en état des immobilisations physiques exigent d'importantes dépenses dont le montant est souvent supérieur à l'enveloppe budgétaire annuelle. Il est donc nécessaire d'établir des plans à long terme distincts pour s'assurer que les projets sont évalués de manière systématique, aussi bien sous l'angle technique que financier, de manière à aider l'administration municipale à sélectionner une liste de projets faisables et réalisables au regard des capacités opérationnelles et financières de la municipalité. Le tableau 3.4 récapitule le déroulement logique du processus de planification et d'établissement du budget d'investissement. La formulation du plan d'amélioration des immobilisations et l'établissement du budget d'investissement ont un champ d'application et un calendrier différents, mais ils suivent tous deux, pour l'essentiel, la même logique, les mêmes processus et les mêmes techniques.

Le budget d'investissement peut constituer une section du budget global (comme dans le graphique 3.3) ou faire l'objet d'un document distinct. Il doit comprendre des estimations du coût de tous les projets d'infrastructure proposés, qui recouvrent à la fois les coûts d'investissement et les répercussions des investissements en question sur le budget de fonctionnement (Mikesell 2011). La préparation du budget d'investissement exige le classement par ordre de priorité des propositions de projets grâce à l'emploi de techniques comme la période d'amortissement, la méthode de la valeur actuelle nette, le taux de rendement interne, où l'indice de rentabilité. Ces techniques sont examinées en détail aux chapitres 4, 5, et 6.

Questions, pratiques et défis associés à l'établissement de budgets municipaux

Bien que les principes de l'établissement du budget soient, dans l'ensemble, uniformes, la situation varie sur le terrain. Les règles et pratiques de la formulation du budget ne sont pas les mêmes d'un pays à un autre et les principes de base, les questions et les défis qui se posent peuvent être différents au sein même d'un pays. Nous faisons abstraction, dans le cadre de cette étude, des divergences entre les règles et les procédures pour nous concentrer sur quelques problèmes couramment rencontrés qui ont un impact sur les pratiques d'établissement du budget des collectivités locales dans le monde entier. Cette section examine les difficultés auxquelles sont confrontés les responsables des finances municipales, en particulier dans les pays en développement, pour établir des budgets réalistes.

Exhaustivité

L'un des principes fondamentaux sur lequel repose l'établissement du budget municipal est que ce dernier doit être exhaustif et couvrir tous les domaines (c'est-à-dire chaque service ou fonction) et aspect (recettes, dépenses, impacts à court et long termes) des activités de la municipalité. Toutefois, dans la plupart des pays en développement, les budgets municipaux ne couvrent que les recettes et les dépenses des fonctions administratives de base, et ils font abstraction des activités auxiliaires de la municipalité. Par exemple, le budget municipal n'inclut souvent pas les recettes et les dépenses escomptées des entreprises municipales, telles qu'une compagnie des eaux organisée et gérée en tant que société indépendante.

L'exhaustivité du budget peut également être compromise par le degré de décentralisation et de transfert des pouvoirs et des fonctions aux collectivités locales (voir le chapitre 1). Même lorsque les activités sont décentralisées, et que les collectivités locales sont censées prendre la direction des activités de développement local, les allocations budgétaires des ministères centraux sont souvent destinées aux ministères d'exécution et ne transitent pas par les budgets et les plans des collectivités locales. Cela crée souvent un problème de fragmentation au niveau de la planification et de l'exécution, et suscite fréquemment des tensions entre les collectivités locales et les ministères d'exécution.

Réalisme

Les budgets sont utiles dans la mesure où ils sont réalistes. Les quatre principales défaillances qui peuvent être observées à cet égard sont les distorsions à des fins politiques, le manque d'informations, la budgétisation par reconduction et le gonflement des budgets.

Budget établis à des fins politiques. Souvent, dans les pays en développement, la présentation du budget est l'occasion pour le maire ou pour le conseil municipal de faire preuve de démagogie politique. Le document du budget municipal est de ce fait essentiellement une liste de vœux pieux énumérant des programmes et des projets qui n'ont aucun lien avec la réalité financière. Cela se produit lorsque l'administration municipale n'est pas tenue de rendre compte de ses actions aux citoyens et aux parties prenantes et lorsque les échelons supérieurs de l'administration n'exercent pas réellement de contrôle budgétaire. En d'autres termes, lorsqu'il existe un cadre de responsabilisation bien établi et lorsque l'administration nationale impose des contraintes budgétaires rigoureuses, les administrations municipales hésitent à annoncer des plans et des projets grandioses sans avoir vérifié qu'elles ont les ressources financières nécessaires pour les exécuter.

Manque d'informations à jour. L'établissement des budgets locaux se heurte également à des difficultés lorsque les collectivités locales ne sont pas informées à l'avance du montant des transferts fiscaux qu'elles recevront de l'administration nationale. C'est le cas lorsque les relations budgétaires intergouvernementales sont lâches ou lorsque l'administration centrale ne s'estime pas obligée d'annoncer à l'avance les montants des transferts et des droits qu'elle doit verser. Cela compromet la capacité des collectivités locales à établir des prévisions de leurs revenus et les oblige à procéder à des estimations basées sur des faits non étayés dans leurs documents budgétaires.

Budgétisation par reconduction. Les collectivités locales n'emploient pas toujours des techniques et des instruments adéquats pour préparer leurs estimations budgétaires. Les directions ou les ministères d'exécution et les responsables du budget procèdent souvent à l'établissement des projections des recettes et des dépenses en se contentant d'accroître les résultats obtenus durant l'exercice en cours et en majorant chaque poste, par exemple, de 5 % à 10 %. Ce n'est pas un mauvais point de départ, car cette méthode permet au moins de prendre en compte l'inflation, mais l'un de ses grands inconvénients est que l'inflation peut avoir des impacts différents sur les recettes et les dépenses et sur les différents postes y afférents. Pour être réalistes, les estimations doivent être fondées sur une bonne compréhension de l'évolution future de la situation et des incertitudes naturelles. Par exemple, il pourrait être réaliste de prévoir une augmentation de 20 % des recettes fiscales si le conseil municipal a approuvé une augmentation du taux d'imposition ou si l'assiette fiscale s'élargit sous l'effet de la croissance dynamique du logement.

Carences de l'exécution du budget

Les carences les plus communes observées dans le cadre de l'exécution du budget tiennent aux disparités entre le contenu du document du budget et les décisions relatives aux dépenses quotidiennes. Ces disparités se manifestent par : a) des dépenses excédentaires d'un montant considérable pour certains postes en l'absence de toute discussion ou d'approbation à un niveau supérieur ; b) des retards dans l'exécution du budget dus au retard avec lequel l'administration centrale effectue ses transferts ; c) le manque de séparation entre les postes de recettes et les postes de dépenses ; d) la publication d'un budget rectificatif à la fin de l'exercice comprenant des changements considérables par rapport au budget initial ; et e) l'existence d'un déficit considérable à la clôture de l'exercice, alors que le budget était censé être en équilibre ou excédentaire. Ces résultats tiennent tous à l'insuffisance des contrôles et de la discipline budgétaire dans la municipalité.

Dans les pays en développement, l'administration centrale approuve souvent les subventions de développement à un stade très précoce de l'exercice, et non l'année précédente. Les projets de développement commencent généralement au milieu ou au troisième trimestre de l'exercice. Les fonds de développement ne sont, par conséquent, pas dépensés à la fin de l'exercice ce qui cause un excédent important, mais artificiel, du budget de clôture. Ce résultat prête particulièrement à confusion lorsqu'il n'existe pas de distinction nette entre les dépenses de fonctionnement et les dépenses de développement. Très souvent, les carences des systèmes de passation des marchés et de gestion de trésorerie débouchent sur des dépassements de dépenses ou des retards dans l'exécution du budget et, en fin de compte, empêchent les collectivités locales d'exécuter leur budget de manière efficace et en temps opportun. Les conseils sont fréquemment obligés de modifier leur budget et d'approuver un budget supplémentaire durant l'exercice, ce qui compromet le processus budgétaire ainsi que les fonctions de planification et de contrôle.

Suivi du budget

La bonne exécution du budget dépend dans une large mesure de la poursuite d'un suivi attentif de ce dernier par les hauts responsables de l'exécutif (notamment le maire ou l'administrateur municipal) et par le conseil municipal. Toutefois, en particulier dans les grandes villes, les budgets font intervenir des ressources financières à hauteur de centaines de millions ainsi que des plans et des projets dans toute une gamme de secteurs. Les systèmes d'information de gestion, qui sont examinés dans cette section, sont des instruments utiles pour suivre l'exécution du budget, détecter rapidement les carences et prendre des mesures pour y remédier.

Systèmes d'information de gestion

Les systèmes d'information de gestion (SIG) font intervenir trois ressources essentielles : les ressources humaines, les technologies et les informations. Ils diffèrent des autres systèmes, notamment des systèmes de comptabilité ou de passation des marchés, parce qu'ils servent à analyser les activités dans l'optique de la prise de décision par les administrateurs. Les SIG aident les autorités municipales à tirer le maximum de leurs investissements dans les ressources humaines, les équipements et matériels et les processus opérationnels. Toutes les collectivités locales utilisent des systèmes d'information aux différents niveaux de fonctionnement pour collecter, traiter et stocker les données ; un SIG permet de procéder à ces opérations en temps voulu, de manière systématique et exhaustive. Les données du SIG sont regroupées et diffusées sous la forme requise par les administrateurs municipaux pour s'acquitter de leurs fonctions.

L'acronyme « SIG » peut évoquer l'image d'ordinateurs perfectionnés et d'analystes hautement qualifiés traitant de vastes quantités de données et produisant des feuilles de calcul et des graphiques compliqués. Bien que les systèmes d'information de gestion puissent être effectivement très complexes, ils peuvent aussi être très simples et appuyer un processus de prise de décision efficiente et efficace. Par exemple, les autorités municipales peuvent utiliser un SIG pour suivre le profil de leurs recettes et de leurs dépenses. L'analyse des recettes collectées peut montrer que les montants recouvrés au titre de l'impôt foncier sont plus élevés dans certains quartiers de la ville que dans d'autres. Les responsables municipaux peuvent alors décider de mener une enquête pour déterminer les raisons de ces disparités et redistribuer leurs ressources pour aider les quartiers affichant des résultats peu satisfaisants. Il existe des techniques simples, faciles à appliquer, qui fournissent des informations utiles sur l'efficacité de l'exécution du budget. (Le chapitre 8 présente une analyse détaillée de l'évaluation de la performance.)

Écarts entre les plans et les résultats budgétaires

L'analyse des écarts entre les plans et les résultats budgétaires est un outil simple, utilisé de longue date, pour assurer le suivi du budget. Il n'est souvent pas possible d'établir un budget parfait parce que certains événements sont imprévisibles. Toutefois, un budget bien conçu et réaliste, basé sur la situation financière réelle, actuelle et passée, peut être le meilleur guide pour une gestion financière efficace. Par exemple, des incertitudes ou une évolution inattendue de la situation financière, comme une augmentation du chômage due à un ralentissement de l'activité économique, ou des dégâts importants causés à une usine de traitement de l'eau par suite de graves intempéries, peuvent provoquer des diminutions des recettes et une augmentation parallèle des dépenses. Cela créera des disparités entre les montants inscrits au budget et les montants effectifs, auxquelles il importera de prêter une attention particulière lors de la révision du budget et de sa mise au point. Les écarts qui ne sont pas imputables à des événements imprévus doivent toutefois être réduits dans toute la mesure du possible.

Deux catégories d'écarts existent, l'une favorable, l'autre défavorable :

- Des écarts favorables se produisent lorsque les résultats obtenus sont supérieurs aux montants inscrits au budget ou prévus (F). Les coûts sont moins élevés ou les recettes sont plus élevées que prévu.

- Des écarts défavorables se produisent lorsque les résultats obtenus ne sont pas aussi satisfaisants que les résultats inscrits au budget ou prévus (D). Les coûts sont plus élevés ou les recettes sont moins élevées que prévu.

L'analyse des écarts est un outil qui permet d'évaluer les écarts entre les recettes et les dépenses. Elle permet de déterminer si l'administration fonctionne dans les limites des ressources autorisées. Un écart, positif ou négatif, exige souvent des explications. Il est donc important d'analyser et de comprendre les causes des écarts observés et de prendre des mesures pour y remédier. Il n'est toutefois pas nécessaire d'enquêter sur tous les écarts. Par exemple, un écart de seulement 1 % au niveau des dépenses peut être considéré normal. Un écart de 10 % ou plus des dépenses indique probablement une anomalie et mérite un examen plus approfondi. Une analyse des écarts en bonne et due forme doit donner lieu à : a) l'analyse des écarts, b) la détermination de leurs causes, et c) l'adoption des mesures nécessaires pour y remédier.

Des écarts peuvent apparaître pour de nombreuses raisons, par exemple une modification des volumes de financement due à l'inflation, l'évolution démographique ou les décisions et les politiques de financement de l'État. L'évolution du coût des services, de la main-d'œuvre ou des matériaux peut également provoquer des écarts au niveau des budgets.

Le tableau 3.5 donne un exemple de calcul des écarts enregistrés pour des postes de dépenses d'une compagnie des eaux. Il indique l'existence d'un écart total considérable de 35 % auquel il importe de prêter attention et de remédier. Il faut, à cette fin, commencer par procéder à un examen approfondi de chaque poste de coût. Nous pourrions ainsi, par exemple, constater que l'augmentation du

Tableau 3.5 Exemples de disparités entre les dépenses inscrites au budget et les dépenses effectives d'une compagnie des eaux

Poste de dépenses	Budget (USD)	Résultats (USD)	Écart (USD)	Écart (%)
Coût de l'approvisionnement en eau	140 000	USD 190 000	50 000 D	36
Coût de la collecte des droits et redevances	28 000	39 000	11 000 D	39
Frais administratifs	60 000	85 000	25 000 D	42
Autres frais	12 000	10 500	−1 500 F	−13
Total	240 000	USD 324 500	84 500 D	35

Note : D = écart défavorable; F = écart favorable.

coût de l'approvisionnement en eau est due à une augmentation des tarifs de l'énergie, sur lesquels l'administration municipale n'a aucun contrôle. Dans le même temps, le coût du recouvrement des droits et redevances a augmenté de 11 000 dollars, ce qui ne serait justifié que si les montants recouvrés avaient augmenté dans une plus large mesure.

Comptabilité

Cette section examine les concepts et les principes comptables de base, en brossant un tableau général de ce domaine. Elle vise à expliquer aux lecteurs le rôle de la comptabilité en tant que base de documentation, de classement et d'organisation systématique des informations financières. Cette section récapitule également brièvement les différents types de comptabilité et leurs rapports avec les activités d'audit et les différentes normes comptables.

Concepts et terminologie comptables

Rôle de la comptabilité dans la gestion des organisations. Les systèmes de comptabilité servent à fournir des informations complètes, à jour et exactes sur les recettes, les dépenses, les actifs et les passifs. Au niveau d'une collectivité locale, les écritures comptables fournissent des informations sur l'imposition des contribuables et les montants reçus au titre des cotisations fiscales, les salaires et les traitements versés aux employés et les règlements effectués aux fournisseurs et aux entrepreneurs au titre de biens, de travaux et de services. Les systèmes comptables fournissent également des informations aux administrateurs et aux parties prenantes extérieures sur les ressources financières, l'efficacité de la gestion financière de l'organisation et sa situation financière durant l'exercice et à la clôture de ce dernier (Lee et Johnson 1998).

Différence entre comptabilité et tenue des livres comptables. Les expressions « tenue des livres comptables » et « comptabilité » sont souvent considérées, à tort, avoir la même signification. La comptabilité a pour objet de déterminer comment décrire les opérations et les faits dans les rapports financiers. Elle vise également à concevoir des systèmes de tenue des comptes permettant de faciliter la production de rapports utiles et de contrôler les opérations de l'organisation. La comptabilité a donc un champ plus vaste que la tenue des livres comptables, et elle exige

des compétences et un jugement professionnel plus complexes. La tenue des livres comptables est le processus d'enregistrement des opérations et d'autres faits, manuellement ou à l'aide d'ordinateurs. Elle est essentielle à la comptabilité, mais elle ne constitue que la partie administrative du processus comptable.

Types de comptabilité

Bien que la comptabilité puisse sembler constituer un domaine unique, il existe en fait différentes catégories de comptabilité qui jouent, chacune, un rôle spécifique dans la gestion financière des organisations. Les principaux types de comptabilité sont la comptabilité financière, la comptabilité des coûts de revient, la comptabilité de gestion et la comptabilité publique ou la comptabilité d'entreprise.

- *La comptabilité financière* fournit des informations aux administrateurs et aux parties prenantes extérieures, notamment le conseil municipal, les actionnaires ou les citoyens, sur les recettes, les dépenses, les actifs et les passifs de la municipalité. En d'autres termes, la comptabilité financière a pour objet de présenter les opérations financières et la situation financière de la municipalité sur une base mensuelle, trimestrielle et à la clôture de l'exercice.

- *La comptabilité des coûts de revient* fournit des informations aux administrateurs sur le coût des opérations et elle les aide à mesurer et à maîtriser les coûts de fonctions ou de services particuliers. La comptabilité des coûts de revient est une fonction interne et elle produit des informations concernant le coût antérieur des opérations et leur efficacité. Bien qu'elle utilise des informations provenant des écritures financières, elle suit des méthodes et des processus différents.

- *La comptabilité de gestion* est un produit dérivé de la comptabilité des coûts de revient dans le cadre de laquelle les données et les informations générées par la comptabilité des coûts de revient sont converties en rapports préparés pour aider les administrateurs à prendre des décisions ; ces rapports sont établis au moyen de diverses techniques d'analyse et de présentation.

- *La comptabilité publique et la comptabilité d'entreprise* reposent sur des principes de base similaires. Elles diffèrent l'une de l'autre par

Encadré 3.4 Exemples de crédits, de dotations et d'engagements

Exemple de crédit. L'Environment Protection Agency fédérale a approuvé une subvention de 200 000 dollars en faveur du service chargé de l'enlèvement de déchets spéciaux d'une municipalité. Cette subvention est un crédit accordé à une fin particulière, pour permettre au service en question d'aider la municipalité à procéder à un nettoyage d'urgence de son dépôt des déchets dangereux.

Exemple de dotation. En général, dans le système de l'enseignement, les fonds accordés aux établissements scolaires ne peuvent pas être uniquement attribués sur la base des besoins scolaires, car le degré de pauvreté constitue un facteur déterminant. Les « dotations » visent à aider les enfants défavorisés à obtenir de bons résultats scolaires en les faisant bénéficier de

programmes d'alimentation scolaire, d'activités extrascolaires ou de programmes durant l'été, etc. La circonscription détermine le montant des dépenses par élève, qui sert d'indicateur. Les établissements scolaires sont alors classés par degré de pauvreté. Par exemple, si l'école A compte 75 % d'élèves défavorisés, elle reçoit une dotation égale à 1,4 fois le montant des dépenses par élève ; l'école B, dont 35 % des élèves vivent dans la pauvreté, reçoit un montant égal à 1,25 fois le montant des dépenses par élève, etc.

Exemple d'engagement. Aux États-Unis, l'administration centrale ou les organismes fédéraux engagent des fonds au titre de projets importants. Par exemple, le ministère des Transports des États-Unis a accepté de financer un projet de pont dans le District of Columbia (ville de Washington).

---

suite de certaines pratiques comptables particulières adaptées à la comptabilité des organisations publiques. L'une des différences les plus évidentes est que les collectivités locales des pays en développement emploient un système de comptabilité *en partie simple sur la base encaissements-décaissements*. La vaste majorité des entités commerciales emploient, en revanche, un système de comptabilité *en partie double sur la base des droits constatés*. La comptabilité publique est, par ailleurs, basée sur le processus du budget annuel et, par conséquent, les dotations, les crédits budgétaires et les engagements revêtent une grande importance.

Principaux termes et expressions utilisés en comptabilité publique

La comptabilité publique comporte trois éléments essentiels : les *dotations*, les *crédits* et les *engagements*. Nous expliquerons rapidement ces trois termes parce qu'ils ne cessent de revenir dans l'examen de la gestion financière des municipalités, mais une analyse approfondie de la question n'a pas sa place dans ce chapitre. Il est toutefois important de connaître les définitions de ces termes et ce qu'ils impliquent pour le processus de budgétisation. L'encadré 3.4 présente certains exemples concrets de leur emploi.

Crédits. Un crédit représente le montant total de ressources qu'un service de l'administration publique peut dépenser pendant l'exercice. Les autorisations de dépenses émanant des autorités législatives (par exemple le conseil municipal) dépendent à la fois du système budgétaire et de la nature de la dépense. Les autorisations qui permettent aux directions ou aux services de l'administration de contracter des obligations et d'effectuer des paiements au moyen des ressources publiques sont généralement accordées sous forme de crédits, auxquels doivent correspondre les dépenses et au regard desquels ces dernières doivent être présentées dans le relevé des encaissements et des décaissements. La réception d'un crédit n'est enregistrée qu'au niveau de la direction.

Dotation. La dotation est un processus d'exécution budgétaire ayant pour objet d'allouer des fonds au niveau des programmes ; elle représente un pourcentage d'un crédit affecté à un organisme ou à un bureau déterminé. La réception d'une dotation est généralement enregistrée aux niveaux intermédiaires et à celui des activités.

Engagements. Les engagements ou obligations, également qualifiés de « charges » sont des promesses juridiques d'octroi de financements. En termes généraux, un engagement est contracté lorsqu'un ordre d'achat est passé ou un contrat est signé, qui implique

que des fournitures seront livrées ou des services seront rendus et qu'une facture devra être réglée à une date ultérieure. L'engagement est enregistré à hauteur du montant de l'obligation pour un exercice.

Comptabilité budgétaire ou comptabilité d'affectation. La comptabilité budgétaire ou comptabilité d'affectation consiste à suivre et à enregistrer les opérations concernant les crédits budgétaires et leur emploi. Elle doit couvrir les crédits, leur répartition, toute augmentation ou diminution du montant des crédits, des engagements ou des obligations, les dépenses au stade de la vérification ou au stade de la livraison, et les paiements. La comptabilité budgétaire n'est qu'un élément du système de comptabilité publique, mais il est peut-être le plus important pour la formulation des politiques et pour la supervision de l'exécution du budget.

Comptabilité des engagements ou des obligations. Ce type de comptabilité est essentiel à la maîtrise de l'exécution du budget. La plupart des pays développés tiennent des registres de leurs opérations à chaque étape du cycle des dépenses, ou du moins au stade de l'obligation et au stade du paiement. La comptabilité des engagements ou des obligations sert de base aux révisions du budget. Les décisions d'accroître ou de réduire les crédits budgétaires et la préparation des plans de trésorerie doivent prendre en compte les engagements déjà contractés.

Normes comptables et organismes de normalisation

Les normes comptables permettent aux comptables de suivre une démarche commune pour traiter les opérations financières et, par conséquent, d'assurer la comparabilité des rapports financiers. Bien que les principes de base de la comptabilité soient universels, leur application par les organisations du secteur public et du secteur privé et dans certains contextes commerciaux particuliers est déterminée par les normes comptables. Ces normes sont généralement fixées au niveau national, par des organismes de normalisation, par le ministère des Finances ou par le bureau du vérificateur général des comptes dans les pays en développement. Aux États-Unis, le Government Accounting Standards Board (GASB) établit les normes de la comptabilité publique, tandis que le Financial Accounting Standards Board (FASB) définit les normes de la comptabilité privée. À l'échelle mondiale, le Conseil des normes comptables internationales (IASB) définit les normes internationales de présentation de l'information financière. De même, les normes comptables internationales du secteur public (IPSAS) sont publiées par le conseil de l'IPSAS, qui fait partie de la Fédération internationale des comptables (IFAC) (www.ifac.org). L'encadré 3.5 présente un bref rappel de l'histoire de la comptabilité.

Relation entre comptabilité et audit. L'audit est un processus de vérification indépendante des processus et des états financiers. Les activités d'audit commencent par conséquent une fois que les comptes ont été préparés et finalisés. Un audit peut être interne ou externe ; le vérificateur peut être une personne opérant à l'intérieur de l'organisation (indépendamment des entités qui établissent les rapports financiers) ou une entité extérieure, généralement un cabinet d'audit privé ou public central. Un audit

---

Encadré 3.5 La comptabilité replacée dans une perspective historique

Les premiers comptables jamais recensés étaient employés pour les autorités religieuses dans l'ancienne Mésopotamie (l'Iraq actuel) pour s'assurer que les membres de la population versaient bien leurs impôts (sous forme d'ovins et de produits agricoles) au temple. Pour pouvoir suivre qui devait quoi, il leur fallait émettre des reçus et établir des avoirs, et ils ont ainsi accidentellement inventé l'écriture.

Des milliers d'années plus tard, vers la fin du Moyen Âge, la comptabilité en partie double a fait son apparition en Italie. Luca Pacioli, qui est le premier à avoir codifié cette méthode, était un frère franciscain. La comptabilité en partie double repose sur le principe que toutes les opérations comportent deux aspects — un crédit et un débit — et que, lorsque les comptes sont bien tenus, la somme des débits est toujours égale à la somme des crédits. Pour certains, cette égalité est esthétique et pourrait même être d'inspiration divine.

Source : http://news.bbc.co.uk/go/pr/fr/-/1/hi/magazine/8552220.stm.

a principalement pour objet d'assurer les parties prenantes de la crédibilité des états financiers d'une organisation. L'organisation prépare ses états financiers annuels sur la base des informations contenues dans ses relevés comptables. L'audit extérieur consiste à vérifier ces informations de manière indépendante. L'auditeur exprime une opinion indiquant si les états financiers décrivent de manière exacte et juste les affaires financières de l'organisation.

Principes et pratiques comptables

Cette section décrit plus en détail les principes fondamentaux de la comptabilité et sert de base à la suite de l'analyse consacrée à ce domaine. Elle a pour objet d'aider le lecteur à comprendre les éléments constitutifs de la comptabilité des opérations financières. De simples exemples numériques sont présentés dans le but d'illustrer la théorie, et des exercices sont proposés pour vérifier que les principes examinés sont bien compris.

La comptabilité repose sur quelques principes fondamentaux :

• *Le principe de l'entité commerciale*. Ce principe exige que les comptes de toute organisation soient tenus séparément et indépendamment de ceux de ses propriétaires. Il exige également qu'une collectivité locale tienne des comptes distincts pour chaque entité qu'elle peut contrôler. En effet, les décisions que l'entité pourrait prendre reposent sur des informations différentes pour chaque entité.

• *Principe d'objectivité*. Ce principe exige que les informations consignées dans les états financiers s'appuient sur des pièces justificatives (factures, reçus, etc.) et non pas seulement sur l'imagination ou sur l'opinion personnelle d'un individu. L'utilité

des états financiers est, en effet, liée à la fiabilité des informations qu'ils présentent.

• *Principe des coûts*. Ce principe exige que les informations consignées dans les états financiers soient basées sur les coûts encourus dans le cadre des opérations, dans le droit fil du principe d'objectivité.

• *Principe de la continuité des activités*. Ce principe exige que les comptables préparent les états financiers en partant de l'hypothèse que l'entreprise va poursuivre ses activités. Ce principe n'est guère pertinent dans le cas des collectivités locales puisque ces dernières sont censées avoir une existence indéfinie. Toutefois, certaines des entreprises que les collectivités locales peuvent constituer (par exemple une compagnie des eaux locales) peuvent faire faillite et fermer leurs portes.

Pratiques comptables

Cette section présente les pratiques de tenue des écritures comptables, le plan comptable et les différents livres de comptes, la comptabilité informatique et la préparation de la balance de vérification. Elle examine les formats ou modèles types de livres comptables fondamentaux comme le journal comptable, le grand livre comptable et le livre de caisse, et elle récapitule les bons principes de tenue des écritures comptables. Elle a pour objet d'aider le lecteur à comprendre l'organisation des informations comptables dans le plan comptable, et le rapprochement des écritures comptables par l'intermédiaire de la balance de vérification jusqu'à la clôture de l'exercice. Enfin, elle présente une brève analyse pour illustrer le rôle des technologies de l'information dans l'enregistrement et la compilation des informations comptables, en faisant référence aux logiciels de comptabilité courants ainsi qu'aux systèmes intégrés de gestion de l'information.

Tableau 3.6   Exemple de journal comptable (monnaie indéterminée)

#	Date	Bon n°	Description	Montant au débit	Montant au crédit
1	3/8/2012	1529	M. Brown, règlement de l'impôt foncier	400	
2	5/8/2012	37245	M. Green, règlement de la facture d'eau	125	
3	6/5/2012	525	Facture d'électricité (éclairage municipal)		1 325
4	5/8/2012	6473	Mme Watt, règlement de la location	250	
5	7/8/2012	1530	M. Moron, règlement de l'impôt foncier	820	

Entrées. Quel que soit le type d'organisation ou le type d'opération financière considéré, les comptes sont tenus dans une série de livres appelés « journaux » et « grands livres ». Les journaux sont les *livres dans lesquels sont enregistrées les écritures initiales*, et les grands livres sont les *livres dans lesquels sont reportées les écritures finales.* Les opérations sont initialement enregistrées dans un journal lorsqu'elles ont lieu, puis elles sont enregistrées dans les comptes pertinents des grands livres. Le tableau 3.6 est un instantané d'un journal dans lequel des opérations sont entrées par ordre chronologique à partir des pièces justificatives originales.

Les comptables utilisant des systèmes manuels peuvent devoir entrer la même écriture à plusieurs reprises — une première fois dans le journal, et ensuite dans différents grands livres. Les systèmes informatiques permettent de n'entrer cette information qu'une seule fois, car le programme informatique génère automatiquement les entrées requises dans tous les comptes pertinents.

Comptabilité en partie double. Lorsqu'une comptabilité en partie double est utilisée, les augmentations sont enregistrées d'un côté du compte et les diminutions de l'autre côté, ce qui permet de déterminer aisément le solde du compte. Le solde d'un compte d'actif est égal au montant de l'actif détenu par le propriétaire de l'entité à la date à laquelle le solde est calculé. Le solde d'un compte de passif est le montant dû par l'entité à la date du calcul du solde.

Dans la comptabilité en partie double, le côté gauche est considéré être le côté du débit, *Dt* en abrégé, et le côté droit celui du crédit, *Ct* en abrégé. Lorsque les montants sont enregistrés dans la partie gauche d'un compte, ils sont qualifiés de *débits*, et le compte est *débité*. Lorsque les montants sont enregistrés dans la partie droite du compte, ils sont qualifiés de *crédits*, et le compte est *crédité*. La différence entre le montant total des débits et le montant total des crédits enregistrés

Graphique 3.4   Exemple de comptabilité en partie double

dans un compte est le *solde du compte.* En d'autres termes, le compte a un solde débiteur lorsque la somme des débits est supérieure à la somme des crédits, et il a un solde créditeur lorsque la somme des crédits est supérieure à la somme des débits. Le graphique 3.4 présente les comptes après que M. Moron a acquitté la moitié du montant annuel qu'il doit au titre de l'impôt foncier.

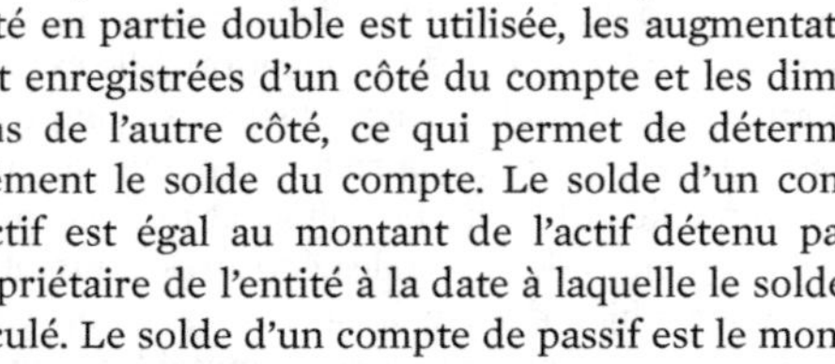

Comptabilité en partie simple et comptabilité en partie double

Les systèmes de comptabilité en partie simple enregistrent les opérations les unes après les autres, par ordre chronologique, dans un journal ou dans un livre de caisse simple. Les petites organisations et certaines collectivités locales utilisent un système de comptabilité en partie simple. Au lieu d'utiliser des systèmes de comptabilité modernes, elles n'enregistrent qu'un seul aspect de leurs opérations dans les livres de comptes. Elles peuvent également tenir des écritures distinctes pour certaines opérations, par exemple la liste des arriérés ou des sommes à recevoir, des sommes à payer, ou encore des écritures relatives aux actifs (voir le chapitre 6). Ces écritures ne sont toutefois pas intégrées dans les états financiers et, dans le meilleur des cas, sont jointes dans des postes pour mémoire aux rapports financiers. Le système de comptabilité en partie simple ne brosse par conséquent pas un tableau exhaustif des affaires financières de l'entité et n'est donc pas la méthode de comptabilité privilégiée. Rappelons ici que nous avons expliqué que toute opération financière comporte essentiellement deux éléments — l'élément de débit et l'élément de crédit. Les systèmes de comptabilité modernes prennent en compte ces deux éléments, comme dans l'exemple du tableau 3.6, et enregistrent chaque opération en passant une écriture dans au moins deux grands livres distincts. Ce processus est qualifié de système de comptabilité en partie double.

Principes et procédures de la comptabilité en partie double

La comptabilité en partie double, également qualifiée de système de tenue des comptes à double entrée, est un système dans le cadre duquel chaque opération comporte deux aspects fondamentaux, la réception d'un avantage, et la fourniture d'un avantage. Ces deux aspects sont enregistrés dans la même série de livres. En comptabilité, la personne qui reçoit est un

Tableau 3.7   Bilan d'une agence de logements

Actifs		Passifs et capitaux propres	
Encaisses	USD 5 600	Passifs	
Sommes à recevoir	USD 4 200	Bons à payer	USD 10 000
Stocks	USD 9 000	Sommes à payer	USD 20 000
		Passifs totaux	USD 30 000
Immobilisations		Capitaux propres	
Bâtiments et matériels	USD 7 000	Capital	USD 7 000
Terrains	USD 12 000	Bénéfices mis en réserve	USD 800
		Capitaux propres totaux	USD 7 800
Total	USD 37 800	Total	USD 37 800

débiteur, et l'opération est enregistrée en tant que débit dans un compte particulier (dt). La personne qui donne est un créancier, et l'opération est enregistrée en tant que crédit dans un autre compte (ct). Dans le système en partie double, chaque débit doit avoir un crédit correspondant, et inversement, et le montant total des écritures passées en débit doit être égal au montant total des écritures passées en crédit. Pour déterminer les comptes qui doivent être débités et ceux qui doivent être crédités, il faut utiliser l'équation comptable suivante :

Actifs = Passifs + Capitaux propres.

Les composantes de l'équation comptable peuvent être récapitulées dans le bilan. Le tableau 3.7 est un bilan simple d'une entité de gestion de logements indépendante opérant dans le cadre d'une municipalité. En pratique, toutefois, les bilans des organisations des collectivités locales sont plus complexes que celui qui est présenté ici.

Conformément au principe fondamental du système de la comptabilité en partie double, il est nécessaire d'analyser les deux variations engendrées par une opération commerciale et d'enregistrer correctement ces dernières dans les livres de comptes. Pour que les comptes restent équilibrés, il faut qu'une modification apportée au débit (dt) d'un ou de plusieurs comptes ait pour contrepartie une modification du crédit (ct) d'un ou de plusieurs autres comptes. Il s'ensuit qu'après une série d'opérations, la somme de tous les comptes ayant un solde débiteur doit être égale à la somme de tous les comptes ayant un solde créditeur.

Les principaux termes et expressions utilisées en comptabilité en partie double sont définis ci-après :

Journal. Livre dans lequel toutes les opérations sont enregistrées initialement, au moyen d'écritures portées au débit et au crédit.

Grand livre comptable. Compte tenu dans le cadre d'un deuxième processus, dans lequel les écritures portées au journal sont enregistrées dans ce compte appelé grand livre comptable. Dans le grand livre, tous les comptes sont classés et tenus séparément. Chaque grand livre (compte) a deux côtés identiques — un côté gauche (débit) et un côté droit (crédit), et toutes les opérations se rapportant à ce compte sont enregistrées de manière chronologique.

Balance de vérification. Cette balance fait l'objet du troisième processus, dans le cadre duquel l'exactitude arithmétique du livre de compte, à un moment donné, est vérifiée au moyen d'une balance de vérification. Elle constitue un relevé comptable informel qui énumère les soldes des comptes du grand livre et compare le solde débiteur total au solde créditeur total.

Clôture de l'exercice. Dans le cadre du processus final, les résultats des activités menées pendant tout l'exercice sont déterminés par le biais des comptes — le « relevé des encaissements et des décaissements » (appelé « compte de résultat » en comptabilité commerciale) et un bilan ; ces comptes sont décrits en détail dans la section consacrée aux rapports financiers.

Exemple de tenue de comptes par le système de comptabilité en partie double

Prenons quelques exemples pour illustrer la manière dont les opérations commerciales sont enregistrées au moyen du système de comptabilité en partie double dans des comptes de débit et de crédit (voir les tableaux 3.8 à 3.12).

Tableau 3.8   Achat de machines et équipements

Entrée du grand livre	Débit	Crédit
Matériels et équipements	USD 7 000	
Encaisses		USD 7 000

Tableau 3.9   Emprunts

Entrée du grand livre	Débit	Crédit
Encaisses	USD 15 000	
Emprunt		USD 15 000

Tableau 3.10   Règlement d'une facture de service de réseau

Entrée du grand livre	Débit	Crédit
Décaissements (services de réseau)	USD 1 000	
Encaisses		USD 1 000

Tableau 3.11   Ventes de biens

Entrée du grand livre	Débit	Crédit
Encaisses	USD 7 200	
Sommes à recevoir	USD 4 800	
Recettes (ventes)		USD 12 000

Tableau 3.12   Capitaux reçus

Entrée du grand livre	Débit	Crédit
Encaisses	USD 20 000	
Capitaux propres		USD 20 000

Exemple 1 : la Compagnie municipale achète des machines et des équipements pour un montant de 7 000 dollars qu'elle règle en espèces.

Analyse de l'opération : augmentation des actifs (matériels et équipements) de 7 000 dollars et diminution des actifs (liquidités) de 7 000 dollars.

Exemple 2 : la compagnie emprunte 15 000 dollars auprès d'une banque.

Analyse de l'opération : augmentation des actifs (liquidités) de 15 000 dollars, et augmentation des passifs (sommes à payer, c'est-à-dire emprunts) de 15 000 dollars.

Exemple 3 : la compagnie règle une facture de 1 000 dollars par chèque au titre des services de réseaux.

Analyse de l'opération : augmentation des dépenses de 1 000 dollars et diminution des actifs (liquidités) de 1 000 dollars.

Exemple 4 : la compagnie tire de ses ventes des recettes d'un montant de 12 000 dollars ; 60 % de ses recettes sont obtenus sous forme de liquidités et 40 % sous forme de crédit.

Analyse de l'opération : augmentation des revenus (ventes) de 12 000 dollars, augmentation des actifs (liquidités) de 7 200 dollars (12 000 dollars x 60 %), et augmentation des actifs (sommes à recevoir) de 4 800 dollars.

Exemple 5 : un partenaire investit 20 000 dollars dans la compagnie.

Analyse de l'opération : augmentation des actifs (liquidités) de 20 000 dollars ; augmentation des capitaux propres du propriétaire de 20 000 dollars.

Le plan comptable

Le *plan comptable* est, fondamentalement, un système de numéros d'identification attribués à chaque compte pour identifier les différents domaines fonctionnels

Tableau 3.13   Plan comptable

Comptes	Numéros	Exemples de comptes d'actifs
		101 Encaisses (disponibilités)
		105 Comptes bancaires
		150 Bâtiments
		1501 Immeubles de bureau
Actifs	100-199	1502 Bâtiments scolaires
		151 Amortissement cumulé
Passifs	200-299	160 Véhicules et matériels
Recettes	300-399	170 Investissements et valeurs mobilières
Dépenses d'exploitation	400-499	190 Autres actifs

ou segments de la collectivité locale. Le plan comptable des collectivités locales est souvent régi par les entités administratives opérant à un échelon plus élevé et est promulgué par une loi ou des ordonnances, par exemple, par le ministère des Finances ou le bureau du vérificateur général. Parce que la numérotation est ordonnée, les collectivités locales sont autorisées, et même encouragées, à établir des sous-comptes dotés de numéros plus longs pour présenter les informations à un niveau plus détaillé dans le cadre du plan comptable réglementé.

Le plan comptable d'une petite municipalité peut être très simple. La partie gauche du tableau 3.13 décrit la structure générale des principaux comptes ; la partie droite indique la structure de la numérotation des différents comptes et sous-comptes. Le numéro de compte est d'autant plus long que le sous-compte est de rang inférieur. Les utilisateurs comme les collectivités locales peuvent donc ajouter des chiffres à la fin de certains numéros de compte pour pouvoir isoler plus précisément certaines opérations, par exemple le coût de la consommation d'électricité dans les bureaux (compte 1501) ou dans les établissements scolaires (compte 1502).

Bases de la comptabilité

Les systèmes comptables peuvent avoir une portée et suivre des méthodes très différentes. La comptabilité des opérations financières peut différer en fonction de la *base de la comptabilité*. La « base » désigne le stade auquel est enregistrée l'opération financière ; en d'autres termes, elle indique si l'opération est enregistrée à la date à laquelle elle a lieu ou à la date à laquelle il se produit un échange de liquidités. Le premier système est qualifié de *comptabilité sur la base des droits constatés* et le second de *comptabilité sur la base encaissements-décaissements*. Ce sont là les deux principaux systèmes, mais il en existe d'autres qui occupent une place intermédiaire et qui sont parfois qualifiés de systèmes de « comptabilité sur la base des droits constatés modifiée » ou de « comptabilité sur la base encaissements-décaissements modifiée ».

Comptabilité sur la base encaissements-décaissements. Dans le système de comptabilité sur la base encaissements-décaissements, les écritures comptables sont enregistrées strictement sur la base des encaissements et des décaissements. En d'autres termes, les opérations financières ne sont enregistrées que lorsque des fonds sont versés par une partie à une autre partie :

- Les revenus ne sont enregistrés que lorsque les fonds (liquidités ou chèques) ou les recettes sont effectivement reçus. Les montants inscrits sur les relevés d'imposition émis ne sont, par conséquent, pas enregistrés en tant que revenus, car seuls les montants effectivement payés et reçus sous forme de liquidités ou versés dans le compte bancaire de la municipalité le sont.

- Les dépenses ne sont enregistrées que lorsqu'elles sont effectivement réglées. Par exemple, une facture d'électricité reçue n'est pas enregistrée en tant que dépense jusqu'à ce qu'elle ait été effectivement réglée à la compagnie d'électricité.

Comptabilité sur la base des droits constatés. Dans le système de la comptabilité sur la base des droits constatés, les opérations sont comptabilisées en tant que revenus ou dépenses indépendamment des mouvements de trésorerie :

- Les revenus sont enregistrés lorsqu'ils sont perçus, même si les fonds correspondants n'ont pas encore été reçus.

- Les dépenses sont enregistrées lorsqu'elles sont encourues — pas nécessairement lorsqu'elles sont effectivement réglées.

Dans le système de la comptabilité sur la base des droits constatés, le montant total des recettes et des dépenses est porté dans les états financiers, que des fonds aient été reçus ou versés ou non durant une période comptable déterminée. En d'autres termes, le revenu est enregistré pour la période durant laquelle il est gagné, et les dépenses sont déduites durant la période à laquelle sont encourues, qu'elles aient été réglées ou non. Une organisation qui utilise le système de la comptabilité sur la base des droits constatés enregistre aussi bien les recettes que les dépenses lorsque les opérations ont lieu. Ce type de comptabilité est la méthode la plus couramment utilisée par les entreprises, et elle est de plus en plus fréquemment employée par les collectivités locales.

Par exemple, si une municipalité vend un vieux camion pour un montant de 5 000 dollars et qu'elle comptabilise ses opérations par la méthode des encaissements-décaissements, ce montant n'est pas enregistré dans les livres jusqu'à ce que l'acheteur ait réglé le trésorier municipal ou que le trésorier ait reçu un chèque de l'acquéreur. En revanche, si la municipalité applique la méthode des droits constatés, le montant de 5 000 dollars est enregistré en tant que revenu dès la conclusion de la transaction de vente (lorsque le contrat est signé et que l'acquéreur prend possession du camion) même si les fonds ne sont reçus que quelques jours ou quelques mois plus tard. Il en va de même pour les dépenses. Si la direction des eaux reçoit une facture d'électricité de 1 700 dollars, en application de la méthode encaissements-décaissements, le montant n'est enregistré dans les livres qu'une fois que la direction a effectivement réglé la facture. Si la municipalité applique la méthode des droits constatés, le montant de 1 700 dollars est enregistré en tant que dépense le jour de la réception de la facture.

Comptabilité sur la base des droits constatés modifiée. Bien que la plupart des collectivités locales des pays en développement utilisent un système de comptabilité sur la base encaissements-décaissements, plusieurs pays développés sont passés à un système de comptabilité sur la base des droits constatés. Il n'est toutefois pas possible pour de nombreuses collectivités locales d'employer un système strictement basé sur les droits constatés, de sorte que la plupart d'entre elles appliquent un système de comptabilité sur la base des droits constatés modifiée. Cela signifie généralement qu'elles enregistrent l'intégralité des dépenses, qu'elles aient donné lieu, ou non, à des sorties de liquidités, mais qu'elles n'imputent les recettes que lorsqu'elles deviennent disponibles et quantifiables, et non pas lorsqu'elles sont générées. Ce mode de fonctionnement est motivé par les capacités limitées dont les municipalités disposent pour recouvrer les recettes facturées et dues, notamment les impôts, les redevances au titre de l'eau ou de l'enlèvement des déchets solides, etc.

Balance de vérification. Comme indiqué précédemment, dans un système de comptabilité en partie double,

■

Encadré 3.6 Tenue de comptes manuelle au Pakistan

Photo de Mihaly Kopanyi 2010.

chaque opération est enregistrée par le passage d'écritures de mêmes montants au débit et au crédit. Il s'ensuit que si le montant total des débits du grand livre n'est pas égal au montant total des crédits, on sait qu'une erreur a été commise. Par ailleurs, lorsque les soldes des comptes sont calculés, la somme des soldes des débits doit être égale à la somme des soldes des crédits. Cette égalité est vérifiée au moyen de l'établissement d'une *balance de vérification*. Lorsqu'une balance de vérification n'est pas en équilibre, cela signifie qu'une erreur a été commise au niveau des soldes des comptes. L'erreur ou les erreurs, selon le cas, peuvent avoir été commises lors de l'inscription des opérations dans les journaux, de l'enregistrement dans les grands livres, de la détermination des soldes des comptes, du report des soldes dans la balance de vérification, ou de l'addition des colonnes de la balance de vérification.

Une balance de vérification ne constitue toutefois pas en elle-même une preuve d'exactitude totale. Certaines *erreurs compensatrices* n'ont aucun impact sur l'égalité de la balance de vérification parce qu'elles modifient de la même manière les montants portés au débit et les montants portés au crédit. La localisation des erreurs et leur rectification sont une des tâches accomplies par les comptables dans le cadre de la préparation de la clôture des comptes, qui n'est pas examinée en détail le cadre de ce rapport.

Systèmes de comptabilité manuels et systèmes de comptabilité informatiques

Le rôle de plus en plus important joué par les ordinateurs dans le domaine de la comptabilité marque une évolution importante qui modifie les pratiques comptables depuis la deuxième moitié du XXe siècle. Certains pays asiatiques continuent de tenir leur comptabilité sur une base manuelle ; ils ont souvent recours à des ordinateurs, par exemple pour créer de simples tableaux Excel qu'ils utilisent pour générer des rapports, mais les écritures ayant une valeur légale sont établies manuellement. L'encadré 3.6 est une photo du grand livre comptable tenu manuellement par une municipalité pakistanaise, sur laquelle on peut voir les entrées écrites à la main et les empreintes digitales des clients analphabètes. L'informatique a modifié les caractéristiques particulières de la comptabilité qui, jusque-là privilégiait l'enregistrement des opérations financières, au profit de la présentation d'informations structurées aux administrateurs et aux parties prenantes.

L'interface entre les systèmes de comptabilité et les systèmes d'information comprend les ressources humaines, les procédures, les matériels et leurs interactions. Les systèmes comptables modernes sont conçus pour prendre en compte les données concernant les opérations financières et générer à partir de ces dernières toute une gamme de rapports de comptabilité financière, administrative et fiscale ainsi que des résumés graphiques. Ces systèmes revêtent différentes formes, qui vont des logiciels comptables peu coûteux utilisés par de petites organisations aux logiciels de planification des ressources des entreprises très complexes et onéreux employés par les grandes entreprises. Ces systèmes automatisent les activités, telles que l'enregistrement des opérations dans le journal et dans le grand livre, génèrent la balance de vérification et préparent les états financiers. La plupart des logiciels de comptabilité comportent en outre des modules de budgétisation, d'inventaire, de facturation, etc., ce qui accroît l'utilité qu'ils revêtent pour les municipalités.

Bonnes pratiques relatives à la tenue des livres de comptes

Cette section récapitule les démarches concrètes, les expériences et les bonnes pratiques dans le domaine de la comptabilité des collectivités locales.

- *Commencer par les éléments de base.* Il est important que les municipalités veillent à pouvoir accomplir les fonctions comptables de base, telles que la préparation des journaux et des grands livres, l'enregistrement des opérations sur une base quotidienne, l'établissement des soldes de trésorerie à la fin de la journée, etc., afin d'être mieux en mesure de passer à des pratiques comptables perfectionnées, comme un système de comptabilité sur la base des droits constatés ou des systèmes de gestion financière intégrée.

- *Commencer par mettre en place un système de comptabilité en partie double.* Les collectivités locales devraient commencer par adopter un système de comptabilité en partie double sur la base encaissements-décaissements, pour enregistrer les deux aspects de chaque opération. Adopter un système de comptabilité en partie double est fréquemment considéré, à tort, revenir à adopter un système de comptabilité sur la base des droits constatés ; ce dernier système relève toutefois d'une démarche totalement différente et plus difficile à appliquer. Il vaut mieux, dans un premier temps, commencer par acquérir de l'expérience en employant un système de comptabilité en partie double sur la base encaissements-décaissements puis renforcer le système de comptabilité municipale en procédant de manière stable et systématique.

- *Informatiser les opérations après avoir renforcé les processus d'activité.* Bien que l'informatisation des procédures comptables améliore l'efficacité, si les collectivités locales automatisent leurs opérations sans modifier leurs processus fondamentaux, l'efficacité du système dans son ensemble s'en trouvera réduite puisque les inefficacités de l'ancien système persisteront (la qualité des résultats est fonction de la qualité des données à l'entrée). Les collectivités locales qui se lancent dans des opérations d'informatisation devraient donc commencer par procéder à une analyse détaillée de leurs procédures et de leurs systèmes financiers et recenser les moyens de les améliorer avant d'informatiser leur processus.

- *Les recettes et les dépenses sont enregistrées au moment où elles sont gagnées et exigibles.* Ce principe est fondamental en comptabilité, et il doit être la base de la comptabilisation des opérations d'une organisation. Des pressions sont souvent exercées sur les services financiers et sur les administrateurs municipaux pour qu'ils présentent les finances municipales sous un jour positif. Ces pressions les amènent à enregistrer les recettes bien avant qu'elles soient effectivement recouvrées, ou à ne pas régler ou enregistrer les dépenses lorsqu'elles sont exigibles. Les pratiques consistant à retarder le paiement des montants exigibles par suite d'une pénurie de liquidités, ou à régler des entrepreneurs alors qu'ils n'ont pas fourni les services pour lesquels ils sont payés de manière à éviter que les crédits budgétaires ne soient reversés au ministère des Finances à la clôture de l'exercice constituent des pratiques tout aussi problématiques. Elles ont pour effet de donner une image trompeuse de la situation financière réelle de la collectivité locale et il importe de ne pas les employer.

- *Les comptes doivent être complets.* Les états financiers annuels de toute entité doivent fournir un tableau complet des résultats financiers de l'entité pour la période couverte. Les collectivités locales peuvent avoir des entreprises annexes ou associées dont les finances ne sont pas enregistrées dans les états financiers ni déclarées parallèlement à ces derniers. Encore une fois, ce type de pratiques a pour effet de donner une image erronée de la situation financière de la collectivité locale. Par exemple, si une municipalité est propriétaire d'une compagnie de distribution d'eau, même si cette compagnie est une entité distincte, ses états financiers doivent être inclus et déclarés dans le cadre des rapports financiers hors budget de la municipalité parce qu'elle appartient et est contrôlée en totalité par la municipalité.

- *Les derniers comptes doivent être préparés dans un délai raisonnable.* Ces comptes doivent être préparés dans un délai raisonnable après la clôture de l'exercice. Bien que les entreprises soient généralement tenues par la loi de préparer leurs états financiers annuels dans un délai raisonnable (généralement trois à six mois après la clôture de l'exercice), les collectivités locales ne se conforment souvent pas à des normes aussi strictes. La présentation des états financiers annuels en temps opportun permet aux parties prenantes d'avoir connaissance des résultats financiers de l'exercice écoulé. Si les états financiers sont établis tardivement, les informations qu'ils contiennent présentent moins d'intérêt.

- *Les comptes doivent être audités par des auditeurs externes indépendants.* Un audit annuel réalisé par des auditeurs externes indépendants renforce la crédibilité des états financiers. La lettre de recommandation ou l'opinion de l'auditeur fournit également de précieuses informations auxquelles il importe de donner suite. Lorsqu'aucune disposition précise n'a été prise en vue de la réalisation d'audits externes annuels, les collectivités locales devraient, d'elles-mêmes prendre des mesures pour assurer l'audit de leurs états financiers, en consultation avec l'institution supérieure de contrôle des finances publiques ou l'organisme professionnel des auditeurs de leur pays. La municipalité devrait également, afin de renforcer la transparence et l'obligation de rendre compte, publier le rapport d'audit et l'opinion des auditeurs dans un forum ou sur un site auquel peuvent avoir accès les membres de la collectivité et d'autres parties prenantes.

- *Il importe d'investir dans le renforcement des capacités et la formation.* Les qualifications et les capacités des ressources humaines revêtent une grande importance pour le fonctionnement harmonieux et efficace de tout système. Au fur et à mesure que les administrations municipales améliorent leurs systèmes et processus comptables, il importe qu'elles renforcent les compétences et les capacités techniques et administratives des effectifs qui gèrent ces systèmes. Les agents subalternes devraient recevoir une formation portant sur les processus techniques de la tenue des comptes et de la comptabilité, et les cadres de niveau supérieur devraient recevoir une formation portant sur les concepts et les pratiques de gestion financière de manière à pouvoir utiliser les données comptables pour améliorer l'efficacité et l'efficience de l'organisation.

- *Il importe de considérer les comptes comme les éléments d'un système d'information.* La comptabilité est l'épine dorsale du système des états financiers de toute organisation. Dans le même temps, la valeur de la comptabilité réside dans l'utilisation par les administrateurs des informations qu'elle produit dans le cadre de leurs processus de décision. Dans les administrations municipales, les écritures comptables ne devraient pas être considérées uniquement comme des relevés de données historiques sur les opérations financières, mais comme le système d'information financière de l'organisation, source d'informations précieuses permettant de promouvoir l'efficacité opérationnelle et financière, et de présenter les résultats financiers de l'organisation aux citoyens et aux parties prenantes.

Examen approfondi des livres comptables et des états financiers

Cette section examine en détail les pratiques de comptabilité et de tenue des comptes. Dans une entreprise, il est normal de traiter un important volume d'opérations de diverses natures qui ont un impact sur la position financière de l'entité. Enregistrer directement l'intégralité des opérations dans le grand livre peut être source d'erreur ; c'est pourquoi le processus d'enregistrement des opérations s'effectue en deux étapes. Pour commencer, les opérations sont enregistrées dans le journal, qui est l'un des principaux livres dans lesquels les écritures sont passées. Ensuite, les éléments entrés dans le journal comptable sont enregistrés dans le grand livre qui se compose des comptes correspondants (ou catégories) constituant le bilan et le compte de résultat. À titre d'illustration, supposons qu'une ville appliquant un système de comptabilité en partie double ait recouvré des impôts fonciers d'un montant de 20 000 dollars et qu'elle ait versé à ses employés des prestations d'un montant de 5 000 dollars le 20 novembre.

Tableau 3.14   Journal

Date	Description	Référence d'enregistrement	Débit	Crédit
20 nov.	Encaisses		USD 20 000	
	Produit de l'impôt foncier			USD 20 000
20 nov.	Encaisses			USD 5 000
	Traitements et avantages sociaux		USD 5 000	

Tableau 3.15   Enregistrement d'opérations dans trois comptes en partie double

Compte de caisse		Dépenses au titre des traitements et avantages sociaux		Produit de l'impôt foncier	
20 nov. USD 20 000	USD 5 000	20 nov. USD 5 000		20 nov.	USD 20 000
USD 15 000	Solde	USD 5 000	Solde	Solde	USD 20 000

Tableau 3.16   Exemple de grand livre comptable

Dt	Compte de caisse						Ct
Date	**Libellé**	**J/F**	**Montant**	**Date**	**Libellé**	**J/F**	**Montant**
20 nov.	Impôt foncier		USD 20 000	20 nov.	Prestations sociales		USD 5 000
	Solde		USD 15 000				

Dt	Traitements et avantages sociaux (compte de débit)						Ct
Date	**Libellé**	**J/F**	**Montant**	**Date**	**Libellé**	**J/F**	**Montant**
20 nov.	Encaisses		USD 5 000				
	Solde		USD 5 000				

Dt	Produit de l'impôt foncier (compte de crédit)						Ct
Date	**Libellé**	**J/F**	**Montant**	**Date**	**Libellé**	**J/F**	**Montant**
				20 nov.	Encaisses		USD 20 000
					Solde		USD 20 000

Note : J/F signifie Journal ou feuille du livre (le cas échéant).

Tableau 3.17   Exemple de livre de caisse

Débit					Crédit				
Date	**Libellé**	**n° V.**	**F. L**	**Montant USD**	**Date**	**Libellé**	**n° V.**	**F. L**	**Montant (USD)**
20 nov.	Impôt foncier — encaisses		xx	20 000	20 nov.	Prestations sociales		xx	5 000
	Solde			15 000					

Journal

Toutes les opérations sont enregistrées dans le journal sur une base quotidienne et de façon chronologique. Bien que la structure et le format du journal comptable dépendent des besoins opérationnels, certaines données doivent obligatoirement être enregistrées dans le journal. Le tableau 3.14 présente un modèle de journal comptable, dans les colonnes duquel les données obligatoires doivent être portées. Ces données sont : a) la date de l'opération ; b) le libellé ou le numéro de référence des comptes qui sont débités ou crédités ; c) une description de l'opération ; et d) des colonnes, pour les débits et les crédits, dans lesquelles sont enregistrés les montants précis de chaque opération.

Grand livre comptable

Après avoir enregistré toutes les opérations dans le journal comptable et utilisé les comptes en partie double, il importe d'enregistrer les opérations dans les comptes du grand livre.

Les comptes en partie double font également partie du processus de passation en écritures. Il est en effet possible d'utiliser les comptes en partie double pour réduire le plus possible les erreurs d'enregistrement des opérations correspondantes. La deuxième étape constitue donc à reporter les écritures du journal dans le grand livre au moyen des comptes en partie double, comme indiqué dans le tableau 3.15. Il importe de noter que toute opération est reportée à la fois en tant que débit et en tant que crédit, par exemple un débit de liquidités de 20 000 dollars et un crédit d'impôt foncier de 20 000 dollars.

Les comptes du grand livre général classent les données comptables en catégorie. Les principales sont les actifs, les passifs, les capitaux propres, les recettes et les dépenses.

Le tableau 3.16 est un modèle de grand livre général, dans les colonnes duquel doivent être inscrits la date de l'opération, et le libellé de cette dernière, les montants portés au débit et les montants portés au crédit, et qui indique le solde du compte une fois les opérations reportées. Le tableau montre que, à la fin de la journée du 20 novembre, le solde de trésorerie se chiffrait à 15 000 dollars. Il est important de noter que le compte « Traitements et prestations versés aux employés » est un compte de débit et que, par conséquent, le solde positif est un débit, tandis que le compte du grand livre pour l'impôt foncier est un compte de crédit, dont le solde positif est un crédit. Au final, les sommes des soldes sont égales : 5 000 dollars + 15 000 dollars = 20 000 dollars.

Livre de caisse

Le livre de caisse est un grand livre dans lequel toutes les opérations en espèces (que ces dernières aient été reçues ou versées) sont initialement enregistrées par ordre chronologique. Il constitue à la fois un livre d'entrées initiales, dans lequel toutes les opérations en espèces sont enregistrées dès qu'elles ont lieu (comme dans un journal) et un livre d'entrées finales, dans lequel les aspects de trésorerie de toutes les opérations en espèces sont finalement enregistrés, sans être portés dans le grand livre ou dans un compte de trésorerie.

Le livre de caisse est le livre comptable le plus important pour les collectivités locales qui utilisent des systèmes de comptabilité manuels.

Si nous reprenons les mêmes opérations que celles indiquées précédemment pour les enregistrer dans un livre de caisse, le résultat se présente comme indiqué au tableau 3.17. Les colonnes du livre de caisse se présentent comme suit :

Date : date de l'opération.

Libellé : nom du compte correspondant par rapport auquel une opération en espèces a été effectuée. Une description de l'opération doit être fournie dans cette colonne, en dessous du libellé.

N° P (numéro de la pièce comptable) : le numéro de la pièce comptable de chaque reçu et de chaque paiement est également indiqué (numéro du reçu d'espèces, numéro du bon de paiement, ou numéro du bon de reçu).

Tableau 3.18 Compte consolidé des encaissements et des décaissements pour l'exercice prenant fin le 31 décembre 2010 (dollars)

Encaissements		Montant	Décaissements		Montant
Solde d'ouverture :			Dépenses du programme :		
- Encaisses	500		Traitements : effectifs du programme		18 300
- Banque	25 500	26 000	Traitements : personnel administratif		11 000
Contribution locale		10 250	Travaux de construction de routes		27 000
Subventions :			Centres éducatifs		13 000
- Organismes locaux		15 500	Programme de santé		9 700
- Organismes étrangers		55 700	Autres décaissements :		
- Adm. publique.		22 000	Fournitures de bureau		2 400
Intérêts des :			Frais de déplacement		15 000
- banques		150	Carburant et entretien		7 200
- placements		1 400	Loyers		4 200
Prêts et avances :			Prêts et avances :		
Prêts contractés		45 000	Prêts aux employés		15 600
Remboursements des prêts des employés		10 000	Prêts remboursés		14 800
Avances pour administration décaissements		5 300	Acquisition de terrains		35 000
Ventes de meubles		3 400	Solde de clôture :		
			- Encaisses	1 600	
			- Banque	19 900	21 500
Total		194 700	Total		194 700

F.L. (feuille du livre) : numéro de page du grand livre dans lequel le compte correspondant a été ouvert. Cela permet de retrouver le compte dans le grand livre.

Montant : montant de l'opération. Lorsque des espèces sont encaissées, le montant est enregistré au débit, tandis que lorsque des espèces sont versées, le montant est enregistré au crédit.

Compte des encaissements et des décaissements

Le relevé du compte des encaissements et des décaissements récapitule les entrées et les sorties au titre de diverses rubriques du compte. La première écriture correspond aux disponibilités (solde d'ouverture) au début de l'exercice, et la dernière au solde de clôture à la fin de l'exercice.

Les collectivités locales préparent un *compte des encaissements et des décaissements* à la fin de l'exercice dans le but de divulguer les résultats de leurs opérations financières. Le tableau 3.18 présente le compte consolidé des décaissements et des encaissements d'une petite municipalité. Il s'agit d'un instantané très simple et facile à comprendre, mais suffisamment détaillé des postes de recettes et de dépenses déterminés.

Comme dans le compte de caisse, dans le compte des encaissements et des décaissements, les encaissements sont portés au débit et les décaissements sont portés au crédit. Les encaissements et les décaissements en espèces qui ont trait aux équipements et aux revenus sont également enregistrés ici. Toutefois, ce compte ne comprend aucune dépense impayée ni aucun revenu non recouvré se rapportant à la période considérée.

États financiers

Les collectivités locales utilisant des systèmes de comptabilité en partie double préparent généralement quatre types d'états financiers à la fin de l'exercice : *la balance de vérification, le compte des encaissements et des décaissements, l'état de la situation financière (bilan), et le tableau des flux de trésorerie.* Les collectivités locales publient ou soumettent aux échelons supérieurs des administrations publiques *le compte des encaissements et des décaissements, le tableau des flux de trésorerie, et l'état de la situation financière.*

Balance de vérification

La section précédente décrit la manière dont les opérations sont tout d'abord entrées dans les journaux et dans le compte de caisse, puis enregistrées dans leurs comptes respectifs du grand livre. À la fin de l'année comptable, ces comptes sont équilibrés. Pour vérifier l'exactitude des montants reportés dans le grand livre, un relevé des soldes figurant dans les comptes du grand livre à une date déterminée est préparé. Une *balance de vérification* se compose d'une colonne de débit dans laquelle sont enregistrés tous les soldes débiteurs des comptes et une colonne de crédit dans laquelle sont enregistrés tous les soldes créditeurs des comptes.

Le tableau 3.19 est la balance de vérification de la ville XYZ, préparée pour l'exercice 09 en date du 28 février 2010. Le solde de la balance ne fournit que très peu d'informations sur la situation financière de la ville, mais il indique que les écritures portées au crédit et au débit sont correctes parce que leurs sommes sont égales. La section qui suit explique la manière dont les balances de vérification sont conçues à partir des soldes des différents comptes du grand livre, au moyen de différents comptes en partie double et du solde du compte de caisse. Cet exemple témoigne de l'importance de la vérification de l'exactitude du report des opérations et de la relation entre les comptes du grand livre et la balance de vérification.

Tableau 3.19 Balance de vérification des comptes de la ville XYZ (dollars)

Intitulé du compte	Débits	Crédits
Encaisses	42 260	
Sommes à recevoir	-	
Fournitures de bureaux	840	
Assurances	2 000	
Traitements et prestations sociales	20 500	
Honoraires des consultants	350	
Loyers	1 000	
Frais des services de réseau	250	
Contributions		50 000
Impôt foncier		12 000
Permis d'exploitation		5 200
Totaux	67 200	67 200

Tableau 3.20   Ville XYZ — Comptes en partie double et compte de caisse

Produit des contributions		Dépenses pour les fournitures de bureau		Compte de caisse		
10 janv.	USD 50 000	20 janv.	USD 240	3 janv.	USD 5 200	
		31 janv.	USD 600	10 janv.	USD 50 000	
Solde	USD 50 000	Solde	USD 840	15 janv.		USD 350
Traitements et prestations sociales				20 janv.		USD 240
		Frais d'assurance		30 janv.		USD 10 000
30 janv.	USD 10 000	1 févr.	USD 2 000	31 janv.		USD 1 000
15 févr.	USD 10 500			1 févr.		USD 2 000
Solde	USD 20 500	Solde	USD 2 000	3 févr.	USD 12 000	
Produit de l'impôt foncier		**Produit des permis d'exploitation**		15 févr.		USD 10 500
3 févr.	USD 12 000	3 janv.	USD 5 200	25 févr.		USD 600
				Total	USD 67 200	USD 24 940
Solde	USD 12 000	Solde	USD 5 200	Solde	USD 42 260	USD 24 690
Honoraires de consultants		**Frais d'occupation/de location**				
15 janv.	USD 350	31 janv.	USD 1 000			
Solde	USD 350	Solde	USD 1 000			
Frais de services de réseau		**Sommes à payer**				
8 févr.	USD 250	31 janv.	USD 600			
		25 févr.	USD 600			
Solde	USD 250	Solde	USD 0			

Relation entre les comptes du grand livre et la balance de vérification

Le tableau 3.20 donne une description succincte du cas de la ville XYZ. Les comptes en partie double figurant dans le tableau sont constitués par l'entrée des données relatives aux opérations de la ville, qui ont été ensuite reportées dans les comptes du grand livre. Il est aisé de préparer la balance de vérification de la ville à partir des soldes des comptes du grand livre qui sont récapitulés dans le tableau 3.20. Il est conseillé aux lecteurs de prendre le temps de suivre les soldes des comptes en partie double dans le cadre des opérations de rapprochement pour déterminer comment la balance de vérification est préparée.

États financiers

Le compte des encaissements et des décaissements est une composante essentielle d'un rapport financier annuel complet, qui présente les états financiers de la collectivité locale. Chaque année, chaque entité des administrations publiques prépare un compte des encaissements et des décaissements auquel elle joint une analyse détaillée (par exemple l'analyse de gestion dite MD&A dans les administrations municipales des États-Unis) et dans les notes des états financiers.

Le compte des encaissements et des décaissements indique le montant total des recettes et le montant total des dépenses. Il est établi à l'échelle de *l'entité tout entière*, et couvre tous les types d'activités et tous les types d'encaissements et de décaissements enregistrés durant l'exercice. En résumé, le compte indique combien d'argent l'entité a reçu (encaissements) et combien elle a dépensé (décaissements). Le tableau 3.21 est un exemple de compte des encaissements et des décaissements préparé en partie à partir des données présentées au tableau 3.20. Les données supplémentaires indiquent le solde d'ouverture, les transferts et les dépenses qui ne figurent pas au tableau 3.20.

Tableau 3.21   Compte des encaissements et des décaissements (dollars)

Encaissements	Sans restriction (non affectés)
Revenus	17 200
Contributions	10 250
Revenus des programmes	
Autres sources	3 400
Intérêts et dividendes	1 550
Subventions	93 200
Prêts et avances	60 300
Ressources libérées des fonds soumis à restrictions	
Revenus totaux sans restrictions	185 900
Décaissements	
Dépenses des programmes	22 700
Dépenses de développement	27 000
Dépenses administratives et frais généraux	29 300
Prêts et avances	65 400
Autres dépenses ou emplois de fonds	27 000
Total des dépenses d'exploitation	171 400
Variation du solde du fonds	14 500
Solde du fonds en début de période	26 000
Solde du fonds en fin de période (excédent ou déficit)	40 500

Le relevé des activités commence par déterminer la modification du solde des fonds sous l'effet des soldes des encaissements et des décaissements, puis ajoute le solde des fonds au début de la période de déclaration (exercice). La somme de ces deux montants produit le solde en fin de période, soit 40 500 dollars.

Le compte des encaissements et des décaissements permet donc de se faire une idée de la manière dont l'entité de la collectivité locale, dans son ensemble, fonctionne et fournit des informations sur les éléments suivants :

- Les encaissements, tels que les contributions, les droits et redevances au titre des programmes, les cotisations d'adhésion, les subventions, les revenus des investissements et les montants libérés de restrictions.

- Les décaissements, tels que les dépenses, les obligations, d'autres emplois à des fins de financement, et toutes les dépenses ayant trait aux activités, notamment les traitements, les paiements au titre des services de réseaux, etc. Les décaissements peuvent être également inscrits dans des catégories comme les grands programmes, la collecte de fonds, les frais de gestion et les frais généraux.

- Le résultat net de tous les postes des encaissements et des décaissements est égal à la variation du solde des fonds — l'excédent ou le déficit.

L'état de la situation financière (bilan)

L'état de la situation financière, c'est-à-dire le bilan, décrit la structure des actifs d'une entité ainsi que les sources de financement qu'elle utilise pour financer ces derniers, à une date donnée. Comme son nom l'indique, il doit exister un équilibre entre ces différentes composantes parce que cet état financier reflète fondamentalement l'équation comptable, c'est-à-dire

$$\text{Actifs} = \text{Passifs} + \text{Capitaux propres.}$$

Les actifs nets d'une entité publique représentent l'équivalent du patrimoine net (capitaux propres) d'une entité commerciale. Selon les Principes comptables généralement acceptés (GAAP), les actifs nets doivent être classés comme étant des actifs non affectés (NA), temporairement affectés (TA), ou systématiquement affectés (SA). Les collectivités locales de nombreux pays doivent classer leurs actifs conformément aux GAAP (comme expliqué plus en détail au chapitre 6). Le graphique 3.5 décrit les composantes des actifs nets et indique leur signification.

L'expression « État de la situation financière, ou bilan » est utilisée par les organisations sans but lucratif. Cet état a pour objet de présenter les actifs, les passifs et les actifs nets à une date particulière. Le compte des encaissements et décaissements décrit la situation générale de l'excédent (ou du déficit) de l'organisation en examinant ses revenus et ses dépenses sur une période de temps déterminé (exercice).L'état de la situation financière décrit la situation générale des finances de l'organisation à une date donnée (la fin de l'exercice). Elle indique le montant total de tous les actifs, dont elle soustrait le montant total de

Graphique 3.5   Cadre des actifs nets

Actifs nets – diagramme

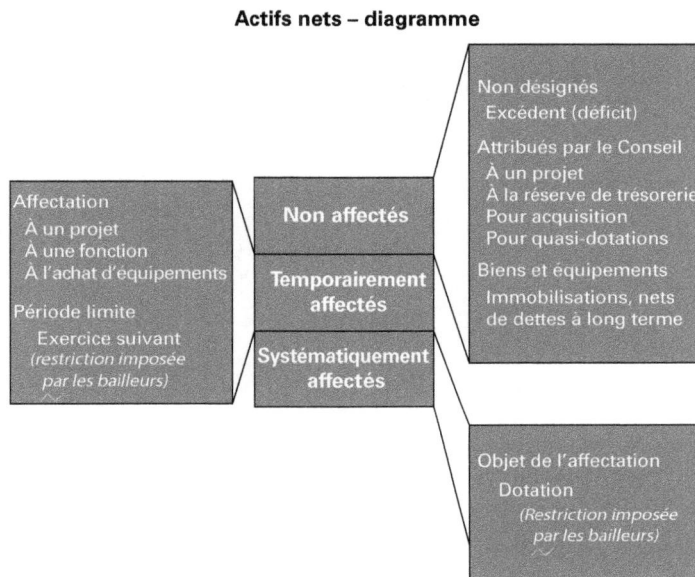

Source : GASB 1999.

tous les passifs pour calculer les actifs nets globaux et l'excédent ou le déficit.

Le tableau 3.22 présente un exemple d'un état de la situation financière (bilan) d'un service de l'administration, comportant des actifs affectés et des actifs non affectés ainsi que des actifs inscrits à des comptes spéciaux et des actifs non-inscrits à des comptes spéciaux ; il indique également le montant des actifs totaux et des actifs nets. Ce tableau nous permet de formuler un certain nombre d'observations. Il fait état d'actifs circulants (50 000), dont 40 000 au total sont non affectés ; sur ce dernier montant, 25 000 sont affectés aux opérations et 15 000 au conseil. Un montant de 10 000 au titre d'actifs affectés correspond à des subventions de l'administration centrale affectées à des dépenses particulières.

Brève description du modèle de comptabilisation par fonds utilisé aux États-Unis

Aux États-Unis, les municipalités suivent un modèle de comptabilité qualifiée de « comptabilité par fonds »

dans le cadre de laquelle les recettes et les dépenses sont enregistrées dans différents fonds (encadré 3.7). Un fonds est une entité budgétaire et comptable dotée d'une série de comptes en équilibre et d'autres ressources financières. Une collectivité locale ne doit donc avoir qu'un *fonds général*, mais elle peut avoir différents autres types de fonds. Par exemple, une ville peut tenir des fonds de revenus spéciaux distincts pour chaque source de revenus affectés, un fonds distinct pour chaque grand projet d'investissement, et un fonds distinct pour le service de la dette de chaque émission d'obligations en cours.

Le tableau 3.23 présente un bilan d'une ville des États-Unis établi sur la base d'un système de comptabilité de fonds. Le fonds général d'une administration locale recouvre la plupart des grandes fonctions des administrations publiques, telles que les services de protection civile, l'entretien de la voirie, les services d'assainissement, etc. Le bilan indique les actifs et les passifs financiers et fournit aux décideurs des informations très détaillées sur les sources et les emplois de fonds et les charges à payer.

Tableau 3.22 Bilan des fonds des administrations publiques

Municipalité — Date de soumission	Total à ce jour	Non affecté		Affecté	Note	Exercice antérieur
		Opérations	Désigné par le Conseil			
Actifs						
Actifs circulants	50 000	25 000	15 000	10 000	a	42 000
Immobilisations	20 000		20 000			20 750
Actifs à long terme						
Actifs totaux	70 000	25 000	35 000	10 000		62 750
Passifs						
Passifs à court terme	3 000	3 000				3 500
Passifs à long terme						
Passifs totaux	3 000	3 000				3 500
Actifs nets						
Non affectés						
Non désignés	22 000	22 000				26 500
Désignés par le Conseil	15 000		15 000		b	
Propriétés, installations.	20 000		20 000			20 750
Temporairement affectés	10 000			10 000		12 000
Systématiquement affectés						
Actifs nets totaux	67 000	22 000	35 000	10 000		59 250
Passifs totaux et actifs nets	70 000	25 000	35 000	10 000		62 750

a. Affecté uniquement au programme de dépistage de santé scolaire.
b. Montant désigné en faveur du Conseil scolaire en vue de son utilisation à la discrétion de ce dernier pour la formation des enseignants.

Encadré 3.7 La structure de fonds des États et des collectivités locales aux États-Unis

Fonds publics

Objet : comptabiliser et déclarer les activités d'exploitation et de financement des administrations financées essentiellement par des recettes fiscales et des subventions intergouvernementales.

Base de comptabilité /cible des mesures : base des droits constatés modifiée /ressources financières courantes

Il existe cinq types de fonds publics :

- *Fonds général* — prend en compte et enregistre toutes les ressources financières non prises en compte et enregistrées dans un autre fonds

- *Fonds de recettes spéciales* — prend en compte et enregistre les produits de sources de revenus particulières, qui sont affectés ou engagés à des fins particulières autres que le service de la dette ou les projets d'investissement (par exemple la taxe sur l'essence qui doit être utilisée pour financer les travaux de réparation des routes).

- *Fonds du service de la dette* — prend en compte et enregistre les ressources financières qui sont affectées, engagées ou désignées pour financer le principal et les intérêts associés à certaines dépenses

(suite page suivante)

Encadré 3.7 *(suite)*

- *Fonds de projet d'investissement* — prend en compte et enregistre les ressources financières qui sont affectées, engagées ou désignées pour financer des dépenses d'investissement, y compris l'acquisition ou la construction de biens de capital, tels que des bâtiments et des routes, et d'autres immobilisations.
- *Fonds permanents* — prend en compte et enregistre les ressources affectées de sorte que les revenus des investissements, mais non le principal, peuvent être utilisés pour appuyer les programmes de l'administration au profit de la municipalité et des citoyens qu'elle représente (par exemple l'entretien d'un cimetière ou d'un parc public).

Fonds appartenant à l'administration

Objet : comptabiliser et présenter les activités de l'administration qui sont similaires à des activités réalisées dans le cadre du secteur privé et qui sont financées essentiellement par des redevances versées par les usagers.

Base de comptabilité /cible des mesures : base des droits constatés/ressources économiques

Il existe deux types de fonds appartenant à l'administration :

- *Fonds des entreprises* — prend en compte et enregistre toute activité de type commercial poursuivie au service du public (par exemple une compagnie de distribution d'électricité)
- *Fonds de service interne* — prend en compte et enregistre tous les biens et services fournis par les directions d'une même administration (par exemple une fonction d'achat centralisé ou un pool automobile).

Fonds fiduciaire

Objet : comptabiliser et déclarer les ressources détenues par les administrations en tant qu'agents fiduciaires ou mandataires d'une autre ou de plusieurs autres parties.

Base de comptabilité /cible des mesures : base des droits constatés/ressources économiques.

Il existe deux types de fonds fiduciaires :

- *Fonds fiduciaire,* comprenant
  - fonds de pension (prestations versées aux employés) — prend en compte et enregistre les ressources accumulées pour verser les montants dus au titre des pensions, des soins de santé et autres prestations aux employés à la retraite ou en situation d'invalidité (par exemple, plan de retraite des employés d'une administration locale)
  - fonds fiduciaire d'investissement — prend en compte et enregistre les pools d'investissement auxquels participent d'autres administrations publiques (par exemple un pool constitué par l'administration d'un État auquel peuvent participer les collectivités locales de l'État en question)
  - fonds fiduciaire à vocation privée — prend en compte et enregistre les ressources détenues pour le compte de particuliers ou d'organisations extérieures (par exemple un fonds de bourses pour les enfants des employés, financé par un don d'un citoyen)
- *Fonds d'agence ou de mandataire* — prend en compte et enregistre les ressources détenues à court terme pour le compte de particuliers, d'entités ou d'autres administrations (par exemple les taxes collectées pour le compte d'une autre administration). Ces fonds ne comprennent que des actifs et des passifs et n'enregistrent aucune recette ou dépense.

Source : http://media.wiley.com/product_data/excerpt/01/EHEP0015/EHEP001501-2.pdf.

Comptabilité des municipalités dans les pays en développement

Cette section examine les problèmes auxquels sont confrontées les collectivités locales des pays en développement lorsqu'elles s'efforcent d'appliquer les principes et les pratiques comptables modernes. Bien que l'analyse aborde rapidement les débats de politique soulevés par certains de ces problèmes, elle est essentiellement menée dans l'optique de la gestion financière de la municipalité.

Tableau 3.23   Exemple de bilan de fonds d'une administration publique (USD milliers)

	Général	Programmes santé et dév. urbain	Réaménagement urbain	Construction Route 7	Autres fonds de l'administration	Total Fonds de l'administration
Actifs						
Encaisses et instruments équivalents	3 418,5	1 236,5			5 606,8	10 261,8
Investissements			13 262,7	10 467,0	3 485,3	27 215,0
Sommes à recevoir (nettes)	3 644,6	2 953,4	353,3	11,0	10,2	6 972,5
Exigibles d'autres fonds	1 370,8					1 370,8
Sommes à recevoir d'autres administrations		119,1			1 596,0	1 715,1
Sûretés à recevoir	791,9	3 195,7				3 987,6
Stocks	182,8					182,8
Actifs totaux	9 408,6	7 504,7	13 616,0	10 478,0	10 698,3	51 705,6
Passifs et soldes des fonds						
Passifs :						
Sommes à payer	3 408,7	130,0	190,5	1 104,6	1 074,8	5 908,6
Dues à d'autres fonds		25,4				25,4
Dues à d'autres administrations	94,1					94,1
Produits constatés d'avance	4 250,4	6 273,0	250,0	11,0		10 784,4
Passifs totaux	7 753,2	6 428,4	440,5	1 115,6	1 074,8	16 812,5
Soldes des fonds :						
Réservés pour :						
Stocks	182,8					182,8
Sûretés à recevoir	791,9					791,9
Charges	40,3	41,0	119,3	5 792,6	1 814,1	7 807,3
Service de la dette					3 832,1	3 832,1
Autres affectations					1 405,3	1 405,3

Non mis en réserve, enregistré dans :						–
Fonds général	640,3					640,3
Fonds de réserve spécial	1 035,3				1 330,7	2 366,0
Fonds de projet d'investissement			13 056,2	3 569,8	1 241,3	17 867,3
Solde total des fonds	1 655,3	1 076,3	13 175,5	9 362,4	9 623,5	34 893,0
Total des passifs et des soldes des fonds	9 408,5	7 504,7	13 616,0	10 478,0	10 698,3	51 705,5

Les montants déclarés pour les activités de l'administration sont différents parce que :

Les biens d'équipement utilisés dans le cadre des activités de l'administration ne sont pas des ressources financières et ne sont donc pas enregistrés dans les fonds.	161 082,7
D'autres actifs à long terme ne peuvent pas être utilisés pour régler les dépenses de la période en cours et sont donc reportés dans les fonds.	9 348,9
Les fonds de services internes sont utilisés par l'administration pour imputer le coût de certaines activités, notamment les assurances et les télécommunications, à des fonds distincts ; les actifs et les passifs des fonds de services internes sont inclus dans les activités de l'administration, dans le relevé des actifs nets.	2 994,7
Les passifs à long terme, notamment les obligations arrivant à échéance, ne sont pas exigibles pendant la période en cours et ne sont donc pas enregistrés dans les fonds.	(84 760,5)
Actifs nets des activités de l'administration.	123 558,8

Source : Auteurs, à partir de Freeman et Shoulders 2000.

Comptabilité sur la base encaissements-décaissements ou comptabilité sur la base des droits constatés

Trouver une méthode comptable appropriée est un problème qui se pose couramment aux administrations municipales des pays en développement. Les collectivités locales ont généralement adopté un système de comptabilité sur la base encaissements décaissements en partie simple parce que c'était la méthode suivie par l'administration centrale. Au fur et à mesure que le processus de décentralisation se poursuit et que les collectivités locales acquièrent leur propre identité, il devient de plus en plus important pour ces dernières d'adopter des systèmes et des procédures comptables mieux adaptés à leurs besoins. Les conseillers et les consultants considèrent souvent que les collectivités locales sont similaires à des entreprises privées et, pour cette raison, leur recommandent d'adopter un système de comptabilité en partie double sur la base des droits constatés.

S'il est vrai que le système de comptabilité en partie double sur la base des droits constatés est la méthode la plus perfectionnée, il importe toutefois de se demander si son application est faisable dans le contexte des collectivités locales. Nous ne citerons ici que quelques-uns des principaux obstacles : il est difficile d'estimer la valeur du patrimoine et d'établir les bilans d'ouverture rapidement. Il est donc conseillé de ne pas tenter de mettre en place un système complet de comptabilité sur la base des droits constatés, mais plutôt de renforcer les capacités du système comptable et des ressources humaines en commençant par mettre en place un *système de comptabilité en partie double sur la base encaissements-décaissements*, puis, éventuellement, un *système de comptabilité sur la base des droits constatés modifiée*. Grâce à l'expérience qu'elle aura acquise dans le cadre de la préparation des comptes par une méthode de comptabilité en partie double sur la base encaissements-décaissements, la collectivité locale aura alors beaucoup moins de difficulté à passer à des méthodes plus complexes.

Comptabilisation des coûts d'exploitation et d'entretien des immobilisations

La plupart des collectivités locales accordent une grande attention à leur budget d'investissement et à la création d'actifs ; elles ne portent souvent que très peu d'attention à la gestion du patrimoine. Si la création d'actifs est essentielle à la constitution des capacités dont ont besoin les collectivités locales pour fournir des services, il n'en demeure pas moins nécessaire d'entretenir et de remplacer ces derniers pour maintenir les capacités de services qui ont été mises en place. La gestion financière des collectivités locales doit donc faire une place suffisante à l'exploitation, à l'entretien et au remplacement des actifs qui ont été créés. Dans l'optique de la comptabilité, cela signifie que la municipalité doit constituer des provisions suffisantes pour financer les coûts de fonctionnement (sur la base des données générées par ses systèmes de contrôle des coûts) et l'amortissement de ses immobilisations. Le chapitre 6 examine la gestion du patrimoine en détail.

Carences des normes et des pratiques comptables

Si nul ne nie qu'il soit nécessaire de procéder à des réformes pour améliorer la qualité de la comptabilité des administrations municipales, un obstacle commun à ces réformes est l'absence de normes et de procédures comptables bien définies pour les collectivités locales dans la plupart des pays en développement. En règle générale, les normes et les procédures comptables sont conçues pour les administrations nationales, et les collectivités locales sont censées se conformer aux pratiques suivies par ces dernières. Dans ce cas, l'utilité que revêtent les normes pour les collectivités locales est souvent bien moindre parce que les normes en question ne sont pas vraiment adaptées à leurs besoins, en particulier dans des domaines comme la comptabilité des coûts de revient par service et par fonction locale, la comptabilisation de la facturation et du recouvrement des droits, redevances et commissions, les fonds de pension locaux, etc. Par conséquent, dans les pays où aucune norme ou procédure particulière n'a été définie pour la comptabilité des collectivités locales, il importe de déployer des efforts particuliers pour les établir en prenant en compte les besoins des administrations concernées. Remédier à ces carences en réformant le système comptable soulève de nombreuses difficultés, en particulier lorsqu'un système comptable automatisé remplace le système manuel.

Utilisation des informations comptables dans le cadre de la prise de décisions de gestion

Cette section examine l'utilisation des informations comptables pour appuyer les décisions de gestion. Certains des éléments examinés ici seront repris dans les chapitres qui suivent (notamment dans les chapitres 5, 6 et 8). Nous ne considérerons ici que la comptabilité des coûts de revient et certains outils d'analyse. La section présente les concepts de base de la comptabilité des coûts de revient, notamment les coûts standards, les centres de coûts, les coûts directs et indirects, l'évaluation des frais généraux et les coûts basés sur les activités. Certaines techniques perfectionnées de comptabilité de gestion, telles que l'analyse du seuil de rentabilité, sont rapidement présentées.

Comptabilité des coûts de revient et gestion des coûts

La comptabilité des coûts de revient fournit aux gestionnaires des informations essentielles qui les aident à la fois à prendre des décisions opérationnelles et à analyser l'efficacité de leurs opérations. En comptabilité des coûts de revient, les coûts de la fourniture de services sont gérés sur la base d'évaluations distinctes de chaque service, qui permettent aux gestionnaires d'assurer le suivi des coûts de la fourniture de services particuliers, tels que l'approvisionnement en eau, la gestion des déchets solides, le logement, l'éducation ou les soins de santé. La comptabilité des coûts de revient donne aux décideurs des informations pouvant être analysées et utilisées pour accroître l'efficacité des opérations.

Rôle et importance de la comptabilité des coûts de revient de la prestation de services. Si la comptabilité financière telle qu'elle a été examinée dans ce chapitre aide une entité à préparer les états financiers qui présentent une image globale de ses revenus et de ses dépenses et l'excédent ou le déficit qui en résulte, la comptabilité des coûts de revient aide cette même entité à se faire une idée précise des coûts sous-jacents qui sont pris en compte dans les rapports financiers globaux. Ces informations détaillées sur les coûts peuvent être employées pour maîtriser ces derniers et pour déterminer le niveau approprié des prix des produits et des services. Dans le cas des collectivités locales, les informations générées par la comptabilité des coûts de revient fournissent des indications précieuses au directeur financier, à l'administration municipale et aux responsables des services. Elles permettent à l'administration municipale de confirmer que les coûts peuvent être recouvrés et que la fourniture des services est réalisable, en comparant coûts d'exploitation et redevances dues.

Les informations produites par la comptabilité des coûts de revient aident le directeur financier à maîtriser les coûts et à accroître l'efficacité des opérations en réduisant les pressions sur le budget municipal et en évitant des mesures difficiles sur le plan politique, comme le relèvement du niveau des redevances et des taxes. Les systèmes de comptabilité des coûts de revient sont tournés vers l'avenir et aident donc les directeurs financiers à modéliser les coûts et les prix futurs et à analyser la situation financière de l'entité dans différents scénarios. Ces systèmes sont toutefois encore embryonnaires dans les collectivités locales de la plupart des pays en développement et il importe que les décideurs s'y intéressent. Par exemple, les systèmes de comptabilité des municipalités, qui sont basés sur la comptabilité de l'administration centrale ne permettent pas de comptabiliser les coûts particuliers des services de base, tels que les services d'eau, la gestion des déchets solides ou les transports publics. L'analyse présentée ci-après donne une vue générale de certains des concepts de coûts pertinents.

Techniques de base de la comptabilité des coûts de revient. Les systèmes de comptabilité des coûts de revient peuvent différer selon la nature des opérations des entités. La méthode du prix de revient du processus est adéquate pour les entités poursuivant des activités courantes sur une grande échelle (comme le font la plupart des services municipaux, de l'enlèvement des déchets solides à l'approvisionnement en eau et à la fourniture de services d'assainissement). En revanche, la méthode du prix de revient par commande est fréquemment employée dans le cas des entités assurant des services particuliers conçus pour des clients déterminés (par exemple des services de technologie d'information ou des travaux de construction). Bien que ces systèmes de comptabilisation soient utiles en eux-mêmes, ils présentent des carences, en particulier lorsque les coûts sont partagés (par exemple lorsque différentes directions ou différents processus utilisent le même service), et qu'il est donc difficile de répartir

exactement le coût des travaux et des processus. Ces carences ont donné lieu à la mise en place d'une *comptabilité par activité*.

Comptabilité par activité. Les systèmes de comptabilité par activité précisent les systèmes de comptabilité des coûts de revient en ciblant différentes activités en tant qu'objets fondamentaux des coûts. Une activité est une opération, une tâche ou une unité de travail ayant un but déterminé, par exemple l'enlèvement des déchets dans une section de la ville, l'enregistrement des naissances et des décès, etc. Les systèmes de comptabilité par activité calculent le coût de chaque activité et attribuent un coût par activité. Ils regroupent donc les activités en *groupes de coûts* et utilisent ces derniers pour imputer les coûts.

Par exemple, une administration municipale peut utiliser les mêmes véhicules, chargeuses, main-d'œuvre et matériels pour entretenir les parcs et les centres sportifs, les établissements sanitaires et scolaires. Elle peut donc constituer un *fonds d'entretien commun* et allouer le coût des véhicules (carburant, main-d'œuvre, réparations) en fonction de la distance en kilomètres parcourue. Elle peut allouer le coût des chargeuses et d'autres matériels en fonction du temps pendant lequel ils ont été utilisés dans le cadre de chaque projet de maintenance, dans les différents domaines. La logique de la comptabilité par activité est que les coûts sont généralement en fonction de leurs facteurs déterminants de sorte que leur allocation permet de mieux déterminer le coût des activités. Bien qu'un examen détaillé des techniques perfectionnées de la comptabilisation des prix de revient sorte du cadre de ce chapitre, il est important que les responsables des collectivités locales comprennent que de telles techniques existent et permettent de comptabiliser plus exactement le coût de la prestation des services. Ils peuvent ainsi contribuer à améliorer la qualité de la gestion des finances municipales.

Comptabilité par centre de coût et par centre de responsabilité. Comme indiqué précédemment, l'un des objectifs du système de comptabilité des coûts de revient est de décomposer les coûts d'un produit ou d'un service pour permettre aux gestionnaires de déterminer ceux qui peuvent être maîtrisés. Un coût non maîtrisable est un coût sur lequel le gestionnaire n'a aucun contrôle. Par exemple, dans le cas d'une administration municipale, les frais de bureau constituent un coût maîtrisable, mais les primes d'assurance des véhicules de la ville ne le sont pas parce qu'elles ne sont pas fixées par l'administration municipale. Les administrateurs pourraient néanmoins les réduire dans une certaine mesure en procédant à la sélection d'une compagnie d'assurance par voie d'appel à la concurrence.

Le concept de coûts et de dépenses contrôlables constitue la base du *système de comptabilité par centre de responsabilité*, dans le cadre de laquelle les gestionnaires sont responsables des coûts et des dépenses sur lesquels ils peuvent exercer un contrôle. Avant le début de chaque période de présentation des données, l'organisation formule des plans qui précisent les coûts ou les dépenses escomptés sur lesquels chaque administrateur exerce un contrôle. Ces plans sont qualifiés de *budgets par centre de responsabilité*. Le système de comptabilité par responsabilité cumule les coûts et les dépenses qui sont inclus dans des rapports présentés en temps opportun aux administrateurs sur les coûts dont ils assument la responsabilité. Il s'agit de rapports de performance, qui comparent les coûts et les dépenses effectifs aux montants inscrits au budget. Les administrateurs utilisent les rapports de performance pour centrer leur attention sur des coûts effectifs déterminés qui diffèrent des montants inscrits au budget et décident des mesures correctrices qui doivent être prises pour les réduire.

Techniques permettant de prendre des décisions de gestion efficace

La comptabilité est la langue de toute activité économique, mais elle revêt aussi de plus en plus d'importance pour la gestion des collectivités locales parce que ces dernières fournissent des services aux citoyens au moyen de ressources limitées. La mise en place de systèmes de comptabilité de base permet d'enregistrer et de compiler les données financières de manière efficace ; les données doivent être analysées, structurées et présentées de manière à être utiles à la prise de décision de gestion. Plusieurs techniques d'analyse financière aident les administrateurs à tirer des conclusions pertinentes. Ces techniques comprennent les analyses des ratios, les analyses des tendances, la modélisation financière, et le classement des projets d'investissement au moyen de techniques de budgétisation des investissements, l'analyse du seuil de

Graphique 3.6 Analyse du seuil de rentabilité

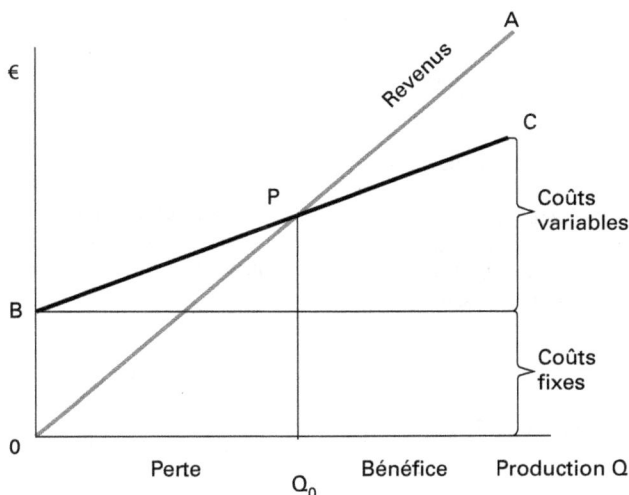

rentabilité et d'autres méthodes encore. Nous examinerons ici l'analyse du seuil de rentabilité, qui est l'une des techniques les plus simples pouvant être utilisée par pratiquement toutes les organisations. D'autres techniques sont considérées dans les chapitres 5 à 8.

Analyse du seuil de rentabilité. L'analyse du seuil de rentabilité fait appel à une technique couramment utilisée dans les entreprises, en particulier par les comptables chargés de la gestion de la production et de l'administration. Elle est utile pour décider s'il convient d'acheter du matériel et équipements, par exemple un compacteur, parce qu'elle permet de calculer dans quelle mesure l'opération est proche du seuil de rentabilité avec ou sans ce camion. L'analyse du seuil de rentabilité calcule tout simplement le niveau de services ou de production auquel le montant total des coûts variables et fixes est égal aux revenus, de sorte que l'entreprise ne réalise ni profit ni perte. Ce niveau est qualifié de *seuil de rentabilité.* Son calcul exige de procéder à une distinction soigneuse entre les coûts *variables* (qui changent avec les quantités produites) et les coûts fixes (qui ne sont pas directement liés aux quantités produites). Le calcul le plus simple du seuil de rentabilité est donné par la formule suivante :

Seuil de rentabilité = coûts fixes totaux /
(ventes - coûts variables).

Dans les collectivités locales, la planification financière revêt une importance majeure. L'analyse du seuil de rentabilité indique la mesure dans laquelle les revenus et les coûts varient en fonction de toute modification du niveau des services, c'est-à-dire l'effet exercé sur les revenus par une modification d'un service ou d'un ensemble de services. Dans l'idéal, l'objectif consiste à trouver le niveau de production auquel l'administration opère de manière rentable — c'est-à-dire le niveau de production auquel les recettes totales sont égales ou supérieures aux coûts totaux.

Les services municipaux sont censés chercher à recouvrer leurs coûts et non pas à dégager des recettes supplémentaires. Toutefois, opérer aux alentours du seuil de rentabilité peut créer le risque d'enregistrer un déficit et, donc, d'accroître la demande de subventions ou de compromettre la viabilité des services. L'analyse du seuil de rentabilité est donc également un outil utile pour mesurer les programmes qui peuvent s'autofinancer et ceux qui sont subventionnés ou ont besoin de l'être. En examinant la relation entre les coûts, le volume des services et les recettes, l'administration municipale est mieux placée pour prendre certaines décisions de planification. L'analyse du seuil de rentabilité peut également aider les administrateurs de la ville à prendre des décisions de location ou d'achat ou à traiter d'autres questions de gestion courante des affaires municipales.

Le graphique 3.6, qui décrit une analyse de seuil de rentabilité, indique les coûts C correspondant à différents niveaux de production, ainsi que la variation de revenus A provenant des ventes ou des redevances. L'intersection des deux droites représente le seuil de rentabilité auquel aucun bénéfice ni aucun déficit n'est enregistré. L'entité affiche donc des pertes tant que le volume de la production ou des ventes est inférieur à Q_0 et commence à enregistrer des recettes nettes lorsque ce volume dépasse Q_0. En effet, les services nécessitent toujours un investissement initial, qui engendre un coût fixe même en l'absence de toute production.

Présentation de rapports financiers

Cette section s'appuie sur l'analyse de la comptabilité présentée plus haut pour passer à la phase suivante qui consiste à utiliser les informations comptables pour établir des rapports financiers. Avant d'examiner la teneur et les techniques de préparation de ces rapports, nous considérerons l'importance qu'ils revêtent pour la transparence et la responsabilisation dans le secteur public. Nous examinerons également les rôles des participants dans le système de déclaration, notamment les échelons supérieurs des administrations, les ministères d'exécution, le parlement et autres organes législatifs, les institutions de contrôle, tel que le vérificateur général, et les citoyens eux-mêmes, ainsi que le rôle des rapports financiers en tant que moyen de communication avec les parties prenantes.

Établissement des rapports financiers : concepts et pratiques

L'établissement des rapports financiers permet de fournir une série consolidée d'informations à toute une gamme de parties prenantes souhaitant disposer d'informations sur une entité. Les rapports financiers sont un moyen de communiquer certains éléments aux utilisateurs des informations financières, qui peuvent leur servir à effectuer des choix entre différents emplois de ressources financières rares. L'objectif est essentiellement défini par les besoins et les intérêts de ces utilisateurs, qui n'ont pas la capacité requise pour collecter les informations nécessaires et qui doivent par conséquent, s'appuyer, du moins

en partie, sur les rapports financiers de l'entité. Ces rapports offrent également le moyen d'assurer le suivi de la performance (voir le chapitre 8). Les utilisateurs potentiels des rapports financiers et des informations qu'ils contiennent sont notamment :

- *Les investisseurs.* Les investisseurs des sociétés s'intéressent à la capacité de l'entité à générer des entrées nettes de liquidités parce que leurs décisions d'investissement sont liées aux montants et aux calendriers de ces flux de trésorerie ainsi qu'aux incertitudes dont ils sont entachés.

- *Créanciers.* Les créanciers fournissent les ressources financières nécessaires à une collectivité locale en lui prêtant des liquidités (ou d'autres actifs). Comme les investisseurs, les créanciers s'intéressent aux montants, aux calendriers et aux incertitudes des futurs flux de trésorerie de la municipalité. Pour un créancier, un emprunteur est une source de liquidités sous forme d'intérêts, de remboursements d'emprunts et de primes sur les titres de créances.

- *Fournisseurs.* Les fournisseurs fournissent des biens et services et non des ressources financières. Ils souhaitent évaluer la probabilité que les montants que leur doit la municipalité leur seront réglés lorsqu'ils deviendront exigibles.

- *Les employés.* Les employés fournissent des services à la municipalité, et souhaitent donc avoir des informations pour déterminer si celle-ci sera en mesure de continuer à verser les salaires et traitements et à fournir des paiements incitatifs, à financer les retraites et à assurer d'autres prestations.

- *Les citoyens.* Une municipalité est, pour ses citoyens, une source de services. Les citoyens souhaitent évaluer la capacité de la collectivité locale à continuer de fournir ces services, car ils ont une relation de longue durée avec la municipalité et dépendent d'elle pour obtenir ces services.

- *Les administrations, leurs agences et leurs organes réglementaires.* Les administrations et leurs agences ainsi que leurs organes réglementaires s'intéressent aux activités municipales parce qu'elles sont chargées, de diverses manières, de veiller à ce que les ressources économiques soient allouées efficacement. Elles ont également besoin d'informations pour faciliter la réglementation des activités, déterminer et appliquer les politiques fiscales et préparer les statistiques, notamment sur le revenu national.

Les catégories d'utilisateurs d'informations précédentes et leurs besoins sont les mêmes dans le secteur privé et dans le secteur public, bien que les types d'informations dont a besoin une administration municipale puissent différer de ceux qui sont nécessaires à une entreprise commerciale. Par exemple, l'administration nationale souhaitera savoir avec quelle efficacité la municipalité a utilisé les transferts intergouvernementaux pour répondre à ses besoins de développement, tandis que les citoyens pourront souhaiter obtenir des informations sur les fonds consacrés aux travaux de développement locaux.

Les rapports financiers ne sont que l'une des sources d'information sur la base desquelles les décisions peuvent être fondées. Les utilisateurs des rapports financiers doivent également considérer des informations pertinentes émanant d'autres sources, notamment la situation économique générale ou les anticipations en ce domaine, les événements et le climat politiques et les perspectives industrielles et commerciales.

Les utilisateurs des rapports financiers doivent également avoir conscience des caractéristiques et des insuffisances des informations qui sont présentées. Ces rapports sont, dans une large mesure, établis sur la base d'estimations et non pas de mesures exactes des effets financiers d'opérations et d'autres événements et circonstances sur les entités. Leurs utilisateurs doivent donc lire l'ensemble des états financiers, en particulier les notes et annexes qui décrivent les bases et les hypothèses des estimations.

Caractéristiques de bons rapports financiers

Selon le Financial Accounting Standards Board (FASB), les caractéristiques qualitatives indiquées ci-après sont nécessaires à l'établissement de bons rapports financiers (FASB 2000 ; Skousen *et al.* 2000) :

- *Pertinence.* Pour pouvoir appuyer utilement la prise de décision en matière d'investissement, de crédit et d'autres types d'allocation de ressources, les informations doivent être pertinentes pour ces décisions. Les informations pertinentes peuvent avoir un impact sur les décisions des utilisateurs

en les aidant à évaluer les effets d'opérations antérieures, présentes ou futures ou d'autres événements sur les futurs flux de trésorerie (*valeur de prédiction*) ou corroborer ou corriger leurs évaluations antérieures (*valeur de confirmation*). L'actualité des informations — c'est-à-dire leur mise à la disposition des décideurs avant qu'elles cessent de pouvoir avoir un impact sur les décisions — est un autre aspect de leur pertinence.

- *Représentation fidèle.* Pour pouvoir appuyer utilement la prise de décision en matière d'investissement, de crédit et d'autres types d'allocation de ressources, les informations doivent être une représentation fidèle des phénomènes économiques qui se produisent dans le monde réel et qu'elles sont censées décrire. Les phénomènes représentés dans les rapports financiers sont les ressources et les obligations économiques ainsi que les opérations et les autres événements et circonstances qui les modifient. Pour pouvoir représenter fidèlement ces phénomènes économiques, les informations doivent être vérifiables, neutres et complètes.

Être vérifiable signifie que différents observateurs informés et indépendants parviendraient à un consensus, mais pas nécessairement à un accord total, sur le fait

a) que les informations représentent les phénomènes économiques qu'elles sont censées décrire sans erreur ou distorsion importante (vérification directe) ; ou bien

b) que la méthode de détection ou de mesure retenue est appliquée sans erreur ou distorsion importante (vérification indirecte).

Pour être vérifiable, il n'est pas nécessaire que l'information soit une estimation ponctuelle. Il est également possible de vérifier un éventail de montants possibles et les probabilités correspondantes.

La neutralité s'entend de l'absence de biais ayant pour objet d'atteindre un résultat prédéterminé ou d'engendrer un comportement particulier. La neutralité est un aspect essentiel de la représentation fidèle parce que des informations présentées dans des rapports financés biaisés ne peuvent pas représenter fidèlement des phénomènes économiques.

L'exhaustivité signifie que les rapports financiers comprennent toutes les informations nécessaires à une représentation fidèle des phénomènes économiques que les informations sont censées décrire. Par conséquent l'exhaustivité, dans la limite de ce qui est important et faisable, compte tenu des coûts, est un aspect essentiel d'une représentation fidèle.

- *Comparabilité.* La comparabilité, y compris la cohérence, renforce l'utilité des informations présentées dans les rapports financiers pour la prise de décision en matière d'investissement, de crédit et autre type d'allocation de ressources. La comparabilité est la caractéristique des informations qui permet aux utilisateurs de détecter des similitudes et des différences entre deux séries de phénomènes économiques. La cohérence s'entend de l'utilisation des mêmes politiques et procédures comptables, que ce soit d'une période à une autre au sein d'une même entité ou durant une même période par différentes entités. L'objectif poursuivi est de pouvoir comparer les informations ; la cohérence est l'un des moyens permettant d'atteindre cet objectif.

- *Caractère compréhensible de l'information.* Une information compréhensible permet aux utilisateurs qui ont une connaissance raisonnable des activités commerciales économiques et de la comptabilité financière et qui étudient les informations avec une attention raisonnable, de comprendre ce qu'elle signifie. Les informations pertinentes ne devraient pas être exclues au seul motif qu'elles pourraient être trop complexes ou difficiles à comprendre par certains utilisateurs. Les informations sont d'autant plus faciles à comprendre qu'elles sont classées, caractérisées et présentées de manière claire et concise.

- *Importance.* Les informations sont importantes si leur omission ou leur présentation erronée peut avoir un impact sur les décisions d'allocation des ressources que les utilisateurs prennent sur la base des rapports financiers de l'entité. L'importance dépend de la nature et du montant de l'élément, jugé en fonction des circonstances particulières de son omission ou des erreurs commises dans sa présentation.

Encadré 3.8 PROOF — Campagne pour la transparence et la responsabilisation à Bangalore

La campagne axée sur la publication des opérations et des finances intitulée Public Record of Operations and Finance (PROOF) a été lancée à Bangalore (Inde) en juillet 2002 par quatre ONG — Public Affairs Centre, Janaagraha, Centre for Budget and Policy Studies, et Voices. PROOF est une campagne axée sur la transparence au niveau de la gouvernance municipale, conduite en étroit partenariat avec les collectivités locales pour permettre aux administrations et aux citoyens de collaborer et de veiller à ce que les ressources publiques soient consacrées à des biens publics.

PROOF exige que les finances municipales liées aux services publics soient publiées et examinées par des groupes organisés et par les citoyens. La campagne couvre trois grands domaines : l'obtention des états financiers trimestriels des administrations, la conception d'indicateurs de performance permettant d'évaluer les

opérations de la municipalité dans toute la ville, et les débats publics. Elle donne lieu, entre autres, à la comparaison de l'état des encaissements et des décaissements de la municipalité aux chiffres initiaux du budget et au bilan ainsi qu'à des informations détaillées sur les actifs circulants et les actifs à long terme, et sur les passifs à court et à long terme.

Des indicateurs de performance ont été initialement établis pour deux secteurs : l'éducation, dans le but d'évaluer la performance des établissements scolaires de Bangalore, et la santé, pour évaluer la performance des hôpitaux publics de la ville. Ces examens visaient à renforcer l'obligation de rendre compte de l'utilisation des ressources publiques et des résultats, à rapprocher les administrations et les citoyens et à établir des niveaux de référence pour formuler et modifier les priorités en matière de dépenses publiques.

Source : http://ww2.unhabitat.org/cdrom/TRANSPARENCY/html/2_6.html.

Un rapport financier doit comprendre toutes les informations qui sont importantes pour l'entité considérée — les informations non importantes peuvent, et devraient probablement, être omises. Inclure dans un rapport financier des informations non importantes peut avoir pour effet de faire perdre de vue des informations plus importantes et de réduire l'utilité du rapport pour la prise de décision.

- *Avantages et coûts.* Les avantages présentés par les informations contenues dans les rapports financiers doivent justifier le coût de leur fourniture et de leur emploi. Ces avantages comprennent l'amélioration des décisions en matière d'investissement, de crédit et d'autres types d'allocation de ressources et, par conséquent, une augmentation de l'efficacité du fonctionnement des marchés des capitaux et une diminution des coûts du capital pour l'ensemble de l'économie. Toutefois, l'établissement des rapports financiers et les normes de rapports financiers imposent des coûts directs et indirects aussi bien à ceux qui les préparent qu'à ceux qui les utilisent, ainsi qu'à d'autres groupes comme les auditeurs et les organes de réglementation. Les organismes de normalisation s'efforcent donc d'obtenir des informations auprès des préparateurs, des utilisateurs et d'autres groupes intéressés sur la nature et l'ampleur des avantages et des coûts des normes proposées, et ils examinent les informations qu'ils obtiennent dans le cadre de leurs délibérations.

Les états financiers en pratique — perspective stratégique

Les états financiers de toute organisation se composent des comptes des résultats, du bilan et des tableaux de flux de trésorerie. Nous avons présenté ces derniers dans le contexte de la comptabilité et nous allons maintenant les examiner dans un contexte stratégique.

Les collectivités locales préparent différents rapports à diverses fins pour différents auditoires :

Les rapports de gestion/rapports internes. Outre les états financiers annuels qui sont utilisés pour présenter les informations aux parties prenantes extérieures de la municipalité, il existe plusieurs formes de *rapports internes.* Différentes directions préparent des rapports financiers périodiques qu'elles soumettent au directeur financier et au maire pour examen interne (sur une base hebdomadaire, mensuelle et trimestrielle). La

collectivité locale prépare et soumet également des rapports aux échelons supérieurs des administrations sur l'emploi des transferts fiscaux et des autres ressources qu'elle a reçus. Ces rapports servent aux organismes de suivi et ne sont généralement pas communiqués à d'autres parties prenantes externes. L'encadré 3.8 récapitule le cas d'une campagne menée à Bangalore (Inde).

Présentation de rapports budgétaires. L'exécutif fait rapport au conseil municipal sur l'état d'avancement de l'exécution du budget durant l'exercice en lui présentant des rapports mensuels sur les montants inscrits au budget et les résultats obtenus, ainsi que des analyses des disparités. Ces rapports sont également des rapports internes qui aident le conseil municipal à déterminer si le budget approuvé est exécuté conformément au plan et si les recettes et les dépenses sont réalisées conformément aux projections budgétaires. Les rapports sur les programmes et les rapports sur la performance sont des variantes des rapports sur le budget. Les rapports sur les programmes décrivent l'exécution d'un programme particulier (par exemple la réhabilitation d'établissements scolaires). Les rapports sur la performance recensent les progrès accomplis par rapport au plan ou à des objectifs de performance quantitatifs (comme le recouvrement d'arriérés). Ces rapports sont examinés en détail au chapitre 8.

Rapports des citoyens. Les citoyens constituent l'un des plus importants groupes de parties prenantes et ont grand intérêt à être au courant de la situation de leurs collectivités locales. Par exemple, avec quelle efficacité l'administration municipale assure-t-elle la prestation de services et utilise-t-elle ses ressources (y compris les impôts collectés) pour le développement de la communauté ? Il est toutefois très souvent difficile aux citoyens de comprendre les états financiers officiels et les rapports d'audit préparés par des spécialistes. Pour remédier à ces difficultés, les tenants de la responsabilité sociale, comme certaines organisations civiques, commencent à encourager les municipalités à simplifier leurs états financiers complexes. L'encadré 3.8 décrit brièvement le cas de l'initiative pour la transparence PROOF en Inde. L'organisation diffuse des brochures, des notes et des pamphlets rédigés en des termes non techniques et sous une forme facile à comprendre (graphiques, pictogrammes et simples tableaux présentant les chiffres essentiels). Des initiatives similaires sont menées dans des pays comme le Népal et le Ghana.

Encadré 3.9 Loi sur la gestion des finances municipales en Afrique du Sud

Le Trésor national sud-africain (National Treasury of the Government of South Africa) a contribué de manière cruciale à l'adoption de réformes de gestion financière à l'échelle des administrations publiques depuis 1994, et au niveau des collectivités locales depuis 1996. Cette initiative a été exécutée par le biais de la loi sur la gestion des finances municipales appelée Municipal Finance Management Act n° 56 de 2003 (MFMA), qui repose sur la loi annuelle dite Division of Revenue Act. Ces textes de loi cadrent avec d'autres textes se rapportant aux collectivités locales, telles que le Structures Act, le Systems Act, et le Property Rates Act et leurs réglementations, pour former un ensemble cohérent.

Les principaux objectifs du Trésor national consistent à assurer une gestion solide et durable des affaires financières des administrations publiques — nationales, provinciales et locales. Pour cela, il procède à des interventions réglementaires, publie des manuels, des directives, des circulaires, organise des ateliers, des séminaires, des formations, des programmes de stage, et apporte un soutien direct aux municipalités. Le Trésor national a formulé une stratégie de soutien financier et technique fourni par étapes aux collectivités locales, basée sur le MFMA, qui

comprend des dons conditionnels, des subventions, des directives techniques, des conseils stratégiques et le placement de conseillers internationaux auprès de certaines municipalités. Cette stratégie prend en compte le fait que toutes les municipalités n'ont pas les mêmes capacités pour mettre en œuvre les réformes, et qu'il est nécessaire de renforcer les institutions, les capacités municipales et d'améliorer la consultation, l'établissement des rapports, la transparence et la responsabilisation au niveau municipal.

Le MFMA vise à moderniser les pratiques budgétaires et comptables et la gestion financière, et à placer les finances des collectivités locales sur une solide base afin d'accroître le plus possible la capacité des municipalités à fournir des services. Il vise également à mettre en place un solide cadre de gouvernance financière en précisant et en séparant les rôles et les attributions du conseil, du maire et d'autres responsables. Le MFMA doit être respecté en vertu de la constitution nationale, qui oblige les trois échelons de l'État à faire preuve de transparence au niveau de leurs affaires financières. Il fait aussi partie intégrante du train de réformes plus général décrit dans le livre blanc de 1998 sur les collectivités locales intitulé *White Paper on Local Government*.

Source : http://mfma.treasury.gov.za/Pages/Default.aspx.

Types de présentation de rapports sur les finances municipales

Cette section récapitule les rapports financiers préparés dans le contexte de la stratégie des administrations municipales. Elle met l'accent sur le contenu de ces rapports comme les encaissements, les décaissements, les actifs et les passifs ainsi que les formats et les normes employés. Elle examine les bonnes pratiques de la présentation de rapports financiers municipaux, et notamment leur lien avec les rapports sur la performance (examinés plus en détail au chapitre 8). Certains problèmes auxquels sont confrontées les collectivités locales des pays en développement dans le cadre de la préparation d'états financiers complets sont également considérés.

Formats et normes des rapports financiers des administrations municipales — exemples de bonnes pratiques

Aux États-Unis, le Government Accounting Standards Board (GASB) définit les normes de présentation de l'information financière par les administrations municipales. En juin 1999, le GASB a publié la directive 34 intitulée « Basic Financial Statements — and Management Discussion and Analysis — for State and Local Governments » (GASB 1999) qui est consacrée aux états financiers de base des administrations des États et des collectivités locales et à leur analyse. GASB 34 a nettement modifié la forme et le contenu des rapports financiers des collectivités locales. Elle est la résultante d'un effort systématique déployé par les organismes de normalisation du pays pour pleinement satisfaire aux besoins des utilisateurs des états financiers.

L'encadré 3.9 décrit la manière dont les autorités sud-africaines ont réalisé d'importants progrès dans le cadre de la normalisation des rapports financiers municipaux.

Chaque collectivité locale prépare deux états financiers à l'échelle de l'administration, le *relevé des actifs nets et le relevé des activités*, qui intègrent les recettes et les dépenses des activités administratives, comme indiqué précédemment. Ces relevés fournissent une image détaillée des encaissements et des décaissements de la collectivité locale dans son ensemble.

Les états financiers des fonds fournissent des informations détaillées sur certaines activités économiques réalisées par une collectivité locale, comme indiqué précédemment et ainsi que décrit dans le tableau 3.23. Ces activités sont regroupées et présentées dans les états financiers de huit fonds différents. Par exemple, le *fonds des entreprises* enregistre les recettes et les dépenses ayant trait à toute opération de type commercial (par exemple les services d'approvisionnement en eau et les services d'égout ou les services d'autobus locaux) gérée par une administration municipale et donnant lieu au prélèvement de redevances auprès des usagers ou de charges. Il existe, de même, des *fonds fiduciaires*, des *fonds d'agence*, des *fonds de revenus spéciaux* et le *fonds de pension*, qui est un fonds fiduciaire géré en dehors du budget municipal.

L'analyse de gestion est un élément unique des obligations imposées dans le cadre de l'établissement des rapports par GASB 34. Elle présente une analyse des activités de l'administration pendant tout l'exercice ainsi que les chiffres et les résultats figurant dans les états financiers. Elle contient une analyse des activités financières de l'administration sur la base des faits connus, des décisions ou des conditions en vigueur, et elle aide les utilisateurs à déterminer si la situation financière de l'administration s'est améliorée ou s'est dégradée durant l'exercice.

Liens entre les rapports sur la performance et les rapports financiers

Il est important de ne pas oublier que les finances ne constituent qu'un seul aspect des responsabilités et de la performance d'une collectivité locale. Les rapports sur les activités d'une collectivité locale doivent donc également comprendre des informations sur sa performance dans le cadre de la poursuite de ses objectifs et de la réalisation de ses programmes de développement. L'importance d'une conception des activités des administrations publiques axée sur les résultats est désormais reconnue dans le monde entier, et plusieurs initiatives de présentation de rapports sur la performance ont été lancées. Par exemple, l'initiative de présentation de rapports sur les efforts et les accomplissements (Efforts and Accomplishments reporting) du GASB aux États-Unis vise à mettre en place des normes pour l'établissement de rapports financiers sur la performance parallèlement aux normes de l'établissement des rapports financiers par les collectivités locales. Elle a pour objectif d'aider les utilisateurs des informations (y compris les citoyens, les législateurs des États, les membres des conseils municipaux et d'autres personnes intéressées) à évaluer l'efficacité des services fournis par les administrations et à déterminer l'efficacité avec laquelle ces dernières atteignent leurs objectifs et leurs buts. Le chapitre 8 examine la mesure de la performance plus en détail.

Audit

L'audit contribue à veiller à ce que les fonds ne fassent pas l'objet de fraude, de gaspillage et d'abus ou que les informations présentées dans les rapports soient entachées d'erreurs. Les audits réalisés dans le secteur public permettent également d'assurer que l'entité poursuit ses activités conformément aux règles et aux procédures agréées de gestion des finances publiques. Sans entrer dans les détails techniques du processus d'audit, cette section examine l'utilisation des rapports d'audit en tant qu'instruments de responsabilisation, les différents types d'audit et leurs relations, et les modèles d'audit dans le secteur public. Elle examine également la signification des avis des auditeurs, les différentes catégories d'opinions des auditeurs et les normes d'audit.

Audit — concepts et pratiques de base

L'audit est un processus systématique consistant à obtenir et à évaluer de manière objective des faits concernant les assertions relatives aux actions et aux phénomènes économiques. Il consiste en une série d'étapes successives, donnant lieu notamment à l'évaluation des contrôles internes et à la vérification de la teneur des opérations et des soldes. L'auditeur communique les résultats de ses travaux aux utilisateurs intéressés par le biais de son rapport d'audit. Ses conclusions sont exprimées sous la forme d'une opinion concernant la justesse avec laquelle les états financiers présentent la situation financière de l'organisation, ses résultats d'exploitation et ses flux de trésorerie.

Dans le secteur privé, l'audit a essentiellement pour objet d'assurer que les états financiers publiés par une entreprise reflètent réellement sa situation financière. Dans le secteur public, d'autres objectifs sont tout aussi importants, notamment la vérification du respect des règles et des procédures établies pour les dépenses publiques ; ils sont donc inclus dans le champ d'application de l'audit qui vise également à vérifier que les ressources publiques ne sont pas utilisées de manière inadéquate ou détournées.

Types d'audits

Un audit financier est une évaluation indépendante rétrospective réalisée aux fins de vérifier la justesse, l'exactitude et la fiabilité des données financières. Les audits financiers visent à déterminer si les états financiers préparés par une entité donnent une image fidèle de la situation financière de cette entité. Les auditeurs examinent le traitement comptable des diverses opérations enregistrées dans les états financiers de l'entité et ils déterminent si les informations divulguées correspondent à l'opération sous-jacente. Il s'agit là de la forme d'audit la plus courante.

Un audit de conformité a pour objet de déterminer si l'entité applique certaines règles et procédures concernant l'utilisation des fonds. Ce type d'audit est généralement réalisé dans le cadre du secteur public, de sorte que l'auditeur vérifie le respect par l'entité des règles et des procédures de gestion financière établies par l'État.

Un audit de gestion est une évaluation prospective, indépendante et systématique des activités de l'organisation préparée dans le but de l'aider à atteindre ses objectifs. Un audit de gestion est également qualifié d'« audit de performance ». Il évalue la performance de l'organisation par comparaison aux plans établis et il analyse les raisons de toute divergence au niveau des performances dans le but d'en tirer des enseignements pour l'avenir.

L'auditeur communique ses conclusions dans son *rapport d'audit*. Ce rapport est le point culminant du processus d'audit, et la *présentation d'une opinion d'audit* est l'objectif ultime de l'auditeur. Le rapport d'audit décrit de manière concise la responsabilité de l'auditeur,

la nature de son examen et ses conclusions. La forme du rapport est normalisée dans de nombreux pays.

Le paragraphe d'introduction identifie les états financiers couverts par le rapport d'audit et établit une distinction nette entre la responsabilité de la direction qui couvre la préparation des états financiers et la responsabilité de l'auditeur qui consiste à exprimer une opinion sur lesdits états financiers. Le paragraphe relatif à l'étendue de l'audit indique si l'audit a été réalisé conformément à des principes d'audit agréés. Le paragraphe d'opinion présente les conclusions de l'auditeur.

À titre d'exemple, un rapport d'audit publié par le cabinet KPMG pour la ville de Roanoke, dans l'État de Virginie (États-Unis), décrit la structure, les éléments détaillés et la couverture du rapport d'audit ainsi que les messages et les questions examinés avec la direction. Il fait état d'une conclusion intéressante :

> La Ville calcule son allocation au titre des sommes à recevoir irrécouvrables sur la base de données historiques et d'une analyse de compte spécifique. Nous avons évalué les facteurs déterminants et les hypothèses principales utilisées pour établir cette allocation, notamment la possibilité de l'existence d'un biais de la part de la direction dans le cadre de l'établissement de l'estimation, et nous avons déterminé que le montant de l'allocation au titre des sommes à recevoir irrécouvrables au 30 juin 2011 était raisonnable au regard des états financiers de la ville. (Roanoke City Department of Finance reports 2011, http://www.roanokeva. gov/85256A8D0062AF37/CurrentBaseLink/ N27W8PBL294LGONEN)

Nous pouvons tirer deux conclusions de ce paragraphe : premièrement, la ville procède à une analyse approfondie et formule certaines hypothèses pour estimer les sommes à recevoir irrécouvrables (arriérés). Deuxièmement, les données sources, la procédure d'analyse, et les hypothèses ont été jugées adéquates par l'auditeur.

Types d'opinion d'audit et signification de ces opinions

Une fois achevés ses travaux d'audit sur le terrain, l'auditeur doit décider s'il peut émettre ou non une opinion. S'il juge que cela ne lui est pas possible, il doit clairement indiquer *l'impossibilité de formuler une opinion* et expliquer les raisons de cette impossibilité. S'il présente une opinion, l'auditeur doit décider s'il formule une *opinion sans réserve*, une *opinion avec réserve* ou une *opinion défavorable*.

Opinion sans réserve. Une opinion d'audit sans réserve exprime l'avis de l'auditeur que les états financiers donnent une image fidèle de la situation financière de l'entité.

Opinion avec réserve. L'auditeur exprime une opinion avec réserve si les états financiers contiennent des différences importantes par rapport aux normes et pratiques comptables agréées. Ces différences sont considérées importantes lorsqu'elles peuvent avoir un impact sur les conclusions tirées par les utilisateurs des états financiers.

Opinion défavorable. Une opinion défavorable est émise lorsque les états financiers contiennent des différences graves par rapport aux normes comptables agréées. Lorsqu'il émet une opinion défavorable, l'auditeur indique que les états financiers ne donnent pas une image fidèle de la situation financière de l'entité et des résultats de ces opérations, conformément aux normes et principes comptables.

Les normes et pratiques décrites précédemment pour l'établissement des rapports d'audit et la formulation des opinions d'audit ne sont pas appliquées dans le secteur public de nombreux pays en développement. Les audits ne sont pas basés sur les risques, et les conclusions des auditeurs n'établissent pas de distinction entre les conclusions importantes et les conclusions non importantes. L'auditeur énumère simplement ses *observations* sous forme de *paragraphes d'audit* ou de *questions d'audit* et les soumet à l'entité auditée à l'issue de travaux sur le terrain. Ceci est considéré constituer un *rapport d'audit préliminaire* et l'entité auditée est censée fournir des réponses pertinentes aux questions soulevées dans l'audit dans les délais impartis. Si l'auditeur est satisfait par les réponses fournies, les paragraphes d'audits ou les questions de titres sont supprimés, et un rapport d'audit final est préparé et soumis à l'entité auditée. Dans ce système, l'auditeur n'exprime pas d'opinion sur les états financiers de l'entité, mais procède en fait à une vérification intégrale de toutes les opérations financières sous l'angle financier et du respect des règles.

Pratiques d'audit municipal

Cette section examine le rôle des audits réalisés au niveau des collectivités locales compte tenu des questions particulières auxquelles sont confrontés les pays en développement. Elle met l'accent sur les carences des systèmes d'audit du secteur public dans les pays en développement, les obstacles à la réalisation d'audits réguliers et en temps opportun et sur le rôle des institutions supérieures d'audit (ISA).

Outre qu'ils fournissent d'importantes informations en retour aux responsables municipaux sur la qualité de la gestion des finances municipales, les audits extérieurs contribuent dans une mesure importante à renforcer la responsabilisation des administrations municipales. On a toutefois pu constater, dans la plupart des pays en développement, que les audits ne jouent pas toujours le rôle essentiel qu'ils sont censés avoir pour diverses raisons.

Audits réalisés en retard

Dans la plupart des pays en développement, les entités publiques comme les institutions supérieures d'audit ou le bureau du vérificateur général procèdent à l'audit des municipalités. Ces organismes sont souvent chargés d'auditer un grand nombre de ministères, de directions, d'entités de l'administration centrale et d'administrations provinciales. Ils accordent donc une priorité moins élevée aux audits des administrations municipales qui sont souvent réalisés longtemps après la clôture de l'exercice. En fait, dans un nombre relativement élevé de cas, ces audits sont effectués après plusieurs années.

Audit du respect des normes et des procédures

Les audits extérieurs réalisés par les auditeurs du secteur public sont souvent des audits de conformité dans le cadre desquels les auteurs vérifient si les dépenses de l'entité ont été effectuées conformément aux règles et aux procédures des administrations publiques. Bien qu'il soit important de procéder à une telle vérification, il importe aussi d'auditer les administrations municipales pour fournir des assurances sur leurs états financiers, en particulier lorsque ces administrations prévoient d'emprunter ou d'émettre des titres de créances. Les citoyens qui dépendent de ces administrations et d'autres parties prenantes, comme les prêteurs, veulent avoir une idée de la qualité de la gestion financière de la municipalité. Ils comptent sur les audits externes annuels pour leur

Encadré 3.10 Recours à des auditeurs du secteur privé pour procéder à l'audit des collectivités locales au Bangladesh

Le Bangladesh compte environ 4 500 collectivités locales rurales (appelées « union parishads »). Dans le cadre de la politique qu'elles ont adoptée pour habiliter les collectivités locales, les autorités du Bangladesh, avec l'appui de la Banque mondiale, ont mis en place un système de dotations globales aux « union parishads » en 2006. En raison de l'accroissement des ressources financières revenant à ces dernières, l'administration centrale tenait absolument à ce que des audits financiers soient effectués de manière régulière et en temps opportun. Toutefois, le contrôleur et vérificateur général (comptroller and auditor general — C&AG), qui est investi par la constitution de la mission de procéder aux audits externes des institutions du secteur public au Bangladesh, n'avait pas les capacités requises pour procéder à des audits

externes annuels des 4 500 union parishads dans les conditions voulues.

La formulation d'une *stratégie d'audit* a contribué à remédier à ce problème en donnant lieu à la formation d'un partenariat public-privé entre le C&AG, le ministère des Gouvernements locaux et l'institut des experts-comptables du Bangladesh. Ce dernier a été chargé de procéder aux audits extérieurs annuels tandis que le C&AG procède à l'assurance de la qualité du processus d'audit. Grâce à cette approche novatrice, les audits externes annuels des union parishads sont achevés dans un délai raisonnable après la clôture de l'exercice, et les rapports d'audit sont mis à la disposition des collectivités locales et de leurs parties prenantes, ce qui renforce le cadre de la responsabilisation locale.

Source : Banque mondiale 2011.

fournir les assurances nécessaires. Les administrations municipales devraient donc faire l'objet à la fois d'audits financiers et d'audit de conformité, réalisés conjointement ou séparément.

Manque de capacités

Les organismes d'audit du secteur public ont souvent des capacités insuffisantes, au niveau des qualifications comme à celui des effectifs, ce qui contribue également aux carences des audits des administrations municipales. Ils procèdent aussi en général à des audits de conformité, de sorte qu'ils peuvent avoir des difficultés à réaliser des audits financiers avec les connaissances et les compétences dont ils disposent. Comme ces organismes sont fréquemment chargés de procéder à l'audit de nombreuses administrations opérant à des échelons supérieurs, il leur est souvent difficile de programmer des audits municipaux dans des délais raisonnables après la clôture de l'exercice. Il serait possible de remédier à ce problème en demandant à des auditeurs du secteur privé de participer à des audits extérieurs des administrations municipales, comme au Bangladesh (voir l'encadré 3.10). Cette pratique a donné de bons résultats dans plusieurs pays, mais n'est guère répandue. Les administrations et les

instituts supérieurs d'audits devraient formuler des politiques et des cadres (et notamment des normes d'audit pour les municipalités) visant à faciliter la participation des auditeurs du secteur privé.

Suites données à l'audit

Les suites données à un audit sont un élément essentiel du processus. Dans la *lettre à la direction*, l'auditeur indique les points spécifiques auxquels l'administration de la ville doit remédier pour améliorer la qualité de la gestion financière et des rapports. Les membres du corps exécutif de la ville doivent répondre aux observations de l'audit avec diligence et avoir remédié aux défaillances indiquées à la date de l'audit suivant. Dans le secteur public, cela n'est pas fréquemment pas le cas. En effet, les responsables considèrent souvent que les audits sont une critique de leurs actions et ne veulent pas admettre qu'ils avaient tort. En l'absence de normes d'audit du secteur public clairement établies dans de nombreux pays en développement, les auditeurs peuvent formuler des observations d'audit sans comprendre la nature et le contexte d'une action administrative. Il est alors difficile aux membres du corps exécutif de répondre aux questions de l'auditeur de manière satisfaisante, et certaines questions restent en suspens pendant des mois ou même des années.

Certains pays en développement ont adopté la pratique des *conférences d'audit*, dans le cadre desquelles l'auditeur, la ville qui fait l'objet de l'audit et le ministère d'exécution pertinent se réunissent pour examiner les observations de l'audit et résoudre les questions de manière concertée. Ce processus permet de parvenir plus promptement à une solution et renforce l'importance de la fourniture par les administrateurs municipaux d'une réponse rapide aux observations d'audit. Dans de nombreuses collectivités locales, les audits sont traités par les membres du corps exécutif, et le conseil municipal n'est pratiquement pas impliqué. Il importe que cela change ; le conseil devrait être au courant des observations de l'audit et avoir pour priorité de veiller à ce que les membres du corps exécutif prennent des mesures rapidement pour remédier aux problèmes. Il est souhaitable, pour renforcer la responsabilisation sociale, de communiquer les observations d'audit et les mesures prises pour résoudre les problèmes aux citoyens et aux autres parties prenantes en les publiant sur le site web de la municipalité ou en les affichant sur des panneaux d'affichage public.

Principaux messages

Les budgets sont formulés à partir d'informations financières et non financières et déterminent la manière dont les services locaux seront fournis et financés durant l'exercice. Le budget est souvent une ordonnance locale ou un règlement approuvé par le conseil ou un organe équivalent d'une collectivité locale. Il constitue un instrument d'orientation, de financement, d'exécution, de suivi et d'évaluation qui permet de répartir les fonds, d'attribuer les responsabilités et d'entraîner la poursuite d'actions par des entités et des personnes au niveau local en vue d'atteindre les objectifs fixés.

Les carences de la budgétisation dans les pays en développement tiennent notamment à la formulation de plans et d'estimations irréalistes, à l'insuffisance de la présentation d'informations à jour, à la fixation d'objectifs pour des raisons démagogiques et au gonflement des cibles de recettes. Les lacunes au niveau de l'exécution sont, notamment, les dépassements de dépenses, les retards d'exécution, les éléments mal définis et les déficits persistants.

Le système de comptabilité a principalement pour rôle de fournir et d'enregistrer des informations à jour et exactes sur les recettes, les dépenses, les actifs et les passifs de manière à informer les parties prenantes des sources et des emplois des ressources financières. Les principaux types de comptabilité sont la comptabilité financière, la comptabilité des coûts de revient, la comptabilité de gestion et la comptabilité fiscale. Les systèmes comptables recouvrent la comptabilité en partie simple, la comptabilité en partie double ainsi que les systèmes sur la base des encaissements-décaissements, sur la base des droits constatés, ou sur une base associant certains aspects de ces deux systèmes.

Le système le plus perfectionné est le système de comptabilité en partie double sur la base des droits constatés, mais le système de comptabilité en partie double sur la base encaissements-décaissements est une option plus réaliste dans le cas des collectivités locales des pays en développement. La comptabilité des coûts de revient et la comptabilité des fonds sont des systèmes complexes qui fournissent des informations plus précises sur certaines activités et fonctions essentielles et, en fin de compte, sur l'efficacité générale de la collectivité locale.

Les systèmes de comptabilité (et de gestion de l'information) informatiques sont des solutions pratiques dans le cadre desquelles chaque opération est entrée une seule fois, après quoi elle est automatiquement enregistrée dans différents comptes, journaux et grands livres. Les systèmes informatisés sont généralement plus exacts que les systèmes manuels. Ils déplacent en outre la majeure partie de l'effort comptable de l'enregistrement des opérations à la fourniture d'informations à jour et structurées à ceux qui en ont besoin, notamment le maire et les membres de l'exécutif, le conseil et les citoyens.

Les rapports financiers sont des instruments de communication et de contrôle essentiels pour les collectivités locales. Les trois principaux rapports financiers externes sont le bilan d'activité, l'état de la situation financière et le tableau des flux de trésorerie. De nombreux autres rapports sont utilisés en interne, notamment le budget/le compte de résultat, la balance de vérification, le registre des actifs et les rapports sur l'entretien et les centres de coûts. Les rapports comptables et financiers sont souvent réglementés par les institutions nationales qui prescrivent les formats types et les procédures à suivre.

Les rapports financiers font l'objet d'audits qui consistent à collecter et à évaluer de manière systématique les informations sur les opérations financières et les rapports financiers. Les trois principaux types d'audit sont l'audit financier, l'audit de conformité et l'audit de gestion. Les résultats sont présentés dans un rapport d'audit, qui peut comprendre une opinion sans réserve, une opinion avec réserve ou une opinion défavorable de l'auditeur.

Le rapport d'audit fournit d'importantes informations en retour aux administrateurs et peut demander que des mesures correctives soient prises. Un rapport d'audit favorable fournit aux parties prenantes extérieures l'assurance que les rapports financiers donnent une idée juste de la situation financière de la collectivité locale. Cela est crucial pour les investisseurs et pour les créanciers. Les collectivités locales des pays en développement sont souvent auditées par les auditeurs publics qui s'intéressent plus particulièrement au respect des règles du secteur public qu'à la qualité des finances, de sorte qu'il est nécessaire de procéder à de simples autoévaluations pour rendre compte de l'utilisation des ressources publiques.

Bibliographie

FASB (Financial Accounting Standards Board). 2000. *Statement of Financial Accounting Concepts*. Norwalk, CT: FASB; www.fasb.org.

Franke, Richard W. 2007. "Local Planning: The Kerala Experiment." In *Real Utopia: Participatory Society for the 21st Century*, edited by Chris Spannos, 130–35. Oakland, CA: AK Press.

Freeman, Robert J., and Craig D. Shoulders. 2000. *Governmental and Non-Profit Accounting*. Saddle River, NJ: Prentice Hall.

GASB (Government Accounting Standards Board). 1999. "Statement #34. Basic Financial Statements and Management Discussion and Analysis for State and Local Governments." www.gasb.org.

Lee, Robert E., and Ronald D. Johnson. 1998. *Public Budgeting Systems*. Gaithersburg, MD: Aspen Publishers.

Mikesell, John. 2011. *Fiscal Administration*. Boston: Wadsworth.

NACSLB (National Advisory Council on State and Local Budgeting). 2000. "Recommended Budget Practices: A Framework for Improved State and Local Government Budgeting, NACSLB." Government Finance Officers Association, www.gfoa.org.

Serageldin, Mona, et al. 2005. *Assessment of Participatory Budgeting in Brazil*. Washington, DC: Inter-American Development Bank.

Skousen, Fred, Earl K. Stice, and James D. Stice. 2000. *Intermediate Accounting*, 14th ed. Cincinnati, OH: South-Western College Publishing.

World Bank. 2011. "Progress Report on Bangladesh Local Government Support Project." World Bank, Washington, DC.

CHAPITRE 4

Gestion des recettes locales

Maria Emilia Freire et Hernando Garzón

Sur certains points importants, une collectivité locale ressemble à une entreprise. Elle fournit des services à ses clients-résidents. En contrepartie, les résidents doivent payer pour les services dont ils bénéficient (Bird 2011). Mais la manière de faire payer les résidents pour ces services est très variable. Si les redevances d'usagers facturées pour l'eau et l'énergie semblent être le moyen le plus évident, il en existe beaucoup d'autres. Par exemple, un marchand qui veut vendre des fruits sur un marché doit verser un droit de place à la municipalité pour l'emplacement et pour les infrastructures mises à disposition. Lorsque vous utilisez le trottoir pour entreposer des matériaux de construction destinés à votre maison, vous payez une taxe d'encombrement qui dédommage les riverains et les autres piétons pour la gêne occasionnée. Ces prélèvements sont appelés « taxes pour service rendu », c'est-à-dire que les citoyens payent pour les bénéfices ou les services qu'ils reçoivent. Ils espèrent que ce qu'ils versent est en rapport avec le coût des prestations fournies[1].

Néanmoins, la plupart des services municipaux ne sont pas vendus et facturés comme l'eau et l'énergie. Les collectivités locales fournissent des services, tels que la protection policière, la sécurité civile, le nettoiement des rues, l'éclairage public, les parkings gratuits, et même des logements pour les populations défavorisées et des prisons pour les délinquants. On les qualifie de *biens publics* non seulement parce qu'ils profitent à l'ensemble de la collectivité, mais parce que personne ne peut logiquement être exclu de leur utilisation, et que leur consommation par un individu n'altère pas la capacité d'un autre individu à en bénéficier (p. ex. la défense nationale, les parcs, l'éclairage public). Ils doivent donc être payés au moyen d'impôts qui témoignent du consentement de la collectivité à financer ces services et (en principe) les bénéfices que les individus en retirent. Dans le cas présent — celui de biens dont l'usage ne peut être régulé par des mécanismes de tarification normaux — les impôts locaux (pour service rendu) constituent le mode de financement le plus approprié.

Les sources de recettes des collectivités locales diffèrent d'un pays à l'autre, mais elles comprennent généralement les prélèvements fiscaux, les redevances d'usagers et les transferts « intergouvernementaux » (transferts de l'État ou d'autres échelons supérieurs aux collectivités locales). À ces recettes peuvent venir s'ajouter les produits de placements, les ventes de biens fonciers, et les licences et permis. Parmi les prélèvements fiscaux, les impôts fonciers et les impôts sur les entreprises sont probablement les plus employés par les collectivités locales dans le monde entier. D'autres impôts locaux peuvent exister, sur les revenus, sur les ventes en général, sur la vente de certains produits (taxes sur les carburants, l'alcool, le tabac, taxe de séjour, ou encore taxe sur l'immatriculation des véhicules), ou encore sur les mutations foncières. Souvent, ces impôts sont collectés au niveau de l'État et partagés avec les différents échelons de collectivités locales suivant des formules prédéfinies : on parle d'« impôts partagés ». Pour répondre aux besoins de biens d'équipement, certaines municipalités font payer aux promoteurs immobiliers une contribution aux dépenses d'aménagement foncier, sous la forme de participations d'urbanisme ou de « taxes de valorisation ». Une taxe sur les plus-values foncières est parfois perçue pour financer les infrastructures.

Le chapitre 4 explore les différents aspects de la gestion des recettes des collectivités locales. Il répond aux questions soulevées aux premiers chapitres, en étudiant notamment comment les collectivités locales devraient financer les missions qui leur sont dévolues et quels instruments sont les mieux adaptés à l'échelon local. Les collectivités locales sont aujourd'hui de plus en plus sollicitées, c'est pourquoi il est vital pour elles d'être capables de générer des recettes locales en complément d'autres ressources afin d'assurer la bonne fourniture des services et de maintenir leur équilibre budgétaire.

Ce chapitre passe en revue les impôts locaux, les redevances d'usagers et les autres recettes locales — ce que l'on appelle généralement les « recettes propres ». La capacité à collecter ses propres recettes est l'un des signes et des facteurs les plus importants de l'autonomie, de la transparence et de l'indépendance d'une collectivité locale. Ainsi que nous l'avons vu au chapitre 1, les transferts, les dotations et les emprunts jouent un rôle essentiel dans le financement de la plupart des municipalités. Les emprunts et les autres formes de financements par voie d'endettement sont examinés au chapitre 7, avec les modalités de financement des programmes d'amélioration des équipements.

Le financement de la ville et la recherche du bon impôt local

Les villes collectent des recettes afin de fournir des services et de remplir leurs missions publiques. Mais quelle quantité de recettes doivent-elles recueillir au niveau local ? La question est complexe. Pour les collectivités locales, la charge d'assurer des services à leurs administrés et le pouvoir de récolter des fonds sont deux fonctions étroitement imbriquées qui doivent être en harmonie. Comme il a été dit au chapitre 1, une règle importante de la décentralisation fiscale est que les finances doivent suivre les fonctions (Bahl 2002), c'est-à-dire que les collectivités locales doivent avoir accès aux ressources nécessaires pour financer les services publics qu'elles sont chargées d'assurer. Dans la réalité toutefois, il est beaucoup plus facile de décentraliser les dépenses que les recettes, et les collectivités locales ont souvent besoin de financements des échelons territoriaux plus élevés ou du secteur privé pour combler les lacunes.

Le rôle des recettes locales — Vue générale

La manière dont les villes financent leurs dépenses publiques est un problème important pour le développement urbain. Chaque ville étant différente, il n'existe pas de méthode universelle. La stratégie qui convient à une ville donnée dépend de facteurs, tels que sa taille, sa situation économique, sa composition démographique et son niveau d'urbanisation (Slack 2009).

Bien que tout le monde soit d'accord pour dire que les ressources des villes devraient être en rapport avec les charges qui leur sont attribuées — par exemple, les grandes villes ont besoin de dépenser davantage et donc de mobiliser davantage de recettes locales — les théoriciens reconnaissent que les collectivités locales disposent d'une base d'imposition limitée (Bird 2009). La décentralisation fiscale a délégué aux collectivités locales de nombreuses fonctions, depuis la distribution d'eau et la gestion des déchets solides jusqu'aux investissements dans des infrastructures comme les rues et les routes, la prévention des inondations, etc., ainsi que des services sociaux. Quel que soit le niveau d'efficacité avec lequel les collectivités locales s'acquittent de ces fonctions, les mandats municipaux sont clairs et peuvent être justifiés par le fait que les autorités locales sont plus proches de leurs administrés et en pratique capables de mieux répondre à leurs demandes. Dans l'ensemble du monde, le pourcentage des dépenses locales (municipales) dans le total des dépenses publiques varie de 45 % au Danemark à 11 % en Bolivie.

Les raisons qui motiveraient la décentralisation de telles ou telles recettes sont beaucoup moins claires. Les collectivités locales ont un potentiel fiscal généralement inférieur à celui de l'administration centrale, principalement parce que certains impôts peuvent être collectés plus efficacement à l'échelon central qu'au niveau local. C'est le cas des droits de douane, des impôts sur le revenu des personnes physiques, des impôts sur les bénéfices des sociétés, des taxes sur la valeur ajoutée, et des royalties.

Cette situation explique en grande partie pourquoi le pourcentage des recettes locales dans le total des recettes du secteur public est systématiquement moins élevé que le pourcentage des dépenses locales dans le total des dépenses du secteur public (figure 4.1) ; on comprend bien que des dotations intergouvernementales soient nécessaires pour compenser l'écart entre les charges des municipalités et leurs recettes, comme il a été indiqué au chapitre 1.

Il est vrai également que les recettes sont souvent centralisées pour des raisons non pas purement techniques ou administratives mais politiques. Souvent aussi, les collectivités locales n'exploitent pas leur potentiel fiscal par manque d'information, de capacités institutionnelles ou de volonté politique.

Qu'est-ce qu'un bon impôt local ?

Pour les théoriciens, un « bon » impôt local présente trois caractéristiques : il est facile à administrer au plan local, il s'applique aux résidents, et il n'augmente pas la concurrence avec d'autres collectivités locales ou avec l'administration centrale (encadré 4.1). Ces principes posent des limites importantes à ce qui peut être considéré comme un bon impôt local. Par exemple, bien que les redevances d'usagers et les taxes foncières soient manifestement des impôts locaux (ils sont payés par les personnes qui reçoivent les services), les autres impôts et taxes peuvent être recouvrés par l'administration centrale et partagés avec les collectivités locales, en fonction du système fiscal du pays. C'est la raison pour laquelle il existe tant de combinaisons d'impôts locaux et centraux.

Graphique 4.1   Part locale des dépenses et des recettes publiques (2011)

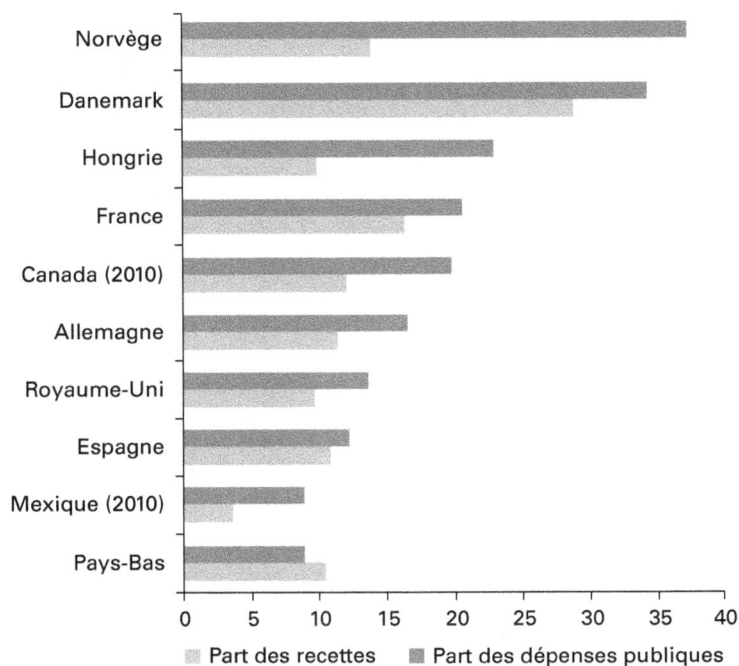

Source : OCDE 2011.

Encadré 4.1 Les qualités d'un bon impôt local

- L'assiette fiscale doit être immobile, pour que les collectivités locales puissent faire varier le taux d'imposition sans que l'assiette imposable parte ailleurs.
- Le produit de l'impôt doit être suffisant pour répondre aux besoins locaux, être stable et prévisible.
- L'assiette fiscale ne doit pas être facile à exporter à des non-résidents.
- L'assiette fiscale doit être visible afin qu'un contrôle puisse être exercé.
- L'impôt doit paraître juste aux contribuables.
- L'impôt doit être facile à administrer.

Source : Bird 2001.

Pour pouvoir s'acquitter de toutes les tâches qu'elles souhaitent ou qu'elles ont l'obligation de remplir, les collectivités locales doivent avoir accès à plusieurs impôts. Cette multiplicité leur donnera plus de souplesse face aux évolutions de la situation économique, de la démographie, du climat politique ou d'autres facteurs. Par exemple, les impôts fonciers constituent une source de revenu stable et prévisible, mais ils n'augmentent pas avec la croissance économique aussi vite que les impôts sur le revenu ou les taxes sur les ventes.

Principes de gestion des recettes locales

La gestion des recettes publiques obéit à deux grands principes :

1. Les services fournis par les municipalités doivent être clairement liés aux sources de recettes nécessaires pour les financer.

2. Les services doivent être financés par leurs bénéficiaires — le principe général du « service rendu » — directement ou indirectement.

Dans ce contexte, les *biens privés* (en ce sens qu'ils sont exclusifs, c'est-à-dire que l'on peut empêcher les personnes qui ne payent pas d'y avoir accès, par exemple l'électricité, l'eau, les transports urbains, la gestion des déchets, et le stationnement des véhicules) peuvent être convenablement financés par des redevances d'usagers. A contrario, les *biens publics*, tels que les parcs, le nettoyage des rues et l'éclairage public doivent être financés par des impôts locaux. En outre, d'autres facteurs comme les externalités et les répercussions redistributives doivent être pris en compte (graphique 4.2). Les politiques ou répercussions redistributives et les externalités dépassent les

compétences des collectivités locales et doivent donc être financées (au moins en partie) par l'administration centrale. D'autres services, tels que les services éducatifs ou culturels, ne rentrent pas clairement dans une catégorie particulière. Si on la considère comme un bien privé (exclusif), l'éducation doit être financée par les bénéficiaires, avec la contribution éventuelle d'impôts locaux (au moins en partie et complétée par des dotations). Si on la voit comme un bien public et un ingrédient essentiel pour améliorer le capital humain du pays, des dotations de l'administration centrale sont amplement justifiées (Slack 2009).

Structure des recettes des collectivités locales

Pour étudier la structure des recettes des collectivités locales, il convient de faire la distinction entre les sources de recettes et les facteurs influant sur le niveau de ces recettes, comme par exemple la taille des municipalités, la santé de l'économie locale, et les fournisseurs des services publics.

La structure des recettes locales varie entre les pays et entre les villes, mais quelques tendances générales se dégagent. Ainsi, comme on le voit au tableau 4.1 et au graphique 4.3, la taille de la municipalité influe sur la place des impôts locaux dans le total des recettes, par rapport aux transferts de l'administration centrale. Les petites municipalités ont des bases d'imposition plus réduites et sont donc plus dépendantes de l'administration centrale. Pour les petites communes jusqu'à 5 000 habitants, les dotations représentent 91 % des recettes, et les impôts et autres sources seulement 9 %. Dans le cas des grandes villes de plus d'un million d'habitants, les dotations représentent 45 % et les impôts et autres recettes 55 %. Les chiffres pourraient

Graphique 4.2 Le principe du service rendu dans les finances municipales

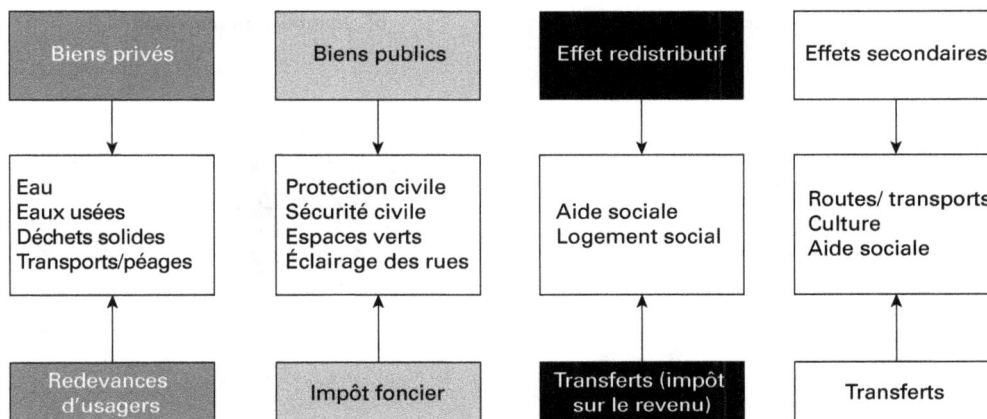

Biens privés	Biens publics	Effet redistributif	Effets secondaires
Eau Eaux usées Déchets solides Transports/péages	Protection civile Sécurité civile Espaces verts Éclairage des rues	Aide sociale Logement social	Routes/ transports Culture Aide sociale
Redevances d'usagers	Impôt foncier	Transferts (impôt sur le revenu)	Transferts

Source : Slack 2009.

Tableau 4.1 Les municipalités brésiliennes — Composition des recettes courantes par taille de ville, 2003 (%)

Population	0 à 5 000	5 000 à 10 000	20 000 à 50 000	50 000 à 1 million	> 1 million	Brésil
Recettes fiscales	3,5	5,6	12,1	21,7	36,6	19,6
Transferts intergouvernementaux	91,1	87,3	73,8	62,3	45,3	66,1
Autres recettes	5,3	7,1	13,9	16,1	18,1	14,3
Recettes courantes	100	100	100	100	100	100

Source : Banque mondiale 2006a.

être légèrement différents dans d'autres pays, mais le schéma brésilien reflète une tendance générale, à savoir la *corrélation positive entre la taille de la ville et la place des recettes propres.*

Contrairement au Brésil, certains pays en développement doivent faire face à une urbanisation rapide et à l'émergence de mégapoles disposant de très peu de recettes propres, comme les grandes villes du Pakistan dont seulement 7 % des dépenses sont couvertes par des recettes propres. On retrouve là un schéma typique de nombreux pays d'Asie et d'Afrique.

Une comparaison de plusieurs pays (tableau 4.2) laisse penser que la structure des recettes des collectivités locales varie aussi avec le niveau de développement du pays. Les villes des *pays moins développés semblent davantage tributaires des dotations et des transferts.* Par exemple, les dotations représentent

83 % des recettes locales au Botswana, 65 % au Brésil et 91 % en Ouganda. Les villes des pays de l'OCDE (Organisation de coopération et de développement économiques) s'appuient davantage sur des recettes propres, qu'il s'agisse d'impôts fonciers ou d'impôts sur le revenu[2]. Les impôts fonciers paraissent être particulièrement importants en Australie, au Canada, aux États-Unis et au Royaume-Uni, ce qui s'explique par l'existence de moyens d'administration et d'information, ainsi que par des facteurs traditionnels et coutumiers.

Dans beaucoup d'autres pays, il est difficile d'utiliser des impôts fonciers pour financer les collectivités locales, parce que les systèmes cadastraux sont trop peu développés, les droits fonciers sont flous, il n'y a pas de tradition d'évaluation du marché, ou encore parce que les habitants ont du mal à accepter qu'un impôt

Graphique 4.3 Brésil — Sources de recettes par taille de municipalité, 2003

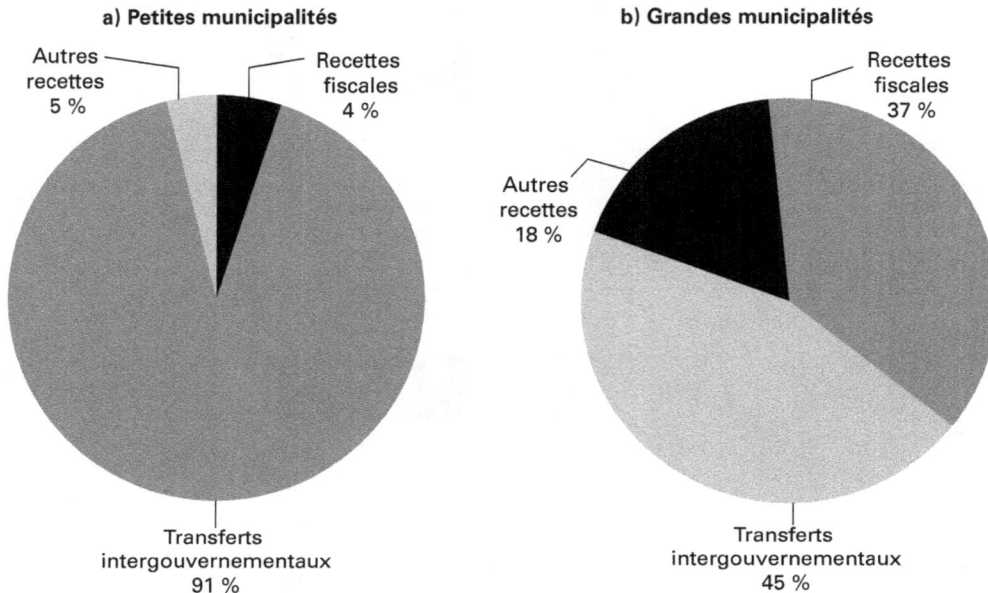

a) Petites municipalités

Autres recettes
5 %

Recettes fiscales
4 %

Transferts intergouvernementaux
91 %

b) Grandes municipalités

Recettes fiscales
37 %

Autres recettes
18 %

Transferts intergouvernementaux
45 %

Source : auteurs, d'après Banque mondiale 2006a.

soit imposé sur une chose qu'ils envisagent rarement de vendre.

Les *impôts partagés* n'ont pas la même importance partout. Bon nombre de pays préfèrent que les échelons administratifs supérieurs s'occupent de collecter et d'administrer les impôts, tels que la taxe foncière, l'impôt sur le revenu des personnes physiques et l'impôt sur les bénéfices des entreprises, puis d'en transférer au niveau local la part convenue. Les impôts partagés occupent une place particulièrement importante dans les pays autrefois à gouvernement centralisé comme la République tchèque (où 46 % des recettes locales proviennent du partage des impôts sur le revenu et sur les bénéfices).

Le pourcentage des recettes propres dans le total des recettes varie également, allant de 61 % en Croatie (31 % si l'on exclut l'impôt sur le revenu partagé) à 9 % en Ouganda. Les pays développés affichent généralement un pourcentage plus élevé de recettes propres et ont davantage recours aux impôts locaux. Il existe une grande diversité d'impôts locaux, bien que la plupart des pays utilisent les impôts fonciers, les

taxes sur les véhicules, les taxes sur les ventes et les impôts sur le revenu. Par ailleurs, une part importante des recettes propres sont constituées de surtaxes et de recettes spéciales. Ces sources seront étudiées en détail plus loin dans ce chapitre. Beaucoup de pays emploient des types hybrides d'impôts partagés, au moins dans les pays post-communistes. Ils sont parfois comptabilisés comme des dotations, et d'autre fois comme des recettes propres (voir le chapitre 1). Ils apportent une certaine stabilité aux recettes locales, car ils sont fixés et collectés par l'administration centrale.

Compétences en matière de recettes

L'étendue du pouvoir fiscal dont les collectivités locales disposent pour répondre aux besoins croissants des villes est un facteur essentiel de la gestion des recettes. Les collectivités locales ont-elles la possibilité d'ajuster les taux d'imposition, de lever de nouveaux impôts ou taxes et de modifier les tarifs des redevances d'usagers ? La situation varie selon les impôts et les pays. Les compétences fiscales peuvent être vues sous quatre angles différents : le pouvoir de

Tableau 4.2   Structure des recettes locales dans différents pays, 2006 (%)

	Impôts locaux				Autres recettes (y compris redevances et ventes d'actifs)	Total
	Impôt foncier	Impôt sur le revenu et sur les bénéfices	Total impôts locaux (y compris impôts partagés)	Dotations		
Afrique du Sud	17	0	20	25	55	100
Allemagne	5	16	42	34	24	100
Australie	39	0	39	14	47	100
Bolivie	19	8	72	18	10	100
Botswana	8		10	83	7	100
Brésil	4		13	63	24	100
Bulgarie	20	0	20	70	10	100
Canada	38	0	40	42	18	100
Croatie	3	46	61	12	27	100
Danemark	3	48	51	39	10	100
Espagne	16	10	52	36	12	100
Finlande	2	44	47	29	24	100
France	34	18	45	29	26	100
Kenya	16	0	21	33	46	100
Maurice	12		26	67	7	100
Ouganda	3	1	5	91	4	100
République tchèque	6	4	56	28	16	100
Russie	4	23	31	58	11	100
Suède		58	59	22	19	100
Thaïlande	8		55	31	14	100
Ukraine	2	34	42	38	10	100
Villes :						
Le Cap	25		25	25	50	100
Toronto	42		42	21	37	100
Madrid	12		47	39	14	100
Mumbai	19		65	4	31	100

Sources : DEXIA 2008 ; Slack 2009 ; Statistiques de finances publiques 2007 du FMI.

créer des impôts, de fixer les taux d'imposition, de collecter les recettes fiscales, et d'affecter les produits (voir l'encadré 4.2 et le chapitre 1).

- *Pouvoir de création de sources de recettes locales.* Les recettes des collectivités locales sont définies dans la Constitution ou dans la législation régissant les finances du pays. L'attribution des prérogatives fiscales (sources des impôts locaux) fait partie du cadre fiscal national. Dans les États de type unitaire (comme la France, le Kenya ou

le Maroc), la base d'imposition est définie par l'administration centrale. Dans les pays fédéraux (comme le Brésil, l'Allemagne ou le Mexique), les prérogatives en matière de recettes sont partagées entre le gouvernement fédéral et les États fédérés. En règle générale, les gestionnaires des villes ont compétence pour créer des *sources non fiscales* (p. ex. redevances d'usagers, droits, licences, permis) et pour fixer dans une certaine mesure leurs *impôts locaux* (p. ex. la taxe foncière et, dans certains cas, l'évaluation de l'assiette fiscale).

Encadré 4.2 Quelles sources de recettes devraient être définies au niveau central plutôt qu'à l'échelon local ?

Redevances d'usagers. Dans le domaine des finances publiques, la règle veut généralement que les services soient facturés aux bénéficiaires directs lorsque ceux-ci peuvent être identifiés. Lorsque la consommation d'un service public profite à la fois aux usagers directs et à l'ensemble de la collectivité (par exemple, la consommation d'eau propre diminue l'incidence des maladies contagieuses ; c'est-à-dire qu'elle a des externalités positives), l'administration centrale peut intervenir pour aider des groupes de population plus vastes et encourager un niveau de service plus élevé que si le bien était produit et vendu par le marché privé.

Fiscalité générale des entreprises. Les taux des impôts applicables aux entreprises se prêtent mieux à une fixation par l'administration centrale, mais ces impôts sont de plus en plus utilisés par les collectivités locales et les États fédérés. Pour minimiser les éventuelles distorsions créées dans la circulation des facteurs et des marchandises à l'intérieur d'un pays, il est souhaitable de conserver un degré élevé d'uniformité nationale pour les impôts, tels que l'impôt sur les sociétés et la taxe sur la valeur ajoutée (TVA).

Impôt sur le revenu des personnes physiques. Bien que l'impôt sur le revenu des personnes physiques soit souvent un impôt national, il peut également être utilisé à l'échelon local, même par des petites administrations publiques, notamment sous la forme d'une taxe additionnelle jumelée à un impôt national.

Taxe foncière. La taxe foncière est par nature un impôt local, puisque sa base d'imposition est immobile. Elle est difficile à administrer, en particulier dans les pays en développement qui sont souvent mal outillés en matière d'information et d'évaluation.

Taxe sur les ventes. Les droits d'accise et les taxes sur les ventes spécifiques à un État fédéré se prêtent spécialement bien à une utilisation locale, en particulier si la région concernée est suffisamment grande pour éviter que les consommateurs n'aillent se fournir dans une région voisine où les taxes seraient inférieures, ce qui lui ferait perdre des recettes. Au fil du temps, les taxes sur les ventes ont été remplacées par la TVA, un impôt national qui évite l'effet de cascade de la taxe habituelle sur les ventes. Bien que la TVA soit globalement un meilleur impôt, sa généralisation a entraîné une diminution radicale du nombre de bons impôts locaux.

Les impôts sur les entreprises, sur le revenu des personnes physiques et sur les bénéfices des sociétés sont souvent des impôts partagés : ils sont collectés par les États fédérés ou l'administration centrale et partagés avec les collectivités locales.

Sources : Bird 2001 ; 2006.

- *Fixation des taux d'imposition.* Les compétences en matière de fixation des taux d'imposition varient selon les pays. Ces taux sont fixés soit par l'administration centrale, soit par l'État fédéré, avec souvent une fourchette de valeurs à l'intérieur de laquelle les collectivités locales peuvent choisir (comme en Colombie). Les municipalités ont progressivement acquis une plus grande autonomie pour fixer leurs propres taux d'imposition et niveaux de redevances d'usagers, souvent avec l'approbation du ministère sectoriel concerné. Les exonérations et dégrèvements fiscaux sont habituellement limités par la loi et relèvent également de l'autorité municipale.

- *Pouvoir de collecte des recettes.* Les impôts locaux sont collectés directement par la collectivité locale, ou bien la collecte est sous-traitée à une administration d'un échelon plus élevé, à une autre ville (par exemple, Amman perçoit la taxe foncière pour le compte de quatre villes), ou même au secteur privé (par exemple, la taxe foncière à Kampala). L'administration centrale peut collecter les impôts locaux pour le compte des collectivités locales et transférer le produit à chacune d'elles (comme c'est le cas au Chili pour la taxe foncière). Les impôts fédéraux partagés avec les collectivités locales sont recouvrés à l'échelon gouvernemental le plus élevé et transféré aux échelons inférieurs en fonction de l'origine des impôts perçus. Un grand nombre de ces processus sont déterminés par les pratiques politiques, culturelles ou historiques.

- *Pouvoir d'affectation des recettes.* En général, les collectivités locales ont toute autonomie pour affecter ou dépenser librement leurs recettes, mais il arrive que le produit d'un impôt soit affecté à un usage précis. Au Brésil par exemple, 25 % des recettes locales nettes doivent être affectées à l'éducation. Au Népal, 75 % des recettes fiscales générales partagées sont censées être consacrées à des dépenses de développement. Dans beaucoup de pays, les recettes des taxes sur les véhicules sont affectées à l'entretien des rues et des routes. Le produit des ventes d'actifs, des participations d'urbanisme et des permis de construire se prête idéalement à une affectation à certains investissements prédéfinis.

- *Évaluation.* Particulièrement dans le cas de la taxe foncière, l'évaluation est souvent réalisée par l'échelon gouvernemental supérieur afin d'assurer une définition uniforme de la « valeur de marché » (comme au Canada), ou bien, une administration d'un niveau supérieur peut fixer la méthode à suivre pour calculer les valeurs de marché.

Principales sources de recettes des collectivités locales

Lors de la préparation d'un budget local, estimer la somme totale dont la ville va disposer est peut-être l'opération la plus délicate mais aussi la plus importante. Une estimation trop élevée peut entraîner un véritable casse-tête à mesure que l'année budgétaire avance. Par mesure de prudence, il est préférable de sous-estimer les recettes plutôt que les surestimer. Les recettes des collectivités locales se répartissent en différents groupes qui sont importants à la fois pour la planification et l'analyse budgétaires. Les fonctionnaires des finances doivent connaître les caractéristiques d'un bon impôt local : être prévisible, dynamique, équitable et régi par la collectivité locale. Dans l'idéal, la collectivité locale a le contrôle des recettes locales et les montants recueillis sont stables, prévisibles, dynamiques, équitables et utilisables sans restrictions. Toutefois, très peu de recettes répondent

à tous ces critères ; les impôts fonciers et les redevances sont peut-être celles qui s'en rapprochent le plus.

Certaines recettes des collectivités locales sont très stables et prévisibles (impôts fonciers) ; d'autres présentent de grandes variations (taxe sur les ventes). Certaines sont limitées à certains usages (péages routiers), d'autres non. En fonction du pays, certaines sources de recettes locales sont établies par le conseil local, mais nombreuses sont celles sur lesquelles les collectivités locales n'ont aucun contrôle. Aux États-Unis par exemple, la Constitution de l'État du Wyoming (Wyoming 2011) laisse aux fonctionnaires locaux très peu de pouvoir de décision en matière de fiscalité et de redevances. Il en va de même au Mexique et dans beaucoup de pays en développement.

Les recettes municipales peuvent être classées de différentes manières, notamment en séparant les recettes propres, les transferts intergouvernementaux et les recettes externes. Une bonne gestion des recettes nécessite aussi de différencier les recettes courantes (récurrentes) et les recettes d'investissement (non récurrentes), bien que cette pratique ne soit pas obligatoire dans beaucoup de pays en développement.

Le tableau 4.3 et le graphique 4.4 présentent la classification des recettes locales utilisée dans ce chapitre. Les recettes sont divisées en recettes courantes et recettes d'investissement. Les recettes courantes comprennent les recettes propres, les transferts et les autres recettes. Les impôts partagés (collectés par l'administration centrale et partagés avec des entités infranationales) se situent à la frontière entre les recettes propres et les transferts. Dans la mesure où ils constituent souvent une part importante des recettes locales (comme en Argentine, en Serbie et en Turquie), cette catégorie a une grande influence sur les prévisions de recettes propres potentielles. Les impôts partagés sont souvent considérés comme des transferts, même si pour beaucoup, ils forment des recettes propres si la part est renvoyée à la collectivité sur le territoire de laquelle ils ont été recouvrés. Le Conseil de l'Europe a publié une déclaration précisant ce point : « Les impôts partagés sont des transferts financiers ; s'ils n'ont pas de lien direct avec les montants recouvrés à l'échelon local, ils sont également considérés comme des dotations » (Conseil de l'Europe 2006).

Les recettes récurrentes devraient suffire à financer les dépenses courantes (ou de fonctionnement) ; c'est-à-dire qu'elles devraient suffire à financer les opérations ordinaires et même à générer un excédent d'exploitation, pouvant ensuite être utilisé pour financer des investissements directement ou par voie d'endettement. Lorsqu'une municipalité ne parvient pas à générer suffisamment de recettes courantes, on peut penser qu'elle n'est pas viable financièrement. Elle va alors générer des arriérés (factures impayées), vendre des actifs et dilapider son patrimoine (comme certaines villes des États-Unis l'ont fait temporairement face à la chute des recettes fiscales après 2008), ou être renflouée par l'administration centrale au moyen de dotations fixées arbitrairement (comme en Jordanie).

Recettes propres

Les recettes propres sont des fonds que les collectivités locales lèvent directement, contrairement aux transferts et dotations reçues d'administrations publiques d'un niveau supérieur. Il est important de les différencier et de les mesurer pour évaluer la solvabilité budgétaire et l'autonomie d'une collectivité locale et sa capacité de prélèvement fiscal. Elles sont importantes également sur le plan de la motivation : les recettes propres sont les fonds sur lesquels les collectivités locales ont prise et qu'elles peuvent prévoir et augmenter par des décisions, des procédures et des actions locales. Les transferts et dons de l'administration centrale peuvent être d'un montant élevé, mais la collectivité locale n'en a pas la maîtrise : elle ne peut rien faire, ou pas grand-chose, pour les augmenter.

L'encadré 4.3 donne une liste de recettes propres classiques. Les 24 types recensés peuvent être regroupés dans les catégories suivantes : *impôts, taxes, redevances, produits des actifs et des placements* et *autres* recettes de faible montant. Les impôts sont perçus pour financer les dépenses générales ; les taxes financent les coûts des services ; les redevances sont censées couvrir les coûts directs de services ou de fonctions précis comme la délivrance de certificats

Tableau 4.3   Structure des recettes

Catégories	Recettes courantes	Recettes d'investissement
Recettes propres	Impôts	Cession d'actifs
	Redevances d'usagers	Dividendes
	Redevances sur les actifs	Taxes de valorisation
	Autres	Contributions
Recettes provenant d'administrations de niveau supérieur	Impôts partagés	Dotations générales d'investissement
	Transferts généraux	
	Dotations affectées	Dotations affectées
Recettes externes (dettes, participations)	Crédits de trésorerie	Emprunts, emprunts obligataires
		Obligations
		Participations

Graphique 4.4   Les recettes dans le contexte budgétaire

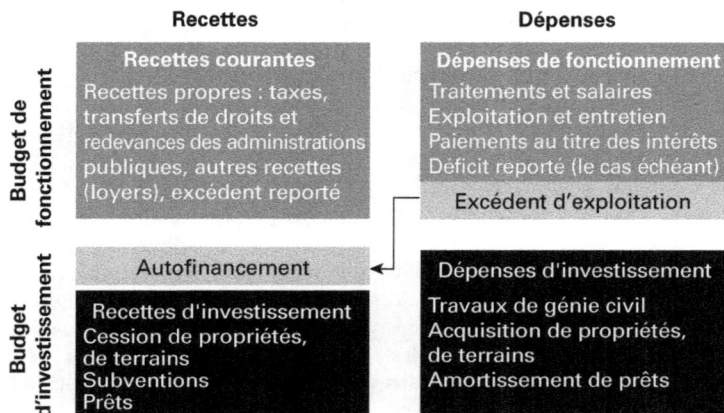

de mariage, de naissance ou de décès ; les licences ; et les permis. En pratique, ces distinctions sont moins claires. Certains impôts et taxes peuvent être appelés « redevances » (par exemple les « redevances d'eau »). Certaines redevances sont loin de refléter le coût direct des services concernés ; par exemple, des licences commerciales, des redevances professionnelles ou des permis de construire, qui sont en fait des taxes, peuvent être appelés « redevances » pour les rendre politiquement plus acceptables.

La plupart des collectivités locales ont une longue liste de recettes propres que la loi leur attribue, parmi lesquelles quelques-unes forment l'essentiel de leurs recettes. Le tableau 4.4 fournit une liste de pays à différents niveaux de développement. Les données semblent montrer que les impôts locaux représentent une part significative des recettes locales (37 %, dans ce groupe) et que l'impôt foncier et l'impôt sur le revenu sont les plus importants (44 % et 41 %, respectivement). En revanche, le Guatemala ne collecte qu'une taxe sur les ventes et un impôt foncier de faible montant. Le tableau illustre également les grandes variations des sources de recettes entre les pays. L'impôt foncier est l'unique source locale de recette fiscale pour les municipalités en Australie, au Canada et au Royaume-Uni, alors que l'impôt local sur le revenu constitue la principale recette fiscale dans les pays nordiques. On peut en conclure que chaque pays doit trouver le type de fiscalité locale qui lui convient le mieux.

Les sections ci-dessous examinent les sources suivantes de recettes locales propres : l'impôt foncier, la taxe sur les ventes, la taxe sur les automobiles, l'impôt local sur le revenu des personnes physiques, la taxe locale sur les entreprises, les redevances d'usagers, les surtaxes sur les services d'utilité publique, les droits et amendes, et les autres recettes.

Encadré 4.3 Principales sources de recettes des collectivités locales

1. Impôt foncier (taux) sur les terrains et/ou les biens immobiliers
2. Droit de mutation des biens fonciers
3. Taxe sur les véhicules
4. Taxe sur les ventes locales et/ou taxe sur la vente de produits locaux (ou surtaxe)
5. Taxe sur les entreprises ou les services locaux
6. Taxe sur la consommation d'électricité (surtaxe)
7. Taxe sur les véhicules autres qu'à moteur
8. Taxe sur le tourisme, les hôtels, les restaurants et les loisirs
9. Péages des routes, des ponts, etc., dans les limites territoriales de la collectivité locale
10. Redevances sur des travaux publics ou des services d'utilité publique, tels que le ramassage des déchets, l'évacuation des eaux pluviales et des eaux usées, et la distribution d'eau
11. Redevances pour les marchés et loyers des emplacements de marchés
12. Redevances pour l'utilisation des stations de bus et des stations de taxis
13. Redevances pour l'autorisation des plans de construction et de l'édification et la réédification des immeubles
14. Redevances pour les foires, les salons agricoles, les foires à bestiaux, les salons professionnels, les tournois et les autres manifestations publiques
15. Redevances pour la délivrance de licences aux entreprises et aux professionnels
16. Redevances pour la délivrance d'autres licences ou permis et amendes pour infractions
17. Redevances pour la publicité
18. Redevances pour la vente d'animaux sur les marchés aux bestiaux
19. Redevances pour l'enregistrement et la délivrance de certificats de naissance, de mariage et de décès
20. Redevances pour les établissements d'enseignement ou de santé créés ou entretenus par la collectivité locale
21. Redevances pour d'autres services particuliers rendus par la collectivité locale
22. Loyers perçus pour la location de terrains, immeubles, équipements, machines et véhicules
23. Excédents des entreprises commerciales locales
24. Intérêts perçus sur les dépôts bancaires et d'autres fonds

Source : Devas, Munawwar et Simon 2008.

Tableau 4.4   Quelques impôts locaux par pays, 2010

Pays	Impôts locaux % des recettes locales	En pourcentage des impôts locaux		
		Impôt sur le revenu	Taxe sur les ventes	Impôt foncier
Allemagne	34,9	85,8	0,8	13,4
Australie	40,1	0,0	0,0	100,0
Autriche	66,5	44,3	37,7	8,7
Belgique	33,4	79,8	14,4	0,0
Canada	37,0	0,0	2,0	98,0
Danemark	44,0	93,6	0,1	6,3
Espagne	47,0	38,4	50,5	10,9
États-Unis	38,8	5,9	19,8	74,2
Irlande	5,7	0,0	0,0	100,0
Japon	57,9	17,2	23,6	13,5
Norvège	49,8	90,2	0,5	6,5
Royaume-Uni	30,9	0,0	0,0	100,0
Suisse	52,8	87,0	0,0	12,2
Guatemala			26,2	8,6
Moyenne	37,1	41,6	11,5	44,2

Source : Statistiques de finances publiques du FMI.

L'impôt foncier

L'impôt foncier peut être bien adapté au financement de services locaux pour de nombreuses raisons :

- Les biens fonciers sont *immeubles* : ils ne peuvent pas se déplacer lorsqu'ils sont taxés ou que les impôts augmentent.

- Dans la mesure où il existe un lien clair entre les services financés au niveau local et la valeur des biens fonciers, la *redevabilité* des collectivités locales vis-à-vis des résidents peut être sensiblement améliorée.

- Il peut être considéré comme une *taxe pour service rendu*, si les contribuables concernés reçoivent en services approximativement la valeur (routes, ramassage des déchets ou services de protection civile) qu'ils payent en impôt foncier[3].

- L'impôt foncier étant *visible*, il améliore la redevabilité, même s'il peut être plus difficile pour les collectivités locales d'augmenter les taux d'imposition.

- Les impôts sur les biens fonciers à usage d'habitation sont particulièrement adaptés au financement

des collectivités locales, car ils sont *supportés par les résidents*. En outre, les collectivités locales sont mieux placées pour identifier et évaluer les biens fonciers, car elles connaissent les lieux. Les impôts assis sur le foncier sont utilisés depuis des siècles (encadré 4.4).

L'impôt foncier peut financer les services locaux qui ne peuvent pas être directement facturés aux usagers par des redevances et qui ne sont pas couverts par des dotations. L'impôt foncier peut aussi être considéré comme une forme de *taxe pour service rendu* ou d'impôt assis sur le foncier visant à récupérer une partie de la valeur acquise par un terrain du fait d'investissements publics dans ce terrain ou aux alentours. Cela suppose que l'on soit capable de mesurer l'impact d'un nouvel investissement sur le prix des terrains (Brzeski 2012). D'autre part, les impôts fonciers peuvent être particulièrement utiles pour gérer le patrimoine foncier, car ils dissuadent la spéculation foncière et encouragent l'utilisation productive des terrains urbains.

Les impôts fonciers présentent aussi certains inconvénients, dont les plus importants sont :

Encadré 4.4 L'impôt foncier dans la Chine ancienne

L'un des plus anciens impôts fonciers a été utilisé en Chine pendant plus de 2 000 ans. Il était fixé à un dixième des produits de la terre et était employé pour financer le développement des infrastructures et la sécurité. Les impôts étaient payés en nature. Plus le terrain était éloigné de la capitale, plus les produits utilisés pour payer l'impôt foncier étaient volumineux.

Source : Wikipedia.

- le coût élevé d'une évaluation exacte de la valeur des biens fonciers ;

- les difficultés politiques posées par leur mise en œuvre ;

- l'inélasticité apparente de la valeur des biens fonciers par rapport au PIB ou au revenu national (la valeur des biens fonciers réagit moins vite à l'évolution du PIB que les revenus ou les ventes) ;

- le fait que peu de collectivités locales actualisent tous les ans la valeur des biens fonciers. Cela signifie que, pour maintenir le niveau des recettes de l'impôt foncier en termes réels, les collectivités locales devraient augmenter régulièrement le taux d'imposition, s'exposant ainsi à une résistance et au mécontentement des contribuables.

Ces inconvénients expliquent la place relativement moins importante occupée par les impôts fonciers dans les pays en développement et le faible pourcentage des recettes provenant des impôts fonciers dans la plupart des villes de ces pays. Dans les pays membres de l'OCDE, l'impôt foncier représente 2 % du PIB ; dans les pays en développement, il se situe entre 0,3 % et 0,7 % du PIB (Slack 2009 ; Bahl, Martinez-Vasquez et Youngman 2008). En Australie, au Canada, en Irlande, en Afrique du Sud et au Royaume-Uni, les impôts fonciers constituent l'essentiel des recettes locales (DEXIA 2008). En résumé, l'impôt foncier n'est pas adapté à toutes les situations. Dans les pays où les droits fonciers ne sont pas clairement établis, où les limites des propriétés peuvent faire l'objet de litiges, où les terrains sont revendiqués par différentes personnes, où les services de cadastre ne fonctionnent pas bien et où le système judiciaire est absent, l'impôt foncier ne marche pas. On peut dire que dans ce type de cas, ce ne sont pas les cadastres fiscaux qu'il faut encourager mais l'adressage des rues et le rapprochement de la

base de données d'adressage des rues et des registres fiscaux locaux, en regardant l'occupation et les rues plutôt que les droits fonciers et les limites de parcelles.

Malgré les arguments théoriques faisant de l'impôt foncier le meilleur impôt local, les difficultés rencontrées par la plupart des pays qui tentent de bien l'utiliser ont amené certains spécialistes de la fiscalité à penser que « dans les pays en développement, les autorités ne sont pas capables d'administrer un impôt foncier qui fonctionne correctement » (Bahl, Martinez-Vazquez et Youngman 2008) à cause des inconvénients décrits ci-dessus. Plus récemment toutefois, des programmes ont été introduits, comme en Colombie, qui pourraient indiquer comment les impôts fonciers peuvent être mieux gérés. En Colombie, l'impôt foncier représente maintenant 40 % des recettes municipales (encadré 4.5). Par ailleurs, certains pays en développement ont commencé à se servir de systèmes de calcul automatisé des valeurs foncières (CAMA), qui permettent l'actualisation annuelle de l'assiette fiscale (encadré 4.6). Ce processus de modélisation est en cours d'introduction dans six grandes villes de Tanzanie dans le cadre d'un projet réunissant la Banque mondiale et la GIZ (TSCP). Un système CAMA a été mis en place en Moldova dans le cadre d'un projet de la Banque mondiale avec l'appui de l'Association suédoise pour le développement (SIDA) ; il est utilisé depuis plus de dix ans avec succès.

La performance de la taxe foncière dépend des capacités administratives de la ville et des efforts qu'elle déploie, qui peuvent faire toute la différence dans la réussite du système. Les coûts opérationnels peuvent être encourus en amont (recensement des biens fonciers et des contribuables) et en aval (facturation et recouvrement). Pour que l'opération soit valable, les coûts administratifs et opérationnels

Encadré 4.5 Actualisation du cadastre pour augmenter les recettes fiscales — Le cas de la Colombie

Malgré le scepticisme général, le cas de Bogotá a prouvé qu'une volonté politique appuyée par des compétences techniques et des investissements pouvait accroître significativement le produit de l'impôt foncier. En 2008, afin de trouver des fonds pour la première ligne de métro programmée à Bogotá, le maire de la ville a entrepris une vaste actualisation des dossiers et des valeurs d'imposition de 2,1 millions de biens fonciers. Le résultat : les recettes de la taxe foncière ont augmenté de 171 millions de dollars et atteint 40 % des recettes propres en 2010, pour un coût d'amélioration inférieur à 15 millions de dollars.

La Colombie possède quatre organismes de cadastre placés sous l'autorité de l'Institut géographique national Agustin Codazzi, qui sont chargés d'établir l'assiette de la taxe foncière pour ses grandes villes, lesquelles fixent leurs propres taux et collectent les impôts fonciers.

L'assiette de l'impôt foncier de Bogotá n'avait pas été mise à jour depuis longtemps, et la ville perdait des recettes importantes alors que le marché immobilier était en pleine expansion. Pour recueillir ces gains, la ville a modernisé son administration fiscale et réévalué les biens fonciers. La valeur cadastrale a augmenté de 47 %, passant de 66,5 milliards de dollars en 2008 à 98 milliards de dollars en 2010. Ce succès a été rendu possible pour l'essentiel grâce à une meilleure gestion des ressources humaines, l'introduction de l'informatique, la mobilisation des parties concernées et des fonctionnaires, une volonté de transparence sur les résultats du projet, l'amélioration radicale des techniques d'évaluation avec la modélisation économétrique, et l'atténuation de l'impact du projet sur l'impôt foncier par le plafonnement de la hausse de l'impôt. Le graphique B4.5.1 qui illustre cet encadré montre l'augmentation progressive des impôts exigibles (en blanc) et le manque à gagner dû au plafonnement de la hausse d'impôt.

L'exercice de réévaluation a entraîné des augmentations très importantes des valeurs cadastrales et du montant des factures de la taxe foncière. Afin de minimiser la résistance des contribuables, le conseil municipal de Bogotá a adopté un plafond plus élevé, de manière à faire évoluer la taxe foncière proportionnellement au logarithme de la valeur du bien. Cette méthode présentait deux avantages : a) elle séparait l'actualisation technique du cadastre des incidences politiques de la hausse de la taxe foncière ; et b) les propriétaires ne subissent plus d'augmentation brutale de leur taxe foncière, ce qui donne de la prévisibilité et évite l'incertitude à moyen terme, d'où une moindre résistance. Le plafond a diminué d'environ 20 % les recettes supplémentaires pour 2009 et 2010. Ces résultats confortent l'idée de Bahl, Martinez-Vazquez et Youngman (2010) selon laquelle « la réévaluation a un coût, mais l'absence de réévaluation, au moins de temps à autre, peut coûter encore plus cher ».

Le travail de réévaluation s'est décomposé en trois parties : la révision *physique* des changements intervenus dans la configuration physique des parcelles ; les *changements juridiques*, par la vérification de la propriété ; et les *changements économiques*, par l'évaluation des valeurs foncières fondée sur l'étude du marché immobilier. Ces trois composantes ont nécessité des ressources humaines et techniques proportionnelles au nombre de parcelles et inversement proportionnelles au temps disponible pour l'opération. L'actualisation du cadastre de 1 212 000 parcelles urbaines coûte à la ville environ 7,8 millions de dollars, soit 6,50 dollars par parcelle. Des centaines d'employés temporaires ont réalisé l'actualisation physique, qui a représenté environ 35 % du coût total. L'analyse économique et du marché a représenté environ 23 % du coût total. Le reste a été dépensé en moyens technologiques et en frais d'administration.

Prochaines étapes. Bogotá tente de mettre en œuvre deux stratégies : l'actualisation annuelle de la base de données cadastrale, et l'amélioration de la structure du taux de la taxe foncière. La ville cherche des méthodes qui permettraient d'actualiser les informations physiques et économiques sur les biens fonciers sans nécessiter la même masse de travail sur le terrain et de personnel d'évaluation. Les informations physiques seront

(suite page suivante)

Encadré 4.5 *(suite)*

Graphique B4.5.1   Recettes potentielles de la taxe foncière 2004-2010

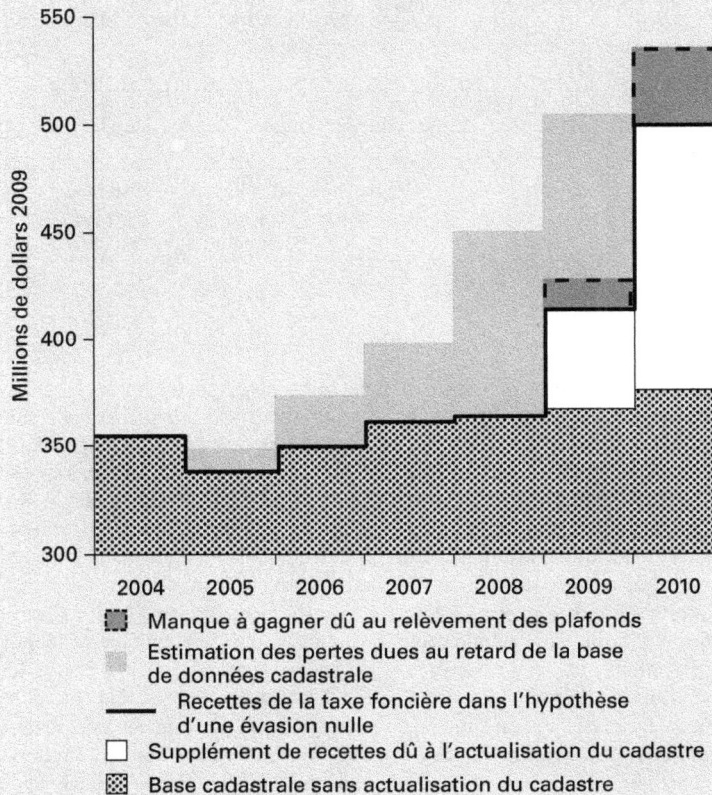

Légende :
- ▦ Manque à gagner dû au relèvement des plafonds
- ▨ Estimation des pertes dues au retard de la base de données cadastrale
- ▬ Recettes de la taxe foncière dans l'hypothèse d'une évasion nulle
- ▢ Supplément de recettes dû à l'actualisation du cadastre
- ▨ Base cadastrale sans actualisation du cadastre

mises à jour essentiellement sur la base des nouvelles constructions, à partir des informations fournies par le service qui délivre les permis de construire, le service qui enregistre les mutations foncières, la direction de l'urbanisme pour suivre les modifications apportées à la réglementation de l'occupation des sols, et des photographies aériennes pour aider les employés du cadastre. Les informations économiques seront obtenues au moyen d'échantillons du marché, avec des évaluations individuelles d'un échantillon de

biens immobiliers vendus dans un quartier. Le barème d'imposition sera modifié par l'introduction de taux différenciés selon l'usage fait du terrain et le relèvement des taux applicables aux terrains vacants.

Les secrets de la réussite. Les facteurs ayant contribué au succès de l'opération ont été notamment un soutien politique ferme, la capacité technique des organismes du cadastre à réévaluer les biens fonciers, et une politique claire pour éviter des hausses brutales des factures d'impôt.

Source : Ruiz et Valejos 2010.

Encadré 4.6 Calcul de la base d'imposition d'un bâtiment dans un village X

Une maison figure au cadastre sous le numéro 407 dans le quartier 080604 (Mt. Michael) avec les éléments suivants : bâtiment à usage d'habitation, habité par une seule famille, à un niveau ; superficie totale = 434 m², dont 358,4 m² construits ; le bâtiment a 60 ans. Le tableau suivant montre la valeur imposable à la taxe foncière. La base d'imposition est évaluée comme suit :

$Vt^* =$	*	Vcx	*	Sx	*	$C_a x$	*	$C_f x$	*	$C_q x$	*	C_v
109 122		609		358,4		1,00		0,9		1,01		0,55
Valeur imposable		Valeur unitaire des bâtiments		Surface construite		Coefficient d'utilisation		Coefficient d'emplacement		Coefficient de qualité et de confort		Coefficient d'âge

associés à la taxe foncière doivent être compris entre 2 % et 5 % des recettes mobilisées. Selon une étude récente, en Turquie, les grandes municipalités perçoivent un volume important de recettes de la taxe foncière, tandis que des centaines de petites communes encaissent un volume d'impôts fonciers inférieur à leurs coûts d'administration et de collecte (Peteri et Sevinc 2011). Le potentiel de la taxe foncière est pourtant très important, et les villes devraient investir dans les capacités nécessaires pour en faire le bon instrument qu'elle est destinée à être (Brzeski 2012). En fin de compte, si l'on veut vraiment rendre la taxe foncière opérationnelle, l'administration centrale doit prendre des mesures importantes pour accroître les capacités et améliorer les cadastres et prendre en charge une bonne partie au moins des coûts politiques initiaux.

Pour taxer les biens fonciers, les collectivités locales doivent procéder à au moins trois opérations :

1. Recenser les biens fonciers imposés.

2. Évaluer la valeur des biens et la base d'imposition.

3. Définir le taux d'imposition.

Recensement des biens fonciers et cadastre fiscal

Lorsqu'on veut lever une taxe foncière dans une ville, la première étape consiste à recenser les biens immobiliers, leur taille, leur utilisation, leur emplacement et leurs propriétaires. La meilleure façon de procéder est de préparer un cadastre fiscal, comprenant des informations sur chaque bien, notamment une description physique, l'identification des propriétaires, et la valeur imposable du terrain et des améliorations. Un inventaire complet de toutes les parcelles et l'attribution d'un numéro d'identification fiscal unique à chaque bien permettent de localiser rapidement les parcelles.

Certains pays ont un cadastre foncier bien développé qui est entretenu depuis des dizaines d'années. Il précise les limites des parcelles, les améliorations, la propriété, les actes et les autres informations juridiques nécessaires. Le cadastre foncier sert de base aux transactions foncières et se concentre sur les droits légaux, les limites précises, et les règlements de zonage. Lorsqu'il existe, le cadastre foncier est la meilleure source pour établir un cadastre fiscal. Le graphique 4.5 montre le cadastre foncier d'une propriété rurale à l'intérieur d'un ensemble de parcelles recensé dans le sud du Portugal en 2006. Le numéro d'identification — par exemple, 0084-R-L10 — signifie que la parcelle est située dans la commune de Porches (0084), est une parcelle rurale (R) et est située dans la maille L10.

La création et l'actualisation des cadastres fonciers sont des opérations coûteuses en temps et en argent, généralement effectuées par des instances de l'administration centrale sous la supervision de l'institut géographique national afin d'assurer sa cohérence et de réduire les coûts unitaires.

Graphique 4.5   Informations du cadastre (dossiers personnels)

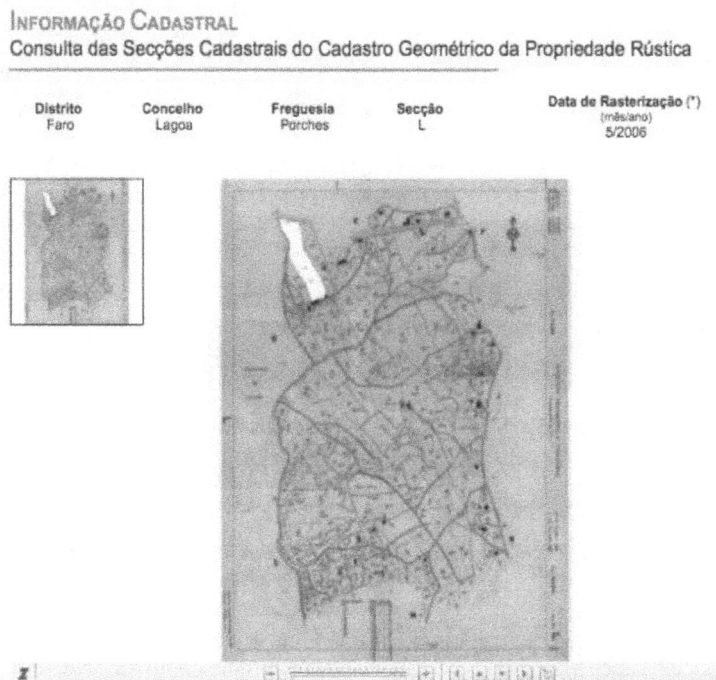

Informação Cadastral
Consulta das Secções Cadastrais do Cadastro Geométrico da Propriedade Rústica

| Distrito | Concelho | Freguesia | Secção | Data de Rasterização (*) |
| Faro | Lagoa | Porches | L | (mês/ano) 5/2006 |

Les municipalités peuvent utiliser les informations disponibles dans le cadastre foncier comme base pour concevoir et mettre en place un système intégré pour gérer la taxe foncière. Lorsqu'il n'existe pas de cadastre foncier, les collectivités locales peuvent utiliser des procédures simplifiées pour créer des cadastres fiscaux (voir ci-dessous).

Les cadastres fiscaux peuvent être préparés sans une identification aussi précise, juridiquement opposable, des limites, des actes, des subdivisions, etc. Ils demandent seulement une bonne identification, certains détails techniques sur le terrain et les améliorations, des informations sur le propriétaire ou l'utilisateur, l'évaluation de la valeur fiscale, et l'historique des facturations. L'identification des biens fonciers peut être difficile dans les pays en développement et les économies en transition. Les cadastres fonciers peuvent être inexistants ou obsolètes, les données sur les propriétaires être incomplètes, et les données sur les documents relatifs aux transactions foncières être conservés dans d'autres services. Le graphique 4.6 montre comment s'agencent le cadastre, l'identification des parcelles, l'évaluation des superficies et des valeurs, et la facturation de l'impôt foncier.

Évaluation de la base d'imposition

Les autorités soulignent toujours que les biens fonciers sont évalués à des fins fiscales. En théorie, cela voudrait dire que la valeur du bien est une bonne estimation de sa valeur sur le marché. Dans la réalité, la taxe foncière est souvent imposée sans référence à la valeur marchande estimée. Les principes généraux de l'identification de la base d'imposition de la taxe foncière et les différents modèles de calcul de sa valeur sont présentés ci-dessous.

Les modèles de base d'imposition ont différentes typologies, selon la façon dont les biens fonciers sont évalués (Brzeski 2012). Même si plusieurs méthodes existent, les deux grandes catégories de méthodes

Cadastre fiscal

Contient un numéro d'identification.

Description du bien (utilisation).
Valeur du bien.

Des listes actualisées des valeurs des biens sont produites chaque année pour les propriétaires avant la facturation.

Les factures d'impôt sont émises chaque année. Elles indiquent le numéro d'identification, la valeur du bien, le taux d'imposition et le montant de l'impôt à payer.

Cadastre foncier (géographique)

Basé sur un SIG et des relevés de terrain.

Un code unique est attribué pour indiquer l'emplacement exact.

Établi par les autorités nationales.

Registre de propriété

Contient l'historique des changements de propriétaires.

Établit le propriétaire actuel qui est redevable de l'impôt.

Les registres sont mis à jour uniquement en cas de changement de propriétaire ou de division du bien.

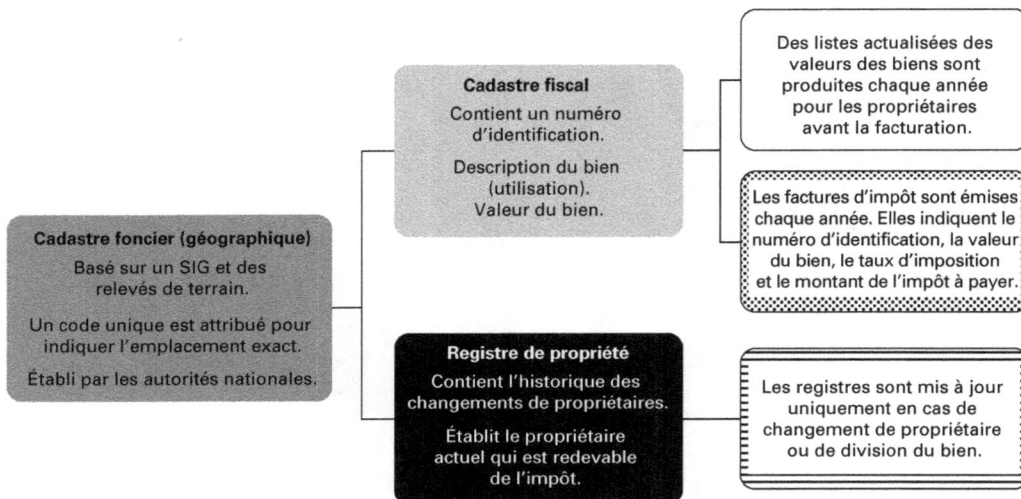

sont celles *fondées sur la superficie* et celles *fondées sur la valeur* :

- L'*évaluation fondée sur la superficie* utilise la superficie (ou la surface utile) des actifs immobiliers (par exemple, les mètres carrés de terrain et d'améliorations) et les caractéristiques de la parcelle — urbaine, rurale, proche des grands centres — pour calculer sa valeur d'imposition. Cette méthode est utilisée en République tchèque et en Pologne.

- L'*évaluation fondée sur la valeur* estime la valeur d'un bien foncier au moyen de sa valeur marchande ou de la valeur inscrite au cadastre foncier. Cette méthode est utilisée en France et aux États-Unis. La valeur marchande du bien foncier peut être basée sur la valeur en capital du terrain, la valeur en capital du terrain et des bâtiments, ou la valeur locative annuelle.

Des experts en fiscalité comme Enid Slack (2009) privilégient la méthode de l'évaluation fondée sur la valeur, car elle est plus proche de la valeur de liquidité correcte, elle prend en compte toute amélioration dans le secteur et est plus transparente. Les pays développés utilisent généralement l'évaluation à la valeur du marché. Les pays en développement utilisent un mélange des deux, en commençant par évaluer la superficie et en prenant en compte certains éléments

de la valeur marchande dans la taxe unitaire pour les bâtiments et les terrains. Les modèles fondés sur la superficie ont l'avantage d'être simples et de générer des coûts plus faibles. Une fois que le cadastre est préparé, que les plans sont enregistrés et que des valeurs de base sont données aux terrains et aux bâtiments au moyen d'un système de prix unitaire, l'actualisation annuelle demande beaucoup moins de données. Il faut généralement mesurer les superficies et indiquer le type d'usage (urbain, rural). Aucune donnée sur le marché ou travail d'évaluation n'est nécessaire, ce qui limite les différends et les recours. En outre, les modèles fondés sur la superficie ne demandent pas de réévaluation fréquente, ce qui est le gros problème des systèmes fondés sur la valeur. Mais les recettes qu'ils produisent ne sont pas dynamiques et ne suivent pas les hausses des prix du marché. En revanche, ils ne sont pas sensibles aux récessions.

Évaluation fondée sur la superficie

Dans un système d'évaluation fondée sur la superficie, l'administration fiscale estime la valeur d'une unité (en général un mètre carré) de terrain, d'un mètre carré de bâtiment, ou d'une combinaison des deux. Lorsque les deux superficies sont prises en compte, l'évaluation de la valeur du bien foncier est la somme d'un taux d'évaluation par mètre carré (variable suivant les caractéristiques de l'emplacement et l'utilisation) multiplié par la dimension de la parcelle de terrain ou du bâtiment. Si l'on prend par exemple :

T_{si} = superficie du terrain en m²,

B_{si} = superficie du bâtiment en m²,

P_{ti} = prix évalué du m² de terrain à l'emplacement i (fonction de l'utilisation et des caractéristiques),

P_{bi} = prix évalué du m² de bâtiment à l'emplacement i (fonction de l'état de conservation, de la qualité et de l'utilisation),

la valeur imposable sera

$$V_i = T_{si}P_{ti} + B_{si}P_{bi}.$$

La valeur unitaire du terrain et des bâtiments reflète a) l'emplacement — en général, les biens situés en centre ville valent plus cher que ceux en périphérie ; b) l'état de conservation du bâtiment ; c) la rentabilité des terres rurales ; et d) l'usage fait des structures. D'après l'exemple décrit dans l'encadré 4.6, il est rare que les modèles fondés sur la superficie utilisent uniquement la superficie ; ils estiment une valeur qui prend en compte les facteurs ayant une influence importante sur la valeur marchande, tels que l'emplacement, la qualité, le confort et l'âge. En résumé, la plupart des modèles fondés sur la superficie sont interconnectés aux valeurs marchandes, mais la relation est plus distante et peut-être moins systématique que dans les modèles fondés sur la valeur examinés plus loin.

L'un des problèmes posés par les modèles fondés sur la superficie est qu'ils sont plus lents à intégrer les valorisations foncières associées aux investissements publics, même si un certain étalonnage est possible au moyen de coefficients afin de prendre en compte d'autres facteurs influant sur la valeur (Brzeski 2012). Il est important qu'une évaluation fondée sur la superficie intègre certains facteurs du marché si l'on veut obtenir une évaluation juste. Cela est particulièrement vrai parce que les citoyens voient des différences visibles entre les biens fonciers, et principalement en regardant des facteurs dont le marché tiendrait compte, comme la proximité d'infrastructures, l'accès à l'énergie, etc.

Évaluation fondée sur la valeur

Une évaluation fondée sur la valeur peut suivre deux principales méthodes : la *valeur de marché* ou la *valeur de location*. La valeur de marché (ou valeur marchande) est définie comme étant le prix sur lequel un vendeur et un acheteur s'entendraient pour un bien donné. Elle peut s'appliquer à la valeur en capital d'un terrain, ou à la valeur en capital d'un terrain et des bâtiments, ou des bâtiments séparément, ou à la valeur locative annuelle. Dans la méthode de la valeur de location (ou valeur locative), le bien est évalué d'après une estimation de sa valeur locative ou des loyers nets. Le tableau 4.5 résume les différentes méthodes d'évaluation fondée sur la valeur et indique les pays qui les appliquent.

Les évaluations fondées sur la valeur sont censées être proches de la valeur marchande, mais celle-ci ne peut être observée qu'au moment où un bien est vendu. Comme une minorité seulement de biens sont vendus chaque année, les valeurs imposables ne sont que de bonnes estimations. L'évaluation et la réévaluation des valeurs de marché nécessitent des données fiables et actuelles sur les biens fonciers, avec des renseignements détaillés sur les bâtiments, et des informations également fiables du marché sur des ventes non biaisées. Ces méthodes demandent des réévaluations régulières, ce qui pose des problèmes non seulement techniques mais aussi politiques, même dans les pays très développés.

Valeur locative annuelle. Les modèles d'évaluation fondée sur la valeur locative annuelle utilisent la valeur de location du bien comme base d'imposition. Une valeur nette ou brute peut être utilisée selon que les dépenses d'entretien sont supportées par le propriétaire ou par le locataire. Ces modèles intègrent différents facteurs du marché dans l'estimation d'une juste valeur locative. Toutefois, des considérations de politique publique interviennent également, par exemple des taux préférentiels peuvent être appliqués aux biens occupés par les propriétaires (comme c'est la coutume au Pakistan ; voir le tableau 4.6). Avec les systèmes fondés sur la valeur locative annuelle, le volume des recettes peut être limité si les loyers sont réglementés. Le tableau des valeurs locatives annuelles au Pakistan peut ressembler à un système fondé sur la superficie, mais les taxes unitaires (par exemple 0,4 roupie par mètre carré) ont été estimées à partir d'échantillons de transactions locatives réellement observées sur le marché.

Autres variantes de bases d'imposition simplifiées. Le tableau 4.7 montre la fréquence des méthodes de taxation foncière dans le monde. D'autres variantes de la base d'imposition sont a) une taxe forfaitaire unitaire, pour les villes qui ont besoin de liquidités et décident d'utiliser la même taxe pour tous les biens

Tableau 4.5   Différentes méthodes d'évaluation de la base d'imposition de la taxe foncière

Base d'imposition	Définition	Mesure utilisée	Pays concernés	Taux d'imposition définis par les collectivités locales (CL) et fourchette des taux d'imposition
Valeur unitaire imposable, ou méthode fondée sur la superficie	Superficie du bien corrigée pour tenir compte de la qualité et des structures	Superficie de terrain et du bâtiment en m², corrigée	Allemagne, Arménie, Belgique, Bulgarie, Danemark, Espagne, Israël, Italie, Pologne, Portugal	Portugal : les CL fixent le taux d'imposition entre 0,7 % et 1,3 % Danemark : CL, entre 1,6 % et 3,4 % Espagne, Pologne et Italie : CL avec un plafond fixé par l'administration centrale Allemagne : fixé par les CL Bulgarie : 0,15 % de la valeur du bien
Valeur marchande	Prix de vente ou d'achat potentiel	Ventes comparables	Afrique du Sud, Australie, Canada, États-Unis, Hongrie, Japon, Pays-Bas	En Hongrie, fixé par la CL.
Valeur locative	Valeur dans l'utilisation actuelle	Revenu locatif net	France, Inde, Irlande, Maroc, Pakistan, Royaume-Uni	Au Royaume-Uni, fonction d'un plafond. En France, CL avec un plafond.
Autoévaluation	Prix de vente	Déterminé par le propriétaire du bien	Pérou, Turquie	

Sources : Slack 2009 ; DEXIA 2008.

Tableau 4.6   Tableaux des valeurs locatives annuelles — Punjab (Pakistan)

Bien à usage d'habitation — Tableau d'évaluation de la valeur locative annuelle

		Occupé par les propriétaires				Loué			
		Valeur locative du terrain (Rs/mètre carré)		Valeur locative du bâtiment (loyer/mètre carré)		Valeur locative du terrain (loyer/mètre carré)		Valeur locative du bâtiment (loyer/mètre carré)	
Classe	Catégorie Bien situé près/loin d'une grande route	Jusqu'à 500 mètres carrés	Plus de 500 mètres carrés	Jusqu'à 3 000 mètres carrés	Plus de 3 000 mètres carrés	Jusqu'à 500 mètres carrés	Plus de 500 mètres carrés	Jusqu'à 3 000 mètres carrés	Plus de 3 000 mètres carrés
A	Près d'une grande route	0,4	0,3	0,4	0,3	4	3	4	3
	Loin d'une grande route	0,3	0,25	0,3	0,25	3	2,5	3	2,5
B	Près d'une grande route	0,3	0,25	0,3	0,25	3	2,5	3	2,5
	Loin d'une grande route	0,25	0,2	0,25	0,2	2,5	2	2,5	2
C	Près d'une grande route	0,25	0,2	0,25	0,2	2,5	2	2,5	2
	Loin d'une grande route	0,2	0,15	0,2	0,15	2	1,5	2	1,5

Source : Ellis, Kopanyi et Lee 2007

fonciers (Irlande) ; b) une valeur d'acquisition initiale, par laquelle les villes utilisent les valeurs d'acquisition historiques pour exprimer la prime accordée pour une résidence de longue durée (parce que la valeur initiale n'évolue pas avec le temps, la base d'imposition est très inéquitable) ; et c) des tranches de valeurs, c'est-à-dire que les biens sont classés dans différentes « tranches » de valeurs.

L'actualisation de la base d'imposition de la taxe foncière et l'amélioration de l'administration de la taxe ont représenté un investissement important pour la ville de Bogotá ; le coût total s'est élevé à près de 17 millions de dollars (sur 2009 et 2010), montant qui a été facilement remboursé en un an grâce au supplément de recettes fiscales généré. Le tableau 4.8 récapitule les coûts directs encourus pour actualiser la base de données.

CAMA. Le calcul automatisé des valeurs foncières est devenu largement utilisé aux États-Unis, au Canada et en Europe occidentale au cours des deux dernières décennies. Il a été introduit dans les pays en développement avec beaucoup de succès, car il permet d'évaluer la base d'imposition de la taxe foncière avec beaucoup moins de données et à moindre coût (Eckert 2008).

Tableau 4.7 Méthodes utilisées pour évaluer la base d'imposition de la taxe foncière

Région	Pays	Valeur en capital du terrain	Valeur en capital du terrain et des bâtiments	Valeurs en capital séparées du terrain et des bâtiments	Valeur en capital des bâtiments uniquement	Valeur locative annuelle	Méthode fondée sur la superficie	Taxe forfaitaire unique
Afrique	25	1	8	3	4	7	11	6
Asie	24	2	6	2	0	11	11	0
Europe occ.	13	0	9	0	0	6	0	0
Europe orientale	20	1	6	0	0	0	15	0
Amérique latine	16	2	14	1	0	1	0	0
Total	98	6	43	6	4	25	37	6

Source : Muccluskey, Bell et Lim 2010.

Tableau 4.8 Actualisation de la base de données de la taxe foncière à Bogotá

Poste	Coût en milliers de dollars 2009	%	Observations
Assistance administrative	557,8	7,1	Personnel d'encadrement et personnel administratif, y compris sélection du personnel à recruter.
Matériel et personnel d'appui	954,8	12,2	Bureau central des projets, véhicules, vêtements, secrétaires et assistants.
Cartographie	392,2	5,0	Opérateurs de saisie, officiers de carrière.
Communications	79,1	1,0	Employés et sous-traitants chargés de gérer les relations avec les habitants et les médias.
Composante économique	958,1	12,2	Évaluateurs, fonctionnaires, équipe de modélisation économétrique.
Support informatique	560,5	7,2	Matériel et assistants aux programmes, personnel de support informatique.
Employés temporaires	4 330,3	55,3	Plus de 460 techniciens et professionnels.
Total	7 832,8	100,0	

Source : Ruiz et Valejos 2010.

Le CAMA est un processus qui permet d'estimer un indice de *prix hédonique* pour une catégorie de biens immobiliers, par exemple des biens à usage d'habitation, à partir d'un échantillon de biens vendus représentatif de l'ensemble de la population (Eckert 2008). L'indice fait correspondre les prix de vente aux caractéristiques physiques et d'emplacement des biens vendus. Les pondérations (ou les coefficients des régressions estimées) sont alors utilisées pour évaluer les biens non vendus. Les collectivités locales peuvent ainsi avoir une évaluation de l'univers de biens non vendus. Le CAMA apporte un moyen plus simple d'évaluer la base d'imposition de la taxe foncière et, d'une certaine manière, il a révolutionné l'administration des taxes foncières (encadré 4.7). Les méthodes traditionnelles d'évaluation demandent une grande quantité de données sur les ventes et les locations et sont donc chères pour les pays en transition ou en développement. Les améliorations récentes de l'analyse spatiale des emplacements grâce aux SIG et

à des technologies simples ont réduit le volume et le type de données nécessaires pour le CAMA.

Dans les pays en transition qui appliquent déjà une taxe foncière, le CAMA peut être très utile pour réétalonner les modèles afin d'obtenir des résultats plus proches de la réalité du marché. Dans les pays sans taxe, le CAMA peut être utilisé, avec des technologies simples et des données de terrain externes, pour instaurer une taxe foncière opérationnelle pour un coût raisonnable dans un délai relativement court. Au Kosovo, une taxe foncière a été mise en place dans 30 villes en 18 mois. Au Cap, une réévaluation générale a été réalisée en deux ans avec un CAMA. D'autres mises à jour peuvent être effectuées en quelques mois (Eckert 2008). Le problème est que la collecte des impôts et le travail d'évaluation vont souvent moins vite que les nouveaux systèmes. Au Kosovo, moins de la moitié des impôts facturés chaque année sont recouvrés, et les collectivités locales n'évaluent pas les biens, c'est pourquoi la base s'érode presqu'aussi vite qu'elle a été créée.

Encadré 4.7 Élaboration d'un modèle de calcul automatisé des valeurs foncières (CAMA)

L'élaboration d'un modèle CAMA suit plusieurs étapes :

Collecte des données. Des données sont recueillies concernant à la fois des biens vendus et non vendus, notamment sur les caractéristiques des biens, leur emplacement et d'autres facteurs susceptibles d'influer sur leur valeur. Les données peuvent être qualitatives ou quantitatives, et catégorielles (bon, passable, mauvais) ou continues (p. ex. le nombre de lits). Les données sont alors analysées sur le plan de la distribution et pour identifier les valeurs atypiques. Les données sont insérées dans des analyses de régression multiple afin de repérer les éléments prédictifs les plus forts de la valeur du bien.

Modélisation avec le CAMA. L'expert chargé d'élaborer le modèle utilise différentes techniques pour développer un modèle d'évaluation qui imite le marché afin d'attribuer une valeur aux différentes caractéristiques d'un bien. Ces techniques peuvent comprendre des analyses statistiques de

régression linéaire ou multiple, ou la modification de modèles existants ou acceptés. Un modèle linéaire est la solution plus simple et peut être estimé de la manière suivante :

$$P = A_0 + A_1 X_1 + A_2 X_2 + \cdots + A_n X_n,$$

P étant le prix de vente du bien ;

X_i étant l'attribut du bien — emplacement, qualité, taille et utilisation ;

A_i étant la pondération estimée qui sera utilisée par la suite pour évaluer la valeur du bien non vendu.

Un élément essentiel du processus de modélisation est le travail permanent de test du modèle afin d'évaluer sa capacité à prévoir avec exactitude la valeur des biens. Une fois qu'un modèle CAMA est mis au point par l'expert pour une catégorie ou une sous-catégorie de biens, il est ensuite appliqué à tous les biens, vendus et non vendus, de cette catégorie ou sous-catégorie. De cette manière, tous les biens de la catégorie ou sous-catégorie sont traités équitablement.

Source : Eckert 2008.

Fixation des taux d'imposition

Une fois la base d'imposition choisie, l'étape suivante consiste à fixer le taux d'imposition, ce qui est habituellement une prérogative des collectivités locales. Elles le font de différentes manières :

- Elles peuvent choisir un seul taux pour tous les biens évalués (le plus simple) ou utiliser différents taux selon qu'elles taxent les terrains ou les bâtiments et les terrains urbains ou ruraux, selon l'emplacement et le type d'infrastructures disponibles, ou selon l'utilisation (habitation, usage commercial ou industriel).

- L'administration centrale peut définir un plafond pour le taux d'imposition local, ainsi qu'une limite sur les dégrèvements et les exonérations.

- Les taux d'imposition de la taxe foncière peuvent être actualisés chaque année au moyen d'un indice d'inflation qui maintient la valeur réelle du produit de la taxe et minimise les controverses politiques.

- Dans certains cas, comme en Australie, au Canada et aux États-Unis, les collectivités locales déterminent leurs besoins en dépenses, soustraient le montant qu'elles prévoient de recevoir d'autres sources, telles que les dotations et les autres impôts, puis divisent le montant restant par la valeur imposable des biens pour obtenir le taux d'imposition de la taxe foncière. Ce processus subit plusieurs itérations avant que l'augmentation de la taxe ne soit annoncée, car une hausse soudaine du taux d'imposition doit être justifiée et appuyée par des hausses des valeurs de marché du même ordre et non pas seulement par le souhait de la collectivité locale de dépenser plus.

La modification des taux ou l'ajustement de la base d'imposition dépend des choix de politique publique. À Bogotá, les taux de la taxe foncière varient de 3 % en milieu rural à 30 % pour les terrains urbains inoccupés taxés sur la valeur locative. La dernière réforme de 2007 a été axée sur l'actualisation du cadastre de base et sa mise à jour annuelle. Les résultats ont été remarquables, bien que la ville ait mis en place des plafonds sur l'augmentation des taux afin que les contribuables ne subissent pas de hausses brutales de leurs taxes foncières (encadré 4.5). Les valeurs imposables ont augmenté plusieurs fois, et les recettes perçues ont aussi progressé.

En revanche, dans beaucoup d'économies en transition ou en développement, l'administration centrale peut fixer les taux des taxes foncières, sous la forme d'un plafond ou d'une fourchette de taux. Les collectivités locales peuvent faire varier les taux par catégorie de biens, par exemple en fonction de l'usage d'habitation, commercial ou industriel (Inde, Pakistan). Cela se justifie par le fait que les besoins et la consommation de biens publics varient, et que quand les collectivités locales veulent attirer des entreprises, ces taxes peuvent entrer en ligne de compte. Souvent, les collectivités locales peuvent fixer leur propre taux d'imposition, à l'intérieur d'une fourchette de valeurs convenue avec l'administration centrale.

Facturation, notification, perception et recouvrement forcé

La facturation, la notification, la perception et le recouvrement forcé (« activités d'aval ») ont un impact notable sur la performance de la taxe foncière. De nombreuses collectivités locales comprennent leur importance et sont soucieuses de maximiser les résultats. Certaines de ces activités peuvent être sous-traitées au secteur privé, à condition de prévoir des incitations suffisantes pour assurer un recouvrement efficace (Brzeski 2012). La facturation et la notification peuvent être difficiles dans les pays dépourvus de bons systèmes d'adressage des bâtiments (encadré 4.8).

Bien qu'il soit toujours préférable d'obtenir un paiement volontaire, le recouvrement forcé est inévitable et nécessite des procédures pour traiter les impayés et les manquements. L'existence de procédures simples, rapides et efficaces, comprenant la saisie et l'arrestation, incite généralement les contribuables à payer sans retard. Il est possible de les y encourager davantage en facilitant le règlement (paiement électronique par Internet, ou paiement au bureau de poste local) et en expliquant la destination des recettes fiscales sur les factures d'impôt au lieu d'y faire figurer les sanctions en cas de manquement. Les taux d'impayés fiscaux sont relativement faibles dans les pays développés (4 % ou 5 % au Canada et aux États-Unis), mais ils peuvent atteindre 40 à 50 %, comme on l'a vu dans les Balkans, au Kenya et aux Philippines[4].

Les litiges et les réclamations sont traités par le bureau de contrôle des services de la taxe foncière, car ils peuvent être fondés sur des informations

Encadré 4.8 La taxe foncière en Cisjordanie

L'administration des impôts locaux est assez difficile en Cisjordanie compte tenu des circonstances. Mais malgré les obstacles, la taxe foncière est collectée dans 29 villes, et les recettes de la taxe foncière représentent environ un cinquième (19,16 %) du budget de fonctionnement total.

Source : Banque mondiale 2010.

incorrectes. Lorsque le contribuable n'est pas satisfait, l'affaire peut suivre la procédure administrative d'arbitrage et de recours devant les tribunaux.

En résumé, la taxe foncière est un bon impôt pour les collectivités locales : la base d'imposition est fixe, et quand le produit de la taxe est utilisé pour payer des services locaux, elle s'apparente à une redevance d'usagers (Ingram 2008). En outre, les recettes de la taxe foncière sont prévisibles et stables, ce qui constitue un net avantage pour les collectivités locales dont les sources de recettes ne sont pas nombreuses. Dans les pays en développement toutefois, l'impôt foncier peut être difficile à mettre en œuvre. Tout d'abord, son administration peut être coûteuse, en particulier l'investissement initial dans le recensement des biens fonciers et la formation du personnel. De nouvelles techniques comme les systèmes CAMA de calcul automatisé des valeurs foncières peuvent réduire sensiblement les coûts de l'évaluation. En second lieu, les collectivités locales peuvent taxer davantage les biens à usage autre que d'habitation, car il est plus facile de tirer des recettes d'un portefeuille plus garni. Mais cela peut être contreproductif, car les entreprises sont mobiles et peuvent quitter la ville. Troisièmement, les collectivités locales ne peuvent pas compter sur la taxe foncière pour financer autre chose que la fourniture de biens publics. Pour les dépenses, telles que l'éducation ou la santé, les transferts de l'administration centrale représentent la meilleure source directe de recettes. Ironiquement, c'est dans les pays où la taxe foncière sert à payer les salaires des enseignants que les rendements et les systèmes sont les plus importants (p. ex. dans le comté de Montgomery, dans le Maryland, et dans le comté de Fairfax en Virginie, dans l'agglomération de Washington). Des procédures simplifiées, par exemple des évaluations fondées sur la superficie (comme à Bangalore) et des auto-évaluations (introduites dans des villes comme Bogotá), ont entraîné des augmentations importantes.

Dans beaucoup de pays, la taxe foncière est contestée (Ingram 2008). Son impopularité vient de sa visibilité : les contribuables reçoivent des factures d'impôts élevées une ou deux fois par an. De nombreuses révoltes de contribuables peuvent être attribuées à des hausses rapides des factures de taxe foncière, et beaucoup de réformes fiscales récentes prévoient de limiter les hausses des taxes foncières d'une année sur l'autre. La visibilité de la taxe foncière est également un avantage en ce sens qu'elle encourage les habitants à examiner de près les dépenses de la collectivité locale, ce qui favorise la discipline budgétaire et la participation citoyenne. Pour beaucoup de collectivités locales disposant de capacités techniques limitées, le plus difficile pour pouvoir mettre en œuvre une taxe foncière est d'obtenir des informations exactes sur les biens fonciers à taxer et sur leur valeur. Sans ces informations élémentaires, les collectivités locales auront beaucoup de mal à concevoir et appliquer un impôt foncier juste et efficace.

La question de savoir si la taxe foncière est le meilleur impôt local reste très ouverte et, comme indiqué plus haut, la taxe foncière ne convient pas à tout le monde. Mais dans le monde entier, on a de nombreux exemples de collectivités locales qui ont fait avec ce qu'elles avaient et sont parvenues à taxer les biens fonciers pour financer leurs fonctions (Bahl , Martinez-Vazquez et Youngman 2008; 2010).

Taxes générales sur la consommation ou sur les ventes

Les taxes sur les ventes locales sont des taxes générales sur la consommation facturées au point d'achat pour certains biens et services. La taxe se présente sous la forme d'un pourcentage du prix de l'article acheté. Une taxe sur les ventes est un impôt régressif, c'est-à-dire que son impact décroît avec l'augmentation du revenu du payeur. Dans l'idéal, une taxe sur les ventes est juste, a un taux d'observation élevé, est difficile à éviter, et est simple à calculer et collecter. Une taxe classique sur les ventes au détail s'efforce d'atteindre cet idéal en faisant payer uniquement l'utilisateur final, contrairement à une taxe sur les recettes brutes imposée sur une entreprise intermédiaire qui achète des matériaux pour produire ou pour ses dépenses de fonctionnement avant de pouvoir proposer un service ou un produit sur le marché. La taxe sur les ventes empêche la taxation en cascade, où un article est taxé plusieurs fois entre la fabrication et la vente au détail finale.

Les taxes générales sur la consommation comprennent les taxes sur les ventes au détail et les taxes sur la valeur ajoutée (TVA). Les taxes locales sur les ventes au détail ont des taux compris habituellement entre 2 % et 5 % et sont perçues par les caisses des magasins et dans le cadre d'autres opérations de ventes finales. Elles sont très importantes pour les collectivités locales. En Espagne, elles représentent la moitié des recettes locales, en Autriche 30 %, et aux États-Unis 25 %.

Les taxes sur les ventes locales ont deux principaux avantages : a) elles constituent une source de recettes élastique — à savoir que, lorsque l'économie va bien, les ventes au détail augmentent, ce qui apporte plus de recettes à la collectivité locale ; et b) elles sont transparentes et simples à collecter. Elles présentent aussi des inconvénients : l'évasion fiscale peut parfois être un problème majeur, et des différentiels de taux importants entre collectivités locales voisines amènent les habitants à aller faire leurs achats dans la ville où les taux sont moins élevés. La taxe sur les ventes locales peut être une petite surtaxe venant s'ajouter au système de taxation central ou de l'échelon inférieur (province, État fédéré). Parfois, les villes introduisent une taxe additionnelle ou une surtaxe de 1 % ou 2 %. Cette solution pourrait être intéressante, car elle est facile à mettre en œuvre, tant techniquement que politiquement, et évite des coûts de recouvrement élevés.

Taxe sur la valeur ajoutée (TVA). Dans la plupart des pays, la taxe générale sur les ventes (ou la taxe sur les recettes brutes) est levée sous la forme d'une taxe sur la valeur ajoutée au niveau de l'administration centrale, bien que quelques provinces ou États fédérés aient aussi institué une TVA, comme au Brésil. Bon nombre d'analystes estiment que la taxe sur les ventes n'est pas un bon impôt et suggèrent de la supprimer pour l'intégrer à une taxe globale sur la valeur ajoutée (Werneck 2008). Les taxes sur le chiffre d'affaires ont

été progressivement remplacées par des TVA nationales dans beaucoup de pays, privant les collectivités locales d'un impôt local important. Dans ces situations, des modalités de partage des recettes fiscales ont été conçues pour répartir une partie du produit de l'impôt entre les collectivités locales. Ce partage devrait avoir le caractère d'une dotation et non pas être basé sur l'origine. Cependant, les infrastructures nécessaires pour une TVA effective sont relativement lourdes ; elles comprennent notamment des pratiques comptables convenables, qui n'existent pas toujours dans les économies en développement où les ventes se font souvent sans ticket de caisse ni registre électronique et où le secteur informel occupe souvent une place non négligeable.

En dehors des États-Unis, les collectivités locales prélèvent rarement des taxes générales sur les ventes. Le Brésil fait exception puisqu'elles y constituent une forme majeure de taxe municipale (*imposto sobre servicos*, ou ISS), imposée sur tous les services sauf les communications et les transports en commun interurbains et entre les États fédérés, qui sont taxés par les États. L'ISS est imposée sur les ventes au détail au taux minimum de 2 % ; les taux maximum diffèrent suivant le type de service, le maximum étant de 5 % des recettes brutes. Le principal problème des taxes sur les recettes brutes est qu'elles taxent les facteurs de production des entreprises et entraînent des effets de taxation en cascade. Il s'ensuit des distorsions dans l'organisation de la production, les entreprises s'efforçant de réduire leurs charges fiscales.

Les *taxes sélectives sur les ventes* appliquées aux automobiles (par exemple les taxes sur les carburants et l'immatriculation des véhicules) constituent un autre type de taxe sur les ventes. Elles ont un double avantage en ce qu'elles découragent l'utilisation des routes tout en générant des recettes qui sont souvent affectées à l'entretien des routes.

Impôt local sur le revenu des personnes physiques

Les impôts sur le revenu sont employés à l'échelon local mais beaucoup moins que les taxes foncières et les taxes sur les ventes. Les impôts locaux sur le revenu des personnes physiques peuvent être de deux types : une surtaxe sur l'impôt sur le revenu levé par l'administration centrale ou par l'État fédéré (taxe additionnelle), ou bien une taxe séparée, administrée localement. Le second type est moins fréquent, car il est beaucoup plus difficile à mettre en œuvre et très cher à administrer.

Les impôts locaux sur le revenu ne sont pas courants dans les pays en développement. Au lieu de cela, dans les pays moins développés (par exemple au Pakistan, en Serbie ou en Turquie), les collectivités locales reçoivent une part importante des recettes de l'impôt sur le revenu par le biais de systèmes de partage d'impôt, tels que ceux décrits au chapitre 1 (Bird 2001). Néanmoins, les impôts sur le revenu peuvent être justifiés au niveau local par le fait que les collectivités locales sont de plus en plus sollicitées pour gérer les problèmes de pauvreté, de délinquance, de transports régionaux et d'autres besoins touchant l'ensemble de la région. Dans la mesure où les collectivités locales doivent fournir des services sociaux, un petit impôt sur le revenu est probablement plus approprié qu'une taxe foncière, car l'impôt local sur le revenu est plus étroitement lié à la capacité contributive.

L'impôt local sur le revenu occupe une place importante dans les pays nordiques, où il apporte des recettes atteignant 15 % du PIB. Au Danemark, en Finlande et en Suède, les municipalités lèvent leurs propres impôts locaux sur le revenu, qui viennent s'ajouter à l'impôt national sur le revenu, car elles sont directement responsables des services sociaux et de la santé. Elles utilisent la base d'imposition évaluée pour les besoins de l'impôt national sur le revenu (aux États-Unis, les États utilisent un système similaire). Dans ces pays, l'impôt local sur le revenu des personnes physiques constitue la principale source de recettes

locales (85 % en Finlande et au Danemark, près de 100 % en Suède, 16 % en Belgique). Pour éviter une fiscalité locale excessive, le plafond de l'impôt local a fait l'objet d'un accord officiel au Danemark, en Norvège et en Suède (Slack 2009).

Impôts locaux sur les entreprises

Les impôts locaux sur les entreprises, ou sur l'activité économique, prennent différentes formes. Il peut s'agir d'un impôt sur les bénéfices des sociétés, d'un impôt sur le capital ou sur le travail, d'une taxe sur les biens fonciers à usage autre que d'habitation, ou d'une licence ou d'une autre redevance applicable aux commerces et aux entreprises industrielles. Dans l'Union européenne, 10 pays utilisent une taxe sur les entreprises, qui contribue entre 15 % et 30 % aux recettes des collectivités locales. La taxe locale sur les entreprises est le principal impôt local en Allemagne, en Hongrie, en Italie et au Luxembourg (tableau 4.9 et encadré 4.9).

Les impôts locaux sur les entreprises sont calculés sur différentes bases en fonction du pays. Les deux principales méthodes sont basées sur les stocks et sur les flux. Utiliser des stocks (p. ex. masse salariale, nombre d'employés, valeur des actifs immobiliers, biens d'équipement) comme base d'imposition permet aux collectivités locales d'avoir des recettes fiscales relativement stables d'une année sur l'autre. Beaucoup jugent ce système injuste, car il ne tient pas compte de la capacité contributive des entreprises et établit une discrimination entre les stocks ou certains actifs.

Tableau 4.9 Principaux impôts locaux sur les entreprises dans l'Union européenne

Pays	Nom de l'impôt	Base d'imposition	Pourcentage des recettes fiscales	Pourcentage du total des recettes
Allemagne	Taxe locale sur les entreprises	Bénéfice de l'entreprise	43	19
Autriche	Taxe municipale sur les entreprises	Masse salariale	20	10
Espagne	Taxe sur l'activité économique	Bénéfice	9	3
France	Taxe professionnelle	Valeur locative des immobilisations	43	19
Hongrie	Taxe locale sur les entreprises	Taxe sur le chiffre d'affaires net : différence entre les recettes et les coûts de production	38	12
Italie	Taxe régionale	Valeur ajoutée nette	54	24

Source : DEXIA 2008.

Encadré 4.9 Les impôts locaux sur les entreprises dans le monde

En Côte d'Ivoire, le principal impôt local est une taxe sur les entreprises (*patente*). C'est un ensemble de taxes fixes différentes selon le type, la taille et l'emplacement de l'entreprise. Cette taxe produit un tiers du total des recettes à Abidjan. Une taxe similaire existe au Maroc, où six taux d'imposition sont appliqués à plusieurs centaines de catégories d'entreprises, classées d'après leur valeur locative et le type d'activité. En Tunisie, les entreprises sont taxées au taux de 0,2 % du chiffre d'affaires brut.

En Hongrie, 86 % des recettes propres des collectivités locales proviennent des entreprises locales, avec un taux maximum de seulement 0,3 % mais sur une base de ventes brutes. En outre, une petite taxe communale, d'un montant fixe par employé, est assise sur

le nombre moyen d'employés des entreprises. En Ukraine, un système simplifié a été introduit, qui correspond à des taux fixes sur le chiffre d'affaires brut pour les petites entreprises plus une taxe sur les ventes de 10 % sur le chiffre d'affaires pour les autres entreprises.

En Amérique latine, les impôts locaux sur les entreprises sont relativement courants. L'Argentine a une taxe locale sur le chiffre d'affaires brut à des taux allant de 1 % à 12 %. En Colombie, la taxe sur les entreprises va de 0,2 % à 1 % du chiffre d'affaires brut. Parfois, une taxe est levée sur le patrimoine de l'entreprise. Le Chili impose une taxe de 2,5 % à 5 % sur le patrimoine net des entreprises ; l'Équateur impose le même type de taxe à 3 %. Au Kenya, la taxe sur les entreprises prend la forme d'une licence, une contribution forfaitaire indépendant du revenu ou de l'actif de l'entreprise.

Source : Bird 2001.

Ce n'est pas le cas lorsque la taxe est calculée sur la base de flux (par exemple le bénéfice, la valeur ajoutée ou le chiffre d'affaires net) ; cette méthode est plus équitable pour les entreprises, mais elle est sensible à l'évolution de l'environnement économique et fournit des recettes fiscales moins prévisibles. L'encadré 4.9 récapitule la manière dont les impôts sur les entreprises sont employés dans différents pays.

Les impôts locaux sur les entreprises sont souvent appréciés par les administrés et les élus, car a) ils suivent davantage la croissance économique que les taxes foncières ; b) les villes sont plus libres de fixer le taux de l'impôt sur les entreprises que celui de n'importe quel autre impôt ; et c) personne n'a de certitude sur l'incidence de l'impôt, c'est pourquoi il est facile de prétendre qu'ils sont partiellement exportés vers des non-résidents. Un bon argument économique en faveur de la taxation locale des entreprises est qu'elle peut être considérée comme un substitutif à une *taxe pour service rendu*. Toutefois, il serait préférable que les services publics dont bénéficient certaines entreprises soient payés par des redevances d'usagers appropriées, ainsi que par une taxe foncière. Lorsqu'un système de redevance n'est pas faisable, une certaine forme

d'impôt sur les entreprises basé sur une assiette large est justifiée.

Les impôts locaux sur les entreprises présentent plusieurs inconvénients. Premièrement, ils ne sont généralement pas équitables et peuvent accentuer les disparités entre les villes ; ils se prêtent aux abus. Deuxièmement, du point de vue de la politique publique, une fiscalité élevée pour les entreprises peut être préjudiciable à l'emploi et à l'investissement, en particulier en période de ralentissement économique. C'est la raison pour laquelle la fiscalité locale des entreprises dans l'Union européenne a été révisée dans beaucoup de pays afin d'exonérer les petites entreprises. Troisièmement, les impôts sur les bénéfices des sociétés sont difficiles à administrer, car les payeurs doivent déterminer la quantité de bénéfices attribuable à la collectivité locale qui lève l'impôt, en particulier quand les entreprises ont des activités sur le territoire de plusieurs collectivités locales, ce processus est techniquement complexe. En Turquie par exemple, les grandes villes perçoivent des impôts locaux sur les sociétés exceptionnellement élevés, car elles abritent les sièges de grandes entreprises opérant dans tout le pays. Pour les économies en transition, un impôt local sur les entreprises est l'un des impôts les plus faciles à lever, alors que, du fait de capacités administratives limitées, le recours à d'autres impôts comme la taxe foncière est plus difficile.

Curieusement, alors que les économistes s'accordent à dire que les impôts locaux sur les entreprises sont inefficaces et faussent les décisions économiques, la plupart des administrations publiques à tous les échelons ne tiennent pas compte de ce conseil et les utilisent quand même (Bird 2006). Elles le font parce qu'elles estiment que, si le produit de l'impôt sert à fournir des services aux entreprises locales, l'emploi d'un impôt sur les entreprises au niveau local est totalement compatible avec le principe du service rendu. En outre, les collectivités locales ont souvent très peu d'autres solutions fiscales. La possibilité de taxer les entreprises locales sans susciter l'opposition de tous les administrés peut être un argument puissant en faveur d'un impôt de ce type. Les pays utilisant depuis longtemps des impôts locaux sur les entreprises comprennent l'Allemagne, le Brésil, le Canada, les États-Unis, la Hongrie, le Japon, le Kenya, l'Ukraine et la plupart des pays d'Afrique de l'Ouest.

Taxes sur les véhicules

Les taxes sur les véhicules deviennent plus fréquentes dans les zones urbaines des économies tant développées qu'en développement. Elles répondent aux critères d'équité, de capacité contributive et au principe du service rendu. En général, il y a une corrélation positive entre le prix marchand des véhicules et le niveau de revenu de leur propriétaire. Les taxes sur les véhicules sont plus faciles à gérer que d'autres sources de recettes locales. Les caractéristiques des véhicules sont bien connues, de même que les prix moyens du marché, en fonction du kilométrage et de l'état physique. Le recouvrement forcé de la taxe est relativement simple et effectif puisque, d'habitude, c'est la protection civile qui s'en occupe directement.

Par exemple, le propriétaire d'un véhicule dont l'immatriculation n'est pas à jour (ce qui indique que la taxe n'a pas été payée) peut être sanctionné par une amende, le retrait des plaques ou la mise en fourrière du véhicule. Comme pour toutes les autres taxes locales, il est nécessaire d'avoir une base de données complète des propriétaires des véhicules et un dispositif coercitif crédible. Dans beaucoup de pays, cette taxe est habituellement un impôt partagé avec

les collectivités locales qui reçoivent 50 à 100 % du produit. Les administrations centrales sont en général réticentes à donner des pouvoirs de taxation sur les voitures aux collectivités locales. Le faire peut créer une concurrence fiscale entre les territoires si les règles d'immatriculation sont faciles à contourner.

Les redevances d'immatriculation des véhicules sont meilleures également pour réduire la pollution locale et les encombrements, car ces externalités sont largement localisées par l'immatriculation des propriétaires et varient selon la taille du moteur, l'âge, le nombre d'essieux et le poids du véhicule. Ces facteurs ont une plus grande incidence sur la quantité de pollution, le niveau des encombrements et l'endommagement des routes que n'en aurait la consommation de carburant.

Les taxes sur les carburants sont généralement nationales et visent à financer le réseau routier interurbain et les externalités. La taxe sur les carburants est moins efficace pour réduire les externalités locales que les péages urbains (*congestion charge*) (Slack 2009). Les villes qui appliquent une taxe sur les carburants le font souvent par une taxe additionnelle adossée au système de taxation des carburants existant au niveau de l'État parce que les coûts administratifs d'une collecte indépendante seraient trop élevés. Le produit de cette taxe est généralement affecté au réseau routier local et aux services de transports locaux ou à la dépollution.

L'administration reste le problème central d'un système efficace de taxation des véhicules. La mise à jour d'une base de données des véhicules doit être automatique. Cela signifie qu'elle est actualisée en cas de transfert de propriété lorsqu'un véhicule est vendu. Par exemple, le vendeur conserve la plaque de la voiture qu'il vend, et le nouveau propriétaire doit obtenir une nouvelle plaque. Avec ce système, il y a plus de chances qu'une base de données soit à jour, car conduire sans plaque ou immatriculation est un délit. Les taux d'imposition pour pouvoir évaluer les taxes doivent être transparents, et les obligations et délais de paiement de la taxe doivent être communiqués à tous les propriétaires chaque année. Une vignette sur la plaque ou le pare-brise est un moyen simple, économique et transparent. Les moyens de répression doivent être crédibles, et la mise en fourrière des véhicules doit faire partie des sanctions envisagées.

Les péages urbains (*congestion charge*) sont un type de taxe apparu récemment, qui est appliqué dans les grandes villes afin de décourager l'usage des voitures personnelles et de réduire les encombrements et la pollution en centre-ville. Ce type de péage a été introduit avec succès à Londres, Milan, Singapour et Stockholm. Les encombrements et la pollution ont été sensiblement réduits, et le produit du péage a servi à financer la rénovation des grands réseaux de transports en commun, notamment le métro à Londres. Les méthodes utilisées pour calculer et collecter le péage varient ; par exemple, un péage moyen est facturé à certaines heures (à Londres entre 7 heures du matin et 6 heures du soir) ou en fonction des encombrements dans la ville et de l'heure de la journée (à Singapour). Le péage urbain (*congestion charge*) est un exemple innnovant qui permet de générer des recettes pour la collectivité locale tout en réduisant les émissions de carbonne. Il encourage l'utilisation des transports en commun, contribue à améliorer la qualité de l'air et génère des gains de temps sur les déplacements en ville, d'où une augmentation de la productivité urbaine.

Redevances d'usagers

Les redevances d'usagers sont payées par les consommateurs à la collectivité locale pour des biens et des services privés, tels que l'eau, l'électricité, le ramassage des déchets ou les transports en commun. Une redevance d'usagers est facturée par unité de produit, par exemple le tarif de l'eau par mètre cube d'eau consommé, la facture d'électricité pour une consommation donnée de kilowatts-heures, ou la redevance par poubelle ou par kilo de déchets solides ramassés. Les redevances d'usagers ont une justification économique intéressante. Des redevances d'usagers bien conçues permettent aux habitants et aux entreprises de savoir combien ils payent pour les services. Lorsque les prix sont fixés à un niveau approprié, les autorités peuvent prendre de bonnes décisions sur la quantité de biens et services qu'ils doivent fournir, et les habitants sur la quantité de biens et services qu'ils doivent consommer. En théorie, les redevances d'usagers influent sur le comportement et favorisent un niveau optimal de consommation qui est atteint lorsque le prix égale le coût de la fourniture d'une unité supplémentaire du service (encadré 4.10).

Les redevances d'usagers sont soumises aux stratégies politiques locales et sont souvent fixées à un niveau inférieur aux coûts, en particulier dans les pays en développement. Cette pratique a plusieurs conséquences négatives, notamment : a) l'entreprise de services appartenant à la municipalité peut réduire la qualité, la durée de disponibilité ou la couverture des services (dans la plupart des villes du Pakistan par exemple, l'eau n'est distribuée que trois ou quatre heures par jour) ; b) le prestataire demande des subventions du budget municipal, de sorte que les coûts sont finalement payés par les mêmes clients ou contribuables ; c) la sous-tarification d'un service peut entraîner une surconsommation. Au contraire, des redevances d'eau basées sur le coût marginal encouragent les économies d'eau, découragent la consommation d'eau pour des usages moins utiles (par exemple l'arrosage de la pelouse ou le lavage de la voiture), et retarde le moment où de nouveaux investissements sont nécessaires (Devas 2001).

Les redevances d'usagers constituent aussi un moyen important d'envoyer des signaux économiques, à la fois aux consommateurs, sur la rareté des services, et aux prestataires, sur la demande de services qui doit être satisfaite. Les redevances rationnent également l'utilisation des installations existantes et envoient des signaux sur les investissements nécessaires. En d'autres termes, ils peuvent réduire la demande d'infrastructures. « Dans la mesure du possible, les services publics locaux doivent être facturés et non pas fournis gratuitement » (Bird 2001). La récupération des coûts est un principe économique élémentaire mais peut être en contradiction avec la justice sociale en ce sens que certains bas revenus ne peuvent pas toujours payer les tarifs correspondant à une récupération des coûts. Ainsi, des tarifs appropriés peuvent nécessiter des subventions ciblées pour garantir l'accès des populations défavorisées aux services publics.

Comment définir des redevances d'usagers

Déterminer le champ d'application et la structure des redevances est un exercice assez délicat. En théorie, les municipalités devraient facturer des services de type « biens privés » au prix où ils seraient facturés sur un marché concurrentiel.

Quatre méthodes de calcul des redevances d'usagers

- *La tarification au coût marginal* est la solution idéale pour calculer une redevance d'usagers, car elle se rapproche du prix marchand dans un marché parfaitement concurrentiel, c'est-à-dire du

Encadré 4.10 Les tarifs de l'eau — Un exemple de redevances d'usagers

Le tarif de l'eau est le prix facturé pour l'eau fournie par un prestataire de service. Il est censé assurer la récupération des coûts du traitement, du stockage, du transport et de la distribution de l'eau. Les tarifs de l'eau varient beaucoup d'une ville à l'autre. Les tarifs peuvent être fixés à un niveau inférieur aux coûts (ce qui entraîne une surconsommation), au niveau de la récupération des coûts, ou au-dessus du niveau de récupération des coûts pour obtenir une certaine rentabilité prédéterminée.

Les tarifs de l'eau sont fixés sur la base de critères a) financiers (récupération des coûts), b) économiques (tarification d'efficience fondée sur le coût marginal), et parfois c) environnementaux (incitations à économiser l'eau). Par ailleurs, des considérations sociales entrent en ligne de compte, par exemple la volonté de ne pas faire peser un trop lourd fardeau sur les usagers défavorisés. Les tarifs de l'eau intègrent au moins l'une des composantes suivantes : un tarif au volume, avec un dispositif de comptage, et un tarif forfaitaire, sans comptage. Le tarif appliqué à la première tranche dans un barème progressif est généralement fixé très bas pour protéger les ménages défavorisés. La taille de la première tranche varie de 5 à 50 mètres cubes par ménage et par mois. En Afrique du Sud, la première tranche de 6 mètres cubes mensuels par foyer est gratuite.

Comparaisons internationales. Dans les pays de l'OCDE, la tarification de l'eau la plus fréquente est la tarification linéaire au volume. Les tarifs dont les prix unitaires augmentent avec le niveau de consommation — barèmes progressifs — sont utilisés dans environ la moitié des compagnies des eaux dans les pays de l'OCDE, comme en Espagne. Il existe encore des tarifs forfaitaires au Canada, au Mexique, en Nouvelle-Zélande, en Norvège et au Royaume-Uni. En ce qui concerne les pays en développement, une étude récente sur un échantillon de 94 compagnies des eaux a montré qu'un tiers utilisaient des barèmes progressifs et que le reste utilisaient des redevances forfaitaires. Le tarif le plus élevé du monde est appliqué en Écosse : il équivalait à 9,45 dollars par mètre cube en 2007. À l'autre bout de l'échelle se trouve l'Irlande, où la distribution d'eau est gratuite dans les locaux à usage d'habitation. Les plus bas tarifs de distribution d'eau et d'évacuation des eaux usées pour les locaux à usage d'habitation sont ceux de Ljubljana (Slovénie), avec l'équivalent de 0,01 dollar/m^3, de l'Arabie Saoudite avec l'équivalent de 0,03 dollar/m^3, de la Havane (Cuba) et de Karachi (Pakistan) avec l'équivalent de 0,04 dollar/m^3. Les tarifs de distribution d'eau et d'évacuation des eaux usées les plus élevés sont enregistrés à Copenhague (8 dollars/m^3), Honolulu (7,61 dollars/m^3) et Glasgow (5,89 dollars/m^3). On trouve un tarif combiné eau/eaux usées encore plus élevé à Essen (Allemagne), une ville qui n'était pas incluse dans l'enquête de l'OCDE. Le tarif à Essen est équivalent à 8,41 dollars (5,61 €) par m^3, selon une enquête réalisée pour l'hebdomadaire *Der Spiegel*. De nombreuses compagnies des eaux appliquent des tarifs plus élevés pour les clients commerciaux et industriels que pour les clients résidentiels, ce qui est une manière de subventionner les clients résidentiels.

Source : Easter et Liu 2005.

coût encouru pour produire une unité supplémentaire du bien. Ce principe est difficile à appliquer, car il nécessite des informations complètes sur le coût du produit ainsi que sur le coût d'opportunité, c'est-à-dire la valeur de l'autre usage qui serait fait des ressources si elles ne servaient pas à produire le bien ou le service en question. D'autres notions sont importantes, notamment le coût marginal à long terme, c'est-à-dire le coût de l'extension du service, comprenant les coûts d'infrastructures et d'équipement.

- *La tarification au coût moyen* est une méthode plus pratique qui garantit la récupération de la totalité des coûts. Les prix sont plus faciles à calculer : tous les coûts financiers encourus pour fournir un certain service sont divisés par le nombre de consommateurs ou le volume vendu, et le résultat est la redevance appropriée.

- *La tarification progressive moyenne* utilise le prix au coût moyen mais demande combien il en coûterait de desservir un client de plus.

- *La tarification basée sur la consommation* dissocie le service et la redevance pour chaque composante en fonction du niveau de consommation. Elle permet de fixer une redevance fixe pour une consommation de base et des redevances de plus en plus élevées à mesure que la consommation augmente, afin d'aider les clients à faible revenu par des subventions intégrées au barème de prix. Certaines de ces méthodes de tarification peuvent également prévoir des prix unitaires plus élevés pendant les heures de pointe de consommation (par exemple pour la distribution d'électricité), ainsi que des redevances séparées pour les nouveaux raccordements au réseau existant. Ces redevances ponctuelles couvrent généralement une partie des coûts en capital des investissements dans les principales infrastructures des services.

Problèmes posés par les redevances d'usagers

Le principal reproche fait aux redevances d'usagers est qu'elles seraient défavorables aux familles très modestes n'ayant pas les moyens de les payer. De nombreuses études ont montré que cette affirmation était fausse, car les populations défavorisées payent généralement plus cher pour acheter de l'eau à des fournisseurs privés. Il est assez largement reconnu que des systèmes de tarification relativement simples, tels qu'une redevance initiale assez faible pour la première tranche de consommation du service, peuvent lever la plupart des craintes d'iniquité.

Un second problème est le coût du comptage ou de la mise en œuvre du système tarifaire. Facturer le coût marginal de l'eau suppose d'avoir des compteurs, dont l'installation a un prix. D'autres coûts sont associés à l'obtention des informations dont les municipalités ont besoin pour établir un tarif convenable pour les services fournis. Par exemple, elles doivent connaître les coûts d'investissement à long terme, les investissements d'infrastructure qui seront nécessaires, etc. Bon nombre de municipalités n'ont pas les compétences requises pour fixer des tarifs correctement.

Les problèmes pratiques qui se posent pour mettre en œuvre des redevances d'usagers sont notamment le manque de connaissances techniques sur la manière de définir un barème de redevances

adéquat, l'absence de système de comptabilité des coûts de revient pour déterminer le coût réel de la fourniture du service à récupérer pour que le service soit viable, et un système de recouvrement assez peu performant dû, dans certains cas, à la recherche de gains politiques à court terme aux dépens de la viabilité financière et de la qualité des services municipaux. Néanmoins, même si la méthode adoptée est celle du coût moyen, les collectivités locales et leurs entreprises publiques ont tout intérêt à employer des redevances d'usagers. Elles découragent les consommations excessives et procurent aux collectivités locales un flux de recettes stable.

Surtaxes sur les services d'utilité publique

Les surtaxes sur les services d'utilité publique sont appliquées aux services fournis aux ménages, tels que l'eau, l'électricité, le téléphone (lignes fixes et mobiles), et la télévision par câble (l'encadré 4.11 récapitule les surtaxes appliquées dans le comté de Fairfax (Virginie), aux États-Unis). Elles sont fréquemment employées, car les tarifs de récupération sont bien acceptés et la surtaxe est habituellement un montant minime qui s'ajoute à des factures en général acceptables. Les surtaxes[5] sont une forme de taxation qui commence à apparaître dans les pays en développement. Elles ont pour effet d'augmenter les tarifs des services d'utilité publique et peuvent décourager la consommation de ces services mais, globalement, la population considère qu'elles présentent une assiette large et un taux d'imposition relativement bas, deux critères qui les rendent plus abordables et politiquement acceptables.

En pratique, ces surtaxes devraient être utilisées pour des besoins précis, notamment pour augmenter l'efficience des services taxés. Ainsi, le fonds énergétique du comté d'Alameda, en Californie (États-Unis), a été créé en 1995 pour financer des projets d'économie d'énergie destinés à rendre l'électricité moins chère pour les consommateurs sur le long terme (encadré 4.12).

Les municipalités de Cisjordanie offrent un autre cas unique où les surtaxes représentent la première source de recettes locales. Les municipalités imposent des surtaxes à la fois sur l'électricité et sur l'eau, qui procurent d'importantes recettes locales générales. En 2008, ces deux surtaxes ont généré la moitié du total des recettes locales — 36 % et 14,3 %, respectivement (Banque mondiale 2010).

Encadré 4.11 Taxer les consommateurs de biens et services

Il existe 11 différentes taxes et surtaxes imposées sur les services de télévision par câble, d'Internet et de téléphonie dans le comté de Fairfax, en Virginie (États-Unis). Elles augmentent de 11,9 % les redevances directes des services. Les plus importantes sont la taxe sur les ventes de communications de 6,43 % et une contribution fédérale de 6,07 % sur les lignes de téléphonie fixe. Les plus faibles sont presque invisibles : une redevance fédérale de 0,08 % destinée à financer les coûts des activités de réglementation, une surtaxe de récupération des coûts de 0,06 %, et un droit d'accise fédéral de 0,18 %.

Encadré 4.12 Surtaxe pour les économies d'énergie

Aux États-Unis, le comté d'Alameda (Californie), applique des surtaxes sur les services d'utilité publique afin de financer des investissements dans des projets d'économie d'énergie. Le produit de la surtaxe est intégralement versé à un fonds énergétique désigné. L'argent est utilisé pour accroître l'efficience de projets programmés, aider à financer des projets amortis sur une longue période, et boucler des financements de projets.

Source : http://californiaseec.org/documents/best-practices/best-practices-alameda-county-ac-fund.

Droits, permis et licences

Ces contributions comprennent par exemple les droits versés pour l'enregistrement d'un mariage ou d'un décès, l'établissement d'une copie d'un certificat de mariage ou de naissance, ou l'enregistrement d'un animal de compagnie. Ces contributions sont destinées à rembourser les coûts encourus par la collectivité locale pour fournir le service ou le document. Toutefois, un certain nombre d'entre elles sont en réalité des taxes, fixées à un niveau très supérieur aux coûts réels. Il s'agit notamment des licences commerciales et professionnelles, des permis de construire, etc.

Attention aux droits exagérément élevés. Facturer des droits excessifs est devenu une pratique courante dans les pays en développement, où l'on y voit un moyen simple et économique de faire rentrer de l'argent dans les caisses, mais elle a des conséquences notables dont les responsables publics doivent être conscients. Dans certains pays, les *licences professionnelles* constituent une source importante de recettes. Les entreprises sont relativement faciles à identifier, et elles ont besoin d'une licence pour fonctionner en toute légalité : le recouvrement des

licences est donc assuré. Les licences professionnelles servent également d'autres objectifs, notamment le respect des arrêtés relatifs à la sécurité publique et des règlements en matière d'hygiène, par exemple dans les restaurants, les écoles et les installations sportives. Néanmoins, des droits excessifs peuvent décourager le développement des entreprises et être finalement transférés aux clients.

Les *permis de construire* dans les villes en expansion rapide peuvent générer des recettes importantes. (Téhéran offre un cas extrême, où les permis de construire constituent les deux tiers des recettes de la ville.) Les permis de construire présentent plusieurs avantages : identification facile, bonne capacité de paiement et mise en œuvre pratiquement automatique : pas de paiement, pas de permis. Les permis de construire servent d'autres objectifs, tels que la sécurité publique et le respect des règles de zonage et des spécifications de construction minimales. Toutefois, des permis de construire élevés peuvent avoir des effets négatifs sur le consentement à payer d'autres droits et redevances plus tard ; certains promoteurs immobiliers font valoir qu'en payant très cher un permis de construire en amont, ils ont déjà acquitté les redevances dues pour l'eau, la voirie et le ramassage des déchets.

Les participations d'urbanisme et les permis de construire représentent de loin la première source de recettes pour les collectivités locales dans beaucoup de pays en développement, notamment dans la plupart des pays de l'ex-Yougoslavie. Dans certains États des Balkans, les participations d'urbanisme constituent une part importante des recettes des collectivités locales (50 %). Cette situation a un certain nombre de conséquences sur le niveau de vulnérabilité de la structure des recettes municipales ainsi que sur la manière dont les terrains municipaux sont cédés et dont les villes de la région s'urbanisent. La crise financière de 2008 a montré la nécessité de diversifier les sources de recettes. La suppression de ces contributions réduirait les nouveaux investissements, mais laisser les collectivités locales les fixer à n'importe quel niveau est mauvais pour les entreprises et encourage les constructions illégales. Une solution consiste à ce que l'administration centrale impose des plafonds aux tarifs appliqués, comme en Albanie. La base d'imposition pourrait être fixée au mètre carré, par zones ou en fonction des coûts estimés de la construction.

Les *licences professionnelles* sont parfois utilisées dans les pays en développement, généralement pour certaines professions à revenu élevé comme les avocats, les médecins et les agents immobiliers. Dans certains pays toutefois, les coûts associés à la collecte et au recouvrement forcé des licences peuvent être supérieurs aux recettes qu'ils génèrent. Les formulaires électroniques ont permis de diminuer les coûts d'administration de ces taxes.

Les *participations d'urbanisme* sont des contributions ponctuelles appliquées pour compenser les coûts supplémentaires en services publics associés à une construction. Ces participations sont généralement appliquées au moment de la délivrance d'un permis de construire et sont consacrées à la fourniture des services supplémentaires — comme les réseaux d'eau et d'assainissement, la voirie, les écoles, les bibliothèques, et les parcs et espaces de loisirs — rendus nécessaires par la présence de nouveaux résidents dans le quartier. Les montants recueillis ne peuvent pas être employés au fonctionnement, à l'entretien, à la réparation, à la modification ou au remplacement des équipements existants et ne peuvent pas être simplement versés au budget général. Ce sont essentiellement des redevances d'usagers collectées par anticipation, afin d'augmenter la capacité des services existants à gérer des demandes supplémentaires. Le montant de la participation ne peut pas être arbitraire mais doit être clairement lié au coût des services ajoutés.

Amendes et pénalités

La catégorie des amendes et pénalités comprend principalement les amendes pour contraventions routières et les pénalités dues en cas de retard de paiement des impôts, taxes et redevances. Leur usage varie d'une ville à l'autre. Les amendes et les pénalités peuvent constituer une source de recettes importante pour la gestion de la circulation dans les villes de taille moyenne ou grande. La ville d'Amman, en Jordanie, a introduit un système informatisé d'enregistrement et de sanction des contraventions routières. Comme la moitié de la population du pays vit à Amman et que l'autre moitié s'y rend souvent, ce système a amélioré le respect des règles de circulation et généré d'importantes recettes pour la ville.

Revenus courants des actifs

Les revenus courants des actifs sont principalement les loyers des terrains et bâtiments municipaux en location. Le tableau 4.10 récapitule les principales catégories de recettes d'investissement.

Ce type de recettes s'applique au patrimoine immobilier municipal utilisé dans des activités de commerce de gros et de détail ; par exemple, les marchés alimentaires municipaux et les bâtiments et terrains urbains municipaux. Les revenus des actifs représentent souvent un important potentiel. Ils sont parfois sous-employés, car les inventaires des immobilisations municipales sont généralement incomplets et obsolètes, voire inexistants. Pour augmenter

Tableau 4.10 Principales catégories de recettes d'investissement

Catégories	Recettes d'investissement
Recettes propres	Cession d'actifs
	Taxes de valorisation
	Contributions
	Excédent courant
Recettes provenant d'administrations de niveau supérieur	Dotations générales
	Dotations affectées
Recettes externes	Emprunts, emprunts obligataires et participations

les recettes provenant des actifs fonciers, les villes gagneraient à avoir a) une gestion plus transparente des immobilisations ; b) une obligation légale des administrations municipales de soumettre chaque année aux autorités de surveillance des bilans faisant expressément apparaître les immobilisations ; c) un système concurrentiel pour fixer les loyers et attribuer les baux ; et d) une bonne gestion et exécution des contrats, facilitée par l'existence d'une base de données transparente, fiable et actuelle sur les revenus des actifs. Le chapitre 6 examine plus en détail la gestion du patrimoine des collectivités locales.

Autres recettes récurrentes

Les « autres recettes récurrentes » sont une catégorie résiduelle qui peut dénoter une mauvaise classification lorsque son montant est trop élevé. Un chiffre supérieur à 5 % peut signifier que le gestionnaire des recettes n'a pas une représentation exacte des postes de recettes. Il montre également un manque de transparence qui pose problème. Un montant élevé peut aussi être le résultat d'un gonflement du budget, par exemple lorsque la direction des finances locales place un montant important dans cette catégorie pour obtenir un budget officiellement équilibré. Il s'agit là d'une mauvaise pratique budgétaire, contraire aux principes de base de la discipline budgétaire et qui fausse l'exécution du budget.

Recettes d'investissement et principales sources de financement des investissements

Dans beaucoup de pays, la comptabilisation des recettes nécessite de séparer les recettes courantes (appelées aussi « ordinaires » ou « récurrentes ») et les recettes d'investissement (ou « non récurrentes »). Les raisons de cette distinction sont a) le principe élémentaire qu'une municipalité devrait financer ses opérations ordinaires par des rentrées récurrentes ; b) que les recettes non récurrentes sont mieux employées à des dépenses d'investissement ou de développement ; et c) que la vente ou la location de longue durée d'actifs (terrain ou bien immobilier) diminue le patrimoine de la municipalité, et donc que le produit devrait être intégré au budget d'investissement et réinvesti pour financer des infrastructures publiques locales afin de veiller à ce que le patrimoine de la collectivité reste identique ou augmente. Beaucoup de pays en développement ne

demandent pas l'établissement de budgets de fonctionnement et d'investissement distincts. Cette distinction est pourtant essentielle pour que les collectivités locales puissent gérer convenablement leurs recettes et poursuivre leur développement. Certaines recettes d'investissement importantes sont étudiées en détail dans les chapitres 6 et 7, mais elles sont brièvement présentées ici pour permettre une description complète du budget d'investissement.

- *Recettes propres en capital.* Cette catégorie comprend : a) le produit de la cession ou de la location d'actifs (terrains ou bâtiments) ; b) les taxes de valorisation foncière et autres droits imposés sur les constructions, notamment les taxes parafiscales que constituent les permis de construire et les participations d'urbanisme ; c) les contributions des bénéficiaires des biens publics locaux ; et d) parfois, les excédents d'exploitation de l'exercice précédent, qui peuvent être affectés au budget d'investissement ou mis en réserve. Les municipalités devraient se préoccuper beaucoup ou davantage de leurs recettes propres en capital, car ce sont celles sur lesquelles elles ont le contrôle le plus direct. L'utilisation des cessions d'actifs, des taxes de valorisation et des contributions demande une stratégie claire en phase avec les programmes d'urbanisation, de zonage et d'aménagement (étudiés au chapitre 6).

- *Transferts en capital et dotations.* Des transferts et des dotations sont alloués par de nombreuses administrations centrales, sous la forme non seulement de dotations globales ou dotations ordinaires, mais aussi de transferts séparés pour des investissements généraux. Il peut aussi s'agir de dotations affectées à des investissements particuliers, comme l'eau et l'assainissement, les routes, la santé, la culture ou l'éducation. Les dotations affectées ou ciblées peuvent nécessiter des cofinancements de la municipalité et peut-être aussi des bénéficiaires. Certaines de ces dotations peuvent être mises en concurrence et nécessiter une procédure de demande et une décision des pouvoirs publics locaux. Certains transferts en capital sont destinés à financer des services délégués et à développer des infrastructures dans des services qui ne sont pas du ressort des collectivités locales. La meilleure utilisation des dotations affectées est celle pour laquelle elles sont prévues et pour leur montant exact.

- *Recettes externes.* Les emprunts souscrits par les collectivités locales se justifient, en particulier pour financer des programmes d'investissement sur le long terme, à condition que le service de la dette soit assuré et ne compromette pas la stabilité budgétaire de la collectivité locale ou d'une administration d'un échelon supérieur. Les excédents d'exploitation et les recettes propres en capital peuvent être utilisés pour cofinancer ou rembourser les dettes ; ils jouent un rôle important pour estimer et garantir la capacité de remboursement et la solvabilité des municipalités (ce point est étudié plus en détail au chapitre 7).

- *Dons et contributions publiques.* Des donateurs ou des philanthropes nationaux ou étrangers peuvent donner un bien d'équipement ou de l'argent à utiliser pour l'achat d'un bien d'équipement dans leur pays ou dans une zone défavorisée. Ils peuvent vouloir donner une certaine publicité à leur don, demande à laquelle la municipalité peut accéder en guise de reconnaissance de leur soutien financier (par exemple en donnant leur nom à la bibliothèque).

- *Partenariats public-privé.* Les dépenses d'investissement peuvent être payées au moyen de partenariats entre le secteur privé et la municipalité. Dans la plupart des cas, le partenaire privé est motivé par le profit, c'est pourquoi les conditions du partenariat doivent être soigneusement définies afin de protéger les intérêts de la collectivité.

Recettes assises sur le foncier pour financer des investissements locaux

Le patrimoine foncier est un bon instrument pour financer les investissements locaux. Les investissements dans les infrastructures augmentent la valeur marchande des biens fonciers, et il est judicieux que le secteur public récupère une partie de cet accroissement de valeur afin de pouvoir financer davantage d'infrastructures. Comme indiqué au chapitre 5, les collectivités locales ont plusieurs moyens à leur disposition pour tirer parti de leurs actifs fonciers afin de mobiliser des recettes. Les plus importants comprennent les taxes de valorisation (ou les taxes sur les plus-values foncières), les cessions ou les locations des biens fonciers, les partenariats public-privé, et les participations d'urbanisme (Peterson 2009).

Les taxes sur les plus-values foncières sont levées pour récupérer l'augmentation de la valeur foncière attribuable à un investissement public. Elles ont différentes autres appellations, notamment « taxes de valorisation » (Slack 2009). Les taxes de valorisation s'appliquent directement aux propriétaires de biens fonciers dont la valeur a augmenté du fait d'un investissement public dans les infrastructures publiques environnantes, comme le revêtement des rues, les réseaux d'eau, d'égout et de drainage, les ponts, l'éclairage public, les transports ferroviaires ou les transports express par autobus. Pour contribuer au financement de ce type de projets, une partie des coûts des projets est généralement répartie entre les bénéficiaires. En Jordanie, les bénéficiaires payent 50 % du coût de la construction et du revêtement des routes, par des avances de caisse ou des versements échelonnés.

Par exemple, la construction d'un métro augmente la demande pour les logements et les bureaux situés à proximité, ce qui se traduit par une hausse des prix facturés pour ces biens. En outre, les modifications du zonage qui accompagnent les investissements dans des infrastructures — par exemple, des densités plus élevées le long de la ligne de métro — vont accroître les valeurs foncières. Une taxe sur la plus-value foncière est un moyen pour le secteur public de taxer tout ou partie du gain privé créé par la nouvelle infrastructure. L'encadré 4.13 récapitule les principales étapes de la valorisation.

Certaines villes d'Amérique latine financent l'amélioration de la voirie, la distribution d'eau et d'autres services publics locaux par un système de taxation appelé *valorisation* par lequel le coût des travaux publics est récupéré auprès des propriétaires des biens en pourcentage des avantages conférés par les travaux (Bird 2001). Les avantages sont estimés sur la base de la valeur de marché de la parcelle concernée. La taxe de valorisation est une contribution forfaitaire, bien que son paiement puisse être échelonné (l'encadré 4.14 présente des exemples de recettes assises sur le foncier qui réduisent la spéculation).

En plus de contributions de valorisation, la Colombie impose une taxe sur la *plus-value* foncière depuis 1980. Cette taxe est conçue pour récupérer les bénéfices retirés des décisions d'urbanisme, notamment des changements de classification des terrains (de ruraux à urbains) et des travaux publics spéciaux généralement associés à l'extension du réseau routier urbain. Les recettes de valorisation

Encadré 4.13 Calcul de la valorisation foncière

1. Calculer le coût du projet.
2. Le diviser par le nombre de bénéficiaires.
3. Déterminer la zone d'influence du projet, à savoir, où les valeurs des biens fonciers vont-elles augmenter du fait du projet ? Une gare ferroviaire a une zone d'influence plus étendue qu'une école ou qu'un théâtre.
4. Répartir la taxe à l'intérieur de la zone. Les biens les plus proches paieront une part plus importante. Une très grande marge d'appréciation est laissée à l'administration pour répartir la taxe de valorisation.
5. Collecter la taxe avant la construction. Souvent, la taxe ne couvrira pas la totalité des coûts du projet, et les coûts des projets sont souvent sous-estimés.

Source : Slack 2009.

peuvent être substantielles, selon la construction réelle de ce type de projets. À Cali, elles ont représenté 31 % des recettes municipales en 1980. Les taxes de valorisation sont plus courantes dans les pays développés que dans ceux en développement. Elles prennent généralement la forme d'une surtaxe ajoutée à la taxe foncière.

Les ventes foncières ont été utilisées par des villes comme Le Caire, Le Cap, Istanbul et Mumbai (Peterson 2009). Ces ventes ont généré des recettes allant de 1 milliard de dollars à plus de 3 milliards de dollars, consacrées principalement à des investissements dans des infrastructures. Ces transactions sont d'un montant élevé par rapport à l'investissement qu'elles vont financer. En outre, certains pays sont peut-être devenus trop dépendants des ventes foncières (par exemple la Chine et les Balkans). Les collectivités locales comptent trop sur les ventes foncières pour financer leurs dépenses d'investissement, ce qui a contribué à l'expansion urbaine et aux ventes foncières à la périphérie des villes.

L'amélioration des instruments assis sur le foncier et l'utilisation des actifs fonciers publics pour favoriser le développement local sont devenus aussi plus fréquents. Citons comme exemples le renouveau du centre-ville de Washington, et les partenariats public-privé aujourd'hui courants pour financer de grands projets urbains, notamment les métros (Shanghaï), les fronts de mer ou de fleuve (Baltimore et Washington) et les villages olympiques (Barcelone).

Les autres problèmes que posent les financements par le foncier concernent l'instabilité des marchés immobiliers. Si le recours à des ventes foncières ponctuelles pour financer des projets d'infrastructure ponctuels est dans l'ordre des choses, il peut y avoir un certain risque financier à inscrire dans un budget pluriannuel les recettes anticipées de la cession d'actifs fonciers, car le prix de vente final pourrait être inférieur au montant escompté.

Les ventes foncières manquent souvent de transparence et de contrôle. La majorité d'entre elles sont réalisées hors budget, et devant les sommes importantes impliquées, la tentation de la corruption et de l'appropriation par l'entité vendeuse peut être forte. Il est possible d'éviter que les recettes foncières ne soient versées aux budgets de fonctionnement en adoptant des lois obligeant à les affecter à des investissements. Le tableau 4.11 fait le tour des possibilités et des problèmes associés aux impôts assis sur le foncier.

Enjeux et difficultés de l'administration des recettes

Dans toute collectivité locale, la direction des recettes a la charge première de déterminer et de collecter les impôts exigibles, au moindre coût pour le contribuable, et de susciter le plus haut degré de confiance du public dans l'intégrité, l'efficacité et l'équité du processus. La direction des recettes est également censée apporter une aide aux services chargés d'établir les budgets, financer et évaluer l'immobilier et toute autre éventuelle base d'imposition locale. La capacité à administrer les recettes dépend de quatre éléments essentiels :

Encadré 4.14 Recettes assises sur le foncier, spéculation et urbanisation discontinue

Les investissements dans les transports en commun renchérissent souvent la valeur des biens fonciers avoisinants. Trop souvent toutefois, les biens situés à proximité des transports publics (comme les arrêts de bus ou de tramways et les gares ferroviaires) restent inoccupés parce que les propriétaires, qui spéculent sur une hausse future des prix de l'immobilier, ont tendance à demander des prix supérieurs à ce que les acheteurs et les locataires sont prêts à payer aujourd'hui. Cela amène les promoteurs immobiliers à rechercher des sites moins chers, plus loin des transports publics et des autres infrastructures urbaines. Une fois que ces terrains moins chers sont partiellement urbanisés et habités, leurs occupants créent une pression politique qui pousse à prolonger les services de transport dans leur secteur. Une fois que les infrastructures sont étendues, les prix du foncier dans cette zone commencent à monter, stoppant les nouveaux projets de construction à cet endroit (alors même que des terrains sont disponibles dans la zone urbanisée) et conduisent les promoteurs et les usagers à s'éloigner encore davantage. Ce cycle est en partie responsable du phénomène d'expansion urbaine discontinue. Les infrastructures de transport, censées faciliter l'urbanisation, la repoussent ainsi plus loin. Ce type d'expansion met sous pression les systèmes de transport, budgétaires et environnementaux sur lesquels reposent les collectivités locales.

Aux États-Unis, plusieurs collectivités locales utilisent une technique de *récupération de la plus-value* intégrée dans leur taxe foncière. Cette *taxe foncière à double taux* incite les propriétaires de terrains à construire sur des sites à forte valeur marchande ou à vendre à des acheteurs qui vont le faire. Elle diminue le taux d'imposition sur le bâti et augmente le taux d'imposition sur le terrain. Cela encourage donc un développement urbain compact abordable en donnant accès à davantage de terrains à bâtir proches des transports en commun et en réduisant les coûts de construction. En favorisant un développement urbain compact abordable, cette technique pourrait permettre de réconcilier les partisans d'un tel développement urbain compact voulant fixer des limites à la croissance de la ville, et ceux qui craignent les conséquences que de telles limites auraient sur les prix des logements. Une étude économétrique publiée dans le *National Tax Journal* a conclu que la transformation de la taxe foncière traditionnelle en une taxe à double taux imposant les plus-values foncières entraînerait la contraction d'un espace urbanisé. En réalité, il n'y aurait pas de contraction de l'espace urbanisé, mais les nouvelles constructions auraient tendance à être édifiées à l'intérieur de l'espace urbanisé existant et non pas à l'extérieur.

Source : Rybeck 2004.

- l'identification et l'enregistrement des résidents passibles de paiements (impôts et taxes, redevances et autres contributions) ;
- l'évaluation des obligations de paiement (à la fois pour les impôts et taxes et les autres contributions) ;
- la facturation et la collecte ;
- le recouvrement forcé des paiements.

Fonctions d'identification et d'enregistrement

En principe, les contribuables et les bénéficiaires de services municipaux doivent s'enregistrer auprès de l'administration des recettes fiscales. Mais ils ne le font pas toujours. Le niveau de civisme fiscal varie avec l'impôt ou la redevance concernée. Pour repérer les contribuables manquants, les collectivités locales peuvent utiliser différentes méthodes. Les photographies aériennes et les images par satellite sont l'un des moyens employés dans le domaine de la fiscalité foncière ; elles permettent d'obtenir des informations exactes sur la taille et l'emplacement des biens et de vérifier la cohérence avec l'identification des contribuables. Une autre méthode consiste à comparer le nombre de bénéficiaires des services fournis aux ménages (par exemple le ramassage des déchets solides et l'eau) et le nombre de ménages

Tableau 4.11 Instruments de financement assis sur le foncier

Instrument	Description	Conditions requises	Problèmes
Cession de biens fonciers publics	Des biens fonciers publics sont vendus, le produit étant utilisé pour financer des investissements dans des infrastructures.	Inventaire des actifs fonciers, évaluation de la valeur marchande, et décisions stratégiques sur la meilleure utilisation, vente aux enchères publiques des biens cédés.	Demande des compétences pour l'inventaire et la vente. Peut entraîner un phénomène d'étalement urbain (Chine). Difficile à mettre en œuvre si l'organisme ne bénéficie pas directement de la vente.
Taxes de valorisation	Le secteur public récupère par le biais d'une taxe une partie de la plus-value foncière retirée des projets d'infrastructures.	Difficile à mettre en œuvre parcelle par parcelle ; la méthode simplifiée adoptée par Bogotá est meilleure.	Demande une certaine expérience de l'instrument, comme en Amérique latine.
Participations d'urbanisme	Les promoteurs payent l'extension des infrastructures nécessaires pour faire face à la croissance.	Bonnes capacités d'analyse pour estimer l'impact des constructions à différents emplacements en termes de coûts d'infrastructures.	Nécessité d'élaborer des méthodes simplifiées pour récupérer les coûts de la croissance sans besoins techniques démesurés.
Acquisition et cession de l'excédent de terrains	Le secteur public achète les terrains entourant le projet d'infrastructures et revend des terrains une fois le projet terminé en faisant une plus-value du fait de l'augmentation de la valeur.	Un contrat social est nécessaire pour définir qui devrait bénéficier des plus-values foncières provenant des infrastructures publiques, le propriétaire initial, le secteur public, les occupants déplacés, etc.	Il est difficile de trouver un accord sur le bon exercice du pouvoir d'expropriation.

Source : Peterson 2009.

effectivement desservis. Enfin, l'adressage des rues est souvent un outil très important pour améliorer l'exactitude des listes des contribuables. De nombreux programmes d'adressage des rues ont eu un impact majeur sur la base d'imposition des impôts locaux en rapprochant la base de données d'adressage des rues et les registres des services fiscaux.

Fonctions d'évaluation

L'évaluation de la base d'imposition est la première étape du processus de détermination des obligations fiscales, en particulier dans le cas des taxes foncières et des impôts sur les entreprises. En pratique toutefois,

les données à la fois sur les contribuables (le rôle d'imposition) et sur la valeur de la base d'imposition sont parfois incomplètes ou obsolètes. Il arrive par exemple que de nouvelles divisions ou des transferts de propriété ne soient pas enregistrés rapidement, et les personnes qui ont acheté ou hérité du bien ne figurent pas dans les dossiers fiscaux. Le même problème peut se produire lors de la création d'une nouvelle usine ou entreprise, qui peut ne pas être enregistrée immédiatement. Ces problèmes sont particulièrement aigus lorsque les données ne sont conservées que sur papier et que les dossiers sont mis à jour manuellement. Des dossiers fiscaux informatisés complets sont importants pour garantir que les changements de propriété ne puissent pas avoir lieu sans être enregistrés dans tous les systèmes fiscaux concernés.

De même, pour les redevances d'usagers, la consommation d'eau ou d'électricité de chaque usager doit être établie, mais les bases de données des bénéficiaires peuvent parfois ne pas être à jour. La probabilité d'avoir des registres incomplets est moindre que pour les taxes foncières, car les usagers doivent être enregistrés pour bénéficier du service. Les raccordements illégaux aux réseaux d'eau, d'assainissement et d'électricité sont monnaie courante dans certains pays en développement. La détection et l'enregistrement, ou le débranchement, des raccordements illégaux posent des problèmes techniques et parfois politiques. Il y a donc des « passagers clandestins », puisque le volume d'eau fourni est très supérieur à la consommation des usagers qui payent (encadré 4.15). Avec un système de comptage général, il est possible d'identifier les zones, et éventuellement les foyers, où il y a des branchements illégaux, en comparant les volumes de services mesurés et non facturés.

Fonctions de facturation et de collecte
Une fois que les bases d'imposition sont évaluées, l'étape suivante consiste à facturer les usagers et percevoir les paiements. Très souvent malheureusement, les noms et les adresses sont inconnus. Les programmes d'adressage des rues[6] et d'identification des résidents ont pris une grande importance pour améliorer le recouvrement des impôts dans les zones urbaines tant structurées que non structurées. Le principal problème est qu'avec la plupart des dispositifs de recouvrement légaux, un contribuable ou un abonné n'est pas juridiquement responsable des paiements pour lesquels il n'a pas reçu de notification officielle. Par conséquent, il ne peut y avoir de système de recouvrement effectif sans un système de facturation (et de courrier postal) fonctionnant correctement.

Malheureusement, bien que 100 % des contribuables soient tenus de s'acquitter des obligations fiscales, seule une partie d'entre eux sont réellement enregistrés (dans certains pays, pas plus de 50 ou 60 %). Par ailleurs, tous les contribuables enregistrés ne payent pas leurs impôts. Le taux de recouvrement dans des conditions normales atteint 95 % dans les pays développés, mais il n'est que de 70 % dans les pays en développement, voire encore moins dans le cas de pratiques laissant à désirer[7]. Dans ce contexte, relever les taux d'imposition pour augmenter les recettes fiscales n'a pas de sens. Cela ne ferait que pénaliser les contribuables déjà enregistrés qui payent leurs impôts, sans rien faire pour les contribuables non enregistrés. L'enjeu pour les gestionnaires de recettes est d'élargir l'assiette fiscale, c'est-à-dire faire en sorte qu'un plus grand nombre

---

Encadré 4.15 Le phénomène du Free Rider et le besoin d'impôts locaux

Le phénomène du Free Rider décrit la situation où chacun profite d'un bon programme (par exemple, la sécurité civile ou les espaces verts), mais où certaines personnes ne payent pas parce qu'elles savent que d'autres le feront. En résumé, un Free Rider est une personne qui bénéficie sans payer des avantages d'un bien dit public. Dans le cas de la sécurité civile ou de la défense, la vie et les biens des Free Riders seront protégés sans contribution financière de leur part. Les économistes détestent les Free Riders : ils craignent que certains services nécessaires ne soient pas fournis à cause d'eux. Si la défense et la sécurité civile étaient des services dont le paiement était facultatif, beaucoup de gens seraient tentés d'en profiter gratuitement, ce qui rendrait les services non économiques. Les solutions les plus courantes contre les Free Riders sont la contrainte et la taxation. Pour éviter le problème des Free Riders, les contributions aux biens publics sont rendues obligatoires, généralement sous la forme d'une taxe ou d'un prélèvement obligatoire.

Source : http://www.kingwatch.co.nz/Christian_Political_Economy/free_riders.htm.

de contribuables soient enregistrés et prêts à payer. Par le fait, on pourrait faire valoir que l'élargissement de l'assiette fiscale pourrait permettre de réduire les taux d'imposition, ce qui à son tour améliorerait le respect des obligations fiscales.

Recouvrement des recettes

Une autre étape déterminante de l'administration des recettes est leur recouvrement. Un taux de recouvrement médiocre peut être dû à l'absence de sanctions en cas de défaut de paiement. Il est en outre essentiel d'avoir des dossiers clairs et impartiaux et d'envoyer des relances sur les factures impayées et les arriérés accumulés. Quand les contribuables savent que les dossiers fiscaux sont mal tenus, ils sont moins disposés à payer. Dans le cadre des réformes fiscales, les autorités accordent parfois des amnisties partielles sur les dettes fiscales accumulées sur plusieurs années. Les amnisties fiscales (c'est-à-dire une remise ponctuelle, l'annulation des pénalités, ou la déduction d'arriérés fiscaux) sont généralement accordées pour encourager le respect des obligations fiscales de l'année en cours. Par ailleurs, le refus de service, par exemple l'immatriculation des voitures, pourrait être utilisé pour encourager le paiement d'autres taxes.

Proposer des modes de paiement faciles et pratiques est essentiel pour avoir un système de recouvrement efficace. Une personne est moins disposée à payer si elle doit se rendre à pied dans un bureau éloigné ou faire la queue pendant des heures, ou quand le règlement ne peut se faire qu'en liquide ou par chèque. Internet et les paiements bancaires électroniques diminuent les coûts de transaction pour les contribuables et facilitent le recouvrement pour le personnel administratif.

Un taux de recouvrement médiocre peut s'expliquer par la combinaison de différents facteurs : a) l'absence d'obligation de rendre compte de la part de la collectivité locale ; b) le manque de volonté politique ; c) des capacités institutionnelles et administratives insuffisantes ; d) le manque de dispositifs d'incitations encourageant aussi bien la collecte des recettes que leur recouvrement forcé ; e) l'absence d'une stratégie de communication sur le bon usage fait du produit de l'impôt ; et f) le manque de formalisme des paiements et la corruption. De fait, les études réalisées dans de nombreux pays en développement ont montré très clairement que les contribuables (même défavorisés)

seraient prêts à payer plus d'impôts si les services étaient améliorés et si l'administration était plus transparente. Parfois, la corruption est si répandue que les contribuables refusent de payer parce qu'ils pensent que les ressources ne seront jamais utilisées pour améliorer les conditions de vie de la population. Selon une étude menée dans six pays d'Afrique, il serait possible d'augmenter de 30 à 70 % les recettes encaissées au niveau local si les contribuables payaient ce dont ils étaient redevables (Action Aid 2011). Améliorer la situation à cet égard permettrait de disposer d'une masse de fonds plus importante à investir dans des services pour les populations défavorisées et marginalisées.

Que peuvent faire les collectivités locales ?

Demandez aux gens pourquoi ils refusent de payer des impôts, et les réponses pourraient vous surprendre. Vous pourriez penser qu'ils préfèrent garder leur argent, mais c'est peut-être qu'ils sont persuadés que les percepteurs gardent l'argent pour eux. Les gens refusent de payer parce qu'ils ne croient pas que la collectivité locale va dépenser l'argent des impôts à bon escient. Une fois que l'on connaît les raisons, on est à même de résoudre les problèmes les plus urgents en matière de collecte des impôts, et en même temps de rendre cette collecte plus juste.

Un moyen de savoir pourquoi la population refuse de payer des impôts est de réaliser une enquête au niveau local. Demandez aux habitants leur expérience du système de collecte des impôts, et ce qu'il faudrait pour qu'ils s'acquittent de leurs impôts. Cinq personnes interrogées peuvent suffire pour vous donner une bonne idée de l'origine possible des problèmes (encadré 4.16). Utiliser des témoignages personnels, par exemple sur des abus de pouvoirs commis par des percepteurs, peut être une solution très efficace pour informer les gens des problèmes de votre fiscalité locale.

Le défaut de paiement est moins grave chez les bénéficiaires des services municipaux, car il est plus facile de leur couper l'eau ou l'électricité s'ils ne payent pas leurs factures. Le gros défi auquel sont confrontés les administrateurs des recettes municipales est de créer une base de données actuelle sur les contribuables et les abonnés aux services municipaux et de mettre en œuvre un système de recouvrement forcé.

Les recettes collectées restent souvent modestes parce que la collectivité locale ne sait pas combien elle pourrait recouvrir dans de bonnes conditions. Par exemple, même lorsque les recettes augmentent de

4 à 5 % par an, le montant annuel recouvré pourrait en fait être doublé. L'encadré 4.17 présente des méthodes simples pour estimer le potentiel de recettes.

Les bonnes pratiques de recouvrement peuvent être aussi simples qu'un coup de téléphone aux contribuables en cas de retard de paiement. Une mesure d'incitation peut consister à lever les pénalités de retard si le paiement est effectué immédiatement ou avant une certaine date. Au besoin, une relance est envoyée à l'adresse postale ou électronique du contribuable. Une visite chez le contribuable permet d'obtenir une notification signée. Une autre solution possible est de confier la facture à un organisme de recouvrement. En dernier recours, le dossier est envoyé au tribunal municipal compétent en matière fiscale si le contribuable refuse de payer. Les contribuables sont informés de toutes ces procédures judiciaires, ainsi que des mesures auxquelles ils doivent s'attendre ensuite en cas de défaut de paiement. Le problème pour l'administration fiscale de la ville est d'appliquer et faire respecter ces procédures par les voies légales dans le cadre d'un tribunal compétent en matière fiscale. En général, seuls quelques dossiers doivent faire l'objet de procédures de recouvrement ; si une large publicité leur est donnée, cela a habituellement pour effet immédiat d'améliorer la discipline fiscale.

Développer les capacités institutionnelles locales

Du fait du manque de capacités institutionnelles, les gestionnaires des recettes locales ont du mal à estimer combien de contribuables ne figurent pas sur leurs rôles fiscaux, combien sont enregistrés mais inactifs, et quel manque à gagner cela représente pour la ville. En outre, même quand les contribuables sont enregistrés et actifs, la ville ne possède parfois pas d'informations complètes et fiables sur le montant de leurs impôts, l'historique de leurs paiements, et leurs soldes (les arriérés d'impôts sont pratiquement inconnus). D'autre part, pour beaucoup de contribuables effectivement enregistrés, les adresses et les informations

---

Encadré 4.16 Pourquoi les contribuables ne payent pas leurs impôts — Une enquête en Tanzanie

Opinions sur les impôts en Tanzanie
Une enquête réalisée auprès des contribuables en Tanzanie a montré des résultats intéressants sur les raisons expliquant pourquoi les collectivités locales ne parvenaient pas à collecter beaucoup d'impôts :

- 58 % des personnes interrogées ont répondu que le taux de recouvrement était faible parce que les gens n'avaient pas l'impression que l'argent qu'ils donneraient pour leurs impôts serait utilisé à bon escient par la collectivité locale.
- 48 % ont répondu qu'elles pensaient que le taux de recouvrement était faible parce que les taux d'imposition étaient trop élevés.
- 46 % ont répondu que le problème était que les percepteurs étaient malhonnêtes.

- 38 % ont répondu que le problème était que les percepteurs harcelaient la population locale.

À la surprise générale, 73 % des personnes interrogées ont dit qu'elles seraient d'accord pour payer plus d'impôts si les services publics s'amélioraient. Cela montre que le principal problème du faible taux de recouvrement n'est pas nécessairement que les gens préfèrent garder leur argent pour eux. Si le budget est juste et équitable, un plus grand nombre de personnes seront également prêtes à payer des impôts.

Cela montre aussi que la manière dont les impôts et taxes sont collectés peut être très importante. Si le recouvrement des impôts donne lieu à des actes de corruption, d'intimidation, voire de violence, le taux de recouvrement des recettes fiscales sera faible. La société civile peut ici jouer un rôle déterminant en dénonçant ces problèmes et en réclamant des changements.

Source : http://www.actionaid.org/sites/files/actionaid/budgets._-._elbag_handbook_series.pdf.

Encadré 4.17 Comment estimer un potentiel de recettes

Il existe plusieurs méthodes pour estimer le potentiel de recettes d'une collectivité locale. Les trois plus fréquentes sont décrites ci-dessous.

1. **Comparaison des recettes moyennes par habitant au niveau national et de la ville.** On compare les recettes par habitant provenant d'un impôt donné (par exemple la taxe sur les ventes) au niveau national (MN_h) et les recettes par habitant obtenues au niveau de la ville (MV_h). Si la moyenne de la ville se situe en dessous de la moyenne nationale sans raison apparente — par exemple lorsque la ville est petite ou moins riche — alors la différence entre les deux est le potentiel de recettes (PR_s) pour cet impôt donné multiplié par le nombre d'habitants (P_i).

$$PR_s = (MN_{phs} - MV_{phs}) * P_i,$$

PR_s étant le potentiel de recettes de la source s, MN_{phs} la moyenne nationale par habitant de recettes de la source s, MV_{phs} la moyenne de la ville par habitant de recettes de la source s, et P_i la population de la ville i.

2. **Comparaison des recettes estimées et réellement perçues des contribuables.** On compare le total des recettes qui serait obtenu si tous les contribuables s'acquittaient des obligations moyennes, et les recettes réellement perçues pour cet impôt. Cette méthode est particulièrement utile dans le cas de la taxe foncière.

$$PRN_{tf} = (NEB * RM_{tf}) - RA_{tf},$$

PRN_{tf} étant le potentiel de recettes *nettes* de la taxe foncière, NEB le nombre estimé de biens imposables, RM_{tf} les recettes annuelles moyennes par bien, et RA_{pt} les recettes annuelles actuelles de la taxe foncière.

3. **Comparaison des recettes estimées et réelles par abonné.** Étant donné le nombre *réel* d'abonnés (par exemple de consommateurs d'eau) et le paiement annuel moyen par abonné, il est possible d'estimer le potentiel de recettes et la différence entre ce potentiel et les recettes réelles.

$$PRN_{si} = (NEB * PM_{si}) - PT_{si},$$

PRN_{si} étant le potentiel de recettes nettes du service i, NEB le nombre estimé de biens fonciers (bénéficiaires) dans la ville, PM_{si} le paiement moyen annuel par abonné au service i, et PT_{si} les paiements annuels totaux des abonnés actuels au service i.

sur leurs activités économiques actuelles sont incomplètes ou obsolètes, ce qui rend assez difficile les opérations de facturation et de recouvrement des impôts. L'introduction de systèmes informatisés modernes d'information de gestion permet de résoudre bon nombre de ces difficultés quotidiennes (l'encadré 4.18 décrit les mesures prises à Maputo, au Mozambique).

L'administration fiscale, et les gestionnaires de recettes en général, doivent donc remédier progressivement aux faiblesses actuelles en utilisant des systèmes d'information de gestion pour améliorer leur capacité institutionnelle à identifier les contribuables (et les abonnés aux services), évaluer les montants dont ils sont redevables, leur établir des factures exactes et en temps voulu, et assurer le recouvrement des sommes dues.

Comment favoriser l'amélioration du recouvrement des recettes

Dans bon nombre de collectivités locales, la situation n'encourage pas le respect des obligations fiscales. Les problèmes suivants sont couramment rencontrés :

- Les modalités de paiement des impôts sont incommodes. Les contribuables doivent parfois faire la queue longtemps pour découvrir combien ils doivent et procéder au paiement. Il n'y a pas de possibilités de payer en ligne ou par l'intermédiaire de banques commanditées pour percevoir les impôts.

- Une grande partie des dossiers fiscaux sont encore tenus manuellement, et les dossiers informatisés ne

Encadré 4.18 Comment Maputo a augmenté ses recettes propres

Au Mozambique, la ville de Maputo a augmenté de près de 30 % ses recettes propres depuis 1998 grâce à des réformes sur la gestion des recettes, engagées avec l'appui de projets de la Banque mondiale. Elles ont permis à Maputo d'élargir son assiette fiscale en taxant un plus grand nombre de biens fonciers et en procédant à des ajustements des redevances d'usagers pour certains services (notamment une nouvelle petite redevance de ramassage des déchets solides). La réforme législative, des études sur les tarifs pour étayer les politiques publiques et les choix de gestion, et la priorité donnée à la gestion des recettes et des dépenses ont fait bouger les institutions et créé les conditions d'une amélioration des recettes. Une analyse rigoureuse, entreprise par le biais d'études sur les tarifs, a permis de mettre en évidence le pourcentage de dépenses pouvant être financées par des recettes propres, les parts relatives des recettes fiscales et non fiscales, et les mesures appropriées pour améliorer les recouvrements de recettes. Elle a fourni une base empirique qui a motivé les décisions d'élargir l'assiette de la taxe foncière et d'améliorer la fixation des tarifs et le recouvrement des redevances d'usagers.

Source : Banque mondiale 2007.

---

sont pas intégrés entre les services de facturation et de perception.

- Les paiements par courrier ne sont pas fiables du fait d'un service peu performant, et ils peuvent aussi coûter cher.

Différentes solutions existent pour remédier à ces problèmes :

- la mise en place d'un système d'adressage des contribuables pour la facturation des impôts, afin de réduire les coûts de transaction associés à la discipline fiscale ;

- des systèmes informatiques intégrés pour gérer les comptes fiscaux des contribuables ;

- des systèmes de facturation unifiés ;

- la possibilité pour les contribuables de payer par courrier, par l'intermédiaire de banques, ou par courrier électronique ;

- la mise en place de « bureaux d'assistance fiscale » pour aider les contribuables à s'acquitter de leurs obligations ;

- des systèmes séparés pour les petits et les gros contribuables.

Adressage des rues et systèmes fiscaux

Une source importante d'amélioration en matière de recouvrement et de gestion des recettes est l'adoption d'un système moderne d'adressage des rues capable de fournir aux autorités fiscales des informations fiables sur la localisation des contribuables et des entreprises imposables. Comme le confirment des exemples aux quatre coins du monde, les projets d'adressage des rues sont très utiles pour améliorer la performance des systèmes fiscaux.

Améliorer la performance du système fiscal existant

L'un des principaux avantages du répertoire d'adresses est qu'il permet d'obtenir des informations sur les activités économiques et la population ne figurant pas sur les rôles fiscaux. Il améliore l'efficacité de la taxe foncière en comblant les lacunes des dossiers incomplets. L'encadré 4.19 présente un projet mis en œuvre au Sénégal. Ce projet, géré par les services fiscaux, prévoyait de rapprocher le répertoire d'adresses et les rôles fiscaux afin de créer un registre fiscal regroupant les deux.

Adressage des rues et réforme de l'impôt foncier

Un certain nombre de projets de développement urbain mis en œuvre en Afrique francophone et comprenant une composante d'adressage des rues a permis de revoir le système d'imposition municipal, et en particulier celui de la taxe foncière, afin qu'il puisse être adapté au contexte local d'une manière efficace par rapport aux coûts.

Au lieu de se débattre avec un système d'imposition lourd et complexe reposant sur une législation fiscale désuète et difficile à faire appliquer, les municipalités s'orientent vers une simplification des lois fiscales et adoptent une méthode de taxation des biens fonciers plus en adéquation avec les capacités et les ressources existantes. Par exemple, au Burkina Faso, au Mali et au Togo, une réforme de la fiscalité foncière a été couplée à des projets d'adressage des rues menés sous les auspices de projets d'urbanisme financés par la Banque mondiale. Les villes de Ouagadougou, Bobo-Dioulasso et Lomé ont réalisé des programmes d'adressage des rues en mettant en œuvre parallèlement une taxe locale sur tous les types d'habitations, au moyen d'une base simplifiée plus conforme à la capacité contributive des ménages. Ce type de taxe d'habitation s'est inspirée en partie de la taxe urbaine imposée au Maroc et de l'ancienne taxe locative de la Tunisie. Globalement, l'évaluation des impôts sur une base simplifiée et l'utilisation d'un répertoire d'adresses ont réduit les problèmes de procédure (l'encadré 4.20 décrit l'expérience du Niger).

Compléter le cadastre avec les données d'adresses des rues

Dans le cas où une réforme du cadastre de ce type se révélerait trop ambitieuse, il est possible d'opter pour une solution plus légère en utilisant les données d'adressage des rues pour compléter les informations des services du cadastre. Si des employés de terrain habitués aux cartes n'ont pas de problème pour identifier des biens individuels, il en sera de même pour les agents des services fiscaux ou du Trésor chargés des contrôles fiscaux et du recouvrement des impôts, comme indiqué ci-dessus concernant les registres fiscaux. Ce type d'intervention se ferait en deux temps : a) intégrer les adresses aux données du cadastre, et b) établir une concordance entre les adresses et les références cadastrales pour les parcelles ainsi identifiées.

Le fait que les données cadastrales soient incomplètes ou presque inexistantes et souvent obsolètes n'empêche pas de mettre en œuvre des systèmes novateurs de taxation foncière, dans lesquels des programmes d'adressage des rues peuvent jouer un rôle fondamental. L'innovation réside en partie dans le fait d'imposer aux habitants de participer aux coûts de la ville (au lieu de taxer des biens fonciers qui souvent ne sont pas enregistrés) et en partie dans la recherche de solutions simples.

Encadré 4.19 Mise en place de registres fiscaux au Sénégal

Le programme élaboré au Sénégal visait à déterminer le nombre de personnes non répertoriées sur les rôles d'imposition en comparant les rôles et les répertoires d'adresses et en intégrant les données d'adresse sur les rôles d'imposition. Le projet a comporté plusieurs étapes :

1. Évaluer l'efficacité des opérations d'enregistrement des contribuables et de collecte pour les impôts sur les entreprises et les droits de licence et pour la taxe foncière (noms des contribuables inventoriés, valeurs imposables, etc.).

2. Compléter les informations manquantes entre le répertoire d'adresses et les rôles d'imposition existants.
3. Inclure les données d'adresse sur les rôles d'imposition et les avis d'imposition.
4. Localiser les adresses non inventoriées (entreprises, habitations, biens à usage mixte).
5. Réaliser des enquêtes de terrain supplémentaires.
6. Créer un registre regroupant tous les contribuables potentiels.
7. Déterminer les montants des impôts et créer des rôles ou des registres pour le recouvrement des acomptes.

Source : Farvacque-Vitkovic 2005.

Encadré 4.20 Participation des services fiscaux aux enquêtes d'adressage des rues au Niger

La ville de Niamey a été aux avant-postes d'un programme d'adressage des rues ayant bénéficié d'un financement de l'Association internationale des maires francophones (AIMF). Elle a constitué plusieurs équipes comprenant chacune des agents municipaux, un représentant de la compagnie des eaux (SEEN), un représentant de la compagnie d'électricité (NIGELEC), et un agent du cadastre. Chaque rue et numéro de porte a été noté manuellement sur la carte cadastrale sur papier. Les chefs d'équipe ont reporté chaque numéro de porte sur des formulaires d'enquête, conformément à la référence cadastrale pour la parcelle. De

cette manière, les deux répertoires ont été mis en concordance en temps réel. Lorsqu'un quartier auquel des adresses sont affectées n'a pas encore été couvert par une enquête et entré dans le cadastre, on utilise souvent le plan de subdivision également tenu par les agents du cadastre et les agents municipaux. Ce type de double système de codification, pour l'adressage des rues et à des fins cadastrales, permet de mettre en concordance le répertoire d'adresses avec les autres répertoires tenus par l'administration et les entreprises de services d'utilité publique.

Source : Farvacque-Vitkovic 2005.

Programmes d'augmentation des recettes

Les pays développés introduisent des changements mineurs, progressifs et annuels dans leurs dispositifs de recettes bien établis. Par contraste, les pays en développement ont besoin de réformes globales pour améliorer l'administration de leurs recettes locales, créer des bases de données et renforcer sensiblement les capacités des institutions dans la plupart des domaines, depuis l'évaluation, la facturation et la collecte des impôts jusqu'au recouvrement forcé et aux recours (encadrés 4.21 et 4.23). Les organismes donateurs, comme la Banque mondiale, ou les bailleurs de fonds bilatéraux, tels que les agences allemandes, américaines, françaises ou suisses, apportent fréquemment un important appui financier et technique à ces réformes ; cette démarche peut être considérée comme un investissementà long terme, dont le coût est souvent vite et bien amorti, au profit des villes participantes. Ces réformes s'inscrivent souvent dans de vastes programmes de financement des infrastructures destinés à assurer la viabilité financière des équipements réalisés, et la pérennité des services améliorés.

La Banque mondiale apporte chaque année son concours à des dizaines de programmes ou composantes de programmes de ce type sur tous les continents. L'étude de cas de l'encadré 4.5 présente le cas

de Bogotá ; les encadrés 4.18 et 4.20 décrivent l'expérience de pays d'Afrique de l'Ouest. L'encadré 4.22 expose le plan de redressement financier mis en œuvre à Kampala, qui montre la complexité et les exigences d'un programme d'augmentation des recettes (voir aussi le chapitre 5). L'impact des investissements d'infrastructures sur les prix des terrains et de l'immobilier et les recettes anticipées des taxes de valorisation doivent faire l'objet de projections minutieuses et de calendriers réalistes. Les programmes d'adressage des rues prennent du temps, et leur impact sur les recettes est très sensible mais pas immédiat : les effets se font sentir au bout de deux ou trois ans. Il faut une équipe spécialisée et une bonne combinaison d'analyses qualitatives et quantitatives pour conseiller, suivre et gérer des programmes d'augmentation des recettes et pour établir des prévisions de recettes.

La Serbie a mis en œuvre une réforme complète de la fiscalité locale, dont un élément important a été le transfert de compétences du pouvoir central aux collectivités locales en matière de politique et d'administration des recettes de la taxe foncière. Après l'adoption de la nouvelle législation en 2006, les villes ont commencé à réformer leurs propres systèmes et ont obtenu des résultats remarquables — en 2009, les recettes fiscales avaient progressé de 40 à 90 %.

Encadré 4.21 Que faire en cas de difficultés financières

La crise financière de 2008 a mis en difficulté de nombreuses collectivités locales, principalement parce que les recettes attendues ne se sont pas concrétisées et que les dépenses n'ont pas pu être réduites pour compenser la chute des recettes. Sans possibilité d'emprunter pour financer des déficits à court terme, beaucoup de collectivités locales ont été confrontées à des choix difficiles. Le cheminement suivi par bon nombre d'entre elles comporte des réactions de bon sens ; a) comprendre ce qui se passe : le problème vient-il de la diminution des taxes sur les ventes, s'agit-il d'une difficulté passagère ou d'un problème structurel ? b) communiquer sur ce qui se passe : il importe d'informer le public des raisons des problèmes et d'expliquer pourquoi les services sont réduits ou les impôts augmentés ; c) repenser les priorités et réaffecter des ressources aux programmes les plus importants ; d) éviter les solutions de court terme comme recourir à des recettes ponctuelles ou à des reports des exercices précédents ou retarder l'entretien des infrastructures ; e) utiliser de nouvelles recettes après avoir fait l'effort de réduire les coûts ;

c'est le seul moyen pour que le public accepte de nouveaux impôts. Renforcer la planification financière sur le long terme ; f) maintenir le moral du personnel.

La ville de Fremont, en Californie, a utilisé un plan en quatre points pour survivre à la récession. En juillet 2003, le maire a expliqué la situation : les recettes de la taxe sur les ventes avaient chuté de 25 %, et celles de l'impôt sur les entreprises de 30 %. Les prévisions de croissance étaient nulles. En outre, les recettes de la taxe de séjour versée par les hôtels et les motels avaient baissé de plus de 50 % au cours des deux années précédentes. Les taxes foncières avaient ralenti. Face à cette situation, le conseil a adopté un plan visant à accroître les recettes et les consolider sur le long terme. Ce plan prévoyait de a) réduire les dépenses et les services ; b) développer l'activité locale et encourager la consommation locale ; et c) trouver de nouvelles sources de croissance (Sterling, dans l'Illinois, a ainsi investi dans le réaménagement de friches industrielles pour stimuler la croissance économique).

Source : International City Management Association 2003.

Encadré 4.22 Un plan de redressement financier pour Kampala (Ouganda)

La ville de Kampala a fait faillite au milieu des années 2000, avec un niveau d'arriérés de dettes considérable (environ 30 % du budget annuel) et des recouvrements de recettes médiocres. Le conseil a adopté un plan de redressement financier détaillé, qu'il a mis en œuvre les années suivantes dans le cadre d'un projet de la Banque mondiale (KIIDP).

Le plan était fondé sur un programme de mesures de 31 pages précisant les hypothèses utilisées, les prévisions, les mesures à prendre, l'attribution des tâches et les budgets alloués.

La ville est parvenue à stabiliser son budget, elle a multiplié par trois le montant des taxes foncières collectées et épongé ses dettes en cinq ans. Elle a réussi à accroître les recouvrements de la taxe foncière grâce à une base de données informatisée, des factures envoyées en temps voulu, des relances et une bonne communication, notamment une note jointe à chaque facture qui expliquait l'usage fait des recettes de la taxe foncière, précisant que les deux tiers servaient à financer l'amélioration des services dans la zone de collecte des recettes.

Source : Banque mondiale 2006b.

Encadré 4.23 Principales étapes des programmes d'augmentation des recettes

1. Élaborer des indicateurs de référence à la fois sur les abonnés *actuels* et sur les contribuables *actuels*. Estimer le nombre *réel* de bénéficiaires et le nombre potentiel de contribuables afin de comparer les résultats avant et après la mise en œuvre de tout programme d'amélioration de la gestion des recettes.
2. Mettre à jour les bases de données (registres) des abonnés aux services et des contribuables, au moyen d'informations de tiers, d'enquêtes directes sur le terrain, et d'auto-déclarations obligatoires.
3. Étendre la nomenclature des rues afin d'actualiser les adresses, qui sont nécessaires pour facturer, collecter et recouvrer les redevances d'usagers, les impôts locaux et les autres sources de recettes.
4. Moderniser le système de facturation et de recouvrement actuel tant des redevances d'usagers que des impôts locaux (matériel informatique, logiciels, matériel de bureau, et formation du personnel).
5. Mettre à jour la base de données de la taxe foncière sur les propriétaires de biens fonciers, les caractéristiques physiques des biens, leurs évaluations, et les montants d'impôt correspondants (c'est-à-dire les cadastres municipaux), et informatiser et rendre automatique le processus de mise à jour.
6. Mettre en place un système transparent d'incitations pour récompenser le paiement rapide des impôts et des redevances d'usagers.
7. Mettre en place un système transparent de désincitations (sanctions) pour réduire les retards de paiement des redevances d'usagers et des impôts locaux.
8. Élaborer des indicateurs de référence pour le recouvrement des redevances d'usagers *réelles* et *potentielles* par service, ainsi que des impôts *réels* et *potentiels* par source fiscale, afin de mesurer l'efficacité du recouvrement des recettes locales.
9. Définir des normes minimales pour la fourniture des différents services municipaux, déterminer les normes *actuelles*, et évaluer le niveau de respect des normes.
10. Déterminer le nombre d'unités des services fournis et établir le coût unitaire par service.
11. Calculer les coûts anticipés sur la base des normes minimales ; déterminer les coûts *réels*, et mesurer l'efficacité des dépenses.
12. Calculer les redevances d'usagers correspondant au coût réel de la fourniture de chaque service. Ces informations constituent les données de base pour le suivi et l'évaluation de l'efficacité des dépenses par service municipal.
13. Élaborer des indicateurs permettant de comparer le coût unitaire pour les principaux services municipaux. Les indicateurs de coût unitaire doivent distinguer les coûts de construction (c'est-à-dire les dépenses d'investissement par unité de travaux publics) et les coûts de fonctionnement et d'entretien associés.
14. Élaborer un dispositif de recouvrement forcé des redevances d'usagers et des impôts locaux, ainsi qu'un mécanisme de recours.

Les difficultés habituellement rencontrées avant et pendant les réformes ont été les suivantes :

- capacités humaines et formation du personnel insuffisantes ;
- manque de matériel technique et de logiciels ;
- bases de données obsolètes et imprécises, ne permettant pas d'assurer correctement les opérations de facturation et de recouvrement ;
- difficultés pour obtenir des données élémentaires d'autres organismes publics.

Le cas de la Serbie offre un bon exemple de l'importance des incitations et souligne que les villes recouvrent davantage d'impôts lorsque les compétences fiscales sont déléguées au niveau local (le tableau 4.12 montre les formidables résultats atteints en Serbie en trois ans). Malgré les progrès de la Serbie, les factures d'impôt restent très faibles, de nombreux contribuables ne sont pas enregistrés, et le total des rentrées s'élève en moyenne à moins de 1 % du PIB.

Contrôle interne en matière de collecte des recettes

Dans beaucoup de pays en développement, la collecte des recettes est assez peu surveillée par les contrôleurs municipaux et le conseil municipal. La rapidité avec laquelle le budget des recettes est généralement examiné au cours du processus budgétaire (alors que l'examen et les discussions sur le budget des dépenses prend beaucoup plus de temps) est un bon indicateur du manque de contrôle interne en matière de collecte des recettes. De même, les audits municipaux externes et internes se préoccupent davantage des dépenses que des recettes. C'est pourquoi le conseil et les responsables publics n'ont souvent pas connaissance des recettes annulées, non encaissées ou perdues.

Le cycle du budget des recettes

En règle générale, le processus budgétaire d'une collectivité locale comporte au moins sept étapes : la prévision des recettes, la fixation des plafonds de dépenses, la préparation du budget, la négociation du budget, l'adoption du budget, l'exécution du budget, et l'évaluation du budget. Le caractère circulaire du budget est exprimé par le terme de *cycle budgétaire*, puisque chaque étape utilise les résultats de l'étape précédente et contribue à la suivante. Le graphique 4.7 illustre le cycle du budget des recettes (voir le chapitre 3 pour plus de détail sur le processus budgétaire). Le cycle s'étend sur une année et se répète à chaque exercice budgétaire. Dans les pays où l'exercice budgétaire coïncide avec l'année civile (c'est-à-dire de janvier à décembre), la préparation du budget commence dès le mois d'avril de l'année précédente afin que l'équipe technique dispose d'assez de temps pour réunir les faits, les taux de réalisation passés et les tendances à utiliser dans les prévisions, et pour préparer les prévisions de recettes de base autour desquelles le budget global va s'organiser. Préparer un budget demande d'établir des prévisions pour les recettes de la ville (toutes les catégories étudiées précédemment), ainsi que pour les transferts intergouvernementaux et les taxes ou recettes spéciales perçues à des fins particulières (par exemple les recettes assises sur le foncier).

La deuxième étape du cycle budgétaire est la fixation des plafonds de dépenses, ou plafonds budgétaires. La collectivité locale fixe des plafonds budgétaires indicatifs pour toutes ses divisions administratives. Ces plafonds représentent généralement le maximum qu'une collectivité locale peut dépenser durant un exercice. La somme des plafonds établis pour toutes les divisions est égal au plafond du budget pour l'ensemble de la collectivité locale. Ces plafonds de dépenses sont déterminés en fonction des prévisions de recettes et du programme de développement municipal. Le directeur du budget de la municipalité reçoit et examine avec chaque direction ou division administrative les propositions de dépenses de cette division. Il parvient à un accord au sein de la collectivité locale et prépare un projet de budget. Puis, le maire soumet le projet de budget au conseil municipal pour examen et approbation. Les sections suivantes passent en revue les cinq phases du processus budgétaire portant sur les recettes : la planification des recettes, la prévision des recettes, l'examen et l'approbation, la mise en œuvre, et le suivi et l'audit.

Tableau 4.12 Amélioration des rentrées fiscales suite à la réforme de la taxe foncière en Serbie

Villes	2006	2007	2008	2009	2006/2009
	Millions de RSD				%
Belgrade	2 439	2 625	3 694	4 792	196
Kragujevac	110	138	184	180	164
Vranje	37	37	44	54	146
Vrnjacka Banja	20	18	23	28	139

Source : Programme City to City Dialogue, WBI, 2012.

Graphique 4.7 Le cycle du budget des recettes

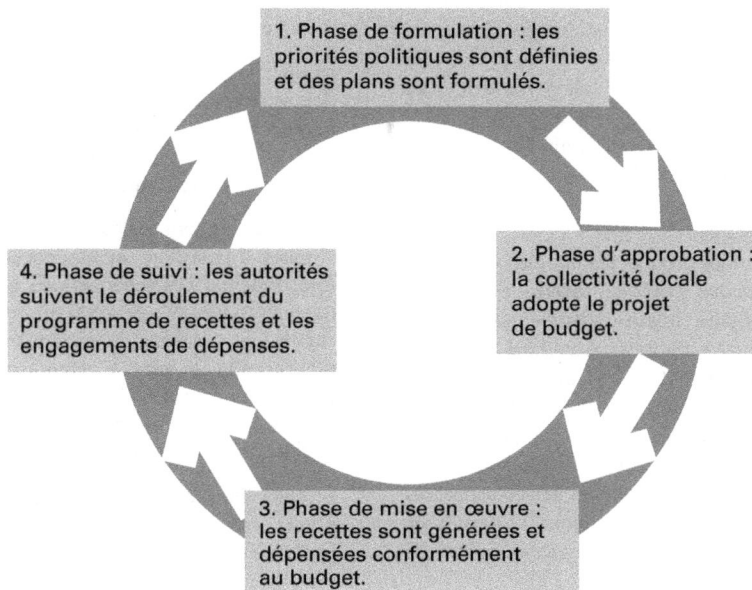

1. Phase de formulation : les priorités politiques sont définies et des plans sont formulés.

2. Phase d'approbation : la collectivité locale adopte le projet de budget.

3. Phase de mise en œuvre : les recettes sont générées et dépensées conformément au budget.

4. Phase de suivi : les autorités suivent le déroulement du programme de recettes et les engagements de dépenses.

Planification des recettes

La planification des recettes est une opération essentielle pour les collectivités locales, car elle permet d'évaluer leur capacité à faire face aux dépenses, c'est-à-dire à assurer l'exécution du budget de fonctionnement et la fourniture des services. La planification des dépenses d'investissement (incluses dans le budget d'investissement) se fait en fonction des besoins de développement et de rénovation des infrastructures et de la couverture des services. La planification des autres recettes d'investissement pour le financement des programmes de développement pluriannuels dépend de a) l'éventuel excédent dégagé dans le budget de fonctionnement, b) des dotations en capital, et c) des emprunts à long terme pour des investissements publics locaux (le chapitre 7 développe les notions de planification de l'amélioration des équipements et de son financement).

Prévision des recettes et analyse des tendances

Les collectivités locales ont besoin de prévoir les recettes qu'elles vont collecter pour pouvoir planifier leurs dépenses[8]. Comme il a déjà été indiqué, les recettes des collectivités locales viennent des impôts et taxes, des droits divers, des licences, des redevances d'usagers, et des transferts intergouvernementaux. Pour prévoir les recettes attendues de chaque source, les collectivités locales peuvent utiliser des prévisions simples (en étudiant les tendances passées) ou bien essayer de comprendre quels facteurs ont influé sur le comportement passé des recettes fiscales afin d'améliorer la qualité des prévisions (le graphique 4.8 montre l'évolution des recettes de la ville de New York entre 1993 et 2009).

Par exemple, la plupart des taxes fluctuent avec les changements intervenant dans les revenus et l'activité économique, ainsi que les taux d'imposition. Si les prévisionnistes savent comment les différents impôts sont liés aux variables économiques (par exemple le PIB et l'emploi), ils peuvent utiliser des projections macroéconomiques préparées à l'échelon national et leur connaissance de leur ville pour établir des prévisions fiables des recettes propres de la ville. Un analyste essaye donc de trouver le lien entre les déterminants des recettes (revenus, production, taux d'imposition, permis de construire délivrés, ventes au détail, etc.) et les recettes que l'administration publique perçoit (les taxes foncières, les redevances d'usagers, les taxes sur les ventes). La capacité à prévoir les ressources futures est fondamentale pour éviter les insuffisances budgétaires.

Les prévisions de recettes peuvent être calculées pour l'ensemble des recettes ou pour des sources de recettes précises, comme les recettes de la taxe sur les ventes ou les recettes de la taxe foncière. Il n'existe pas de méthode unique pour établir des prévisions de recettes. À chaque type de recette correspond souvent une méthode mieux adaptée. De même, il n'y a pas d'horizon temporel standard pour une prévision. La collectivité locale peut s'intéresser au budget de l'exercice suivant, tandis que les gestionnaires d'une compagnie des eaux municipale envisageront les choses à un horizon de 20 ans. Enfin, la prévision des recettes est étroitement liée au processus d'élaboration des politiques publiques et fait donc l'objet d'une attention très rigoureuse et même de pressions politiques.

Guajardo et Miranda (2000) proposent un processus en sept étapes pour intégrer les facteurs économiques et politiques dans la prévision des recettes locales :

1. Choisir une période sur laquelle les données des recettes sont examinées. La durée de cette période dépend des données disponibles et de leur qualité, du type de recettes et du degré d'exactitude recherché.

2. Examiner les données pour déterminer les schémas, vitesses d'évolution ou tendances qui pourraient être évidents. Les schémas peuvent laisser penser que les vitesses d'évolution sont relativement stables ou varient de façon exponentielle. Le tableau 4.13 montre le comportement d'impôts importants au cours des cinq dernières années en termes à la fois nominaux et réels, c'est-à-dire en tenant compte de l'évolution des prix.

3. Étudier dans quelle mesure la situation économique, l'évolution de la demande des habitants, et l'évolution des politiques publiques ont une incidence sur les recettes. Ces hypothèses

Graphique 4.8 Recettes locales et indices des prix de la ville de New York, 1993-2009 (%)

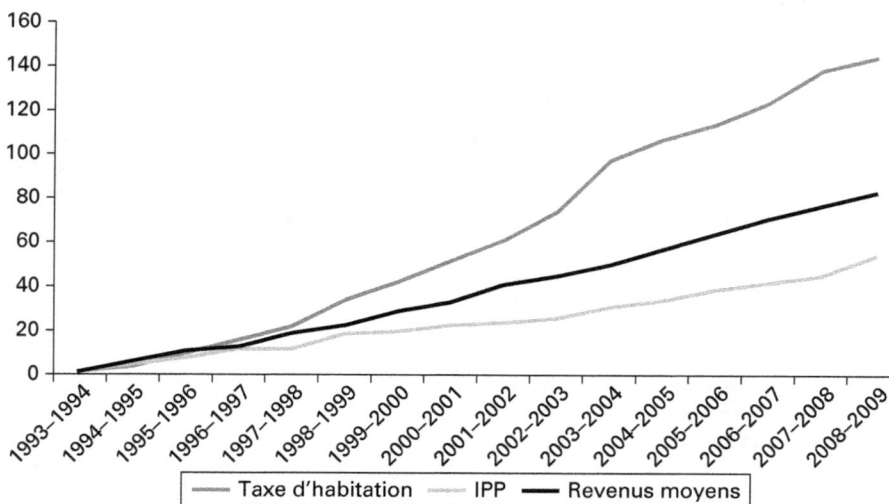

Source : www.osc.state.ny.us/localgov/training/chapters/myfp/two/rev_aid.htm.

déterminent la méthode de prévision qui sera la mieux adaptée.

4. Établir les prévisions de recettes pour les années à venir. La méthode choisie dépend de la nature et du type de recettes. Les sources de recettes présentant un degré d'incertitude élevé, comme les nouvelles recettes ou dotations et les cessions d'actifs, peuvent nécessiter une méthode de prévision *qualitative*, comme le consensus ou la prévision d'expert. Pour les recettes habituellement prévisibles, on utilise en général une méthode de prévision quantitative, telle que l'analyse de tendances et l'analyse de régression (encadré 4.24).

5. Une fois que les prévisions ont été établies, vérifier la fiabilité et la validité des estimations. Une analyse de sensibilité permet d'évaluer la fiabilité. On fait varier les principaux paramètres utilisés pour créer les estimations ; si cela entraîne des changements importants dans les résultats, le degré de fiabilité de la prévision est jugé faible.

6. Suivre la collecte des recettes et comparer les rentrées aux estimations. Ce suivi sert à la fois à évaluer la précision des prévisions et la probabilité d'une insuffisance ou d'un excédent budgétaire.

7. Mettre à jour et ajuster les prévisions de recettes à mesure que les facteurs influant sur les recettes évoluent. Les fluctuations observées dans le montant des recettes recouvrées peuvent être dues à des changements imprévus de la situation économique, de la politique publique et des ajustements administratifs, ou à une évolution de la demande des consommateurs.

Prévisions de recettes locales pour des sources particulières

Pour établir des prévisions de recettes, il convient tout d'abord de classer les recettes selon une méthode donnée et d'identifier les facteurs économiques et autres qui influent sur chacune d'elles. Certaines recettes sont très sensibles aux changements économiques (par exemple les taxes sur les ventes et les impôts sur les entreprises), tandis que d'autres dépendent beaucoup plus des choix de politique publique et des tendances du développement urbain sur le long terme (la taxe foncière). Certaines sont relativement prévisibles (la taxe sur les automobiles), d'autres sont aléatoires (les amendes). Sur certaines, les responsables municipaux n'ont aucun contrôle, sur d'autres, si. Certaines représentent une source de recettes importante, d'autres ont un effet marginal sur le budget (les contraventions de stationnement).

Lorsqu'on veut établir des prévisions de recettes locales, il est utile de poser quatre questions : Quel est le degré de sensibilité de l'impôt aux changements économiques ? Quel est son degré de prévisibilité ? Quel degré de contrôle les collectivités locales ont-elles

Tableau 4.13 Données sur les recettes et les taux de croissance utilisées pour établir des prévisions

| Impôts locaux | Séries chronologiques (recettes perçues en millions de dollars) | | | | Augmentation (%) | | Autres prévisions |
	2008	2009	2010	2011	Nominale	Réelle	Fonction de
Taxe sur les ventes	45	48	50	52	4,9	2,4	PIB
Taxe foncière	15	16	18	17	4,2	1,7	Indice des prix
Impôt sur les bénéfices des entreprises	7	7	9	10	12,6	8,9	PIB
Redevances d'usagers	9	9	10	12	10,1	6,6	PIB
Surtaxes	0,9	0,9	1	1,2	10,1	6,6	PIB
Total	76,9	80,9	88	92,2	6,2	2,5	
Hausse des prix	3 %	4 %	2 %	5 %	3,66		

sur les rentrées ? L'impôt occupe-t-il une place importante dans le budget de la collectivité locale ?

Taxes foncières et autres impôts assis sur la propriété (droits de mutation) :

- Sensibles aux changements économiques ?   Peu
- Prévisibles ?   Oui
- Contrôlables ?   Oui
- Source de recettes importante ?   Oui

Les taxes foncières représentent généralement la première source de recettes des collectivités locales dans les pays développés. L'assiette est normalement assez stable, au moins à court terme, et les responsables publics locaux déterminent à la fois l'évaluation et les taux d'imposition. Les prévisions des taxes foncières peuvent être établies selon deux méthodes :

- en supposant qu'elles restent constantes au niveau actuel des prix ;

■

Encadré 4.24 Méthodes utilisées pour calculer les taux de croissance et établir des prévisions de recettes des années à venir

Pourcentage d'évolution : La première solution compare deux périodes de temps consécutives au moyen de la formule suivante :

$$Pourcentage\ d'évolution = [(RA - RP)/RP]* 100, (éq. 1)$$

avec RA = recettes actuelles et RP = recettes précédentes.

Taux de croissance moyen : Pour une période plus longue, la même formule d'évolution peut être utilisée, mais le pourcentage total sera divisé par le nombre d'années (N) :

$$Taux\ de\ croissance\ moyen = \{[(RA - RP)/RP]/N\}* 100\ (éq.\ 2)\ ;\ pour\ (t_n - t_o).$$

Toutefois, dans ce cas, l'utilisation de la première et de la dernière année peut être valable seulement lorsque l'évolution des recettes est relativement uniforme. La méthode du taux de croissance composé donnera un taux d'augmentation plus juste.

Taux de croissance annuel composé (CAGR) : Le CAGR prend en compte la première et la dernière valeur d'une période de temps donnée mais inclut l'effet des différentes périodes annuelles dans le taux de croissance final. Les résultats sont relativement fiables en l'absence de variations importantes d'une année sur l'autre. Le CAGR peut être calculé par la formule suivante :

$$CAGR\ (t_n - t_o) = \{[(Vtfn/Vto\ J* 1/ (t_n - t_o)] - 1\}*100$$

(éq. 3), avec Vt_o = valeur initiale, Vt_n = dernière valeur, et $1/(t_n - t_o)$ = nombre d'années ou en utilisant la formule de base de

$$Vt_n = Vt_o\ (1 + r)^{n-1}$$

et en résolvant l'équation pour r :

$$r = \{exp[ln(Vt_n/Vt_o)/N] - 1\}* 100.$$

Taux de croissance moyen arithmétique : Si la série chronologique est caractérisée par des fluctuations importantes des recettes annuelles, la première et la dernière années ne sont pas forcément représentatives ; dans ce cas, il peut être préférable d'utiliser le taux de croissance moyen arithmétique (appelé également rendement moyen arithmétique – RMA). La formule du RMA est la suivante :

$$RMA = 1/n(X_1 + ... + X_n),\ (éq.\ 4)$$

avec n = nombre de périodes d'une année, et X_i = pourcentage de variation des recettes pour la période i ; égal à $[(RA - RP)/PR]* 100\ (éq.\ 1)\ i = 1...à... n.$

Taux de croissance tendancielle linéaire : Une autre solution consiste à calculer le CAGR de la ligne de tendance au moyen de la méthode des moindres carrés. On obtient le taux de croissance de la tendance des recettes pour la période concernée. Par exemple, Excel dessine automatiquement la ligne de tendance, calcule l'équation de tendance, et R^2, qui indique la qualité de la prévision de tendance.

- en appliquant un ajustement prudent pour tenir compte de l'évolution anticipée de la valeur totale imposable.

Aux États-Unis et dans d'autres pays où la taxe foncière est le principal instrument fiscal des municipalités, les autorités locales s'efforcent de faire en sorte que les taxes foncières couvrent les dépenses de la collectivité locale. Cela conduit souvent à de fortes hausses des taux d'imposition et à une opposition de la part des contribuables. Le graphique 4.9 montre deux scénarios possibles utilisés à New York. Dans le premier, une augmentation dynamique de la taxe foncière élimine le déficit ; dans le second scénario, un taux constant d'imposition de la taxe foncière produirait un déficit croissant.

Taxe sur les ventes et autres impôts non assis sur la propriété :

- Sensibles aux changements économiques ?   Oui

- Prévisibles ?   Non

- Contrôlables ?   Non

- Source de recettes importante ?   Oui

La taxe sur les ventes et les autres impôts non assis sur la propriété, comme les taxes sur les services d'utilité publique, sur les restaurants, la taxe de séjour, sont d'importantes sources de recettes pour les villes ou les comtés. Il est utile de distinguer la taxe sur les ventes des autres impôts non assis sur la propriété, car elle est influencée par différents facteurs :

Dans certaines villes des États-Unis, les taxes sur les ventes locales sont collectées par l'État fédéré et distribuées aux comtés et à certaines villes qui préemptent la taxe de comté. De nombreux comtés partagent les recettes des taxes sur les ventes avec d'autres collectivités locales conformément à des formules reposant sur des facteurs, tels que la population et la valeur des biens fonciers.

La taxe sur les ventes et la plupart des autres impôts non assis sur la propriété sont plus fluctuants que la taxe foncière parce qu'ils subissent très rapidement l'impact des changements économiques. Ils sont soumis également à des changements dans la politique publique au niveau de l'État fédéré, du comté et parfois de la municipalité, notamment les changements apportés au taux (si les recettes sont partagées avec l'administration publique qui établit les prévisions) ou

à l'assiette (comme les semaines exonérées de taxe sur les ventes), ou même la préemption municipale d'une partie du taux par une ville.

L'histoire récente aidera les collectivités locales à déterminer le point de départ de leurs prévisions de taxe sur les ventes, et des informations sur la santé (bonne ou mauvaise) de l'économie locale fourniront des facteurs importants à prendre en compte. De nombreux services gouvernementaux centraux (par exemple le ministère de l'Économie, la banque centrale ou la direction de la planification) publient des prévisions sur des facteurs qui influent sur les recettes des impôts non assis sur la propriété, notamment le produit intérieur brut (PIB) du pays, les tendances de l'emploi, le commerce de détail et la croissance des salaires. Le graphique 4.10 montre que les recettes de la taxe sur les ventes sont sensibles aux cycles économiques et ont chuté à partir de 2008.

Aux États-Unis, des données locales (mais pas des prévisions) peuvent être obtenues auprès du Bureau des statistiques du travail et du Bureau du recensement. Les collectivités locales doivent faire preuve de la plus grande prudence dans la prévision des recettes de la taxe sur les ventes, car cette taxe occupe une place importante et peut être instable. Plusieurs questions doivent être examinées :

- Le taux de la taxe sur les ventes a-t-il été modifié ?

- Y a-t-il eu des changements économiques importants, par exemple dans le niveau du chômage ou des ventes au détail ?

- Y a-t-il eu une évolution des taux d'intérêt qui pourrait influer sur les dépenses et donc sur les recettes de la taxe sur les ventes ?

Autres recettes locales :

- Sensibles aux changements
  économiques ?   Non

- Prévisibles ?   Ça dépend

- Contrôlables ?   Ça dépend

- Source de recettes importante ?   Non

Les autres recettes locales comprennent les amendes, les licences, la vente de biens, les intérêts perçus et d'autres petites sources de revenus. Si une ville les regroupe, ou en regroupe certaines, dans une seule catégorie, il est préférable d'établir les prévisions à partir de tendances récentes stables ou en les considérant

Graphique 4.9   Scénarios de prévision des recettes de la taxe foncière

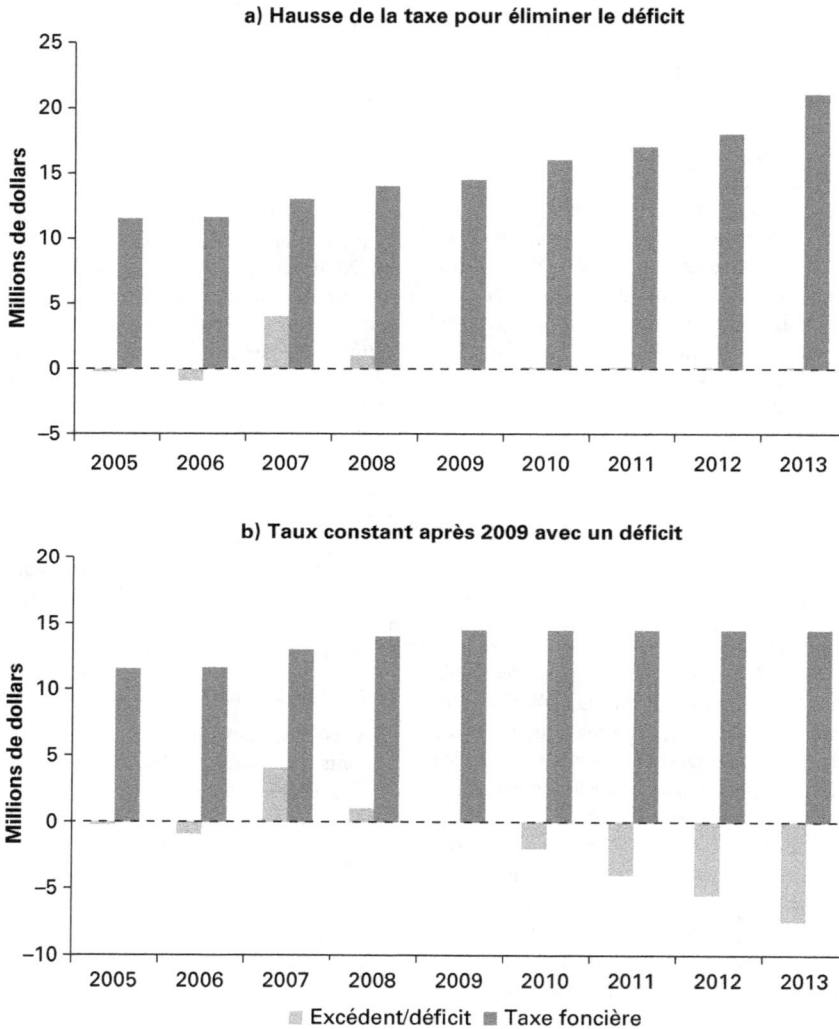

a) Hausse de la taxe pour éliminer le déficit

b) Taux constant après 2009 avec un déficit

■ Excédent/déficit ■ Taxe foncière

Source : Office of State Controller 2010, http//www.osc.state.ny.us/localgov/training/chapters/myfp/two/rev.

constantes, avec des ajustements, si nécessaire, pour tenir compte de changements connus de grande ampleur intervenus sur des sources de recettes importantes. Si une commune fait des prévisions par poste, elles doivent être établies soit d'après la tendance la plus raisonnable, comme l'inflation ou les hausses connues des redevances, soit maintenues constantes.

Les transferts et dotations des États fédérés et du gouvernement fédéral sont des sources de recettes sur lesquelles les communes n'ont généralement aucun contrôle. Le calendrier et la santé relative du budget de l'État influent sur la plupart de ces catégories d'aides. C'est une pratique généralement admise de maintenir constantes les recettes

Finances municipales

Graphique 4.10   Taxe sur les ventes 1991-2009

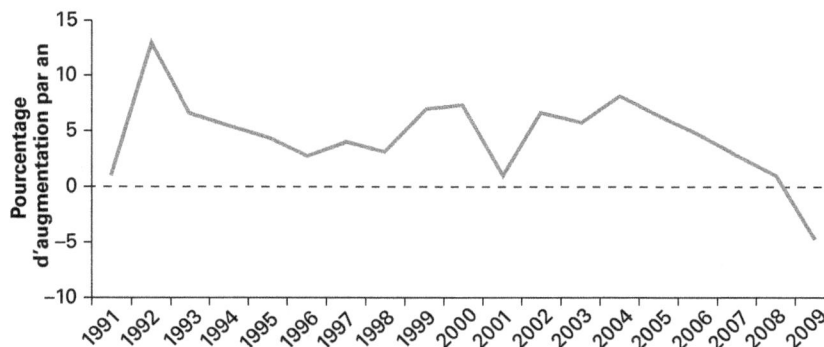

Source : Office of State Controller 2010. http://www.osc.state.ny.us/localgov/training/chapters/myfp/two/rev.http//www.osc.state .ny.us/localgov/training/chapters/myfp/two/rev. http://www.osc.state.ny.us/localgov/pnbs/research/snapshot/080919snapshot.pdf

provenant des aides de l'État, à moins que l'on ait de bonnes raisons d'anticiper une baisse ou une hausse. Le tableau 4.14 récapitule les caractéristiques des principales sources de recettes à des fins de prévision.

Il y a toutefois quelques exceptions. Certains programmes d'aide des États fédérés sont remboursés sur la base de la participation ou des coûts locaux (c'est le cas d'un grand nombre de subventions d'aide aux établissements scolaires). Les communes peuvent contacter l'agence de l'État qui gère le programme pour obtenir une assistance sur ces types de prévisions sur les aides. Les dotations fédérales sont généralement spécifiques à certains programmes, et certaines peuvent être des subventions de démarrage, à savoir que la collectivité locale doit continuer à financer le programme une fois que l'aide fédérale se termine. Par conséquent, d'une manière générale, les aides fédérales sont une source de recettes minimes mais variables.

Les méthodes de prévision vont des techniques qualitatives relativement informelles aux méthodes quantitatives hautement sophistiquées. En matière de prévisions de recettes, un degré plus élevé de sophistication n'apporte pas nécessairement plus de fiabilité. En fait, un agent des finances expérimenté peut souvent anticiper l'avenir avec beaucoup d'exactitude. Les prévisionnistes utilisent généralement différentes techniques, car ils savent que certaines donnent de meilleurs résultats que d'autres en fonction de la nature de la source de

recettes. Les deux principales méthodes de prévision sont présentées dans l'encadré 4.25.

Le travail de prévision réalisé dans le cadre de programmes d'augmentation des recettes est assez différent du travail de prévision normal. Les techniques de prévision qualitatives sont particulièrement importantes lorsqu'une grande réforme des recettes est prévue et se déroule. Ces réformes peuvent être considérées comme des investissements à long terme (informatisation des diverses bases de données, extension des bases de données par l'identification de nouveaux clients, régularisation des branchements illégaux, etc.). Elles demandent non seulement beaucoup d'argent et de temps, mais souvent un soutien politique ferme. Dans ce type de situation, la prévision des recettes nécessite une équipe d'experts qui doivent définir des mesures spécifiques et calculer les recettes anticipées entre un et cinq ans à l'avance en combinant plusieurs techniques qualitatives et quantitatives.

Les discussions sur le budget des recettes

Au niveau des collectivités locales, les discussions budgétaires portent davantage sur l'emploi des ressources disponibles que sur la manière de les obtenir. Il est très rare que les conseils municipaux ou le ministère chargé des collectivités locales demandent aux collectivités locales d'expliquer sur quelles hypothèses reposent les prévisions de recettes. Dans ces conditions, la principale mission

Tableau 4.14   Prévisibilité des principales recettes locales

	Taxe foncière	Taxe sur les ventes	Autres impôts locaux	Transferts
Sensible aux changements économiques	Peu	Oui	Oui	Non
Prévisible	Oui	Non	Ça dépend	Ça dépend
Contrôlable	Oui	Non	Oui	
Source de recettes importante	Oui	Oui	Non	Oui
Méthodes de prévision				
1.	Reste constante	Fonction du PIB, de l'emploi	Indexées sur l'inflation	Restent constants
2.	Couvre le déficit			

Source : préparé par les auteurs à partir d'informations du New York Office of State Controller, http://www.osc.state.ny.us/localgov /training/chapters/myfp/two/rev_aid.htm.

du gestionnaire des recettes est de présenter au conseil municipal des propositions visant à a) encourager le paiement des impôts par des moyens techniques et des incitations ; b) moderniser le système de facturation et de perception des recettes en étendant le système d'adressage des rues de la ville ; c) moderniser et intégrer les comptes courants des contribuables au moyen de systèmes d'information de gestion informatisés ; et d) mobiliser les recettes potentielles provenant soit de sources existantes, soit d'autres sources de recettes comme les taxes de valorisation foncière.

Comme il a été dit plus haut, l'analyse du budget local se concentre davantage sur le niveau et la composition des dépenses que sur les recettes. Les recettes sont souvent surestimées, ce qui entraîne des dépenses excessives par rapport aux possibilités. Par exemple, les prévisions de recettes peuvent tabler sur un niveau irréaliste de recouvrement des arriérés d'impôts, ou inclure le produit de la cession future de terrains municipaux à un prix beaucoup plus élevé que ce qu'il est raisonnable d'attendre. Ces pratiques conduisent généralement à des déficits budgétaires ou à des projets d'infrastructures locales inachevés.

Adoption du budget des recettes

Une fois qu'on est parvenu à un accord sur les propositions de dépenses et de recettes, le budget municipal annuel est adopté. L'adoption du budget nécessite de voter le projet de budget en conseil municipal et de publier une résolution relative au budget. Parfois, les budgets locaux nécessitent

l'approbation du ministère de l'État fédéré ou du ministère central chargé des collectivités locales. Il est plus courant que les budgets municipaux aient besoin d'être approuvés par l'État fédéré, comme au Mexique. En général, les budgets doivent être équilibrés pour pouvoir être adoptés, mais la définition d'un budget « équilibré » peut varier. Très souvent, il prévoit l'utilisation de ressources externes pour financer des dépenses d'investissement programmées et approuvées (voir aussi le chapitre 7).

Compte tenu de la surestimation quasi-systématique des recettes, une politique budgétaire prudente demande d'analyser de manière rigoureuse les méthodes et les hypothèses utilisées pour prévoir les composantes des recettes municipales. Cette fonction est en général assurée par un service de contrôle interne au sein de l'administration municipale, avec parfois la participation de la commission économique du conseil municipal, des conseillers municipaux en général et, dans certains pays, du ministère chargé des collectivités locales ou son équivalent. Le conseil municipal (y compris la commission économique) et le contrôleur municipal ont la tâche délicate de s'assurer que les prévisions de recettes sont réalistes, afin d'éviter des insuffisances budgétaires ou des travaux publics inachevés, entre autres conséquences possibles.

Exécution du budget des recettes

L'objectif à atteindre est un niveau de rentrées égal ou supérieur aux prévisions. En pratique, les recettes réellement encaissées pour un impôt se retrouvent souvent inférieures aux prévisions. Il arrive que

Encadré 4.25 Les techniques de prévision des recettes

La prévision des recettes est un exercice consistant à estimer des flux de recettes futurs, qu'il s'agisse des ventes d'une entreprise ou des recettes fiscales d'une administration publique. La capacité à estimer les recettes avec exactitude est déterminante pour pouvoir construire un budget annuel qui tient la route.

La prévision fondée sur l'appréciation repose moins sur les données et davantage sur l'appréciation, en faisant appel à une personne ou un comité qui se fonde sur l'expérience passée ou peut-être les tendances passées. Les méthodes de prévision de ce type donnent de meilleurs résultats lorsque les circonstances sont imprévisibles ou changent rapidement. Parfois, un petit groupe d'experts connaissant bien la nature de l'activité publique est sollicité. Une petite commune peut ainsi réunir des professionnels de l'immobilier local ayant une bonne connaissance du marché pour évaluer la croissance de l'immobilier. Leurs opinions et leurs connaissances du terrain pourront aider à estimer les rentrées fiscales potentielles liées aux transations immobilières et foncières.

La prévision fondée sur les séries chronologiques utilise des tendances basées sur des données historiques compilées sur plusieurs années ou plusieurs cas. Les prévisionnistes qui se fondent sur cette méthode élémentaire analysent l'évolution des données dans le temps. Des aspects de périodicité ou de saisonnalité peuvent influer sur les résultats des prévisions.

Quatre méthodes sont généralement citées : a) l'augmentation constante simple, b) l'utilisation de séries chronologiques, comme les modèles de moyennes mobiles, c) les modèles de causalité, et d) la prévision fondée sur l'appréciation.

Source : Garrett et Leatherman 2010.

---

cette insuffisance soit compensée par des recettes plus élevées que prévu pour d'autres impôts. C'est la situation normale dans la plupart des exécutions de budgets soumises à une discipline budgétaire, c'est-à-dire sans surestimations (ni sous-estimations) excessives et répétées des recettes. En revanche, l'absence de discipline se traduit pour les collectivités locales par des rentrées faibles et des déficits budgétaires importants. Toute la difficulté de l'exécution d'un budget, en particulier dans les municipalités ayant des contraintes budgétaires limitées, est donc d'exploiter et d'apprendre à utiliser leurs ressources propres (c'est-à-dire leur base de recettes) et de vivre selon leurs moyens au lieu de compter sur des subventions de l'administration centrale. Le tableau 4.15 décrit des indicateurs de performance utiles en matière de collecte des recettes.

En règle générale, le suivi des rentrées se fait chaque mois par source de recettes, ainsi que pour l'ensemble des sources. Si des écarts importants sont constatés, des mesures sont prises pour y remédier lorsque la situation dépend de facteurs sur lesquels la direction de l'administration des recettes a prise, par exemple des insuffisances au niveau de la facturation ou du recouvrement forcé. Plusieurs indicateurs objectifs peuvent être utilisés pour suivre les performances dans chacune des principales fonctions de l'administration des recettes. Ces questions sont examinées plus en détail au chapitre 8 dans le cadre du suivi de la performance financière des municipalités.

Le cas du Borough de Sutton, à Londres, offre un exemple de l'emploi d'indicateurs d'efficience-coûts. Le Borough a mis en œuvre un programme de réduction des coûts (ou efficience-coûts) de la fourniture des services, décrit dans l'encadré 4.26.

Stratégies de mobilisation des recettes

Une stratégie globale pour la gestion des recettes, et pour la gestion des finances municipales en général, consiste à relier les grandes fonctions municipales, par exemple a) la collecte des recettes à la fourniture des services, b) le coût de la fourniture des services aux bénéficiaires, et c) les redevances d'usagers aux dépenses par service. Chacune de ces stratégies est expliquée ci-dessous.

Relier la fiscalité aux services fournis

Les contribuables sont souvent réticents à payer des impôts locaux parce qu'ils ignorent si les recettes fiscales sont employées à bon escient et conformément à leurs préférences et leurs priorités. Leur première crainte est que les impôts locaux puissent servir principalement à payer les employés municipaux et les services municipaux, ou pire, qu'ils profitent à la collectivité locale. L'une des stratégies utilisées pour regagner la confiance dans la collectivité locale est d'ouvrir les comptes et de montrer le lien direct entre les impôts locaux et la fourniture (ou l'extension, la rénovation, et l'entretien) des infrastructures économiques et sociales de base, telles que les rues, l'éclairage public, les trottoirs ou les routes. (L'encadré 4.27 présente la brochure utilisée au Kenya pour informer les contribuables de l'origine et de l'emploi des impôts qu'ils payent.) On retrouve ici l'idée que les taxes sur les carburants sont utilisées pour financer l'entretien des routes ou que les redevances d'eau payent l'entretien des infrastructures de distribution d'eau. Ce type d'affectation et d'utilisation des recettes (conforme au principe de l'impôt pour service rendu) devrait être transparent, communiqué à tous les administrés, et étayé par des audits sociaux afin d'encourager le civisme fiscal et plus généralement le travail de mobilisation des recettes locales[9]. Deux moyens possibles pour le faire est de lier les coûts aux bénéficiaires et de lier les dépenses aux redevances d'usagers.

Relier les coûts de la fourniture des services aux bénéficiaires. Le fait de relier les coûts de la fourniture d'un service à ses bénéficiaires améliore la transparence et l'efficience de l'affectation des ressources (étudiée plus en détail au chapitre 5). Par exemple, utiliser les impôts fonciers pour moderniser un réseau de distribution d'eau, puis utiliser les redevances des usagers de l'eau pour maintenir la qualité du service sont des choix cohérents et acceptables aux yeux du contribuable.

Relier les redevances d'usagers aux dépenses par service. Les redevances d'usagers devraient être fixées à un niveau permettant de financer les coûts réels (de fonctionnement et d'entretien) de la fourniture du service, comme il a été dit plus haut, ce qui assure la viabilité financière du service. En pratique, la collectivité locale doit avoir une bonne connaissance du coût de la fourniture de chaque service ; cela demande des systèmes performants de comptabilité et de préparation budgétaire par service. L'une des principales difficultés à surmonter pour fixer des redevances à un niveau approprié est donc de mettre en place un système de comptabilité et de préparation budgétaire par service, un système de comptabilité par *centre de coût* ou *un système de comptabilité par fonds.* Les redevances d'usagers peuvent alors être définies à un niveau permettant de récupérer le coût réel de la fourniture du service et d'obtenir le meilleur niveau

Tableau 4.15   Indicateurs de suivi et d'évaluation en matière de collecte de recettes

Principales fonctions	Efficacité (%)	Exactitude (%)	Efficience-coûts	Délai de récupération
1. Identification et enregistrement des contribuables	Contribuables enregistrés/total des habitants	Registres erronés/ total des registres	Coût total de l'enregistrement/ total des registres Coût moyen par registre	Électronique H, heures J, jours
2. Facturation des impôts	Nombre de contribuables/ contribuables facturés	Factures erronées/ total des factures	Coût total de la facturation/ total des contribuables	E, H, J
3. Collecte des impôts	Recettes collectées/ total des comptes	Valeur totale des comptes reçus/ total des comptes	Coût total de collecte/ total des comptes Coût moyen par compte	E, H, J
4. Recouvrement des impôts	Arriérés recouvrés/ total des arriérés	Comptes défaillants/ total des comptes	Coût total du recouvrement/total des comptes défaillants	E, H, H

Encadré 4.26 La stratégie d'optimisation du borough londonien de Sutton

Situé dans l'agglomération de Londres, le Borough de Sutton a élaboré une stratégie d'optimisation et mis en place un système d'analyse comparative pour mener le programme de renforcement de l'efficience décidé par le conseil. L'un des principaux objectifs de la stratégie était de concilier flexibilité et évaluation systématique et objective. L'opération a également nécessité l'appui des gestionnaires des services et la participation des personnels concernés.

Un système d'analyse comparative aide à évaluer les performances dans tous les services en tenant compte des pressions locales. Les domaines potentiels d'amélioration de l'efficience sont identifiés au moyen d'un outil d'évaluation appelé « quotient d'efficience », qui utilise des données de la Commission d'audit et du Chartered Institute of Public Finance pour fournir des évaluations automatiques de l'efficience de chaque service. La production automatique de ces rapports libère du temps pour les responsables qui peuvent ainsi analyser plus en détail les performances et les résultats. Les services sont ensuite chargés de choisir un ou deux domaines importants de gains d'efficience potentiels à privilégier dans le cadre de séminaires d'efficience. Ce processus permet de faire participer les gestionnaires de service en amont. Les séminaires réunissent des conseillers municipaux, les gestionnaires des services concernés, d'autres employés du conseil, et des consultants externes. Les idées qui se dégagent lors de ces séminaires sont ensuite rassemblées dans un programme de renforcement de l'efficience sur lequel s'appuie le processus de planification financière et stratégique.

Les projets de renforcement de l'efficience sont classés en quatre domaines d'intervention :

- les services à la clientèle — transfert d'activités d'appui à des personnels en contact avec les clients ;
- les projets d'investissements générateurs d'économies ;
- les projets relatifs aux achats ;
- les services de transition — combinaison de fonctions similaires au sein du conseil ou avec d'autres organisations partenaires.

Du personnel spécialisé et des fonds sont affectés à ces différents domaines. Les employés des services jouent un rôle actif en se chargeant personnellement de proposer des idées et de superviser certains projets. Des rapports réguliers sont produits afin d'assurer que les fonctionnaires responsables et les employés puissent suivre l'avancement des projets.

Source : Commission d'audit du Royaume-Uni 2009.

---

de consommation. Des analyses comparatives peuvent aussi améliorer l'efficacité des dépenses et de la collecte des redevances d'usagers.

Amélioration de l'efficacité de la collecte des recettes

Bases de données informatisées. Toutes les informations sur les contribuables et les abonnés aux services doivent être gérées dans des bases de données informatisées. Des bases de données centralisées permettent de suivre les obligations financières en cours vis-à-vis de la collectivité locale, les paiements et les arriérés. La comparaison de différentes bases de données peut permettre de repérer des contribuables.

Par exemple, les noms des abonnés au service d'eau pourraient être recoupés automatiquement avec les adresses et les noms des contribuables imposés à la taxe foncière afin d'élargir l'assiette fiscale (voir le cas du Ghana dans l'encadré 4.28).

Guichets uniques. Pour améliorer l'efficacité de la collecte des recettes, des guichets uniques ont été mis en place dans beaucoup de villes des pays en développement. Leur but est d'avoir des informations à jour sur les comptes courants des clients (contribuables et abonnés aux services). Toutes les informations sont accessibles en un seul lieu, de sorte que les clients n'ont pas besoin de se rendre dans différents bureaux, parfois éloignés, pour faire une réclamation ou se renseigner.

Encadré 4.27 Une brochure d'information envoyée aux habitants du Kenya

Le budget du Kenya expliqué à ses habitants
En 2011, le ministère kenyan des Finances a publié un guide du budget de six pages à l'intention des contribuables du pays. Le document présente certains chiffres clés du budget sous forme de diagrammes et de listes, comme par exemple le diagramme ci-dessous. Le guide donne des informations sur le montant que recevra chaque secteur et le montant qui sera affecté aux populations défavorisées, ainsi que beaucoup d'autres informations. Il explique aussi succinctement ce que les autorités prévoient de faire dans des domaines importants, notamment créer des emplois pour les jeunes et protéger les populations défavorisées de la hausse des prix alimentaires.

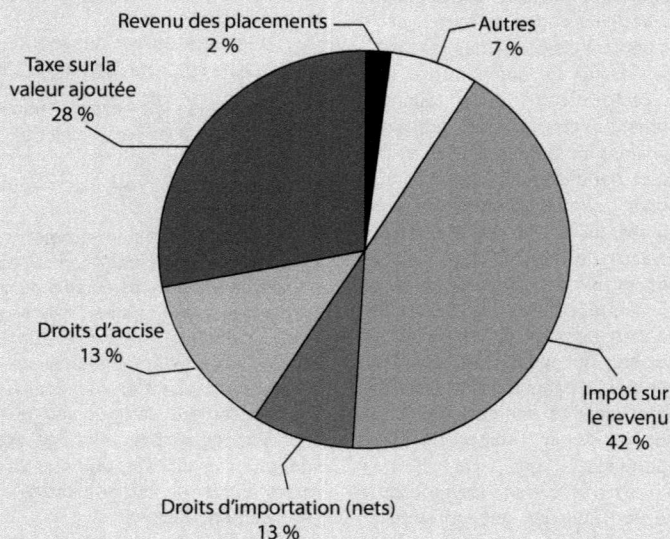

Revenu des placements
2 %

Taxe sur la
valeur ajoutée
28 %

Autres
7 %

Droits d'accise
13 %

Impôt sur
le revenu
42 %

Droits d'importation (nets)
13 %

Source : Action Aid 2011, p.14.

L'encadré 4.29 montre comment le Bénin a réussi à améliorer sa capacité de mobilisation de recettes grâce à un programme de gestion urbaine décentralisée.

Politique de recettes municipales

Établir une politique de recettes municipales, c'est d'abord mettre en évidence les problèmes qui pèsent sur le niveau des rentrées fiscales. Certains de ces problèmes relèvent de la politique nationale, par exemple le volume et la formule des transferts intergouvernementaux, les prérogatives fiscales locales, et la fixation des taux d'imposition (et des plafonds pour les redevances d'usagers). D'autres peuvent être résolus à l'échelon local. Les autorités locales n'ont pas de contrôle sur le système de transferts budgétaires intergouvernementaux examiné au chapitre 1, et il est donc préférable de se concentrer sur les mesures locales.

Au niveau local, les problèmes concernent la couverture incomplète de la population redevable des impôts et d'autres paiements non fiscaux. Par exemple, l'identification et l'enregistrement des contribuables peuvent avoir besoin d'être améliorés, les montants exigibles sont peut-être à revoir, notamment l'évaluation des biens fonciers, et l'exactitude et l'actualité des données du cadastre peuvent laisser à désirer. Que faut-il améliorer dans la facturation et la collecte des impôts et des redevances ? Les systèmes de recouvrement forcé et de recours sont également importants pour garantir que les impôts soient payés de manière équitable.

Moyens d'action

Quels moyens les collectivités locales peuvent-elles utiliser pour que les recettes soient améliorées, identifiées et collectées de la manière la plus efficiente et équitable, et que les problèmes répertoriés soient résolus rapidement ? D'une façon générale, une politique de recettes avisée doit rechercher des moyens d'améliorer les recettes, en optimisant l'assiette des impôts locaux, afin que les taux d'imposition puissent être les plus bas possibles. De même, couvrir tous les abonnés aux services permet de réduire les redevances d'usagers au minimum, ce qui rend les services plus accessibles.

Pour bien gérer leurs recettes, la plupart des collectivités locales ont besoin des éléments suivants :

- *Un dispositif de recouvrement crédible.* Les résistances politiques peuvent être atténuées si des ressources sont affectées à l'amélioration de la qualité et de la quantité des biens et services publics.

- *Des redevances d'usagers fixées à un niveau assurant la récupération des coûts de fonctionnement et d'entretien de la fourniture des services.* La politique de recettes locale doit assurer la viabilité financière des services municipaux.

- *Des systèmes de comptabilité des coûts de revient par service.* Pour pouvoir fixer les redevances d'usagers à un niveau qui assure la récupération des coûts pour chaque service, la municipalité doit suivre les coûts de chacun. Il est pratiquement impossible de calculer des redevances appropriées sans connaître les coûts de fonctionnement et d'entretien des services municipaux.

Encadré 4.28 Amélioration de la taxe foncière au Ghana

Au Ghana, la Banque mondiale a apporté son concours à une réforme de la taxe foncière par le biais de projets portant à la fois sur l'administration urbaine et sur l'administration foncière, tels que le Projet de développement des collectivités locales, le Second projet de développement urbain (SEC Cities), le Cinquième projet de développement urbain, et le Second projet d'administration foncière. L'aide apportée a permis de renforcer la capacité des assemblées de district à remédier aux problèmes rencontrés pour percevoir la taxe foncière, en particulier le double régime foncier (traditionnel et public) qui a créé un système de droits de propriété compliqué. Le travail de mobilisation de recettes de la taxe foncière a également été rendu difficile par l'échec des tentatives de créer des registres fonciers officiels fiables et par le nombre limité de propriétaires possédant des titres officiels.

Par exemple, le Second projet de développement urbain a amélioré les systèmes d'enregistrement en rapprochant un système d'adressage des rues actualisé et les cadastres

fonciers, et en harmonisant le cadre législatif sur l'administration foncière et la loi coutumière sur la propriété foncière. La réforme a accru la capacité de prélèvement fiscal dans cinq villes. Les pourcentages d'augmentation des recettes de la taxe foncière perçues par les cinq assemblées entre 1988 et 1997 sont allés de 2 713 % à Accra à 62 % à Tamale en termes nominaux. Les programmes d'adressage des rues ont permis de localiser et établir un registre des particuliers et des entreprises imposables. Encore en cours de déploiement dans des villes secondaires, le système d'enregistrement des rues à Accra et Tamale a permis aux assemblées de district de déterminer avec précision leur assiette fiscale, et il ouvre des perspectives d'augmentation des recettes tant dans les villes principales que dans les villes secondaires du Ghana. Le nouveau cadre législatif a fait de la fiscalité un instrument de gestion foncière viable en standardisant les critères de propriété de biens fonciers et en créant une base pour l'évaluation des biens fonciers.

Source : Farvacque-Vitkovic et al. 2008.

Encadré 4.29 Le Bénin accroît sa capacité de prélèvement fiscal

Au Bénin, le Programme de gestion urbaine décentralisée en deux phases (PGUD-1 et PGUD-2) a amélioré la capacité de mobilisation de recettes dans trois villes principales (Cotonou, Porto-Novo et Parakou) et trois villes secondaires (Abomey-Calavi, Lokossa et Kandi). Pendant le PGUD-1, les trois municipalités principales ont augmenté leurs recettes totales de 82 %, 148 % et 131 %, respectivement. La deuxième phase du programme a mis en place des structures municipales appropriées pour améliorer la facturation et la collecte des impôts. L'efficacité de la collecte des impôts s'est également améliorée grâce à une diminution importante des dépenses administratives.

Le programme a introduit des systèmes informatisés de gestion budgétaire. La base de données intégrée des contribuables et des usagers a permis aux municipalités de surveiller le respect des obligations fiscales et de repérer des contribuables potentiels. L'automatisation et l'informatisation de la collecte des impôts

ont réduit les coûts de recouvrement pour les taxes urbaines administrées au niveau local et central. Sur le plan de la politique publique, le programme a appuyé l'élaboration de procédures claires de recouvrement des impôts et d'instructions d'application pour le personnel des directions financières.

L'alignement des systèmes de gestion des recettes des collectivités locales et centrale a réduit les coûts de l'administration fiscale et amélioré la gestion coordonnée des recettes et des dépenses. Le *ministère des Finances et de l'Économie* a établi pour chaque municipalité un service central chargé de contrôler les recettes et les dépenses, conformément aux procédures comptables de l'administration centrale. Le renforcement des capacités du personnel de la *circonscription urbaine* et du ministère de tutelle a permis d'améliorer leur efficacité en matière de collecte des taxes urbaines foncières et professionnelles, de préparation budgétaire et de comptabilité.

Source : Farvacque-Vitkovic et al. 2008.

- *Des redevances d'usagers abordables.* Les collectivités locales doivent adopter une stratégie sur les redevances d'usagers qui tienne compte de la capacité de paiement des usagers. Deux méthodes sont généralement appliquées : a) la réglementation des prix, qui suppose souvent une subvention générale, ou b) des subventions ciblées aux ménages. Les prix réglementés masquent habituellement le véritable coût de la fourniture des services, ce qui entraîne une demande excessive nécessitant une surproduction et conduit à une situation non viable. Ne pas résoudre le problème de la récupération des coûts n'est pas la meilleure façon de remédier à l'incapacité à payer.

- *L'externalisation de la collecte des recettes.* Sous-traiter peut être viable pour les redevances d'usagers, y compris l'administration des services. À terme, l'objectif est d'arriver à des services viables, conformes à des normes définies.

- *Des partenariats public-privé.* En principe, les services financés par des redevances d'usagers, comme l'eau et le ramassage des déchets solides, peuvent potentiellement être fournis en partenariat avec le secteur privé. Ce système est généralement efficace pour collecter les redevances et assurer le fonctionnement viable des services selon des normes d'un bon niveau.

Impact de la politique de recettes

Toute politique de recettes fiscales a des répercussions sur les revenus et l'épargne des individus. Un certain nombre d'éléments doivent être pris en compte lorsqu'on définit des prix :

Efficience. Une politique de recettes municipale doit viser à financer les biens publics locaux et les services municipaux d'une manière efficiente et équitable. La notion d'efficience est importante pour éviter toute surconsommation inutile ou sous-consommation de services. Dans le cas de l'eau, si les prix sont trop bas, les habitants vont trop consommer, et les recettes ne suffiront pas à couvrir le fonctionnement et l'entretien. Si les prix sont trop élevés, les habitants n'auront pas les moyens de s'offrir un optimum social du service fourni.

Impact sur la répartition des revenus. Les impôts et les redevances d'usagers ont des conséquences sur la répartition des revenus au niveau local. Les inégalités locales engendrées par la politique budgétaire peuvent aggraver les niveaux de pauvreté, ou bien réduire la concentration des richesses. À cet égard, les politiques de recettes peuvent être neutres, régressives ou progressives sur le plan de leur incidence sur la redistribution locale des revenus. Les sources de recettes progressives (par exemple les impôts sur le revenu) favorisent généralement la demande locale globale de services et de biens publics, ce qui a pour effet final de stimuler la croissance économique locale.

Impact sur la capacité d'absorption de nouveaux contribuables. Une meilleure gestion des recettes locales se traduit souvent par des hausses d'impôts pour les habitants. Cela est particulièrement vrai quand les biens fonciers sont réévalués aux fins de la taxe foncière. Dans ce cas, les administrateurs des recettes locales ont intérêt à proposer un plan d'augmentation progressive des prélèvements fiscaux afin de favoriser le civisme fiscal. Par exemple, si des réévaluations ont lieu tous les cinq ans, alors les augmentations correspondantes de la taxe pourraient être divisées en hausses proportionnelles sur les cinq années suivantes. Une autre solution consiste à utiliser un indice des prix annuel pour ajuster la valeur de la base d'imposition progressivement, sans hausse brutale, comme cela a été fait en Colombie.

L'encadré 4.30 expose les critères que les collectivités locales peuvent utiliser pour choisir les impôts les mieux adaptés à leur situation.

Rôle des subventions ciblées

Quel que soit le soin apporté à la planification et à l'administration de la structure des recettes, certaines personnes ne seront pas en mesure de payer les redevances d'usagers. Ce sont en général les populations défavorisées, les chômeurs et les handicapés. Théoriquement, ces catégories de personnes devraient être protégées par le système de protection sociale de l'administration régionale ou centrale, qui devrait verser des subventions ciblées à ceux qui en ont besoin,

éventuellement par l'intermédiaire de la collectivité locale. La subvention peut être destinée à un usage précis, comme les bons de transport au Brésil, auxquels tous les employés du secteur formel ont accès. Le gouvernement fédéral et les employeurs les financent. C'est une excellente mesure pour permettre aux employés défavorisés de se rendre à leur travail.

En l'absence de subventions directes, des subventions croisées peuvent aider les populations défavorisées à accéder à un service en faisant en sorte que les riches payent un prix plus élevé et que les populations défavorisées puissent payer moins. Ces subventions croisées sont souvent tacites dans le barème des redevances d'usagers, par exemple lorsque le prix unitaire est moindre pour les consommations faibles. Les subventions croisées sont particulièrement utilisées dans les services d'eau et d'énergie. Une autre manière d'aider les populations défavorisées par des mesures fiscales est de leur accorder des exonérations d'impôt. Dans certains pays par exemple, les veuves et les personnes âgées qui habitent un logement dont ils sont propriétaires sont exonérés de la taxe foncière lorsqu'ils ont peu de ressources. Par ailleurs, des programmes spécifiques destinés à subventionner uniquement la consommation de base minimum de certains services aux ménages, comme l'électricité et l'eau, peuvent apporter une aide aux personnes trop défavorisées pour payer leurs redevances mensuelles.

Ces pratiques simples sont peu suivies dans les pays en développement, qui choisissent plutôt de maintenir des prix bas en prétendant protéger ainsi les populations défavorisées. Encore une fois, cette solution est la moins efficace pour protéger les populations défavorisées, et elle entraîne de nombreux effets négatifs, comme la surconsommation par les riches, le manque à gagner qui doit au bout du compte être couvert par le budget général, et la médiocrité des services en termes de quantité et de qualité (par exemple une eau trouble distribuée une heure par jour).

Mais la principale question est : qui doit payer les subventions ? En pratique, la collectivité locale paye sous la forme d'un manque à gagner. Les subventions sur la consommation de base de services, comme l'eau et l'électricité, devraient être financées par au moins trois sources : a) *les autres consommateurs*, ou ceux qui payent les tarifs plus élevés du fait des subventions croisées tacites intégrées au barème des prix* ; b) *les impôts locaux* ; et c) *les transferts de l'administration centrale*, destinés à traiter les

Encadré 4.30 Critères de choix des impôts

Les collectivités locales doivent faire des choix sur les éléments à privilégier parmi les instruments disponibles. Souvent, les solutions sont limitées et décrites dans la Constitution ou les textes réglementaires, et les collectivités locales n'ont pas toujours beaucoup de latitude. Il est néanmoins utile de proposer un schéma pour les cas où cette possibilité existe.

Plusieurs critères peuvent être retenus pour évaluer les meilleurs impôts locaux utilisables par une collectivité locale. Bahl (1996) propose cinq critères : la simplicité administrative, le rendement, l'équité ou l'incidence, la neutralité, et la faisabilité politique. Les prélèvements fiscaux peuvent être facilement classés selon ces critères. Considérons les quatre principaux impôts : la taxe foncière, la taxe sur les ventes, l'impôt sur le revenu et les taxes sur les véhicules. Il est possible de modéliser l'augmentation de chaque impôt qui serait nécessaire pour un besoin de recettes donné, et de simuler comment le conseil municipal voterait. La simplicité administrative et la faisabilité politique seraient-ils les critères les plus importants ? Ou bien le rendement et le dynamisme seraient-ils plus importants (peut-être dans une situation de difficultés financières) ? Et comment interviendrait l'équité (ou la progressivité) ? Le conseil municipal estimerait-il que les taxes foncières sont plus progressives que la taxe sur les salaires, même si cette dernière est beaucoup plus facile à appliquer ou à augmenter ?

---

problèmes sociaux et de pauvreté (dispositif de protection sociale).

Cependant, les collectivités locales ne sont pas censées s'occuper des problèmes d'inégalités, qui sont du ressort de l'administration centrale. Si elles décidaient d'augmenter les impôts pour améliorer les conditions de vie des populations défavorisées, les habitants pourraient être mécontents et décider de déménager dans une autre ville où les recettes fiscales seraient réinvesties dans les infrastructures physiques locales. Malheureusement, les contribuables sont souvent égoïstes, et ils préfèrent que ce soit le gouvernement central qui s'occupe de la pauvreté.

Principaux messages

Face aux enjeux de l'urbanisation, les villes ont absolument besoin d'une structure financière solide. Celle-ci a des répercussions sur la quantité et la qualité des services, sur l'efficacité avec laquelle ils sont fournis, sur l'équité et l'efficience du partage des coûts à l'intérieur de la ville, et à la fois sur l'accès des citoyens à l'administration et sur l'obligation de la collectivité locale de rendre compte aux citoyens.

Le choix des sources de recettes est également important. Le modèle financier reposant sur le service rendu est fondé sur le principe que la principale mission de la collectivité locale est de fournir des biens et des services aux habitants. Dans la mesure du possible, les services publics locaux doivent être payés en fonction des avantages reçus. Lorsque les bénéficiaires peuvent être identifiés et que les services ne sont pas essentiellement redistributifs par nature (par exemple la sécurité sociale), il est recommandé de recourir à des redevances d'usagers. C'est le cas de la distribution d'eau, de l'évacuation des eaux usées, des activités de loisirs et des transports en commun.

Les collectivités locales utilisent des combinaisons différentes de sources de recettes en fonction de la culture locale et du cadre législatif. Un certain nombre de caractéristiques communes ressortent néanmoins :

- La plupart des recettes locales propres proviennent de la taxe foncière et des taxes sur les ventes et sur les entreprises. Les impôts sur le revenu sont utilisés principalement dans les pays d'Europe du Nord.

- La taxe foncière est un bon impôt local, car son assiette est immobile et la taxe est visible. Mais elle demande des capacités techniques et une volonté politique. Souvent, les responsables politiques évitent la taxe foncière à cause de sa trop grande visibilité. Si les taxes et les valeurs des biens sont actualisées et transparentes, les contribuables ont de bonnes chances d'accepter les avantages de la taxe foncière. D'importants progrès restent à faire dans les pays en développement, où la taxe foncière représente une très petite partie des recettes fiscales et où il manque souvent les infrastructures nécessaires pour mettre en place cette taxe.

- Des recettes assises sur le foncier ont été utilisées récemment pour financer des infrastructures dans les pays en développement, et elles sont appelées à être une source importante de revenu dans le futur. La vente et la location de biens fonciers (au Caire, à Mumbai), les taxes de valorisation et les participations d'urbanisme sont un moyen d'exploiter la valeur du foncier public. Elles peuvent servir de contribution du secteur public dans les partenariats public-privé, notamment dans des grands projets comme le métro de Shanghaï et la ligne 4 du métro de São Paulo.

- Une autre source de recettes locales récemment utilisée est le péage urbain ou taxe de congestion mis en place à Londres, Singapour, Milan et Stockholm afin de réduire la circulation, les encombrements et la pollution. Les bénéfices de ces taxes sont visibles : les émissions de carbone ont chuté et les recettes perçues ont été employées à étendre et améliorer les infrastructures de transports en commun.

Confrontées à des difficultés financières, beaucoup de collectivités locales vivent au jour le jour. Les villes doivent analyser les facteurs qui les ont amenées à une crise budgétaire et prendre des mesures appropriées pour améliorer leur situation à moyen et long termes. Les remèdes rapides (comme la vente d'un actif physique) ne constituent pas la solution. Le meilleur moyen d'affronter une crise financière d'une façon ouverte et transparente est de réexaminer l'affectation des ressources et de trouver des possibilités d'augmenter les taux d'imposition (même à titre temporaire).

Notes

1. La difficulté qu'il y a à mesurer l'utilité qu'une personne donnée retire de l'usage d'un service public justifie l'emploi d'indicateurs indirects pour financer le service, notamment par des impôts sur le revenu progressifs ou des impôts sur la propriété foncière proportionnels (Musgrave et Musgrave 1976)

2. Particulièrement dans les pays nordiques ; pour plus d'informations, voir la base de données de l'OCDE sur la décentralisation fiscale, http://www.oecd .org/tax/federalism/ oecdfiscaldecentralisation database.htm#C_4.

3. Ce principe est souvent en contradiction avec le principe selon lequel le taux de l'impôt foncier devrait être fixé de manière à ce que, appliqué à une assiette donnée, il produise le niveau de recettes dont les collectivités locales ont besoin pour fournir des services de base. Cela signifie que tout le monde paye une somme différente pour la consommation des mêmes services publics, en partant de l'hypothèse que « l'utilité » de ces services est proportionnelle à la richesse d'un individu.

4. Dans beaucoup de pays, les taux de recouvrement annoncés sont beaucoup moins élevés que la réalité, car les systèmes d'imposition locale à la taxe foncière ne font pas la distinction entre le recouvrement des anciens impayés (arriérés, amendes et pénalités) et le recouvrement des impôts exigibles de l'année.

5. Certains estiment que les surtaxes sur les services d'utilité publique sont essentiellement des redevances pour service rendu facturées de manière injustifiée sur des biens exclusifs parce qu'il est plus facile de recouvrir ce type de taxe que des impôts généraux sur des biens publics purs, non rivaux. Néanmoins, les surtaxes pourraient être de bons instruments pour financer de nouvelles opérations de construction, par exemple plus écologiques, lorsqu'elles sont imposées sur l'énergie.

6. L'adressage des rues consiste à affecter généralement une nomenclature définie (ou une adresse) à chaque lieu (c'est-à-dire parcelle de terrain, logement, bâtiment, etc.), ce qui permet de l'identifier. Dans le système le plus moderne, ces informations figurent sur les cartes de SIG.

7. Cet écart est peut-être exagéré du fait de la difficulté de séparer le nombre potentiel de contribuables (enregistrés ou non), les contribuables enregistrés, et ceux qui reçoivent effectivement une facture d'impôt.

8. D'après Garrett et Leatherman 2010.

9. Le terme d'« audit social » fait référence au rôle des organisations de la société civile dans la surveillance officielle des activités des collectivités locales, en particulier la mise en œuvre de projets de construction locaux.

Bibliographie

Action Aid, International Governance Team. 2011. "Budgets, Revenues and Financing in Public Service Provision." http://www.actionaidusa .org/sites/files/actionaid/budgets_revenues _and_financing_public_service_provision_hrba_ governance_resources.pdf.

Audit Commission U.K. 2009. London Borough of Sutton. http://www.auditcommission. cov.uk/SiteCollectionDocuments /AuditCommissionReports/National Studies/23042009summingupREP.pdf.

Bahl, Roy. 1996. "Fiscal Decentralization: Lessons for South Africa." In *Restructuring the State and Intergovernmental Fiscal Relations*, edited by Bert Helmsing, Thomas Mogale, and Roland Hunter. Freidrich-Ebert-Stiftung.

———. 2002. "Implementable Rules of Fiscal Decentralization." In *Development, Poverty and Fiscal Policy*, edited by M. G. Rao, 253–77. New Delhi: Oxford University Press.

Bahl, Roy, J. Martinez-Vazquez, and J. Youngman. 2008. *Making the Property Tax Work: Experiences in Developing and Transitional Countries*. Boston: Lincoln Institute of Land Policy.

———. 2010. *Challenging the Conventional Wisdom of the Property Tax*. Boston: Lincoln Institute of Land Policy.

Bird, Richard. 2001. "Setting the Stage—Municipal and Intergovernmental Finance." In *Challenges of Urban Governments*, edited by M. Freire and R. Stren. Washington, DC: World Bank Institute.

———. 2006. "Local Business Taxes. In *Perspectives in Fiscal Federalism*, edited by Richard Bird and François Vaillancourt. Washington DC: World Bank Institute.

———. 2009. "Tax Assignment Revisited." In *Tax Reform in the 21st Century*, edited by J. Head and R. Krever, 441–70. New York: Wolters Kluwer.

———. 2011 "Subnational Taxation in Developing Countries: A Review of the Literature." Policy Research Working Paper 5450, World Bank, Washington, DC.

Brzeski, W. Jan. 2012. "Global Position Paper on Property Tax Reforms." International Property Tax Institute, Toronto, Canada.

Devas, Nick. 2001. "Financing Cities," Insights #38, November, http://www.id21.org/insights /insights38/ insights-iss38-art01.html.

Devas, Nick, A. Munawwar, and D. Simon. 2008. *Financing Local Government*. Commonwealth Secretariat Local Government Reform Series, London.

DEXIA. 2008. *Sub-National Governments in the European Union*. Organization, Responsibilities and Finance, Paris.

Easter, K. W., and Y. Liu. 2005. "Cost Recovery and Water Pricing for Irrigation and Drainage Projects." Agriculture and Rural Development Discussion Paper 26, World Bank, Washington, DC.

Ellis, P., M. Kopanyi, and G. Lee. 2007. "Property Taxation in the Large Cities of Punjab Province, Pakistan." *Journal of Property Tax Assessment and Administration* 4 (2): 31–52.

Eckert, Joseph. 2008. "Computer-Assisted Mass Appraisal Options for Transitional and Developing Countries." In *Making the Property Tax Work*, edited by R. Bahl, J. Martinez-Vasquez, and J. Youngman. Cambridge, MA: Lincoln Institute of Land Policy.

Farvacque-Vitkovic, C. 2005. *Street Addressing and the Management of Cities*. Washington DC: World Bank.

Farvacque-Vitkovic, C., M. Raghunath, C. Eghoff, and C. Boakye. 2008. "Development of Cities of Ghana—Challenges, Priorities and Tools." Africa Region Working Paper 110, World Bank, Washington, DC.

Garrett, T. A., and John C. Leatherman. 2010. *An Introduction to State and Local Public Finance*. http://www.rri.wvu.edu/WebBook/Garrett /chapterfour.htm.

Guajardo, S. A., and R. Miranda. 2000. *An Elected Official's Guide to Revenue Forecasting*. Chicago: Government Finance Officers Association.

Ingram, Gregory. 2008. "Foreword." In *Making the Property Tax Work: Experiences in Developing and Transitional Countries,* edited by Roy Bahl, Jorge Martinez-Vazquez, and Joan Youngman. Boston: Lincoln Institute of Land Policy.

International City Management Association. 2003. IQ Report, vol. 35, no. 8, August.

Muccluskey, W. J., Michael E. Bell, and Lay C. Lim. 2010. "Rental Value versus Capital Value. Alternative Bases for the Property Tax." In *Challenging the Conventional Wisdom on the Property Tax,* edited by Roy Bahl, Jorge Martinez-Vasquez, and Joan Youngman, 119–57. Cambridge MA: Lincoln Institute of Land Policy.

Musgrave, Richard A., and Peggy B. Musgrave. 1976. *Public Finance in Theory and Practice,* 2nd ed. Tokyo: McGraw-Hill Kogakusha Ltd.

Peteri, G., and F. Sevinc. 2011. "Municipal Revenues and Expenditures in Turkey." UNDP–LAR Project, UNDP, Ankara, Turkey.

Peterson, George E. 2009: Unlocking Land Values to Finance Urban Infrastructure; World Bank PPIAF, Washington DC.

Ruiz, Francisco, and Gabriel Valejos. 2010. "Using Land Registration as a Tool to Generate Municipal Revenue: Lessons from Bogota." World Bank, Washington, DC.

Rybeck, Rick. 2004. "Using Value Capture to Finance Infrastructure and Encourage Compact Development." Washington, DC: District of Columbia Department of Transportation.

Slack, Enid. 2009. *Guide to Municipal Finance.* The Human Settlements Financing Tools and Best Practices Series, UN HABITAT, Nairobi, Kenya.

Werneck, R. 2008. "Tax Reform in Brazil: An Evaluation at the Crossroads." PUC Texto par Discussao, N 558. Rio de Janeiro: Pontificia Universidade Catolica.

World Bank. 2006a. "Brazil: Inputs for a Strategy for Cities. A Contribution with a Focus on Cities and Municipalities." Report No. 35749-BR. World Bank, Washington, DC.

——. 2006b. "Uganda at a Glance." World Bank, Washington DC.

——. 2007. "Implementation Completion Reports for Maputo Municipal Development Program (MMDP) I." World Bank, Washington, DC.

——. 2010. "West Bank and Gaza, Municipal Finance and Service Provision." Sustainable Development Department, Middle East and North Africa Region Report. World Bank, Washington, DC.

Wyoming. 2011. *"Guidelines for Preparing the Municipal Budget—A Handbook for Municipal Elected Officials.* Available at http://www.wyomuni.org/vertical/Sites /percent7BAA188EFF-AB49-49A3-ACFE -6BC586C039AD percent7D/uploads /percent7BD4C29F11-6798-4AE1-AD5C -0E67ABFAF498 percent7D.PDF.

CHAPITRE 5

Gestion des dépenses locales

Lance Morrell et Mihaly Kopanyi

Des pressions financières de plus en plus fortes s'exercent sur les collectivités locales du monde entier, qui ont pour objet de les amener à faire plus avec moins de ressources. Bien que ces administrations n'aient pas toutes les mêmes responsabilités en matière de prestations de services, elles sont, pour la plupart, confrontées à une hausse rapide de la demande de services urbains par suite d'une forte augmentation des populations qui relèvent de leur compétence. Les moyens dont elles disposent pour assurer les services urbains et procéder au développement des infrastructures nécessaires sont toutefois nettement limités par l'insuffisance de leurs ressources budgétaires. Bien que la situation tienne à de nombreux facteurs, le problème s'est nettement aggravé à la suite de la crise financière de 2008, qui a renforcé, de manière générale, la nécessité d'opérer de manière plus efficace et de gérer les ressources financières de manière plus rationnelle.

Les pressions auxquelles sont exposées les collectivités locales pour fournir des services de plus vaste portée à moindre coût persisteront, mais les idées et les instruments exposés dans ce chapitre donneront à leurs responsables, et en particulier à ceux chargés des finances, les moyens de rationaliser et d'améliorer le rapport coût-efficacité des fonctions et des services municipaux. Bien que la nature des services que fournissent les municipalités varie en fonction de leur taille et du contexte local, les concepts présentés dans ce chapitre, ainsi que ceux qui ont été exposés dans les chapitres 3 et 4, valent pour la plupart des collectivités locales.

Ce chapitre a pour objectif de présenter des concepts conçus pour renforcer les capacités dont disposent les administrateurs locaux, les membres des conseils locaux, les directeurs de départements et le personnel des services financiers pour administrer et maîtriser le niveau des dépenses, pour permettre d'assurer les services locaux de manière efficiente et efficace et de réduire le plus possible la charge fiscale imposée aux citoyens.

Concepts et principes de la gestion des dépenses

Dans le monde entier, les pouvoirs législatifs et les spécialistes examinent l'importance de la discipline budgétaire et de l'efficacité des opérations. Le concept de gestion des dépenses a pour objet d'assurer que les fonds dont disposent les collectivités locales sont consacrés à l'amélioration de la prestation des services et à la réalisation des objectifs des administrations de manière efficiente et efficace. Les carences dont peut souffrir la gestion des dépenses se traduisent par une allocation arbitraire des ressources et par la poursuite d'opérations inefficaces, fréquentes dans les pays en développement. Les systèmes de gestion des dépenses constituent l'outil qui permet aux collectivités locales de veiller à ce que les budgets de recettes soient réalistes et que les dépenses cadrent avec les prévisions des recettes. Ces systèmes aident également à assurer l'obtention des budgets requis pour les priorités stratégiques et la fourniture des différents services publics à un coût raisonnable.

Qu'entend-on par gestion des dépenses ?

La gestion des dépenses a pour objet d'assurer que les fonds sont affectés et utilisés de manière à permettre d'atteindre les objectifs prioritaires convenus, et que les informations dont ont besoin les administrations pour planifier leur programme et leurs dépenses et en suivre les résultats et l'impact sont disponibles. Ces outils comprennent la planification des ressources et des dépenses ; l'allocation et l'affectation des ressources, et le transfert des fonds aux entités et aux fonctions ; le contrôle et l'exécution des dépenses et le déblocage des fonds ; et le suivi de l'évolution des dépenses par rapport au budget. Ces points seront examinés plus en détail dans les sections qui suivent.

Entités chargées de la gestion des dépenses

Plusieurs entités participent à la gestion des dépenses, qui assument chacune certains aspects et fonctions de la gestion globale des dépenses d'une collectivité locale ; la répartition des fonctions dépend des conditions juridiques et politiques (locales) :

- *Le conseil et le maire.* Les membres du conseil de la collectivité locale ont pour mission de veiller à ce que les services sollicités par les contribuables soient fournis de manière efficace, que les fonds recouvrés soient utilisés de manière adéquate et que les politiques publiques et les procédures de contrôles internes soient dûment appliquées. Le conseil définit les règles, fournit des directives, examine l'analyse de l'évolution des dépenses par rapport au budget et communique les résultats de cette analyse aux entités extérieures, notamment l'administration centrale et les citoyens.

- *Direction des finances.* Le trésorier ou le directeur financier s'emploie à veiller à ce que chaque service dépenser soit doté d'un budget suffisant pour lui permettre d'assurer les services convenus ; les fonds affectés aux différentes directions sont utilisés aux fins prescrites ; et des systèmes et procédures ont été mis en place pour permettre de suivre et d'évaluer les dépenses de fonctionnement et d'investissement.

- *Services.* Les directeurs de services s'emploient essentiellement à gérer et à maîtriser leurs coûts ; à titre d'exemple, le responsable de la direction des services d'enlèvement des déchets solides a pour mission d'investir et d'entretenir les matériels et de maîtriser les coûts des carburants et des traitements et salaires dont il est responsable.

Gestion des dépenses — questions et défis majeurs

La structure décrite dans le graphique 5.1, initialement présentée dans le chapitre 3, décrit les perspectives et les rôles du maire, du conseil et de la direction des finances en matière de gestion des dépenses. Ceux-ci doivent, entre autres, porter leur attention sur la situation globale des finances municipales, car ils ont pour mission de veiller à ce que le montant total des recettes soit suffisant pour financer le montant total des dépenses de la municipalité, c'est-à-dire à ce que le budget soit en équilibre (voir également le chapitre 8).

Budget d'équilibre. Les conditions et les défis qui se posent à l'échelle locale dépendent dans une large mesure de l'architecture des finances publiques nationales et, plus précisément, du degré et de l'ampleur de la décentralisation (expliquée plus en détail au chapitre 1 ; voir également Ebel et Vaillancourt 2007). Il s'ensuit que, pour pouvoir comparer les structures et les soldes des recettes et des dépenses, il est nécessaire de bien comprendre les conditions en vigueur dans un pays. Certains principes généraux et structures fondamentales, comme le principe du budget d'équilibre et la répartition des fonctions entre les échelons des administrations publiques, constituent toutefois une base utile à l'analyse et aux comparaisons.

Les municipalités doivent établir et maintenir des budgets d'équilibre pour des raisons tant juridiques que pragmatiques. Le graphique 5.1 décrit une situation idéale, qui est réaliste dans les pays développés, dans laquelle les recettes de fonctionnement sont supérieures

Graphique 5.1   Les recettes dans le contexte budgétaire

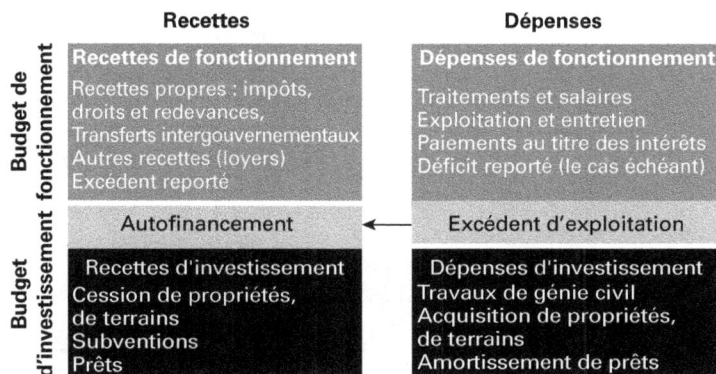

	Recettes	Dépenses
Budget de fonctionnement	**Recettes de fonctionnement** Recettes propres : impôts, droits et redevances, Transferts intergouvernementaux Autres recettes (loyers) Excédent reporté	**Dépenses de fonctionnement** Traitements et salaires Exploitation et entretien Paiements au titre des intérêts Déficit reporté (le cas échéant)
	Autofinancement ←	Excédent d'exploitation
Budget d'investissement	**Recettes d'investissement** Cession de propriétés, de terrains Subventions Prêts	**Dépenses d'investissement** Travaux de génie civil Acquisition de propriétés, de terrains Amortissement de prêts

Tableau 5.1   Budget de la ville de Jhelum (PR millions)

	2004–05	2005–06	2007–08
Recettes de fonctionnement	91,9	130,9	115,5
Dépenses de fonctionnement	30,0	42,8	47,5
Soldes de fonctionnement	61,8	130,1	117,8
Recettes d'investissement	14,8	25,1	15,5
Dépenses d'investissement	36,1	144,1	188,3
Solde d'investissement	(21,3)	(119,0)	(172,9)
Solde de clôture	40,6	11,2	(55,0)

aux dépenses de fonctionnement et permettent de dégager un important excédent d'exploitation qui peut servir à autofinancer une partie des dépenses d'investissement. Un budget d'équilibre comprend donc trois soldes : le solde de fonctionnement (en excédent), le solde d'investissement et le solde global. Des municipalités bien gérées, même dans les pays en développement, planifient et exécutent leur budget sur la base de ces trois soldes. C'est ce que fait la ville de Jhelum (Pakistan) qui compte 200 000 habitants, comme indiqué dans le tableau 5.1. Il ressort de l'examen du budget pour 2007-2008 que, s'il est interdit de contracter des emprunts municipaux au Pakistan, retarder les paiements aux promoteurs (crédit forcé) semble être une possibilité.

Des centaines de municipalités des pays en développement et en transition sont confrontées à des déficits persistants de leur budget de fonctionnement — en partie du fait de la crise financière mondiale. Elles ne parviennent donc pas à financer leurs opérations courantes à partir des recettes de fonctionnement et elles accumulent des déficits au cours des ans ou bien elles financent leurs opérations à partir de leurs recettes d'investissement ; en d'autres termes elles consomment le patrimoine de la communauté. Le tableau 5.2 présente les budgets d'une grande ville pakistanaise (plus de 3 millions d'habitants) et d'une ville croate de taille moyenne.

Bien que les deux budgets paraissent similaires, le déficit de fonctionnement est plus persistant au Pakistan, tandis qu'il est temporaire en Croatie et tient essentiellement au ralentissement de l'activité économique mondiale. Malgré les déficits de fonctionnement qu'elles enregistrent actuellement, ces deux villes financent leur développement, essentiellement au moyen de subventions de l'État et, dans le cas de la Croatie, d'emprunts. Il va sans dire qu'un déficit de fonctionnement témoigne d'une situation malsaine à laquelle il importe de remédier. Un déficit de fonctionnement persistant peut indiquer l'existence de contraintes budgétaires molles, c'est-à-dire de contrôles des dépenses insuffisants, ou un déséquilibre vertical, c'est-à-dire une asymétrie entre les dépenses et les affectations des recettes que devrait corriger l'administration centrale.

Dépenses par fonction ou secteur. Le degré de décentralisation fiscale détermine essentiellement la structure des dépenses par fonction ou par secteur de services. Les pays du nord de l'Europe

Tableau 5.2   Budgets d'une grande ville pakistanaise et d'une ville croate de taille moyenne

Budget de Multan (PR milliers)	2008–09	2009–10	2010–11	Budget de Rijeka budget (€ milliers)	2008	2009	2010
Recettes de fonctionnement	5 318,7	4 719,5	5 850,5	Recettes de fonctionnement totales	128,4	120,7	119,5
Dépenses de fonctionnement	4 054,0	4 761,8	6 138,7	Dépenses de fonctionnement	124,2	122,4	127,6
Soldes de fonctionnement	1 264,7	−42,3	−288,2	Solde de fonctionnement net	4,2	−1,6	−8,1
Recettes d'investissement ou de dev.	1 018,0	1 403,0	0,0	Recettes d'investissement/ financement	32,2	17,2	33,6
Dépenses d'investissement	1 420,0	868,0	965,0	Dépenses d'investissement	36,4	15,5	25,5
Solde en capital	−402,0	535,0	−965,0	Solde en capital (excédent / déficit)	−0,2	8,6	8,5
Solde total	862,7	492,7	−1 253,2	Solde général de clôture	4,0	7,0	0,4

sont extrêmement décentralisés, et de nombreuses fonctions sont dévolues aux collectivités locales. D'autres pays européens restent davantage centralisés, et peu de fonctions sont affectées aux échelons locaux. La plupart des municipalités du monde en développement ont, elles aussi, des fonctions limitées. Par exemple, en Jordanie, elles sont essentiellement responsables des routes locales, de l'éclairage municipal et de la gestion des déchets solides ; les autres fonctions sont assurées par des entités de l'administration centrale.

Le graphique 5.2 indique l'existence d'une relation très claire entre la décentralisation et l'ampleur et la structure des dépenses par fonction. Les municipalités des pays décentralisés financent une large proportion des dépenses publiques (35 % du PIB au Danemark) ; dépensent l'essentiel de leur budget au titre de services sociaux ; payent en partie certains services municipaux qui sont, pour l'essentiel, fournis par des entités privées ; et ne consacrent qu'une faible part de leur budget à l'administration. En revanche, les villes des pays centralisés ne payent qu'une part limitée des dépenses municipales (5 % du PIB en Turquie), et elles ne sont responsables que dans une mesure limitée des services sociaux ; elles effectuent des dépenses importantes au titre des services urbains et consacrent une proportion importante de leur budget limité au financement de dépenses administratives.

Les municipalités des pays en développement opèrent en général d'une manière similaire à celles des pays européens plus centralisés : elles ne financent qu'une faible part du total des dépenses publiques, ne jouent qu'un rôle mineur dans la prestation des services sociaux urbains et consacrent

une part importante de leur budget aux dépenses administratives. Certains font même valoir que les administrations municipales ont essentiellement pour fonction de fournir un emploi à la population locale. Les citoyens peuvent toutefois ne pas juger que ces dernières répondent à leurs besoins et, par conséquent, ne pas être enclins à acquitter des impôts plus élevés lorsque l'essentiel du budget finance des dépenses administratives plutôt que des services. Il est possible de tirer des enseignements de l'affectation des fonctions, ainsi que des traditions nationales pour déterminer la structure des dépenses, et il importe d'évaluer le contrôle de ces dernières en fonction de ces caractéristiques.

Le tableau 5.3 décrit la situation qui s'instaure en Russie à la suite de la transition politique. Les municipalités russes sont en grande partie responsables de la prestation des services sociaux (logements sociaux, santé et éducation). Le tableau montre qu'elles ont rationalisé leurs dépenses au cours du temps notamment en privatisant une partie du parc de logements. Elles ont augmenté les dépenses au titre des services urbains, de l'éducation et de la santé. Elles définissent également les dépenses de manière plus précise et ont ramené de 12,4 % à 4,6 % la part des dépenses portées dans la rubrique « Autres dépenses ».

La gestion des dépenses — un champ de bataille entre directions des finances et services

La planification budgétaire est un processus itératif piloté et contrôlé par le Trésor ou par la direction des finances et, généralement, par un comité des

Graphique 5.2   Dépenses par fonction et décentralisation

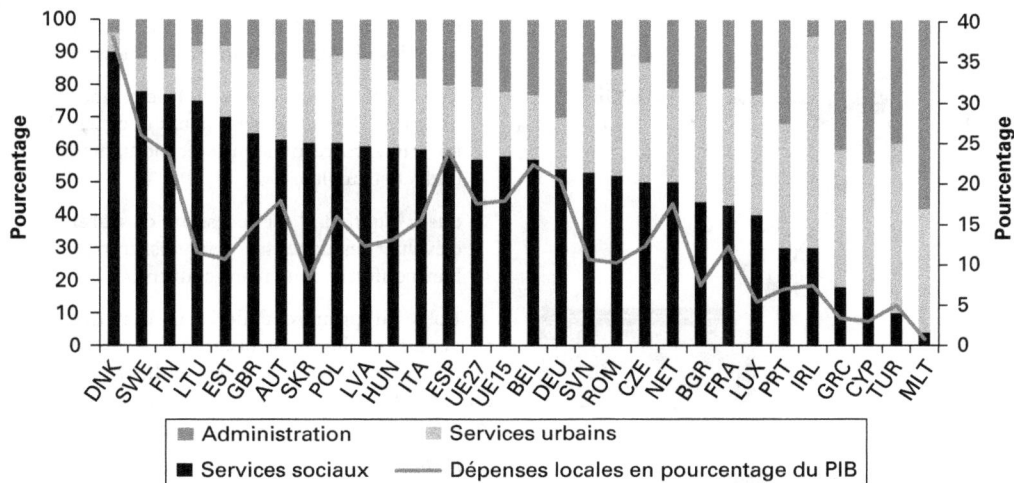

- ■ Administration
- ■ Services sociaux
- ▨ Services urbains
- —— Dépenses locales en pourcentage du PIB

Source : http://epp.eurostat.ec.europa.eu/portal/page/portal/statistics/search_database.

Tableau 5.3   Dépenses municipales par fonction en Russie (%)

Fonction	1996	2002
Administration locale	3,3	6,7
Infrastructure et services économiques	8,3	9,9
Logement et services communaux	26,6	19,5
Culture	2,1	3,0
Éducation	25,6	33,2
Santé publique	14,5	15,5
Politique sociale	7,2	7,6
Divers	12,4	4,6
Total	100,0	100,0

Source : Chernyavsky et Vartapetov 2004.

finances du conseil (comme expliqué plus en détail au chapitre 3). La direction financière établit le calendrier du budget et communique les décisions stratégiques ainsi que les directives budgétaires. Les services établissent leur budget sur cette base et soumettent des propositions à la direction financière pour examen et négociations (voir le graphique 5.3). La direction financière a pour mission de faire respecter les principaux objectifs stratégiques (y compris celui de l'équilibre

budgétaire), de consolider les budgets des différentes directions pour établir le budget municipal et de soumettre ce dernier, pour approbation, au maire et au conseil. Ce processus prend du temps et donne lieu à des luttes, des compétitions et parfois d'âpres échanges entre la direction financière et les autres services.

Les services fonctionnels ou dépensiers sont essentiellement chargés de s'acquitter de leurs tâches au moyen du budget qui leur est alloué et, par conséquent, de maîtriser leurs dépenses. Ils ont donc intérêt, durant le processus de planification, de porter leur budget à un niveau supérieur à celui de l'exercice précédent. La direction financière et les autres entités peuvent être en conflit lors de l'examen des plans de dépenses. Le tableau 5.4 montre comment un établissement scolaire justifie son plan de dépenses au moyen d'informations précises sur les changements qui doivent intervenir par rapport à l'exercice antérieur (base).

Les négociations entre la direction financière et les services sont particulièrement difficiles lorsqu'il est demandé à ces derniers de réduire leurs dépenses. Les municipalités du monde entier, y compris celles des États-Unis, ont été confrontées à cette dure réalité par suite du ralentissement de l'activité économique après 2008. Il est nécessaire, dans ce cas, de prendre des mesures détaillées et précises pour parvenir

Graphique 5.3 Processus itératif de budgétisation

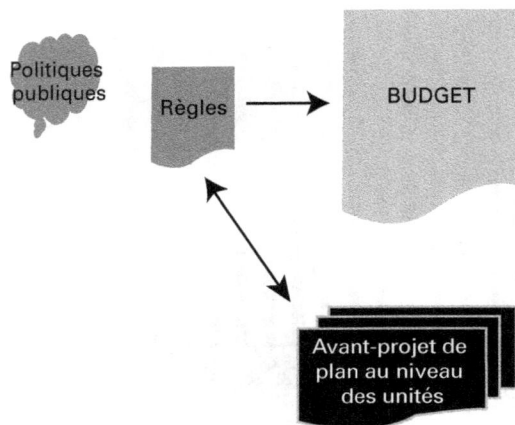

Tableau 5.4 Plan de dépenses soumis par une école à la direction des finances

	Estimations révisées 2011 (Rs)	Plan 2012 (Rs)
Dépenses brutes[a]	32 500 000	36 125 000
Recettes procurées par les frais d'inscription[b]	8 000 000	10 120 000
Besoins de financement net	24 500 000	26 005 000

a. Les dépenses au titre de l'énergie et des services de réseaux accroîtront les dépenses totales de 5 %, et 400 enseignants à temps partiel seront recrutés, sous réserve de l'approbation du conseil scolaire.
b. Les demandes d'inscription indiquent que le nombre d'élèves augmentera de 10 %, et que les frais de scolarité augmenteront de 15 %.

à accroître les recettes et, ce qui est plus important, à réduire les dépenses, notamment en comprimant les effectifs de protection civile et les dépenses au titre de l'entretien des parcs municipaux. Les directions financières doivent recenser et proposer aux décideurs différentes options pour parvenir aux restructurations budgétaires nécessaires.

Un système de gestion des dépenses efficaces

Pour être efficace, un système de gestion des dépenses doit comporter trois éléments :

1. *des objectifs d'étape.* Il est nécessaire de planifier les dépenses futures en établissant des objectifs d'étape clairs et mesurables de manière à pouvoir assurer le suivi des résultats par rapport au budget.

2. *la maîtrise des dépenses.* Il est nécessaire de maîtriser les dépenses pour que les dépenses effectives correspondent aux montants inscrits au budget et au plan.

3. *une évaluation.* Il est nécessaire d'assurer le suivi et d'évaluer les dépenses pour s'assurer qu'elles sont bien conformes aux plans convenus.

L'objectif primordial de la gestion des dépenses consiste à améliorer l'utilisation des ressources. Pour atteindre cet objectif, les collectivités locales doivent promouvoir l'obtention de trois résultats interdépendants :

1. *la discipline financière globale* — pour s'assurer que les dépenses publiques cadrent avec les recettes totales effectives, de manière à ce que les dépenses publiques demeurent dans des limites viables ;

2. *l'efficacité de l'allocation* — en assurant la cohérence des budgets alloués aux programmes et aux activités qui favorisent la réalisation des priorités stratégiques des collectivités locales ;

3. *l'efficacité des opérations* — la prestation de services publics d'une qualité et d'un coût raisonnables.

Bien que ces différents objectifs soient raisonnables, ils doivent être atteints par des collectivités locales qui sont, par définition, des organisations complexes poursuivant de nombreux ordres du jour souvent en concurrence les uns avec les autres et fréquemment en butte à des intérêts spéciaux opposés. Il se peut qu'un groupe, au sein de la collectivité locale, souhaite accroître la charge fiscale pour améliorer un service local particulier ; un autre groupe peut favoriser l'augmentation des paiements au titre des pensions des employés ; les intérêts des groupes de la collectivité peuvent différer de ceux des promoteurs ou des entreprises locales, et ainsi de suite.

Le cycle de gestion des dépenses

La gestion des dépenses devrait être considérée comme un cycle continu d'examen et de définition des stratégies, de formulation et d'approbation de plans, de mobilisation et d'allocation des ressources, d'exécution des plans et de maîtrise des dépenses, de suivi, de comptabilisation des dépenses, d'évaluation des dépenses par rapport au budget et d'audit. Le graphique 5.4 présente le cycle des dépenses et l'encadré 5.1 décrit certaines actions qui peuvent être menées pour améliorer la gestion de ces dernières. Nous commençons par expliquer rapidement les éléments du cycle de gestion des dépenses, qui seront examinés plus en détail dans les sections suivantes. L'encadré 5.1 récapitule les principales conditions nécessaires à l'amélioration de cette gestion.

Détermination des politiques publiques

Le cycle débute avec la formulation des politiques publiques que les collectivités locales s'emploient à appliquer, et est entraîné par ces dernières. Pour amorcer le processus, les représentants de la collectivité locale doivent examiner les politiques en vigueur pour déterminer si elles demeurent valides puis, en concertation avec les diverses parties prenantes, ils doivent recenser les nouvelles politiques ou les modifications des politiques existantes qui sont importantes pour la collectivité. Ils pourraient, par exemple, envisager d'imposer une participation d'urbanisme qui oblige les promoteurs locaux à financer la mise à niveau des infrastructures primaires qui se trouvent à proximité des parcelles qu'ils mettent en valeur. Ils pourraient également exiger que les promoteurs de logements résidentiels veillent à ce que 15 % de tous les nouveaux logements construits soient d'un coût abordable pour les groupes de populations ayant de faibles revenus.

Planification

Une fois qu'il a été procédé à un examen transparent des politiques et des stratégies des collectivités locales et qu'un accord a été conclu à leur sujet, il faut mettre au point les plans pour chaque direction et services. Il est essentiel, pour pouvoir formuler des plans efficaces, d'établir des objectifs d'étape quantifiables pour assurer le suivi des résultats par rapport au budget. Les plans d'exécution doivent permettre aux représentants de la collectivité locale de procéder à des corrections à mi-parcours ou d'accroître ou de réduire la portée de certains programmes lorsque le niveau effectif des recettes ou des dépenses change après l'établissement des plans initiaux.

Allocation des ressources

L'étape suivante du cycle consiste à mobiliser et allouer les ressources nécessaires pour appliquer les politiques puis poursuivre les activités prévues. À ce

Graphique 5.4   Cycle de gestion des dépenses

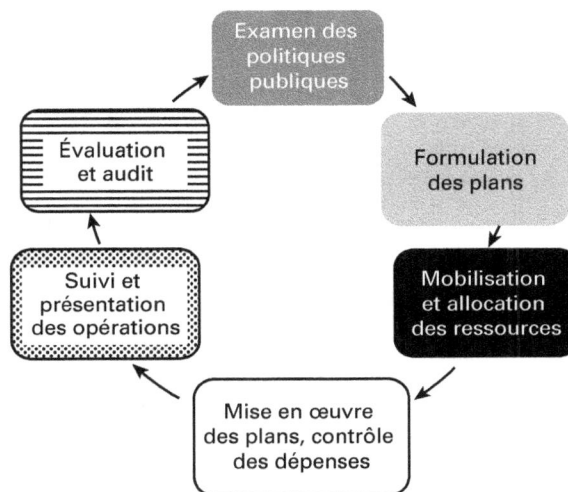

Source : Banque mondiale 1998, 32

Encadré 5.1 Comment améliorer la gestion des dépenses

Pour améliorer la gestion des dépenses, il faut :

- porter une plus grande attention sur les réalisations — les résultats obtenus au moyen des dépenses. Cette attention peut permettre d'amener toutes les parties prenantes à promouvoir la réforme de la gestion budgétaire et financière ;
- établir des liens adéquats entre la formulation de l'action à mener, la planification et la budgétisation. Ces liens sont essentiels à l'apport d'améliorations durables dans tous les niveaux de résultats budgétaires ;
- utiliser des systèmes de comptabilité et de gestion financière fonctionnant de manière

satisfaisante. Il s'agit là d'un des éléments de base qui détermine les capacités des administrations à affecter et à utiliser les ressources de manière efficace et rationnelle ;
- prêter attention aux liens entre les systèmes de budgétisation et de gestion financière et d'autres systèmes et processus utilisés par les administrations de manière générale — pour prendre des décisions, pour organiser la fonction publique et pour gérer le personnel. Pour que le secteur public puisse fonctionner de manière harmonieuse, il est nécessaire que toutes ses composantes fonctionnent de manière satisfaisante et, si nécessaire, de concert.

Source : Banque mondiale 1998, 3.

stade, il importe d'examiner les sources des revenus (voir le chapitre 4), et de formuler des budgets de recettes réalistes pour les comparer aux estimations des dépenses (procédure examinée au chapitre 3). Ce processus de budgétisation ou de planification est itératif, car le *montant estimé des dépenses* peut être supérieur aux projections de recettes réalistes. Le processus doit donc se poursuivre jusqu'à ce que le montant estimé des dépenses au titre des plans et des programmes convenus ait été ajusté de manière à correspondre aux *recettes* qui peuvent réalistement être obtenues. Certaines des carences qui caractérisent fréquemment l'allocation des ressources sont indiquées dans l'encadré 5.2.

Contrôle des dépenses

Lorsque les plans ont été formulés et entièrement financés de manière à permettre de mener les stratégies convenues, les collectivités locales s'emploient à exécuter les plans et à dûment comptabiliser et contrôler à la fois les recettes et leurs dépenses. Il existe différents outils et procédures qui permettent de procéder à un contrôle adéquat des dépenses à tous les échelons de la collectivité locale et au niveau de chaque direction et services autorisés à dépenser des fonds.

Comptabilisation et suivi

L'étape suivante du cycle de la gestion des dépenses consiste à comptabiliser chaque dépense, de manière adéquate, pour s'assurer que les coûts correspondent bien aux activités particulières (centres de coût), et à procéder au suivi des résultats par des moyens financiers et techniques.

Évaluation et audit

La dernière étape du cycle de gestion des dépenses consiste à examiner les résultats du programme et à procéder à leur audit pour déterminer de manière objective si les produits et les réalisations convenues ont été obtenus. Les résultats de ces évaluations fournissent des informations cruciales à toutes les parties prenantes pour la programmation annuelle des investissements municipaux et la revue des dépenses publiques.

Chacune de ces étapes est examinée plus en détail dans les sections qui suivent, mais il importe de se demander à quel stade le cycle doit commencer. Une administration publique a pour objectif de fournir les services que la population demande et est prête à payer en versant des impôts et en acquittant des droits et redevances. C'est donc avec l'établissement du cadre des politiques publiques que le cycle de planification et de gestion des dépenses doit commencer et finir.

Encadré 5.2 Défaillances au niveau de l'allocation et de l'emploi des ressources

La gestion des dépenses, et la gestion des finances publiques en général, souffre de diverses défaillances à l'échelon des collectivités locales, parmi lesquelles :

- une planification insuffisante
- le manque de liens entre la formulation de l'action à mener, la planification et la budgétisation
- un contrôle des dépenses déficient
- l'insuffisance du financement de l'exploitation et de l'entretien

- les relations très ténues entre le budget tel qu'il est formulé et le budget tel qu'il est exécuté
- les carences des systèmes de comptabilité
- le manque de fiabilité des flux des fonds budgétisés aux organismes et aux échelons inférieurs des administrations publiques
- une gestion des liquidités déficiente
- des rapports inadéquats sur les résultats financiers
- des effectifs peu motivés

Source : Banque mondiale 1998, 5.

Exemple : il est nécessaire, par suite des évolutions économique et démographique observées dans de nombreuses villes d'Europe de l'Est, de regrouper les écoles en fermant les établissements non viables et en envoyant les élèves qui les fréquentaient jusque-là dans des écoles de quartiers voisins en expansion. Fermer une école compte parmi les décisions les plus difficiles à prendre, à cause des intérêts personnels et politiques en jeu. Dans l'idéal, la décision relative à la fermeture d'une école devrait être prise sur la base d'une analyse détaillée puisque la réponse à cette question n'est pas évidente. La collectivité locale s'assure donc les services d'un consultant qu'elle charge d'analyser la situation sur la base de chiffres clairs et bien établis, dans le but de recommander des solutions, et de mener ou d'animer des consultations avec les parties prenantes. Une fois que le plan proposé a été entièrement formulé et que son coût a été déterminé, il est présenté à la collectivité pour examen. Après un certain nombre de réunions avec les parties prenantes et l'apport de révisions au plan, les parties prenantes conviennent que la collectivité locale devrait organiser un référendum auprès des citoyens des zones concernées pour décider de l'école qu'il convient de fermer sur la base d'un vote populaire. Une fois cette décision stratégique prise, les directions des finances et de l'éducation prépareront des plans de recettes et de dépenses pour appuyer son exécution à une date future. Les plans doivent intégrer des produits et des réalisations mesurables, ainsi que des objectifs intermédiaires pour permettre aux représentants de l'administration publique de suivre et d'évaluer les résultats.

Examen et formulation des politiques et des plans

Qu'entend-on par politique de gestion des dépenses ? Au sens général, il s'agit d'une manière de procéder à des choix concernant les dépenses prévues pour les exercices à venir (l'exercice suivant ou les trois ou cinq exercices suivants). De nombreux intervenants participent au processus de détermination des politiques. Les élus (maire, membres du conseil, etc.) et les personnes qu'ils représentent respectivement contribuent de manière cruciale à définir le nouveau programme de politiques publiques (par exemple un accroissement des dépenses au titre de l'éducation et, éventuellement, une réduction des dépenses au titre des routes, parce qu'une priorité plus élevée est accordée à l'éducation). Les options et les plans stratégiques sont également souvent conçus en interne par les directions et les services. Comme dans l'exemple précédent qui concerne un programme de rationalisation des établissements scolaires, une fois qu'il a été décidé d'une option, les directions et les services jouent un rôle essentiel dans la formulation des estimations de coûts et dans la conception des plans d'exécution, et la direction financière doit trouver les moyens de financer les coûts.

La partie la plus difficile du cycle de gestion des dépenses est, sans doute, l'examen des options relatives aux politiques publiques et la prise de décisions concernant celles qui sont les mieux adaptées à une collectivité locale particulière. Si cette étape présente autant de difficultés, c'est surtout parce que, loin d'être purement technique, elle dépend largement du processus politique et est donc assujettie aux pressions des intérêts spéciaux. Il est essentiel que les élus opérant au sein de l'administration assurent la légitimité des décisions de politiques publiques et de leurs répercussions au niveau des ressources durant la durée de vie des politiques en question en participant pleinement au processus de réconciliation de ce qu'il est possible de réaliser avec le montant de recettes sur lequel il est raisonnablement possible de compter, et ce qui est demandé aux différents secteurs.

Le train de mesures composant le programme public dépend : a) des priorités de la société, b) du coût des programmes et des activités nécessaires pour satisfaire à ces priorités, et c) des objectifs des groupes d'intérêts spéciaux. Un programme peut être relativement peu onéreux mais ne pas rentrer dans un domaine prioritaire, ou bien il peut relever d'un domaine prioritaire mais être bien plus cher qu'un autre programme relevant d'un autre domaine prioritaire. Dans les deux cas, ce programme n'est pas celui qu'il importe de choisir. Pour déterminer des priorités, il importe de connaître les préférences des citoyens et d'avoir établi un processus participatif. Les directions et les services fonctionnels, comme les entreprises publiques ou les organismes municipaux, ont pour mission d'évaluer et de présenter les besoins et les priorités de leurs clients dans leur domaine de compétence. Toutefois, comme leurs intérêts entrent souvent aussi en jeu, le processus de formulation des politiques suscite une concurrence entre les directions, les organismes, les politiciens et les groupes d'intérêts ainsi qu'entre les projets proposés.

Exemple : les élus locaux peuvent utiliser leur influence auprès d'une direction pour obtenir son appui en faveur de certains projets qui profiteront aux représentants et aux personnes qu'ils représentent. Les projets peuvent revêtir une haute priorité pour les collectivités locales, mais ils peuvent ne pas avoir autant d'impact que d'autres qui ont l'aval de la direction de la collectivité locale par suite de l'influence exercée par quelques élus (comme le « pont vers nulle part » en Alaska ; voir l'encadré 5.3).

Prise en compte des contraintes financières et examen des options

Les politiques et les projets qui ont l'aval des élus et de leur personnel doivent être conçus compte tenu des contraintes budgétaires dures imposées par des prévisions de recettes réalistes et les coûts récurrents d'activités d'exploitation et d'entretien satisfaisantes des actifs. Les analyses doivent être basées sur des hypothèses réalistes des recettes et des dépenses et proposer, dans la mesure du possible, des solutions de rechange aux responsables de l'action publique, ainsi que des indicateurs clairs et vérifiables pouvant être utilisés pour assurer le suivi des progrès et évaluer ces derniers dans le cadre de la formulation et de l'exécution de chaque option.

Pour assurer le bon fonctionnement des opérations, les représentants des administrations publiques doivent coordonner la formulation et l'analyse des options par les directions, et les données et hypothèses sous-jacentes utilisées doivent être mises à la disposition de tous pour assurer la transparence et favoriser la poursuite du processus le plus réaliste possible. Il est essentiel que le processus soit transparent, car ni les analyses ni les conclusions ne satisferont tous les citoyens.

Dans certains cas, par exemple, il se peut qu'une direction ne communique pas certaines informations concernant ses meilleures estimations du coût total d'un programme dans le but d'obtenir l'approbation de ce dernier. Une fois que le budget a été obtenu et que les travaux ont commencé, peut-être parce que les estimations présentées n'indiquent qu'environ la moitié des coûts effectifs, il sera normalement plus facile d'obtenir de nouvelles allocations budgétaires.

Ni la transparence ni la poursuite d'un dialogue de vaste portée sur l'action à mener ne sont monnaies courantes dans le monde en développement. Les propositions sont en fait préparées par des spécialistes à huis clos, ou par des consultants, et ne sont pas communiquées aux parties prenantes parce que les consultations impliquent un processus politique de longue durée et parfois difficile. S'il est vrai que les directions sectorielles ont les compétences nécessaires pour préparer les propositions ou examiner les diverses options, elles peuvent aussi avoir des intérêts particuliers. Dans certains cas, de surcroît, les dépenses effectives ne cadrent pas avec les objectifs de la politique publique, comme indiqué dans l'encadré 5.4, que ce soit pour des raisons politiques ou par manque de ressources.

Encadré 5.3 Le pont vers nulle part en Alaska

L'État de l'Alaska (États-Unis) a reçu une subvention fédérale de 398 millions de dollars pour construire le pont de Gravina Island et établir une liaison entre la ville de Ketchikan (Alaska) et Gravina Island, qui a une cinquantaine d'habitants et est le site de l'aéroport de Ketchikan qui compte environ 200 000 passagers par an. Le pont tel qu'il était prévu devait être aussi long que le Golden Gate Bridge à San Francisco. À titre de comparaison, en 2006, ce dernier était traversé par environ 118 000 véhicules par jour, soit au total 43 millions de véhicules par an.

Après un âpre débat, ce projet de l'Alaska a été annulé ; la subvention a été abolie et les fonds ont été utilisés pour financer un autre projet dans l'État.

La leçon qu'il convient d'en tirer est la suivante : la collectivité locale et ses 50 résidents avaient certes inclus ce pont dans leurs plans d'investissement, mais il n'en est pas moins essentiel que les coûts soient raisonnables et que la collectivité locale soit en mesure d'exploiter et d'entretenir ses projets d'investissement à partir de son budget de fonctionnement

Source : http://askville.amazon.com/bridge-Alaska-literally.

De plus en plus souvent, la prise de décisions fondées qui cadrent avec les priorités des citoyens repose sur des analyses et résulte de processus de budgétisation à caractère participatif bien organisés (comme expliqué aux chapitres 3 et 8). Le chapitre 8 examine un processus efficace de collecte et d'analyse des données débouchant sur la prise de décisions, qui est de plus en plus largement adopté, notamment dans les pays en développement. Les audits municipaux et financiers commencent par la constitution de bases de données structurées puis donnent lieu à la réalisation d'analyses, à la comparaison de leurs résultats avec des données de référence et se terminent par la préparation d'un plan d'action particulier conçu pour améliorer les services locaux et les résultats financiers, y compris les calendriers.

Les organes de rang supérieur, comme le conseil de l'administration centrale (qui approuvent les financements des opérations et des investissements) utilisent les audits municipaux pour contrôler et mesurer les résultats des entités municipales. La gestion des résultats peut également faire intervenir des contrats de gestion particuliers conclus entre les municipalités et des entités de prestations de services, publiques, privées ou mixtes. L'administration centrale peut, par ailleurs, fixer des objectifs de réalisation, subordonner l'octroi de subventions à la réalisation par la municipalité de ces objectifs et imposer le respect de ces dispositions par le biais d'un contrat conclu avec la municipalité (voir le chapitre 8 pour de plus amples détails).

Exemple : Le Comté de Fairfax (Virginie, États-Unis) a décidé de prolonger le système de transport en commun rapide jusqu'à l'aéroport international. Les élus de plusieurs juridictions et un grand nombre de leurs électeurs se sont déclarés favorables à cette extension, et le personnel pertinent et des consultants ont entrepris de formuler différentes solutions techniques et d'estimer leurs coûts. Il leur fallait, entre autres, déterminer si la station à l'aéroport devait être construite à niveau de chaussée ou être souterraine. Selon l'analyse technique, l'option au niveau de chaussée était nettement moins onéreuse mais la solution souterraine ne modifiait pas le paysage et avait donc la faveur d'un grand nombre de personnes. À l'issue de nombreuses audiences publiques, révisions et examens des hypothèses de coûts et des financements, il a été décidé de retenir l'option à moindre coût de la station à niveau de chaussée parce qu'elle cadrait mieux avec les flux de recettes estimés.

Plans budgétaires

Aucun bon système de contrôle des dépenses ne peut fonctionner en l'absence de plans budgétaires adéquats. Le budget de dépenses est la résultante du processus de planification examiné précédemment. Ce type de budget est souvent très détaillé. Par exemple, le budget de dépenses de Lahore, qui a 7 millions d'habitants, compte environ 400 pages, et présente des postes détaillés pour chaque unité, fonction et action. Le conseil examine ces plans budgétaires extrêmement détaillés, mais les responsables de la gestion des dépenses des directions financières utilisent et soumettent au conseil, de brefs récapitulatifs

Encadré 5.4 Absence de concordance entre les objectifs des politiques publiques et l'allocation des dépenses en Guinée

Un examen des dépenses publiques (PER) réalisées en 1996 en Guinée a révélé une absence totale de concordance entre les priorités des politiques publiques, telles que l'État les a présentées et les priorités effectives, indiquées par l'allocation des dépenses. Bien que les autorités aient annoncé que la priorité serait donnée à l'enseignement primaire, à la santé publique et à l'entretien des routes, les fonds ont, en fait, souvent été affectés à d'autres domaines. Aucun système n'a permis d'établir les coûts des propositions effectuées ou de les assujettir un examen rigoureux. Les études menées pour déterminer le coût du train de mesures qui devraient être adoptées pour atteindre les priorités déclarées de l'État ont montré que la part des programmes prioritaires dans le total des dépenses devrait tripler au cours des quatre années suivantes, ce qui impliquerait des compressions considérables des dépenses à d'autres titres pour éviter tout dépassement budgétaire. Le rapport a également montré que les allocations effectuées

pour financer les coûts d'exploitation des projets d'investissement étaient nettement inférieures aux niveaux requis pour assurer une exploitation et un entretien adéquats.

Les autorités guinéennes ont lancé une initiative pour définir des mesures d'un coût abordable sur la base des conclusions et des recommandations du PER. Quatre ministères dépensiers ont entrepris de réviser leurs politiques à moyen terme et de déterminer le coût de leur exécution. L'État a également commencé à préparer un cadre de dépenses à moyen terme pour les quatre ministères (dans un premier temps) dans le contexte de son programme de réformes économiques, et les ministères centraux ont entrepris de préparer un document de politique macroéconomique pour aider le cabinet à procéder à des décisions d'allocations intersectorielles. Le ministère du Plan a pris des mesures pour améliorer la prévisibilité du cadre macroéconomique.

Source : Banque mondiale 1997.

budgétaires pour faciliter les communications (voir les chapitres 3 et 8). Les examens des décisions stratégiques concernant le budget doivent pouvoir s'appuyer sur ces brefs aperçus budgétaires.

L'encadré 5.5 présente un modèle général de budget ainsi qu'un instantané de budget réel d'une ville népalaise. Ces deux modèles, bien qu'ils soient établis dans un ordre différent, suivent la même logique en ce sens qu'ils séparent : a) les dépenses pour compte propre, b) les dépenses déléguées qui sont financées par des subventions spécialement affectées par des échelons supérieurs des administrations publiques, et c) les dépenses d'investissement. Les dépenses pour compte propre sont les dépenses qui financent les activités dévolues à l'échelon local ; ces activités dépendent des circonstances locales.

Le budget de Mechinagar présenté dans l'encadré 5.5 fournit de plus amples informations, et permet notamment de voir que : a) les « dépenses de fonctionnement » sont pleinement attribuées c'est-à-dire : a) qu'il n'existe pas de catégorie « autres dépenses »

non rattachée à une fonction déterminée, et b) que les dépenses « diverses » non affectées constituent le poste le plus important des programmes délégués, ce qui indique que la budgétisation n'est pas correcte et que les contrôles sont incertains. Dans le cas des dépenses d'investissement, il est également possible de noter que : c) la ville indique séparément les dépenses au titre des terrains et des bâtiments mais regroupe toutes les dépenses au titre des autres constructions urbaines (comme les routes, les travaux de drainage) dans un poste qui représente près de la moitié du budget total ; il vaudrait mieux décomposer ce poste en grandes catégories d'investissement. La colonne résultats/budget (R/B) montre que : d) à la fin de l'exercice, il existe d'importants écarts entre les investissements prévus et les investissements effectifs, ce qui se produit fréquemment dans les pays en développement en raison des retards dans l'allocation des subventions et/ou des délais de construction.

Encadré 5.5 Instantané de budget de dépenses

Exemple de plan de dépenses	2008	2009	2010	2011
Dépenses totales	**Résultats**	**Résultats**	**Résultats**	**Plan**

DÉPENSES AU TITRE DES FONCTIONS DÉLÉGUÉES

1. Enseignement préscolaire
    - Traitements et salaires
    - Dépenses d'exploitation
    - Réparation et entretien
    - Investissements
2. Enseignement primaire et secondaire
3. Soins de santé
4. Assistance sociale et lutte contre la pauvreté
5. Ordre public et protection civile
6. Divers

AUTRES DÉPENSES

1. Infrastructures et services d'utilité publique
    - -Dépenses de fonctionnement
        - Dépenses directes
    - -Dépenses d'investissement
        - Dépenses directes
        - Sous-traitance
2. Protection de l'environnement
    - Eaux usées
    - Déchets solides
3. Dépenses sociales, culturelles, de loisirs
4. Développement économique local
5. Logements sociaux
6. Développement urbain
7. Sécurité civile
8. Transferts aux entités des collectivités locales
    - Appui aux sociétés de services d'utilité publique
9. (Subventions, dons, fonds propres, appui en nature)
    - Services d'utilité publique 1
10. Amortissement de prêts
11. Intérêts
12. Garanties appelées (payés par la municipalité)

(suite page suivante)

Encadré 5.5 *(suite)*

	Dépenses inscrites au budget et résultats, ville de Mechinagar (Népal)				
		Résultats 2007-08	2007-08 part en %	Budget 2007-08	Écart 100-R/B%
52	Traitements et salaires	10 661	14,96	11 035	3,39
53	Allocations	252	0,35	385	34,45
54	Frais de déplacement et indemnités journalières	692	0,97	705	1,83
55	Services	384	0,54	480	19,98
56	Loyers	178	0,25	180	1,21
57	Réparations et entretien	544	0,76	550	1,09
58	Fournitures de bureau	905	1,27	915	1,07
59	Journaux	49	0,07	50	1,94
60	Carburants et combustibles	567	0,80	600	5,53
61	Allocation vestimentaire/alimentaire	351	0,49	355	1,18
64	Frais d'alimentation (prisonniers/animaux)	295	0,41	310	4,8
65	Aide financière/dons	41	0,06	50	17,29
66	Imprévus	4 772	6,70	5 282	9,66
68	DÉPENSES DE FONCTIONNEMENT	19 692	27,64	20 897	5,77
69	AMORTISSEMENT DE LA DETTE	4 000	5,61	4 000	0,00
71	Santé	668	0,94	700	4,58
75	Aide financière	1 144	1,61	1 159	1,25
76	Divers	3 140	4,41	3 850	18,44
77	PROGRAMMES DÉLÉGUÉS	4 952	6,95	5 709	13,25
78	Mobilier	22	0,03	50	56,47
79	Véhicules	99	0,14	150	34,17
80	Machines et matériels	305	0,43	11 210	97,28
81	CAPITAL ORDINAIRE	425	0,60	11 410	96,27
82	Acquisition de terrains/ bâtiments	365	0,51	365	0,14
83	Construction de bâtiments	250	0,00	1 300	80,80
85	Autres travaux de dév. /construction	41 815	58,69	58 136	28,07
86	INVESTISSEMENT EN CAPITAL	42 180	59,20	59 801	29,47
87	DÉPENSES TOTALES	71 249	100,00	101 817	30,02

Note : modèle provenant de l'autoévaluation des finances municipales (MFSA — voir le chapitre 8) et budget de la ville de Mechinagar (Népal).

Projets financés par les bailleurs de fonds

De nombreux pays en développement bénéficient d'un appui de partenaires de développement qui sont des bailleurs bilatéraux ou multilatéraux. Les collectivités locales sont heureuses de pouvoir obtenir un projet gratuitement mais elles manifestent alors souvent une certaine myopie, car elles oublient généralement, ou masquent, les répercussions à long terme de l'exploitation et de l'entretien des actifs ainsi reçus. Pour assurer une bonne gestion des dépenses, il est important que les collectivités locales veillent à ce que les coûts de fonctionnement des projets qui sont financés par les bailleurs de fonds soient dûment pris en compte dans les budgets des exercices futurs. Cela n'est pas toujours facile, ni même possible, car de nombreux projets sont exécutés en dehors du processus budgétaire normal. Les collectivités locales doivent donc s'employer activement à analyser tous les projets financés par l'État ou par des bailleurs de fonds pour comprendre ce qu'implique leur exploitation et leur entretien et les comptabiliser dans le budget plutôt que hors budget.

De nombreux projets sont structurés, financés et exécutés par des organismes extérieurs sans qu'aucun fond ne soit transféré au budget local. Il n'y a rien de mal à cela ; sur le plan comptable il s'agit de contributions en nature. Deux mises en garde s'imposent toutefois : premièrement ces projets doivent être intégrés dans les plans à plus long terme de la municipalité, être inclus dans un budget à moyen terme et figurer dans la catégorie des projets les plus prioritaires. Deuxièmement, il importe de planifier et de budgétiser les ressources financières qui leur seront nécessaires. Même s'il n'est pas possible d'inclure les projets dans le processus de budgétisation normal, il importe de les inscrire dans une note au budget pour s'assurer que des provisions seront constituées pour financer les coûts de fonctionnement qu'ils généreront une fois qu'ils seront achevés. Si des provisions ne sont pas constituées dans les budgets des futurs exercices, le risque que les effectifs, les matériels et les fournitures nécessaires pour exploiter les actifs (par exemple un établissement scolaire, un centre de santé ou des routes) ne seront pas disponibles une fois la construction achevée, ne cessera de s'accroître.

Exemple : certains projets de bailleurs de fonds sont gérés de l'extérieur par un bureau de projet recruté par le bailleur. La collectivité locale peut donc ne pas être tenue dûment informée des détails relatifs aux coûts, au calendrier d'exécution et, fait plus important, au calendrier et aux montants des coûts de fonctionnement. Dans ce cas, il n'est pas possible de prévoir à l'avance des provisions budgétaires pour les budgétiser directement à l'avance et de comptabiliser les coûts effectifs en temps voulu. Il peut néanmoins être possible de porter dans un poste pour mémoire du budget le montant convenu de l'appui total. Dans le cas d'un don en nature, comme la construction d'une école, la collectivité locale devra exploiter l'installation en recrutant les enseignants, en payant les factures d'électricité d'eau et en finançant les réparations. Elle doit établir le budget de ces fonctions d'exploitation et d'entretien pour pouvoir les exécuter dès que le bailleur du fonds lui transfèrera le bâtiment.

Budget et plans d'investissement pluriannuels

Il faut généralement plus d'une année pour pouvoir mettre en œuvre des politiques publiques et, lorsqu'une administration prépare un budget important qui ne couvre qu'un seul exercice, il devient plus difficile de les exécuter. Pour que le coût réel d'un programme soit comptabilisé et que les produits et réalisations souhaités soient obtenus, il vaut mieux établir le budget sur une période plus longue, par exemple trois à cinq exercices. Cette section examine le recours à des budgets ou à des plans d'investissement pluriannuels.

Le tableau 5.5 présente le budget à moyen terme glissant sur trois exercices de la ville de Johannesburg (Afrique du Sud). Il compare les résultats ajustés pour l'exercice en cours aux budgets des trois exercices suivants. Le budget, ainsi que de nombreuses autres informations financières, est affiché sur le site web de la ville.

Qu'est-ce qu'un plan d'investissement ?

Un plan d'investissement est un programme de projets d'investissement pluriannuel (généralement d'une durée de trois à six ans) comportant des priorités par année, et indiquant les dates de départ et d'achèvement prévues, des estimations des coûts annuels et les méthodes de financement proposées. Un tel plan est généralement approuvé par une entité élue, telle que le conseil municipal, et une fois approuvé, il peut permettre d'obtenir des financements auprès de bailleurs de fonds ou de banques. Le plan d'investissement approuvé permet de faire le lien entre les plans ayant un horizon moyen et le processus budgétaire annuel. Ce plan est réexaminé et révisé à chaque exercice, et il est prolongé d'un exercice. Lorsque le processus est totalement opérationnel, le plan d'investissement devient un plan glissant lié au processus de budgétisation annuel. Chaque année, l'exercice antérieur est éliminé de la période couverte par le plan, un nouvel exercice est ajouté et les dépenses du budget d'investissement de l'exercice en cours sont intégrées dans le budget annuel approuvé.

La programmation des investissements des collectivités locales concerne souvent des investissements (actifs) des collectivités elles-mêmes et de leurs entités, y compris les entreprises constituées et

Tableau 5.5   Budget pluriannuel de la ville de Johannesburg

	Résultats 2010-11 (R millions)	Budget 2011-12 (R millions)	Variation (%)	Estimations 2012-13 (R millions)	Estimations 2013-14 (R millions)
Recettes	26 430	29 371	11,1	32 843	36 875
Dépenses	25 960	28 266	8,9	31 348	34 217
Excédent (déficit) avant impôt	469	1 104	135,4	1 495	2 657
Impôt versé	59	295		286	303
Excédent pour l'exercice après impôt	410	809	97,3	1 208	2 354
Plus-values et contributions	1 976	2 701	36,7	3 315	3 427
Excédent, plus-values et contributions	2 386	3 510	47,1	4 524	5 782

Source : http://www.joburg.org.za.

contrôlées par les administrations aux fins de la fourniture de services municipaux (comme les services d'utilité publique). Le plan peut également comprendre des investissements du secteur privé effectués dans le cadre de partenariat public-privé (PPP). Le manuel intitulé *The Guidebook on Capital Investment Planning for Local Governments* (Banque mondiale 2011) présente de plus amples détails en la matière (les chapitres 4 et 7 de cet ouvrage examinent également des aspects particuliers du plan d'investissement).

Dans de nombreux pays en développement, les projets financés par l'administration centrale ou par les administrations régionales constituent souvent la majorité des investissements publics locaux. L'imposition de projets planifiés à l'échelon central réduit les incitations qu'ont les responsables de l'action publique locale à poursuivre le long processus de planification des investissements. Ces projets compliquent la tâche des collectivités locales à divers égards :

• Ces projets sont souvent sélectionnés en l'absence de consultations ou d'une coordination adéquate avec les collectivités locales ou leurs parties prenantes et peuvent, par conséquent, ne pas répondre aux priorités locales.

• Il peut exister des conflits entre les calendriers de ces projets et ceux des projets d'investissement des collectivités locales elles-mêmes.

• Une fois achevés, ces projets ont souvent un impact très important sur les budgets locaux parce que la collectivité locale est censée financer les coûts de fonctionnement et d'entretien, qui constituent souvent d'important engagements budgétaires.

Capacités financières des collectivités locales

Il est essentiel de savoir quelle est la capacité de financement d'investissements d'une collectivité locale pour pouvoir planifier ces derniers. Cette capacité couvre la faisabilité de contracter des dettes et l'attitude en matière d'emprunt (le chapitre 7 examine les sources de financements extérieurs). Il importe à cet égard de connaître les engagements récurrents de cette administration et les flux de recettes annuelles dont elle disposera pour financer un fonctionnement et un entretien efficace ou pour rembourser sa dette. À moins que la collectivité locale n'ait la capacité de financer et d'exécuter un programme d'investissement, la liste des projets dont l'ordre de priorité a été établi dans le cadre du processus d'élaboration du plan d'investissement n'est rien de plus qu'une « liste de vœux » énumérant les besoins et les préférences à l'échelon local. Sachant que la plupart des collectivités locales ne peuvent financer que quelques projets prioritaires au cours d'un exercice donné et seulement un faible pourcentage du montant total de leurs besoins d'équipement, il est essentiel d'évaluer leur capacité financière de manière réaliste.

Il est difficile de contester qu'une mauvaise planification produit de mauvais résultats. Dans le cas des projets d'investissement, une planification et une gestion des dépenses déficiente débouchent sur le lancement d'un nombre trop élevé de projets (investissements de trop vaste portée) qui ne peuvent pas être achevés dans les délais prévus, pour autant qu'ils puissent l'être, faute de ressources financières (pool de financement trop réduit). La mauvaise planification des projets d'investissement se manifeste également par des retards de construction et une piètre qualité des ouvrages dus à l'insuffisance des fonds. Des investissements de vaste portée mais appuyés par des ressources insuffisantes débouchent sur des ouvrages mal construits et empêchent de surcroît les citoyens de bénéficier des services de meilleure qualité dont ils auraient pu profiter si l'administration publique avait mené à terme des projets d'investissement essentiels et hautement prioritaires.

Lorsque les municipalités ont des systèmes d'infrastructure qui assurent des services contre rémunération (comme la fourniture d'eau, les services d'assainissement, etc.), une partie des redevances des usagers devrait être systématiquement affectée aux investissements dans les équipements, notamment pour financer les coûts d'entretien et de réparation, les travaux de remise en état et la recapitalisation. La détermination des niveaux des tarifs ou des redevances des usagers revêt une importance cruciale (l'encadré 5.6 énumère différentes étapes du processus). Une bonne pratique consiste à baser l'établissement de ces tarifs sur le principe du recouvrement total des coûts, ce qui est rare dans les pays en développement. Cela signifie, en principe, que ces tarifs devraient couvrir les coûts d'entretien et de réparation, les coûts d'exploitation, le service de la dette (c'est-à-dire le paiement des intérêts au titre des prêts) et l'amortissement.

Parmi les problèmes couramment rencontrés dans le cadre du processus d'établissement du plan d'investissement figurent les suivants :

• Les plans d'investissement ne reposent pas sur des hypothèses réalistes concernant les ressources et les financements, ce qui se traduit par l'établissement d'une liste de vœux.

• Les décisions d'investissement sont prises abstraction faite des coûts et de la gestion du cycle de vie de l'investissement.

• Les investissements exigent que les collectivités locales acceptent un niveau d'endettement irréaliste et non viable.

• Les collectivités locales planifient ou établissent des partenariats public-privé sans que ces derniers ne soient vraiment justifiés et sans avoir la capacité de les gérer efficacement.

• L'établissement des priorités en matière d'investissement est biaisé par la disponibilité, ou l'absence, de financements pour des activités particulières. Par exemple, les collectivités locales peuvent avoir accès à des subventions ou à des financements pour certains types d'investissements (routes ou centres de santé, par exemple) quelles que soient les priorités recensées au niveau local. Les fonds peuvent être accordés par l'administration centrale pour soutenir les programmes de ministères dépensiers ou par des organismes bailleurs de fonds qui sont déterminés à appuyer des types d'investissements particuliers.

• Le programme d'investissement peut comporter trop de projets (il est de trop vaste portée) et ne bénéficier que de financements insuffisants (pool de financement trop réduit). Il peut trop privilégier les routes au détriment d'autres objectifs parce que les routes sont un objectif populaire sur le plan politique et parce que la planification et le financement de ces dernières sont plus faciles à contrôler.

Encadré 5.6 Principales étapes de la fixation de nouveaux tarifs

1. Calcul du coût actuel du service.
2. Formulation de différents scénarios.
3. Calcul du coût de chaque scénario.
4. Calcul des tarifs par scénario.
5. Comparaison des tarifs à la volonté de payer.
6. Nouveau calcul des tarifs.
7. Examen des résultats avec les parties prenantes.
8. Sélection du scénario privilégié.
9. Obtention de l'adhésion du public.
10. Présentation à l'organe chargé de la fixation des tarifs et obtention d'une modification du tarif.

Source : USAID 2006, 46.

Le processus de planification et de budgétisation d'investissements est un processus dynamique et itératif qui comporte généralement quatre étapes :

1. Planification financière

2. Recensement et établissement de l'ordre de priorité des projets

3. Gestion du programme et des projets

4. Suivi et évaluation.

Gestion des dépenses — contrôles budgétaires

Nous avons jusqu'à présent défini le concept de gestion des dépenses et examiné les étapes du cycle de leur gestion. Les deux sections précédentes traitent de l'examen et de la formulation des politiques publiques et des plans concernant les dépenses de fonctionnement et d'investissement. Le stade suivant du processus de gestion des dépenses est celui des procédures mises en place pour contrôler les dépenses effectuées dans le but d'assurer une prestation de services efficace par rapport aux coûts.

Comme indiqué précédemment, un système de gestion des dépenses efficaces doit avoir trois composantes :

• Un plan des dépenses futures, assortis d'objectifs d'étape clairs et mesurables pour assurer le suivi des résultats par rapport au budget.

• Un mécanisme de contrôle des dépenses permettant d'assurer que les dépenses effectives cadrent avec le budget et le plan.

• Un système de suivi et d'évaluation des dépenses pour veiller à ce que ces dernières soient conformes aux plans convenus.

Les collectivités locales des pays en développement sont confrontées à de nombreux obstacles qui existent de longue date et qui, pour certains, sont inhérents au processus budgétaire :

• le manque de concordance entre le budget et les politiques publiques ;

• le manque de clarté des objectifs lors de la préparation du budget ;

• l'importance accordée à l'obtention de ressources plutôt qu'à l'obtention de résultats ;

• les difficultés que pose la planification dans un cadre ne couvrant qu'un seul exercice, aggravées par le manque de prévisibilité des ressources budgétaires ;

• un cadre de responsabilisation compromis par l'absence d'objectifs clairs et de résultats attendus ;

• la fragmentation du budget, et le manque de cohérence entre ses différentes parties.

Il ne faut pas oublier, lorsque l'on s'efforce d'améliorer les procédures de budgétisation et de contrôle des dépenses, que les collectivités locales ont pour mission de fournir des services. Lorsque les processus budgétaires se heurtent à des défis, tels que ceux indiqués précédemment, il est difficile aux autorités locales d'établir un ordre de priorité stratégique des dépenses parce qu'elles peuvent ne pas être en mesure de savoir ce que ces dépenses permettent effectivement d'accomplir.

Un moyen très efficace de contrôler les dépenses consiste à s'assurer que le budget et d'autres documents essentiels sont mis à la disposition de tous. Il a été clairement établi qu'une telle transparence peut accroître l'efficacité des administrations publiques et qu'elle réduit la probabilité d'une utilisation abusive des deniers de l'État. Grâce à un recours accru à l'Internet, les collectivités locales peuvent fournir à leurs parties prenantes et aux investisseurs éventuels un accès facile aux informations pertinentes sur leurs finances, les services qu'elles fournissent, et bien d'autres informations. Deux exemples de collectivités locales utilisant efficacement l'Internet pour accroître la transparence de leurs opérations et donner accès à leurs activités sont celles de la ville de Johannesburg (Afrique du Sud) (http://www.joburg.org.za), et du comté de Fairfax (Virginie, États-Unis) (http://www.fairfaxcounty.gov).

Les contrôles budgétaires sont essentiels

Une fois le budget approuvé, il est normal d'émettre une autorisation d'ouverture de crédits (ou un document similaire) en faveur des personnes habilitées à encourir des dépenses, qui précise les articles des dépenses placées sous leur contrôle et les montants approuvés au titre de chacun de ces articles. Pour assurer un contrôle efficace, il importe d'établir clairement qui est chargé d'autoriser chaque poste de dépenses (responsables) et qui est chargé de recouvrer les fonds au titre de chaque poste des recettes, une seule personne devant être chargée de ce recouvrement (voir également le chapitre 3).

La délégation des dépenses varie en fonction des systèmes d'administration locale en vigueur. Aucun système n'est nécessairement supérieur ou inférieur à un autre, car le système qui convient dépend de la taille des organismes locaux ainsi que des compétences et des capacités de leur personnel. En règle générale, il vaut mieux déléguer le pouvoir de contracter des dépenses aux directions chargées d'assurer le fonctionnement des services auxquels des budgets ont été attribués. La centralisation des contrôles peut donner à ces directions le sentiment d'être privées de tout pouvoir et de ne pas être responsabilisées. Quel que soit le service auquel l'autorisation d'encourir des dépenses a été donnée, il est essentiel qu'un système de suivi et de supervision ait été mis en place. Les domaines dans lesquels il est crucial d'assurer ce suivi et cette supervision sont, notamment, le recrutement du personnel et les traitements qui leur sont versés (bien que ces activités soient souvent compromises au niveau du conseil et du maire) et la passation de marchés avec des entreprises privées au titre de services qui auraient dû être assurés en interne.

On observe de manière générale un contrôle insuffisant des dépenses administratives au niveau des collectivités locales, en particulier dans les pays en développement. Il s'agit là d'une défaillance cruciale parce que les dépenses administratives, en particulier au titre des traitements, des salaires et des prestations sociales, constituent l'un des postes dont le montant est le plus élevé. De surcroît, le recrutement indiscriminé d'effectifs, notamment de proches parents des membres de la haute direction et le versement de rémunérations généreuses, témoigne d'un piètre contrôle des dépenses. Cela déplaît aux citoyens qui sont peu enclins à payer des impôts qui semblent essentiellement servir aux intérêts personnels des membres de la collectivité locale. Pour éviter ce type de pratique, il est nécessaire que des stratégies précises aient été formulées et qu'elles soient appuyées par de solides procédures de contrôle des dépenses.

Il est inévitable de procéder à des ajustements budgétaires en cours d'exercice pour diverses raisons. Un accroissement en valeur absolue du budget d'une direction (demande de crédits additionnels) nécessiterait normalement l'approbation du directeur financier de l'organisme et, fréquemment, du conseil, car un tel accroissement aurait un impact sur le budget global. Des transferts entre postes budgétaires d'une même direction (*virements*, ou transferts d'articles d'un compte financier à un autre) peuvent normalement être autorisés par la direction concernée.

Pour contrôler les dépenses, il importe de gérer de manière dynamique chaque poste et d'obtenir des informations à jour sur une base régulière. Cela signifie que les opérations doivent être enregistrées rapidement dans le système de comptabilité de l'organisme (le chapitre 3 examine le système de comptabilité ainsi que l'importance de bons systèmes de tenue des comptes). L'évolution de chaque poste doit être systématiquement suivie, et tout écart par rapport aux montants inscrits au budget doit être noté et expliqué. Des mesures, qui dépendent des raisons de l'écart, doivent être prises pour remédier au problème ou, si les conditions ont changé par rapport à celles qui existaient lors de la préparation du budget, pour ajuster le budget général et les budgets des directions.

Il est essentiel de contrôler les paiements

Les systèmes de paiement devraient être assujettis à des procédures de contrôle interne, qui exigent notamment l'apport de plusieurs signatures aux autorisations de paiement ainsi que des contrôles, la préparation de tous les chèques à partir du système de comptabilité, etc. Il importe toutefois de prendre garde à ne pas imposer un nombre de contrôles croisés tel que les paiements subissent des retards indus. Dans certaines administrations, les procédures d'autorisation comportent jusqu'à 25 étapes qui doivent être conclues avant que le paiement ne puisse être effectué. Si des procédures aussi complexes et longues ont pour objet de renforcer les contrôles internes, elles ont en fait souvent l'effet inverse.

Les systèmes de paiement doivent être liés au budget de façon à ce qu'aucun paiement ne soit effectué si aucun engagement antérieur n'a été approuvé et s'il n'est pas associé à un poste budgétaire particulier. Il importe que tous les paiements soient assujettis à un examen avant d'être effectués pour éviter toute erreur et s'assurer que toutes les approbations nécessaires et que toutes les pièces justificatives requises ont été reçues. Les paiements au titre de fournitures doivent être comparés aux prix et aux conditions établies dans les contrats, et il importe de s'assurer de la présence physique des effectifs avant de verser les traitements et salaires. On connaît des exemples de municipalités qui comptaient des personnes décédées dans leurs états de paie. La photo du graphique 5.5

est un exemple de livre de comptes manuel dans lequel les personnes illettrées bénéficiant d'un appui monétaire au Pakistan apposent leurs empreintes digitales.

Gestion des tarifs et des subventions

Les responsables et les services de gestion des dépenses contribuent de manière cruciale à administrer les barèmes des tarifs ou des redevances, auxquels une attention particulière doit être prêtée pour maîtriser et/ou réduire l'octroi de subventions officielles ou cachées. Cette tâche présente de l'importance aussi bien pour la planification que pour l'exécution du budget. Cette section récapitule les domaines essentiels qu'il importe de gérer, les principes de base et les pratiques courantes. Le guide intitulé *Managing Municipal Services* récapitule les principes et pratiques de base (USAID 2006). Comme ce guide l'explique clairement, l'analyse des coûts est la première étape, et l'une des plus importantes, de la fixation des tarifs ou de l'approbation de toute modification de ces derniers (voir également l'encadré 5.6).

Ces questions revêtent une importance particulière dans les pays en développement, dans lesquels la plupart des tarifs des services sont inférieurs aux niveaux requis pour assurer le recouvrement des coûts et, par conséquent, entraînent des dépenses budgétaires. Autre fait important, les personnalités politiques, en particulier avant les élections, s'emploient avec beaucoup d'enthousiasme et de

Graphique 5.5   Livre de caisse établi manuellement

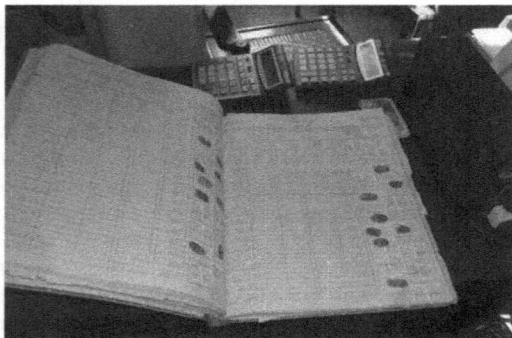

Source : Photo Mihaly Kopanyi.

générosité à « protéger les consommateurs » en luttant contre les hausses de tarifs, tout en promettant d'accroître la portée des services municipaux de base. Ces promesses, au titre desquelles aucune provision financière n'a été constituée, sont souvent sources de graves difficultés pour les directions financières parce que, manifestement, c'est le budget — et en fin de compte les citoyens eux-mêmes — qui devront financer les subventions. L'octroi de subventions non maîtrisées suscite de surcroît des questions d'équité parce qu'elles bénéficient à tous les consommateurs, y compris ceux qui pourraient se permettre d'acquitter le coût intégral du service. Elles sont même parfois régressives et confèrent des avantages supérieurs aux riches parce qu'ils consomment davantage des services subventionnés (comme les services d'eau, de gaz et d'électricité). Enfin, les subventions créent des difficultés particulières lorsque la collectivité locale les accorde à des prestataires privés dans le cadre de contrats de services. Les subventions peuvent constituer une part relativement importante du budget. L'encadré 5.7 décrit le cas d'une ville croate qui consacre plus de 12 % de son budget annuel aux subventions d'exploitation des sociétés de services d'utilité publique locales.

Contrôle des dépenses dans le cadre de la fixation des tarifs

Il pourrait sembler que la fixation des tarifs soit la responsabilité des gestionnaires des recettes. Il importe en fait que les gestionnaires des recettes et des dépenses collaborent en ce domaine. Le contrôle des dépenses pose de réels défis parce que les tarifs sont, en règle générale, relativement rigides et sont souvent déterminés par les pratiques antérieures, en fonction de ce que les consommateurs veulent et peuvent payer ou par des accords. Il n'est ni recommandé, ni politiquement réalisable, d'adopter un système de tarif basé sur le principe du *prix de revient majoré* sans avoir une bonne compréhension de la structure des coûts.

On pourrait croire qu'il existe une grande différence entre fixer les tarifs de services directement fournis par des entités contrôlées par les collectivités locales et subventionner les services en question, d'une part, et travailler avec des prestataires privés d'autre part. Dans l'optique du contrôle des dépenses, toutefois, la seule différence est que, lorsque les services sont fournis par le secteur privé, il est nécessaire de présenter de manière plus explicite les tarifs, les coûts et les subventions. Une direction municipale peut obtenir un appui financier en modifiant tout simplement sa dotation budgétaire ou peut masquer une subvention

Encadré 5.7 Appui aux sociétés de services d'utilité publique dans une ville croate

	Euro	%
Transports publics	4 640,0	4,1
Gestion des déchets	2 077,8	1,8
Entretien des routes et des espaces publics	1 087,4	1,6
Production et distribution d'énergie pour le chauffage	501,2	0,4
Approvisionnement en eau et traitement des eaux usées	2 904,0	2,6
Divers	2 506,8	1,6
Total	13 717,2	12,1

de diverses manières. Toutefois, lorsque la municipalité travaille avec une société privée, le partenaire privé veut s'assurer que toutes les conditions figurent dans le contrat, notamment le tarif convenu, les règles régissant la modification des tarifs, les subventions accordées par la municipalité, etc. En d'autres termes, la plupart des questions soulevées par la fixation des tarifs et les subventions sont les mêmes, quelle que soit la structure de contrôle de l'entité chargée de la prestation de services puisque, en fin de compte, ce seront les clients et la municipalité qui en assumeront les coûts. La fixation des tarifs dans le cadre de partenariats public-privé est examinée dans les directives du Fonds de conseil en infrastructure publique-privé (PPIAF) (Shugart et Alexander 2009). Le système de réglementation de la fixation des tarifs dans le cadre des dispositions de PPP a donné d'excellents résultats dans le secteur de l'eau au Chili (Chavez 2002).

La direction des finances joue un rôle crucial dans l'analyse, la négociation et l'approbation des tarifs ; elle doit examiner attentivement les propositions de tarifs ainsi que les dépenses sous-jacentes, les gains d'efficacité et les subventions. Sous une forme très simplifiée, un tarif mesuré en coûts unitaires se présente comme suit :

Tarif = dépenses d'investissement + dépenses de fonctionnement + recettes autorisées

Il est difficile de déterminer ce que recouvrent les dépenses d'investissement. En règle générale, ces dépenses couvrent le coût de l'amortissement des actifs utilisés pour assurer les services ainsi que

le service de la dette. La direction financière doit toutefois évaluer avec soin les actifs qu'il convient d'inclure dans la base de capital. Faut-il inclure les actifs obsolètes ? Vaut-il mieux comparer les services d'utilité publique à ceux d'une entité bien organisée (société de référence) ou à la moyenne nationale ? La société d'utilité publique pourrait détenir des capitaux excédentaires sous la forme de terrains vacants, d'actifs inutilisés ou abandonnés, ou d'un centre de loisirs de luxe à la montagne. Tous ces actifs sont-ils inclus dans la base considérée pour fixer les tarifs ou est-ce le cas seulement des actifs directement utilisés pour assurer le service considéré ? Le coût de certaines dépenses d'investissement doit être recouvré séparément et ne pas être inclus dans le tarif global ; c'est le cas par exemple des branchements sur les réseaux d'approvisionnement en eau et d'assainissement. Ces branchements profitant directement à une installation ou à un consommateur particulier, leur coût doit être directement recouvré auprès du bénéficiaire sou forme d'une redevance et ne pas être inclus dans le taux global du tarif qui s'applique à tous les consommateurs à l'échelle du réseau.

Dans le cas des dépenses d'exploitation, également, l'existence d'une main-d'œuvre pléthorique, des opérations inefficaces (par exemple des pertes d'eau considérables), un service de commercialisation bien trop important, des dépenses de formation ou des dons à des organisations sportives ou à des organismes bénévoles, ne devraient pas entrer dans le calcul de dépenses d'exploitation équitables de l'entité qui assure le service. L'exploitation des grandes sociétés d'utilité publique peut être d'une telle complexité qu'il est nécessaire, pour répondre à ces questions, de procéder à une analyse approfondie de leurs dépenses d'investissement et de leurs dépenses d'exploitation qui pourrait justifier le recrutement d'un spécialiste extérieur pour assurer la prise de décisions fondées sur le niveau des tarifs.

Les principes de base de la fixation des tarifs sont bien connus et appliqués dans les pays développés mais ils sont souvent passés outre, compromis ou non connus dans les pays en développement. Des tarifs satisfaisants doivent répondre à trois critères, à savoir :

- assurer le recouvrement des coûts et la faisabilité financière des prestataires et constituer un bon signal des prix pour ces derniers ;

- être d'un niveau abordable et constituer un bon signal des prix pour les clients ; et

- éviter de fournir des subventions croisées et, de préférence ne fournir aucune subvention.

Les pratiques en vigueur dans les pays en transition et en développement ne répondent généralement pas à ces critères. Cela tient en partie au fait que les élus font pression sur les municipalités pour assurer des services à leurs électeurs à des tarifs inférieurs aux coûts. Par suite de ces pressions politiques, les municipalités ont des revenus insuffisants pour pouvoir exploiter et entretenir leurs systèmes correctement : les services sont de qualité inférieure et les actifs se dégradent prématurément. Les secteurs de l'eau en Inde (TERI 2010) et au Chili (Chavez 2002) ainsi que celui du chauffage municipal en Russie (Adrianov et al. 2003) sont des exemples intéressants à cet égard.

Comme le montre le tableau 5.6, de nombreuses compagnies des eaux en Inde, dont deux des trois compagnies opérant à New Delhi, sont fortement subventionnées. Ces compagnies financent une partie de leurs dépenses d'exploitation et d'entretien elle-même mais, au lieu de recouvrer des tarifs auprès de leurs clients, elles reçoivent des subventions des collectivités locales — ce qui a pour effet de délier le coût de la prestation des services des recettes obtenues à leur titre.

Les principaux défis auxquels sont confrontés les pays en développement sont notamment les suivants (voir également l'encadré 5.8) :

- les investissements initiaux ou les extensions de réseaux sont souvent financés par des subventions de l'administration centrale et ne sont pas pris en compte dans les tarifs ; les niveaux historiques des tarifs ne permettent généralement pas de recouvrer les coûts d'exploitation et de financer un entretien correct. Les services sont par conséquent souvent intermittents, de piètre qualité et d'une couverture limitée. Les prestataires n'ont aucun intérêt à réaliser des économies au niveau des coûts ni à améliorer leurs services. La situation est souvent insatisfaisante aussi bien pour les prestataires que pour les utilisateurs.

- Les signaux donnés par les prix sont biaisés par la faiblesse des tarifs acquittés par tous les consommateurs, ce qui peut créer des incitations perverses à utiliser les ressources dans une mesure excessive, à ne pas prendre les pertes en compte et à forcer certains consommateurs à accepter des prix excessifs pour faire face à la situation. Par exemple, les populations défavorisées peuvent acheter de l'eau auprès de camions citernes à

Tableau 5.6 Gestion et financement de l'approvisionnement en eau à New Delhi

Zone géographique	Fonctions d'approvisionnement en eau des sociétés de service		
	Travaux d'équipement	Exploitation et entretien	Fonctions de recettes
Municipal Corporation Delhi (MDC)	Oui	Oui	Oui
New Delhi Municipal Corporation (NDMC)	Oui	Approvisionnement en gros seulement	Paiements globaux de NDMC
Delhi Cantonment Board	Oui	Approvisionnement en gros seulement	Paiements globaux de Cantonment

Source : TERI 2010, 38.

Encadré 5.8 Observations concernant la fixation de tarifs en Russie

- Les entreprises de services d'utilité publique ne comprennent pas la structure des tarifs.
- La réglementation des tarifs ne prend en compte que l'inflation ou un accroissement du coût de l'électricité et fait abstraction de tous les autres facteurs.
- Le tarif est, par définition, basé sur le coût d'exploitation majoré d'un bénéfice sans

- que les besoins d'investissement soient pris en compte.
- Les municipalités n'ont pas de réglementation officielle des tarifs.
- Les tarifs sont des instruments qui permettent aux responsables d'atteindre leurs objectifs politiques.
- L'approbation des tarifs n'a aucun lien avec le processus budgétaire.

Source : Adrianov et al. 2003.

un coût 10 fois supérieur à celui que coûterait l'eau courante.

- Les subventions croisées sont fréquentes. Les consommateurs commerciaux et industriels acquittent souvent des tarifs excessifs (« parce qu'ils ont les moyens de payer »). Les personnes qui paient les redevances et commissions font également bénéficier d'une subvention croisée ceux qui ne payent pas.

Les systèmes de facturation et de recouvrement sont souvent moribonds, en partie faute de données fiables sur les biens fonciers. L'établissement d'un cadastre foncier et immobilier informatique est une bonne solution, mais elle prend du temps et est onéreuse. Les villes des pays en développement qui ne peuvent obtenir les ressources nécessaires à la réalisation d'un projet de cadastre pourraient bénéficier de la poursuite d'autres activités, notamment l'établissement d'adresses postales. Elles pourraient ainsi constituer une base de données budgétaire en attribuant un code à chaque propriété aux fins du recouvrement des impôts et des redevances. Le code ne constitue pas une référence foncière pleinement légale, mais peut être utilisé aux fins du recouvrement des recettes (comme expliqué plus en détail au chapitre 4).

Une fois que le prestataire dispose d'une série d'adresses de logements et d'entreprises, il lui est beaucoup plus facile de préparer des factures pour les services fournis. L'encadré 5.9 décrit l'application d'un système d'adresses postales pour le recouvrement

de déchets solides dans la ville de Conakry (Guinée). Cette dernière a conçu un système d'adresses postales dans le cadre d'un projet urbain financé par la Banque mondiale pour pouvoir remédier aux défaillances du système d'enlèvement des déchets solides.

La faiblesse des tarifs et l'absence de contrôle des coûts peuvent se traduire par la fourniture de subventions généralisées de différents types aux entreprises municipales, notamment des subventions fonctionnelles annuelles, des subventions discrétionnaires en fin d'exercice (souvent justifiées par la nécessité de verser les salaires et traitements), ou le paiement des factures impayées au titre des services d'utilité collective. Par exemple, la Compagnie des eaux de Lahore n'a réglé qu'environ la moitié de ses factures d'électricité au cours des dernières années ; le solde a été réglé par la direction financière lorsque la compagnie d'électricité s'est plainte. *Les subventions générales de bilan* sont l'un des pires moyens de soutenir les services parce qu'ils découragent les entreprises d'améliorer ces dernières et de réduire le coût. Ces subventions sont en outre souvent accordées de manière ponctuelle, sur la base des relations politiques plutôt que des besoins établis ; elles ont le même effet que des droits acquis lorsque ni la compagnie ni ses clients ne les considèrent comme des subventions.

Gestion des subventions

Pour assurer des services durables, il importe de recouvrer les coûts de manière stable ce qui, fréquemment, porte les tarifs à des niveaux

Encadré 5.9 Établissement d'un système d'adressage à l'appui de la gestion des déchets ménagers à Conakry (Guinée)

Vers la fin des années 90, les autorités municipales étaient, au départ, totalement responsables de la gestion des déchets ménagers à Conakry. Les conditions non hygiéniques qui y régnaient ont motivé les efforts menés pour préciser et attribuer les fonctions d'enlèvement, de transfert et de traitement des déchets solides. La responsabilité de la collecte des déchets a été confiée à de petites et moyennes entreprises (PME), qui ont été autorisées à facturer directement leurs clients. Ce système a nécessité l'établissement d'une démarcation précise des zones couvertes par chaque entité, ainsi que l'installation de centres de transfert des déchets.

La fonction de transfert des déchets jusqu'à la décharge existante est revenue au Service public de transfert des déchets (SPTD). Le deuxième Projet urbain (UDP 2), financé par la Banque mondiale, venait juste d'achever le premier projet d'établissement d'adressage et a publié un plan de la ville qui, à l'époque, était l'un des rares documents de ce type à jour. Le plan de la ville, la base de données et l'index des rues établis dans le cadre du programme d'adressage ont servi de guide à la démarcation des zones d'enlèvement des déchets des différentes PME. L'installation de plaques portant le nom des rues a simplifié ce processus et a facilité l'établissement des limites des zones et des routes ainsi que l'établissement des centres de transfert. Le système d'adressage a donc contribué de manière très positive au lancement d'une opération dont le succès tient indéniablement aux efforts concertés de plusieurs autorités, opérateurs et bailleurs de fonds déterminés à transformer l'image de la ville.

Source : Banque mondiale 2005, 26.

inabordables pour certains segments de la société. Si, en principe, il importe d'éviter d'accorder des subventions ou, du moins, de les réduire le plus possible, une prestation de services équitable exige souvent la fourniture de subventions sous une forme quelconque, en particulier dans les pays en développement. Un tarif simplement conçu pour recouvrer les coûts aurait pour effet d'exclure entièrement ou en partie les citoyens défavorisés. Il est cependant tout aussi important de limiter le recours aux subventions et d'éviter un emploi inutile de ressources publiques. La section qui suit examine les options permettant de fournir des services aux populations défavorisées, différents types de subventions et, pour finir, l'allocation et le ciblage des subventions.

Ciblage des populations défavorisées

Il existe différents moyens et instruments permettant de financer l'accès des populations défavorisées à une proportion équitable des services municipaux d'utilité collective, qu'il s'agisse des services d'eau, d'électricité, de transports publics, de logements sociaux, de chauffage municipal, d'éducation ou de santé. Le tableau 5.7 récapitule ces moyens et instruments et

leurs répercussions. Les responsables de la gestion des dépenses doivent être au courant de ces options et de leurs répercussions particulières pour pouvoir aider le conseil à prendre des décisions fondées. Le tableau montre également que des subventions bien ciblées peuvent permettre de réaliser d'importantes économies, tout en assurant une prestation plus équitable des services aux populations défavorisées. Dans la ville de Nyiregyhaza (Hongrie), les prestataires privés et la municipalité ont établi conjointement un fonds de soutien (RÉS, ou fondation pour combler les écarts) qui a pour objet de subventionner les plus défavorisés des populations défavorisées, en couvrant les deux tiers des factures des ménages éligibles sous réserve que ces derniers règlent le dernier tiers (Tausz 2004).

Formes et répercussions des subventions

Dans l'optique de la gestion des dépenses, il est important de distinguer les différentes formes de subventions — à savoir les subventions d'équipement et les subventions d'exploitation. Il est important que les gestionnaires comprennent les différences qui existent entre ces deux catégories, quelles sont les subventions

Tableau 5.7   Options offertes aux clients défavorisés

Options de ciblage	Description	Exemple d'application
Ciblage au niveau du service	Offre de services de moindre qualité ou d'envergure réduite (applicable dans les zones bien délimitées ; il est recommandé de laisser les groupes de population sélectionner eux-mêmes, si possible ce niveau de service.	• Robinet public plutôt que raccordement du logement au réseau. • Conteneurs collectifs pour la collecte des déchets plutôt que ramassage des poubelles à domicile. • Construction d'unités de logement de taille plus réduite dotées d'équipements plus limités. Ces services peuvent encore nécessiter l'octroi d'une subvention, mais celle-ci sera bien moindre que dans le cas de services complets.
Subvention basée sur les revenus	Le revenu du ménage, ou un indicateur de remplacement comme le salaire ou la consommation d'électricité, détermine la subvention.	• Le groupe cible acquitte une partie du tarif, et la municipalité verse le solde au prestataire sur la base du montant des redevances effectivement perçues. • Tarifs établis en fonction des niveaux de consommation : tarifs faibles pour un niveau de base, puis tarifs plus élevés au-dessus du niveau de base. • La consommation d'électricité sert de base aux « prélèvements communaux » pour l'enlèvement des déchets solides ou un panier de services de base. • Les personnes âgées payent un tarif réduit de 50 % dans les transports publics.
Autres indicateurs de pauvreté	Valeur de la propriété en tant qu'indicateur de pauvreté — liste officielle des ménages défavorisés (délicat sur le plan politique et social).	• La valeur foncière sert de base à une « taxe communale » qui couvre un panier de services de base. • Les ménages inscrits sur la liste des ménages défavorisés ne règlent qu'un tiers de leurs factures.
Ciblage géographique	Les ménages habitant dans une zone géographique particulière acquittent des tarifs, des commissions et des redevances plus faibles.	• Les habitants des quartiers précaires et d'autres zones classées défavorisées peuvent acquitter des tarifs plus faibles pour certains services.

Sources : établi par les auteurs à partir de DANCED 2002 ; Chavez 2002 ; et Kopanyi, El Daher et Wetzel 2004.

qui sont accordées et qui en sont les principaux bénéficiaires.

Les subventions d'exploitation financent en partie les coûts d'exploitation et d'entretien régulier de différents services. Elles revêtent différentes formes, et elles peuvent être explicites ou implicites, et être axées sur l'offre ou sur la demande. Il est important d'insister sur le fait que l'administration centrale et/ou les collectivités locales financeront en fin de compte les subventions, et ce que l'entité chargée d'assurer le service soit publique ou privée. Le tableau 5.8 récapitule les différentes formes de subventions d'exploitation et les moyens de les fournir, et il fournit certains éclaircissements sur l'impact qu'elles peuvent avoir.

Les subventions d'équipement sont couramment employées dans le monde entier, mais elles le sont de manière plus générale dans les pays en développement. L'administration centrale ou les collectivités locales peuvent accorder un don pour couvrir une partie ou l'intégralité des investissements de l'entité assurant la prestation des services. L'administration centrale ou les collectivités locales, ou encore les bailleurs de fonds internationaux, peuvent fournir des actifs à titre de dons en nature. Ces pratiques ont un certain nombre de conséquences majeures : a) le coût du capital donné n'est souvent pas comptabilisé à sa juste valeur dans le bilan de l'entité ; b) les subventions d'équipement biaisent la fixation des tarifs parce que le coût du capital (c'est-à-dire l'amortissement) n'est pas pris en compte dans la structure du tarif ; c) les

Tableau 5.8 Types et caractéristiques des subventions d'exploitation

Type de subvention	Caractéristiques des subventions	Effets
Subventions axées sur l'offre		
Explicite	Subventions axées sur les résultats accordés au prestataire.	Niveau de revenu garanti versé sous réserve de l'obtention des résultats minimums convenus (par exemple volume de services).
	La subvention doit être répercutée par le prestataire sur les groupes ciblés.	La municipalité paye ou subventionne une partie du tarif ou de la redevance.
Implicite	Versement d'une subvention fonctionnelle annuelle au prestataire.	Droit acquis ; ne fournit aucune incitation à apporter des améliorations.
	Subvention discrétionnaire, ponctuelle également qualifiée de subvention de bilan.	Les subventions comblent l'écart de revenus, et renflouent l'entité, souvent en fin d'exercice.
	Subvention forcée, règlement des arriérés du prestataire à ses fournisseurs.	L'entité obtient la subvention en ne réglant pas ses factures.
Subventions axées sur la demande		
Explicite	Subventions croisées.	Tarifs différents pour des groupes de consommateurs différents, comme les entreprises commerciales industrielles d'une part et les logements résidentiels d'autre part ; peuvent avoir des effets négatifs.
		Les tarifs correspondant à des fourchettes de volumes consommés incitent à économiser des ressources rares (eau, électricité) ; équitable ; bon signal par les prix.
		Tarifs établis fonction des capacités (diamètre des conduites de raccordement, capacité des compteurs électriques).
		Subventions forcées par les personnes qui ne payent pas. Lorsque le taux de recouvrement des redevances est faible, ceux qui acquittent ces dernières subventionnent ceux qui ne les payent pas. Une augmentation du tarif visant à couvrir le manque à gagner aurait pour effet d'alourdir la charge de ceux qui payent déjà le service.
	Crédit aux ménages défavorisés.	Créer des incitations aussi bien au niveau de la demande que de l'offre.
Implicite	Imposition d'un tarif peu élevé par le conseil.	Subvention au niveau de la demande, qui n'est pas comptabilisée comme une subvention ; biaise les signaux donnés par les prix aux clients. Compromet la viabilité financière et entraîne la fourniture de subventions axées sur l'offre ou une dégradation des actifs et des services.

investissements peuvent ne pas être viables, de sorte que l'entité peut avoir besoin d'un autre don ou d'une autre subvention pour procéder à une importante mise à niveau, au remplacement ou à l'expansion de l'actif en temps opportun ; d) le donateur d'un actif peut ne pas fournir de subvention au titre de son exploitation et de son entretien, et la municipalité peut ne pas budgétiser les dépenses nécessaires à cette fin ; et e) les anciennes subventions d'équipement accroissent la difficulté de

forger des partenariats public-privé parce que leur valeur est souvent inconnue.

Le plus important, toutefois, est que les subventions d'équipement ne sont pas ciblées. Comme elles profitent à tous les utilisateurs, elles gaspillent des ressources publiques, car même ceux qui pourraient se permettre de payer l'intégralité du coût du service en bénéficient. Il importe donc que les directions financières calculent et communiquent aux parties prenantes (comme le conseil) le coût réel des

Encadré 5.10 Subventions aux services d'eau à Delhi (Inde)

Des subventions considérables sont accordées aux clients par le biais de tarifs subventionnés. Selon le principal ministre, qui est le président du Conseil de la commission nationale des tarifs (NCT), les tarifs des ménages comportent jusqu'à 60 % de subventions à Delhi. Ces subventions sont censées bénéficier aux populations défavorisées, mais très peu de ces dernières sont raccordées au système parce que les frais de branchement sont extrêmement élevés. Ce sont donc les clients ayant des revenus moyens à élevés qui bénéficient des faibles tarifs. Par ailleurs, les populations défavorisées doivent payer cher pour satisfaire à leurs besoins en achetant l'eau à des camions-citernes. Les subventions ne procurent donc aucun avantage aux consommateurs qu'elles devraient cibler.

Source : TERI 2010, 35.

services, y compris les dépenses d'investissement, pour éventuellement viser à inclure progressivement ces dépenses dans les tarifs, les droits et les redevances.

Comme nous l'avons expliqué, les tarifs des services municipaux assurés dans les pays en développement sont souvent faibles et ne couvrent ni les dépenses d'investissement ni les frais d'exploitation et d'entretien régulier. Il serait possible, pour remédier à la situation, de s'efforcer en premier lieu de recouvrer les coûts d'exploitation et d'entretien en réduisant progressivement les subventions d'exploitation, ce qui exige des évaluations précises, une allocation efficace et un ciblage (l'encadré 5.10 donne un exemple de subventions aux services d'eau en Inde).

Allocation et ciblage des subventions

L'objectif primordial consiste à utiliser les subventions de manière équitable de façon à maximiser les recettes afin de recouvrer les coûts d'exploitation et d'entretien associés au service. Il est possible de parvenir à cet objectif en procédant à une allocation et à un ciblage soigneux des subventions. Il est utile, pour cela, de suivre les étapes ci-après qui consistent à :

- examiner attentivement les dépenses d'exploitation et d'entretien du prestataire de services pour s'assurer que la subvention minimale nécessaire est allouée ;

- assurer des subventions explicites, transparentes, mesurables et comptabilisées ;

- identifier les groupes ciblés, leurs besoins et la mesure dans laquelle ils peuvent et veulent payer ;

- retenir les options relatives aux subventions qui conviennent ;

- retenir la méthode de transfert liée aux résultats appropriée ;

- fixer des règles d'octroi de subventions et conclure un contrat avec le prestataire, dans la mesure du possible ;

- suivre, appliquer les règles et évaluer l'allocation et l'impact des subventions ;

- estimer, décider ou planifier et budgétiser le volume des subventions que l'administration est en mesure et accepte de financer (moyenne par client, par service ou par prestataire) ;

- indiquer l'emploi de subventions aux principales parties prenantes.

Le tableau 5.9 décrit les différentes options en matière de tarifs. Il a été établi à partir d'un projet d'approvisionnement en eau réel mené dans une petite ville népalaise. Le projet affiche un déficit considérable de NPR 450 000 (33 %). Selon une enquête sur la volonté de payer, la plupart des ménages pourraient facilement acquitter des tarifs plus élevés, qui ne représenteraient encore que moins de 5 % du revenu de leur ménage. Le tableau récapitule la situation de trois groupes de consommateurs regroupés par niveau de revenus des ménages, la proportion de 5 % du revenu étant retenue comme variable de remplacement de la capacité à payer les services d'eau. L'analyse détaillée du tarif a été motivée par le fait que la ville avait au départ décidé d'appliquer un taux forfaitaire de NPR 100 « parce que la population ne pouvait pas se permettre de payer davantage ». La municipalité a toutefois rapidement découvert que le montant total des coûts d'exploitation, d'entretien et du service de la

Tableau 5.9 Options relatives aux tarifs dans le cadre d'un petit projet d'approvisionnement en eau au Népal

	Revenu du ménage Plus de NPR 10 000	Revenu du ménage NPR 3 000 à 10 000	Revenu du ménage Moins de NPR 3 000	Nombre total de raccorde-ments	Recettes totales NPR par mois	Coûts totaux (EX + EN + SD) NPR par mois	Subvention par mois (NPR)
Nombre de ménages	900	2 700	900	4 500		1 350 000	
5 % du revenu du ménage (NPR)	750	375	100				
Situation actuelle : tarif forfaitaire de NPR 100	100	100	100	4 500	450 000	1 350 000	900 000
Option 1	300	300	60	3 780	1 134 000	1 350 000	216 000
Option 2	360	360	60	3 780	1 350 000	1 350 000	0,0
Option 3	300	300	300	4 500	1 350 000	1 350 000	0,0

Note : EX + EN + SD = exploitation plus entretien plus service de la dette.
Option 1 : raccordements au logement pour les ménages riches et à revenu intermédiaire moyen pour un tarif de NPR 300 par mois et affectation d'un robinet communautaire à cinq ménages pour un tarif de NPR 60 par mois par ménage.
Option 2 : service ciblé de NPR 360 par ménage pour les raccordements au logement et de NPR 60 par ménage pour les robinets communautaires.
Option 3 : raccordement de tous les logements et tarif forfaitaire de NPR 300 pour tous les ménages, quel que soit leur niveau de revenu.

dette était largement supérieur au montant total des recettes que pouvait générer un tel taux forfaitaire.

L'analyse montre que les responsables locaux ont un certain nombre d'options. L'adoption d'un taux forfaitaire de NPR 300 permettrait d'assurer la faisabilité financière mais imposerait une charge insoutenable aux ménages défavorisés. Le service ciblé abandonnerait la subvention si les ménages dont le logement est raccordé au réseau payaient NPR 300 par mois tandis que les ménages défavorisés payaient NPR 60 par mois pour les robinets communautaires installés pour des groupes de cinq ménages. Cette option semble attractive, mais n'est pas faisable parce que les branchements aux logements ont déjà été effectués. Les ménages plus aisés pourraient se permettre de payer NPR 360 par mois, ce qui permettrait d'assurer un service de réseau aux ménages défavorisés pour NPR 60 par mois. Les ménages défavorisés recevraient une importante subvention croisée financée par les ménages plus aisés. De nombreuses autres options peuvent être envisagées. Les deux dernières lignes du tableau 5.9 comparent deux options possibles, dont

l'une concerne des services différenciés assortis de tarifs également différenciés qui sont, chacun, abordables pour les groupes de ménages visés.

Quelles leçons est-il possible de tirer de la fixation des tarifs et des subventions ? Ces dernières sont nombreuses, mais nous ne récapitulerons que les principales : a) les directions financières jouent un rôle crucial en analysant, en suivant et en contrôlant les dépenses encourues lorsque différents tarifs et subventions connexes sont appliqués aux services municipaux de base ; b) il est nécessaire, pour contrôler les dépenses, de disposer de solides informations et de bien comprendre les coûts de base de manière à pouvoir estimer des subventions réalistes et justifiées ; c) les subventions doivent être ciblées, explicites et dûment comptabilisées ; et d) le volume annuel total des subventions doit être estimé et communiqué aux principales parties prenantes, notamment les décideurs comme le conseil, les ministères dépensiers et le comité du budget, ainsi que l'ensemble des citoyens et les clients des services considérés.

Principes de la passation des marchés et du suivi des dépenses

La passation des marchés revêt diverses formes et couvre l'acquisition de fournitures (électricité et carburants), de biens fonciers, de matériels et équipements (véhicules), d'ouvrages (hopitaux, établissements scolaires, routes) et de services (nettoyage, sécurité). Elle constitue l'un des éléments fondamentaux de la prestation des services d'utilité publique. Elle porte sur des montants considérables de fonds publics et elle est la principale source d'allégations de corruption et d'inefficacité des administrations publiques. Parce qu'elle constitue un élément central de la majeure partie des opérations des collectivités locales, une passation des marchés efficace est essentielle à la gestion des dépenses.

En règle générale, tous les systèmes de passation des marchés bien conçus impliquent une très grande transparence, une concurrence libre et ouverte et la sélection du fournisseur le mieux qualifié. L'application de ces systèmes est souvent difficile et prend beaucoup de temps. Aussi de nombreuses administrations publiques passent-elles souvent outre aux règles et aux instruments de passation des marchés.

Graphique 5.6   Processus de passation des marchés par appel à la concurrence

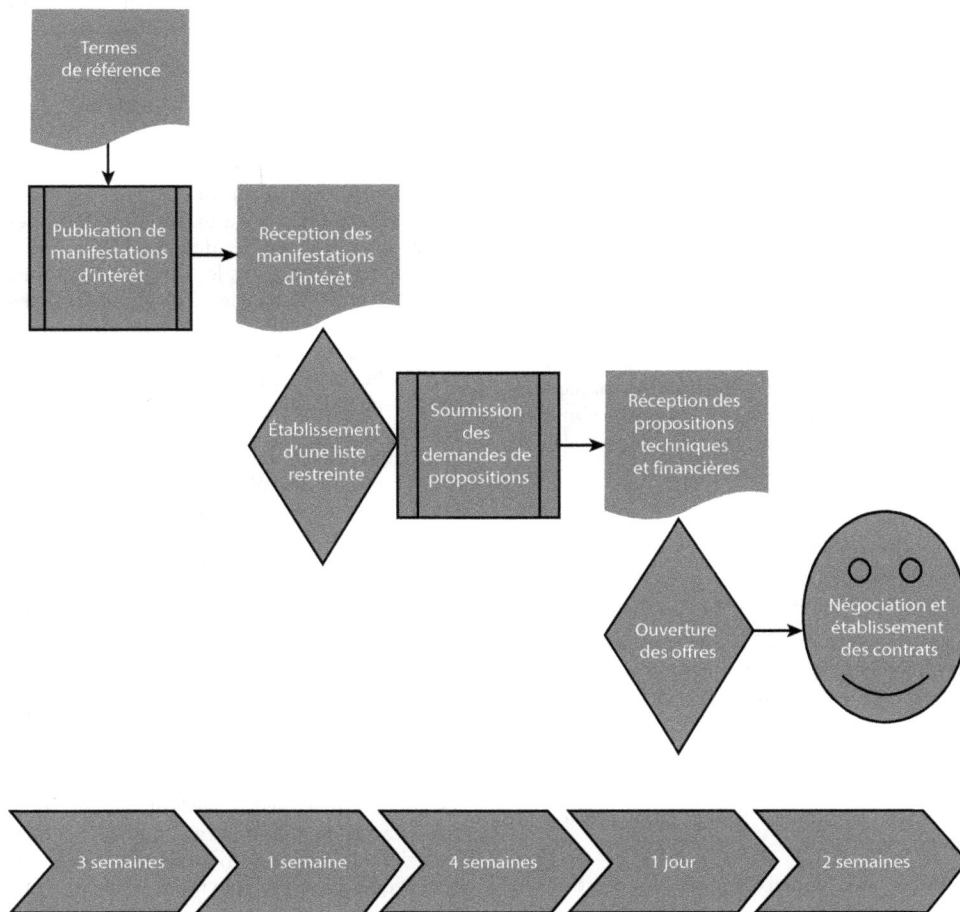

Elles acquièrent les biens et services de manière arbitraire et payent plus que ce qu'elles ne devraient pour des biens et des services de qualité inférieure.

Il est essentiel de surveiller attentivement la passation des marchés en raison de son importance. La plupart des systèmes, s'ils sont mis en œuvre de la manière prévue, produisent des résultats similaires. Souvent, toutefois, comme nous l'avons dit, les systèmes ne sont pas appliqués pour les raisons suivantes :

- absence de spécialistes de la passation des marchés possédant les compétences requises ;

- absence de stratégies et de pratiques permettant d'économiser les fonds en passant les marchés par des méthodes satisfaisantes faisant appel à la concurrence ;

- culture de transparence limitée ;

- piètre définition des prescriptions ;

- pressions exercées par des intérêts spéciaux sur les principaux représentants de l'État.

Cycle de la passation des marchés

Bien que la marche à suivre pour acquérir un bien ou un service varie quelque peu selon le coût du bien ou du service faisant l'objet du marché (les articles moins coûteux donnent généralement lieu à des procédures moins complexes), en règle générale les procédures de passation des marchés suivent des étapes similaires (le graphique 5.6 décrit un processus d'appel d'offres concurrentiel) qui consistent à :

- définir les prescriptions ;

- comprendre l'allocation et le partage des risques (en particulier pour les activités couvertes par des partenariats public-privé) ;

- préparer des termes de référence et des prescriptions détaillées, aussi bien pour des fournitures que pour des travaux de génie civil, de manière à établir clairement ce qui est censé être fourni et à quelle date ;

- publier le marché qu'il est proposé d'attribuer pour attirer la gamme la plus large possible de soumissionnaires ;

- demander aux entreprises de soumettre une manifestation d'intérêt sur la base d'une brève description de l'activité devant faire l'objet du marché ;

- évaluer les soumissions et sélectionner un petit nombre d'entreprises, d'entrepreneurs ou de fournisseurs devant participer à l'examen final ;

- envoyer les termes de références ou les prescriptions détaillées ainsi que les conditions commerciales applicables dans une lettre d'invitation aux entreprises figurant sur la liste restreinte ou aux entrepreneurs présélectionnés, en leur demandant de soumettre des propositions techniques et financières au plus tard à une date clairement indiquée ;

- évaluer les propositions et retenir le *soumissionnaire le moins disant*, c'est-à-dire le soumissionnaire offrant le prix le plus intéressant au regard des prescriptions imposées ; inviter cette entreprise à participer aux négociations du contrat ;

- négocier et signer le contrat ;

- commencer les travaux ou les activités.

Plan de passation de marchés

Pour s'assurer que seuls les éléments approuvés font l'objet des marchés, il est essentiel d'établir des plans de passation des marchés détaillés et transparents qui précisent les fournitures, les services et les travaux de génie civil que l'État a décidé d'obtenir (le tableau 5.10 est un instantané d'un plan de passation des marchés d'une ville). Le plan doit indiquer la date prévue pour l'achèvement de chaque étape du processus, et donner une indication de la date à laquelle les activités d'exécution du projet doivent commencer ainsi que la date à laquelle elles doivent être achevées.

Grâce à un tel plan, les responsables peuvent suivre le processus pour détecter les retards et les inefficacités, et suivre les dépenses. Le plan indique à toutes les parties prenantes ce qui est prévu ; tout écart par rapport à ce dernier doit être expliqué et dûment justifié au regard du projet. Pour s'assurer que le plan est conforme à la conception des activités en vigueur, il importe de le mettre à jour régulièrement, peut-être sur une base annuelle, et de le tenir à la disposition de toutes les parties prenantes.

Passation de marchés par appel à la concurrence

Les collectivités locales perdent souvent de l'argent parce qu'elles appliquent des procédures de passation de marchés inadéquates. Si le principe selon lequel ce type d'opération doit être mené sur la base d'une concurrence équitable et transparente

Tableau 5.10 Plan de passation de marchés pour un projet

Réf. n°	Description du marché	Est. des coûts (USD millions)	Méthodes de passation des marchés	Présélection	Préférence nationale	Examen préalable	Date prévue pour l'ouverture des offres	Commentaires
Travaux								
CW-1	Systèmes de drainage	6,770	Appel d'offres international	Non	Oui	Oui	16 avril 2012	
CW-2	Gestion de la circulation	8,94	Appel d'offres international	Non	Oui	Oui	25 mai 2012	
Fournitures								
EQ-1	Ordinateurs	0,45	Appel d'offres international	Non	Non	Oui	16 janvier 2012	
EQ-2	Articles de papeterie	0,05	Consultation de fournisseurs	Non	Non	Non	5 juin 2012	
EQ-3	Publicité	0,045	Entente directe	Non	Non	Non	5 juillet 2012	
Services de consultants								
TA-1	Systèmes d'information de gestion	0,750	Appel d'offres international	N D	N D	Oui	7 août 2012	

paraît simple et évident, il n'est souvent pas appliqué en pratique. Cela tient essentiellement au fait qu'il peut falloir jusqu'à six mois, et parfois plus d'un an, pour mener la procédure à son terme pour les grands projets d'infrastructures. Les responsables municipaux peuvent considérer que cela est une perte de temps s'ils ne comprennent pas les pertes considérables auxquelles ils s'exposent lorsqu'ils s'empressent de conclure un marché après ne s'être adressé qu'à un seul fournisseur. Il se peut aussi qu'ils souhaitent éviter de faire appel à la concurrence si le projet n'a pas été dûment planifié et approuvé par le conseil. Il peut également arriver que l'on soit dans l'obligation d'achever la procédure rapidement afin que les fonds puissent être dépensés avant la fin de l'exercice. Il se peut enfin que certains responsables, membres du conseil et politiciens aient des intérêts établis ou commettent des actes de corruption. Le graphique 5.6

décrit le processus d'appel à la concurrence pour un projet de taille moyenne.

Les procédures de passation des marchés par appel à la concurrence revêtent diverses formes et offrent différentes options ; celles qu'il convient de retenir dépendent fondamentalement de la taille et de la nature des fournitures ou des services qui en sont l'objet. Il peut être nécessaire dans le cas de projets de très grande envergure de procéder à des appels d'offres internationaux si des capacités suffisantes ne sont pas disponibles au niveau national, comme c'est souvent le cas dans les pays en développement de petite taille ou de taille intermédiaire. Il peut, en revanche, être plus avantageux de procéder à des appels d'offres nationaux dans le cas des projets de taille moyenne. Dans le monde moderne, les appels à la concurrence ne se limitent pas aux fournitures mais sont aussi lancés pour les services, y compris

■

Encadré 5.11 Mise en place de franchises attribuées par voie d'appel à la concurrence en Ouzbékistan

En Ouzbékistan, les services de transports publics étaient traditionnellement assurés par des entreprises d'État qui jouissaient de monopoles régionaux ou municipaux. Toutefois, les autorités ouzbèkes ont entrepris de radicalement modifier l'organisation et la réglementation des services de transports publics urbains par autobus à la fin 1997, dans le cadre de la transformation de cette ancienne économie socialiste en pays opérant sur la base des principes du marché.

La responsabilité d'organiser tous les services de bus sur un modèle de franchise de trajet exclusif a été confiée aux administrations urbaines à l'issue d'un processus progressif et soigneusement planifié qui a été mis à l'essai dans quelques villes, a fait intervenir un voyage d'études à Londres et a donné lieu à un élargissement progressif des opérations à toutes les villes secondaires. Ces franchises ont été attribuées dans le cadre d'un processus d'appel à la concurrence ouvert à toutes les sociétés et associations de petits propriétaires-opérateurs du secteur privé, ainsi qu'aux entreprises d'État. L'appel d'offres a été lancé sous la responsabilité d'une commission spéciale dans chaque ville

présidée par un adjoint au maire, et suivant des règles précises fixées par un organisme de réglementation des transports de l'administration centrale. Les principaux critères de sélection comprenaient l'offre éventuelle de rabais par les soumissionnaires, par rapport au plafond des tarifs passagers, la fréquence proposée des services et les caractéristiques du parc d'autobus. La durée de la franchise, initialement fixée à six mois et renouvelable une fois pour une période de six mois, est progressivement prolongée (elle est maintenant d'un an).

Ces réformes, achevées en deux ans, ont permis d'accomplir des changements impressionnants. De nombreux opérateurs privés opèrent sur le marché des transports publics, de nombreux emplois ont été créés dans le nouveau secteur des services d'autobus et une saine concurrence s'est instaurée, en particulier pour les services de minibus qui se développent rapidement. Les opérateurs privés assurent maintenant plus de 50 % de tous les services de transport urbain. Un système de franchise pour les trajets d'autobus est maintenant mis en place à Tachkent.

Source : Banque mondiale 2002, 10.

les services de sécurité, les espaces de bureau, les services de gestion évènementielle et, ce qui est particulièrement important, les services bancaires. Les municipalités peuvent réaliser des gains financiers en sélectionnant leurs banques partenaires par voie d'appel à la concurrence. Enfin, une procédure de sélection par consultation ou par entente directe peut être adéquate pour l'acquisition de petites quantités de fournitures ou pour le recrutement de spécialistes (le tableau 5.10 indique les différents types de procédures dans le plan local de passation de marchés.).

Étapes cruciales du processus de passation des marchés

De nombreuses collectivités locales suivent le processus de passation des marchés présenté dans le graphique 5.6, dans certains cas uniquement parce qu'un bailleur de fonds l'exige. La plupart des collectivités locales du monde en développement n'ont toutefois qu'une expérience très limitée des aspects fondamentaux du processus ; elles ressentent donc la charge qu'il constitue sans toutefois profiter des avantages que pourrait leur conférer un bon système de passation des marchés. L'encadré 5.11 décrit brièvement une réforme du processus de passation des marchés en Ouzbékistan.

Les étapes les plus essentielles, qui déterminent l'efficacité ou l'échec du processus, sont les suivantes :

• *Termes de référence.* Il est nécessaire de consacrer suffisamment de temps, et peut-être d'argent, pour préparer des termes de références adéquats. Ces derniers doivent définir de manière très précise les objectifs, la portée des travaux et les tâches devant être accomplies ; indiquer des produits très précis, mesurables et assortis d'un calendrier ; et établir un barème de paiement pour les tâches. Des termes de référence peu développés et vagues ne permettent ni de guider le partenaire auquel le marché a été attribué ni d'obtenir un net et solide engagement. Ils ne donnent pas non plus à la collectivité locale les moyens d'assurer la réalisation des actions convenues et d'exiger une performance de qualité.

• *Sélection des entreprises figurant sur la liste restreinte et du soumissionnaire auquel le marché est attribué.* De nombreuses collectivités locales semblent ne pas accorder l'attention requise à la constitution de comités de sélection composés de membres compétents et déterminés à s'acquitter dûment de leur tâche. Elles considèrent fréquemment que la sélection est une formalité plutôt qu'une phase critique du processus, ne parviennent pas à sélectionner le meilleur candidat et obtiennent des résultats qui laissent à désirer (tels que des produits de piètre qualité, des retards dans les travaux ou des rapports de consultants médiocres). Elles peuvent nommer aux comités de sélection des personnes es-qualités qui n'ont pas les compétences requises et qui ont parfois intérêt à soutenir un candidat particulier.

• *Établissement du contrat.* Même les meilleurs termes de références et procédures de sélection aboutissent à de mauvais résultats lorsque le contrat signé est défaillant et ne protège pas les intérêts des collectivités locales. Il peut arriver que le partenaire sélectionné présente ce qu'il prétend être un contrat type et insiste qu'il s'agit du meilleur type de contrat, employé par de nombreuses municipalités et qu'il n'est pas possible de l'améliorer ou d'y apporter le moindre changement. Il est dangereux d'accepter un tel contrat. En effet il arrive fréquemment que le « contrat type » ne soit ni type ni supérieur. En d'autres termes, il importe qu'une municipalité prépare son propre contrat (en recrutant un bon juriste, si nécessaire), s'assure des meilleures conditions, protège ses propres intérêts et négocie résolument.

Principes de la passation des marchés

Le respect de solides principes dans le cadre de la passation des marchés du secteur public contribue au renforcement de la gestion des collectivités locales en permettant de contrôler les dépenses et d'améliorer la prestation des services d'utilité publique. Certains des principes de base de la passation des marchés dans le cadre du secteur public sont récapitulés ci-après :

• *Recherche du soumissionnaire le moins-disant.* Il est souvent fait pression sur les entités chargées de la passation des marchés pour qu'elles choisissent le soumissionnaire offrant le coût le moins élevé. La plupart des systèmes de passation des marchés précisent toutefois qu'il importe de sélectionner le soumissionnaire offrant le meilleur prix au regard des prescriptions établies — c'est-à-dire le *soumissionnaire le moins-disant.* Les administrations doivent éviter de sélectionner une entreprise offrant un prix bien trop faible : l'expérience montre qu'une telle entreprise s'efforcera d'accroître le prix offert par voie d'ordres de service ou fournira des biens ou des services d'une qualité inférieure à celle prescrite.

- *Optimisation des ressources.* L'optimisation des ressources est déterminée par l'efficacité avec laquelle les ressources financières de l'État sont utilisées. Elle est représentée par un certain nombre de facteurs, outre le prix, par exemple :
  — le caractère approprié des fournitures, du matériel ou des services achetés ;
  — la durée de vie et la durabilité des fournitures ou du matériel ;
  — les coûts de fonctionnement, d'entretien et des services ;
  — les frais administratifs de la méthode de passation de marchés sélectionnée ;
  — le temps de livraison ;
  — les futurs coûts de transport ;
  — les frais de stockage ;
  — le temps nécessaire pour obtenir les fournitures.

- *Transparence.* Les citoyens ont le droit d'être assurés que les procédures correctes ont été suivies, et la poursuite d'une démarche transparente constitue le principal moyen de fournir cette assurance. Une passation des marchés transparente non seulement garantit aux citoyens que les procédures correctes ont été suivies, mais elle encourage aussi les fournisseurs à se faire concurrence pour obtenir les marchés que l'État et ses organismes attribuent. Elle réduit également le risque de fraude et de corruption.

- *Obligation de rendre compte.* L'obligation de rendre compte est la pierre angulaire de tout système de passation des marchés. Elle permet d'assurer que les responsables qui poursuivent les opérations s'acquittent de leurs responsabilités avec la diligence dont ils sont tenus de faire preuve envers l'État et les citoyens.

- *Équité.* Tous les fournisseurs éligibles doivent être informés de tous les marchés qui sont proposés. Cela permet d'assurer que tous les soumissionnaires, fournisseurs, entreprises et consultants nationaux et internationaux ont les mêmes opportunités de se faire concurrence pour obtenir des marchés financés par l'État. À terme, cette manière de procéder permet également de réaliser des économies.

- *Efficacité.* Il ne faut en aucun cas oublier le rôle ultime d'une opération particulière de passation des marchés. Cette dernière n'est qu'un moyen de parvenir un objectif déterminé. Toute opération de passation de marchés qui ne contribue pas à faciliter la réalisation de son objectif n'est pas efficace.

- *Efficience.* L'État ne doit jamais faire abstraction de la nécessité de mener rapidement et efficacement le processus de passation des marchés. Plus les démarches administratives non essentielles alourdissent le processus, plus les ressources employées à un titre autre que la réalisation de l'objectif principal de l'État sont importantes. Plus le processus prend de temps et plus le coût réel subi par l'État est élevé.

- *Normes déontologiques.* Toute personne participant aux activités de passation des marchés doit se conformer au code de déontologie de l'État. Bien que les dispositions particulières de ce code puissent varier, elles stipulent toutes qu'aucun individu ne peut user de son autorité ou de ses fonctions pour son profit personnel. Ces dispositions couvrent l'acceptation ou la sollicitation de tous biens et services de valeur notable auprès de soumissionnaires, de soumissionnaires éventuels ou de fournisseurs pour le compte de la personne, de son époux ou épouse, de ses parents, de ses enfants ou de parents proches, ou de toute autre personne par l'intermédiaire desquels l'individu pourrait bénéficier directement ou indirectement de cadeaux. Le code devrait également couvrir les questions ayant trait aux conflits d'intérêts, à la divulgation des relations personnelles, à la confidentialité et à l'exactitude des informations.

Passation électronique des marchés

La passation électronique des marchés s'entend des procédures de passation de marché gérées par voie électronique dans le cadre desquelles toutes les phases de la procédure sont effectuées par l'intermédiaire de l'Internet ou par des moyens électroniques. La municipalité annonce le projet en lançant un appel de manifestations d'intérêt, puis émet une demande de propositions sur l'Internet. Les soumissionnaires sont eux aussi censés soumettre leur offre par voie électronique, et ils reçoivent une confirmation et leurs résultats également sous forme numérique. De plus en plus d'administrations procèdent à des essais de

Encadré 5.12 Principaux éléments d'une bonne gestion de contrat

- Un plan de gestion du contrat assorti des documents nécessaires pour veiller à ce que l'organisation dans son ensemble s'efforce d'optimiser l'utilisation des ressources
- Des indicateurs de résultats clés pour mesurer les résultats des fournisseurs et inciter ces derniers à fournir des prestations satisfaisantes
- Un accord détaillé indiquant les produits devant être fournis, les résultats attendus et la qualité des services devant être assurés
- Des activités de suivi permettant de s'assurer que le service est fourni conformément aux prescriptions et que son coût ne dépasse pas le montant prévu
- Une évaluation et une gestion systématiques des risques associés à la prestation des services, et le maintien de plans pour la poursuite des opérations, pour que les services essentiels continuent d'être assurés dans toute une gamme de conditions imprévues
- Réalisation de tests réguliers et comparaison des prix pour veiller à ce que les ressources soient utilisées de manière optimale
- Établissement de procédures juridiques claires pour pouvoir imposer des sanctions financières en cas de prestations insuffisantes des fournisseurs
- Ciblage des activités de l'administration et de la gestion des changements sur le suivi des coûts et les prévisions, les procédures

de commande, de paiement et de suivi du budget, la gestion des ressources, la planification, les systèmes d'établissement de rapports de gestion et la gestion du patrimoine

Pourquoi les organisations ne parviennent-elles pas à gérer correctement les contrats ?

- Les contrats sont mal rédigés
- Les ressources affectées ou disponibles pour constituer l'équipe de gestion du contrat sont inadéquates
- Les membres de l'équipe de l'État ou du client n'ont pas les mêmes compétences et/ou la même expérience que les membres de l'équipe du fournisseur
- Les personnes nommées ne sont pas bien choisies, ce qui débouche sur des conflits de personnalités
- Le contexte, les complexités et les implications du contrat sont mal compris
- Les hypothèses présentées par le fournisseur dans sa proposition n'ont pas été vérifiées
- Les pouvoirs et les responsabilités concernant les décisions commerciales ne sont pas clairement établis
- Le client ne propose pas de mesure des résultats ou de normes de référence
- Les risques (statutaires, politiques et commerciaux) qui persistent ne sont ni suivis ni gérés

Source : Auteurs, à partir de la Banque mondiale 2005.

---

système de gouvernance électronique dans le but de réduire la corruption dans le cadre de la passation des marchés. En Thaïlande, les progrès accomplis en ce domaine sont limités parce que l'accès à l'Internet est réduit dans la plus grande partie du pays. et relativement onéreux. On assiste toutefois depuis quelque temps à des enchères électroniques et à une passation électronique des marchés pour des projets menés par l'État.

Des initiatives de gouvernance électronique sont aussi poursuivies dans le domaine du commerce. Pour réduire les interactions personnelles entre les entreprises et les représentants de l'État, les pays

procèdent de plus en plus à présentation et à la soumission de demandes de licences commerciales en ligne. Dans le monde en développement, où les processus de gouvernance sont fréquemment dysfonctionnels, de nombreux pays ne font que numériser ces dysfonctionnements.

Gestion des contrats

Trop souvent, la gestion des contrats conclus avec des clients, des fournisseurs, des prestataires, des partenaires ou des employés est déléguée à des services d'ingénierie ou de passation des marchés qui ne collaborent que peu ou pas du tout avec le personnel financier et juridique. C'est une grave erreur. La gestion des contrats comporte trois domaines cruciaux : a) l'établissement, la négociation et la signature du contrat ; b) le suivi du respect des dispositions du contrat durant l'exécution du projet ; et c) le déblocage des paiements (ou la collecte des montants dus). Les collectivités locales des pays en développement affichent souvent des défaillances dans ces trois domaines. L'encadré 5.12 indique les points dont il importe de se souvenir pour mener à bien la gestion des contrats et les raisons pour lesquelles certaines entités n'y parviennent pas.

Établissement du contrat. Le contrat est un élément crucial de la procédure de passation des marchés. Il contribue dans une mesure fondamentale à assurer le respect des conditions, et documente toute modification pouvant survenir durant l'exécution du projet, ainsi que l'approbation de cette dernière. De nombreuses collectivités locales concluent souvent des contrats sans pleinement comprendre leurs répercussions financières et juridiques. Procéder de la sorte est particulièrement dangereux dans le cadre de partenariats public-privé, dont beaucoup ont échoué en raison de l'allocation déséquilibrée des risques, des responsabilités et des financements entre partenaires privés et publics. On peut citer à cet égard le cas célèbre du partenariat public-privé constitué pour les services d'eau à Dar-es-Salaam, qui n'a duré que trois ans. Le partenaire privé a quitté les lieux en laissant la municipalité assumer des coûts considérables pour un système d'approvisionnement en eau sans opérateur.

Suivi du respect des dispositions du contrat. Ce suivi revêt une importance particulière dans le contexte de l'exécution des grands projets d'infrastructure. Il couvre les dépenses et les étapes d'achèvement des aspects physiques du projet pour vérifier que les deux progressent à un rythme relativement similaire. Les municipalités dotées de capacités limitées confient fréquemment le suivi des travaux de construction à une entité extérieure, auquel cas il importe également de superviser cette dernière. Il est nécessaire d'examiner attentivement les rapports d'avancement aux étapes cruciales et de faire vérifier l'état des travaux sur place par un ingénieur de la municipalité pour garantir que les paiements sont effectués sur la base de progrès vérifiés et de l'achèvement des travaux facturés. Dans les pays en développement, si les municipalités n'ont pas les capacités requises, les entreprises de construction et les sociétés de supervision des travaux de construction souffrent, elles aussi, de capacités insuffisantes. Selon une évaluation

des capacités d'investissement dans les infrastructures au Pakistan, la pénurie de capacités dans le domaine du bâtiment (ingénieurs, travailleurs qualifiés, machines et équipements) constitue un obstacle plus important que le manque de ressources financières au développement des infrastructures (Banque mondiale 2007).

Contrôle des coûts et déblocage des paiements. Dans l'optique de la gestion des paiements, les tâches les plus essentielles consistent à contrôler l'application du contrat et à débloquer les paiements en temps voulu conformément aux dispositions du contrat. Fait plus important, les ˊpaiements doivent être effectués sur la base des progrès vérifiés. La Banque mondiale complète les audits financiers par des audits techniques pour s'assurer de l'affectation des fonds et de la manière dont ils sont utilisés dans le cadre des projets d'infrastructures qu'elle finance.

Ordres de modification. Certains entrepreneurs peuvent offrir un prix initial peu élevé pour leurs services, fournitures ou travaux (peut-être avec une marge réduite) puis proposer par la suite des modifications au motif de dépenses imprévues. Certaines dépenses peuvent être réellement imprévues ; c'est le cas notamment lorsque le prix du carburant fluctue considérablement ou qu'une entreprise se heurte à des conditions particulières qui n'auraient pas pu être détectées au stade de la planification. Trop souvent, toutefois, les ordres de modification sont un moyen pour l'entrepreneur d'accroître le prix du contrat (et ses bénéfices) pour compenser une proposition initiale irréaliste.

Les ordres de modification sont également une forme courante de corruption. Les demandes de modifications techniques doivent donc non seulement être examinées par les services d'ingénierie, mais aussi faire l'objet d'un examen approfondi des services financiers, qui peuvent rejeter les factures et retarder des paiements ou refuser de les effectuer s'ils estiment que les dépenses sont injustifiées ou s'ils soupçonnent qu'une fraude a été commise. Les ordres de modification sont généralement associés aux travaux physiques, mais l'administration financière doit être impliquée, car il lui faut déterminer l'impact des augmentations des coûts sur le budget et le financement. Enfin, si les ordres de modification doivent ralentir les paiements, ils soulèvent une question administrative qu'il importe d'examiner pour assurer l'efficacité des activités, et aussi pour détecter toute possibilité de versement de pot-de-vin.

Graphique 5.7 Instantané financier quotidien : Aperçu du système d'information de gestion financière de la ville de Chiniot (Pakistan)

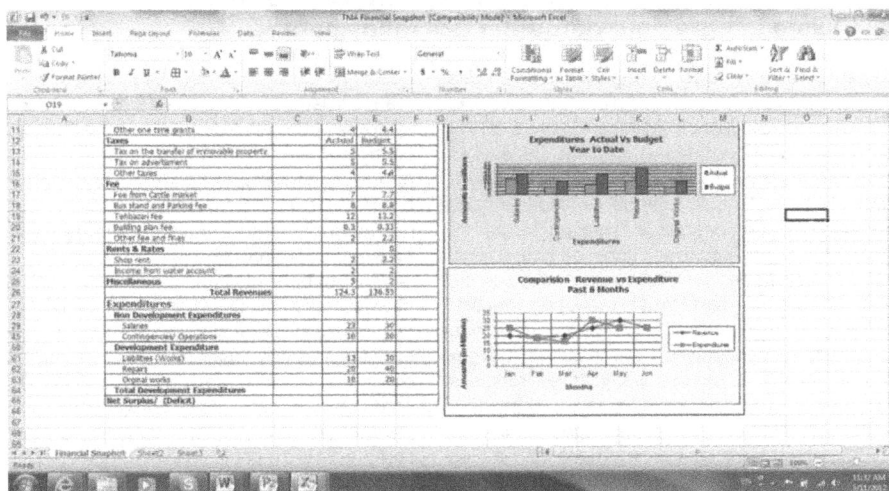

Source : Banque mondiale 2008.

Systèmes de gestion des dépenses

Les entités des collectivités locales gèrent les dépenses par le biais de différents systèmes et instruments, notamment des systèmes de comptabilité, de contrôle interne, de gestion des liquidités, de passation des marchés et de gestion des contrats. Ces systèmes jouent de multiples rôles dans le cadre des activités des collectivités locales.

Systèmes de comptabilité

Les budgets ne sont pas le produit des systèmes de comptabilité. Une fois le budget approuvé, le système de comptabilité enregistre et présente les résultats effectifs, de manière à ce qu'il soit possible de comparer ces résultats aux montants budgétisés et de contrôler les activités de l'entité (voir le chapitre 3). Les systèmes de comptabilité doivent être conçus de manière à fournir rapidement aux responsables des informations qui leur permettent de contrôler les activités inscrites au budget et qui peuvent être exploitées par l'institution et son personnel avec les capacités dont ils disposent.

Le graphique 5.7 présente un rapport quotidien généré par le système informatique de gestion financière (SIGF) de la ville de Chiniot (Pakistan). Le maire et le directeur financier reçoivent cet instantané tous les matins ; ils peuvent également avoir accès à distance aux systèmes d'établissement des rapports par Internet.

Cadre de contrôle interne

La réduction de l'exposition au risque de corruption est l'une des principales raisons justifiant l'établissement d'un solide cadre de contrôle interne. La corruption se définit, sur le plan technique, par l'abus du pouvoir confié à des fins personnelles. Il importe de noter que cette définition ne se limite pas aux abus dans la fonction publique : des actes de corruption peuvent aussi être commis dans le cadre de transactions entre parties privées.

Pratiquement tous les efforts de lutte contre la corruption se heurtent au fait qu'il est très difficile de mesurer cette dernière précisément et de manière exhaustive. Il est donc difficile de suivre les progrès accomplis. L'objectif des efforts de lutte contre la corruption devrait donc consister à réduire la prévalence des actes de corruption en accroissant la difficulté et le coût de la poursuite de telles pratiques.

Encadré 5.13 Contournement d'un système d'information de gestion financière intégré pour détourner des fonds publics

Les autorités d'un pays africain avec lequel nous avons travaillé ont mis en place un système d'information de gestion financière intégré (SIGF) au niveau de l'administration centrale et des principales collectivités locales, notamment l'administration municipale de la capitale. Les premières évaluations de la mise en œuvre du système ont été positives. L'une des caractéristiques du système, dont le trésorier de la ville se félicitait grandement, était qu'aucun décaissement ne pouvait être effectué à moins que l'article correspondant n'ait été inscrit au budget et que toutes les pièces justificatives requises n'aient été reçues et approuvées par le responsable. Le système ayant été conçu par une grande société de logiciel international, et les évaluations de la première série d'activités de mise en œuvre étant positives, il ne paraissait guère faire de doute que l'environnement de contrôle interne s'était amélioré dans la capitale. Il a toutefois été établi par la suite que le trésorier de la ville n'avait jamais éliminé les contrôles manuels largement appliqués dans le cadre du système comptable antérieur. Le bureau du contrôleur général n'avait de surcroît pas exigé que son représentant permanent dans les bureaux de la ville change de poste après le nombre d'années requis, contrairement aux procédures normales.

Au bout de quelques années, il s'est avéré que le trésorier de la ville tirait régulièrement des chèques sur le compte du fonds de pension en faveur d'une société fictive. Il opérait de concert avec le greffier de la ville pour déposer ces chèques par l'intermédiaire d'un collègue travaillant dans une banque commerciale dans un compte contrôlé par le greffier. L'auditeur, qui avait pu conserver son poste à titre permanent, étant également partie à cette escroquerie, il a été possible à ses complices de voler une somme importante à la ville avant d'être pris et condamnés à une peine de prison.

À cette fin, il importe de reconnaître que la corruption n'est pas un problème de transaction, mais bien un problème d'institution. Dans les lieux où la corruption est endémique, punir certaines personnes pour des actes particuliers ne permet pas de transformer un environnement qui favorise au départ une corruption généralisée.

S'il est fondamentalement difficile de remédier à la corruption, les collectivités locales peuvent toutefois réduire le risque d'exposition à cette dernière et accroître la difficulté de commettre de tels actes. Il est essentiel qu'une collectivité locale dispose d'un système de gestion des dépenses efficace, doté de robustes contrôles internes et d'un solide système de suivi et d'évaluation (voir l'encadré 5.13). Les responsables doivent, de surcroît, être systématiquement à la recherche de « signaux d'alarme » indiquant que certaines défaillances du cadre de contrôle interne accroissent la vulnérabilité à des actes de corruption. Les responsables peuvent prendre diverses mesures qui consistent notamment à :

- effectuer une analyse des écarts entre les résultats financiers et opérationnels prévus et effectifs

- effectuer une analyse des tendances et une analyse comparative de l'évolution et des variations des transactions entre villes et entre quartiers d'une même ville qui ne peuvent pas être expliquées

- accroître la transparence de toutes les informations financières et opérationnelles

- installer une permanence téléphonique pour permettre au public de faire part de leurs préoccupations, notamment en ce qui concerne la prestation de services

- recourir davantage aux technologies pour accroître l'automatisation des transactions.

La situation décrite dans l'encadré 5.13 illustre le caractère dynamique de la corruption et l'importance, pour tous les représentants de l'État, de faire preuve de vigilance en recherchant les signes de défaillance du cadre de contrôle qui, en l'absence de mesures correctrices, pourrait encourager la poursuite de comportements corrompus.

Encadré 5.14 Avantages d'une gestion efficace des liquidités

- Les systèmes de manipulation et de contrôle des liquidités accroissent la certitude que les paiements seront effectués correctement au plus tard à leur date d'exigibilité et que les reçus seront transmis sans retard aux organes responsables. Ils réduisent également les risques opérationnels et l'ampleur des possibilités de mauvaise gestion ou de fraude.
- En réduisant le plus possible les liquidités non rémunérées détenues par les entités publiques, ainsi que les autorisations de paiement en attente d'encaissement, l'État réalise des économies directes et diminue le montant des emprunts qu'il lui faut contracter.
- Les liens établis entre les comptes publics (qui permettent de compenser les soldes par le biais d'un seul compte bancaire) permettent non seulement de réduire les soldes bruts, mais aussi d'accroître la visibilité des flux — ce qui offre des possibilités de gestion active — et limitent les risques posés par l'exposition au système bancaire ou aux fluctuations du marché financier.
- Une large gamme d'instruments financiers — bons du Trésor et autres titres de créances à court terme — confère aux administrations publiques une plus grande latitude pour gérer au mieux leurs besoins de financement ; elles peuvent ainsi éviter le risque posé par les coûts élevés des emprunts contractés sur la base de dispositions moins souples.
- Les mesures de gestion active des liquidités, qui permettent de compenser les entrées et les sorties de fonds du compte du ministère des Finances à la banque centrale, éliminent l'un des principaux facteurs des fluctuations à court terme de la liquidité du marché monétaire. Ce faisant, elles atténuent l'un des facteurs d'incertitude des prévisions de liquidités de la banque centrale et, par conséquent, facilitent la poursuite d'interventions dans le cadre de la politique monétaire. De manière plus générale, elles contribuent à réduire la volatilité des taux d'intérêt à court terme et les incertitudes sur les marchés monétaires.
- Une gestion efficace des liquidités contribue au développement d'un marché des titres à court terme fonctionnant de manière satisfaisante, et est elle-même renforcée par ce marché.

Source : Banque mondiale 1998.

Gestion des liquidités

La fonction de gestion des liquidités est généralement assumée par la direction des finances ou le Trésor sous la direction du directeur financier[1]. Elle a pour objectif de mettre à la disposition de la direction des finances ou du Trésor de la collectivité locale des ressources aussi rapidement que possible, de régler les montants dus aussi efficacement que possible et de tirer le meilleur parti des fonds disponibles jusqu'à ce qu'ils soient nécessaires pour financer les dépenses d'exploitation. Le bureau assurant cette fonction peut compter un seul employé chargé de l'intégralité des tâches. Toutefois, selon la taille de la collectivité locale, les activités peuvent être réparties de manière à ce qu'un employé soit chargé de procéder au recouvrement des fonds et/ou aux dépôts bancaires, tandis que d'autres traitent les décaissements et d'autres encore procèdent aux investissements à court terme.

Que le système soit centralisé — auquel cas un seul département est responsable de tous les recouvrements — ou décentralisé, il importe, pour exercer un contrôle interne prudent, que le responsable financier limite le nombre de bureaux qui recouvrent les recettes de manière à protéger les ressources de l'État et à appliquer des pratiques de gestion des liquidités efficaces. L'encadré 5.14 énumère certains des avantages d'une gestion des liquidités efficace par les collectivités locales.

Tableau 5.11   Prévisions simples de la situation des liquidités pour l'exercice (milliers de dollars)

Catégorie	Solde d'ouverture	Janv.	Févr.	Mars	Avril	Mai	....	Déc.	Total
	1 000								1 000
Impôt sur la propriété		250	250	300				100	900
Impôt foncier		50	25						75
Autres recettes			10		15	10		100	135
Dépenses salariales		−25	−25	−25	−25	−25		−25	−150
Autres dépenses d'exploitation		−10	−10	−10	−10	−10		−10	−60
Dépenses d'investissement				−150	−100	−575			−825
									0
Variation nette		265	250	115	−120	−600		165	75
Solde de clôture		1 265	1 515	1 630	1 510	910		1 075	1 150

Les collectivités locales recouvrent les fonds qui leur sont dus sous diverses formes et dans un grand nombre de sites. C'est là l'une de leurs principales fonctions. Les recettes proviennent des amendes, des prélèvements et des commissions, des impôts et des taxes, des licences, des permis et de contributions spéciales. Il est important que les procédures de contrôle interne soient établies et mises à jour régulièrement pour veiller à ce que tous les fonds dus soient dûment recouvrés et enregistrés. Toutes les recettes (revenus) doivent être collectées en temps opportun, créditées dans les comptes pertinents et déposées dans les comptes bancaires appropriés aussi rapidement que possible. Comme indiqué au chapitre 3, le recours à des systèmes d'information de gestion financière intégrés et de comptabilité informatisés modernes peut grandement faciliter les opérations de rapprochement bancaire.

Comme nous l'avons vu précédemment, les systèmes de gestion des dépenses ont pour objet d'accroître l'efficacité des collectivités locales et de réduire le coût global de la prestation de services. La collecte des recettes est l'un des importants domaines dans lesquels les systèmes efficaces peuvent avoir un fort impact sur le coût des opérations. Laisser les taux de recouvrement baisser revient à imposer une « taxe sur la collectivité locale ». La proportion non recouvrée des recettes qui sont en fait dues à l'État réduit le montant des fonds disponibles pour la prestation de services. Le tableau 5.11 donne un exemple de prévisions de flux de trésorerie ; les soldes de trésorerie peuvent être rapprochés des soldes bancaires de la municipalité.

Fluctuations des flux de trésorerie. Une des tâches les plus difficiles de la gestion des liquidités consiste à prévoir avec exactitude les fluctuations des flux de liquidités. Les prévisions des flux de liquidités s'entendent des calendriers des recettes et des décaissements attendus pour une période particulière. Les types de prévisions préparées et leur fréquence dépendent de différents facteurs. Les administrations dont les flux de trésorerie sont prévisibles et qui disposent de réserves de liquidités suffisantes peuvent généralement se permettre de n'établir que des prévisions annuelles. Ces dernières présentent la situation des liquidités prévue pour chaque mois. La plupart des administrations préparent des prévisions annuelles et les utilisent pour prendre des décisions d'investissement à long terme.

Les collectivités locales qui ont des liquidités volatiles, des flux de trésorerie erratiques et dont les effectifs de population changent peuvent devoir établir des prévisions plus fréquentes et plus détaillées. Des *prévisions de trésorerie mensuelles* consistent à estimer la position de liquidités hebdomadaire et permettent de vérifier l'exactitude des prévisions annuelles. Elles ont un caractère plus opérationnel que les prévisions annuelles. Ce type de prévisions est courant parce que la plupart des collectivités locales doivent compter avec des fluctuations de leurs flux de trésorerie et éprouvent des problèmes de liquidités. Des *prévisions de trésorerie hebdomadaires* consistent à estimer la position de liquidités quotidienne et permettent de vérifier l'exactitude des prévisions mensuelles. Elles peuvent être utiles aux administrations qui doivent suivre de près la position de leurs liquidités. Comme indiqué au chapitre 3, le recours à des systèmes d'information de gestion financière intégrés et de comptabilité informatisés modernes, peut grandement faciliter la préparation et le suivi des prévisions des liquidités.

Mesure et amélioration de la performance de la gestion des dépenses

L'un des problèmes auxquels se heurtent les responsables de collectivités locales tient au fait qu'ils n'ont guère de possibilité de tirer les leçons de l'expérience d'autres administrations. Ce problème est pris en compte par le Programme d'évaluation des dépenses publiques et de la responsabilité financière (PEFA), qui fournit un outil diagnostique permettant de mesurer la qualité des systèmes administratifs des finances publiques et de les comparer à l'échelle internationale.

Évaluation des dépenses publiques et de la responsabilité financière

Les évaluations des dépenses publiques et de la responsabilité financière ont pour objet d'appuyer des réformes de la gestion des dépenses, ainsi que d'autres aspects de la gestion des finances publiques. Les résultats de chaque évaluation sont présentés sous une forme concrète et suivant un format type. Le programme PEFA dispose de trois conditions

principales qui doivent être remplies pour assurer une saine gestion des finances publiques :

- *Discipline* : il importe de faire preuve de discipline dans le cadre de la gestion des finances publiques.
- *Stratégie* : les ressources doivent être allouées conformément aux objectifs stratégiques.
- *Efficacité* : les tâches doivent être exécutées de manière efficace.

Afin de réduire les doubles emplois au niveau des efforts déployés pour mesurer la performance de la gestion des finances publiques des pays, le cadre d'évaluation de la performance de la gestion des finances publiques a été mis au point par le biais de vastes consultations entre les bailleurs de fonds et les représentants de l'État. Il a été conçu sous forme de cadre intégré pour mesurer et suivre les systèmes de gestion des finances publiques, les processus et les institutions des pays au cours du temps. Il a récemment été adapté et utilisé dans un petit échantillon de municipalités. Les différents éléments du cadre sont notés sur une échelle allant de A (satisfaisant) à D (non satisfaisant) et des notes globales sont établies à partir des notes des différentes composantes. Depuis sa conception, un grand nombre d'évaluations ont été réalisées, et de nombreuses autres sont en préparation (voir http://www.worldbank.org/WBSITE/EXTERNAL/PEFA).

Tableau 5.12   Évaluation des flux de trésorerie dans le cadre de l'évaluation des dépenses publiques et de la responsabilisation financière (PEFA) réalisée pour Addis-Abeba

Indicateur	Note	Explication
Prévisibilité de la disponibilité de fonds pour l'engagement de dépenses.	C+	Méthode de notation pour indicateurs ne comptant qu'une seule composante.
1. Mesure dans laquelle les flux de trésorerie font l'objet de prévisions et d'un suivi.	B	Les prévisions des flux de trésorerie sont préparées pour l'exercice et sont mises à jour sur une base trimestrielle.
2. Fiabilité et calendrier des informations périodiques présentées durant l'exercice aux ministères, départements et agences sur les plafonds et les engagements de paiement.	B	Les entités de l'administration municipale d'Addis-Abeba reçoivent des indications fiables des ressources qui seront effectivement disponibles pour engager des dépenses un trimestre à l'avance.
3. Fréquence et transparence des ajustements effectués aux dotations budgétaires disponibles à un échelon supérieur à celui des administrations MDA.	C	Des ajustements budgétaires de divers montants sont fréquents (depuis les deux derniers exercices) et ils sont effectués de manière transparente.

Source : Auteurs, à partir de la Banque mondiale 2005.

Encadré 5.15 Récapitulatif des résultats de contrats municipaux au Sénégal et au Mali

Un projet financé par la Banque mondiale au Sénégal (le Programme d'appui aux communes — PAC) a permis d'atteindre un grand nombre de municipalités (et de citoyen) grâce à la signature de contrats municipaux, de financer et d'appuyer un grand nombre de projets de développement urbain. Fait encore plus important, le projet a contribué de manière positive au renforcement des capacités à long terme et à la réforme institutionnelle des collectivités locales dans les domaines des financements municipaux et de la gestion organisationnelle. Les capacités financières des municipalités se sont considérablement accrues, et il a été possible à ces dernières d'élargir la base d'imposition et d'accroître le recouvrement des impôts locaux.

Le projet a modifié le comportement de nombreuses municipalités en ces domaines, et il a eu un impact positif sur la viabilité des résultats. L'administration centrale et les municipalités sénégalaises ont largement adhéré à ce projet, comme en témoigne le fait que près de 25 % des

coûts du projet ont été couverts par des cofinancements. Les contrats municipaux ont servi de base à l'harmonisation des activités des bailleurs de fonds dans le pays et à l'orientation des interventions bilatérales et multilatérales. Le fait que le projet ait été exécuté à une époque à laquelle le cadre politique était favorable à la décentralisation a largement contribué aux résultats positifs qui ont été obtenus. Une nouvelle loi sur la décentralisation venait d'être promulguée, et les municipalités étaient désireuses de coopérer.

La démarche du contrat municipal a, en revanche, donné de moins bons résultats au Mali. Malgré la bonne exécution de la composante physique du projet, à savoir la fourniture de services urbains et la réalisation d'investissements dans l'infrastructure, la composante relative à la réforme institutionnelle et au renforcement des capacités n'a pas produit les résultats escomptés, essentiellement en raison d'un manque de suivi et de supervision.

Source : VNG International 2010, 42.

Parmi les évaluations municipales préparées par le PEFA figurent celles réalisées pour le canton de Lucerne et pour l'administration municipale d'Addis-Abeba. Les rapports correspondants présentent des examens et des analyses détaillées de la gestion des dépenses de ces deux collectivités locales ainsi que des conclusions formulées par les évaluateurs au moyen de la méthodologie PEFA adaptée à l'échelon des municipalités. Les évaluations sont utiles pour les responsables financiers d'autres collectivités locales qui peuvent obtenir davantage d'informations sur la méthodologie au niveau des collectivités locales et aussi s'informer sur la manière dont d'autres administrations traitent, ou non, les problèmes auxquels sont généralement confrontés toutes les collectivités locales. Les notes obtenues par la ville d'Addis-Abeba pour l'un des indicateurs de l'évaluation municipale PEFA[2] sont indiquées dans le tableau 5.12.

Audits municipaux (autoévaluation des finances municipales et audits urbains) et contrats municipaux

Les audits municipaux sont un autre instrument de suivi permettant d'accroître la transparence et la responsabilisation et d'améliorer la performance des finances publiques locales. La Banque mondiale intègre des audits municipaux dans un certain nombre de ses projets, et les modèles et la méthodologie MFSA sont de plus en plus souvent utilisés par les collectivités locales dans diverses régions du monde. L'autoévaluation des finances municipales (AMF), qui emploie certains des indicateurs PEFA, examine les finances municipales plus en détail, et donne notamment lieu à : a) à l'évaluation de la situation financière de la municipalité ; b) à l'examen des recettes et des dépenses sur une base annuelle ; et c) au recensement d'indicateurs spécifiques se prêtant à un suivi et permettant de mesurer les améliorations (ces derniers sont examinés en détail au chapitre 8). Les audits municipaux peuvent être établis par voie d'autoévaluation ou par des spécialistes externes.

Utilisé conjointement à l'AMF ou indépendamment de celle-ci, l'audit municipal (méthodologie conçue par la Banque mondiale et adaptée au contexte local par les utilisateurs locaux) peut être un puissant instrument de programmation des investissements. Il aide les collectivités locales : 1) à évaluer le niveau de leurs services et de leurs infrastructures, 2) à détecter et à quantifier les défaillances, et 3) à établir l'ordre de priorité et à sélectionner les programmes d'investissement municipaux. Les audits et les autoévaluations contribuent à accroître la transparence, la participation et la responsabilisation dans le processus de prise de décisions concernant les priorités qui doivent être financées et la manière dont elles doivent l'être, en exposant la manière dont les fonds publics sont utilisés dans la sphère municipale.

Les audits municipaux peuvent servir de base aux *contrats municipaux*. Les municipalités peuvent signer avec l'administration centrale des contrats comportant des indicateurs de performance définis sur la base des audits municipaux, appuyés par des dons de performance. L'encadré 5.15 résume les résultats produits par des contrats municipaux établis au Sénégal et au Mali. Les audits permettent aux villes d'améliorer la gestion de leurs dépenses en établissant des contrats municipaux qui leur permettent de gérer et de réguler les relations entre l'État et la collectivité locale. Le contrat municipal repose sur une analyse détaillée des caractéristiques de la municipalité, les aspects particuliers de la ville et ses capacités organisationnelles et financières (AMF + audit urbain). Cette analyse permet aux responsables de définir les priorités d'investissement, d'établir les programmes et de calculer les ressources nécessaires pour financer le fonctionnement des services municipaux et les ajustements qu'il convient d'apporter aux effectifs et à la structure organisationnelle de la municipalité.

Gestion des dépenses d'investissement

La gestion des dépenses d'investissement diffère quelque peu de la gestion des dépenses de fonctionnement. Les différentes règles examinées dans le contexte des dépenses de fonctionnement demeurent valides pour la gestion des dépenses d'investissement, mais il en est deux de plus qu'il importe de suivre : *l'évaluation des projets d'investissement et la gestion de la passation des marchés et des contrats*. Étant donné l'envergure des projets d'investissement, la passation des marchés de développement et de services de construction ainsi que la gestion des contrats correspondants revêt une importance cruciale pour la gestion des dépenses d'investissement. L'inverse est également vrai — la passation des marchés et la gestion des contrats revêt de l'importance pour la gestion de certaines dépenses de fonctionnement, telles que l'achat de combustibles, d'électricité, d'eau ou de lots importants de fournitures de bureau.

La gestion des dépenses d'investissement est, encore une fois, un domaine dans lequel les collectivités locales des pays en développement ont du retard et enregistrent par conséquent souvent de lourdes pertes. Par exemple, au tout début de l'informatisation (et peut-être même encore aujourd'hui), il était courant que chaque école soit dotée d'un petit budget, se rende à la boutique voisine et achète du materiel de technologie. Certaines municipalités intelligentes ont suivi une démarche différente : elles ont regroupé tous les besoins informatiques des écoles, des bureaux et d'autres entités et elles ont lancé un appel d'offres pour acquérir, par exemple, 200 ordinateurs et 50 autres matériels (imprimantes, serveurs, etc.). En faisant appel à la concurrence, elles peuvent avoir économisé 30 %, voire plus des coûts, ou acheté 30 % de matériels de plus avec le même budget. La situation est similaire lorsqu'une conduite d'eau principale doit être remplacée et que la municipalité sélectionne l'entreprise voisine, à huis clos, pour procéder aux travaux de construction.

Évaluation des projets d'investissement

La passation des marchés et des contrats relatifs aux projets d'investissement est indissociable de l'évaluation de ces projets, avant et fréquemment durant le processus d'appel d'offres, car il est souvent demandé aux sociétés soumissionnaires de faire part de leurs connaissances et de contribuer à la conception de la forme finale du projet. Pour prendre ces décisions, il est nécessaire de comparer les différentes options relatives au projet sur le plan technique et financier. Ce processus est itératif ; il peut commencer par la préparation de trois grandes options techniques et par leur examen avec les parties prenantes, mais leur faisabilité financière et le contrôle des dépenses doivent rester les facteurs déterminants. Il arrive souvent que, après l'examen de la visibilité financière, les ingénieurs doivent retravailler les détails de la modalité auquel la préférence a été accordée.

Il est possible — et en fait nécessaire — d'évaluer les projets d'investissement par diverses méthodes qui sont plus ou moins complexes. Nous en présentons ici trois des plus courantes. Il s'agit de la *valeur actuelle nette, du taux de rendement interne*, et de *l'analyse coûts-avantages* (chacune de ces méthodes repose sur l'actualisation du coût des avantages des investissements proposés pour en établir la valeur actuelle. Il est également possible d'utiliser les méthodes de la *règle d'amortissement* et du *rendement comptable moyen*, mais ces dernières ne sont pas décrites en détail. Ces diverses méthodes seront réexaminées au chapitre 7 qui examine les sources de financement extérieures dans le contexte de l'évaluation de projets d'investissement viables. Il existe d'autres méthodes utiles qui ne sont pas examinées ici.

Il est nécessaire d'utiliser ces méthodes pour évaluer les projets d'investissement non seulement lorsque ceux-ci génèrent directement des revenus, comme les projets d'approvisionnement en eau et d'assainissement, les abattoirs et les marchés, mais aussi lorsqu'ils ont pour objet de stimuler l'activité économique, comme les routes. Dans tous les cas, il importe de comparer les avantages financiers ou budgétaires escomptés et l'accroissement des dépenses de fonctionnement et d'entretien au montant correspondant des investissements en capital initiaux pour déterminer les mérites financiers ou économiques relatifs du projet et évaluer les investissements avec lesquels il est en concurrence. Ces questions sont examinées plus en détail au chapitre 6, dans le contexte de la gestion du patrimoine.

Valeur actuelle nette

Il est important, lors de l'évaluation de tout projet, de déterminer la valeur ajoutée ou créée par sa réalisation. La différence entre la valeur ajoutée (c'est-à-dire généralement l'augmentation des flux de trésorerie) et le coût de l'investissement est la valeur actuelle nette de l'investissement. Étant donné que le coût de ce dernier est généralement encouru durant la première année (ou du moins les premières années) et que l'accroissement de la valeur pour l'État (sous forme d'augmentation des flux de trésorerie) se produit généralement à une date ultérieure, il est essentiel de calculer la valeur actuelle de ce flux de profits pour pouvoir la comparer de manière exacte au coût de l'investissement. La valeur future est calculée au moyen d'un taux d'actualisation qui est appliqué à la valeur des futurs flux de trésorerie. Le taux d'actualisation (également qualifié de taux de « référence » ou de taux de « rendement critique ») qui est utilisé pour procéder au calcul, dans le cas

d'une collectivité locale, peut être le coût de l'emprunt des capitaux à long terme. Il convient d'accepter de procéder à un investissement si sa valeur actuelle nette est positive, et de refuser de le réaliser si cette valeur est négative.

Le concept de valeur actuelle est examiné de manière approfondie au chapitre 7. En termes succincts, la valeur actuelle a pour objet de permettre de comparer les valeurs futures (positives ou négatives) des flux de trésorerie de différents investissements en multipliant ces valeurs par un taux d'actualisation pour obtenir leur valeur actuelle. Une fois que la valeur actuelle des futurs flux de trésorerie a été établie, les responsables peuvent comparer les différentes options de manière plus précise pour décider quelle est la plus intéressante. Le taux d'actualisation (ou de rendement critique) est généralement le coût du capital pour l'entité. Pour une administration publique, le taux d'actualisation est le taux auquel cette administration peut emprunter. Pour compliquer davantage un concept déjà complexe, il importe, dans la mesure du possible, d'utiliser un taux d'actualisation pour les futurs flux de trésorerie, qui correspond à la durée de vie de l'actif. Par exemple, le taux d'actualisation utilisé pour évaluer les investissements ayant une durée de vie de 10 ans devrait correspondre au taux auquel l'administration peut emprunter des fonds sur une période de 10 ans.

Exemple : la direction des travaux publics compare deux modèles de matériel de terrassement des routes pour son service d'entretien. Le *modèle haut de gamme*, qui coûte 30 000 dollars, devrait générer des flux nets de trésorerie d'un montant estimé à 9 000 dollars par an au cours des cinq années suivantes ; le *modèle meilleur marché* coûte 20 000 dollars et devrait permettre de générer des flux nets de trésorerie d'un montant estimé à 5 800 dollars au cours des cinq années suivantes. Le taux de rendement critique est de 10 %. Le tableau 5.13 récapitule les résultats et les calculs. Ces derniers montrent que le modèle haut de gamme est une meilleure option parce que la valeur actuelle nette est de 4 117 dollars lorsqu'il est utilisé mais n'est que de 1 977 dollars lorsque le modèle meilleur marché est employé. De surcroît, puisque la valeur actuelle nette est positive, la direction doit acheter le modèle haut de gamme.

Taux de rendement interne

Le taux de rendement interne est la principale méthode qui peut être employée à la place de la valeur actuelle nette. Comme dans le cas de la valeur actuelle nette, il est nécessaire de comparer la valeur

Tableau 5.13 Analyse de la valeur actuelle nette de deux modèles de matériel (dollars)

Taux de rendement critique 10 %	Année 0	Année 1	Année 2	Année 3	Année 4	Année 5	VAN = $\sum A_i - A_0$
Investissement initial, modèle haut de gamme	30 000						
Recettes (flux nets de trésorerie)		9 000	9 000	9 000	9 000	9 000	
Facteur d'actualisation $d = (1 + 0,1)^n$		1,10	1,21	1,33	1,46	1,61	
Valeur actuelle nette FT/d	–30 000	8 182	7 438	6 762	6 147	5 588	4 117
Investissement initial, modèle meilleur marché	20 000						
Recettes (flux nets de trésorerie)		5 800	5 800	5 800	5 800	5 800	
Valeur actuelle nette FT/d	–20 000	5 273	4 793	4 358	3 961	3 601	1 987

Note : VAN = valeur actuelle nette ; FT = flux de trésorerie ; d = facteur d'actualisation ; i = année, va de 1 à 5.

Tableau 5.14 Calcul du taux de rendement interne

Taux de rendement critique 10 %	Année 0	Année 1	Année 2	Année 3	Année 4	Année 5	VAN = $\sum A_i - A_0$
Calcul du TRI HG		1,152	1,327	1,529	1,761	2,029	
VA (TRI HG = 15,2 %)	–30 000	7 813	6 782	5 887	5 110	4 436	27
Calcul du TRI, modèle meilleur marché		1,138	1,295	1,474	1,677	1,909	
VA (TRI modèle meilleur marché = 13,8 %)	–20 000	5 097	4 479	3 936	3 458	3 039	8

Note : TRI = taux de rendement interne ; HG = haut de gamme ; VA = valeur actuelle ; i = année, va de 1 à 5.

Tableau 5.15 Analyse de sensibilité (dollars)

Analyse de sensibilité basée sur les données du tableau 5.14	Année 0	Année 1	Année 2	Année 3	Année 4	Année 5	VAN = $\sum Y_t - Y_0$
Flux nets de trésorerie inférieurs de 12 %		7 920	7 920	7 920	7 920	7 920	
VAN du modèle haut de gamme	–30 000	7 200	6 545	5 950	5 409	4 918	23
Dépassement de coûts de 12 %	–33 600	8 182	7 438	6 762	6 147	5 588	517

des investissements, généralement à l'année 1, aux profits générés sous forme d'un accroissement des flux de trésorerie au cours des années suivantes. Si, toutefois, le taux d'actualisation de la valeur actuelle nette est connu (il s'agit du coût du capital), dans le cas de la méthode du taux de rendement interne, le taux d'actualisation est le taux auquel la valeur actuelle nette des flux nets de trésorerie générée par un investissement est égale à zéro. Avec la méthode du taux de rendement interne, un investissement est acceptable lorsque le taux de rendement interne est supérieur au rendement requis (taux de rendement critique) et ne doit pas être réalisé dans le cas contraire.

Exemple : reprenons ici l'exemple des deux types de matériel de terrassement routier et calculons le taux de rendement interne de chacun de ces matériels.

La méthode du taux de rendement interne confirme les résultats produits par l'analyse de la valeur actuelle nette, c'est-à-dire le fait que le modèle haut de gamme constitue la meilleure option. Ce modèle a un taux de rentabilité interne de 15,2 % tandis que le taux de rendement interne du modèle meilleur marché n'est que de 13,8 %. Dans les deux cas, le taux de rendement interne est supérieur au taux de rendement critique (c'est-à-dire le taux des emprunts à long terme de la municipalité), mais le modèle haut de gamme est également une meilleure option financière. Le tableau 5.14 récapitule les résultats et les calculs.

Bien que la méthode de la valeur actuelle nette soit la plus fiable des deux méthodes et indique systématiquement la meilleure option en matière d'investissement, en pratique la préférence est souvent donnée à la méthode du taux de rendement interne parce qu'elle utilise un taux unique qui peut être plus facilement comparé au coût de l'emprunt, au taux d'inflation, etc.

Analyse coût-avantage

L'analyse coût-avantage est un instrument d'analyse de la politique publique qui fait appel à la fois à la méthode de la valeur actuelle nette et à la méthode du taux de rendement interne. Elle a pour objectif de quantifier les coûts totaux d'un projet durant sa durée de vie et de les comparer à la valeur des avantages totaux qu'il doit produire. Le calcul consiste à estimer les coûts et avantages d'un projet en comparant la valeur actualisée des coûts avec celle des avantages. À l'évidence, Il est extrêmement difficile de calculer avec exactitude le coût ou les avantages correspondants d'un investissement pendant toute sa durée. Il est donc essentiel de procéder à certains jugements de valeur en procédant à une analyse de sensibilité.

Analyse de sensibilité

Si chacune de ces méthodes, ainsi que les autres qui ont été mentionnées précédemment, indique clairement quelles sont les meilleures options en matière d'investissement pour un projet particulier, la qualité de l'analyse des dépenses de capital dépend fondamentalement des hypothèses retenues aux fins des calculs. Quelle est la probabilité d'estimer correctement le flux précis des avantages d'un projet d'investissement ? Quelle est la probabilité d'estimer correctement les coûts d'exploitation supplémentaires et la date à laquelle ces coûts seront encourus ? Il est donc essentiel d'associer à toute évaluation une rigoureuse analyse de sensibilité, quelle que soit la catégorie ou le nombre d'autres méthodes utilisées pour procéder au calcul.

Une analyse de sensibilité a pour objet de retenir les hypothèses qui sont les plus essentielles à l'évaluation, comme le prix de vente, le taux de main-d'œuvre ou le taux de recouvrement, et de considérer, à leur titre, différentes valeurs, supérieures et inférieures à celles du scénario de référence (voir le tableau 5.15).

Exemple : À partir des résultats produits par l'analyse du matériel routier (tableau 5.13), il est possible de tester l'impact du risque éventuel lié au choix du matériel. Dans ce cas, le choix de la machine haut de gamme permet d'obtenir des flux nets de trésorerie inférieurs de 12 % à ceux du scénario de base. Le tableau 5.15 indique une

valeur actuelle nette de 23 dollars. L'investissement reste donc faisable tant que le montant des flux nets de trésorerie ne tombe pas à un niveau inférieur à 7 900 dollars par an. Deuxièmement, il est possible de tester l'impact d'un accroissement du coût du matériel d'environ 12 % par rapport au coût prévu en raison, par exemple, d'une modification du taux de change. Le tableau 5.15 montre que l'investissement reste faisable, et est même encore intéressant. On peut toutefois en conclure que la différence entre les deux résultats de l'analyse de sensibilité n'est pas significative.

Cadre de dépenses à moyen terme — budget pluriannuel

Actuellement de nombreuses villes préparent leur budget de manière très informelle — des mesures ponctuelles sont prises pour faire face aux problèmes de financement et d'exécution ; les dépenses réalisées en dehors du budget sont courantes ; et de multiples budgets sont produits sans qu'aucun budget complet ne soit établi. Les estimations des coûts soumises par les différentes directions municipales ne sont le fruit d'aucun effort déployé pour cadrer avec un objectif quelconque de la politique publique ou une référence stratégique ; elles sont simplement le résultat d'un accroissement uniforme par rapport à l'exercice précédent. Par ailleurs, comme la plupart de ces municipalités opèrent sur la base d'un cadre budgétaire ne couvrant qu'un seul exercice, le processus de budgétisation recommence à zéro chaque année. Le chapitre 3 examine le processus de budgétisation de manière plus détaillée.

Cadre de dépenses à moyen terme

Il importe d'établir une distinction très nette entre ce que recouvre le cadre de dépenses à moyen terme (CDMT) de l'administration centrale et ce que recouvre celui des collectivités locales. L'administration centrale établit généralement un cadre de dépenses à moyen terme à horizon mobile sur trois à cinq ans qui met en relation les politiques publiques et les dépenses. Le CDMT offre la possibilité de faire le lien entre les impératifs à court terme des administrations et les besoins à moyen et à long termes du budget, qui leur font souvent concurrence. Sur le plan technique, un CDMT est un cadre qui permet d'intégrer la politique de finances publiques et les procédures budgétaires à moyen terme en reliant un système de prévision budgétaire global à un

Tableau 5.16   Budget pluriannuel

Catégorie	Année 1	Année 2	Année 3	Année 4
Recettes				
Impôt sur la propriété	100	105		
Impôt foncier	10	12		
Divers	5			
Total	115	117	120	
Dépenses				
Traitements et salaires	45	47	48	
Matériels et équipements	10	11		
Entretien	3	3		
Total des dépenses de fonctionnement	58	61	62	
Dépenses d'investissement	25	26	27	

processus disciplné d'estimations budgétaires à moyen terme reflétant les politiques publiques en vigueur. Les collectivités locales n'ont généralement pas de CDMT ; leur établissement de budgets pluriannuels leur permet généralement d'accomplir le même objectif c'est-à-dire de relier les politiques aux dépenses sur un horizon de trois à cinq ans.

Le rapport de l'évaluation PEFA pour la ville d'Addis-Abeba note qu'un cadre de dépenses à moyen terme sur trois ans a été mis en place au niveau de la ville pour la première fois pour le budget de 2007-2008. Il note que le CDMT comprend les recettes et les dépenses et que son horizon glisse tous les ans. Les dépenses d'investissement[3] sont classées par secteur et couvrent les routes, l'éducation, la santé, l'approvisionnement en eau et l'assainissement, la mise en valeur des terrains et d'autres catégories.

Établissement de budgets pluriannuels à l'appui de l'action publique

Comme indiqué lors de l'examen du cycle de gestion des dépenses, les politiques publiques doivent entraîner le processus budgétaire. Il est toutefois difficile d'inscrire au budget de nouveaux programmes, quels qu'ils soient, dans le contexte d'un budget qui ne couvre qu'un exercice. Un budget pluriannuel permet aux collectivités locales de continuer de suivre les

processus habituels de préparation de budgets et de présenter les nouvelles initiatives stratégiques pour les dernières années de la période couverte. Il leur permet de présenter de nouvelles mesures concernant les recettes pour financer les nouveaux services (dépenses) nécessaires dans le cadre des nouvelles politiques et des nouveaux programmes demandés par la population.

Un budget pluriannuel est préparé sous la forme d'un budget glissant, dans le cadre duquel les recettes et les dépenses présentées pour le premier exercice sont établies avec la même précision que dans un budget normal, tandis que des chiffres plus provisoires sont présentés pour les années suivantes de manière à indiquer les engagements pris en faveur d'une série particulière de mesures et de dépenses. Les estimations des recettes et des dépenses sont de moins en moins fermes au fur et à mesure que l'on s'éloigne du premier exercice. À l'approche de la clôture du premier exercice, les estimations du budget pour le deuxième exercice (qui est maintenant l'exercice suivant) se raffermissent et un exercice supplémentaire (exercice quatre) est ajouté à l'horizon de planification. Le tableau 5.16 présente un exemple simple de budget pluriannuel.

Un budget pluriannuel présente les caractéristiques essentielles ci-après :

- il constitue un cadre budgétaire à moyen terme qui présente des prévisions des recettes sur une période de trois à cinq ans, ainsi que des prévisions des conditions économiques dans lesquelles le budget devrait être exécuté ;

- il contient des projections des dépenses qui cadrent avec les projections des recettes ;

- il établit un lien entre les allocations budgétaires et l'impact des programmes ;

- il fait intervenir un robuste programme de suivi et d'évaluation qui permet de procéder à une analyse d'impact et de fournir des informations en retour aux fins de l'examen des objectifs de la politique publique.

Les principaux mécanismes permettant de promouvoir la prise de décisions stratégiques par les organes de décision essentielle sont indiqués ci-après :

- Consultations et débats portant sur les questions de politique publique

- Transparence et responsabilisation

- Prise de décisions fondées sur les ressources disponibles

- Gestion et programmation du processus d'évaluation des mesures devant être considérées par le cabinet du maire.

Capacités nécessaires à l'exécution d'un budget pluriannuel

Pour établir un budget pluriannuel, il est nécessaire que les responsables des programmes et des directions conçoivent et planifient leurs activités en fonction des politiques et des priorités de l'État. Ce type de budget oblige ces responsables à montrer comment les activités proposées sont liées aux objectifs publics et sectoriels. Parce qu'il constitue un plan conçu à l'appui de programmes dont l'ordre de priorité est établi sur plusieurs années, le budget devient le principal instrument utilisé par les collectivités locales pour exécuter les politiques convenues et remplir leur mission.

Pour suivre un processus budgétaire pluriannuel, une collectivité locale doit être en mesure de :

- clairement établir les objectifs stratégiques définis, ainsi que les produits et les impacts souhaités ;

- concevoir des programmes publics et des services ciblés de manière à obtenir les produits souhaités ;

- estimer de manière réaliste les ressources nécessaires pour bien exécuter les programmes ;

- élaborer un mécanisme efficace pour assurer la coordination entre les différentes directions et les groupes d'intérêts spéciaux (et aussi harmoniser les activités des bailleurs de fonds) ;

- faire preuve de discipline budgétaire ;

- avoir des procédures d'estimation des coûts futurs des programmes ;

- mettre en œuvre un système efficace de suivi et d'évaluation fournissant aux responsables de l'action publique des informations cruciales concernant l'efficacité des programmes ;

- susciter, chez les responsables politiques, la volonté d'améliorer les systèmes et les procédures de gestion des dépenses et d'accroître la transparence dans les administrations publiques.

Un budget (de programme) pluriannuel se distingue d'un budget traditionnel par poste par le fait qu'il met l'accent sur les résultats escomptés pour les services et les activités plutôt que sur les données, telles que les salaires et les fournitures. Dans un budget de programme, les recettes et les dépenses sont liées à des programmes pluriannuels qui cadrent avec les buts, les objectifs et les stratégies de la municipalité. Fait important, un budget de programme recense les résultats et les produits des investissements attendus. Dans l'idéal, un programme conçu, par exemple, pour améliorer les chaussées et les trottoirs d'un quartier devra être clairement défini, ne faire double emploi que dans une mesure très limitée avec d'autres programmes, être axé sur l'obtention de résultats et donner lieu à des mesures quantifiables. La planification, la budgétisation, le contrôle administratif et l'établissement de rapports financiers devront être effectués dans le cadre de la structure du programme. Certains des problèmes rencontrés dans le cadre de l'établissement de budgets pluriannuels ont trait à la disponibilité de solides données de référence, aux méthodes utilisées pour collecter les données et à l'existence de cibles bien définies (voir le chapitre 3 pour un examen plus détaillé de l'établissement de budgets de programme).

Passage à des systèmes budgétaires axés sur les résultats

La production d'une entreprise du secteur privé est constituée par les articles qu'elle vend, et l'entreprise a pour objectif de maximiser ses bénéfices en vendant ces derniers. Elle est incitée à améliorer la qualité de sa production car, ce faisant, elle peut accroître ses ventes, et par conséquent, ses recettes. Elle a également intérêt à réduire le plus possible ses coûts de production puisqu'une activité efficace par rapport aux coûts et une gestion des dépenses de haute qualité permettent d'abaisser les coûts et d'accroître

Tableau 5.17   Types de modèles de budget

Type	Nature	Organisation	Objet
Postes	Fournitures et services	Articles acquis	Contrôle
Performance	Activités/charge de travail	Tâches/produits	Gestion
Programme	Objectifs par service	Feedback des bénéficiaires	Planification

les bénéfices. La société a pour objectif de faire des bénéfices et elle atteint ce résultat en produisant et en vendant sa production (Coca Cola vend des boissons non alcoolisées ; Toyota vend des automobiles, etc.).

Qu'en est-il du secteur public ? Quel est l'objectif d'une administration publique et comment l'atteint-elle ? Dans les sociétés démocratiques, les administrations publiques ont pour mission de fournir les services que ni le marché ni les citoyens ne peuvent eux-mêmes fournir de manière adéquate. Les produits de l'administration publique sont donc constitués par les services qu'elle assure.

Le chapitre 3 passe en revue les différents types de budgets. Les budgets traditionnels ou par poste sont les plus courants, mais les budgets axés sur les résultats reçoivent de plus en plus d'attention parce qu'ils mettent l'accent sur les résultats plutôt que sur les intrants. Comme indiqué au chapitre 3, les budgets peuvent être de diverses natures : budgets par poste, budgets axés sur les résultats et budgets de programme (ces budgets sont récapitulés dans les tableaux 5.17 et 5.18).

Passage d'un système de budget traditionnel à un système de budget axé sur les résultats

L'établissement du budget offre aux collectivités locales le moyen d'estimer et d'allouer les ressources de manière à atteindre leurs objectifs en fournissant des services. L'établissement d'un budget axé sur les résultats assure la responsabilisation en établissant un lien entre les engagements du pouvoir exécutif, qui accepte d'atteindre les résultats indiqués en maintenant ses financements ou en offrant d'autres incitations. Il oblige également les administrations à rendre davantage compte de leurs activités aux citoyens. Les informations sur les résultats aident les responsables de l'action publique à donner une valeur monétaire à leurs programmes. L'établissement d'un budget axé sur les résultats forge un lien entre les activités planifiées et les réalisations.

En d'autres termes, les budgets axés sur les résultats se fondent sur l'énoncé de la mission, les buts et les objectifs pour expliquer les raisons pour lesquelles les fonds sont dépensés. Ils offrent un moyen d'allouer les ressources de manière à atteindre des objectifs particuliers en fonction des buts des programmes et de résultats mesurés. Les budgets axés sur les résultats ne sont pas établis de la même manière que les budgets traditionnels parce que l'accent est mis sur les résultats plutôt que sur les fonds dépensés et aussi sur ce qui a été obtenu au moyen de ces fonds (résultats) plutôt que sur les montants mis à disposition.

Les principaux éléments d'un budget axé sur les résultats comprennent : 1) une définition claire des objectifs à atteindre ; 2) une formulation précise des indicateurs de performance ; 3) un lien direct entre décisions de dépenses et réalisations et 4) une obligation de rendre compte publiquement des résultats. Ces dernières années, l'accent mis sur les indicateurs de performance et sur la qualité des services municipaux a fait du budget axé sur les

Tableau 5.18 Flux de prestations de services

Nature des prestations de services	Réparation de la voirie
Intrants :	Postes :
Main-d'œuvre, matériels et équipements	Tonnes de gravier ; paiements aux entrepreneurs
Activité :	Résultats :
Réparation de la voirie	Revêtement de la chaussée
Résultats du programme :	Réalisations du programme :
Accroissement de la rapidité et de la sécurité des déplacements	Réduction du temps de déplacement des personnes se rendant au travail

Tableau 5.19 Modèle de l'établissement d'un budget axé sur les résultats

Intrants	Produits	Réalisations		
		Court terme	Moyen terme	Long terme
Coûts salariaux	Atelier	Sensibilisation	Comportement	Conditions
Matériels	Communications	Savoir	Décisions	Environnement
Équipements	Inspections	Attitudes	Stratégies	Sociales
Technologie		Qualifications		Économiques
				Civiques

résultats une priorité. Le tableau 5.19 explique la logique sur laquelle repose la hiérarchie des intrants, des produits, et des réalisations ou résultats.

À bien des égards, la nécessité que revêt l'établissement d'un budget axé sur les résultats et l'attrait que revêt ce type de budget tiennent aux carences du processus d'établissement de budgets traditionnels, qui donne lieu à une négociation entre les directeurs de programmes et les autorités chargées des financements portant sur des variations relativement faibles en pourcentage par rapport au budget de l'exercice antérieur. Ces négociations ne traitent que rarement des questions d'efficacité et d'efficience. L'établissement de budgets axés sur les résultats ne se limite pas aux seuls résultats. Il s'agit en fait d'un processus permettant de préparer un type de budget particulier. L'établissement de budgets axés sur les résultats doit être considéré comme un processus en six étapes :

- la détermination des réalisations souhaitées ;
- le recensement des données nécessaires pour mesurer les résultats et des systèmes nécessaires pour collecter les données de manière régulière ;
- la sélection d'un indicateur de réalisation ;
- la fixation d'un but ;
- l'établissement de rapports financiers sur les résultats ;

Encadré 5.16 Budget axé sur les résultats pour l'amélioration des services de garde d'enfants à Sunnyvale (Californie)

Plan de prestations de services 52404 — Facilitation des services de garde d'enfants

Facilitation du programme de garde d'enfants par le biais de : — la nomination d'effectifs au Conseil consultatif pour la garde d'enfants ; — le suivi de la législation concernant la garde d'enfants ; — la poursuite d'activités de promotion/de leadership ; et — la coordination et le suivi des services d'appui à la garde d'enfants existants, pour que :

Mesures du plan de prestations de services	Ex. 01-02 Adopté	Ex. 02-03 Adopté	Ex. 03-04 Adopté
• Les membres du Conseil consultatif pour la garde d'enfants évaluent l'appui des effectifs comme étant « satisfaisant » dans 85 % des cas	0 %	85 %	85 %
• 90 % du programme de travail du Conseil consultatif pour la garde d'enfants est achevé conformément au calendrier des travaux approuvé	0 %	90 %	90 %
• Les agences qui collaborent évaluent l'appui des effectifs comme étant « satisfaisant » dans 85 % des cas	0 %	85 %	85 %

	Coûts	Produits	Heures de travail	Coût des produits
Activité 524009 — Effectifs du Conseil consultatif pour la garde d'enfants				
Produit : achèvement d'un plan de travail				
Ex. 02-03 Adopté	USD 18 494,14	1,00	338,23	USD 18 494,14
Ex. 03-04 Adopté	USD 19 181,38	1,00	338,23	USD 19 181,38

(suite page suivante)

Encadré 5.16 *(suite)*

	Coûts	Produits	Heures de travail	Coût des produits
Activité 524010 — Suivi de la législation concernant la garde d'enfants				
Produit : Une activité achevée				
Ex. 02-03 Adopté	USD 10 461,35	6,00	180,39	USD 1 743,56
Ex. 03-04 Adopté	USD 10 838,66	6,00	180,39	USD 1 806,44
Activité 524011 — Poursuite d'activités de promotion/de leadership				
Produit : Une activité achevée				
Ex. 02-03 Adopté	USD 15 408,38	1,00	270,58	USD 15 408,38
Ex. 03-04 Adopté	USD 15 935,43	1,00	270,58	USD 15 935,43
Activité 524012 — Coordination et suivi des services d'appui à la garde d'enfants existants				
Produit : suivi d'une organisation				
Ex. 02-03 Adopté	USD 10 789,93	4,00	202,94	USD 2 697,48
Ex. 03-04 Adopté	USD 11 213,66	4,00	202,94	USD 2 803,42

Totaux pour le plan de prestations de services 52404 :	Coûts	Heures de travail
Ex. 02-03 Adopté	USD 55 153,80	992,14
Ex. 03-04 Adopté	USD 57169,13	992,14

Source : www.sunnyvalecity.com.

• la mise en œuvre des conclusions.

Il est difficile de réfuter la théorie sur laquelle repose l'établissement d'un budget axé sur les résultats. Le processus est malheureusement complexe et fréquemment difficile à exécuter. Un certain nombre de problèmes doivent être surmontés, notamment :

• le recensement et la formulation de mesures et d'indicateurs de résultats adaptés ;

• la conception de systèmes de comptabilité permettant d'établir des budgets axés sur les résultats ;

• la création d'incitations à prendre des décisions axées sur les résultats ;

• l'obtention de « l'adhésion » nécessaire de toutes les branches de l'État ;

• l'apport d'une réponse aux préoccupations des organismes estimant que trop d'attention est portée à un petit nombre d'indicateurs ;

• la difficulté de mesurer les réalisations, en particulier aux stades intermédiaires ;

• une compréhension incomplète de la relation entre les dépenses et les réalisations.

En raison de sa complexité, le système du budget axé sur les résultats est rarement utilisé à l'échelle de la collectivité locale tout entière. De nombreuses collectivités locales utilisent toutefois ce type de budget pour certaines activités ou pour certaines fonctions parce qu'il est important d'établir un lien entre dépenses et programmes convenus. L'État de Caroline du Nord aux États-Unis a mis en œuvre un système de budgets axés sur les résultats au niveau de ses collectivités locales.

Exemple : la ville de Sunnyvale (Californie, États-Unis) a adopté un budget axé sur les résultats pour améliorer les services de garde d'enfants. L'encadré 5.16 présente un résumé d'une partie de ce budget. Le programme donne lieu à une analyse

Tableau 5.20 Analyse des écarts

Catégorie	Budget	Résultats	Écart	Écart (%)	Explication
Recettes					
Impôts	10 000	10 500	500	5,0	
Subventions	15 000	10 500	-4 500	-30,0	Retardées ou annulées ?
Total	25 000	21 000	-4 000	-16,0	
Dépenses					
Main-d'œuvre	4 500	4 600	-100	-2,2	
Matériels	3 000	2 800	+200	6,7	Factures impayées ?
Total	7 500	7 400	+100	1,3	

de la situation, à l'établissement de cibles de résultats (produits et réalisations) et à des mesures particulières faisant l'objet d'allocations budgétaires déterminées.

Suivi et évaluation

Les activités de suivi et d'évaluation constituent l'étape suivante du cycle de gestion des dépenses. Un certain nombre d'instruments et de méthodes sont employés à cette fin. Cette section examine rapidement trois d'entre elles, à savoir l'analyse des écarts, l'analyse des comparaisons de coûts et l'analyse comparative.

Analyse des écarts

Il importe d'examiner régulièrement — sur une base mensuelle ou trimestrielle — les niveaux des recettes et des dépenses pour s'assurer qu'ils sont conformes aux montants inscrits au budget et déterminer s'ils permettront d'atteindre les objectifs fixés. Il est possible d'analyser une activité de diverses manières, sous l'angle des résultats financiers et opérationnels mais, à l'évidence, l'analyse des écarts entre les montants prévus et budgétisés et les résultats obtenus est l'une des meilleures méthodes.

Les montants inscrits au budget étant généralement différents des résultats obtenus, il ne faut expliquer les écarts constatés que lorsqu'ils sont supérieurs à un pourcentage déterminé, par exemple plus ou moins 10 % du montant inscrit au budget. Le tableau 5.20 décrit une situation dans laquelle quatre postes affichent des écarts inférieurs au seuil de 10 %, tandis que la catégorie des subventions affiche un écart significatif dû à des retards ; le coût du matériel indique

la réalisation d'économies importantes qui pourraient tenir à des factures non comptabilisées.

Lorsque le niveau d'activité planifié — à la suite d'examens approfondis menés durant le processus d'établissement du budget — est comparé aux résultats obtenus, l'écart observé fournit d'utiles informations aux responsables de l'action publique. Les écarts, qu'ils soient faibles ou importants, n'indiquent toutefois pas eux-mêmes leur raison d'être : tiennent-ils au fait que la préparation du budget a été défaillante ou à l'évolution du contexte de l'activité économique ? L'analyse des écarts ne fournit donc qu'une indication qui doit déboucher sur la poursuite d'examens détaillés et l'adoption de mesures correctrices ; ces dernières peuvent donner lieu à la modification du plan budgétaire par le biais de la présentation d'un budget supplémentaire ou l'émission d'avertissements aux directions respectives leur sommant de contrôler plus rigoureusement leurs dépenses.

Comparaison des coûts des prestations de services

Il est difficile de comparer deux objets et d'aboutir à des conclusions solides bien qu'une telle comparaison soit possible si les deux objets sont, dans l'ensemble, similaire. C'est le cas des services municipaux de base et notamment du coût des services d'enlèvement des déchets solides, d'éclairage urbain et d'éducation assurés dans des villes différentes ou dans différents quartiers d'une même ville. La comparaison des services peut fournir d'utiles informations, mais il importe de bien comprendre les différences qui existent entre les conditions en vigueur dans les différents sites considérés.

Exemple : Il est possible de comparer les coûts par tonne de déchets enlevés, les coûts par enfant éduqué du jardin d'enfants jusqu'à la neuvième année d'études, les coûts par kilomètre de route entretenue, etc. En termes absolus, ces comparaisons n'ont guère de sens parce que chaque ville ou quartier d'une ville présente des caractéristiques différentes : ils se trouvent, par exemple, à des distances différentes de la décharge publique. Ces comparaisons peuvent néanmoins indiquer les domaines des dépenses auxquels il importe de prêter une plus grande attention. Elles

peuvent de surcroît fournir des enseignements intéressants sur les procédures suivies pour maîtriser des coûts ou améliorer les services, qui peuvent être appliqués dans d'autres domaines. Par exemple, il importe de vérifier la consommation de carburant des véhicules utilisés pour enlever les déchets solides (ou de tout autre matériel roulant) sur une base quotidienne et d'enquêter en cas de consommation irrégulière. Si un véhicule consomme plus que les autres, par exemple 30 à 50 % de plus que la moyenne,

---

Encadré 5.17 Certificats de l'Organisation internationale de normalisation — amélioration des résultats et des contrôles des coûts des municipalités

ISO est l'acronyme bien connu de l'Organisation internationale de normalisation, organisation sans but lucratif dont le siège se trouve à Genève (Suisse), qui formule et publie une large gamme de normes et émet des *certificats ISO,* souvent par l'intermédiaire d'organisations nationales partenaires. La série de normes ISO 9000 se rapporte aux systèmes de gestion de la qualité et est conçue pour aider les organisations à s'assurer qu'elles répondent aux besoins de leurs clients et d'autres parties prenantes tout en satisfaisant aux prescriptions légales et réglementaires concernant leurs produits.

L'ISO 9001 stipule les exigences auxquelles doit satisfaire toute organisation souhaitant se conformer aux normes. Un certificat ISO 9001 est émis par un organisme de certification indépendant après vérification que la société ou le fournisseur a mis en œuvre le système de management de la qualité ISO 9001 et se conforme à toutes ses prescriptions dans le cadre de ses opérations quotidiennes. Plus d'un millier d'organisations du monde entier ont reçu un certificat d'organismes de certification indépendants. Le certificat ISO 9001 est reconnu et apprécié à l'échelle mondiale parce qu'il donne aux clients le moyen d'obtenir des services de meilleure qualité en passant des marchés et des contrats avec des sociétés qui se conforment à une série de normes rigoureuses.

La vaste majorité des certificats ISO 9001 sont émis en faveur d'entreprises privées dans le cadre de leur respect de normes de qualité ; ils sont particulièrement utiles dans le domaine du commerce international et des services. Toutefois, les municipalités et les sociétés d'utilité publique sollicitent de plus en plus l'obtention de certificats ISO aux États-Unis, en Europe et dans le monde en développement. Par exemple, de nombreuses municipalités d'Europe de l'Est, notamment de pays en transition comme la Hongrie et la République tchèque, ont obtenu un certificat ISO. Les municipalités des États-Unis certifient généralement leurs principales entités de prestation de services, notamment celles qui sont chargées de la lutte contre les incendies, des services d'approvisionnement en eau et assainissement, d'éducation et de santé et celles qui supervisent les codes de construction ou les logements publics. L'ISO contribue à rationaliser les services, à réduire les dépenses d'exploitation et aussi à abaisser les coûts d'assurance et de financement. Les municipalités d'Europe de l'Est commencent par solliciter un certificat ISO 9001 pour l'intégralité d'une administration municipale. Certains font valoir que cela peut les aider à obtenir de meilleures conditions financières pour les services d'assurance, et même leurs emprunts bancaires si elles n'ont pas encore d'évaluation de crédit.

Source : http://www.iso.org/iso/home/about.htm.

une enquête pourra déterminer la source du problème (manque d'entretien ou vol de carburant).

Analyses comparatives de la prestation de services

La gestion des dépenses a pour objet d'assurer que les fonds mis à la disposition des collectivités locales sont consacrés à l'amélioration de la prestation des services et permettent d'atteindre les objectifs de manière efficiente et efficace (Helgason 1997). Il importe toutefois de savoir quel est le niveau de service qui a été convenu. Quel est le volume des déchets solides enlevés ou le niveau de nettoyage des rues qui constitue un niveau de services acceptable ? Les analyses comparatives permettent d'améliorer les résultats du secteur public et les services qu'il assure.

Les analyses comparatives deviennent l'un des instruments essentiels à l'amélioration des résultats du secteur public. Si les conditions sont propices, les comparaisons effectuées peuvent contribuer dans une large mesure à améliorer les résultats. Elles reposent sur de simples principes :

- Trouver l'organisation qui assure les services que votre organisation fournit de la manière la plus performante.

- Étudier la manière dont elle atteint ses résultats.

- Établir des plans pour améliorer vos propres résultats.

- Mettre ces plans en œuvre.

- Suivre et évaluer les résultats.

En d'autres termes, les analyses comparatives ont pour objet de recenser les meilleures pratiques en vue de les appliquer. Si le concept est simple en théorie, il peut être plus complexe et difficile à mettre en œuvre. Savoir que les résultats peuvent être différents peut être une importante incitation à rechercher des améliorations, mais l'obtention de ces dernières exige d'importants efforts et un leadership. Il ne suffit pas, de surcroît, de copier les meilleures pratiques d'autres organisations. Il importe de les évaluer et de les adapter aux besoins de l'organisation intéressée.

La méthode des analyses comparatives a été adoptée dans le secteur public essentiellement en suivant deux stratégies :

- *une démarche centralisée*, dans le cadre de laquelle la définition des indicateurs de performance est imposée de l'extérieur, généralement par l'administration centrale comme la direction des finances ou un autre organisme.

- *une démarche décentralisée* dans le cadre de laquelle les directions des collectivités locales ou les prestataires de services (une compagnie des eaux, par exemple) élaborent leurs propres indicateurs de performance et s'efforcent de trouver des partenaires appropriés. Les directions des finances peuvent fournir leur appui à de telles initiatives en aidant les organismes à trouver des partenaires et à acquérir les compétences spécialisées pertinentes.

L'expérience montre que ces démarches présentent toutes de l'intérêt ; les administrations publiques devraient établir des procédures qui permettent de les utiliser toutes les deux. Par exemple, des analyses

Tableau 5.21 Analyse comparative de travaux d'entretien routier

Activité	Kilomètres			Shillings (millions)			Shillings (millions au kilomètre)	
	Plan	Résultats	Écart	Plan	Résultats	Écart	Résultats	Moyenne nationale
Rétablissement de l'étanchéité	25	20	−5	100	105	−5	5,3	4,0
Nouveau revêtement gravier	15	17	2	125	120	5	7,1	8,0
Nouveau revêtement asphalte	5	5	0	150	160	10	32,0	30,0

comparatives imposées de l'extérieur peuvent inciter les organisations à procéder à des analyses plus détaillées des processus. Les analyses comparatives des projets pilotées de l'intérieur peuvent accroître l'engagement et l'adhésion des responsables et du personnel d'un service particulier.

Il importe, dans le cadre de la conception des efforts menés pour réaliser des analyses comparatives, de considérer les questions ci-après :

Que visent les analyses comparatives ?

- les processus
- les résultats

Par rapport à quoi l'organisation est-elle comparée ?

- d'autres organisations
- des normes

Dans quel but les analyses sont-elles employées ?

- pour assurer des améliorations systématiques
- pour procéder à des évaluations

Il existe une étroite relation entre les analyses comparatives des résultats et les analyses comparatives des processus. Les analyses comparatives des résultats recensent les processus qu'il importe d'améliorer. Les analyses comparatives des processus améliorent les processus et contribuent à améliorer les résultats.

Il est possible de comparer une organisation à d'autres organisations ou à une norme. Comparer une organisation à d'autres permet d'obtenir d'importantes informations, car les organisations sont systématiquement concernées par l'évolution des autres organisations. Comparer ne veut toutefois pas dire copier. Les interactions entre les organisations pertinentes peuvent être une importante source d'amélioration.

L'encadré 5.17 explique l'importance croissante que revêtent les normes et les certificats de l'Organisation internationale de normalisation (ISO), qui est également une référence, dans le secteur des collectivités locales. Les références recensées par une organisation peuvent devenir une forme de norme de « meilleures pratiques ». Il peut être important d'effectuer des analyses comparatives par rapport à des normes, car ces dernières, en tant que modèles de qualité, sont dans bien des cas, basées sur les

---

Encadré 5.18 Impact des intérêts spéciaux

L'État du New Jersey (États-Unis) a déterminé qu'il était nécessaire de construire un nouveau tunnel pour relier l'État à la ville de New York. Une fois les études environnementales nécessaires effectuées et les travaux de conception technique achevés, il a été décidé, au terme d'un accord, que le tunnel Trans-Hudson Express serait financé conjointement par l'État du New Jersey, Port Authority of New York and New Jersey, et l'administration fédérale.

Le tunnel avait pour objet de faciliter le déplacement des milliers de personnes qui font tous les jours la navette entre le New Jersey et la ville de New York. De nombreux doutes ont toutefois été émis quant à la pertinence du tunnel, car celui-ci n'était pas relié aux stations de métro mais se terminait dans le sous-sol d'un grand

magasin (Macy's). Le projet a de ce fait été surnommé « le tunnel du sous-sol de Macy's ». Un nouveau gouverneur de l'État du New Jersey a arrêté les travaux, au motif que l'État assumait de manière indue les risques de dépassement de coût. Les travaux ont par la suite repris par suite de pressions de nombreuses origines.

Pratiquement personne ne doute de la nécessité d'accroître la capacité de transport par rail entre les deux juridictions. Toutefois, si le projet peut profiter à une société dans une mesure considérable en obligeant des milliers de banlieusards à traverser l'un de ses magasins ou à passer à proximité de ce dernier deux fois par jour, l'impact de cet intérêt spécial potentiel n'a pratiquement pas été mentionné lors de la conception et de l'exécution du projet.

Source : basé sur des informations tirées de Wikipedia.

meilleures pratiques de nombreuses organisations. Les analyses comparatives effectuées par rapport à des normes peuvent constituer une étape intermédiaire avant la réalisation de l'analyse comparative par rapport à d'autres organisations, en particulier lorsque de nombreuses organisations comparent elles-mêmes leurs résultats par rapport à la même norme. Ces organisations peuvent alors comparer les notes qu'elles ont obtenues à celle des autres organisations, identifier leurs points (processus) forts et faibles, et s'efforcer de réduire leurs lacunes en procédant à des analyses comparatives de leurs processus par rapport à ceux des organisations qui affichent de meilleurs résultats.

En regroupant le résultat de l'analyse des écarts des dépenses et celui des analyses comparatives de la prestation des services par rapport aux normes, les responsables peuvent déterminer l'efficacité de la fourniture des services. L'exemple présenté dans le tableau 5.21, qui a trait aux coûts des activités d'entretien routier, fournit des informations utiles. Les moyennes nationales communiquées par le service des routes peuvent être utilisées à titre de référence :

- Le coût des travaux effectués pour rétablir l'étanchéité du revêtement routier est nettement supérieur à la référence, probablement parce que les travaux d'entretien n'ont pas été réalisés en temps voulu et parce que les routes sont en mauvais état (bien qu'il importe de vérifier cette assertion).

- Le coût du gravier utilisé pour le nivellement est inférieur à la valeur de référence, peut-être parce que les coûts ont été établis de manière incorrecte (certains des coûts peuvent avoir été imputés aux travaux d'étanchéité).

- Le coût du revêtement d'asphalte est nettement supérieur au coût de référence ; il n'existe aucune raison logique et il importe d'examiner ce point.

Feedback sur la planification du budget

Le processus de gestion des dépenses est entraîné par l'évaluation des résultats, et c'est pourquoi il est tellement important que les produits soient bien déterminés et mesurables. Ces derniers constituent une source de données essentielles à la formulation du budget de l'exercice suivant. Les informations établies à partir du processus de suivi et d'évaluation, associées aux modifications et aux ajustements apportés au cadre

de la politique publique, permettent aux directions et aux services de déterminer plus exactement les ressources qui seront nécessaires pour assurer le niveau de services souhaité et obtenir les résultats des nouvelles politiques publiques.

Audit et supervision

Les audits financiers et les audits spécialisés sont examinés en détail aux chapitres 3 et 8. Étant donné l'importance de la supervision dans le cadre de la gestion des dépenses, il importe toutefois de les mentionner dans le cadre de ce chapitre. Comme indiqué précédemment, la gestion des dépenses est assurée par différentes fonctions de la collectivité locale. Le concept de supervision concerne essentiellement les membres du conseil de la collectivité locale et l'administration centrale.

Rôle de la supervision de la gestion des dépenses

La supervision offre un moyen d'obliger le pouvoir exécutif à rendre compte de ses actions et d'assurer que les politiques et les plans convenus sont exécutés de manière efficace et effective. Au nombre des éléments fondamentaux d'un solide cadre de contrôle interne figure un robuste système de supervision permettant de suivre la performance du pouvoir exécutif. En règle générale, la forme la plus courante de supervision est celle assurée par les élus (conseil local, Parlement, etc.), mais il apparaît de plus en plus clairement que les collectivités locales peuvent également contribuer dans une large mesure à assurer le suivi de la performance des entreprises et des représentants de l'État. Le rôle des collectivités locales est plus important dans les pays développés qui ont une tradition de transparence, de liberté d'expression et de représentation.

Dans les démocraties établies de longue date comme dans celles qui s'instaurent, les parlements ont le pouvoir de superviser les administrations publiques par le biais d'instruments et de mécanismes qui sont généralement définis dans la constitution et dans la législation. Les cadres juridiques varient selon les pays, mais les fonctions de supervision attribuées au Parlement devraient également être attribuées aux conseils des collectivités locales. Les élus locaux ont pour mission de veiller à ce que les ressources que les électeurs les ont chargés de gérer soient utilisées de manière optimale. Le principe de subsidiarité s'applique par ailleurs à la fonction de supervision assurée par les conseils locaux, qui ont l'appui de collectivités locales ayant elles-mêmes fortement intérêt à s'assurer qu'elles reçoivent les services dans les quantités et au niveau de qualité convenus.

Les conseils locaux peuvent, dans le cadre de leurs fonctions de supervision, suivre les pratiques ci-après :

- *Constituer un comité d'audit* chargé de collaborer avec les auditeurs indépendants et d'étudier leurs rapports.

- *Tenir des réunions indépendantes avec les auditeurs* pour examiner leurs conclusions sur le système de contrôle interne et d'autres questions de respect des règles.

- *Constituer des comités pour superviser les activités* d'individus ou d'un petit nombre de directions ou de services.

- *Mettre en place un comité financier et budgétaire* qui a pour mission de travailler en étroite collaboration avec la direction financière pour veiller à ce que la collectivité locale gère ses ressources et ses dépenses de manière efficace.

- *Se réunir régulièrement avec les citoyens* pour prendre connaissance de leurs préoccupations, de leurs observations et, éventuellement de leurs plaintes concernant les prestations des entreprises et la qualité des services fournis.

Pour que la fonction de supervision puisse être assurée de manière efficace, il importe que des informations sur le fonctionnement des administrations publiques soient fournies aux parties prenantes en temps voulu et sous une forme compréhensible. Par exemple, la page web du comté de Fairfax (Virginie) sur la transparence financière indique que le comté « s'emploie à faire preuve de plus grande transparence financière vis-à-vis de ses résidents. L'expression *transparence financière* s'entend des efforts déployés pour mettre à la disposition de tous des informations détaillées et non filtrées pour leur permettre d'avoir une idée claire des opérations des administrations publiques et de la manière dont le produit de leurs impôts est dépensé ».

À partir de cette même page, le comté donne accès à des rapports financiers, à ses budgets, aux audits annuels, aux contrats établis pour les marchés attribués et aux plans de rémunération du personnel. Le site explique également que les efforts entrepris dans le but de donner accès à de plus amples informations financières au niveau des transactions se poursuivent (pour plus de détails, se rendre à l'adresse http:// www. fairfaxcounty.gov/finance/transparency). Si la plupart des collectivités locales ne sont pas en mesure de présenter autant d'informations financières que le comté de Fairfax, elles peuvent commencer à accroître les informations qu'elles fournissent pour améliorer la transparence et renforcer ainsi la supervision.

Gestion des dépenses et économie politique

Les collectivités locales opèrent dans un contexte complexe influencé par la culture locale, la politique et les intérêts spéciaux. Les responsables des directions financières et leur personnel doivent prendre garde aux pressions politiques lorsqu'ils établissent et exécutent leur budget, rendent compte de leurs activités et suivent et évaluent les résultats. L'un des meilleurs moyens d'atténuer les risques posés par ces intérêts spéciaux consiste à veiller à ce que les politiques, les plans, les budgets et les résultats soient ouvertement communiqués à toutes les parties prenantes et à tous les groupes de la collectivité intéressés.

Ce chapitre sur la gestion des dépenses se termine par un bref examen des liens entre la gestion des dépenses et l'environnement politique. L'influence politique est indissociable de la plupart des activités des collectivités locales, en partie parce que ces dernières ont toujours besoin d'obtenir l'appui et la confirmation des responsables politiques pour leurs programmes (les décideurs ont besoin de l'approbation du pouvoir politique). Mais l'influence du pouvoir politique se manifeste également sans être sollicitée, et est particulièrement notable, lorsqu'il s'agit d'effectuer des dépenses.

Pressions politiques de groupes d'intérêts spéciaux locaux

La gestion des dépenses a pour objet d'assurer que les fonds sont alloués et utilisés de manière à permettre d'atteindre les objectifs prioritaires convenus et que les administrations publiques disposent des informations qui leur permettent de planifier leurs programmes et leurs dépenses et d'en suivre les résultats et les impacts.

Un système de gestion des dépenses efficace doit comporter trois éléments.

- Il est nécessaire de planifier les dépenses futures en établissant des objectifs d'étape clairs et mesurables pour assurer le suivi des résultats.

- Il est nécessaire de contrôler les dépenses de manière à ce que les dépenses effectives cadrent avec le budget et les plans.

- Il est nécessaire de suivre et d'évaluer les dépenses de manière à veiller à ce qu'elles soient effectivement conformes aux plans convenus.

Une attention suffisante n'est souvent pas portée à la question des intérêts spéciaux dans le cadre de la conception des projets de développement ou d'autres investissements au niveau des collectivités locales. L'encadré 5.18 présente un exemple des effets que peuvent avoir ces intérêts spéciaux.

Pressions politiques exercées par l'administration centrale

Dans de nombreux pays, les collectivités locales sont assujetties à des interférences politiques administratives provenant d'échelon supérieur. L'administration centrale peut perturber la gestion des dépenses locales en attribuant ou en retirant financements, projets, et/ou ressources humaines.

Projet politique. Le problème le plus courant est celui de projets entrepris pour des raisons purement politiques, en l'absence de toute consultation des parties prenantes locales. Pour citer une proposition de projets soumise à un bailleur de fonds en vue d'obtenir des financements, « il faut goudronner la rue du marché parce que la maison du gouverneur se situe au bout de la rue. ». Des projets politiquement motivés peuvent alourdir la charge des collectivités locales qui doivent en assurer les frais d'exploitation et d'entretien.

Obligation de dépenses sans financement. L'administration centrale confie aussi fréquemment certaines de ses fonctions aux collectivités locales. Cela peut sembler cadrer avec le principe de la dévolution, mais l'administration centrale omet souvent d'affecter les ressources correspondantes ou de déléguer le pouvoir de prélever des impôts. Cela crée une « obligation de dépenses sans financement » Cette manière de procéder a les mêmes effets, par exemple, qu'une ordonnance nationale qui accroît

les traitements des enseignants ou d'autres membres de la fonction publique sans pour autant procéder à des transferts de fonds correspondants. Les collectivités locales doivent alors comprimer leurs dépenses à un autre titre. Elles le font fréquemment en reportant l'entretien des actifs ou en réduisant leurs services.

En Ouganda, par exemple, le conseil municipal de Kampala a décidé que propriétaires privés de taxis-motos (appelés « boda-boda ») devaient déclarer leur véhicule et acquitter un faible droit d'enregistrement. Toutefois, en 2006, peu de temps après l'imposition de cette taxe locale, le président l'a aboli pour améliorer sa cote de popularité durant la campagne électorale. L'administration municipale de Kampala et d'autres collectivités locales ont été privées d'une source de recettes locales par suite des pressions politiques exercées par une personnalité politique opérant à l'échelon central.

Les ingérences politiques ne sont pas uniquement le fait des nations en développement. Aux États-Unis, par exemple, en 2003, le gouverneur de l'État de Virginie a porté de 5 à 15 jours le temps de prison de toute personne ayant déjà été arrêtée trois fois pour conduite en état d'ébriété. Les prisons locales ne sont toutefois pas gérées par l'administration de l'État ; elles le sont par les administrations des comtés. Cette directive imposée par l'État engendre donc des coûts supplémentaires pour des localités obligées de prolonger les séjours en prison.

Principaux messages

Les principaux messages qui peuvent être tirés de ce chapitre sont présentés ci-après :

- La gestion des dépenses doit être considérée et assurée suivant un cycle d'analyse de la formulation, de la planification et de l'exécution des politiques publiques, ainsi que d'audits, qui fournissent des informations pour le cycle suivant et la formulation des politiques correspondantes.

- Pour gérer les dépenses de manière efficace, il est nécessaire d'assurer un suivi attentif et rapide, et d'analyser les dépenses d'exploitation et d'investissement, de comparer des cibles claires et mesurables à de solides données de référence, et de prendre les mesures correctrices qui s'imposent.

- Les activités de suivi et d'évaluation non seulement permettent de mesurer et de contrôler les résultats, mais facilitent aussi le contrôle des coûts et la prise de décision, par exemple en ce qui concerne la sous-traitance ou non de services particuliers.

- Il existe un certain nombre d'instruments d'analyse des dépenses efficaces qui ont fait leurs preuves, comme l'analyse des écarts entre les plans et les résultats, les prévisions et les analyses comparatives des résultats par rapport à des indicateurs locaux, nationaux ou internationaux. La valeur actuelle nette, le taux de rendement interne et l'analyse coûts-avantages comptent parmi les principales techniques utilisées en association avec de rigoureuses analyses de sensibilité.

- L'établissement, le suivi et le contrôle des tarifs sont des aspects cruciaux d'une gestion des dépenses efficaces. Il existe des instruments utiles permettant de contrôler les prestataires, quelle que soit leur structure institutionnelle, qu'il s'agisse d'une direction, d'une entité municipale juridiquement indépendante, d'une société de services d'utilité publique, d'un partenariat public-privé ou d'un prestataire privé.

- Le recouvrement des coûts est un principe de base, mais il peut être nécessaire de subventionner certains services locaux, en particulier dans les pays en développement. Les municipalités de ces pays ont souvent recours à des subventions non ciblées axées sur l'offre (subventions aux entités de services). Les subventions axées sur la demande qui ciblent les populations défavorisées ou d'autres groupes de la collectivité, tout en exigeant un paiement intégral du service des ménages et des entreprises qui ont les moyens de le payer sont, en revanche, plus explicites.

- Les systèmes de gestion informatique de comptabilité, de budgétisation, de gestion des liquidités et de gestion financière sont des outils essentiels à un contrôle des dépenses efficace. Pour assurer leur efficacité, il est nécessaire de mettre en place un cadre de contrôle interne effectif et des systèmes axés sur les résultats.

- Pour gérer les dépenses d'investissement, il est nécessaire de planifier à long terme à la fois les projets d'investissement et leurs financements ; de procéder à des opérations de passation des marchés transparentes par voie d'appel à la concurrence ;

et de disposer de solides capacités de gestion des contrats.

- Un cadre de dépenses à moyen terme est un instrument robuste qui permet d'appuyer une gestion efficace des dépenses et d'assurer le suivi des résultats. Il doit être associé à la poursuite d'audits disciplinés ainsi qu'à des contrôles financiers et réglementaires.

- La gestion des dépenses n'est pas uniquement un processus technique, c'est aussi un processus très politique. Une gestion des dépenses efficace exige donc une bonne compréhension et une bonne gestion des répercussions des plans et des décisions sur l'économie politique.

Notes

1. Cette section a été préparée sur la base du chapitre deux de la publication de la Banque mondiale 1998.

2. De plus amples détails sont disponibles sur le site http://ec.europa .eu/europeaid/what/economic-support public-finance/documents/ethiopia_addisababa_pefa_report_2010_en.pdf.

3. Le texte intégral de l'évaluation est disponible sur le site http://ec.europa.eu/europeaid/what/economic-support/public-finance/documents/ethiopia_addisababa_pefa_report_2010_en.pdf.

Bibliographie

Adrianov, Valentin, Sergei Sivaev, Raymond Struyk, and Emin Askerov. 2003. *Russia's Winter Woes: Tariff Setting for Local Utilities in a Transition Economy*. Moscow: Institute for Urban Economics.

Chavez, Carlos. 2002. "Public-Private Partnership and Tariff Setting: The Case of Chile." Paper for the OECD Global Forum on Sustainable Development, Paris, April.

Chernyavsky, Andrei, and Karen Vartapetov. 2004. "Municipal Finance Reform and Local Self Governance in Russia." *Post-communist Economies* 16 (3), September.

DANCED (Danish Co-operation for Environment and Development). 2002. "Solid Waste Tariff

Setting—Guidelines for Local Authorities."
Proposal for the Department of Environmental
Affairs and Tourism, Tanzania, April.

Ebel, R., and F. Vaillancourt. 2007.
"Intergovernmental Assignment of Expenditure
Responsibility." In *The Kosovo Decentralization
Briefing Book*. Prishtina: Kosovo Foundation for
an Open Society.

Helgason, Sigurdur. 1997. *International Benchmarking
Experiences from OECD Countries*. Paper
presented in Paris, February.

Kopanyi, M., S. El Daher, and D. Wetzel, eds. 2004.
*Intergovernmental Finances in Hungary, A Decade
of Experience*. Washington, DC: World Bank
Institute.

Shugart, Chris, and Ian Alexander. 2009. "Tariff
Setting Guidelines." Public-Private Infrastructure
Advisory Facility (PPIAF), Working Paper No. 8,
World Bank, Washington, DC.

Tausz, Katalin. 2004. "Managing Household Arrears
in Utility Services—Social Policy Challenges
and Responses." In *Intergovernmental Finances
in Hungary, A Decade of Experience*, edited
by M. Kopanyi, S. El Daher, and D. Wetzel.
Washington, DC: World Bank Institute.

TERI (The Energy and Resource Institute [India]).
2010. *Review of Current Practices in Determining
User Charges and Incorporation of Economic
Principles of Pricing of Urban Water Supply.
New Delhi, India*. New Delhi: TERI.

USAID (U.S. Agency for International Development).
2006. *Managing Municipal Services, Assessment
and Implementation Toolkit*. Washington,
DC: USAID.

VNG International. 2010. "Effective Aid through
Municipal Contracts." The Hague, Netherlands:
VNG International.

World Bank. 1997. *The State in a Changing World.
World Development Report 1997*. Washington,
DC: World Bank.

_____. 1998. *Public Expenditure Management
Handbook*. Washington, DC: World Bank.

_____. 2002. *Cities on the Move, a World Bank
Urban Transport Strategy Review*. Washington,
DC: World Bank.

_____. 2005. *Public Expenditure and Financial
Accountability (PEFA), Performance
Measurement Framework*. PEFA Secretariat,
World Bank, Washington, DC.

_____. 2007. "Pakistan Infrastructure Implementation
Capacity Assessment." South Asia Region, Report
41630-PK, World Bank, Washington, DC.

_____. 2008. "Punjab Municipal Service
Improvement Project." Staff Progress Report,
World Bank, Washington, DC.

_____. 2011. *Guidebook on Capital Investment
Planning for Local Governments*. Urban
Development Series. Washington, DC:
World Bank.

Bibliographie sélective

Farvacque-Vitkovic, Catherine, Lucien Godin,
Hugues Leroux, Florence Verdet, and
Roberto Chavez. 2005.
Street Addressing and the Management of Cities.
Directions in Development.
Washington, DC: World Bank.

Institute of Public Finance. 2008. "Communities
and Local Government Delivering." Institute of
Public Finance North West e-Government Group,
March 2008, Munich.

Obidegwu, Chukwuma. 2005. *The Medium-Term
Expenditure Framework: The Challenge of Budget
Integration*. East Asia Decentralizes Making
Local Governments Work, World Bank paper,
Washington, DC.

PEFA (Public Expenditure and Financial
Accountability). 2010. Addis Ababa PEFA report,
http://ec.europa.eu/europeaid/what/economic-
support/public-finance/documents/ethiopia_
addisababa_pefa_report_2010_en.pdf.

Shah, Anwar, ed. 2006. *Local Public Financial
Management*. Public Sector Governance
and Accountability Series. Washington, DC:
World Bank.

World Bank. 1991. *Urban Financial Management A
Training Manual*. By James McMaster, Economic
Development Institute. Washington, DC:
World Bank.

CHAPITRE 6

Gestion du patrimoine municipal

Olga Kaganova et Mihaly Kopanyi

Les collectivités locales détiennent ou contrôlent un important patrimoine, notamment des immobilisations physiques, telles que des terrains, des bâtiments, des infrastructures, des véhicules et du matériel, et des immobilisations financières, telles que des placements, des parts du capital d'entreprises, des obligations ou des dépôts bancaires. Une bonne gestion des immobilisations physiques est importante pour le bien-être des populations locales, et ce pour de multiples raisons. Par exemple, ces immobilisations représentent le patrimoine public local ; elles constituent l'assise matérielle sur laquelle reposent les services publics locaux. L'entretien et l'exploitation des immobilisations sont parmi les principaux postes de dépenses locales. Ce patrimoine génère des ressources importantes pour le développement de l'économie locale. Les immobilisations financières complètent et favorisent la mise en valeur et l'utilisation des immobilisations physiques ; il existe une complémentarité entre ces deux grandes catégories d'immobilisations. Par exemple, on peut utiliser l'épargne pour financer un nouvel arrêt d'autobus ou vendre une parcelle de terrain pour obtenir des fonds ; ces décisions font partie intégrante de la gestion du patrimoine. Malgré son importance, la gestion du patrimoine n'est pas répandue, en particulier dans les pays en développement, où de nombreuses municipalités n'ont pas d'entité spécialement chargée de cette fonction.

Ce chapitre décrit brièvement les principales caractéristiques économiques des immobilisations, le concept de stratégie de gestion du patrimoine, et les formes, méthodes et instruments de gestion du patrimoine. Il souligne que la gestion du patrimoine devrait être une activité définie dans une collectivité locale, et présente un cadre et des outils pratiques pour assurer une bonne gestion du patrimoine, améliorer les pratiques existantes et établir un lien entre la gestion du patrimoine et la gestion financière. Il décrit quelques outils d'analyse financière simples mais indispensables pour une bonne gestion du patrimoine. Il examine également certaines questions techniques importantes, telles que les moyens d'encourager la constitution et le renouvellement du patrimoine foncier municipal, ou de susciter la concurrence dans les ventes aux enchères de terrains pour maximiser les recettes. Enfin, il décrit certains instruments et institutions plus avancés, tels que les instruments de financement assis sur le foncier, les stratégies de gestion des biens fonciers et des actifs, les entreprises à vocation spéciale et les organismes d'aménagement.

Gestion du patrimoine

La gestion du patrimoine consiste à prendre et mettre en œuvre des décisions concernant le fonctionnement, l'entretien, la rénovation, l'acquisition ou la mise en valeur du patrimoine foncier et immobilier suivant le principe du coût-efficacité, afin de fournir le meilleur service possible aux habitants. En ce sens, la gestion du patrimoine est l'une des fonctions municipales qui ont l'effet le plus direct sur la vie des habitants. Les lacunes dans ce domaine ont donc souvent des conséquences visibles et durement ressenties. Par exemple, c'est une bonne chose d'installer un nouveau système d'approvisionnement en eau, mais si au bout de quelques années le service ne fonctionne plus que seize, huit ou même moins de deux heures par jour au lieu de 24 heures sur 24, faute d'entretien régulier, les habitants le ressentent ; c'est souvent le cas en Asie. Le « cadre de gestion du patrimoine » définit un système, des règles, et des procédures de gestion du patrimoine d'une collectivité locale, ainsi que les entités responsables de cette tâche.

Définition des catégories de patrimoine

Le patrimoine municipal existe sous de nombreuses formes, qui peuvent nécessiter chacune une approche différente. La première chose à faire pour bien gérer le patrimoine est donc de définir ses différentes catégories. On peut utiliser plusieurs critères de classement, qui sont décrits brièvement ci-après.

Patrimoine

On peut distinguer les immobilisations physiques et les immobilisations non physiques (financières). Les immobilisations physiques les plus importantes comprennent les biens immobiliers (terrains, bâtiments), les infrastructures, les équipements et les véhicules. Par souci de simplicité, les immobilisations physiques sont simplement appelées « patrimoine » ou « immobilisations » dans ce chapitre, sauf s'il y a des raisons d'employer un autre terme ou de se référer à un type particulier d'immobilisations. Les immobilisations non physiques comprennent les investissements, les parts du capital d'entreprises, les obligations, les effets de commerce et les liquidités.

Le patrimoine se compose de tous les types de ressources que la collectivité locale peut détenir, contrôler, utiliser pour produire de la valeur économique, ou vendre. Les grandes municipalités, et même celles de taille moyenne, détiennent ou contrôlent d'importants patrimoines, très diversifiés, qui comprennent généralement les immobilisations suivantes :

- Bâtiments et locaux administratifs
- Logements publics
- Écoles et maternelles
- Centres de soins
- Installations culturelles (bibliothèques, musées, théâtres)
- Installations sportives (stades, terrains de football, courts de tennis, piscines)
- Parking
- Installations et réseaux d'alimentation en eau, de collecte des eaux de pluie et d'évacuation des eaux usées
- Éclairages publics
- Voirie, places publiques, parcs et forêts
- Terres agricoles
- Parcs de stationnement
- Terrains non bâtis
- Cimetières
- Marchés de producteurs
- Immeubles à usage commercial
- Installations de production et ateliers de réparation
- Entrepôts
- Décharges
- Automobiles et véhicules spécialisés, tels qu'ambulances, camions de ramassage des ordures.

Régime de propriété

Le classement selon le régime de propriété indique qui est le propriétaire du patrimoine dans une collectivité territoriale. Certains types de patrimoine sont la propriété de la collectivité locale ; d'autres sont la propriété de l'administration, étatique ou provinciale mais sont utilisés par la collectivité locale ; et certains ont un caractère mixte (copropriété État/municipalité ou partenariats public-privé). La collectivité locale peut louer certaines immobilisations appartenant à des entreprises privées.

Fonction

Ce terme met l'accent sur l'utilisation de chaque catégorie de patrimoine. Parmi les catégories de fonction, on peut citer notamment l'administration, les services sociaux (santé, éducation, culture) ; les infrastructures urbaines (approvisionnement en eau et assainissement, gestion des déchets solides, transports, communications) ; les terrains non bâtis, et les actifs générateurs de revenu.

Obligation de fournir certains services

On peut distinguer les immobilisations essentielles, ou obligatoires, qui sont importantes pour assurer les fonctions locales prescrites par la loi. Les immobilisations qui ne servent pas nécessairement à assurer des fonctions prescrites sont appelées « immobilisations non essentielles » et peuvent être considérées comme une réserve de richesse ou comme des biens excédentaires (relevant du « domaine privé »). Par exemple, les terrains non bâtis peuvent servir pour de futurs travaux d'aménagement urbain ou être vendus pour financer l'expansion ou la modernisation des services essentiels, tels que les réseaux d'assainissement ou la construction d'une polyclinique. Les immobilisations non essentielles peuvent être utilisées pour des services ou des fonctions non prescrits par la loi mais prioritaires aux yeux des habitants (p. ex., des logements subventionnés pour les familles à faible revenu, un complexe sportif ou un centre culturel). L'obligation de fournir certains services est souvent renforcée par des restrictions juridiques.

Restrictions juridiques

Le classement en fonction des restrictions juridiques imposées au patrimoine indique ce que la collectivité locale peut faire d'une immobilisation. Dans les pays qui ont adopté les principes du droit romain, comme la France ou la Hongrie, les biens qui sont la propriété de l'État sont divisés en deux grands groupes. L'expression « domaine public » signifie que le bien ne peut être aliéné (vendu ou hypothéqué) et que certaines restrictions peuvent s'appliquer à l'utilisation et aux modalités de gestion du bien (l'encadré 6.1 décrit un cas en Hongrie). L'expression « domaine privé » signifie que le bien peut être cédé et réglementé de la même façon qu'un bien privé. Bien que les règles juridiques varient selon les pays et les régions, elles visent généralement à établir une distinction entre les biens qui relèvent intrinsèquement du domaine public et les biens qui relèvent intrinsèquement du domaine privé — tout en restant la propriété d'une entité publique — et peuvent être vendus, échangés ou modifiés sans effet direct sur les services fournis.

Modes de gestion du patrimoine

La gestion du patrimoine apparaît dans deux principaux contextes et revêt deux principales formes dans la vie d'une municipalité. Les immobilisations peuvent être considérées comme un groupe ou un portefeuille, ou comme un instrument de service particulier qui est entretenu pendant sa durée de vie,

---

Encadré 6.1 Exemple de changement de statut des biens municipaux en Hongrie

Un établissement d'enseignement primaire est pratiquement abandonné en raison du vieillissement de la population et de la concurrence d'autres écoles situées à proximité. Mais il ne peut être ni vendu ni transformé en immeuble à usage commercial parce qu'il s'agit d'un *bien relevant du domaine public*.

Pour modifier le statut du bien, le conseil municipal doit : 1) décider par vote de fermer l'école et modifier la carte scolaire pour garantir que tous les enfants touchés peuvent aller à l'école ; 2) décider par vote de modifier le statut juridique du bâtiment pour l'incorporer au « domaine privé » ; et 3) vendre ou louer le bâtiment pour qu'il puisse être utilisé à d'autres fins.

Source : Kasso et Pergerne-Szabo 2004.

ou « cycle de vie ». Par exemple, une route qui est entretenue et remise en état peut servir pendant des siècles (voire des millénaires). Les deux approches — portefeuille ou cycle de vie — sont aussi importantes l'une que l'autre, car elles représentent différents contextes, moments ou situations dans la vie de la collectivité locale. Il est également vrai que différentes activités de gestion du patrimoine relèvent généralement de différentes entités de la collectivité locale. Les services techniques (services chargés des routes, des transports, du logement, etc.) s'occupent de la gestion du patrimoine pendant leur durée de vie (qui peut être courte ou très longue selon les cas). Le service des finances, le comité du budget et le conseil doivent considérer le patrimoine dans son ensemble et prendre des décisions concernant tous les usagers, tous les services et toutes les immobilisations.

Gestion de portefeuille

Dans le mode « gestion de portefeuille », les immobilisations sont des éléments du patrimoine total de la municipalité. Les immobilisations sont comparées les unes aux autres et les décisions sont prises de façon à desservir la population locale en utilisant les immobilisations comme base matérielle des services et fonctions assurés au niveau local. Dans ce concept de portefeuille, la gestion du patrimoine est un processus de décisions concernant l'acquisition, l'entretien, l'utilisation, la rénovation ou la cession des immobilisations en vue d'atteindre les objectifs de la collectivité locale, soit en termes financiers soit en termes d'extension ou d'amélioration des services locaux. Chaque catégorie d'immobilisations peut être considérée comme un sous-portefeuille du portefeuille global, et les décisions comparent souvent les options offertes par ces différents portefeuilles. Les immobilisations physiques et financières sont les deux principaux portefeuilles à comparer pour prendre des décisions, telles que la décision de construire une infrastructure hydrique ou d'investir dans une société de distribution d'eau qui mettra le réseau en place et fournira l'eau.

Ceci dit, les éléments du portefeuille sont interchangeables ; ils peuvent se remplacer ou se compléter et peuvent donc être considérés comme des formes transitoires des liquidités et des immobilisations physiques. Par exemple, une collectivité locale qui ne dispose pas de suffisamment de ressources pour réparer trois écoles peut décider de vendre des terrains pour financer les réparations. La composition du portefeuille changera légèrement, mais la richesse totale de la communauté, notamment du point de vue de la valeur sociale, augmentera grâce au réinvestissement des fonds générés par la vente des terrains dans un bien à vocation sociale.

Gestion du patrimoine fondée sur le cycle de vie

La deuxième conception courante de la gestion de patrimoine consiste à gérer les immobilisations de manière stratégique pendant leur durée de vie. Celle-ci peut être courte, 10 ans par exemple pour un véhicule, ou elle peut être de plusieurs siècles. Par exemple, la Grand Trunk Road, une grande route de 2 500 km de long reliant Kaboul à Calcutta, existe depuis le IIIe siècle. Le terme « cycle de vie » couvre la planification, la création ou l'acquisition, l'utilisation, la gestion et l'entretien d'une installation, ainsi que sa cession lorsqu'elle devient inutile. La gestion du patrimoine pendant toute leur durée de vie est particulièrement importante pour les collectivités locales.

La notion de cycle implique un mouvement perpétuel. Si l'on se réfère au graphique 6.1, le cycle commence logiquement au nord-ouest, avec une définition précise des besoins, des objectifs, des fonctions à remplir ainsi que des coûts et risques associés aux options retenues (p. ex., achat de simples véhicules multifonctions ou de bennes à compression mécanique pour le transport des ordures). La phase suivante du cycle comprend la définition du niveau de service à fournir, l'estimation de la demande, l'analyse des options financières et techniques, la conception et la passation des marchés. Les phases suivantes du cycle comprennent la construction, la mise en service, l'exploitation, l'entretien, la rénovation (tous les 15 ans pour les routes) suivie d'un contrôle continu du fonctionnement, et la cession (d'un vieux véhicule) ou la mise hors service et le réaménagement (comme la démolition d'une école construite dans les années 20 et son remplacement par des locaux neufs).

Fonctions de gestion du patrimoine et liens avec d'autres fonctions

Aucune municipalité ne pourrait exister ni survivre sans un portefeuille d'immobilisations suffisant pour lui permettre de remplir ses fonctions essentielles.

Graphique 6.1 Cycle de vie des immobilisations

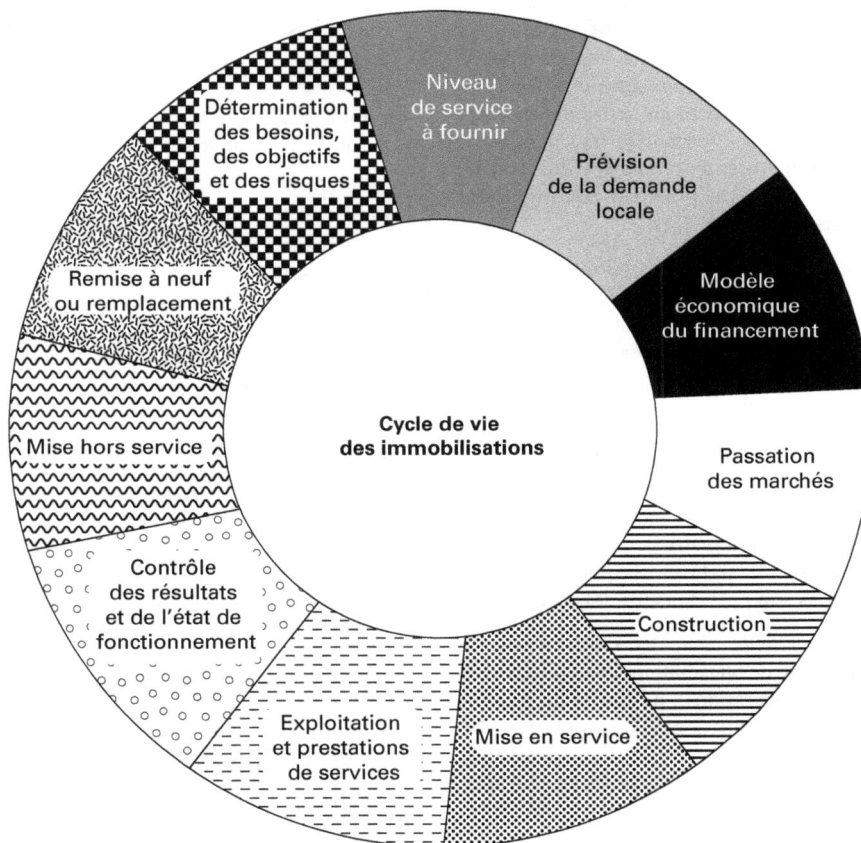

Fonctions des immobilisations

Les principales raisons pour lesquelles la gestion du patrimoine devrait être une fonction essentielle des collectivités locales sont les suivantes :

- *Base matérielle.* Les immobilisations constituent la base matérielle des services municipaux. De fait, dans la liste des immobilisations les plus courantes présentée plus haut, bon nombre des immobilisations sont utilisées pour les services essentiels qui sont la responsabilité de l'État, que ce soit la tenue de registres publics locaux à la mairie, l'approvisionnement en eau ou les écoles. La qualité de la vie dans une circonscription territoriale particulière et son attrait pour les habitants et les entreprises dépendent dans une large mesure de la qualité des infrastructures publiques et des services qui y sont associés.

- *Patrimoine.* Les immobilisations physiques constituent normalement la plus grande partie du patrimoine public local, comme le montre l'exemple décrit au tableau 6.1. On peut constater que les immobilisations physiques représentent l'essentiel des ressources de ces collectivités locales, le comté de Los Angeles aux États-Unis et la ville de Varsovie en Pologne. Il y a également des différences notables dans la situation locale.

Varsovie a un patrimoine foncier important cependant, la valeur de ses aménagements et infrastructures est relativement faible. En revanche, Los Angeles possède une proportion beaucoup plus élevée d'immeubles et infrastructures dans ses immobilisations, et les immobilisations financières (y compris les prises de participation) représentent un tiers du total de son patrimoine ; les deux jouent un rôle important dans la prestation des services.

- *Obligations.* Les immobilisations peuvent également être associées à des obligations directes ou conditionnelles. Par exemple, une fuite dans une canalisation d'eau constitue une obligation pour la municipalité propriétaire ou sa compagnie des eaux. Si un terrain s'avère contaminé, la collectivité locale risque de devoir procéder à de coûteux travaux de décontamination avant de pouvoir l'utiliser ou le vendre. Les biens immobiliers utilisés comme garantie pour des emprunts municipaux posent un risque d'obligation directe si la collectivité locale ne rembourse pas son prêt dans les délais prévus.

- *Dépenses de fonctionnement.* Il y a des coûts associés à la propriété de biens immobiliers (électricité, eau, nettoyage, réparations), ou même de terrains non bâtis (protection contre les squatters ou les décharges sauvages). Les immobilisations physiques qui constituent la propriété et sont sous le contrôle des collectivités locales peuvent représenter une lourde charge financière, surtout si elles sont dûment entretenues et réparées. Par exemple, les dépenses de fonctionnement sont le deuxième poste de dépenses des municipalités allemandes, après les salaires.

- *Source de revenus.* Les biens publics peuvent être une importante source de revenus, qu'il s'agisse de recettes exceptionnelles, en cas de vente de biens excédentaires, ou de recettes courantes, telles que la location de terrains et d'immeubles à usage commercial ou l'octroi de concessions d'exploitation de parcs de stationnement municipaux.

- *Développement économique.* Les biens du domaine public sont souvent tellement importants, notamment dans les zones urbaines ou les pays dans lesquels la terre est la propriété de l'État, qu'ils ont un impact sensible sur les aménagements fonciers et le développement économique, y compris par le secteur privé. L'État peut en fait exercer un plus grand contrôle sur le patrimoine foncier et immobilier que sur les impôts locaux.

- *Valeur autre que la valeur économique.* Les biens du domaine public peuvent avoir une valeur importante, outre leur valeur « officielle » (valeur comptable ou marchande), et les décisions concernant certains biens doivent tenir compte de ce facteur. Par exemple, une petite ville peut avoir un vieux cinéma qui ne fonctionne plus et n'est financièrement pas viable, mais auquel l'ancienne génération reste attachée parce que c'était son centre de loisirs au temps de sa jeunesse.

- *Corruption.* Dans de nombreux pays, les biens immobiliers publics ont souvent été une source de corruption et de conflits d'intérêts. C'est pourquoi ils doivent être gérés dans un souci de transparence et de bonne gouvernance.

Tableau 6.1 Patrimoine inscrit au bilan des collectivités locales

Catégorie d'immobilisations	Comté de Los Angeles, USA (%)	Varsovie, Pologne (%)
Patrimoine total (financier et immobilisé)	100	100
Immobilisations totales, dont	67	94
Terrains et servitudes	28	80
Bâtiments, améliorations	15	8
Infrastructures	20	8
Équipements	2	ND

Finances municipales

Liens entre la gestion du patrimoine et les autres aspects de la gouvernance locale

L'idée selon laquelle les patrimoines des collectivités locales nécessitent une gestion spéciale est encore récente dans la plupart des pays en développement. Une bonne gestion du patrimoine demande une approche multidisciplinaire, car il y a un recoupement avec la gestion des biens immobiliers et la gestion des finances publiques, ainsi qu'avec la gestion d'entreprise dans bien des cas (voir le graphique 6.2). Compte tenu de son caractère non traditionnel, la gestion du patrimoine s'intègre souvent mal aux fonctions plus traditionnelles des collectivités locales, telles que la budgétisation.

En outre, comme le montre le graphique 6.2, une bonne gestion du patrimoine, notamment dans les circonscriptions de taille moyenne ou grande, demande une bonne connaissance du marché et de la gestion de l'immobilier. Pour certaines tâches, les collectivités locales doivent recruter des spécialistes, soit au sein de leur personnel, soit sous contrat. Le *Guidebook on Packaging and Marketing Municipal Land to Investors*, publié par l'Urban Institute, montre comment une société immobilière s'y est prise pour commercialiser des terrains municipaux (pour de plus amples renseignements, voir Urban Institute 2012a).

Gestion de patrimoine et gestion financière

La gestion de patrimoine et la gestion financière sont liées à bien des égards. En particulier, comme le montre le graphique 6.3, chaque activité de gestion du patrimoine a de multiples incidences sur la gestion financière. Par exemple, si on décide d'acquérir un nouveau terrain (p. ex., pour construire une école), le projet doit être inclus dans le plan d'investissement

Graphique 6.2   Liens entre la gestion de patrimoine et les autres fonctions de gestion

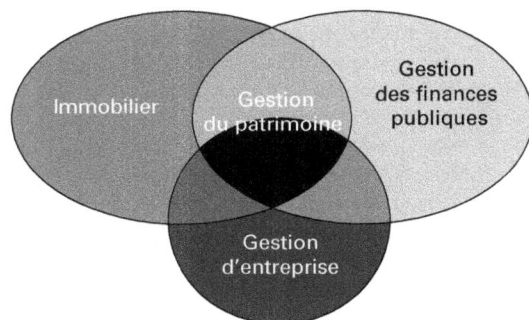

de la municipalité, qui doit trouver des sources de financement et inscrire le projet au budget d'investissement.

Cadre de gestion stratégique du patrimoine

Pourquoi les administrations ont-elles besoin de biens et d'infrastructures ? La réponse simple et classique est qu'elles doivent fournir des services à leurs administrés conformément à la réglementation ou aux traditions locales. Par exemple, si l'enseignement primaire ou la protection contre les incendies sont la responsabilité de la collectivité locale, il faut des locaux scolaires et des casernes de pompiers (ainsi que des véhicules de pompiers). En pratique, les collectivités locales possèdent souvent des biens pour des raisons diverses. Certains biens ont été accumulés à la longue, par défaut ; certains sont des symboles de pouvoir et de prestige. Certains ont été confisqués à cause d'arriérés d'impôts, ou abandonnés par le propriétaire. Parmi les raisons non traditionnelles de détenir des biens, deux s'imposent : a) soutenir le développement de l'économie locale ; et b) générer des recettes supplémentaires non fiscales. Une autre considération importante est que l'État est le gardien des biens publics qui doivent être préservés pour les générations futures, tels que les forêts, les parcs, les pâturages et les zones humides.

La gestion stratégique du patrimoine a quatre composantes : recensement, comptabilité analytique, gestion de portefeuille, et stratégie et mise en œuvre (voir le tableau 6.2). Si une collectivité locale néglige une ou plusieurs de ces composantes, elle s'expose à de lourdes pertes, en termes de patrimoine ou d'étendue et de qualité des services.

Pour la gestion stratégique des équipements municipaux (p. ex., approvisionnement en eau, évacuation des eaux usées, voirie), le cadre est conceptuellement similaire mais adapté en conséquence (voir l'encadré 6.2). À noter que ce cadre souligne que la planification financière et la gestion du cycle de vie sont au cœur d'une bonne gestion du patrimoine.

Recensement

Il est essentiel de tenir à jour un inventaire exact du patrimoine, car on ne peut gérer ce dont on ignore l'existence. Des registres fonciers mal tenus favorisent la corruption, l'empiètement et la criminalité, et accroissent les risques sanitaires. Par exemple, des

Graphique 6.3   Gestion des immobilisations physiques et incidences sur les finances locales

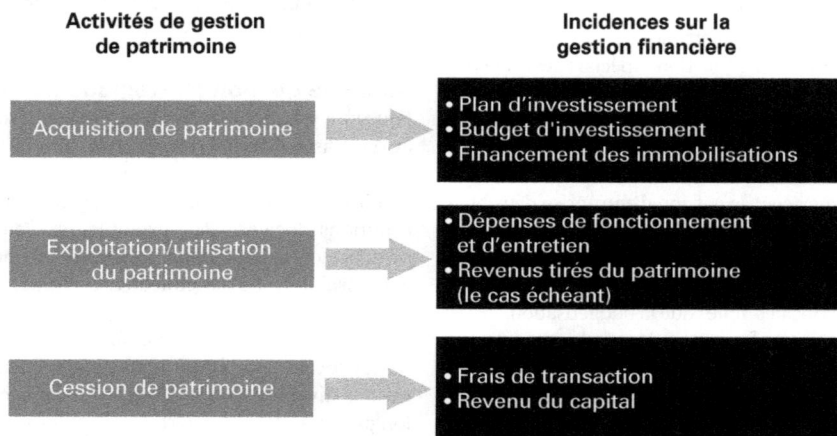

Activités de gestion de patrimoine	Incidences sur la gestion financière
Acquisition de patrimoine	• Plan d'investissement • Budget d'investissement • Financement des immobilisations
Exploitation/utilisation du patrimoine	• Dépenses de fonctionnement et d'entretien • Revenus tirés du patrimoine (le cas échéant)
Cession de patrimoine	• Frais de transaction • Revenu du capital

centaines de millions de personnes vivent sur des terrains municipaux sans permis (voir la partie consacrée aux taudis au chapitre 2), et les terrains abandonnés sont souvent utilisés pour l'élimination illégale des déchets, ce qui représente un danger pour l'environnement et la santé. La protection des biens municipaux peut coûter cher, mais il est souvent beaucoup plus onéreux de déplacer des habitants, des entreprises ou des déchets. Dans les pays en développement, de nombreuses municipalités ignorent l'ampleur de leur patrimoine, ou du moins des biens et des infrastructures dont elles sont responsables sinon propriétaires. Il existe plusieurs façons de répertorier le patrimoine, mais c'est beaucoup plus facile s'il existe un cadastre national fiable. Sans cadastre, on peut dresser un premier inventaire dans le cadre d'une enquête visant à établir des adresses postales (Farvacque-Vitkovic et al. 2006). L'enquête permet de déterminer le tracé général des rues municipales, d'enregistrer leur longueur, d'établir un système de numérotation métrique des édifices et de noter le type d'usage de chaque parcelle (résidentiel, commercial, équipements collectifs, terrain non bâti, ou autre usage). Si l'enquête sur les adresses est complétée par un recensement du mobilier urbain (bornes-fontaines publiques, abribus, cabines téléphoniques, etc.) ou des enquêtes spéciales sur le réseau de rues ou les équipements collectifs, un simple répertoire d'adresses est un bon point de départ pour répertorier le patrimoine. D'autres renseignements peuvent être progressivement ajoutés à l'inventaire, tels que le régime de propriété de l'installation ou du terrain, la valeur des biens, et le coût d'entretien estimatif.

Comptabilité analytique

Les comptes analytiques sur les biens sont l'équivalent d'une carte d'identité (dans le passé, il s'agissait de cartes manuscrites). Ils devraient fournir des informations juridiques et techniques essentielles, telles que la taille, l'emplacement, le régime de propriété et l'utilisation, mais aussi l'existence d'un contrat de bail et le loyer perçu le cas échéant ; la date, la nature et le coût des principaux travaux de rénovation et remplacements ; et même les travaux prévus pour les quatre à cinq années à venir. Dans les pays en développement, les municipalités ne disposent souvent pas de documents analytiques et n'ont donc aucun système de gestion stratégique. Elles ne peuvent que réagir aux imprévus, tels que la réparation d'une canalisation principale éventrée. En l'absence d'un programme d'entretien périodique des conduites d'égouts, dans de nombreuses villes asiatiques comme Karachi ou Dhaka, les canalisations bouchées causent des remontées d'eaux de ruissellement et d'eaux usées dans les rues, où les gens doivent patauger pendant des jours. Une mauvaise comptabilité analytique se traduit souvent par une insuffisance de fonds pour assurer l'entretien voulu.

Tableau 6.2   Cadre de gestion stratégique du patrimoine

Recensement

- Établir et tenir à jour des registres complets des biens détenus par les collectivités locales (y compris les biens gérés et utilisés par divers services et entreprises municipaux).

Comptabilité analytique

- Mettre au point et exploiter un système de gestion et de description de chaque bien (enregistrement de toutes les dépenses et recettes et informations sur l'occupation et le locataire), pour les besoins spécifiques de gestion du patrimoine (à ne pas confondre avec les registres comptables).
- Enregistrer la valeur de chaque bien dans la base de données comptables, en indiquant les privilèges grevant chaque bien.
- Officialiser par écrit les relations contractuelles avec tous les locataires et utilisateurs de biens municipaux.
- Appliquer les méthodes de gestion de biens utilisées dans le secteur privé pour améliorer la gestion des biens publics.

Gestion de portefeuille

- Déterminer la contribution stratégique du patrimoine à la réalisation des objectifs de la municipalité.
- Classer le patrimoine en fonction de sa contribution à l'exécution des fonctions municipales et utiliser ce classement pour procéder à son inventaire.
- Mettre au point et utiliser des outils financiers et des normes de performance pour chaque classe d'immobilisations.
- Suivre les résultats financiers des biens et du portefeuille.
- Appliquer un mode de gestion de portefeuille prévoyant notamment une gestion proactive des portefeuilles de biens à usage social et de biens excédentaires.
- Définir des règles claires concernant l'affectation de biens municipaux (notamment de terrains) à des tiers (utilisateurs privés ou non gouvernementaux).
- Formuler et appliquer des règles visant à limiter la demande et l'utilisation de biens par les services des administrations publiques et à des fins sociales.
- Établir des plans d'investissement pluriannuels.
- Responsabiliser les gestionnaires de patrimoine grâce à la présentation régulière de rapports.

Stratégie et mise en œuvre

- Élaborer et mettre en œuvre une stratégie de gestion du patrimoine qui servira de document directif.
- Créer un organisme central chargé de superviser ou de contrôler directement la gestion des immobilisations.
- Formuler des règles écrites concernant l'acquisition, la gestion et la cession du patrimoine, en indiquant notamment qui est responsable de ces décisions.
- Créer des compétences internes en matière d'immobilier et faire appel, le cas échéant, à des spécialistes extérieurs.
- Créer un programme d'incitation pour améliorer l'utilisation et la gestion des biens municipaux.

Source : Kaganova 2008.

Gestion de portefeuille

En principe, les collectivités locales devraient chercher à étendre les services offerts, et pour ce faire elles doivent accroître le patrimoine public. La principale règle de gestion de portefeuille est que le produit de la cession d'éléments de patrimoine devrait être réinvesti dans d'autres types d'immobilisations. Les cessions de patrimoine devraient donc faire partie d'un plan d'investissement visant à améliorer les services ou à accroître le patrimoine public. Certaines municipalités vendent des biens sans appliquer une bonne stratégie commerciale, et à des prix inférieurs à ceux du marché parce qu'elles ont désespérément besoin de liquidités pour financer leurs dépenses de fonctionnement.

Encadré 6.2 Eléments clés du cadre de planification de la gestion des infrastructures

1. Quels équipements possédez-vous et où se trouvent-ils (inventaire) ?
2. Quelle est leur valeur (coûts, taux de remplacement) ?
3. Dans quel état sont-ils et quelle durée de vie leur reste-t-il (évaluation de l'état et des capacités) ?
4. Quel est le niveau de service attendu, et quelles sont les mesures à prendre (plan d'amélioration des équipements et plan d'exploitation) ?

5. Quand ces mesures doivent-elles être prises (plan d'amélioration des équipements et plan d'exploitation) ?
6. Combien cela coûtera-t-il et quel est le niveau de risque acceptable (plan de financement à court et à long terme) ?
7. Comment assurer leur viabilité économique à long terme (plan de financement à court et à long termes) ?

Source : Managing *Infrastructure Assets,* 2005.

Ce faisant, elles entament le patrimoine public, c'est-à-dire les ressources des générations actuelles et futures.

Stratégie de gestion du patrimoine

La stratégie de gestion du patrimoine a de nombreux liens avec d'autres aspects de la gestion des municipalités. Elle est liée à la planification urbaine et au plan directeur d'urbanisme qui indique l'orientation et la nature du développement urbain (y compris la conversion de terres agricoles en terrains urbains) ainsi que l'emplacement des nouveaux équipements collectifs nécessaires. Les plans à long terme facilitent également un développement urbain fondé sur les priorités des habitants. Un programme d'investissement à moyen terme, assorti de propositions spécifiques, indique ce qui peut être vendu pour dégager des fonds (le cas échéant) et ce qui peut être construit au cours des trois à cinq prochaines années. Lorsqu'elle suit cette approche, la collectivité locale doit considérer tous les patrimoines locaux comme des portefeuilles dont certains éléments sont modifiés, développés ou remplacés pour mettre en œuvre la stratégie urbaine.

Les cadres de gestion stratégique du patrimoine présentés dans le tableau 6.2 et l'encadré 6.2 sont très ambitieux et ne peuvent être compris et mis en œuvre qu'au prix d'importants efforts. Une collectivité locale peut cependant examiner les éléments décrits dans le tableau et l'encadré et commencer par ceux qui sont

les plus pressants, compte tenu de la situation locale, et réalisables sur les plans politique et administratif. Une telle approche, adaptée aux réalités locales, a donné de bons résultats dans un certain nombre de pays en transition comme la Croatie, le Kirghizistan et la Serbie. Certaines activités figurant sur la liste ont été mises en œuvre, à des degrés variables, par plusieurs villes croates (Varazdin, Split, Rijeka et Karlovac). L'encadré 6.3 décrit brièvement le modèle initial de gestion du patrimoine, qui reprenait onze activités prioritaires dans la liste du tableau 6.2.

Entités chargées de la gestion du patrimoine

La gestion du patrimoine est une tâche complexe qui est généralement partagée entre plusieurs entités d'une collectivité locale. Même les entités exclusivement chargées de la gestion du patrimoine, telles qu'un service des domaines ou une entreprise municipale, ne s'occupent en général que d'une catégorie d'immobilisations, comme par exemple une entreprise municipale qui gère les terrains non bâtis. La section suivante décrit brièvement les fonctions des principales entités locales chargées de la gestion du patrimoine.

Le Conseil municipal

Le Conseil municipal joue un double rôle dans la gestion du patrimoine — c'est le plus haut représentant des biens publics locaux et la principale instance de décision, mais c'est aussi la plus haute instance

Encadré 6.3 Villes croates : Modèle initial de gestion du patrimoine

1. Mise en place d'un système d'information sur chaque bien
2. Questions liées à la transition
3. Classement des biens
4. Évaluation des biens immobiliers et commerciaux
5. Compte d'exploitation des biens ou porte-feuilles rémunérateurs
6. Analyse financière détaillée des portefeuilles, biens et projets
7. Déréglementation des baux commerciaux et amélioration des pratiques de location
8. Quantification et contrôle des subventions directes et indirectes accordées aux locataires et utilisateurs de biens immobiliers appartenant à la collectivité locale
9. Établissement de rapports financiers sur les biens
10. Regroupement des fonctions de gestion
11. Établissement d'un plan global de gestion du patrimoine

Source : Kaganova 2008.

chargée du contrôle de la gestion du patrimoine au sens large.

- *Principale instance de décision.* Le conseil est la plus haute instance chargée d'approuver les transactions importantes portant sur des immobilisations de grande valeur, notamment celles liées à l'aliénation d'immobilisations (cessions, utilisation comme garantie pour des emprunts) ou à l'acquisition d'immobilisations. Par exemple, le conseil doit approuver la stratégie relative à une liste d'immobilisations d'une valeur supérieure à un certain montant qui sont susceptibles d'être liquidées au cours d'une année à venir, ainsi qu'un programme d'investissement correspondant. Il peut désigner parmi ses membres un comité chargé des immobilisations, ainsi que des membres externes chargés de formuler une stratégie, une politique et une réglementation, d'analyser les cas importants et difficiles, et de proposer des options au conseil (voir Urban Institute 2012b).

- *Organe de contrôle.* Le conseil promulgue les dispositions locales qui définissent les règles, comme par exemple un arrêté local sur les procédures de location et de vente des immobilisations munici-pales, ou sur la réglementation environnementale et les règles de sécurité qui ont une incidence sur l'utilisation et la gestion du patrimoine.

Le Bureau du maire

Le Bureau du maire prépare les documents soumis au conseil pour approbation et signe les principaux contrats immobiliers au nom de la collectivité locale.

Le conseil peut également déléguer au maire des transactions portant sur des immobilisations d'une valeur inférieure à un certain montant.

Services municipaux

La plupart des services municipaux participent à la gestion du patrimoine. Certains s'occupent davantage de la gestion de portefeuille, tels que les services des finances et des affaires juridiques. D'autres s'occupent de biens spécifiques, comme les entités chargées des travaux, des services et des infrastructures.

- *Le service des finances* (ainsi que le groupe de la tréso-rerie) fixe les objectifs budgétaires liés à la gestion du patrimoine pour l'exercice suivant, par exemple, le produit attendu des cessions ou locations immobi-lières, ou les gains attendus de la réduction des dépenses de fonctionnement de certains biens. Le service des finances ou le groupe de la trésorerie s'occupe spécifiquement des immobilisations finan-cières — liquidités, obligations, actions et autres titres — pour plusieurs raisons interdépendantes. D'une part, les immobilisations financières et incor-porelles font partie du patrimoine de la municipalité ; d'autre part, elles sont indissociables du patrimoine foncier et immobilier. Les immobilisations finan-cières représentent des réserves qui peuvent servir à financer des investissements dans le patri-moine foncier et immobilier. Les fonds tirés de la cession d'immobilisations peuvent et doivent être traités comme des immobilisations financières, tant qu'ils ne servent pas à acquérir du patrimoine foncier et immobilier. L'investissement d'immobilisations financières comporte des risques, et il faut appliquer des règles prudentielles claires pour éviter que les fonds ne soient investis en pure perte. La gestion des immobilisations financières est traitée au chapitre 7.

- *Le service juridique* s'occupe souvent de questions liées à l'acquisition et à la cession de patrimoine. Par exemple, il élabore — et signe généralement — les contrats de location et de vente et tient à jour tous les documents juridiques concernant le patrimoine détenu par la collectivité locale.

- *Les services spécialisés*, tels que la direction des travaux et services, sont souvent chargés de l'exécution des projets d'investissement.

- *Les services* suivent, guident et représentent généralement les utilisateurs des biens municipaux, et partagent les responsabilités en ce qui concerne le fonctionnement, l'entretien et la réparation du patrimoine foncier et immobilier utilisé. Par exemple, le service de l'éducation utilise certains bâtiments ou locaux municipaux et peut partager certaines activités avec les écoles qui dépendent de lui (telles que la compilation des demandes de fonds soumises chaque année par les écoles pour les travaux de remise en état).

- *Les unités budgétaires* et semi-budgétaires (écoles, centres de santé) utilisent des biens locaux et sont souvent responsables de leur fonctionnement et de leur entretien courant.

Entreprises municipales

Il existe des entreprises municipales dans la plupart des pays. En général, elles détiennent, utilisent et gèrent d'importants portefeuilles de biens fonciers et immobiliers municipaux, équipements et réseaux d'infrastructure, ainsi que des biens meubles, tels que du matériel, des automobiles et des véhicules spécialisés. Les objectifs et le statut juridique des entreprises municipales sont très variables. Il peut s'agir d'entreprises de services collectifs ou d'entreprises spécialisées, telles que des sociétés d'aménagement des terrains municipaux (également examinées au chapitre 2).

- En tant qu'entités juridiques indépendantes, les entreprises municipales sont considérées comme des investissements municipaux. En principe, les immobilisations données au moment de la création de ces entreprises sont comptabilisées comme des cessions ou des investissements ; cependant, dans les pays en développement, le régime de propriété de nombreuses immobilisations, telles que les parcelles de terrain ou les réseaux d'adduction d'eau, n'est pas clairement défini. La majeure partie du patrimoine foncier et immobilier utilisé par ces entreprises est donc inscrite à leur bilan au lieu de figurer dans le portefeuille des collectivités locales, ce qui pose deux problèmes : a) les collectivités locales ne possèdent aucune information sur les terrains et bâtiments occupés par ces entreprises, qui occupent parfois plus de terrains que nécessaire ; et b) les biens sont exposés à des risques commerciaux si les entreprises ont des activités commerciales.

- Les entreprises de services municipaux peuvent créer des dettes éventuelles pour la municipalité. D'une part, la municipalité doit continuer d'assurer les services si l'entreprise manque à ses engagements ; c'est pourquoi de nombreuses municipalités subventionnent lourdement leurs entreprises de services pour assurer la continuité des services essentiels. D'autre part, en tant que seul propriétaire, la municipalité assume l'entière responsabilité des dettes et garanties de ses entreprises et peut donc se trouver en situation de défaut de paiement si ses entreprises manquent à leurs engagements. Les collectivités locales ont souvent une participation dans diverses entreprises (un pourcentage de leurs actions), dont elles partagent les gains et les risques.

- Les collectivités locales peuvent créer des organismes publics spécialisés qui sont des entités hybrides possédant à la fois le pouvoir de réglementation de l'État et certains éléments de la structure et des pouvoirs d'une entreprise. On peut citer en exemple l'Urban Renewal Authority de Hong Kong et les Water Service Authorities en Inde et au Pakistan. Ces organismes dotés de pouvoirs mixtes et de fonctions d'investisseur peuvent créer des conflits d'intérêts ; ce n'est donc généralement pas une option recommandée.

Partenariats public-privé

Certains équipements ou biens, et parfois même des portefeuilles entiers, peuvent être gérés par des partenariats public-privé à différents stades du cycle de vie des biens. En règle générale, le partenaire privé gère l'entité dans le cadre d'un contrat signé avec une collectivité locale. Le patrimoine reste l'entière propriété du secteur public (contrat de gestion) ou est intégré à une coentreprise si une entité juridique distincte est créée (voir le chapitre 7).

Améliorer la gestion du patrimoine dans les collectivités locales

La gestion du patrimoine est une activité complexe qui demande des compétences professionnelles et un travail soutenu. L'amélioration de la gestion du patrimoine nécessite un effort initial concerté et doit devenir ensuite une activité régulière. Cette section examine les difficultés à surmonter lorsqu'on décide d'améliorer la gestion du patrimoine. Cette démarche comporte quatre étapes ou groupes de tâches spécifiques.

Difficultés à surmonter

Pour améliorer la gestion du patrimoine, il y a quatre principales difficultés à surmonter : la première est le *cycle politique*. Une bonne gestion du patrimoine demande un engagement et une vision à long terme, ce qui est souvent incompatible avec l'optique des politiciens axée sur le cycle électoral. Il faut un maire ou un trésorier visionnaire pour décider d'améliorer la gestion du patrimoine et poursuivre cet effort. Le conseil municipal doit également être sensibilisé à l'importance de cette tâche.

La deuxième difficulté concerne *l'ordre des mesures à prendre*. Vu qu'il n'existe pas d'ordre évident ou universel, cette question doit être tranchée au niveau local. Les objectifs doivent également tenir compte des *ressources humaines* de la collectivité locale et de son aptitude à adopter de nouvelles techniques. Enfin, il faut une *ferme prise en main du processus* ; l'idée ne peut pas venir de consultants. La collectivité locale doit s'approprier le processus ; des consultants ou prestataires d'assistance technique ne peuvent que faciliter ou proposer des approches, des techniques et une formation. L'encadré 6.4 décrit brièvement le cas de Katmandou, qui montre la difficulté de remédier à une mauvaise gestion du patrimoine.

Mesures initiales à prendre pour améliorer la gestion du patrimoine

L'expérience montre qu'il y a plusieurs mesures initiales à prendre pour améliorer la gestion du patrimoine :

- *Recenser les problèmes et les domaines nécessitant des améliorations.* Une telle évaluation, assortie de recommandations sur les moyens d'améliorer la situation, nécessite souvent de faire appel à des spécialistes extérieurs pour collaborer avec les services compétents de la collectivité locale. Par exemple, les audits énergétiques sont de nouveaux instruments efficaces pour améliorer la gestion du patrimoine.

- *Désigner un interlocuteur.* Une personne doit être responsable du processus au sein de la collectivité locale.

- *Créer une équipe spéciale.* S'il n'existe pas de service de gestion du patrimoine, plutôt que de commencer par en créer un, il est recommandé d'établir un comité chargé du patrimoine au sein du conseil, ou une équipe spéciale composée de membres de différents services qui sera chargée de la gestion du patrimoine, sous l'égide du maire ou du trésorier.

- *Établir un plan d'action.* Il est impératif de définir les priorités et d'adopter un plan d'action. L'équipe spéciale devrait être guidée dans son travail par un ensemble de priorités spécifiques définies sur la base des recommandations issues de l'évaluation. En outre, elle devrait se conformer strictement à son plan d'action (voir l'encadré 6.3 sur l'expérience de la Croatie).

Recensement des immobilisations — Étape 1

S'il n'existe pas de registre d'inventaire, le recensement des immobilisations est la première chose à faire pour améliorer la gestion du patrimoine. Il existe généralement différents fichiers qui peuvent servir de sources de données pour procéder à un inventaire physique, tels que des livres comptables, registres fonciers et documents techniques, mais ils risquent d'être incomplets ou de présenter des discordances et un manque de coordination. Les différents services ont généralement des documents sur les immobilisations existantes qui peuvent servir pour l'inventaire. Les services comptables des collectivités locales tiennent souvent un grand livre sur le patrimoine. Les chefs de service et les experts techniques peuvent également fournir des informations utiles sur l'état des immobilisations. L'objectif est de recenser toutes les immobilisations, de les classer par catégories et dans un ordre logique, et de réunir des données pour leur gestion. Si un programme d'établissement

Encadré 6.4 Campagne pour la gestion du patrimoine — Élargissement des routes à Katmandou

Le cas récent de Katmandou, au Népal, montre que le patrimoine laissé à l'abandon et une gestion laxiste du patrimoine entraînent de coûteuses mesures correctives et de graves tensions. La collectivité locale de Katmandou n'a pas assuré l'entretien de ses routes ni protégé son droit de propriété sur ce patrimoine au cours des dernières décennies. La ville est propriétaire d'une emprise de 15 à 20 mètres le long des routes principales. Ces routes, construites il y a plusieurs décennies, sont cependant étroites, la chaussée et les voies piétonnes ne mesurant en général pas plus de 8 à 10 mètres de large. Le reste a été laissé à l'abandon par la ville, qui n'exerce aucun droit de propriété sur ce « no man's land ». Les cas d'empiètement sur ces bords de route au Népal se sont multipliés au fil des ans.

Le Kathmandu Valley Town Development Enforcement Committee a lancé une campagne au début de 2011 afin d'élargir 400 kilomètres de voies principales, suite à une annonce légale publiée le 4 juillet 1977 dans la *Nepal Gazette*. La décision, prise 33 ans après la publication de l'annonce, va entraîner la démolition d'une quantité considérable d'éléments de patrimoine de grande valeur. L'élargissement des routes est devenu indispensable pour l'aménagement urbain, mais il nécessite la démolition totale ou partielle de nombreux édifices, notamment des boutiques, des habitations et des immeubles à usage commercial construits au fil des décennies.

La municipalité versera des indemnités uniquement pour les édifices construits avant l'annonce de 1977. En conséquence, de nombreux propriétaires vont perdre leur magasin ou leur habitation sans être indemnisés. Les tensions se sont exacerbées et de grandes manifestations ont été organisées lorsque les autorités municipales ont commencé à démolir les immeubles illégaux, comme le montre la photo ci-dessous (graphique B6.4.1). Bien qu'en principe personne ne puisse construire sur des terrains publics, il aurait été préférable que la ville exerce ses droits de propriété en temps utile et évite ces démolitions. La ville ayant désespérément besoin de meilleures routes, le projet d'élargissement a progressivement obtenu le soutien de la population, et à la fin de 2012, près de la moitié des nouvelles routes avaient été construites.

Graphique B6.4.1 Démolition d'immeubles pour faire respecter le droit de passage

Source : *Himalayan Times*, 4 février 2012

d'adresses postales est en place, il sera très utile pour recenser et localiser le patrimoine municipal. L'audit urbain (examiné au chapitre 5) est un autre instrument important qui peut aider à : 1) identifier/répertorier ; 2) localiser ; et 3) cartographier les actifs municipaux existants (voir l'encadré 6.5).

Classement du patrimoine

Le patrimoine est souvent classé par type d'immobilisation, par secteur d'activité ou par détenteur ou responsable (p. ex., un service municipal). Les catégories suivantes sont couramment utilisées :

- équipements collectifs, notamment réseaux d'assainissement et d'adduction d'eau, installations d'évacuation des déchets solides et systèmes de distribution d'électricité et d'éclairage municipaux ;

- routes et ponts ;

- bâtiments publics (dans les grandes villes, ce portefeuille peut être subdivisé, par exemple : usage public, éducation, sports, culture, logements publics, etc.) ;

- terrains ou droits fonciers ;

- aménagements fonciers autres que des bâtiments ;

- équipements, véhicules et mobilier.

Le tableau 6.3 montre un exemple d'inventaire de bâtiments. L'équipe spéciale doit décider quelles données sont nécessaires. Il est important de s'assurer que les données collectées et tenues à jour répondent aux besoins concrets de gestion du patrimoine, et pas seulement aux règles comptables établies par l'administration centrale. Par exemple, le lecteur notera que le tableau 6.3 indique des caractéristiques, telles que l'état des bâtiments et le taux d'occupation mais qu'il y manque une colonne importante sur la valeur vénale estimative des biens.

Les systèmes d'information géographique (SIG) sont de plus en plus accessibles aux collectivités locales. Ils sont extrêmement utiles pour localiser précisément les immobilisations et fournissent des cartes interactives pour la planification stratégique et la gestion courante du patrimoine. Cependant, comme indiqué dans l'encadré 6.5, la simplicité est préférable au début. Le recensement devrait être dicté par les besoins pratiques de gestion du patrimoine et les réalités locales. Lorsqu'il n'existe pas de registre d'inventaire, mieux vaut commencer avec un simple tableau Excel qui pourra ensuite être intégré dans une base de données plus perfectionnée pouvant être reliée au SIG.

Recensement des terrains et infrastructures

Le recensement des terrains et des infrastructures (réseaux) est généralement plus complexe que le recensement des bâtiments et des locaux. Les éléments de base d'un inventaire des biens fonciers sont les suivants :

- emplacement de la parcelle (adresse) et coordonnées du cadastre avec carte, si possible ;

- superficie de la parcelle en pieds carrés, mètres carrés, acres ou hectares ;

- propriétaire ou entité détenant un droit de contrôle, ainsi que bail, droit de passage, droit de cession, acte/titre, hypothèque ou toute autre obligation juridique envers des tiers ;

- utilisation actuelle, c'est-à-dire utilisation effective, pour faire la distinction essentielle entre terrains non bâtis et terrains bâtis, avec une ventilation plus poussée de cette dernière catégorie. La description de l'utilisation du sol peut inclure des informations sur les bâtiments construits sur la parcelle (construction légale ou illégale ; superficie des bâtiments, structure, état et dates du premier aménagement et des rénovations) ;

- restrictions juridiques imposées à l'aménagement ou à l'utilisation, y compris zonage ou autres restrictions concernant l'aménagement, l'utilisation ou la cession

- classement aux fins de la gestion, en indiquant notamment si les biens sont un patrimoine essentiel utilisé pour les fonctions obligatoires de l'administration, s'ils sont utilisés pour des activités non essentielles, ou s'il s'agit de biens excédentaires disponibles pour d'autres usages publics (voir Étape 2 ci-dessous).

Le recensement des terrains peut être un projet distinct de la collectivité locale, entrepris dans le cadre de l'enregistrement systématique de tous les terrains privés et publics par l'organisme national du cadastre, ou dans le cadre du programme d'établissement des adresses postales. On peut utiliser une combinaison de toutes les options ; la solution la plus

Tableau 6.3 Exemple d'inventaire de base des bâtiments

NN	Fonction actuelle	Adresse	Numéro de cadastre	Surface au sol (m²)	Surface du terrain (m²)	Année de construction	État du bâtiment	Valeur comptable en milliers d'unités de la monnaie locale	Taux d'occupation actuel (%)	Notes
1	2	3	4	5	6	7	8	9	10	11
1	Bâtiment administratif	Chapichi St, 4	170 477	7 500	2 600	1985	bon	80 670	80	
2	École maternelle administration locale 1	Sevani St, 2	ND	580	350	1980	satisfaisant	3 500	100	
3	École maternelle administration locale 2	River St, 57	ND	990	690	1964	Mauvais	ND	33	Réparations prévues
4	Centre culturel	Karmin St, 39	ND	6 500	4 500	1984	Mauvais	61 732	50	

Encadré 6.5 Recensement et évaluation du patrimoine : l'audit urbain

Dans le cadre du Programme d'appui aux communes (PAC) cofinancé par la Banque mondiale et l'Agence française de développement, des audits urbains ont été effectués pour chaque collectivité locale. L'objectif était de procéder à une évaluation des besoins de la ville et d'utiliser les résultats pour arrêter un plan d'action prioritaire. Les audits comprenaient une évaluation sommaire de tous les biens dont la municipalité devait assurer l'entretien, tels que la voirie et le réseau d'assainissement, les locaux administratifs, les installations de loisirs, les marchés, etc.

Source : Farvacque-Vitkovic et al. 2006.

Un simple recensement des biens et une évaluation de leur état peuvent fournir des informations importantes pour établir un calendrier d'entretien et de remise en état. Cet exercice complète également l'Inventaire pour la programmation des infrastructures et équipements (IPIE) effectué dans le cadre des audits urbains. Des IPIE et des audits urbains ont été menés à bien dans de nombreuses villes d'Afrique de l'Ouest dans le cadre d'un modèle de contrat municipal.

efficace peut consister à coordonner le recensement des terrains au niveau local avec l'enregistrement systématique au niveau national. L'expérience montre cependant que l'établissement d'un cadastre complet dans les zones urbaines peut prendre plus de dix ans. Lorsqu'il n'existe pas encore de cadastre national pour les biens publics, la collectivité locale devrait procéder à son propre inventaire dans le cadre du programme d'établissement des adresses postales, même s'il manque certaines données cadastrales précises. Dans un cas comme dans l'autre, la possibilité de procéder à un inventaire réaliste et peu coûteux dépend de plusieurs facteurs, notamment les types de cartes disponibles. La meilleure option consiste à superposer une carte numérique des parcelles extraite du cadastre avec une photographie aérienne ou une image satellite récente.

Le recensement du patrimoine peut être un travail de longue haleine, et il importe de procéder par étapes et par ordre de priorité : 1) établir une liste des immobilisations, en commençant par les plus importantes, et 2) ajouter progressivement des données juridiques, techniques et comptables. Pour rester utiles, les registres des terrains et des bâtiments doivent être régulièrement actualisés afin de prendre en compte les changements de propriétaire ou d'utilisation ainsi que toute modification des restrictions juridiques. Une question importante à régler tôt ou tard est le choix du service local qui hébergera et tiendra à jour la base de données sur les terrains.

Le recensement des infrastructures devrait commencer par la définition des éléments clés des installations à répertorier. Les infrastructures municipales les plus courantes sont les suivantes :

- réseaux d'approvisionnement en eau : puits, dérivations, barrages, canalisations d'adduction et de distribution, stations de traitement des eaux, réservoirs d'eau traitée, bouches d'incendie, stations de pompage et compteurs d'eau ;

- réseaux d'assainissement : eaux usées, regards, stations de pompage, stations de traitement des eaux usées, étangs d'épuration, zones d'élimination des boues ;

- réseaux de collecte des eaux pluviales : canaux, fossés, canalisations, regards, prises d'eau, réservoirs de maîtrise des crues, protection contre l'érosion, digues de protection ;

- installations d'enlèvement et d'évacuation des déchets solides : bennes à ordures, camions à ordures, installations de recyclage, décharges ;

- voirie : revêtement, trottoirs, éclairage, signalisation, ponts, systèmes d'évacuation des eaux de pluie.

Les données de base spécifiques varient selon la catégorie d'éléments d'infrastructure, mais elles comprennent généralement la longueur (ou la quantité) des éléments, la taille (selon la classification), l'âge (par tranches de 5 à 10 ans) s'il est connu, le matériau et l'état. Par exemple, l'inventaire des routes effectué par les collectivités locales en Éthiopie comprenait les catégories suivantes :

- importance : artère principale, voie secondaire, route de déversement, et route locale ;

- revêtement : asphalte, gravier, tout temps (sans classification), et routes en terre ;

- taille (largeur) : emprise de plus de 30 mètres ; emprise de 25 à 30 mètres ; emprise de 20 à 25 mètres ; emprise de 15 à 20 mètres ; emprise de 5 à 10 mètres.

L'emplacement des éléments peut être indiqué au moyen d'appareils portatifs qui sont de plus en plus accessibles et bon marché. De même que pour le recensement des terrains et bâtiments, mieux vaut procéder par ordre de priorité pour l'inventaire des infrastructures, et il est important de mettre régulièrement à jour les registres dans le cadre de la gestion du patrimoine.

Classement des immobilisations — Étape 2

L'usage qui est fait d'une immobilisation physique dépend de la raison pour laquelle la municipalité l'a acquise. Par exemple, elle peut avoir une école dont le toit doit être remplacé, mais légalement la collectivité locale est responsable de l'enseignement primaire. L'immobilisation peut aussi être un ancien cinéma hors d'usage qui fait encore partie du patrimoine municipal pour des raisons historiques, alors que la municipalité n'a aucune obligation juridique de projeter des films. Ces exemples illustrent un principe fondamental d'une bonne gestion du patrimoine, à savoir que le patrimoine doit correspondre aux fonctions et responsabilités de l'administration. Il est utile de classer les biens selon leurs fonctions municipales :

- Biens *obligatoires* : biens indispensables à la collectivité locale pour assurer les fonctions requises par la loi

- Biens *discrétionnaires* : biens nécessaires pour les fonctions financées et assurées à titre volontaire, pour des raisons sociales, politiques ou autres

- Biens *excédentaires ou générateurs de revenus* : biens non requis pour aucune des raisons susmentionnées, mais qui figurent dans le patrimoine pour des raisons historiques ou commerciales.

La loi définit généralement certaines fonctions comme des responsabilités exclusives ou partagées des collectivités locales. L'approvisionnement en eau et l'assainissement, les routes locales et les parcs, les cimetières, l'enseignement préscolaire et primaire, et la culture et les sports au niveau local font généralement partie des fonctions à remplir. Mais la loi indique rarement le nombre ou la composition des installations nécessaires pour remplir ces fonctions. Par exemple, quels types d'établissements culturels l'administration doit-elle fournir ? Combien de terrains de sport, de parcs et de logements sociaux (subventionnés) ? Puisque la loi reste muette, la collectivité locale doit adopter un budget et une politique dans ce domaine. Par exemple, doit-elle gérer et exploiter tous les équipements sportifs sur son territoire ? Quel pourcentage du coût devrait être répercuté sur les usagers sous forme de redevances ?

Une bonne gestion du patrimoine ne consiste pas seulement à construire et entretenir les immobilisations, mais aussi à les modifier en fonction des nouveaux besoins et priorités. Par exemple, lors des récents travaux de rénovation d'une école construite dans les années 70, la ville de Katowice, en Pologne, a modifié les plans d'aménagement intérieur, ce qui a sensiblement augmenté la surface utilisable et permis d'installer de nouvelles salles de classe et ateliers dans les couloirs et autres espaces précédemment inutilisés.

Principes et objectifs de financement

Pour apporter des réponses rationnelles à des questions difficiles concernant le financement du patrimoine, il est bon de définir pour chaque catégorie de biens des principes et objectifs financiers à suivre dans la gestion du patrimoine.

A. *L'utilisation de biens pour des fonctions obligatoires devrait être optimisée par les pratiques suivantes :*

1. Utiliser plus efficacement les équipements collectifs en demandant aux responsables du budget de justifier leurs besoins d'espace, en les maintenant à un niveau raisonnablement faible

2. Minimiser les dépenses de fonctionnement, sans altérer l'état ni la valeur des biens

3. Implanter les bureaux et les services municipaux à des endroits fonctionnels, et non les plus recherchés, et dans des locaux modestes mais appropriés

4. Déterminer la meilleure utilisation d'une immobilisation et procéder à une analyse coûts-avantages pour justifier l'utilisation de certains biens

5. Investir dans des travaux de réparation et de remplacement des biens obligatoires, qui doivent passer avant les biens discrétionnaires et excédentaires.

B. L'utilisation de biens pour des fonctions à caractère discrétionnaire devrait être optimisée par les pratiques suivantes :

1. Analyser les coûts réels et les communiquer aux parties prenantes afin d'aider à prendre des décisions optimales

2. Proposer différentes options pour réduire dans la mesure du possible les subventions directes et indirectes sur les biens, notamment par les moyens suivants :

   — Demander aux usagers ou à leurs commanditaires d'assurer eux-mêmes l'entretien

   — Encourager les usagers ou leurs commanditaires à louer les parties inutilisées des locaux ou des terrains à d'autres entités commerciales ou à but non lucratif et rendre dûment compte au propriétaire des recettes nettes générées, et modifier les subventions en conséquence

   — Établir des relations contractuelles claires avec les usagers, qui stipulent les responsabilités mutuelles quant à l'entretien des biens ainsi que la répartition des dépenses et des recettes

   — Contrôler l'utilisation et l'occupation des biens pour s'assurer que l'espace inutilisé est réaffecté à des utilisateurs plus importants

   — Organiser l'utilisation commune des installations par plusieurs groupes.

C. L'utilisation des biens excédentaires devrait également être optimisée par les pratiques suivantes :

1. Louer les biens à des fins qui optimisent leur rentabilité

2. Évaluer périodiquement la rentabilité de ces biens au moyen d'autres critères d'investissement

3. Effectuer des travaux d'amélioration de certains équipements pour accroître les revenus

4. Vendre les biens peu rémunérateurs pour produire un apport ponctuel de fonds qui peuvent être mieux utilisés (en choisissant judicieusement le moment pour éviter des ventes rapides sur des marchés déprimés)

5. Réduire les coûts d'entretien et d'assurance responsabilité des biens qui ne peuvent être ni loués ni vendus

6. En principe, éviter d'investir dans l'acquisition ou la construction de nouveaux biens excédentaires (la spéculation immobilière n'est pas une pratique recommandée pour les collectivités locales), tout particulièrement si les besoins d'équipement des biens et installations à caractère obligatoire ne sont pas encore satisfaits (une collectivité locale ne devrait pas investir dans un centre commercial, surtout si les écoles ou les routes locales ne sont pas en parfait état).

En général, ni la classification ni les principes relatifs à la politique financière ne sont exigés par la loi. Cependant, vu l'importance stratégique de cette question et ses incidences à court et à long termes sur la population locale, il est recommandé de faire approuver la classification par les organes élus locaux.

Établir des règles de gestion du patrimoine — Étape 3

C'est une bonne pratique d'adopter des règles écrites explicites sur les aspects essentiels de la gestion du patrimoine. De nombreuses collectivités locales dans les pays en développement n'ont pas de règles dans ce domaine, en partie à cause des pouvoirs limités des responsables des administrations et des politiciens. L'absence de règles écrites ne signifie cependant pas qu'il n'existe aucune règle, parce que les pratiques existantes, quelles qu'elles soient, définissent toujours certaines règles, aussi vagues et informelles soient-elles. Le tableau 6.4 indique les points clés à aborder et les principaux principes à prendre en compte pour formuler des règles écrites de gestion du patrimoine (pour une analyse plus détaillée, voir Peterson et Kaganova 2010).

Assurer la transparence et informer le public — Étape 4

La transparence est un moyen simple, efficace et peu coûteux de promouvoir une bonne gestion du patrimoine et de réduire la corruption et les conflits d'intérêts. Dans le domaine de la gestion du patrimoine, de nombreuses violations des intérêts publics sont commises à des moments spécifiques du cycle de vie des biens, notamment : a) acquisition ou reconstruction ; b) cession (vente) ; et c) octroi de droits sur les biens à des tiers, tels que le droit d'usage, de location à des entreprises privées ou de transfert à des entreprises municipales. Ce sont là des domaines où il importe d'inclure des mécanismes de lutte contre la corruption dans le système de gestion du patrimoine (Péteri et Schaeffer 2007).

Transparence de l'information

La forme de transparence la plus simple est la transparence de l'information. Des informations simples concernant les biens municipaux, si elles sont dûment communiquées, sont un outil très efficace pour demander des comptes aux collectivités locales et aux décideurs (l'encadré 6.6 décrit brièvement le cas du Kirghizistan). Il est donc utile d'établir, au moins une fois par an, un rapport sur les actifs qui est présenté à l'instance locale élue (conseil, assemblée) et rendu public. Le rapport devrait être factuel et contenir des informations précises sur les biens détenus ainsi que sur les transactions et les investissements s'y rapportant. Un rapport de qualité devrait contenir des informations sur les points clés suivants :

Inventaire et occupants : Inventaire du patrimoine (terrains et bâtiments) sous le contrôle direct de la collectivité locale, de ses entités budgétaires et des entreprises municipales.

Inventaire des biens publics (terrains, bâtiments, locaux) utilisés ou loués par des entités privées ou non gouvernementales, et principales caractéristiques de la location (durée, prix ou paiement)[1].

Transactions sur des biens publics : Liste de toutes les acquisitions et cessions, indiquant à qui le bien a été acheté, à quel prix et par quelle procédure (p. ex., vente aux enchères publiques, offre spontanée, échange de créances contre actifs, don, indemnisation des propriétaires en cas de perte ou de confiscation des biens), et duplicata des contrats.

Dépenses d'investissement : Informations quantitatives, projet par projet, sur les dépenses municipales en capital.

Transparence des procédures

Un autre aspect important de la transparence est la transparence des procédures et des décisions. Toutes les règles concernant l'allocation de biens publics à des utilisateurs non gouvernementaux doivent être formulées par écrit et publiées (dans une déclaration de politique de gestion du patrimoine). Le public doit avoir accès aux principales manifestations ayant trait aux biens publics, telles que les réunions des autorités municipales et les ventes aux enchères ou l'ouverture des offres sous pli scellé.

Médias

On ne saurait surestimer l'importance des médias et des groupes de surveillance pour rehausser les exigences et les attentes du public en matière de transparence. Par ailleurs, la divulgation des informations et des comptes rendus concernant la gestion du patrimoine ne devrait pas être laissée aux journalistes mais codifiée par la loi, ou du moins par la réglementation locale.

Enfin, il est important de mener de vastes campagnes d'information et de sensibilisation. Même pour demander des informations ou des rapports sur la gestion du patrimoine, il faut certaines connaissances techniques qui n'existent généralement pas dans la plupart des pays. Il est donc nécessaire d'éduquer les autorités, le public, les groupes de surveillance et les médias.

Incidences financières de la gestion du patrimoine

Il existe de nombreux liens entre une bonne gestion du patrimoine et la gestion financière, et l'analyse financière contribue à une bonne gestion du patrimoine. La gestion financière tire parti des informations fournies par la gestion du patrimoine, qui permettent d'identifier un manque à gagner ou des gains financiers pour le budget municipal, de réduire le coût des services et de mesurer leur efficacité, ainsi que de recenser les domaines nécessitant des mesures financières.

Identification des gains potentiels pour le budget municipal

Réfléchissons un instant aux possibilités de gains budgétaires offertes par les biens municipaux. Le tableau 6.5 décrit ces possibilités.

Analyse financière des biens ou du portefeuille

Une bonne gestion du patrimoine est impossible sans une analyse financière des biens et des portefeuilles.

Tableau 6.4 Règles de gestion du patrimoine

Point clé	Principes essentiels à prendre en compte
Évaluation et détermination du prix du patrimoine devant être attribué ou cédé	• La valeur vénale doit être déterminée avant toute transaction, même entre deux entités publiques (par exemple, lorsque des terrains ou des bâtiments municipaux sont attribués à des entreprises municipales ou des partenariats public-privé).
	• Les biens excédentaires, y compris les terrains non construits, ne doivent être attribués à des fins d'utilisation privée qu'en échange d'un paiement correspondant à leur valeur vénale, effectué en espèces ou en nature; toute exception à cette règle (cession du bien à titre gracieux ou en dessous de sa valeur vénale) doit être préalablement approuvée par l'organe élu.
Attribution : Procédures d'attribution de terrains ou de biens	• Les procédures doivent être transparentes et conformes à des règles écrites.
	• L'attribution doit s'effectuer essentiellement par adjudication, les exceptions à cette règle devant être strictement limitées par les règles.
	• L'adjudicataire devrait être celui qui offre le meilleur prix, en limitant les autres options (telles que l'application de multiples critères de sélection de l'adjudicataire) à des cas particuliers.
Droits accordés	• Droits de propriété ou droits limités et temporaires, tels qu'un bail.
	• Les modes d'occupation des sols autorisés et ceux obligatoires doivent être régis par des paramètres clairement définis (p. ex., le rapport plancher-sol) avant l'attribution des terrains.
Utilisation du produit de la vente de biens	• Le produit de la vente d'immobilisations devrait servir uniquement à investir dans des capitaux fixes ou à rembourser la dette à long terme, afin de préserver le patrimoine de la municipalité pour les générations suivantes.
Acquisitions : Comment acquérir des terrains appartenant au secteur privé	• Les acquisitions doivent répondre aux priorités d'investissement préalablement approuvées par l'organe local élu, dans le cadre de la programmation des investissements.
	• Basées sur des achats volontaires dans toute la mesure du possible (i.e., minimiser les expropriations).
	• Les achats volontaires devraient reposer sur un processus ouvert d'appel d'offres de vente auprès du secteur privé.
Transparence	• Transparence de l'information concernant les immobilisations (voir l'Étape 4).

Source : Peterson et Kaganova 2010.

Encadré 6.6 Pouvoir de la transparence de l'information

Le recensement des terrains municipaux dans une ville du Kirghizistan a révélé que 86 hectares de ces terrains avaient été attribués gratuitement à 178 entités privées (personnes physiques ou morales), ce qui était contraire à la loi et représentait une grande proportion des terrains municipaux, vu que les terrains effectivement loués ne couvraient que 11,5 hectares. Lorsque ces informations ont été présentées au maire, il a immédiatement réalisé les incidences juridiques et les implications sur sa réputation, outre le manque à gagner pour le budget municipal.

Plusieurs outils d'analyse permettant d'améliorer le rendement du patrimoine sont décrits ci-dessous (pour de plus amples informations, voir Urban Institute 2012b). Cette section décrit brièvement les domaines, activités et outils d'analyse financière, notamment l'évaluation d'un bien ou d'un portefeuille, les comptes de résultats du patrimoine, l'analyse des subventions, les instruments et méthodes d'analyse financière, la planification financière et la méthode du coût complet sur le cycle de vie. Ce chapitre concerne la manière d'utiliser ces outils plutôt que les théories mathématiques, financières ou statistiques sur lesquels ils reposent.

Évaluation

Il est important de connaître la valeur d'une immobilisation dans de nombreuses situations, par exemple lorsqu'on envisage de l'affecter à une utilisation particulière, lorsque son rendement est évalué, lorsqu'on doit déterminer son prix pour le vendre ou le louer, ou lorsque la ville a besoin d'estimer la valeur de son patrimoine. Quelles valeurs les gestionnaires de patrimoine doivent-ils connaître et pourquoi ? À cet égard, il existe deux types de biens publics. Pour les biens pouvant être vendus, la valeur vénale (le prix qu'un acquéreur sérieux offrirait dans une situation de concurrence loyale)[2] est essentielle pour suivre et contrôler les résultats financiers. Dans le cadre du processus de gestion immobilière, les résultats financiers de chaque bien sont évalués par rapport à sa valeur vénale, qui est souvent estimée en comparant le prix de vente de biens similaires.

La valeur comptable

La valeur comptable d'un bien est l'équivalent d'un extrait d'acte de naissance qui indique la valeur réelle du bien à un moment donné ; cette valeur est enregistrée de façon permanente dans les grands livres. Légalement, la valeur comptable est en général égale au coût d'acquisition ou d'aménagement, moins l'amortissement calculé au moyen d'une formule définie par l'administration centrale. Les systèmes de comptabilité sur la base des droits constatés, qui sont les systèmes les plus perfectionnés, considèrent l'amortissement comme un coût et constituent des réserves afin de remplacer l'immobilisation en question. Ils peuvent prévoir un ajustement périodique du coût de construction initial pour tenir compte de l'inflation ou d'importants travaux de rénovation.

Sur le plan conceptuel, il est important de reconnaître que la valeur comptable d'un bien n'influence guère les décisions prises dans le cadre de la gestion du patrimoine. La valeur comptable n'indique pas le prix qu'un acquéreur sérieux offrirait et n'a donc qu'un faible lien avec la valeur actuelle sur le marché sauf si elle a été établie très récemment.

Pour le patrimoine local qui ne peut normalement pas être transféré (comme des ponts ou des routes), l'approche moderne consiste à estimer ce qu'on appelle le coût de remplacement, c'est-à-dire le coût de construction d'un bien ou d'un ouvrage équivalent. On peut également estimer le coût du cycle de vie, qui comprend le coût d'acquisition et les coûts d'exploitation, d'entretien et de réparation du bien pendant sa durée de vie.

Estimation de la valeur vénale

Les pratiques actuelles d'évaluation de biens reposent sur trois principales méthodes d'évaluation de la valeur vénale, chacune étant utilisée dans la mesure où il existe des données pertinentes récentes :

- *Coût de remplacement.* Cette méthode consiste à ajouter le coût estimatif de construction d'un nouveau bâtiment, y compris les honoraires d'architecte et autres coûts accessoires, et la valeur vénale du terrain.

- *Comparaison des prix de vente.* Avant de mettre un bien en vente, on peut estimer son prix potentiel en recueillant des informations sur le prix de biens similaires récemment vendus à juste prix. Si c'est la seule information pertinente disponible, il reste la question de savoir dans quelle mesure ces biens sont comparables à celui mis en vente.

- *Capitalisation du revenu.* Cette méthode consiste à estimer la valeur du bien en fonction des revenus tirés de son utilisation actuelle. La formule de calcul la plus simple est la suivante :

Valeur vénale = Flux net de trésorerie annuel divisé par un *taux de rentabilité.*

Le résultat dépend de deux facteurs : l'utilisation actuelle et le « seuil de rentabilité », c'est-à-dire le taux que la municipalité pourrait raisonnablement obtenir pour un investissement comparable. La valeur vénale estimative est donc exacte dans la mesure où la valeur actuelle représente le véritable potentiel du bien.

Tableau 6.5 Principales possibilités d'accroître les recettes et de réduire les dépenses budgétaires liées au patrimoine

Sources d'un manque à gagner	Possibilités de réduire les dépenses
Recettes d'exploitation	*Dépenses de fonctionnement*
• Subventions déguisées aux locataires privés, aux utilisateurs de biens municipaux (locataires de terrains, locataires d'espaces commerciaux, ONG). • Faible taux de recouvrement des loyers, inférieur aux taux de référence dans le secteur privé. • Limitation auto-imposée des recettes que la municipalité pourrait tirer de la location de ses terrains et bâtiments, en raison des restrictions excessives imposées à l'utilisation des biens.	• Les dépenses de fonctionnement et d'entretien des immobilisations et infrastructures municipales sont l'un des principaux postes de dépenses des municipalités (en Allemagne, elles arrivent en deuxième position derrière les salaires ; à Varsovie, elles représentent entre 12 et 20 % des dépenses totales de fonctionnement de la municipalité). L'optimisation de la gestion et de l'exploitation peut réduire ces dépenses de 10 à 15 % sans liquider de biens ni sous-traiter leur entretien ou leur exploitation. • Rationnaliser les portefeuilles de biens en tenant compte des besoins, des coûts et des avantages (p. ex., réduire la surface au sol par employé, regrouper deux services dans le même bâtiment, etc.). • Achat ou location ? Il peut être justifié dans certains cas d'acquérir un bâtiment pour l'occuper au lieu de louer des locaux dans un bâtiment privé.
Revenu du capital	*Dépenses d'investissement*
• Vente de terrains ou de biens lorsque le marché de l'immobilier est au plus bas. • Détention de biens excédentaires qui pourraient être vendus. • Limitation auto-imposée des recettes que la municipalité pourrait tirer de la vente de ses terrains et bâtiments, en raison des restrictions excessives imposées à l'utilisation des biens.	• Exécution plus efficace des projets d'investissement et remplacement des dépenses publiques par des dépenses privées dans le cadre de PPP. Par exemple, la municipalité peut octroyer un terrain public à un promoteur privé pour construire un garage public en échange du droit d'utiliser une partie du site pour des aménagements à usage mixte. • Vendre un bien public dont l'entretien est difficile et coûteux (immeuble de bureaux, usine) à un acquéreur privé et lui louer les parties dont la municipalité a besoin.

Note : ONG = organisation non gouvernementale ; PPP = partenariat public-privé.

L'encadré 6.7 récapitule les principales méthodes d'évaluation utilisées pour différents types de biens.

Il est important de rappeler que l'évaluation d'un bien n'est qu'une estimation de sa valeur, qui est déterminée en dernière analyse par le marché. Une évaluation basée sur plusieurs méthodes de calcul est plus crédible qu'une évaluation basée sur une seule méthode. La valeur escomptée dépend étroitement du point de vue de l'expert. Par exemple, si un bâtiment rapporte un revenu net de 20 000 roupies par an et que le seuil de rentabilité est de 9 %, la municipalité peut tabler sur une valeur d'environ 222 000 roupies. Cependant, un acquéreur sérieux qui estime que le bâtiment peut rapporter 40 000 roupies par an pourrait aisément offrir 300 000 roupies ou davantage

dans une mise en adjudication. Cet exemple montre que ces évaluations sont de simples opinions, et les résultats dépendent de l'exactitude des hypothèses sur lesquelles elles reposent. Une autre leçon à retenir est que les responsables de la gestion du patrimoine doivent se placer du point de vue des acquéreurs sérieux.

La question méthodologique la plus importante pour l'évaluation des biens des collectivités locales est l'introduction de la notion de valeur vénale dans la pratique de ces dernières, telle qu'elle est définie dans la pratique internationale et dans le secteur privé. Le problème est que certaines collectivités locales utilisent des définitions non classiques qui sous-estiment la valeur du patrimoine et empêchent la municipalité d'évaluer ses capitaux propres à leur juste valeur.

Les municipalités vendent souvent un bâtiment à un prix trop bas parce qu'elles ne tiennent pas compte du fait que leurs flux de recettes sont faibles par rapport à ceux générés sur le marché. Elles doivent également déterminer quel seuil de rentabilité utiliser — le taux des dépôts bancaires à court terme, le taux des emprunts, le rendement des obligations ? En bref, il est bon de comparer non seulement la valeur vénale d'un bâtiment mais aussi les taux de rendement et les revenus générés par des immobilisations comparables. Par exemple, quelle base de revenu utiliser pour vendre un marché couvert de 5 0000 mètres carrés qui rapporte 200 000 roupies par mois, lorsqu'un marché comparable situé dans un autre quartier rapporte 400 000 roupies ? L'écart pourrait être imputable à la mauvaise qualité des contrats de location ou à la corruption, auquel cas ce serait peut-être une erreur de baser le prix sur des revenus de 200 000 roupies par mois. Les revenus à utiliser comme référence pourraient être de l'ordre de 400 000 roupies par mois.

Comptes d'exploitation de biens ou de portefeuilles

L'évaluation rationnelle des résultats financiers de biens nécessite des informations sur toutes les recettes et toutes les dépenses correspondantes. Le document type est le *compte d'exploitation*, qui récapitule les recettes et les dépenses (également appelé « compte de résultat »). Il est important d'utiliser un mode de présentation souple qui permette d'ajouter ou de supprimer au besoin des catégories de recettes et de dépenses. L'encadré 6.8 présente un modèle de compte de résultat pour une entité de gestion de logements, assorti de notes explicatives.

Il est utile d'établir le rapport de manière à pouvoir comparer les résultats réels, pour chaque poste, avec le budget et les résultats de l'exercice précédent. Pour les portefeuilles de biens homogènes (tels que des immeubles locatifs), il convient d'établir également un compte de résultat pour chaque portefeuille.

Un problème auquel se heurtent de nombreuses collectivités locales est que les données relatives aux résultats financiers sont rarement recueillies pour chaque bien. Bien souvent, les informations ne sont pas recueillies (notamment sur les dépenses) ou bien elles sont présentées sous forme globale (dépenses de combustibles, d'électricité ou de main-d'œuvre). Il est donc essentiel que la collectivité locale mette au point un format de présentation des comptes de résultat des biens et l'utilise régulièrement. En outre, *toutes* les recettes et dépenses de chaque bien, doivent y figurer, notamment les dépenses de gestion et d'administration. Il est parfois difficile d'imputer des dépenses d'administration (appelées « frais généraux ») à un bien. Un moyen facile de surmonter cette difficulté est d'utiliser l'un des coûts calculés, tels que les dépenses d'électricité, ou le coût total calculé, pour répartir proportionnellement les frais généraux. L'encadré 6.9 décrit le cas intéressant d'un centre commercial au Népal.

Encadré 6.7 Quelle méthode d'évaluation utiliser ?

Le type de bien peut influencer le choix de la méthode d'évaluation. Voici quelques exemples :

- *Appartements et maisons non loués.* La comparaison des prix de vente est probablement la meilleure méthode. La méthode des coûts peut être utile, mais les biens plus anciens pourraient nécessiter une dotation importante au titre de l'amortissement pour obtenir un résultat utile.

- *Biens faisant l'objet d'un bail commercial.* La méthode de la capitalisation du revenu et la comparaison des prix de vente sont les plus utiles. La méthode des coûts peut être utile pour les biens plus récents.

- *Terrain non bâti.* La comparaison des prix de vente est la méthode la plus pratique parce qu'il n'y a pas de revenus à capitaliser ni de construction. La méthode de la valeur résiduelle du terrain peut également être employée.

Source : Urban Institute 2012b.

Il convient de noter que les comptes de résultat sont utiles pour tous les biens immobiliers publics, pas seulement ceux qui génèrent des revenus. Pour les biens qui ne sont pas des sources de revenu, comme la mairie ou les écoles, les flux de trésorerie seront toujours négatifs, mais il n'en est pas moins important d'avoir des informations qui permettent de comparer avec d'autres biens de même type. La comparaison des dépenses de fonctionnement détaillées permet de déterminer celles qui peuvent être réduites.

Analyse financière

Plusieurs indicateurs permettent de mesurer l'efficacité de la gestion d'un portefeuille de biens et de chaque bien figurant dans le portefeuille. Ces indicateurs, qui sont calculés par le gestionnaire du patrimoine ou sous sa direction, fournissent des informations utiles sur le rendement du patrimoine et peuvent indiquer des moyens de l'améliorer (pour de plus amples renseignements, voir Urban Institute 2012b).

La gestion du patrimoine demande de l'expérience, du discernement et la capacité d'analyser et d'interpréter des données. Celles-ci ne sont utiles que si elles sont bien comprises, faute de quoi on risque de prendre des décisions mal avisées. Le responsable de la gestion du patrimoine doit faire preuve de discernement pour interpréter les résultats des calculs.

Indicateurs permettant de comparer des investissements

Les biens excédentaires ou générateurs de revenus doivent être traités comme des investissements et analysés par rapport aux autres investissements possibles. Cela repose sur une logique simple : la collectivité locale n'a pas besoin de ces biens pour ses fonctions de base. Les biens qu'elle conserve devraient produire des revenus compétitifs par rapport à ceux d'autres investissements possibles, tels que des dépôts bancaires ou des titres d'État, compte tenu du niveau de risque. Si le bien ne rapporte pas suffisamment, il convient d'analyser ses résultats financiers plus en détail afin de déterminer comment les améliorer. Si l'analyse conclut qu'il n'est pas possible d'accroître les revenus, le propriétaire devrait envisager de vendre le bien et de réinvestir le produit de la vente dans d'autres immobilisations (financières ou physiques), ou d'utiliser le produit de la vente pour rembourser des dettes à long terme. Avant de prendre une décision, il est recommandé

d'examiner le cycle du marché immobilier. Par ailleurs, lorsqu'on met un bien en vente, il est utile de lancer une bonne campagne de commercialisation.

Triangle de capitalisation du revenu. C'est la formule la plus simple pour analyser des investissements :

$$T = R / V,$$

Où T = taux de capitalisation, R = revenu, et V = valeur (comptable).

Le concept est le suivant : chacun de ces trois attributs peut être calculé si les deux autres sont connus. En particulier, le taux de capitalisation (taux de rendement) T peut être calculé si le revenu annuel et la valeur du bien sont connus (estimés). Le taux de capitalisation peut servir d'estimation approximative du rendement annuel d'un investissement. L'essentiel pour utiliser correctement cette estimation approximative est de comprendre que R (revenu) devrait être le *résultat net d'exploitation*, c'est-à-dire le montant qui reste une fois que toutes les dépenses ont été déduites des recettes.

À noter que, dans l'équation ci-dessus, T dépend de V et de R. Si la valeur estimée est trop élevée, T risque de paraître trop faible. Les flux de trésorerie sembleront trop faibles par rapport à la valeur, mais ils pourraient être entièrement acceptables si on utilisait une valeur inférieure plus proche de la réalité. De même, si la valeur est trop faible, T sera surestimé. Il est donc important d'utiliser des chiffres réalistes.

Résultat net d'exploitation. Le résultat net d'exploitation, ou le flux net de trésorerie, est un attribut qu'il est absolument indispensable de connaître pour tout bien générateur de revenu, car il indique si le bien produit un revenu net ou une perte nette. Que faire lorsqu'un responsable de la gestion du patrimoine constate que le bien générateur de revenus ne produit pas des revenus suffisants ? La première chose à faire est de passer en revue toute la chaîne de gestion des biens pour déterminer s'il existe des moyens d'améliorer les résultats financiers (voir le tableau 6.6). Soit les recettes doivent augmenter, soit les dépenses doivent diminuer, ou les deux à la fois.

Rendement des capitaux investis. Le rendement des capitaux investis peut être calculé pour chaque bien, pour chaque catégorie de biens ou pour l'ensemble du portefeuille. Cette analyse est utile parce qu'elle permet de comparer un bien à l'ensemble du portefeuille. Si un bien a un rendement inférieur au

Encadré 6.8 Compte d'exploitation de patrimoine pour une entité de gestion de logements

Compte d'exploitation ou de résultat pour une unité de gestion de logements.

Recettes	Milliers de dollars
Recettes brutes potentielles (1)	1 000
Moins pertes dues à l'inoccupation (2)	50
Recettes brutes effectives	950
Charges d'exploitation (3)	
Réparations	100
Chauffage	60
Electricité	50
Eau	20
Ramassage des ordures	20
Assurance	30
Impôts	50
Redevance municipale	30
Frais de gestion	50
Charges diverses (4)	10
Total Charges d'exploitation	420
Résultat net d'exploitation	530
Coûts de financement	
Intérêts hypothécaires	90
Frais généraux	
Évaluation	10
Autres (5)	5
Total Coûts indirects	15
Résultat net	425
Moins remboursement du principal hypothécaire (6)	100
Flux net de trésorerie (7)	325

Notes

1. *Les recettes brutes potentielles* comprennent les loyers perçus et autres recettes plus les autres montants qui auraient été perçus si les locaux inoccupés étaient loués. Ces recettes peuvent être ventilées en différentes catégories, telles que loyers, pénalités de retard, recettes des distributeurs automatiques, frais de photocopie, etc. Si les loyers sont artificiellement faibles pour accorder une subvention au locataire, cette subvention peut également être ajoutée au montant effectivement perçu.

2. Montant non perçu en raison de l'inoccupation ou du non-recouvrement de loyers, ainsi que des subventions accordées sous la forme d'une réduction de loyer. On obtient les *recettes brutes effectives* en soustrayant ce montant des *recettes brutes potentielles.*

3. Les catégories figurant sous la rubrique *charges d'exploitation* doivent être modifiées de façon à inclure d'autres types de dépenses. Certaines dépenses peuvent être supprimées de la liste si elles sont inutiles.

4. *Les charges diverses* sont les dépenses qui n'entrent dans aucune autre catégorie de dépenses mais qui sont trop faibles pour faire l'objet d'une rubrique distincte.

5. La catégorie *Autres* peut comprendre certains frais comptables, juridiques et autres dépenses qui sont requises par le propriétaire mais qui ne sont pas nécessaires à la bonne exploitation du bien immobilier.

6. Le *remboursement du principal hypothécaire* nécessite des liquidités mais accroît le patrimoine du propriétaire en réduisant l'encours de la dette qu'il a contractée pour acheter le bien. En revanche, bien que les intérêts hypothécaires nécessitent également des liquidités, ils ne réduisent pas la dette et n'accroissent donc pas le patrimoine du propriétaire. La dette découle de la situation du propriétaire. Le bien immobilier peut être exploité avec ou sans dette.

7. *Le flux de trésorerie* est le montant, positif ou négatif, généré par l'investissement du propriétaire.

Par souci de simplicité, l'amortissement n'est pas considéré comme une dépense dans ce document, mais il devrait être pris en compte si un fonds d'amortissement a été constitué aux fins de remplacement du bien immobilier.

Encadré 6.9 Les collectivités locales sont-elles qualifiées pour investir dans des biens immobiliers rémunérateurs ?

Dans de nombreuses régions, que ce soit en Europe orientale, au Moyen-Orient ou en Asie du Sud, les collectivités locales investissent dans des biens immobiliers rémunérateurs, même si la plupart de ces investissements ont un rendement réel négligeable ou négatif. Les raisons varient, mais on peut citer notamment des plans de construction mal conçus, la corruption et les détournements de fonds à différents stades (de la construction à la gestion des baux), le dépassement des coûts de construction, des loyers inférieurs aux tarifs du marché en raison du manque de clarté des politiques de tarification (par exemple, la municipalité loue-t-elle ces biens immobiliers pour aider certains locataires ou pour générer des revenus ?), la mauvaise application des contrats de location, et le simple manque de compétences en matière de gestion de biens immobiliers à usage commercial.

Par exemple, une ville au Népal a construit un centre commercial dont elle a rapidement loué les boutiques pour une durée de dix ans, à des prix inférieurs à ceux du marché et insuffisants pour couvrir les frais. Les locataires ont ensuite sous-loué les emplacements à des prix dix fois plus élevés. Aujourd'hui, la ville risque d'être en défaut de paiement parce qu'elle n'a pas de quoi assurer le service de la dette. La leçon à en tirer est la suivante : bien avant d'investir, il importe d'effectuer une analyse financière honnête et professionnelle de l'investissement envisagé ; les tarifs de location doivent être adéquats et rigoureusement appliqués.

Un problème fondamental est que la plupart des collectivités locales ne répondent pas aux conditions voulues pour investir dans l'immobilier et ne devraient pas exposer les fonds publics aux risques intrinsèques que posent les investissements dans des immeubles à usage commercial. En d'autre termes, ce n'est pas une bonne politique publique d'investir dans des biens immobiliers à usage commercial.

---

rendement moyen des biens comparables en portefeuille, il convient de l'examiner pour déterminer si l'on pourrait modifier certains aspects opérationnels du bien afin d'améliorer son rendement. Si aucune amélioration ne semble possible, il pourrait être préférable de vendre le bien et d'investir le produit de la vente dans d'autres immobilisations.

De même, un bien qui a un rendement supérieur à la moyenne pourrait être conservé en tant qu'élément important du portefeuille. Si toutefois ce rendement ne pourra sans doute pas être maintenu, il pourrait être opportun de vendre le bien pour tirer parti de son excellente situation.

Si une dette, telle qu'une hypothèque, a été contractée pour l'achat de ce bien, il est important de veiller à calculer le rendement des capitaux investis. Il y a deux manières de procéder. La première consiste à calculer le *rendement de l'actif*, c'est-à-dire le revenu avant déduction des intérêts versés, comparé à la valeur de l'actif, auquel cas le financement n'a aucune incidence sur le rendement de l'actif.

Le loyer perçu et les dépenses de fonctionnement seront les mêmes avec ou sans emprunt. La deuxième méthode consiste à calculer le *rendement des capitaux propres*, c'est-à-dire le revenu net après déduction des intérêts versés, divisé par la valeur des capitaux propres (la valeur de l'actif moins le montant de la dette). Ces deux ratios calculent le rendement de l'investissement de manière différente et il est bon de les calculer et de les analyser l'un et l'autre.

Par exemple, un bien d'une valeur d'un million de dollars pour lequel un emprunt de 400 000 dollars a été contracté a 600 000 de capitaux propres. S'il rapporte 100 000 dollars avant déduction des intérêts versés, le rendement des actifs est de 10 % (100 000 divisé par 1 000 000). Si les intérêts versés sont égaux à 8 % des 400 000 dollars empruntés, soit 32 000 dollars, le revenu après déduction des intérêts est égal à 68 000 dollars, et le rendement des capitaux propres est égal à 68 000 divisé par 600 000, soit 11,33 %.

Autres ratios. Le compte d'exploitation de chaque bien permet aux responsables de la gestion des biens d'utiliser des ratios simples pour comparer deux biens d'une même catégorie et d'identifier les biens qui rapportent plus ou moins que les autres. Les ratios les plus utilisés sont les suivants :

Ratio de charges d'exploitation = dépenses d'exploitation totales/revenu brut réel

Ou, en complément de cette formule,

Ratio de la marge d'exploitation = résultat net d'exploitation/revenu brut réel

Les comparaisons de postes de revenus et de dépenses au mètre carré sont également très utiles pour comparer des appartements, des bureaux ou des magasins en location. Ces ratios peuvent varier selon les catégories de biens ; par exemple, les revenus de location résidentielle sont généralement moins élevés que les revenus de location commerciale.

Analyse de la valeur actualisée des flux de trésorerie

L'analyse de la valeur actualisée des flux de trésorerie est une méthode d'analyse plus approfondie des revenus tirés de biens ou d'investissements. Elle permet d'estimer la valeur vénale d'un bien ou d'un projet sur la base des recettes et des dépenses futures, qui varient au fil du temps. Elle est particulièrement utile lorsqu'il est nécessaire de faire un choix financièrement judicieux entre deux ou plusieurs utilisations d'un bien ou entre plusieurs projets d'investissement.

Le graphique 6.4 est un schéma représentant les recettes, ou rentrées de fonds, et les dépenses, ou sorties de fonds, d'une décharge tanzanienne sur une période de 20 ans et la valeur actualisée des flux de trésorerie ainsi générés. L'investissement initial t_0 est négatif (colonne en bleu). La colonne en blanc à gauche représente l'accroissement des dépenses de fonctionnement, tandis que les autres colonnes en blanc représentent les remises en état périodiques. Les recettes tirées des redevances de déversement et du recyclage des déchets sont nulles au départ, pendant la construction de la décharge, puis augmentent progressivement à mesure que le ramassage des ordures couvre une plus grande partie de la ville et que le nombre de ménages augmente (partie noire).

La colonne gris foncé représente la valeur actualisée des flux de recettes ; la colonne gris clair représente la valeur actualisée des flux de dépenses. L'investissement de 1,1 milliard de shillings doit rapporter 1,2 milliard de shillings en valeur actuelle nette, soit la différence entre les recettes et les dépenses actualisées. Cet investissement a un taux de rendement interne de 21 %, comparé à un taux d'actualisation de référence de 12 %. Le graphique 6.4 peut aider à comprendre les deux termes importants employés dans l'analyse de la valeur actualisée des flux de trésorerie, à savoir « valeur actuelle » et « taux de rendement interne ».

Valeur actuelle. La valeur actuelle est la somme des flux de recettes ou de dépenses actualisés en utilisant un taux d'actualisation de référence (tel que l'inflation, mais généralement plus élevé) ; la valeur actuelle nette d'un investissement est la différence entre les valeurs actuelles des flux de recettes et de dépenses. Une formule simple montre comment calculer la valeur actuelle nette d'un actif ou d'un investissement avec différents flux de recettes et de dépenses, comme c'est généralement le cas des actifs :

$$VAN = \frac{(R-D)_1}{(1+t)^1} + \frac{(R-D)_2}{(1+t)^2} + \dots + \frac{(R-D)_n}{(1+t)^n},$$

Tableau 6.6 Comment accroître le résultat net d'exploitation

Augmenter les recettes :	Réduire les dépenses :
• Augmenter le loyer à son niveau réel sur le marché en mettant le bail aux enchères à l'expiration du contrat, ou renégocier le contrat en cours.	• Réduire les dépenses d'entretien et de réparation sans compromettre la valeur du bien.
• Réduire la durée d'inoccupation.	• Réduire les dépenses au titre des services collectifs.
• Augmenter le taux de recouvrement.	• Minimiser les frais de gestion.
	• Réviser les normes relatives aux contributions aux fonds de réserve ou d'amortissement.

Où *VAN* = valeur actuelle nette de l'actif

R = Flux de recettes (toutes catégories de recettes pour l'année 1, 2, ... i, n)

D = Flux de dépenses (toutes catégories de dépenses pour l'année 1, 2, ... i, n, y compris les dépenses de fonctionnement, d'entretien, de remplacement ou de rénovation)

r = taux d'intérêt de référence (tel que le taux de rendement d'un investissement comparable, le taux des emprunts ou le rendement des obligations d'État).

Taux de rendement interne. La valeur actuelle nette permet de calculer le taux de rendement interne. C'est le taux d'intérêt qui rend la valeur actualisée des flux de recettes égale à celle des flux de dépenses. En d'autres termes, c'est le taux d'intérêt du marché le plus élevé possible pour permettre à l'investissement de rembourser toutes les dépenses sans encourir de pertes, mais sans produire de recettes nettes.

L'analyse de la valeur actualisée des flux de trésorerie part du principe que l'argent a une plus grande valeur aujourd'hui que plus tard. Autrement dit, préféreriez-vous recevoir un million de dinars aujourd'hui ou dans un an ? À l'évidence, mieux vaut recevoir cet argent aujourd'hui et l'investir pour qu'il rapporte des bénéfices pendant l'année. Les recettes futures ont donc une moindre valeur que les recettes actuelles. L'acquisition d'un actif aujourd'hui (ou la décision de le conserver et de recevoir sa valeur aujourd'hui) permet au propriétaire de recevoir les liquidités qu'il génère et, à terme, le produit de sa vente. La valeur actualisée des flux de trésorerie est la valeur actuelle des futurs flux de trésorerie générés par l'exploitation et la vente de l'actif. Un taux d'actualisation plus élevé signifie que les futures recettes ont une moindre valeur aujourd'hui, tandis qu'un taux d'actualisation plus faible signifie qu'elles ont une plus grande valeur aujourd'hui. De même, plus il faut attendre pour recevoir les recettes, moins elles ont de valeur aujourd'hui.

Taux d'occupation

Le taux d'occupation est un indicateur qui mesure l'utilisation des locaux (généralement location) pendant une année. Il n'indique pas comment le locataire utilise les locaux, mais simplement qu'il a le droit d'utiliser les locaux en vertu d'un contrat de location. Il n'indique pas si le locataire paie le loyer convenu et dans les délais prévus. Une variable est le taux de vacance qui se présente comme suit : *taux de vacance = 100 % — % du temps occupé.* Le taux d'occupation peut être mesuré pour chaque bien, pour chaque catégorie de biens, ou pour l'ensemble du portefeuille.

Indicateurs pour tous les types de biens

Les indicateurs mentionnés plus haut ne s'appliquent pas aux biens non rémunérateurs, comme les bâtiments administratifs. On part du principe que ces biens remplissent une fonction gouvernementale ou sociale nécessaire au lieu de produire des revenus. Le responsable de la gestion du patrimoine doit s'assurer que la collectivité locale a véritablement besoin de ces biens et qu'ils sont pleinement utilisés (le taux de vacance peut être mesuré). Si ce n'est pas le cas, il pourrait être possible de louer certaines parties de ces locaux pour produire des revenus supplémentaires et alléger la charge qu'ils représentent pour le budget municipal. De même, les logements sociaux répondent à un besoin social et ne rapportent pas beaucoup, mais il est important d'établir un compte de résultat. D'autres indicateurs sont utiles pour les logements sociaux et les bâtiments administratifs, comme indiqué ci-dessous.

Analyse des opérations. De nombreux indicateurs peuvent être mis au point afin de mieux comprendre le fonctionnement d'un bâtiment, généralement sur la base des coûts (ou des recettes) au mètre carré :

- Frais de chauffage au mètre carré

- Dépenses d'eau au mètre carré

- Frais de réparation au mètre carré

- Dépenses d'électricité au mètre carré

- Loyer au mètre carré.

Les ratios de coûts unitaires sont utiles pour comparer des biens, à condition que les biens soient comparables. Même s'il n'existe pas de retour sur investissement mesurable pour les bâtiments administratifs et autres biens, il est possible d'analyser leurs coûts de fonctionnement afin de les réduire. Cela est particulièrement vrai si le bien est comparable à une immobilisation rémunératrice du patrimoine. Les bureaux administratifs peuvent être comparables à des bureaux excédentaires loués, par exemple, et les coûts de fonctionnement peuvent être comparés. De même, les logements sociaux ne sont peut-être pas loués aux

Graphique 6.4 Valeur actuelle des dépenses et des recettes d'une décharge en Tanzanie

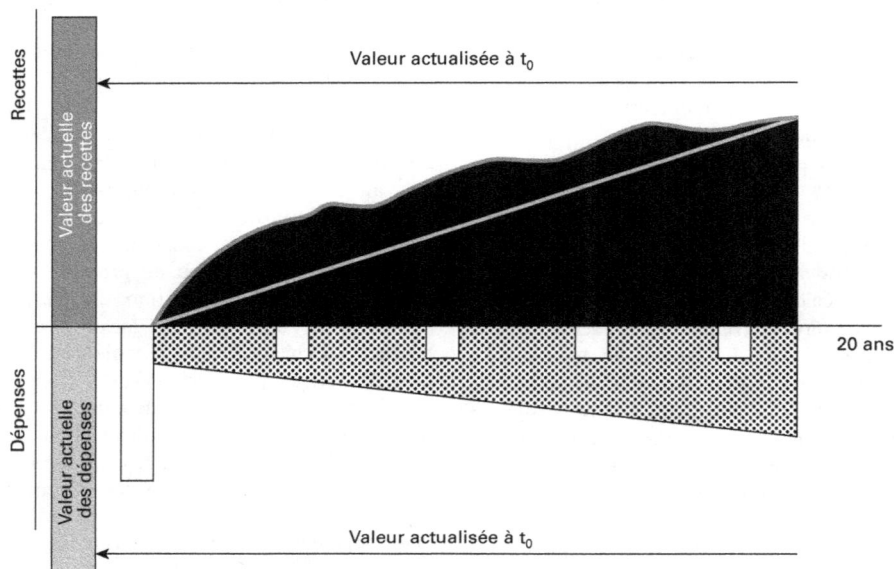

Note : t_0 = investissement initial

taux du marché, mais les dépenses ne devraient pas être supérieures à celles de biens comparables qui ne sont pas subventionnés.

Les ratios ci-dessus sont utiles pour les audits énergétiques, qui sont des évaluations détaillées de la consommation d'énergie des écoles, des bureaux, des équipements sanitaires et sportifs, etc. Ils permettent d'analyser la consommation d'énergie, les pertes et les économies possibles grâce à l'isolation des murs, au recyclage, etc. Comme mentionné au chapitre 5, les analyses et certifications de l'Organisation internationale de normalisation (ISO) encouragent également les économies d'énergie et la réduction des coûts, notamment des frais d'assurance des bâtiments.

Entretien différé. Le sous-investissement dans l'entretien des biens et des infrastructures entraîne souvent leur détérioration et leur dépréciation. Les collectivités locales à travers le monde, mais en particulier dans les pays en développement, reportent les travaux d'entretien pour équilibrer leur budget et utilisent l'argent économisé à d'autres fins. Le report temporaire de l'entretien peut être un phénomène naturel, mais il a des conséquences graves lorsqu'il

devient une pratique courante. Cette pratique est encore plus grave en l'absence de fichiers sur les activités d'entretien différées. Il est important de suivre les cas d'entretien différé. On peut au moins obtenir des estimations approximatives en comparant les dépenses annuelles prévues et les dépenses effectives au titre des réparations de bâtiments et infrastructures. L'entretien différé reste invisible à moins qu'une évaluation et un plan techniques n'indiquent un protocole d'entretien, c'est-à-dire le calendrier et la nature des travaux d'entretien nécessaires, tels que le resurfaçage des routes tous les sept ans, la remise à neuf des moteurs de véhicules au bout de 200 000 kilomètres, ou le réaménagement d'un marché aux légumes tous les cinq ans. Les comptes analytiques de chaque bien devraient indiquer la date d'entretien prévue et la date effective, ainsi que le montant estimatif ou réel des coûts.

Calcul et gestion des subventions liées aux biens

L'État accorde souvent des subventions, qu'il s'agisse de l'administration centrale ou des collectivités locales. En théorie, une subvention devrait être directe et ciblée ; autrement dit, l'État peut soutenir un groupe social particulier (familles très défavorisées, personnes handicapées, personnes âgées), une culture, une religion ou une manifestation sportive, par l'octroi de prestations transparentes et bien définies, en espèces ou en nature (telles que des vivres ou l'utilisation gratuite d'une salle pour une manifestation). L'octroi de subventions est une décision politique et fait partie des fonctions spéciales des collectivités locales. Mais les subventions peuvent aussi être déguisées et aller à l'encontre du but recherché, par exemple si tout le monde bénéficie d'un tarif inférieur au coût de revient pour les transports en commun, au lieu d'en faire bénéficier uniquement les personnes âgées et les étudiants. Il est rare que les subventions soient calculées ou présentées dans une rubrique budgétaire distincte ; elles sont dissimulées parmi les coûts d'un prestataire de services, tel que la compagnie des eaux ou le service du logement, qui demande alors une aide budgétaire pour couvrir ses pertes annuelles.

Les subventions locatives sont également monnaie courante, comme lorsque la collectivité locale loue des terrains ou des locaux à diverses entités privées ou organisations non gouvernementales à des tarifs inférieurs aux prix du marché, ce qui représente un manque à gagner (le montant qu'elle recevrait si elle louait les locaux aux prix du marché). Concrètement, ces tarifs de location préférentiels sont aussi des subventions indirectes pour les locataires :

Subvention locative indirecte =
(loyer du marché) − (loyer effectif).

Les décisions concernant ces subventions locatives indirectes sont cependant entièrement politiques. Les décideurs devraient être bien informés du montant et du coût des subventions, et les responsables de la gestion du patrimoine devraient leur communiquer ces informations. En particulier, pour chaque bien, les responsables de la gestion du patrimoine devraient connaître au moins le montant estimatif des loyers du marché. Cela permet de calculer le montant de la subvention en multipliant la subvention unitaire (loyer du marché moins loyer effectif au mètre carré) par la surface locative. Le modèle présenté au tableau 6.7 est un outil précieux qui permet de récapituler les subventions déguisées accordées à des organisations sous la forme de loyer réduit, de les analyser et de les communiquer aux décideurs.

Il est important de savoir que non seulement ces subventions représentent un manque à gagner, mais elles créent également des distorsions dans l'économie locale parce qu'elles confèrent un avantage compétitif indu aux locataires qui paient un loyer inférieur aux prix du marché. Pourquoi, par exemple, une galerie d'art privée devrait-elle être gravement lésée parce qu'elle paie un loyer plus élevé qu'une galerie enregistrée en tant qu'institution publique ? Si l'objectif déclaré est de réduire ces subventions, la manière de procéder est évidente : les locaux loués à un tarif subventionné devraient être ceux dont le loyer de marché est le plus faible, autrement dit, les locaux les plus modestes en termes de qualité et d'emplacement. Les locaux subventionnés ne devraient certainement pas se trouver dans les quartiers les plus prisés.

En bref, les décideurs (le conseil, par exemple) devraient être bien informés du manque à gagner parce que la modification des règles et pratiques existantes peut créer des conditions économiques plus équitables pour les locataires de bâtiments municipaux, des recettes supplémentaires pour les budgets municipaux et une plus grande transparence en ce qui concerne l'identité des bénéficiaires et le montant des subventions publiques (directes et indirectes). Les cas les plus complexes sont ceux dans lesquels des investisseurs reçoivent des terrains à prix réduit afin de développer l'économie locale et de créer des emplois[3].

Incitations offertes au personnel des collectivités locales

On trouve à travers le monde des exemples montrant que des mesures d'incitation bien conçues pour les services municipaux et leurs employés peuvent produire des résultats positifs qu'il serait impossible d'obtenir autrement. Par exemple, au lendemain de la crise financière des municipalités, le comté de Montgomery, dans l'État du Maryland aux États-Unis, a mis en place un programme d'incitation novateur pour ses employés. Tous les membres du personnel sont encouragés à rechercher et proposer des moyens de réaliser des économies au niveau du patrimoine. Si une proposition est suivie d'effet et que des économies sont effectivement réalisées, son auteur touche une prime.

Planification financière

La planification financière liée au patrimoine présente deux principaux éléments. D'une part, les immobilisations ont une longue durée de vie. Par exemple, les bâtiments, installations et réseaux ont une durée de vie de 25 à 75 ans, sinon plus. Les dépenses liées à ce patrimoine doivent donc être planifiées et engagées pendant toute leur vie utile ; c'est ce qu'on appelle la méthode du coût complet sur le cycle de vie. D'autre part, les collectivités locales ont de nombreux besoins d'investissements, tels que la réparation et la rénovation de bâtiments et réseaux existants, l'acquisition de nouveaux équipements, la construction de nouvelles routes, etc. Cela signifie que ces dépenses d'investissement doivent être planifiées trois à cinq ans à l'avance. Un outil de programmation des investissements est très utile à cet égard (voir également les chapitres 5 et 7).

Coût du cycle de vie

Les coûts associés au cycle de vie d'un bien comprennent le coût d'acquisition (achat du terrain et construction), les dépenses annuelles et les frais de cession. Les dépenses annuelles comprennent des éléments, tels que l'entretien et les réparations, les dépenses de fonctionnement et les dépenses de remise en état et de modernisation (ou l'accumulation des fonds nécessaires pour remplacer le bien à la fin de sa durée utile). Elles dépendent du type d'installation, des matériaux et équipements utilisés, du climat, du coût de la main-d'œuvre, etc. En pratique, elles dépendent aussi de l'état actuel de l'installation — si l'entretien préventif et les réparations ont été reportés depuis plusieurs années, les dépenses de fonctionnement pourraient être plus élevées qu'elles ne l'auraient été autrement. Par exemple, dans les réseaux d'approvisionnement en eau, les opérations les plus coûteuses sont généralement le pompage et le traitement de l'eau. Les principaux postes de dépenses d'un service d'approvisionnement en eau sont donc l'électricité utilisée pour pomper l'eau et la main-d'œuvre employée pour assurer l'exploitation et l'entretien des installations et du réseau. Un service de location de logements sociaux paie uniquement la main-d'œuvre et le matériel nécessaires pour les réparations et l'entretien, l'essentiel des dépenses de fonctionnement (électricité, télécommunications ou eau) étant à la charge des locataires.

Les frais d'entretien et de réparation sont répartis de façon inégale pendant le cycle de vie et dépendent du type d'immobilisation. Le graphique 6.5 décrit le coût total d'utilisation de différentes immobilisations pendant un cycle de vie de 50 ans. Les petites colonnes correspondent aux petits travaux d'entretien régulier, tandis que les grandes colonnes correspondent aux gros travaux de remise en état et autres dépenses importantes.

De même, les dépenses de fonctionnement annuelles, à la différence du coût de construction, varient sensiblement selon le type d'actif et représentent un montant non négligeable. Le montant total des frais d'entretien, de réparation et de fonctionnement pendant la vie utile d'une immobilisation est souvent beaucoup plus élevé que le coût de construction (tableau 6.8).

Il est parfois possible de réduire le coût total d'utilisation en redistribuant les coûts sur le cycle de vie. Par exemple, le montant total des frais d'entretien, de réparation et de fonctionnement d'une installation pourrait être réduit si l'on dépensait davantage pour la construire. Il en va de même pour le coût de certains travaux de réparation, de remplacement ou de rénovation. Par exemple, le remplacement d'un ancien système de climatisation par un système moderne consommant peu d'énergie pourrait réduire sensiblement les dépenses annuelles d'électricité, ce qui permettrait de récupérer la mise de fonds en quelques années et de réaliser des économies jusqu'à la fin du cycle de vie.

Tableau 6.7   Estimation des subventions indirectes accordées aux locataires (en shillings)

Locataire	Adresse	Surface (m²)	Loyer réel au m²	Tarif du marché au m²	Subvention au m²	Subvention totale accordée aux locataires
M. Smith	Main Street	45	50 Shs	90 Shs	40 Shs	1 800 Shs
Mme Brown	Post Street	38	50 Shs	70 Shs	20 Shs	760 Shs
ONG (lutte contre la pollution atmosphérique)	Broad Street	120	60 Shs	120 Shs	60 Shs	7 200 Shs
Manque à gagner total						9 760 Shs

Trois méthodes sont couramment utilisées pour planifier les dépenses de fonctionnement et d'entretien du patrimoine existant et prévu :

1. Pour une planification approximative ou préliminaire, il est d'usage de calculer les dépenses annuelles de fonctionnement et d'entretien en pourcentage du coût de construction. Cette méthode est cependant la moins précise et ne peut être recommandée.

2. Une autre méthode utilise les coûts historiques. Pour les agrandissements ou modifications d'installations existantes, l'utilisation des coûts historiques — en ajustant ces valeurs en fonction des modifications requises ou souhaitées dans le programme d'exploitation et d'entretien préexistant — est une méthode efficace pour estimer les dépenses de fonctionnement et d'entretien à prévoir.

3. La méthode la plus précise nécessite d'établir un plan détaillé d'exploitation et d'entretien de l'installation ou du réseau, comprenant notamment une description de toutes les activités d'exploitation et d'entretien prévues, une description de chaque tâche à accomplir, un plan détaillé de dotation en personnel, les dépenses d'électricité, le coût du matériel, le coût de remplacement des équipements ayant une courte vie utile, etc.

À noter que l'établissement et la mise en œuvre de plans d'exploitation et d'entretien des infrastructures et des bâtiments est un aspect essentiel de la gestion du cycle de vie.

Les dépenses de remise en état et de modernisation, également appelées « mise à niveau » ou « amortissement », sont un autre élément des dépenses annuelles. Les municipalités qui utilisent la méthode de la comptabilité en droits constatés calculent le coût et l'amortissement des immobilisations (voir également le chapitre 3). Cependant, pour celles qui utilisent la méthode de la comptabilité de caisse, comme c'est généralement le cas dans les pays en développement, il est également possible, et recommandé, d'inscrire les coûts d'amortissement au budget annuel. Ces montants sont ensuite accumulés dans un fonds d'amortissement spécial, où ils sont exclusivement affectés à la remise en état et la modernisation du patrimoine ou à son remplacement à la fin de sa vie utile. Les ressources d'amortissement couvrent

l'ensemble du portefeuille (par exemple, tous les établissements scolaires d'une ville ou l'infrastructure d'approvisionnement en eau et d'assainissement).

Si les ressources budgétaires locales sont limitées, le financement de travaux de remise en état et de modernisation peut être considéré comme de l'argent sacrifié. En particulier, les élus locaux pourraient penser que la création d'un fonds de réserve pour financer les investissements ou les travaux de remise en état prévus est une mauvaise utilisation des ressources, car il y a toujours d'autres dépenses plus urgentes. Cependant, l'absence de planification des dépenses d'entretien et de réparation, ou de remise en état et de modernisation, risque d'entraîner des reports de ces travaux qui réduisent la durée de vie du patrimoine.

Programmation des investissements

Un plan d'investissement est un plan à horizon mobile sur trois à cinq ans qui récapitule le programme de développement stratégique pour la période à venir, avec une liste des projets d'investissement prioritaires prévus assortie d'informations détaillées, telles que leur calendrier d'exécution, les financements mobilisés et approuvés et les principales caractéristiques techniques. Le plan d'investissement établit un lien entre les objectifs à plus long terme, les plans directeurs ou plans de développement, et les budgets d'investissement annuel (Banque mondiale, 2011). Le plan d'investissement à horizon mobile est une évaluation systématique et simultanée des projets potentiels ; il devrait être revu chaque année en transférant l'année en cours au budget d'investissement et en ajoutant une année supplémentaire. La planification des investissements facilite la coordination entre les entités chargées de l'exécution des projets (cette question est examinée plus en détail au chapitre 7).

Approche stratégique du patrimoine

Une approche stratégique du patrimoine considère le portefeuille dans son ensemble et tire des conclusions stratégiques à l'appui des décisions visant à prévenir la détérioration des immobilisations et à maximiser leur valeur. La stratégie de gestion du patrimoine s'inscrit dans la stratégie globale de la municipalité, qui utilise les immobilisations pour remplir ses fonctions et atteindre ses objectifs. Dans cette optique, l'analyse du patrimoine vise à trouver des moyens d'améliorer le rendement des immobilisations tout en réalisant les objectifs de la municipalité ainsi que les objectifs à court et à moyen terme. Par exemple, en période de difficultés financières, la stabilité financière pourrait être l'objectif prioritaire, ce qui pourrait nécessiter de vendre les immobilisations qui entraînent des pertes ou reviennent trop cher. Lorsque la situation financière est bonne, il s'agit davantage de savoir comment acquérir du patrimoine pour assurer les services prioritaires, améliorer leur qualité ou promouvoir le développement économique local.

L'analyse du rendement des immobilisations est un aspect important de la formulation d'un plan d'amélioration des immobilisations. L'acquisition, la rénovation et la cession d'immobilisations importantes sont prises en compte dans ce processus et comptabilisées dans le plan à horizon mobile. Le graphique 6.5 montre que, pendant la vie utile d'une immobilisation, de nouveaux investissements sont nécessaires quelques années après l'installation. L'analyse du patrimoine met l'accent sur l'efficacité, et les investissements dans des valeurs ou des biens à usage commercial pourraient être les plus rentables. Il convient toutefois de rappeler que, à moins que ces investissements financiers ne servent à créer une réserve stratégique, ils ne contribuent pas à la fonction principale de la municipalité, qui est de fournir des services de qualité aux citoyens. Les investissements dans des biens à usage commercial posent des risques multiples que l'administration n'est pas en mesure de gérer, et ils ne sont donc pas recommandés.

À quoi sert le bilan ?

Un bilan apporte une perspective utile sur le portefeuille en présentant les actifs et les passifs (le bilan est décrit en détail au chapitre 3). Le tableau 6.9 décrit les principales catégories d'actifs et de passifs qui figurent généralement dans le bilan d'une collectivité locale. L'une des questions à poser est celle de savoir s'il serait utile de rééquilibrer les immobilisations, ou les actifs et les passifs. Par exemple, est-il justifié de vendre des biens excédentaires à usage commercial que l'administration n'utilise pas et d'investir le produit de la vente dans des équipements nécessaires ? Devrait-on vendre les terrains et immeubles excédentaires pour rembourser des dettes ?

Il va de soi que pour avoir une image exacte des actifs, il faut connaître la valeur vénale des terrains non bâtis, notamment ceux qui pourraient être vendus. De même, les terrains bâtis qui peuvent être classés comme bien excédentaires doivent être évalués, du moins approximativement.

Les outils d'analyse financière décrits plus haut, tels que le taux d'actualisation, la valeur actualisée des flux de trésorerie et l'analyse de la valeur actuelle nette, sont des méthodes pratiques pour comparer la valeur des terrains et bâtiments excédentaires avec le budget d'investissement annuel. Il est nécessaire de comparer différentes options pour décider de liquider ou d'acquérir des actifs, autrement dit, pour déterminer s'il est judicieux de vendre des actifs qui ne rapportent pratiquement rien et d'investir le produit de la vente dans des actions, des obligations ou des prises de participation qui semblent être plus rentables.

Entreprises municipales

Des entreprises municipales sont créées parce qu'une gestion indépendante et ciblée peut être plus efficace que les services techniques municipaux, qui sont souvent mal équipés pour assurer la gestion courante des services locaux. Les entreprises municipales sont des entités juridiques indépendantes, souvent placées sous le contrôle direct de la municipalité, qui désigne leur directeur. Elles sont parfois transformées en société régie par un conseil d'administration. Les municipalités des pays en développement ont des difficultés à contrôler leurs entreprises, qui représentent pourtant l'essentiel du patrimoine municipal dans certains cas (Kopanyi et Hertelendy 2004). Les actifs transférés aux entreprises ne sont plus inscrits au bilan municipal, mais du point de vue stratégique et opérationnel, il est recommandé d'améliorer le contrôle municipal de ces entreprises.

Comment contrôler les entreprises municipales

Dans bien des cas, les entreprises municipales détiennent un vaste portefeuille de biens qui appartenaient initialement à la municipalité. Il peut s'agir de biens à caractère lucratif (terrains non bâtis, immeubles locatifs). En général, les collectivités locales octroient ces actifs gratuitement aux entreprises, à titre de dons en nature, et leur valeur n'est pas enregistrée dans le bilan municipal ni connue de la collectivité locale. Les revenus tirés de ces actifs sont généralement conservés par les entreprises, sans être inscrits au bilan municipal. La municipalité peut, et doit, renforcer sensiblement le contrôle qu'elle exerce sur ses

Graphique 6.5   Dépenses annuelles d'entretien, de gestion et de réparation des installations, Washington.

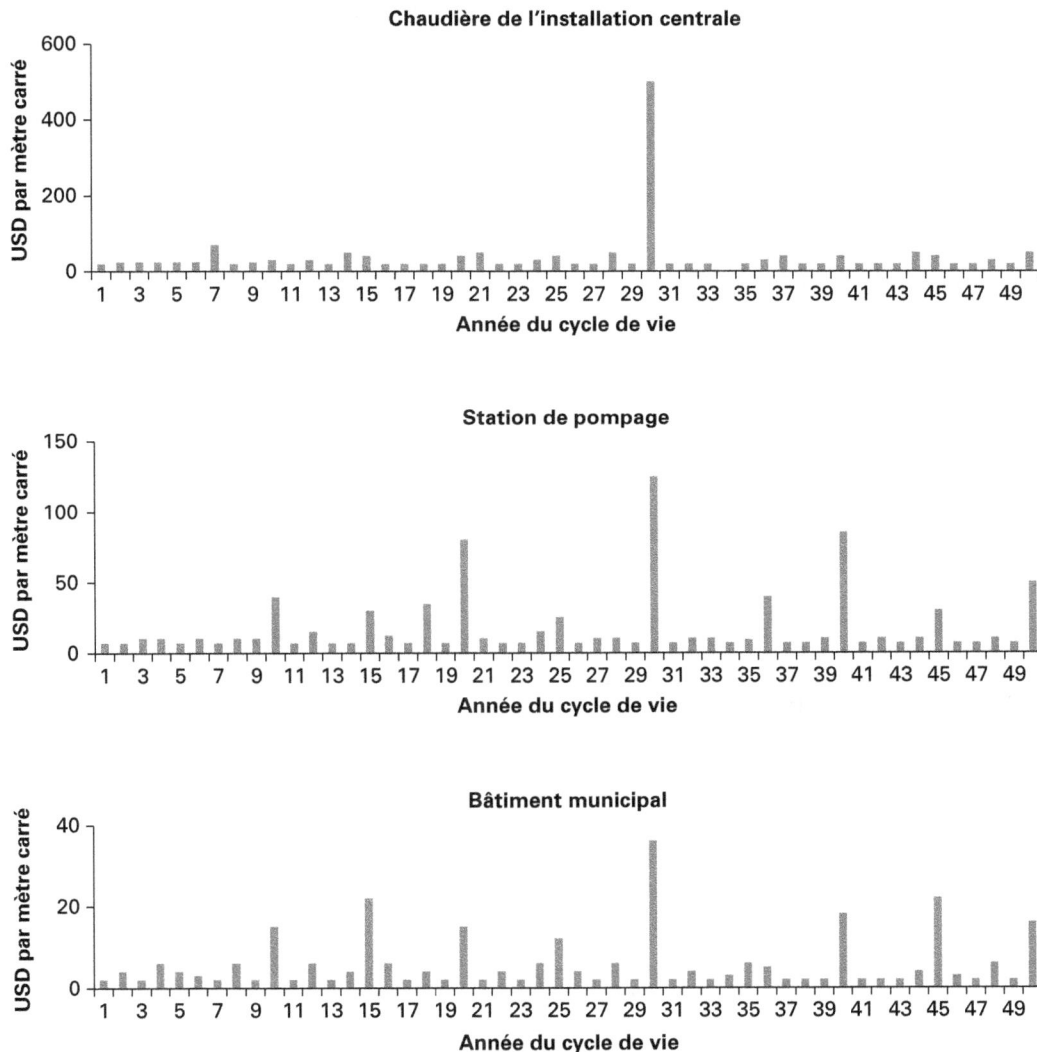

Chaudière de l'installation centrale

Station de pompage

Bâtiment municipal

Source : Auteurs, graphique établi à partir des données de Whitestone Research 2010.

entreprises en utilisant les mêmes instruments de gouvernance que le secteur privé, notamment :

- *Etablir des relations contractuelles* avec les entreprises en ce qui concerne l'usage qu'elles font des actifs reçus en don (p. ex., un contrat de services fondé sur les résultats, conclu avec une société d'approvisionnement en eau, de transports ou d'enlèvement des déchets solides).

- *Améliorer la gouvernance* des entreprises pour protéger les actifs (p. ex., recruter des spécialistes pour représenter la municipalité au conseil d'administration des entreprises ou pour gérer les

Tableau 6.8 Exemples de coûts sur le cycle de vie de différents équipements, Washington

Installation	Coût initial ou de remplacement		Dépenses annuelles d'entretien/ réparation (moyenne) et de fonctionnement		Dépenses d'entretien/ réparation et de fonctionnement sur un cycle de vie de 50 ans
	USD par mètre carré	%	Entretien/ réparation en % du coût de remplacement	Fonctionnement, en % du coût de remplacement	% du coût de remplacement
Installation centrale, chaudière	640	100	6,4	4,9	561
Station de pompage	640	100	3,0	19,4	1 117
Bâtiment municipal	264	100	1,7	5,1	340
Bibliothèque publique	230	100	1,7	5,1	338

Source : Whitestone Research 2010.

entreprises détenues entièrement par la municipalité ou dans lesquelles elle a une participation majoritaire ; exercer un contrôle rigoureux de la gestion, etc.).

- **Replacer les actifs** sous le contrôle direct de la collectivité locale ; récupérer les terrains ou les biens qui ne sont pas utilisés par l'entreprise, ce qui est possible si la municipalité est le propriétaire exclusif ou majoritaire de l'entreprise. Même dans ce cas, un retransfert d'actifs requiert une action en justice étant donné que cela entraîne un dessaisissement et une réduction des fonds propres de l'entreprise.

- **Améliorer l'information** en soumettant les rapports financiers et les rapports d'audit de l'entreprise à un examen attentif. Certaines municipalités établissent également un rapport annuel consolidé qui contient des rapports sur les investissements et le portefeuille de l'entreprise, joints aux rapports financiers de clôture (budget et bilan).

Après avoir établi un bon dispositif de contrôle et de gouvernance des entreprises municipales, les collectivités locales peuvent envisager de créer une société financière de portefeuille, ou holding financier, qui détient toutes les entreprises et participations municipales au nom de la municipalité. Il s'agit d'un modèle allemand (*stadtwerke*) appliqué dans certains pays européens, qui est également comparable aux

agences de développement créées en Inde et au Pakistan. Si elles sont bien gérées, ces sociétés présentent plusieurs avantages : un capital solide ; une bonne sécurité pour les emprunts ; la possibilité de grouper les besoins d'emprunt pour obtenir un meilleur taux d'intérêt ; et la possibilité de rééquilibrer les actifs afin de définir une stratégie pour l'ensemble du portefeuille. Cette option risque cependant de décourager la collectivité locale de confier certains services au secteur privé dans le cadre de concessions et formules similaires.

Ce modèle présente aussi un risque, à savoir que le holding, qui peut avoir un bilan plus important que celui de la municipalité, échappe au contrôle de cette dernière et sert ses propres intérêts au lieu de répondre aux besoins municipaux. En outre, en raison de sa taille (« trop grand pour faire faillite »), le holding pourrait être dangereux pour le budget municipal, comme dans le cas du Holding Debrecen en Hongrie. Riche de promesses à sa création en 2000 (gros investissements, importants projets de développement, emprunts indépendants), le holding avait une dette devenue ingérable et près de 5 millions d'euros d'impayés en 2010, et la municipalité a finalement dû le renflouer. L'expérience montre que le holding financier n'est pas un instrument de gestion du patrimoine approprié pour les pays en développement.

La gouvernance et le contrôle des entreprises municipales dans les pays en développement souffrent souvent de l'inefficacité des conseils d'administration

Finances municipales

Tableau 6.9 Actifs et passifs du bilan

Actifs	Passifs
Actifs fixes • Terrains • Infrastructures • Bâtiments • Équipements *Actifs financiers* • Investissements dans des entreprises • Actions, obligations, etc.	• Dette, y compris celle garantie par des biens municipaux ou par les revenus générés par un bien • Garanties offertes par des tiers • Obligations au titre de régimes de pension • Obligations à long terme liées à des biens (loyers, remboursements au titre de partenariats public-privé) • Autres passifs éventuels (p. ex., restauration des sols contaminés)

dont les membres sont des politiciens et des administrateurs nommés par la municipalité. Ces administrateurs n'ont pas les compétences ni la motivation voulues pour guider et contrôler efficacement l'équipe de direction et le fonctionnement de l'entreprise. Les conseils d'administration peuvent ressembler à ceux utilisés dans les pays en développement mais manquer d'efficacité parce que la culture d'entreprise et les conditions locales sont différentes.

Instruments de financement assis sur le foncier

Le financement assis sur le foncier est un ensemble d'instruments utilisés par les collectivités locales à travers le monde pour transformer leurs terrains ou leurs pouvoirs de réglementation foncière en sources de financement des infrastructures ou des services s'y rapportant (Peterson 2009). Il existe trois types d'instruments : vente de terrains ou de bâtiments ou transfert de terrains à des partenariats public-privé ; recours à la réglementation pour générer des recettes ; et imposition ou facturation des projets d'aménagement. Ces instruments sont brièvement décrits ci-dessous.

Transformation de terrains et bâtiments municipaux en liquidités ou en infrastructures

Les biens publics peuvent être transformés en liquidités ou en infrastructures par le biais de cession ou de prises de participation. La méthode la plus simple consiste à se débarrasser d'un terrain ou d'un bien

excédentaire et à utiliser les fonds dégagés pour investir ailleurs. Cela peut consister à vendre le terrain ou le bien, en transférant le titre de propriété à un acquéreur, ou bien à conférer des droits temporaires, comme dans le cadre d'un bail à long terme. À l'évidence, cet instrument ne fonctionne que si le terrain ou le bien est situé à un endroit recherché sur un marché immobilier actif, et la vente doit avoir lieu à un moment où il existe une forte demande privée. Par exemple, des ventes impressionnantes ont eu lieu à Istanbul et au Caire lorsque les prix ont atteint des niveaux record, avant de s'effondrer en 2008-2009 :

• À Istanbul en 2007, la vente aux enchères d'une ancienne gare routière transformée en bâtiment administratif a rapporté 1,5 milliard de dollars, soit une fois et demie les dépenses d'investissement de la municipalité en 2005.

• Au Caire en 2007, la vente aux enchères d'un terrain désertique pour construire des villes nouvelles a rapporté 3,14 milliards de dollars, soit environ 10 % du montant total des recettes publiques au niveau national et 117 fois le montant total de l'impôt foncier recouvré dans les villes du pays.

Une dépendance systématique à l'égard des recettes provenant des terrains publics, notamment des ventes de terrains, est cependant très risquée, et ce pour plusieurs raisons. D'une part, la terre est une ressource limitée et sa vente ne peut être une source de revenu durable. D'autre part, la dépendance à l'égard des ventes de terrains encourage une tendance générale à un phénomène d'étalement des villes insoutenable à long terme. Les marchés fonciers sont également instables et cycliques, et les ventes de terrain ne sont donc pas une source de revenus stable. Pour réduire les risques, les produits de cessions foncières ou immobilières devraient être déposés dans un fonds budgétaire pluriannuel qui atténuerait les effets des fluctuations du marché foncier.

Un autre instrument du même type est l'octroi d'un site municipal à un partenariat public-privé, ce qui permet d'obtenir une installation publique nécessaire sans dépenser des fonds publics. Les partenaires privés récupèrent leurs dépenses grâce aux revenus tirés de la partie commerciale du projet d'aménagement foncier. Ce type de programme terres-contre-infrastructures est lié à un site, mais aucun financement public n'est requis. À Koweït, par exemple, la plupart des infrastructures publiques (garages publics, aires de repos en bordure d'autoroute, marchés) ont été construites dans le cadre de dispositifs de ce genre. Les promoteurs privés ont construit dans le centre ville des garages publics intercalés entre leurs gratte-ciel à usage mixte construits sur des terrains publics, avec des magasins sous le garage et des étages de bureaux au-dessus. De même, à Bethesda, dans l'État du Maryland, un promoteur privé a construit un garage public en dessous de son immeuble à usage mixte, en échange d'un bail de 99 ans pour le site.

Transformation des pouvoirs municipaux en liquidités ou en infrastructures

Un autre instrument du même type consiste à transformer le pouvoir de la municipalité de définir les modes et les paramètres d'occupation des sols (aménagement du territoire et contrôle de l'utilisation des sols) en liquidités ou en infrastructures, moyennant la vente de droits de construire. En d'autres termes, la collectivité locale vend aux promoteurs le droit d'excéder les paramètres d'occupation des sols (p. ex., coefficient d'occupation du sol, nombre maximal d'étages, couverture maximale du sol) en échange du versement d'un certain montant ou de la construction d'équipements publics. Ce type d'arrangement a été souvent utilisé (p. ex., à Sao Paulo, au Brésil ; à Lima, au Pérou ; à Stuttgart, en Allemagne ; à Bethesda, Maryland, aux États-Unis). Dans certains États indiens, cela consiste à indemniser les propriétaires privés lorsqu'une partie de leur parcelle est expropriée pour construire des équipements publics.

Il est également possible d'inscrire au budget municipal une partie de l'augmentation de la valeur de terrains (zones militaires, voies ferrées) qui sont réaffectés à d'autres usages. Par exemple, aux États-Unis et en Serbie, des biens militaires excédentaires ont été vendus au secteur privé et les collectivités locales ont partagé les gains tirés de leur reclassification de terrains « à usage spécial » en terrains « à usage commercial ».

Utilisation du pouvoir de l'administration d'extraire une part publique de gains privés

Enfin, la collectivité locale peut utiliser ses pouvoirs législatifs ou réglementaires pour extraire une part publique de gains liés à des biens privés, sous forme d'impôts, de droits ou de contributions en nature. Cet instrument est utilisé sous plusieurs formes dans différents pays.

Une taxe de valorisation peut être imposée aux propriétaires dont le terrain a pris de la valeur en raison de la construction ou de l'amélioration d'infrastructures publiques locales. Les expériences de ce genre tentées en Australie, en Pologne et au Royaume-Uni n'ont pas été concluantes et ont été abandonnées, officiellement ou en pratique. La Colombie est le seul pays dans lequel cette formule donne de bons résultats.

Les prélèvements automatiques et droits d'affectation de terrain (Russie, Serbie, États-Unis), de même que la *participation d'urbanisme* (Serbie, États-Unis), obligent les promoteurs privés à fournir des infrastructures ou des terrains à usage public dans le cadre de leurs projets de promotion immobilière. Les prélèvements automatiques aux États-Unis s'appliquent aux infrastructures in situ et la participation d'urbanisme s'applique aux infrastructures extérieures. Dans les Balkans, ce type de redevance est appelé « droit d'aménagement foncier » et est censé s'appliquer aux infrastructures extérieures, tandis que les infrastructures in situ sont payées directement par les promoteurs. Un bon système de participation d'urbanisme demande une solide base analytique et un plan d'investissement à long terme pour bien distinguer l'effet des nouveaux projets immobiliers sur le coût des infrastructures selon l'emplacement, le type d'utilisation des sols, la parcelle et la taille des bâtiments. Dans de nombreux pays, comme dans les Balkans, le montant de ces droits est arbitraire, sans rapport avec le coût des infrastructures, et dans la pratique ils constituent une taxe générale sur les constructions nouvelles, notamment à usage non résidentiel.

Ces exemples montrent que l'utilisation d'instruments de financement assis sur le foncier présente un ou deux principaux avantages, ou les deux à la fois : des recettes immédiates pour financer des infrastructures ou réduire la dette, ou l'obtention d'équipements publics sans dépenser de fonds publics. En outre, ces instruments répercutent une partie des risques sur le secteur privé.

Aspects spécifiques de la gestion et de l'administration stratégiques des biens fonciers : « Le diable est dans les détails »

La terre est généralement le bien le plus précieux des collectivités locales s'il est évalué au prix du marché (voir l'exemple de Varsovie au tableau 6.1). Il est donc particulièrement important de gérer judicieusement les biens fonciers, et comme indiqué plus haut, la première étape est leur recensement. Les étapes suivantes de la gestion stratégique des biens fonciers présente des aspects spécifiques qu'il est bon de connaître.

Classement stratégique des biens fonciers
Les éléments de base du classement des biens fonciers sont décrits plus haut. Il importe de recenser les parcelles requises pour les fonctions obligatoires et facultatives, ainsi que les terrains excédentaires. Le graphique 6.6 décrit brièvement le cadre et les mesures à prendre.

Une question incontournable est celle de savoir quelle superficie de terrain non bâti doit être réservée pour l'usage public. Cela dépend du type d'aménagement urbain prévu. Pour les zones à usage essentiellement résidentiel, on considère en général que 28 à 35 % du territoire doit être la propriété de la collectivité publique et utilisé pour les routes et équipements sociaux (écoles, hôpitaux, etc.). Les zones non résidentielles peuvent nécessiter un moindre pourcentage de terres domaniales. S'il n'y a pas suffisamment de terrains à usage public dans des zones où des aménagements sont prévus, la municipalité devra en acquérir. Toutefois, si elle possède des terrains mais qu'aucun aménagement n'est prévu dans l'immédiat, elle doit déterminer la voie à suivre : vaut-il mieux vendre les terrains aujourd'hui, utiliser le produit de la vente pour

répondre aux besoins immédiats, et racheter des terrains lorsque des aménagements seront nécessaires ? Ou bien vaut-il mieux conserver les terrains ? Il n'existe pas de réponse universelle, mais il est bon de rappeler que dans de nombreuses zones urbaines en expansion, la valeur des terrains augmente plus vite que l'inflation ou le rendement d'autres investissements. La terre, si elle a déjà été acquise, peut être un bon investissement.

Il importe d'établir un plan d'aménagement du territoire, même simple, pour savoir exactement où les rues, les routes et les équipements publics de demain seront implantés. Un tel plan permet de distinguer les futurs terrains à usage public des autres terrains non bâtis, qui peuvent être classés comme excédentaires. Ces derniers peuvent être fort précieux et nécessitent également une gestion stratégique. Le graphique 6.7 décrit une approche possible pour ce type de décision, en classant les terrains non bâtis en quatre groupes (voir Urban Institute 2012b pour de plus amples précisions).

Moyens d'accroître la valeur des terrains municipaux
Les collectivités locales, en tant que propriétaires fonciers, ont un pouvoir d'influence unique sur la valeur des terrains qu'elles proposent aux investisseurs et sur les prix qu'ils sont disposés à payer. Le produit de la vente de terrains, de partenariats public-privé et de droits de construction peut être multiplié par deux à cinq si les plans et règles d'occupation des sols autorisent les utilisations les plus rentables des terrains (« utilisations maximales et optimales »). En outre, la modification des paramètres d'occupation des sols peut faire passer un terrain d'une valeur négative (lorsque le secteur privé n'est pas intéressé sans mesures d'incitation) à une valeur positive.

Si elles exercent régulièrement ces pouvoirs, les municipalités peuvent tirer des revenus de l'affectation de terrains et attirer les investisseurs. Un certain nombre d'outils permettent d'accroître la valeur et le prix des terrains :

• *Offrir un terrain viabilisé au lieu d'un terrain « nu »,* *avec des parcelles équipées d'infrastructures de base.* Une voirie intérieure et extérieure et des raccordements extérieurs aux réseaux d'approvisionnement en eau et d'assainissement permettent d'utiliser un terrain dès que les travaux de construction sont achevés, ce qui élimine une grande part d'incertitude pour les investisseurs. Cependant, lorsqu'elle viabilise un terrain, la municipalité doit prendre en compte les incidences environnementales et sociales. Par exemple, elle devrait avoir un plan de réinstallation qui tient compte des effets sociaux négatifs, tels que la perte de logements et de terres cultivées, et indique les mesures prévues pour dédommager les personnes ou entités touchées (pour de plus amples informations, voir English et Brusberg 2002). Le traitement équitable des gens — même s'ils occupent illégalement des terrains — est un aspect essentiel de tout projet de lotissement sérieux.

- *Assouplir les règles et paramètres d'occupation des sols pour élargir le choix.* L'exemple décrit au tableau 6.10 montre comment les utilisations autorisées influent sur la valeur et l'attrait d'un terrain pour les acquéreurs éventuels. En particulier, il cite un cas courant dans lequel un plan d'aménagement détaillé pour une nouvelle zone industrielle stipule que seules des installations de production et d'entreposage peuvent être construites sur le site. Dans ces conditions, le prix de vente aux enchères ne dépassera probablement pas 14,5 euros le mètre carré, en moyenne. Si toutefois certains commerces de détail et entrepôts connexes étaient autorisés sur le site, le prix de vente moyen pourrait atteindre 21,6 euros le mètre carré, soit environ 715 805 euros de recettes supplémentaires pour le budget municipal.

- *Réduire les risques pour la municipalité et les coûts pour les investisseurs.* Trois principaux types de risque peuvent être éliminés :

Risque juridique — s'assurer que la municipalité détient des droits non contestés sur les sites proposés aux investisseurs.

Risque financier — communiquer aux investisseurs, à l'avance, tous les coûts liés à l'acquisition et à l'aménagement du site.

Risque temporel — faire en sorte que les délais d'obtention des permis et des raccordements nécessaires pour les équipements soient prévisibles.

Si ces risques ne sont pas éliminés, les investisseurs se protègeront en réduisant le prix qu'ils sont disposés à payer.

Procédures et contrats de mise à disposition de terrains : Pourquoi est-ce important ?

Il est important d'avoir de bonnes procédures de cession de terrains parce qu'elles indiquent dans quelle mesure la collectivité locale s'efforce d'être un bon partenaire commercial pour l'investisseur privé et a les compétences voulues. Toute incertitude concernant la procédure d'appel d'offres ou le contrat de location ou de vente d'un terrain accroît les risques courus par l'investisseur et réduit sa confiance dans le fait que le processus n'est pas corrompu. Dans certains pays, les particuliers et les entreprises n'ont pas le choix et doivent encore accepter des droits fonciers non garantis et des contrats nébuleux. Cela limite cependant la compétitivité à long terme de la municipalité, au niveau tant national qu'international. Les principaux éléments d'un bon système d'appel d'offres et de commercialisation de terrains sont décrits ci-après (pour de plus amples renseignements, voir Urban Institute 2012a).

- *Ordonnance locale.* La procédure d'appel d'offres doit être définie dans un document officiel, de préférence une *ordonnance locale sur l'affectation et la cession de terrains* approuvé par un organe local dont les membres sont élus.

- *Concurrence.* La procédure doit être ouverte et transparente, en limitant le moins possible la participation.

- *Ventes aux enchères ou offres sous pli scellé.* Pour la majorité des sites, la procédure devrait être une vente publique ou la soumission d'offres sous pli scellé, le terrain étant attribué à celui qui offre le prix d'achat ou le loyer le plus élevé. Le choix d'autres critères de sélection ne devrait être autorisé que dans des cas exceptionnels prédéfinis dans l'ordonnance sur l'affectation et la cession de terrains.

- *Annonce publique.* Une annonce publique de la vente aux enchères ou de l'appel d'offres doit contenir des informations suffisantes pour les soumissionnaires.

- *Délais.* Un délai suffisamment long après l'annonce publique devrait être prévu pour la commercialisation. Pour les sites simples et relativement petits, le délai entre l'annonce et la vente aux enchères devrait être de 45 jours au minimum. Pour les sites

Graphique 6.6   Classement de tous les terrains sous le contrôle de la municipalité

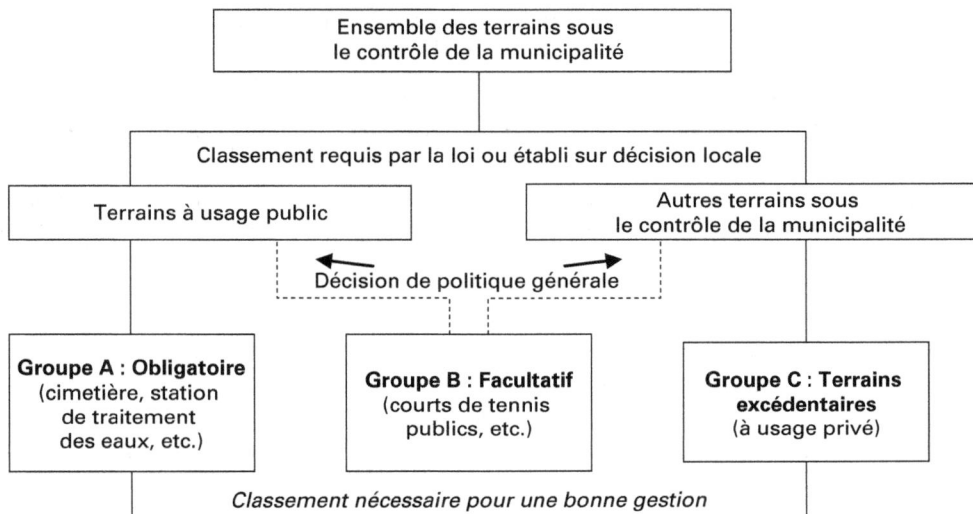

```
┌─────────────────────────────────┐
│   Ensemble des terrains sous     │
│   le contrôle de la municipalité │
└─────────────────────────────────┘
                 │
┌─────────────────────────────────────────────────┐
│ Classement requis par la loi ou établi sur décision locale │
└─────────────────────────────────────────────────┘
    │                                          │
┌──────────────────────┐      ┌──────────────────────────┐
│ Terrains à usage public │    │   Autres terrains sous    │
│                         │    │ le contrôle de la municipalité │
└──────────────────────┘      └──────────────────────────┘
         ←──  Décision de politique générale  ──→

┌──────────────────┐  ┌──────────────────┐  ┌──────────────────┐
│ Groupe A :        │  │ Groupe B :        │  │ Groupe C : Terrains │
│ Obligatoire       │  │ Facultatif        │  │ excédentaires      │
│ (cimetière, station │  │ (courts de tennis │  │ (à usage privé)    │
│ de traitement      │  │ publics, etc.)    │  │                    │
│ des eaux, etc.)    │  │                   │  │                    │
└──────────────────┘  └──────────────────┘  └──────────────────┘

      Classement nécessaire pour une bonne gestion
```

plus grands ou de nature stratégique, ou lorsque la demande est faible, le délai devrait être de 90 à 120 jours.

- *Information du public.* Le public doit être informé des résultats de l'appel d'offres, ce qui comprend l'identité de l'attributaire, le prix d'achat ou le tarif de location, et toute condition ou restriction imposée pour le site ou la transaction. Les informations doivent être communiquées sous la forme d'annonces écrites affichées dans des lieux publics et sur des sites web, et elles doivent figurer dans le registre des biens publics.

- *Délégation des tâches.* Les collectivités locales doivent être en droit de déléguer, par accord écrit, l'organisation et la conduite de l'appel d'offres conformément aux procédures établies.

Recours à des agences immobilières pour la cession de terrains excédentaires

Pour les ventes de biens immobiliers importants, il est impératif d'organiser une campagne de commercialisation de qualité et bien ciblée afin d'attirer les investisseurs voulus. La meilleure solution est de recruter une agence immobilière ou un agent immobilier ayant de bons antécédents professionnels. Ils peuvent publier les renseignements sur vos sites web en utilisant leurs fichiers clients et organiser une campagne de commercialisation auprès des acquéreurs potentiels. L'agent chargé de la campagne devrait être sélectionné par appel d'offres.

Si une collectivité locale décide de ne pas faire appel à une agence immobilière privée pour sa campagne de commercialisation, elle devrait au moins consulter des agents immobiliers locaux de manière informelle. Quelle que soit l'option choisie, la publication d'une annonce dans un journal local n'est en aucun cas suffisante. La campagne doit également comprendre d'autres éléments, tels que des panneaux d'affichage indiquant les sites Web à consulter pour obtenir des renseignements sur les ventes aux enchères d'actifs, des brochures et des annonces en ligne. Les informations doivent être fournies à toutes les agences immobilières locales, à la chambre de commerce, etc.

Location ou privatisation de terrains municipaux

Quels droits accorder aux acteurs économiques privés (particuliers et entreprises) lorsque des terres domaniales leur sont attribuées aux fins

Graphique 6.7   Classement de la réserve foncière municipale

- Réserve d'or. « Réserve d'or » est le surnom donné aux sites les plus recherchés, qui ne peuvent être vendus ou loués à des investisseurs avant 10 à 15 ans. Le moratoire peut être levé lorsque l'administration publique a besoin de ressources pour financer d'importants projets d'infrastructure. Le conseil local devrait approuver la liste des sites faisant l'objet d'un moratoire et publier un document ayant force obligatoire. Pendant la période couverte par le moratoire, les sites peuvent être utilisés comme espaces publics ou loués à court terme comme parcs de stationnement.

- Sites potentiels de grands projets de construction. Les sites se prêtant à la construction d'immobilisations devraient être vendus à des investisseurs dans le cadre de ventes aux enchères ou d'autres formes d'appels d'offres. La mise en vente devrait être planifiée et préalablement approuvée par l'organe local élu (programme annuel), en tenant compte du marché de l'immobilier (pas de vente lorsque le marché est au plus bas).

- Petites parcelles. Les petits terrains qui ne peuvent pas être lotis en tant que projets immobiliers indépendants peuvent être proposés aux propriétaires de terrains voisins.

- Autres sites. Les sites qui ne se prêtent pas à la construction d'immobilisations pour des raisons diverses (forme, emplacement, pente) peuvent être loués à titre temporaire pour des petits travaux de construction.

Tableau 6.10   Exemple montrant comment le zoning influe sur la valeur d'un terrain

Scénario 1 (selon le plan d'aménagement détaillé) :	Scénario 2 (selon une étude de marché effectuée par des spécialistes de l'immobilier) :
Espace vert, 10 hectares ; utilisation autorisée comme « zone industrielle » (entrepôts de manutention de biens de production ; bureaux annexes n'occupant pas plus de 14 % de la surface au sol totale.	Espace vert, 10 hectares ; utilisation autorisée comme entrepôts de manutention de biens de production, bureaux, locaux pour commerces de détail.
Surface au sol :	Surface au sol :
Entrepôt de manutention de biens de production : 60 000 m²	Entrepôt de manutention de biens de production : 40 000 m²
Bureaux : 10 000 m²	Bureaux : 10 000 m²
Total : 70 000 m²	Espace pour la vente au détail : 20 000 m²
	Total : 70 000 m²
Prix escomptés aux enchères :	Prix escomptés aux enchères :
14,5 euros/m², en moyennee	15 euros/m² (bureaux/entrepôts), en moyenne
(ou 1 448 272 euros pour l'ensemble du site).	37 euros/m² (commerces de détail/ entrepôts), en moyenne
	(ou 2 164 077 euros pour l'ensemble du site).

Source : Urban Institute 2012a.

d'investissement ? Cette question est extrêmement importante dans deux principaux cas : lorsque la législation nationale interdit la vente de terres domaniales à des entités privées (les investisseurs intéressés peuvent uniquement obtenir des droits à long terme, tels qu'un bail, mais l'administration centrale souhaitera peut-être étudier ses options) ; et lorsque la propriété privée existe, mais les collectivités locales décident quels droits elles veulent accorder aux investisseurs dans un cas particulier.

L'expérience des ex-pays socialistes montre que, lorsqu'ils ont le choix, les investisseurs préfèrent généralement acquérir des terrains plutôt que de les louer (voir ci-dessous). On peut en tirer au moins deux conclusions : les pays où le régime de propriété privée n'existe pas — mais qui sont entourés de pays où ce régime existe — perdront des investisseurs, qui iront dans des régions qu'ils estiment plus sûres ; et dans les pays où les deux options existent, les villes qui octroient des droits de propriété auront un avantage compétitif sur les autres en termes d'investissement.

Néanmoins, les deux options ont des partisans et des détracteurs, généralement pour des raisons idéologiques. D'une part, pratiquement toutes les sociétés prospères dans le monde contemporain reposent sur le respect fondamental de la propriété privée, foncière et autre[4]. D'autre part, certains considèrent que la terre a été créée par Dieu pour que chacun puisse l'utiliser et qu'elle ne peut pas être assujettie à un régime de propriété privée. Plus concrètement, chaque option présente des coûts et des avantages.

Arguments pour et contre le bail à long terme

- Dans le cadre d'un bail à long terme, la collectivité locale peut exercer un certain contrôle sur le rythme d'aménagement, les délais de construction étant normalement spécifiés dans le contrat de bail. Le contrat peut également contenir une clause de résiliation si l'investisseur ne construit pas dans les délais prévus. De telles clauses créent une certaine protection contre les spéculateurs fonciers qui achètent des terrains pour les revendre avec bénéfice au lieu de construire. (Des clauses exigeant que les travaux de construction soient achevés dans un certain délai peuvent également être jointes aux contrats de vente.)

- La collectivité locale reprendra possession du terrain et des aménagements après l'expiration du bail. À noter que cela peut être davantage un inconvénient qu'un atout, comme Chicago, Koweït et Johannesburg l'ont appris à leurs dépens. Dans ces villes, les investisseurs ont cessé d'assurer l'entretien des immeubles 10 à 15 ans avant l'expiration de leur bail, faute d'incitations. À l'expiration des contrats de location à long terme, les municipalités se sont trouvées propriétaires d'immeubles commerciaux en mauvais état qui ne leur servaient à rien.

Coûts et risques d'un bail à long terme

- Les investisseurs préfèrent acheter des terrains plutôt que de les louer. La première raison est que les terrains qu'ils possèdent peuvent servir de nantissement pour des prêts de construction. Deuxièmement, dans de nombreux pays les investisseurs comptent davantage sur la loi et l'État pour protéger leurs droits de propriété que sur les collectivités locales et les contrats de bail. Dans la plupart de ces pays, la qualité des contrats de bail foncier est insuffisante pour protéger les intérêts privés comme publics. Autrement dit, les investisseurs doivent faire face à des risques élevés, notamment des risques d'extorsion, aux pressions exercées par des fonctionnaires corrompus qui profitent des lacunes de la loi, et au manque de clarté des contrats de bail.

- Le modèle du bail foncier est également plus onéreux et plus difficile à administrer. Tout d'abord, il oblige à maintenir deux systèmes parallèles pour enregistrer les droits au bail des locataires des terrains et leurs droits de propriété sur les améliorations apportées. Ensuite, les collectivités locales détiennent alors d'importants portefeuilles de contrats de bail qui doivent être suivis et gérés, ce qui alourdit le coût de gestion des terrains. Enfin, il n'est pas possible d'appliquer un seul impôt foncier, car l'imposition des bâtiments et celle des terrains doivent être administrées séparément.

- Le modèle du bail foncier demande des connaissances juridiques spécialisées de la part des participants et risque de favoriser involontairement les investisseurs étrangers par rapport aux petits preneurs à bail locaux. Le contrat de bail est un document ayant force exécutoire, et les parties signataires doivent être pleinement conscientes des obligations juridiques que leur impose le contrat. Ce n'est pas une notion facile à comprendre pour les détenteurs de petites parcelles dans la plupart des pays en développement, qui ne peuvent pas se permettre d'engager des avocats compétents. La qualité du contrat proprement dit est d'une importance cruciale. L'omission de clauses fondamentales — par exemple, qui possède quoi à l'expiration du contrat, ou les clauses de renouvellement — peut donner lieu à de multiples litiges, comme on a pu le constater au Koweït, ou à des manifestations de masse, comme dans la région administrative spéciale de Hong Kong en Chine. On peut certainement supposer que le modèle du bail foncier expose les petits preneurs à bail locaux à davantage de risques, car ils n'ont généralement pas de bons avocats ni de fins négociateurs pour défendre leurs intérêts. C'est pourquoi le système de bail foncier est souvent involontairement discriminatoire à leur égard et favorise les investisseurs étrangers expérimentés. Il convient de reconnaître qu'il s'agit d'une question de politique générale.

- Le modèle du bail foncier est associé à des coûts de transaction plus élevés. Les transactions foncières sont plus onéreuses pour les terrains loués que pour les terrains en pleine propriété parce que l'investisseur doit vendre le bâtiment et transférer le bail par l'intermédiaire de la collectivité locale, ce qui demande plus de temps et d'argent que la vente d'un bien en pleine propriété. Pour la même raison, les biens situés sur des terrains loués sont généralement moins liquides que ceux situés sur des terrains en pleine propriété. Toutes ces complexités expliquent pourquoi la formule du bail foncier intéresse moins les investisseurs.

Si les investisseurs estiment que la location de terrains municipaux est trop risquée ou trop coûteuse, compte tenu du temps et de l'argent nécessaires pour obtenir un bail, ils se tourneront vers des vendeurs privés ou vers d'autres villes ou pays.

Implications pour les collectivités locales

Quelles sont donc les principales conséquences de la décision prise par les collectivités locales de vendre ou de louer ?

- Les collectivités locales qui sont les premières dans leur pays à vendre des terrains au secteur privé attireront probablement davantage d'investisseurs que celles qui préfèrent louer leurs terrains.

- Il est impossible de prédire si un investisseur achètera un terrain pour construire immédiatement ou à titre spéculatif, pour le revendre. Une administration peut cependant chercher à savoir si une personne physique ou morale a un plan d'aménagement sérieux, assorti d'un calendrier, avant de sélectionner un acquéreur.

- En cas de doute, il pourrait être judicieux d'expérimenter les deux options en même temps, de voir ce qu'elles donnent, et de rectifier le tir en conséquence. Concrètement, cela signifie mettre certaines parcelles aux enchères et proposer un bail à long terme pour d'autres. Pour suivre les résultats, on peut utiliser comme indicateurs de base les réponses à des questions simples, par exemple :
  1. Les prix acquittés sont-ils plus élevés pour les parcelles vendues (toutes choses égales par ailleurs) ?
  2. Le délai entre la signature du contrat et la demande de permis de construire est-il différent pour la vente et la location ?
  3. Les délais d'achèvement des travaux de construction sont-ils différents ?
  4. Le montant de l'investissement dépend-il des droits fonciers ?

Qui devrait décider, et comment ? Étant donné que la décision de vendre ou de louer pourrait avoir une forte influence sur la compétitivité et la prospérité de la municipalité, elle devrait être prise conjointement par les *décideurs locaux*, à savoir le conseil municipal et le maire.

Gestion moderne des actifs : Partenariats public-privé et sociétés d'aménagement foncier

La gestion du patrimoine est une activité très spécialisée qui demande des compétences professionnelles dans le domaine immobilier, comme le montre le graphique 6.2. En l'absence de telles compétences, de nombreuses erreurs coûteuses sont commises, souvent sans le savoir[5]. Il est généralement impossible d'attirer des experts capables de gérer d'importants portefeuilles de biens et de leur permettre de faire un travail efficace dans le cadre de structures administratives rigides (i.e., niveau des salaires, processus de prise de décisions). En outre, une gestion rationnelle des immobilisations demande des mesures et des opérations — telles que la vente de terrains excédentaires au secteur privé — qui peuvent excéder les pouvoirs des administrations publiques. Enfin, comme indiqué plus haut, le secteur privé peut apporter non seulement ses compétences et son efficacité, mais aussi des financements directs pour les investissements publics. Ce sont les principales raisons qui expliquent l'utilisation grandissante de deux instruments modernes de gestion du patrimoine, — les partenariats public-privé (PPP) et les sociétés d'aménagement foncier.

Partenariats public-privé

Le type de PPP le plus courant repose sur une relation contractuelle entre l'administration publique et le partenaire privé (qui peut être un consortium ou une entité privée). Une forme moins courante (qui n'est généralement pas recommandée pour les collectivités locales) est une co-entreprise créée par l'administration publique et le partenaire privé, dont les actions sont détenues par les partenaires initiaux ou émises dans le public. Il existe toutes sortes de PPP. D'une part, on trouve de simples contrats de gestion de trois à cinq ans, dans le cadre desquels un partenaire privé gère une installation publique (un garage public, par exemple) ou fournit un service normalement assuré par la municipalité (comme le nettoiement des rues). Il est important de mentionner que les contrats de partenariat public-privé sont propres à chaque secteur et exigent que le partenaire public possède différentes compétences techniques, financières et institutionnelles, selon le cas. Un contrat approprié pour un PPP d'approvisionnement en eau ne conviendra pas pour un PPP qui assure l'exploitation d'un service d'autobus ou un centre commercial[6].

D'autre part, on trouve les contrats de PPP complexes et à long terme, tels que les contrats Conception-Finance-Construction-Exploitation-Transfert (souvent appelés DFBOT). Par exemple, le partenaire privé d'un PPP peut concevoir, construire et exploiter plusieurs écoles publiques pour une collectivité locale (formule très courante au Royaume-Uni). Le partenaire privé finance également les dépenses d'investissement et la collectivité locale lui rembourse les coûts (plus un bénéfice) pendant 30 ans, sous la forme d'une commission annuelle convenue. Dans un PPP à long terme bien structuré, le partenaire privé a une grande marge de manœuvre : il peut fournir des financements et des compétences, ainsi que prendre des risques particuliers.

Les PPP à long terme associés à des investissements en capital sont les instruments les plus complexes que les collectivités locales puissent utiliser ; elles sont donc rares à le faire. En outre, tout comme pour les emprunts, l'option du PPP n'est généralement possible que si la collectivité locale a un certain degré d'autonomie financière.

Il est certainement recommandé aux collectivités locales de s'engager prudemment sur cette voie, en commençant par des contrats de PPP plus simples, à court terme, tels que la sous-traitance de l'exploitation et de la gestion des services ou équipements municipaux. Les administrations publiques peuvent conclure des contrats de PPP à long terme une fois qu'elles ont une bonne expérience des contrats plus simples (voir également le chapitre 7).

Sociétés d'aménagement foncier

Les collectivités locales peuvent créer des sociétés d'aménagement foncier en tant qu'entités à vocation spéciale. Elles sont très courantes en Asie du Sud, comme par exemple la Delhi Development Authority en Inde et la Lahore Development Authority au Pakistan. Les données d'expérience concernant ces entités diffèrent fortement d'un pays à un autre. Ces sociétés sont généralement régies par le code de commerce, au même titre que les entreprises privées, et jouissent d'une plus grande indépendance que les services ou petites entités des collectivités locales. L'idée de base de ce modèle d'entreprise est qu'il permet d'allier l'efficacité du secteur privé aux objectifs d'intérêt public. S'agissant de l'efficacité, le modèle comporte des mesures d'incitation pour encourager l'entreprise à fonctionner de manière rentable et autonome, ce qui permet d'accélérer tous les processus, de promouvoir la souplesse et l'esprit d'initiative, et d'attirer et retenir des spécialistes privés de l'immobilier et des finances.

Le rayon d'action et les fonctions des sociétés d'aménagement foncier sont très variables. Par exemple, elles peuvent acquérir des terrains, installer des équipements et mettre sur le marché les terrains viabilisés, construire des logements sociaux, ou gérer des immeubles utilisés par les administrations publiques. Ce modèle peut également protéger dans une certaine mesure la gestion stratégique et la planification à long terme des biens fonciers contre les caprices des politiciens, qui peuvent chercher à intervenir dans les transactions foncières qui sont directement gérées par les administrations publiques.

En ce qui concerne les valeurs sociales, les sociétés foncières peuvent harmoniser les relations avec la population locales au sujet des projets d'aménagement, tout en garantissant que les immeubles construits et les quartiers aménagés ne nuisent pas à l'environnement. Elles peuvent également stimuler l'économie locale et la restauration de zones urbaines en déclin grâce à des projets d'aménagement ciblés.

Cela étant, l'expérience de ces sociétés foncières soulève certaines inquiétudes au sujet de l'intervention de l'État dans les projets fonciers et immobiliers, et des risques qui y sont associés. Ainsi, les entreprises publiques pourraient monopoliser l'offre sur le marché du foncier et de l'immobilier, ce qui risque de fausser le marché — par exemple en poussant les prix à la hausse (Singapour), ou au contraire, en créant une offre excédentaire (République de Corée) — et de créer une dette directe pour les administrations publiques et une charge pour les finances publiques (Dubaï).

Le coût réel de ces sociétés foncières pour les contribuables est souvent sous-estimé, même dans de véritables économies de marché comme le Canada. En particulier, leurs terrains sont souvent attribués par différentes administrations publiques (ou achetés à d'autres organismes publics) à leur valeur d'origine au lieu de leur valeur vénale, et cette subvention publique déguisée n'est pas comptabilisée.

Il y a de fortes chances (et c'est une pratique courante, du moins dans de nombreux ex-pays socialistes) que ces sociétés, comme la plupart des entreprises municipales autrefois, fonctionnent sans dispositif de gouvernance et de contrôle approprié ni bonne transparence. Elles ont également tendance à participer à des opérations immobilières spéculatives, dans lesquelles les administrations publiques ne devraient être impliquées ni directement ni indirectement. Il est souvent difficile de savoir si ces sociétés sont créées principalement pour générer des revenus pour les administrations publiques ou à d'autres fins. Dans bien des cas, elles dépensent toutes leurs recettes, en dépit des subventions déguisées qu'elles reçoivent de l'administration centrale ou des collectivités locales. Par exemple, la Lahore Development Authority a un budget plus important que celui de la municipalité. Elle a participé à d'énormes transactions foncières et possède d'importantes réserves financières, mais elle n'a fait aucune contribution au budget municipal depuis dix ans.

Ces exemples montrent qu'il est essentiel d'éviter de conférer des pouvoirs de réglementation aux sociétés foncières parallèlement au droit de fonctionner comme une entreprise dans la même collectivité territoriale. Le grand nombre de sociétés foncières fonctionnant de cette manière en Asie du Sud crée des conflits d'intérêts et rend les transactions encore moins mesurables et transparentes, et plus vulnérables à la corruption. De tels dispositifs peuvent également créer un avantage compétitif indu par rapport aux investisseurs privés.

Enfin, lorsqu'on envisage de créer une entreprise municipale chargée de gérer les terrains ou autres immobilisations de la municipalité, les activités de cette entreprise devraient être considérées comme un élément d'une gestion stratégique globale et bien conçue des immobilisations. Avant de créer une telle entreprise, la collectivité locale doit investir le temps, les efforts et les compétences voulus au stade critique de la *conception*. En particulier, les questions essentielles de politique générale, de gouvernance, d'exploitation commerciale et d'organisation doivent être formulées clairement et arrêtées d'un commun accord avant d'être codifiées dans des documents juridiques et traduites en mesures concrètes au niveau de l'entreprise[7].

La gestion stratégique du patrimoine — Assembler les pièces du puzzle

Comment les responsables municipaux peuvent-ils faire en sorte que les instruments présentés dans ce chapitre soient intégrés dans un programme complet et cohérent et produisent un effet durable sur la gestion des affaires municipales, tout particulièrement si celle-ci risque de changer de maire et de conseil aux prochaines élections ? La *stratégie de gestion du patrimoine* est un document important et un outil précieux. Il récapitule les principes généraux et les tâches spécifiques de la stratégie, qui comprend notamment un *plan d'action* pour améliorer la gestion du patrimoine. Il est recommandé d'élaborer ce document dans les six à dix-huit mois suivant le début du projet d'amélioration de la gestion du patrimoine. En d'autres termes, la stratégie devrait être un véritable document de travail, basé sur des réalisations concrètes et des intentions réalistes concernant la gestion du patrimoine.

Qui devrait formuler la stratégie ?

Dans le meilleur des cas, l'équipe spéciale temporairement chargée de la gestion du patrimoine devrait être en mesure d'élaborer un projet de stratégie de gestion du patrimoine sous la direction du maire ou du trésorier, pour présentation au conseil.

Une stratégie de gestion du patrimoine comprend plusieurs éléments clés :

1. Formulation de la mission, des objectifs et des principes de gestion du patrimoine

2. Recensement complet et prise en compte de tous les biens, aux fins de la gestion du patrimoine

3. Évaluation sommaire des portefeuilles

4. Classement de tous les biens immobiliers en trois catégories fonctionnelles — obligatoires, facultatifs et excédentaires (rémunérateurs) — et formulation d'objectifs financiers et d'une stratégie de gestion pour chaque catégorie

5. Formulation de principes directeurs concernant les actifs, dans la mesure où la collectivité locale est prête à les respecter, à maximiser les recettes et à assurer l'entretien voulu

6. Identification des réglementations locales qui nécessitent certaines modifications pour améliorer la gestion du patrimoine, et formulation des modifications spécifiques à apporter (par exemple, libéralisation de l'ordonnance sur les baux commerciaux ; modification de l'ordonnance sur l'affectation du sol)

7. Liste des mesures spécifiques concernant chaque catégorie de biens et des biens distincts, le cas échéant (par exemple, en cas de changement de locataire ou de gestionnaire ; pour améliorer l'utilisation ; ou pour recommander la cession)

8. Changements organisationnels proposés dans la gestion du patrimoine pour assurer une bonne coordination entre différents services

9. Désignation des personnes chargées de mettre en œuvre la stratégie (par exemple, les membres de l'équipe spéciale)

10. Établissement d'un mécanisme et d'un calendrier réalistes de mise en œuvre de la stratégie, compte tenu des priorités de la collectivité locale.

Qui devrait adopter la stratégie ?

Dans le meilleur des cas, l'assemblée ou le conseil local adopte la stratégie en tant que document directif juridiquement contraignant, comme une ordonnance locale. Mais la stratégie sera utile même si elle n'a pas force obligatoire, à condition de servir de guide pratique. Elle devrait être revue régulièrement (chaque année) afin de mesurer les progrès accomplis, de s'assurer qu'elle reste pertinente et de l'actualiser, si nécessaire.

Principaux messages

Pour les décideurs : Dans le monde entier, les municipalités détiennent d'importants patrimoines d'immobilisations physiques (terrains, bâtiments, infrastructures, véhicules et matériel) qui représentent généralement l'essentiel du patrimoine public et qu'elles gèrent au nom des contribuables locaux. Une bonne gestion de ces actifs est essentielle pour la sécurité des finances publiques et la qualité et la pérennité des services locaux. Elle contribue au développement économique local et à la qualité de la vie.

L'amélioration de la gestion du patrimoine produit de multiples avantages : des économies appréciables et des recettes supplémentaires pour le budget local ; des actifs et des services de meilleure qualité pour les citoyens ; et un meilleur climat de confiance entre la population et l'administration publique.

Pour les employés municipaux et les experts techniques : Toutes les administrations publiques, qu'elles soient familiarisées ou non avec la gestion du patrimoine, trouveront dans ce chapitre des idées utiles, un cadre et des outils pratiques pour mieux gérer leurs actifs, notamment : recensement des actifs ; utilisation de procédures transparentes pour affecter des actifs à un usage privé ; classement des actifs en fonction de leur contribution à la prestation de services publics ; utilisation de la valeur vénale des actifs pour la prise de décisions ; création d'un fonds d'amortissement pour financer le remplacement des actifs ; suivi des principaux indicateurs (p. ex., coûts et recettes liés aux actifs) ; adoption du système de gestion du cycle de vie pour les équipements et les bâtiments, en commençant par programmer les dépenses d'exploitation et d'entretien des immobilisations existantes et prévues ; utilisation d'instruments perfectionnés, tels que des plans de gestion stratégique du patrimoine etc.

Un message essentiel est que la gestion du patrimoine est un domaine technique. Les services municipaux doivent donc renforcer leurs compétences et accorder l'attention voulue à tous les aspects, qu'il s'agisse de la réglementation, des procédures, de l'immobilier ou du fonctionnement des infrastructures. Ils doivent également faire preuve de créativité et d'innovation, et être motivés pour adopter cet état d'esprit. Il peut également être utile d'engager des experts du secteur privé qui ont des connaissances spécialisées notamment en matière d'évaluation de biens immobiliers et de gestion de biens, pour aider les administrations publiques dans des domaines particuliers.

Notes

1. La corruption, le favoritisme ou les conflits d'intérêts sont souvent dus au fait que des biens publics sont alloués à divers utilisateurs à des conditions préférentielles — gratuitement ou à des prix inférieurs aux prix du marché. La divulgation d'informations sur les conditions de location réduit sensiblement la corruption.

2. Par définition, la valeur vénale d'un terrain est le prix auquel il serait vendu dans le cadre d'une transaction équitable, après avoir été mis sur le marché pendant une période raisonnable et à des conditions de libre concurrence, l'acquéreur et le vendeur agissant prudemment et en connaissance de cause, et en supposant que le prix n'est pas influencé par des facteurs indus.

3. Il n'existe pas de formule universelle, mais pour une analyse plus approfondie, voir Urban Institute 2012a ; 2012b.

4. Il existe de rares exceptions. En Nouvelle-Zélande, la Couronne est propriétaire des terres, mais les entités privées détiennent des droits fonciers à perpétuité qui sont pleinement et librement transférables, appelés droits en « fief simple ». Ces droits ne diffèrent en rien des droits de propriété privée.

5. Pour des exemples intéressants de la complexité des décisions immobilières « ordinaires » que les municipalités doivent prendre, voir Hentschel et Utter 2006.

6. Le Fonds de conseil en infrastructure publique-privée (PPIAF) est un fonds fiduciaire multidonateurs géré par la Banque mondiale qui fournit une assistance technique sur la mise en place de PPP aux administrations publiques dans les pays en développement. Pour de plus amples renseignements, consulter le site http://www.ppiaf.org.

7. Pour en savoir plus sur les sociétés foncières, consulter le site http://www.urban.org/UploadedPDF/412299-Government-Land-Development-Companies.pdf.

Bibliographie

English, Richard, and. Frederick E. Brusberg. 2002. *Handbook for Preparing a Resettlement Action Plan.* Washington, DC: International Finance Corporation, World Bank.

Farvacque-Vitkovic, Catherine, Lucien Godin, Hugues Leroux, Florence Verdet, and Roberto Chavez. 2006. *Street Addressing and the Management of Cities.* Washington, DC: World Bank.

Hentschel, John, and Marilee Utter. 2006. "U.S. Cities—An Entrepreneurial Approach to Municipal Real Estate Asset Management." In *Managing Government Property Assets: International Experiences,* edited by Olga Kaganova and James McKellar. Washington, DC: UI Press.

Kaganova, Olga. 2008. "Integrating Public Property in the Realm of Fiscal Transparency and Anti-Corruption Efforts." In *Finding the Money: Public Accountability and Service Efficiency through Fiscal Transparency,* edited by Gábor Péteri, 209–22. Budapest: Local Government and Public Service Reform Initiative/Open Society Institute. http://cps.ceu.hu/publications/joint-publications/finding-the-money.

Kasso, Zsuzsa, and Piroska Pergerne-Szabo. 2004. "Asset Management in Secondary Cities." In *Intergovernmental Finance in Hungary—A Decade of Experience,* edited by M. Kopanyi, S. El Daher, and D. Wetzel, 381–403.Washington, DC: World Bank Institute.

Kopanyi, Mihaly, and Zsofia Hertelendy. 2004. "Municipal Enterprises in Hungary." In *Intergovernmental Finance in Hungary—A Decade of Experience,* edited by M. Kopanyi, S. El Daher, and D. Wetzel, 337–61. Washington, DC: World Bank Institute.

Managing Infrastructure Assets. 2005. National Guide to Sustainable Municipal Infrastructure, Canada, http://www.fcm.ca/Documents/reports/Infraguide/Managing_Infrastructure_Assets_EN.pdf.

Péteri, Gábor, and Michael Schaeffer. 2007. "Property Devolution and Local Government Asset

Management." In *The Kosovo Decentralization Briefing Book,* edited by Robert D. Ebel and Gábor Péteri. Budapest: OSI.

Peterson, George E. 2009. *Unlocking Land Values to Finance Urban Infrastructure.* Washington, DC: World Bank and PPIAF.

Peterson, George E., and Olga Kaganova. 2010. "Integrating Land Financing in Subnational Fiscal Management." Policy Research Working Paper 5409, World Bank, Washington, DC.

Urban Institute. 2012a. *Guidebook on Packaging and Marketing Municipal Land to Investors.* Washington, DC: Urban Institute. http://www.urban.org/publications/412532.html.

———. 2012b. *Guidebook on Real Property Asset Management for Local Governments.* Washington, DC: Urban Institute. http://www.urban.org/publications/412531.html.

Whitestone Research. 2010. "Whitestone Facility Operations Cost Reference, 2010–2011." 15th annual ed. www.whitestoneresearch.com.

World Bank. 2011. *Guidebook on Capital Investment Planning for Local Governments.* Washington, DC: World Bank. http://web.worldbank.org.

CHAPITRE 7

Gestion des financements extérieurs

Maria Emilia Freire

Confrontées à l'urbanisation rapide, les collectivités locales à travers le monde doivent élargir leur champ d'intervention et améliorer le niveau des services de base pour répondre aux exigences croissantes de leurs administrés. Le problème est exacerbé par la tendance irréversible à la décentralisation, qui a délégué aux collectivités locales l'exécution et le financement d'une grande partie du programme d'investissements urbains. Dans de nombreux pays, la mise en place d'un cadre institutionnel et de dispositifs de contrôle financier appropriés a permis aux collectivités locales de mobiliser des financements externes pour les infrastructures en empruntant et en faisant appel à la participation du secteur privé, ce qui leur a également permis de tirer mieux parti de leurs propres ressources et économies. Le secteur financier a heureusement connu une croissance rapide dans la plupart des pays émergents et les autorités locales ont aujourd'hui accès à diverses sources de financement et disposent d'informations sur ce qui a donné de bons résultats dans le passé et ce qui est requis pour accéder aux marchés financiers. L'expérience des collectivités locales en matière d'accès à l'endettement extérieur a montré aux autorités locales et centrales les dangers du

surendettement et souligné la nécessité d'adopter une politique prudente et d'assurer une supervision étroite.

Ce chapitre examine comment les collectivités locales peuvent mobiliser des ressources externes et les gérer afin de répondre aux besoins de développement des infrastructures. Ces financements extérieurs sont les ressources des collectivités locales autres que les recettes propres (impôts, redevances et amendes), les transferts intergouvernementaux (transferts de l'État ou d'autres échelons supérieurs aux collectivités locales) et les recettes d'investissement (examinés aux chapitres 1 et 4). Ils comprennent donc les emprunts souscrits sur le marché et la participation du secteur privé, les dotations privées et les contributions philanthropiques, ainsi que l'aide internationale et l'aide au développement.

Nous examinons tout d'abord les raisons pour lesquelles il est important que les municipalités établissent un plan pluriannuel d'amélioration des équipements afin de guider l'utilisation des financements extérieurs. Nous mettons en lumière les problèmes de collaboration entre les services et de normalisation des études de faisabilité. Les méthodes de sélection des projets, telles que l'analyse coûts-avantages et la valeur actuelle nette sont citées comme outils de classement des investissements par ordre de priorité.

Nous décrivons ensuite les caractéristiques des emprunts municipaux et des émissions d'obligations, ainsi que les instruments qui aident les municipalités à accéder aux marchés du crédit. L'analyse de la réglementation de la dette des collectivités locales montre que les autorités nationales craignent souvent que les collectivités locales n'empruntent au-delà de leurs moyens et ne puissent assurer le service de leur dette, forçant alors l'administration centrale à financer ces dettes non provisionnées.

Après avoir examiné les possibilités de partenariat public-privé pour financer les investissements locaux, nous décrivons les formes d'aide auxquelles les municipalités peuvent recourir, les nouveaux types d'investissement possibles au niveau local (tels que les prêts en faveur de l'amélioration du rendement énergétique) et les contributions philanthropiques.

Pourquoi les collectivités locales doivent-elles mobiliser des financements extérieurs ?

Il est à prévoir que plusieurs centaines de milliards de dollars d'infrastructures nouvelles seront nécessaires chaque année au cours des deux prochaines décennies pour promouvoir la croissance et la prestation de services à travers le monde. Mobiliser les fonds nécessaires est une responsabilité qui incombe dans une large mesure aux municipalités des pays en développement, où sera concentré l'essentiel de la croissance urbaine prévue. Selon les estimations de la Banque asiatique de développement, près de 100 milliards de dollars d'infrastructures urbaines nouvelles seront nécessaires chaque année, rien qu'en Asie, pour combler les lacunes et faire face à cette croissance urbaine sans précédent. Les besoins de financement pour l'approvisionnement en eau, l'assainissement, la gestion des déchets solides et l'amélioration de l'habitat insalubre ou précaire dans les zones urbaines sont estimés à 25 milliards de dollars par an — 50 milliards de dollars si l'on tient compte des travaux de voirie urbaine (Sood 2004) — et 32 milliards de dollars supplémentaires seront nécessaires pour l'entretien (Banque asiatique de développement, 2011). Les chiffres sont du même ordre de grandeur pour les autres régions. En Chine, les collectivités locales sont responsables de 80 % des dépenses publiques ; en France, en Indonésie et en Turquie, plus de la moitié des investissements publics sont financés au niveau local (Canuto et Liu 2010). Selon des estimations récentes, les ressources dont disposent les collectivités locales représentent tout au plus 10 % du montant total des besoins. C'est donc une nécessité à la fois incontournable et stratégique de mobiliser des ressources externes et de les gérer.

Comment les collectivités locales financent-elles les investissements ? Elles ont plusieurs options. Elles peuvent utiliser les excédents courants et les dotations d'administrations de niveau supérieur. Elles peuvent également se tourner vers les marchés locaux du crédit et des capitaux et les partenariats public-privé, ou même solliciter des dons d'organisations philanthropiques ou caritatives et de donateurs internationaux. Ces options sont brièvement passées en revue ci-après et examinées plus en détail aux sections suivantes.

Investissements financés par l'excédent net d'exploitation

Les collectivités locales peuvent utiliser leur excédent net d'exploitation pour financer les investissements selon la méthode de comptabilisation en décaissement (*paiement différé*), c'est-à-dire que les dépenses sont financées sur l'excédent annuel généré. L'excédent net d'exploitation est le montant des recettes d'exploitation qui peut servir à financer les dépenses d'investissement, déduction faite des salaires, des dépenses de fonctionnement et d'entretien et du service de la dette (voir les chapitres 3, 4 et 8). Cela signifie que les projets d'investissement sont mis en œuvre et financés à mesure qu'un excédent d'exploitation est dégagé, contrairement à la méthode de facturation à l'utilisation (*paiement au comptant*, couramment employée pour le financement de projets), dans laquelle les fonds empruntés sont décaissés et ultérieurement remboursés au moyen des fonds générés par le projet.

La comptabilisation en décaissement qui repose exclusivement sur l'excédent d'exploitation annuel, limite les possibilités des collectivités locales du fait que cet excédent est généralement faible. Vu la grande taille de nombreux projets d'infrastructure, il est très difficile de financer des projets, tels que la construction d'une décharge ou d'une route principale en limitant les dépenses d'investissement au flux de recettes annuelles. Cette méthode conduit à privilégier les petits projets de courte durée aux dépens des gros investissements stratégiques. Étant donné que les gros investissements jouent un rôle vital en créant des activités locales et en accroissant à terme les recettes des collectivités locales, le recours à la méthode de comptabilisation par décaissement se traduit par des occasions manquées. En outre, une ville en expansion qui offre des services de qualité attire les entreprises et encourage les projets immobiliers qui contribuent à générer de nouvelles recettes propres.

Dotations en capital

Les collectivités locales ont souvent recours aux dotations en capital dans les pays en développement. Les dotations constituent la principale source de financement à long terme des petites municipalités défavorisées pour construire des infrastructures de base. Pour les municipalités en expansion qui disposent de ressources suffisantes et peuvent autofinancer certains projets (dans le secteur des transports urbains, par exemple), les dotations peuvent aider à mobiliser des ressources supplémentaires. Les dotations peuvent également servir à garantir les emprunts, ce qui réduit le risque et améliore les conditions de prêt.

Marchés locaux du crédit et des capitaux

Les collectivités locales peuvent avoir accès aux marchés locaux du crédit et des capitaux, conformément au principe économique selon lequel la durée des projets d'infrastructure justifie un financement à long terme. Prenons par exemple le cas d'une usine de traitement de déchets solides. Selon toute probabilité, son coût sera nettement supérieur à l'excédent annuel courant qu'une municipalité de taille moyenne peut dégager. En outre, même si la municipalité pouvait financer l'usine au moyen de ses recettes propres pendant disons trois ans, cela pourrait sembler inéquitable de procéder ainsi, car l'usine sera utilisée par les générations futures pendant plus de 20 ans. Le recours à la dette à long terme pour financer des projets d'infrastructure de longue durée permet d'échelonner le paiement de l'usine dans le temps, de sorte que ceux qui en bénéficient des années plus tard contribuent également à son financement. Les différentes formes de financement par l'emprunt décrites au graphique 7.1 comprennent un large éventail d'options allant de l'emprunt aux banques d'État jusqu'à l'émission d'obligations sur les marchés internationaux des capitaux, selon la situation de la collectivité locale.

Le recours au financement par l'emprunt présente d'autres avantages. Il encourage les collectivités locales à faire preuve de discipline en les obligeant à définir les investissements prioritaires et à assurer les financements nécessaires, de sorte que la décision ne doit pas être revue chaque année. En outre, la possibilité de financer l'intégralité des coûts de construction d'une installation dans les délais voulus permet d'économiser des sommes considérables, parfois plus que les intérêts du prêt.

Partenariats public-privé

Lorsque les collectivités locales s'associent avec le secteur privé pour financer et construire de nouvelles infrastructures, elles créent un partenariat public-privé (PPP). Cette formule est de plus en plus utilisée depuis 30 ans, et il y a de nombreux enseignements à en tirer

Graphique 7.1   Sources de financement extérieur pour les collectivités locales

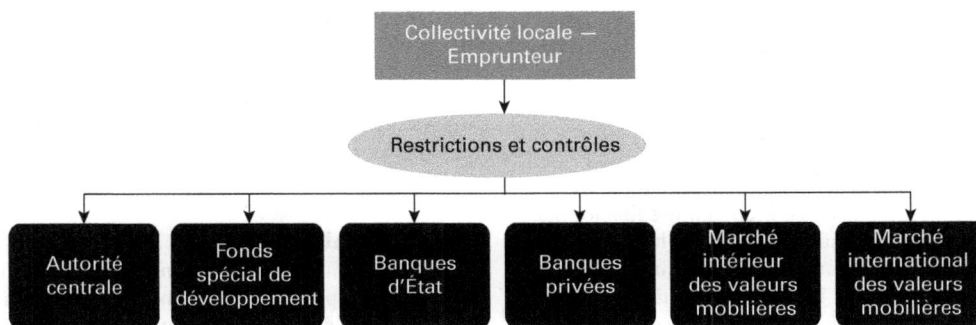

qui peuvent aider les collectivités locales à choisir le meilleur type de PPP pour fournir des services publics qui correspondent à leurs propres capacités techniques et responsabilités. L'expérience montre que les PPP contribuent pour beaucoup à améliorer l'efficacité des services municipaux, notamment dans des domaines, tels que l'approvisionnement en eau et la gestion des déchets solides.

Dotations

Les collectivités locales peuvent également recevoir des dotations privées et des dons d'organisations caritatives ou de donateurs internationaux. Des philanthropes (nationaux ou expatriés) peuvent aussi accorder des dons pour des équipements à vocation culturelle, éducative ou sportive. Des organisations internationales comme l'Agency for International Development des États-Unis (USAID) peuvent accorder des dons pour la construction d'infrastructures. Dans certains cas, ces fonds sont gratuits et sans obligation de remboursement ; ils peuvent cependant nécessiter un cofinancement sur le budget local ou la satisfaction de certaines conditions.

Garanties

Les garanties jouent un rôle dans l'utilisation des ressources externes. Il existe deux types de garantie : 1) un échelon plus élevé de l'administration publique peut accorder des garanties à titre de soutien financier à la collectivité locale, ce qui réduit le coût de l'emprunt. Dans certains cas, l'emprunt doit être garanti par un tiers (banque d'État ou banque privée) ; 2) les collectivités locales peuvent également exiger que des entités indépendantes, telles que des services d'utilité publique, empruntent en échange d'une garantie municipale à l'appui de la transaction. De cette façon, la municipalité économise sur son budget, bien qu'elle assume un passif éventuel, c'est-à-dire le risque que l'emprunteur n'acquitte pas le service de sa dette et oblige la collectivité locale à payer à sa place.

Conditions d'accès aux financements extérieurs

Les conditions requises pour obtenir des financements extérieurs sont examinées en détail plus loin, mais il convient de mentionner ici quelques conditions générales à remplir. Un *programme d'investissement* solide, avec des projets d'aménagement bien définis

et correctement évalués, est un important moyen d'attirer des ressources à la hauteur des objectifs de la municipalité. Il est également important de démontrer que les ressources externes servent à financer des projets viables et dont les coûts d'exploitation et d'entretien sont suffisamment provisionnés. Enfin, un système d'information financière rapide et efficace, un budget clair et équilibré et un excédent d'exploitation sont des conditions indispensables pour démontrer la fiabilité et la cohérence des plans municipaux aux bailleurs de fonds potentiels.

Pour emprunter sans trop de risque, la collectivité locale doit avoir une solide situation financière et être en mesure de respecter le calendrier de remboursement du principal et des intérêts. Il est bon d'établir une distinction entre a) un emprunt souscrit par la collectivité locale pour financer ses propres projets, qui sera remboursé au moyen de l'excédent d'exploitation, et b) un emprunt souscrit par la municipalité au titre de certains investissements ou services d'utilité publique qui produiront des recettes et couvriront le service de la dette. Dans le premier cas, il faut établir des rapports financiers fiables assortis de prévisions mettant clairement en évidence l'excédent d'exploitation dégagé par la municipalité (autrement dit, sa solvabilité), ou indiquant la cote de crédit accordée par une agence de notation telle que Standard & Poor's. Tout emprunt souscrit pour financer un projet (une usine de traitement des eaux, par exemple) nécessite une rigoureuse analyse financière du projet et la communication des recettes prévues. Si le nouveau projet bénéficie d'une garantie implicite ou formelle, il convient d'évaluer la solvabilité de la municipalité et du projet. La faisabilité financière est une condition essentielle pour emprunter au titre de projets qui sont censés produire un flux de trésorerie suffisant pour assurer le service de la nouvelle dette. La négligence de ces aspects et des prévisions trop optimistes ont causé de graves problèmes financiers dans de nombreuses municipalités. Le cas de Harrisburg, en Pennsylvanie (voir l'encadré 7.1) montre combien il importe de faire des hypothèses réalistes pour décider d'emprunter ou pour garantir un emprunt d'une entité publique.

Études de faisabilité

Une étude de faisabilité est un instrument essentiel et une condition préalable indispensable pour appliquer une politique d'emprunt prudente. Les collectivités

Encadré 7.1 Harrisburg, Pennsylvanie : une ville en faillite

Harrisburg, la capitale de la Pennsylvanie, s'est placée sous la protection de la loi américaine sur les faillites au milieu du mois d'octobre 2011, devenant la plus grande municipalité à déposer son bilan depuis Vallejo, en Californie, en 2008. La décision a été motivée par deux facteurs qui soulignent la difficulté de la ville à payer le service de sa dette aux détenteurs des obligations : les arriérés au titre du service de la dette avaient atteint 60 millions de dollars.

Le principal facteur était la garantie de 320 millions de dollars accordée par la ville pour un incinérateur de déchets. Le projet n'a pas été en mesure de s'autofinancer comme prévu, obligeant la ville à assumer la dette. Dans bien des cas, les villes surestiment la capacité d'un projet

de générer des recettes suffisantes ; et lorsque l'incinérateur n'a pas pu rembourser sa dette, Harrisburg a dû honorer la dette.

Le second facteur était le désaccord entre la ville et l'État de Pennsylvanie, qui interdisait à Harrisburg d'imposer une taxe aux banlieusards pour faire face à ses problèmes financiers. L'État considérait que, au lieu d'imposer cette taxe, la ville devait liquider des actifs rémunérateurs et imposer davantage les citoyens. De son côté, la ville estimait que, avec un taux de pauvreté de 29 %, un alourdissement des impôts transformerait Harrisburg en « ville fantôme ». Le dépôt de bilan a offert une meilleure panoplie d'outils à la ville.

Source : Tavernise 2011.

---

locales des pays en développement sous-estiment souvent l'importance de ces études. Certaines font réaliser une étude de faisabilité qui consacre plusieurs centaines de pages aux caractéristiques techniques du projet, ce qui est certes un aspect essentiel de l'étude, mais quelques pages seulement aux questions financières. En réalité, ces documents ne sont pas des études de faisabilité. Une étude de faisabilité digne de ce nom devrait contenir une analyse financière détaillée, notamment des hypothèses réalistes sur les flux de recettes futures et les risques, une analyse de sensibilité, ainsi que les instruments mis au point et les mesures prises pour recouvrer les recettes prévues, autant d'éléments essentiels pour évaluer la faisabilité financière du projet. En outre, il est indispensable de consulter les usagers en temps utile et de s'entendre sur des tarifs réalistes et financièrement abordables à ce stade.

Un programme d'investissement solide, avec des projets bien définis et évalués, garantit que l'emprunt contribue à la réalisation des objectifs de la municipalité (voir les chapitres 5 et 6). Pour faire en sorte que les emprunts de la collectivité locale restent bien alignés sur ces objectifs, le montant que les autorités locales peuvent emprunter et les raisons justifiant l'emprunt sont réglementés dans la plupart

des pays. Chaque fois qu'une collectivité locale peut emprunter et que les projets sont justifiés, il est économiquement rationnel de recourir à l'emprunt pour financer les investissements.

Planifier les infrastructures : le plan d'investissement

Bien que les investissements municipaux à long terme nécessitent des instruments de financement à long terme, ces instruments devraient aussi être sélectionnés et conçus dans le cadre d'un plan d'aménagement à plus long terme (3, 5 ou 10 ans). La *programmation des investissements* est à la fois une procédure et un instrument de sélection, d'élaboration et de mise en œuvre d'un programme d'investissement dans un cadre pluriannuel à horizon mobile qui guide l'élaboration des plans d'aménagement annuel successifs couverts par le programme. L'élaboration d'un plan d'amélioration des équipements locaux comprend généralement trois phases : a) définition et hiérarchisation des besoins d'infrastructure et des dépenses d'investissement requises ; b) évaluation des ressources externes nécessaires, des priorités locales et des possibilités (compte tenu des contraintes

Graphique 7.2 Cadre d'élaboration d'un plan d'investissement

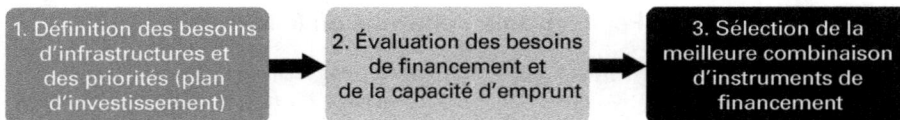

| 1. Définition des besoins d'infrastructures et des priorités (plan d'investissement) | → | 2. Évaluation des besoins de financement et de la capacité d'emprunt | → | 3. Sélection de la meilleure combinaison d'instruments de financement |

juridiques et financières) ; et c) détermination de la meilleure combinaison d'instruments de financement, comme indiqué au graphique 7.2. Un plan d'investissement approuvé est généralement un document publié qui informe les bailleurs de fonds potentiels et les parties prenantes (citoyens, entreprises, investisseurs potentiels et entités municipales). Le graphique 7.3 représente la première page du programme d'investissement et du plan d'investissement stratégique annuel pour la ville de Charlotte aux États-Unis.

Définition des besoins d'infrastructure et des priorités

Les collectivités locales déterminent — dans le cadre de multiples consultations internes, et en concertation avec leurs administrés — les investissements prioritaires et les moyens de les financer. Lors de l'établissement du budget (voir les chapitres 3, 5 et 6), les services ou autres entités et les parties prenantes évaluent les besoins de nouveaux investissements ou d'expansion ou de réparation des infrastructures municipales existantes. Cette liste de projets prioritaires est généralement longue, avec de nombreuses propositions en lice. La direction de la planification ou un comité du conseil municipal qui s'occupe des questions d'aménagement est chargé d'évaluer et classer les propositions, puis d'établir une liste préliminaire en tenant compte des priorités socioéconomiques et stratégiques, ainsi que des ressources disponibles.

Évaluation des besoins de financement et de la capacité d'emprunt

La direction des finances étudie les principales possibilités de financement et propose plusieurs options pour chaque projet prioritaire, en veillant à ce que l'option retenue corresponde bien à la capacité de financement de la ville, notamment en termes d'emprunt. La capacité d'emprunt d'une collectivité locale dépend de deux facteurs : les *recettes locales prévues*, qui pourront servir à payer le service de la dette future tout en couvrant les besoins de remboursement de la *dette en cours* (l'échéance moyenne et les taux d'intérêt déterminent le service de la dette pour les années à venir).

Les recettes et dépenses futures sont projetées en fonction de variables internes (telles que l'effort budgétaire de la municipalité et sa politique salariale) et externes (telles que la croissance économique). Il y a d'autres risques à prendre en compte, notamment le risque politique qui pèse sur les variables externes (par exemple, modification du montant des dotations ou des taux de péréquation des recettes fiscales, ou incapacité des échelons supérieurs des administrations publiques de cofinancer le projet comme prévu). Une modification des modalités de financement intergouvernemental peut également remettre en question l'exactitude des prévisions des collectivités locales concernant leurs flux de recettes et leur capacité d'investissement. Les projets en cours ayant reçu des financements ou des dotations d'autres échelons des administrations publiques doivent être pris en compte, car ils pourraient nécessiter un financement de contrepartie qu'il faudra budgétiser. L'encadré 7.2 montre la complexité des problèmes que pose la définition des options et des contraintes de financement pour un plan d'aménagement décennal de la ville de San Francisco.

Il est impératif que les collectivités locales évaluent leur capacité d'emprunt. Cette évaluation indique concrètement combien une collectivité locale peut emprunter tout en maintenant l'équilibre budgétaire jusqu'à ce que la dette soit intégralement remboursée. Elle évite un surendettement des collectivités locales et réduit le risque de non-remboursement de leur dette. Afin de réduire ce risque, les autorités nationales ou la réglementation locale limitent généralement les emprunts locaux en utilisant des paramètres simples, tels que l'*encours de la dette* ou le *taux de couverture du*

Graphique 7.3 Plan d'investissement de la ville de Charlotte

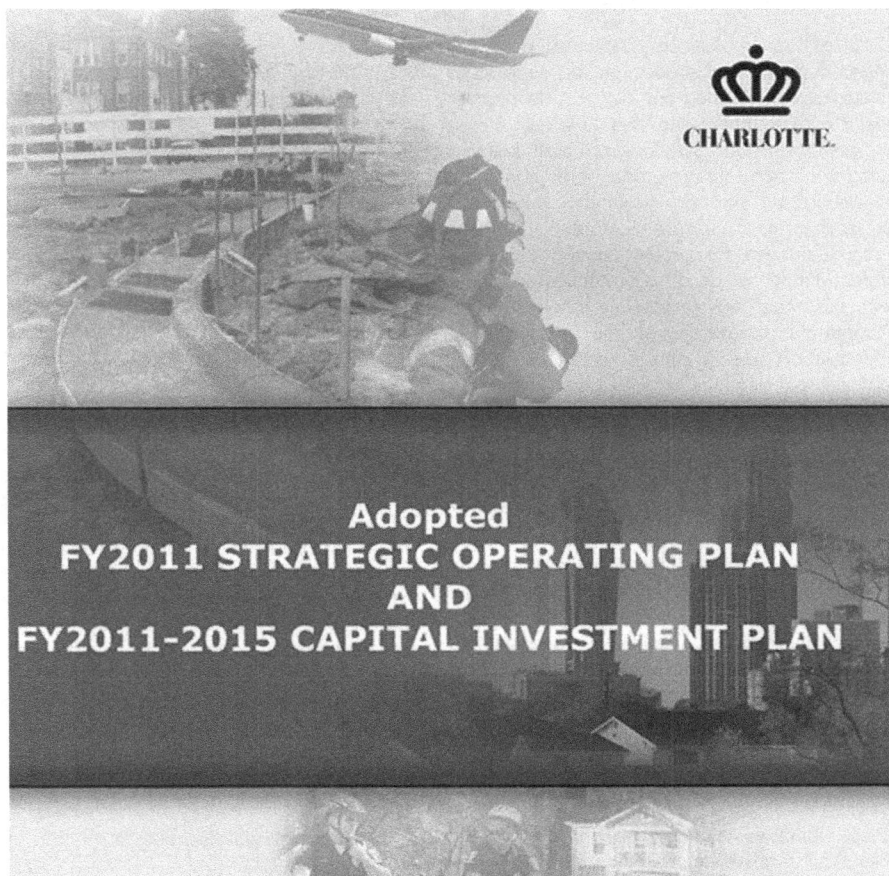

Adopted
FY2011 STRATEGIC OPERATING PLAN
AND
FY2011-2015 CAPITAL INVESTMENT PLAN

service de la dette (montant de la dette en pourcentage des recettes nettes). Par exemple, au Brésil, les municipalités peuvent emprunter si l'encours de leur dette reste inférieur à 60 % de leurs recettes d'exploitation ou si le service de leur dette (les intérêts versés sur l'encours de la dette plus le remboursement du principal) reste inférieur à 15 % de leurs recettes d'exploitation. Cela permet aux collectivités locales de calculer combien elles peuvent emprunter une année donnée et combien de projets elles peuvent inclure dans leur plan d'investissement pluriannuel.

Choisir la meilleure combinaison de financements extérieurs

Après avoir calculé combien d'argent elle peut mobiliser sur le marché du crédit (et le montant des financements concessionnels qu'elle est susceptible de recevoir), une collectivité locale peut choisir la combinaison de ressources externes qui correspond le mieux à la durée de ses projets tout en minimisant le montant total du service de la dette.

Le maire et le conseil municipal examinent la liste de projets retenus avant de sélectionner ceux qui sont

Encadré 7.2 San Francisco : Plan d'investissement décennal, ex. 12-21

En 2006, après plusieurs décennies de sous-financement des infrastructures, le maire et le conseil de surveillance ont approuvé le premier plan d'investissement décennal de la ville. C'était la première fois que San Francisco avait examiné ses infrastructures dans une optique globale et élaboré un plan qui permette de combler les lacunes les plus graves. Depuis lors, la ville a reçu le feu vert des électeurs pour d'importants projets d'amélioration de la protection sismique, l'accroissement des ressources allouées à son programme d'amélioration de la voirie, la construction de bibliothèques, de parcs, d'hôpitaux, d'oléoducs, de lignes de transport en commun et de musées, et l'octroi de ressources supplémentaires pour répondre aux besoins de rénovation et maintenir les équipements en bon état.

Les projets ont été sélectionnés en fonction de leur caractère prioritaire et des ressources disponibles. Les services dotés de leurs propres recettes — par exemple, l'aéroport international de San Francisco et la Commission des services d'utilité publique — financent la quasi-totalité de leurs besoins d'investissement au moyen des redevances d'usagers. Les programmes qui desservent l'ensemble de la population (comme les casernes de pompiers) sont essentiellement financés par le fonds général de la ville et par l'emprunt.

Le plan d'investissement pour la période 2012-2021 table sur un budget de 24,8 milliards de dollars. Ce plan comprend les dépenses d'investissement qui seront financées par la collectivité locale (au titre du « fonds général »), soit 4,8 milliards de dollars pour les projets réalisés dans des secteurs qui financent leurs dépenses par recouvrement des coûts (transports et autres services d'utilité publique) et les grands projets spéciaux dont le financement est garanti. Le montant de 4,8 milliards de dollars financé sur le fonds général de la collectivité locale représente en fait la moitié du budget de 9,8 milliards de dollars que la ville a dû réduire, faute de recettes. L'enveloppe totale comprend 1,18 milliard de dollars de recettes courantes (facturation au service rendu), 2,4 milliards de dollars de dette nouvelle (sous forme d'emprunts de collectivité locale, qui sont remboursables sur les recettes générales), et 1,3 milliard de dollars d'emprunts de collectivité locale précédemment autorisés mais non émis. La capacité d'emprunt de la ville est déterminée par deux restrictions approuvées : a) les impôts fonciers ne seront pas augmentés pour couvrir la nouvelle dette ; et b) le service de la dette de la collectivité locale de San Francisco n'excèdera pas 3,5 % des recettes propres (discrétionnaires) de la ville, ce qui signifie que la ville ne peut contracter de dette nouvelle avant d'avoir remboursé la dette en cours.

Source : San Francisco Capital Plan 2012-21, http://www.sfgov2.org/ftp/uploadedfiles/cpp/Final_FY09-18_Capital _Plan_All_Sections(1).pdf.

---

prioritaires. Le document ainsi établi est un plan d'investissement pluriannuel qui désigne les projets prioritaires, explique comment ils cadrent avec la vision de la ville, et indique comment les projets seront financés. Le plan d'investissement quinquennal de Charlotte (graphique 7.3) et le plan décennal de San Francisco (tableau 7.1 et encadré 7.2) montrent comment le plan d'investissement est élaboré et financé, et comment la ville essaie de faire en sorte qu'il corresponde aux ressources disponibles et à la capacité d'emprunt.

Du plan d'investissement au plan de financement

Élaboration des plans d'investissement

De nombreuses collectivités locales élaborent chaque année un plan d'investissement pluriannuel à horizon mobile, qui indique les projets d'investissement prioritaires dont le financement est garanti (voir également les chapitres 5 et 6). L'élaboration du plan d'investissement commence par le recensement des besoins d'infrastructure de la ville, ce qui comprend les

Tableau 7.1 Plan d'investissement décennal de San Francisco, par direction

En millions de dollars

Secteur	Fonds général	Financements extérieurs et autofinancement	Total
Sécurité publique	1 777	0	1 777
Santé et services sociaux	1 129	565	1 694
Infrastructure (voirie, etc.)	1 033	6 550	7 582
Éducation et culture	678	778	1 456
Rénovation de quartiers	92	4 179	4 271
Transports	0	7 842	7 842
Administration publique	165	0	165
Total	4 873	19 914	24 787
Facturation au service rendu	1 183	0	0
Dette	3 690	0	0

Source : San Francisco Capital Plan 2012-21, http://www.sfgov2.org/ftp/uploadedfiles/cpp/Final_FY09-18_Capital_Plan_All _Sections(1).pdf.

lacunes à combler et les besoins d'agrandissement ou de rénovation des équipements existants.

Si la ville a formulé une stratégie d'aménagement urbain, c'est-à-dire une vision économique à moyen terme de ce que la ville veut devenir, la stratégie comporte certainement un plan d'investissement qui indique les investissements nécessaires pour concrétiser cette vision (Banque mondiale 2002).

Cependant, même si une ville a formulé une stratégie d'aménagement, elle a besoin d'informations plus détaillées pour les projets prévus dans le plan d'aménagement annuel. Les propositions émanent des différentes directions de la municipalité. Par exemple, la direction de l'éducation peut proposer la construction de deux nouvelles écoles et la réparation de treize salles de classe, tandis que la direction des transports peut proposer le pavage de six rues d'une longueur totale de 16 km.

Les informations fournies comprennent généralement les éléments suivants :

• *Informations sur la municipalité :* vision et stratégie de la ville, contribution du projet à cette vision, ainsi qu'aux besoins économiques et sociaux de la ville, compte tenu de son profil démographique.

• *Titre et description du projet envisagé :* par exemple, taille, emplacement et coût d'une école, et durée des travaux.

• *Financement :* plan de financement pour les cinq années à venir, coût de chaque phase de construction et coûts d'exploitation et d'entretien après la mise en service.

• *Impact sur l'environnement :* effets du projet sur l'environnement, tant positifs (réduction des émissions de gaz à effet de serre) que négatifs (accroissement de la pollution ou de la circulation).

• *Bilan de la période précédente :* dépenses municipales consacrées aux infrastructures et aux différents secteurs (éducation, routes) au cours des cinq années précédentes[1].

Une fois que les autorités municipales ont défini leurs priorités d'investissement et sélectionné les projets (éventuellement en collaboration avec les principaux représentants du secteur privé et de la société civile), l'étape suivante consiste à déterminer le mode de financement du plan. Il s'agit essentiellement d'un processus itératif, étant donné que les options de financement — financement par projet, imputation sur le budget, souscription d'emprunts de collectivité locale ou partenariats public-privé — influent non seulement sur le montant total des ressources disponibles mais également sur la liste des projets prioritaires. Après avoir étudié les options de financement, les autorités municipales peuvent revoir

Encadré 7.3 Consultation des citoyens pour les plans d'investissement urbains

Les plans d'investissement urbains sont souvent examinés avec la population locale et un large éventail de parties prenantes. De nombreuses villes américaines organisent des réunions-débats ou des audiences publiques et utilisent des moyens électroniques pour recueillir les suggestions du public sur les investissements prioritaires. Certains systèmes exigent un référendum ou un vote à la majorité qualifiée au conseil pour autoriser des emprunts importants.

la liste des projets prioritaires pour garantir que les projets les plus urgents seront financés et que les possibilités de financement seront utilisées au mieux.

Certaines villes ont mis au point des contrats municipaux qui contiennent un plan d'investissements prioritaires (basé sur un audit urbain) et un plan d'amélioration des équipements municipaux (basés sur un audit financier ou une autoévaluation financière de la municipalité). Les villes qui ont établi des contrats municipaux sélectionnent les investissements prioritaires avec la participation du plus grand nombre, y compris généralement des citoyens et des groupes d'intérêts (voir l'encadré 7.3), et la sélection finale repose sur la capacité financière de la collectivité locale. Ce modèle s'est avéré très efficace notamment en Afrique, où plus de 200 municipalités ont mis en œuvre plusieurs générations de contrats municipaux, introduisant la notion de responsabilité dans les dépenses publiques. L'autoévaluation financière de la municipalité sera examinée plus en détail au chapitre 8.

Outre les options de financement et la structure du plan d'investissement, les collectivités locales doivent aussi réfléchir à la manière d'intégrer les entreprises de services collectifs juridiquement indépendantes — par exemple la compagnie des eaux et la société de gestion des déchets solides — dans le plan général d'investissement grâce à un mécanisme de financement indépendant (par exemple, financement par projet et redevances d'usagers), avec l'approbation du conseil. En général, le budget de la ville comprend les recettes propres, les transferts de l'administration centrale et de l'État fédéré, les impôts et les emprunts locaux, et les ressources externes. Les services d'utilité publique rémunérateurs sont normalement inclus dans le plan d'investissement et leurs recettes et

Tableau 7.2 Financement du plan d'investissement de la ville de Charlotte, 2011-2015

Sources de financement	USD
Fonds général	256,7
Obligations (titres de participation)	203,6
Entreprises de services collectifs indépendantes	2 131,2
Total	2 591,5

Source : Charlotte 2011-15 Capital Investment Plan, http://charmeck.org/ville/charlotte/Budget/Documents/FY2011 Strategic Operating Plan.pdf.

dépenses sont explicitement comptabilisées, mais en dehors du budget municipal.

Prenons le cas du plan d'investissement de la ville de Charlotte, résumé au tableau 7.2. La ville a passé deux ans à élaborer le plan, en concertation avec les milieux d'affaires. Les objectifs étaient de promouvoir le développement économique et d'améliorer les conditions de vie des citoyens. Le coût total pour la période 2011-15, soit 2,5 milliards de dollars, sera financé par les recettes générales (10 %) ainsi que des emprunts et des obligations spéciales émis par souscription publique (8 %), le reste étant financé par de grandes entreprises municipales opérant dans des secteurs autofinancés, tels que l'approvisionnement en eau et l'assainissement, la gestion des eaux pluviales et les transports aériens, dont les plans d'investissement peuvent être financés par la facturation des services.

Outils de sélection des projets

Pour choisir entre plusieurs projets d'investissement, les collectivités locales doivent avoir une idée claire des priorités et des critères à appliquer pour évaluer et comparer les projets. Une fois la liste des projets établis, le personnel de la collectivité locale les évaluent selon des critères définis à l'avance et les classent selon ces critères (tels que les coûts et les avantages) et les mérites de chaque projet ou sa rentabilité relative, sa faisabilité et son état de préparation. L'analyse est généralement effectuée par le personnel technique de la direction de la planification, parfois en collaboration avec le service de la banque de développement chargé des projets ou une entité de l'administration centrale. Cette tâche prend souvent beaucoup de temps parce que les services de l'administration utilisent différentes méthodes d'évaluation ou de préparation des projets, et les coûts et avantages des projets sont souvent difficiles à quantifier.

Dans bien des cas, cependant, les projets sont sélectionnés pour des raisons politiques (par exemple, un projet pour lequel le maire a reçu un crédit spécial) ou parce qu'ils sont financés par l'administration centrale et ne sont pas soumis au classement par ordre de priorité. En théorie, les projets de l'administration centrale devraient être pris en compte dans le plan d'investissement dans la mesure où on dispose d'informations suffisantes. Non seulement le manque de coordination entre les différents échelons de l'administration est une nuisance pour les citoyens, mais cela alourdit également les coûts (voir l'encadré 7.4).

Bien qu'il soit largement admis que les affinités politiques, l'état de préparation et la faisabilité pèsent lourdement sur le choix des projets prioritaires, il existe des outils d'analyse et des indicateurs qui devraient être utilisés chaque fois que possible pour sélectionner les projets d'investissement et les classer par ordre de priorité :

• Analyse coûts-avantages

• Taux de rendement interne

• Valeur actuelle nette.

Ces instruments sont d'importants indicateurs de faisabilité. Ils indiquent la valeur d'un projet et aident à classer différents projets selon leurs caractéristiques techniques. Ils sont également examinés aux chapitres 5 et 6. Nous les reprenons brièvement ici dans l'optique du financement. La plupart des collectivités locales n'ont cependant pas les capacités internes nécessaires pour appliquer ces instruments et font appel à des consultants, notamment pour l'analyse coûts-avantages des projets dont le financement pourrait nécessiter des dons ou des prêts. Pour les projets financés sur les ressources propres de l'administration, des critères d'évaluation plus simples sont utilisés.

Analyse coûts-avantages

L'analyse coûts-avantages est un outil de décision économique qui sert à déterminer si un projet, un programme ou une politique méritent d'être engagés ou à choisir entre plusieurs options. Elle compare le montant total des coûts prévus d'un projet et le montant total des avantages attendus afin de déterminer si les avantages l'emportent sur les coûts, et dans quelle mesure. Dans ce type d'analyse, tous les coûts directs et indirects sont exprimés en termes monétaires et ajustés en fonction de la valeur temps de l'argent. C'est un travail très complexe qui prend beaucoup de temps, du fait que l'on essaie d'attribuer une valeur monétaire à des coûts et avantages particuliers. De cette façon, tous les flux d'avantages et de coûts (qui ont tendance à avoir des ordres de grandeur différents et à intervenir à des moments différents) sont quantifiés et exprimés en *valeur actuelle*. Les futurs flux de coûts et avantages sont ramenés à leur valeur actuelle en utilisant un taux

---

Encadré 7.4 Absence de coordination dans la planification

Une ville du Pakistan a procédé au revêtement de sa rue principale dans le cadre d'un projet financé par un donateur, mais quelques semaines plus tard la direction de la santé publique a fait remplacer l'égout collecteur sous la même rue, qui a été éventrée sans être correctement réparée ensuite. Un plan pluriannuel approuvé et établi conjointement avec l'administration aurait économisé du temps et de l'argent.

Tableau 7.3   Analyse coûts-avantages d'un projet de gare routière sur 10 ans

Milliers de dollars

Coûts et avantages		Valeur actuelle
Coûts		
Coûts directs du projet	Coût des travaux de conception	100
	Travaux de génie civil	2 000
	Frais de financement	300
	Exploitation et entretien	5 000
Autres coûts	Bruit	200
	Pollution	800
Total		8 400
Avantages		
Recettes directes de la municipalité (investisseur)	Billets d'autobus	4 500
	Droits de stationnement (automobiles, motocyclettes)	1 500
	Location du café-restaurant	500
	Impôts	1 000
Recettes indirectes	Temps de trajet économisé	300
	Emplois, salaires, profit	1 200
Total		9 000

d'actualisation. Le tableau 7.3 récapitule les coûts et avantages d'un projet de gare routière, ramenés à leur valeur actuelle, après avoir estimé les coûts non financiers (bruit, pollution) et les avantages non financiers (gains de temps) en termes financiers. Par exemple, l'estimation des gains de temps nécessite des enquêtes spéciales, telles que des recensements de la circulation, pour calculer le nombre de passagers selon les jours, mesurer les temps de trajet avant et après le projet, et attribuer une valeur au temps en fonction des estimations de revenu.

Taux d'actualisation

La première chose à faire dans une analyse coûts-avantages est de comparer différents coûts et avantages indépendamment de l'année où ils interviennent ; ce calcul nécessite de transformer les valeurs nominales en valeurs actuelles. Pour calculer la valeur actuelle de recettes futures, on utilise un coefficient d'actualisation a, qui est l'inverse d'un taux d'intérêt composé t ; donc, $a_i = 1/(1+t)^i$ pour une année future (i). Le coefficient a actualise la valeur de l'argent au lieu de calculer sa valeur future. Par exemple, la valeur nominale ou future de 2 millions (dans n'importe quelle monnaie) de recettes par an pendant trois ans sera égale à 2 + 2 + 2, soit 6 millions. Cependant, si le taux d'actualisation est de 5 %, les recettes de la première année seront égales à la valeur nominale, soit 2 millions, mais la deuxième année, la valeur actuelle des recettes n'atteindra que 2/(1,05), soit 1,82 million ; et la troisième année, elle ne sera que de 2/(1,05)^2, soit 1,65 million. En utilisant la formule $R*a$, ce flux de recettes a une valeur actuelle totale égale à 2*1 + 2*0,952 + 2*0,907, soit 5,719 millions[2].

Le choix du taux d'actualisation reflète la valeur que l'on donne au temps, selon les circonstances et les possibilités locales. Comment choisir un taux d'actualisation ? On peut utiliser le taux des emprunts à long terme, le taux d'inflation ou le rendement sur le marché des capitaux, car ils présentent généralement de réelles opportunités. On peut également utiliser un taux qui correspond au rendement de projets, services ou investissements comparables. Mais il convient d'être pragmatique pour choisir le taux approprié, et il est toujours préférable de comparer les différents taux d'actualisation possibles :

- Un faible taux d'actualisation signifie que nous attribuons la même valeur aux générations futures qu'à la nôtre.

- Un taux d'actualisation élevé signifie que nous attribuons une plus grande valeur à la génération actuelle qu'aux générations futures et que les coûts répercutés sur les générations futures sont moins élevés que ceux que nous assumons aujourd'hui. Le taux retenu influence fortement l'évaluation des investissements qui ont des effets à long terme, tels que le changement climatique. C'est pourquoi les taux d'actualisation suscitent des controverses.

La *valeur actuelle nette* est la différence entre l'investissement initial plus les recettes actualisées et les coûts actualisés pendant la durée utile du projet, calculés au moyen d'un taux d'actualisation donné. La valeur actuelle nette devrait être supérieure à zéro pour les projets justifiés du point de vue économique. Une valeur actuelle nette négative signifie que l'investissement envisagé perdra de l'argent au lieu d'en rapporter, en termes réels.

Le *taux de rendement interne* est le taux d'actualisation auquel le montant total des coûts, y compris l'investissement initial, est égal au montant total des avantages du projet. Si le taux de rendement interne est supérieur au taux d'intérêt à long terme comparable en vigueur (par exemple, le taux de rémunération des dépôts bancaires), le projet est économiquement justifié (autrement dit, il rapporterait davantage que si l'argent était simplement déposé dans une banque).

Ainsi, si on prend C_i = coût d'un projet l'année i et R_i = avantages du projet l'année i, le coût total du projet sera égal à $\sum C_i$, le rendement total sera égal à $\sum R_i$, et la valeur nette totale sera égale à $\sum R_i - \sum C_i$. En tenant compte du facteur temps, on calcule la valeur actuelle nette comme suit :

$$\text{VAN} = \sum R_i/(1+t)^i - \sum C_i/(1+t)^i,$$

ou t est le taux d'intérêt et i représente les années 0, 1, 2, n.

Lorsque la valeur actuelle nette est supérieure à zéro, les recettes actualisées sont supérieures aux coûts actualisés, ce qui signifie que le projet est justifié sur le plan économique ou commercial.

Si le taux de rendement interne est supérieur aux taux d'intérêt du marché (ou au coût du capital pour l'administration), le projet est certainement justifié. Si le taux de rendement interne est inférieur au coût de l'argent, le projet ne devrait pas être mis en œuvre. Plus le projet est rentable, plus le taux de rendement interne sera élevé.

On utilise souvent l'analyse coûts-avantages pour mesurer les avantages de différents projets ou pour calculer un résultat avec et sans projet, comme dans l'exemple du projet de marché couvert à Newville décrit dans l'encadré 7.5.

Options de financement : prêts ou émissions d'obligations

Les collectivités locales des pays en développement ont principalement recours aux dotations pour financer les infrastructures ; beaucoup ont cependant essayé d'élargir et diversifier leurs options de financement en se tournant vers le marché. Parmi les ressources externes, on peut citer notamment les options suivantes :

- Emprunter aux institutions financières ou aux banques de développement spécialisées

- Accéder aux marchés de capitaux ou émettre des obligations

- Faire appel à la participation du secteur privé dans le cadre de contrats, baux et concessions.

Encadré 7.5 Analyse coûts-avantages, taux de rendement interne et valeur actuelle nette : un exemple

Pour introduire les notions d'analyse coûts-avantages, de taux de rendement interne et de valeur actuelle nette, commençons par un exemple simple. La collectivité locale de Newville a reçu la proposition suivante. Un groupe de petits commerçants souhaite créer un marché couvert. Ils proposent que la municipalité investisse 10 millions de dollars dans le projet. En échange, ils paieront un loyer annuel de 2 millions de dollars

pendant les six premières années. Le maire doit décider si ce projet est judicieux.

Qu'en pensez-vous ?

Le projet coûtera 10 millions de dollars à la municipalité et lui rapportera 12 millions de dollars. À première vue, le projet sera rentable puisqu'il rapportera un montant net de 2 millions de dollars.

(suite page suivante)

Encadré 7.5 *(suite)*

Il semble donc que le maire pourrait approuver le projet.

Est-ce exact ? Qu'en est-il de la valeur du temps ?

Si l'on prend en compte la valeur du temps, il est évident que les 2 millions de dollars encaissés la deuxième ou la troisième année ne sont pas la même chose que les 10 millions de dollars dépensés la première année. L'argent a moins de valeur à mesure que le temps passe. Et si une banque proposait un taux d'intérêt annuel de 8 % pour un dépôt de six ans ?

Pour aider le maire à prendre une décision, nous présentons les coûts annuels et les recettes annuelles dans le même tableau et utilisons un taux d'actualisation pour rendre les valeurs comparables dans le temps (voir le tableau B7.5.1) et les montrer au maire.

Le coût serait de 10 millions de dollars et les recettes seraient de 2 millions de dollars par an, soit 12 millions de dollars au total. Le projet rapporterait donc un montant net de 2 millions de dollars à la fin de la période, ce qui semble intéressant. Choisissons maintenant un taux d'actualisation pour convertir la valeur nominale en valeur actuelle.

Choisissons le taux de 8 % que la banque a proposé à la municipalité pour un dépôt à terme. Quel serait le résultat ? En utilisant la formule $VAN = \sum R_i / (1+t)^i - \sum C_i / (1+t)^i$, t serait égal à 8 % et il faudrait calculer la valeur actuelle des recettes et des coûts pendant les six années. Le tableau B7.5.2 montre les résultats.

Enseignements à tirer

La valeur actuelle du coût total ne change pas, puisqu'il n'y a eu qu'un objet de dépenses, mais la valeur actuelle du flux de recettes a changé. La valeur actuelle (VA) des avantages, avec un taux d'actualisation de 8 %, serait égale à 9,246 millions de dollars, ce qui est inférieur au coût du projet, et la valeur actuelle nette serait égale à -0,754 million de dollars. Ce n'est donc pas une bonne idée pour la ville de financer le projet dans ces conditions, puisqu'elle pourrait gagner davantage en déposant cet argent dans une banque. En outre, si l'on se base sur ces calculs, la municipalité devrait demander au groupe de commerçants de payer un loyer annuel plus élevé, disons 2,3 millions de dollars, ce qui produirait un taux de rendement supérieur et une valeur actuelle nette positive.

Tableau B7.5.1   Valeurs actuelles

En millions de dollars

Année	0	1	2	3	4	5	6	Total
Coût = C	10							10
Avantages = A		2	2	2	2	2	2	12
Valeur nette ($\sum A_i - C$)	−10	2	2	2	2	2	2	2

Tableau B7.5.2   Calcul de la valeur actuelle nette avec un taux d'actualisation de 8 %

Année	0	1	2	3	4	5	6	Valeur actuelle
(1) Taux d'intérêt composé		1,08	1,166	1,26	1,36	1,469	1,587	
(2) Coût = C	10							10
(3) Avantage = A	0	2	2	2	2	2	2	
(4) Facteur d'actualisation $a_i = 1/(1+t)^i$		0,926	0,858	0,794	0,735	0,681	0,630	
(5) Avantage net AN $= R_i/(1+t)^i = a_i * A_i$		1,852	1,715	1,588	1,47	1,361	1,26	9,246
(6) Valeur actuelle nette ($\sum AN_i - C$)	−10	1,852	1,715	1,588	1,47	1,361	1,26	−0,754

Les collectivités locales parviennent plus ou moins bien à lever des fonds sur les marchés pour financer les investissements locaux, selon la capacité d'absorption des marchés locaux du crédit, la qualité de la gouvernance et le risque que représente l'autorité locale aux yeux des investisseurs privés. Certains pays ont une longue expérience du financement des équipements urbains par emprunt sur les marchés de capitaux privés (voir l'encadré 7.6). Les autorités locales en Amérique du Nord ont principalement recours aux émissions d'obligations municipales, tandis que les pays d'Europe de l'Ouest ont créé des banques municipales pour aider les autorités locales. Le financement par emprunt n'est pas un simple instrument d'appoint ; il peut jouer un rôle très important si le marché des capitaux est dynamique. Par exemple, le marché des obligations municipales au Canada et aux États-Unis est plus important que le marché des obligations de sociétés.

Dans les pays en développement ou les pays émergents, l'accès des collectivités locales au marché du crédit est limité par plusieurs facteurs :

- Les services locaux, tels que l'approvisionnement en eau et le traitement des déchets solides n'attirent guère les investisseurs privés, qui craignent que les projets ne puissent pas recouvrer leurs coûts et aient une longue période de maturation.

- Les collectivités locales ont souvent une situation financière précaire, avec un faible excédent et des transferts intergouvernementaux irréguliers.

- Les marchés de capitaux et les marchés financiers locaux sont encore récents et n'offrent pas de produits intéressants pour les collectivités locales.

Marchés de capitaux : émissions d'obligations municipales

Largement utilisées en Amérique du Nord pour financer les investissements des collectivités locales, les obligations municipales sont moins courantes en Europe, notamment en France et en

---

Encadré 7.6 Emprunts des collectivités locales en Amérique du Nord et en Europe de l'Ouest

Le marché des obligations municipales est apparu aux États-Unis à la suite de l'expansion urbaine du pays dans les années 1850. Les investissements municipaux en Amérique du Nord étaient essentiellement financés par des obligations émises pour financer des projets spécifiques (*special purpose revenue bonds*), ou financement par projet ; d'autres préféraient souscrire des emprunts de collectivité locale (*general obligation bonds*) (les différents types d'obligations sont décrits plus loin). L'administration centrale a approuvé le financement décentralisé en autorisant l'émission d'obligations municipales libres d'impôt et en alimentant, au niveau des États, des fonds renouvelables et des caisses qui achètent des obligations municipales pour permettre aux petites municipalités d'utiliser les ressources qu'apportent les émissions d'obligations sans être pénalisées par leur petite taille.

En Europe de l'Ouest, les municipalités ont tiré parti de l'accès préférentiel de longue date aux dépôts d'épargne à long terme et des contributions des administrations publiques pour créer des banques et des institutions financières municipales. À titre d'exemple de banques municipales, on peut citer Dexia Crédit Local en France, BNG aux Pays-Bas, Banco de Credito en Espagne et Crédit Communal de Belgique. La crise financière de 2008-2010 a durement touché ces grandes banques alors qu'elles lançaient des produits inédits pour faire face à la concurrence d'autres institutions financières. Suite à la crise, certaines ont été nationalisées et entièrement réorganisées, comme dans le cas de Dexia Crédit Local, qui a été renflouée par une injection massive d'argent public et dont le conseil d'administration a été entièrement remanié. Mais toutes ces banques ont continué à travailler avec les municipalités, bien qu'elles ne puissent aujourd'hui traiter qu'avec les autorités locales de leur pays.

Allemagne, où les municipalités empruntent surtout aux banques spécialisées comme Dexia.

Qu'est-ce qu'une obligation municipale ?

Une obligation municipale est une obligation émise par une collectivité locale avec la promesse de payer l'intérêt (coupon) suivant un échéancier préétabli, et le principal à l'échéance. Une obligation fonctionne donc comme un prêt : l'émetteur est l'emprunteur (débiteur), le porteur est le prêteur (créancier) et le coupon est l'intérêt. L'objectif est comparable à celui d'un crédit bancaire. L'émetteur (la collectivité locale) place les obligations auprès du public (souvent par le biais d'une banque d'investissement) et utilise le produit de la vente pour financer des projets d'investissement, tels que la construction d'écoles, de réseaux d'égout, etc. (l'encadré 7.7 explique la procédure d'émission d'obligations, ou souscription). Une obligation peut être imprimée et échangée comme un billet de banque, bien que ces titres soient de plus en plus souvent émis sous forme électronique, sans formulaire papier, ce qui représente une économie considérable pour les émetteurs.

Les obligations peuvent être à taux fixe ou variable. La date de remboursement du principal — c'est-à-dire la date d'échéance de l'obligation — peut être plusieurs années après l'émission. Les obligations à court terme ont une échéance de 1 à 3 ans, tandis que les obligations à long terme ont généralement une échéance supérieure à 10 ans.

Les investisseurs individuels détiennent environ les deux tiers des 2 800 milliards de dollars d'obligations municipales en circulation aux États-Unis, soit directement soit indirectement, dans des fonds communs de placement ou autres investissements. Ceux qui investissent dans des obligations recherchent généralement un flux régulier de revenus et ont généralement une plus grande aversion pour le risque que ceux qui investissent dans des actions ; ils cherchent à préserver leur patrimoine plutôt qu'à l'accroître, avec un rendement plus sûr mais moins élevé.

Les obligations municipales ont permis de mobiliser des sommes considérables pour les investissements dans les infrastructures urbaines aux États-Unis, en partie parce que les obligations municipales ne sont pas imposables au niveau fédéral. Le marché américain des obligations municipales a augmenté de 66 milliards de dollars en 1960 à 361 milliards de dollars en 1981, pour atteindre 2 800 milliards de dollars en 2010 (Shapiro 2010). En 2010, plus de 50 000 entités ont émis un montant record de 327 milliards de dollars d'obligations municipales (Platz 2009).

En dehors des États-Unis, le marché de la dette des collectivités locales a augmenté de 270 à 396 milliards de dollars au cours des dix dernières années, tandis que l'échéance moyenne est passée de 7,14 à 9,45 ans. Le financement par émission d'obligations municipales existe déjà dans de nombreux pays ; l'encadré 7.8 cite des exemples en Afrique, en Amérique latine, en Asie du Sud, en Asie de l'Est et en Europe. En Amérique latine, des villes en Argentine, au Brésil, en Colombie et au Mexique ont émis des obligations générales et des obligations servant à financer des projets particuliers. La ville d'Aguascalientes a été la première au Mexique à émettre 90 millions de pesos mexicains d'obligations

---

Encadré 7.7 Souscription d'obligations

La souscription (*underwriting*) est la procédure la plus couramment utilisée pour émettre des obligations. Une ou plusieurs banques achètent la totalité des obligations émises par les administrations publiques et les revendent à des investisseurs. Les administrations centrales et locales émettent généralement des obligations par adjudication, ce qui permet aux particuliers et aux banques de proposer un prix d'achat.

Le coût peut cependant être trop élevé pour un petit prêt, auquel cas les obligations sont émises sous la forme de placements privés et détenus par les prêteurs, sans être mises en circulation sur le marché obligataire général. Il s'agit d'une forme particulière de crédit bancaire.

municipales en 2001. Trois autres villes mexicaines ont actuellement un montant total de 1,86 milliard de dollars d'obligations en circulation (Fitch Ratings 2009).

Types d'obligations

Il existe plusieurs types d'obligations municipales, notamment les obligations de collectivité locale, les obligations-recettes et les obligations structurées.

Emprunts de collectivité locale

Les emprunts de collectivité locale (general obligation bonds) sont des emprunts remboursables sur les recettes générales des collectivités locales, telles que Rio de Janeiro, Buenos Aires ou Johannesburg (voir les encadrés 7.9 et 7.10). La municipalité utilise toutes ses sources de revenu, notamment les impôts et redevances, les transferts intergouvernementaux et les dotations inconditionnelles, pour rembourser

---

Encadré 7.8 Obligations municipales dans les pays en développement ou à revenu intermédiaire

- *Rio de Janeiro* a été la première ville d'Amérique latine à émettre des obligations sur les marchés de capitaux internationaux. La ville a procédé à l'émission en juillet 1996 pour refinancer sa dette (125 millions de dollars, taux d'intérêt de 10,3 % sur 3 ans). Il s'agissait d'obligations non garanties, alors que c'était la première fois que la ville contractait une dette internationale. Les émissions d'obligations municipales ne sont plus autorisées au Brésil en raison du resserrement de la réglementation fiscale (Platz et Schroeder 2007).
- *Bogotá* a suivi l'exemple de Rio en 2001, lorsqu'elle a émis 100 millions de dollars d'obligations internationales à 9,5 % et échéance de 5 ans pour financer des projets d'infrastructure. Les obligations ont été notées BB+ par Fitch Ratings et BB par Standard & Poor. Elles étaient émises sans garantie souveraine.
- Le *Zimbabwe* a émis des obligations municipales assorties d'une garantie souveraine, de même que *Sofia* en Bulgarie et *Moscou* et *Saint-Pétersbourg* en Russie.
- Les émetteurs en *Asie* sont notamment le Japon, la République de Corée, la Malaisie et les Philippines (Peterson, G. et P. Annez 2008). Depuis 1991, au moins 13 collectivités locales de pays asiatiques ont émis un montant total de 34,5 millions de dollars d'obligations (Platz 2009). Le montant des émissions varie entre 148 000 et 500 000 dollars, avec une échéance de

2 à 3 ans. La Chine est en train de revoir sa législation pour permettre aux municipalités d'accéder au marché obligataire, compte tenu des pressions croissantes exercées par les villes chinoises sur le crédit bancaire. La Chine a utilisé les obligations de manière indirecte.
- En *Inde*, des municipalités, telles que l'Ahmedabad Municipal Corporation ont levé près de 290 millions de dollars, principalement pour financer la construction de réseaux d'approvisionnement en eau et d'assainissement. Pour réduire le risque et promouvoir ces obligations, le Securities and Exchange Board of India a publié des directives visant à améliorer la transparence des émissions et à protéger les intérêts des investisseurs.
- La ville de *Johannesburg* est la seule ville d'Afrique du Sud à avoir émis des obligations municipales au cours des dernières années, bien que *Kigali*, au Rwanda, envisage également cette option. Johannesburg a procédé à quatre émissions d'obligations pour un montant total de 506 millions de dollars. L'Afrique du Sud est le seul pays africain qui émet des obligations municipales. En 2004, la ville de Johannesburg a acheté une garantie partielle de la Banque de développement de l'Afrique australe (Development Bank of Southern Africa — DBSA) et de la Société financière internationale (IFC), garantissant 40 % du produit de ses obligations.

Source : Ngobeni 2008.

---

l'encours de la dette et les intérêts. Si les collectivités locales ont une dette non amortie et que le marché n'est pas certain qu'elles puissent produire suffisamment de recettes générales pour honorer le service de la dette, une partie de ces recettes est déposée sur un compte séquestre pour assurer le service des obligations dans les délais prévus.

Obligations-recettes

Les obligations-recettes (revenue bonds), ou emprunts remboursables sur recettes spécifiques, sont des obligations garanties par les recettes tirées du projet financé. Par exemple, pour un projet d'autoroute, les droits de péage serviront à rembourser les obligations ; pour un projet d'adduction d'eau, l'emprunt sera remboursé au moyen des tarifs perçus. Dans le cas de la Madurai Municipal Corporation, en Inde, la collectivité locale a émis des obligations-recettes pour financer un tronçon de 27 kilomètres de la rocade intérieure de Madurai. L'émission a permis de mobiliser 23 millions de dollars à 12 % et échéance de 10 ans. Ces obligations ont reçu la notation AA+ grâce à un dispositif spécial d'amélioration de la cote et à un fonds de garantie. Elles seront remboursées grâce aux droits de péage de la rocade.

Obligations structurées

Les obligations structurées (structured bonds) sont garanties par des sources de revenu autres que les recettes tirées du projet financé. Par exemple, la province de Mendoza, en Argentine, a émis des obligations internationales pour restructurer sa dette

---

Encadré 7.9 Souscription d'un emprunt de collectivité locale par Novi Sad

La ville de Novi Sad, en Serbie, a émis les premières obligations municipales en Serbie en 2011, pour un montant total de 35 millions d'euros, avec un taux d'intérêt annuel de 6,25 %, une échéance de 12 ans et un différé d'amortissement de 2 ans. Les fonds mobilisés financeront l'achèvement du Boulevard de l'Europe et la construction de 100 kilomètres de réseaux d'assainissement. UniCredit Bank Srbija était le placeur. Selon certains économistes, cette émission était principalement motivée par le désir d'accéder au marché des capitaux, et non par des considérations économiques ou financières.

Source : Novi Sad 2011.

Encadré 7.10 Émission d'obligations à long terme par la ville de Johannesburg

En 2004, la ville de Johannesburg a essayé d'accéder au marché obligataire en émettant un emprunt de collectivité locale afin de réduire le coût global de la dette. L'émission répondait à plusieurs objectifs : a) prolonger l'échéance de la dette en cours ; b) financer les projets d'investissement à long terme ; c) refinancer une dette bancaire existante pour en abaisser le coût ; et d) diversifier les sources de financement, au-delà du crédit bancaire. La ville cherchait des financements sur plus de 10 ans, mais elle devait améliorer sa cote de crédit pour obtenir des taux raisonnables. L'IFC a aidé à structurer l'opération et a octroyé une garantie partielle de crédit (pour 40 % du montant total) conjointement avec la Development Bank of South Africa, ce qui a permis à Johannesburg d'émettre 53 millions de dollars d'obligations en juin 2004, avec un taux de 11,9 % et une échéance de 12 ans. L'agence Fitch Ratings a attribué la cote A- à la ville. L'émission d'obligations a été sursouscrite 2,3 fois.

Sources : IFC 2004 ; Platz 2009 ; Amim 2010.

intérieure. L'administration provinciale a utilisé les redevances pétrolières de la province pour garantir le remboursement des obligations, de façon à pouvoir assurer leur service et les racheter à l'échéance.

Dans les pays en développement, les investisseurs qui doutent de la solvabilité des collectivités locales préfèrent acheter des obligations structurées, dont le remboursement est garanti par la collectivité locale quoi qu'il advienne sur le plan intérieur ou extérieur, grâce à un prélèvement sur les transferts intergouvernementaux et les recettes pétrolières avant leur dépôt sur le compte de la collectivité locale afin d'acquitter le service de la dette.

Risque et cote de crédit

La cote de crédit est une évaluation de la solvabilité d'une collectivité locale ou d'une émission d'obligations effectuée par des agences de notation reconnues. En gros, la cote indique le risque qu'une administration ne paie pas les intérêts et le principal dans les délais prévus. L'encadré 7.11 décrit brièvement l'évolution des cotes de crédit dans les pays émergents (pour de plus amples renseignements, voir Peterson 1998).

L'évaluation du risque se fonde sur la situation économique et financière de la collectivité locale, les indicateurs budgétaires passés, la structure de la dette et les paiements dus, ainsi que les facteurs susceptibles de réduire la capacité de remboursement de la collectivité locale. Il est particulièrement utile de recevoir une cote élevée (catégorie investissement) d'une agence de notation fiable. En général, les sociétés d'assurance et les fonds de prévoyance (fonds financés par les contributions des membres) sont les principaux acquéreurs d'obligations municipales, et ils doivent être certains que les actifs sont en sécurité. Cependant, l'obtention d'une cote de crédit coûte cher, et les municipalités devront peut-être déterminer si les gains que procure la notation de leurs obligations justifient la dépense.

Agences de notation

Les agences de notation jouent un rôle clé en fournissant au marché des informations sur la capacité d'une collectivité locale de souscrire un emprunt et de le rembourser dans les délais prévus. Les municipalités dont les obligations sont cotées doivent publier leurs principales données financières et assurer leur propre discipline budgétaire.

Trois grandes agences de notation des obligations municipales attribuent 95 % de toutes les cotes à l'échelle internationale :

- Moody's Investisseurs Service
- Standard & Poor's
- Fitch Ratings.

Les notations comportent des analyses quantitatives et une évaluation de la capacité de la municipalité de rembourser sa dette dans les délais voulus ; les résultats sont publiés assortis d'une note spécifique (cote). Les agences de notation évaluent les facteurs suivants pour noter les obligations de collectivité locale :

- Économie locale et nationale
- Structure de la dette
- Situation financière
- Facteurs démographiques
- Pratiques de gestion des collectivités locales et cadre juridique.

Encadré 7.11 Notation dans les pays émergents

La notation est obligatoire pour les collectivités locales en Inde, lorsque l'échéance est supérieure à 18 mois. Les pays émergents où les collectivités locales reçoivent une notation sont l'Afrique du Sud, l'Argentine, le Brésil, la Bulgarie, l'Inde, le Kazakhstan, la Malaisie, le Maroc, le Mexique, la Pologne, la Roumanie, la Russie, la Turquie et l'Ukraine. Le Mexique a tout particulièrement encouragé les collectivités locales à obtenir une notation pour faciliter les prêts bancaires et les émissions d'obligations.

Les agences de notation utilisent des coefficients mathématiques pour comparer un émetteur aux autres. Mais une notation n'est pas une évaluation scientifique et la note attribuée repose dans une large mesure sur un jugement subjectif. Dans le cas de l'agence de notation Moody's, par exemple, la note varie de Aaa (solvabilité optimale) à Baa (solvabilité moyenne). Le tableau 7.4 récapitule les différentes notations des trois agences de notation. Les notes C et D peuvent aussi être attribuées, mais les clients ont intérêt à ne pas se faire noter s'ils risquent de recevoir une note aussi basse.

La notation d'une obligation joue le rôle d'une évaluation du risque de crédit. Ce n'est pas une recommandation d'investir dans une obligation, et cela ne tient pas compte des préférences de l'investisseur en matière de risque. Cela étant, le marché suit de près les évaluations du risque de crédit, et dans le cas des obligations, la notation est le principal déterminant du taux d'intérêt. Bien que les municipalités soient notées individuellement, la cote de crédit du pays est considérée comme un plafond pour les entités infranationales ; la notation d'une ville ne peut donc pas excéder celle du pays hôte.

Comparaison des obligations et du crédit bancaire

Toutes les collectivités locales peuvent-elles émettre des obligations ? Non. Seules celles qui ont d'importants programmes d'investissement, une bonne cote de crédit et des besoins de financement à long terme peuvent le faire. Compte tenu des avantages liés à l'émission d'obligations, il peut être préférable pour les petites collectivités locales d'emprunter à des banques commerciales ou à des banques spécialisées dans les émissions obligataires, ou à recourir au crédit syndiqué. Comment comparer le crédit bancaire et les obligations ? Les avantages et les inconvénients de chaque option sont expliqués ci-après et récapitulés dans le tableau 7.5 et l'encadré 7.12.

Avantages des obligations

L'un des avantages des obligations est que les collectivités locales reçoivent tout l'argent dont elles ont besoin en une seule fois, et non par tranches, comme dans le cas des décaissements bancaires, et que les fonds sont généralement obtenus à moindre coût que le crédit bancaire, à un taux inférieur de deux à trois points de pourcentage. Les obligations sont également émises à des conditions fixes, sans possibilité de modification ou de rappel avant la date d'échéance.

Inconvénients des obligations

Les obligations présentent notamment deux inconvénients :

* *La préparation d'une émission d'obligations est une tâche complexe.* Cela nécessite des données de qualité, une bonne compréhension de la situation financière et économique de la collectivité locale et la divulgation de ces informations, et une bonne connaissance du marché pour garantir que l'émission se fait à des conditions favorables.

* *L'émission d'obligations coûte cher.* Les collectivités locales (émetteurs) doivent verser une commission à l'agence de notation et à la banque qui place les obligations auprès du public (placeur), payer des frais pour les opérations sur le marché des capitaux et prendre en charge les frais de commercialisation et de publicité. Par exemple, la commission facturée par Fitch Rating's pour noter les obligations municipales peut atteindre 750 000 dollars par émission (voir www.fitchratings.com). Le coût dépend du temps et du travail nécessaires pour évaluer l'émetteur des obligations. Vu le manque de données sur les petites municipalités, leur notation peut revenir très cher. Les petites et moyennes municipalités peuvent rarement

Tableau 7.4   Notes « catégorie investissement » attribuées par trois agences de notation

Note	Moody's	Standard & Poor's	Fitch Ratings
Excellente qualité	Aaa	AAA	AAA
Qualité supérieure	Aa1, Aa2, Aa3	AA+, AA, AA−	AA+, AA, AA−
Qualité moyenne supérieure	A1, A2	A+. A	A+, A
	A3	A−	A−
Qualité moyenne	Baa1, Baa2, Baa3	BBB+, BBB, BBB−	BBB+, BBB, BBB−

Tableau 7.5   Comparaison des obligations et du crédit bancaire

	Obligations	Crédit bancaire
Coût	Coûts de transaction élevés, préparation onéreuse	Transaction simple et rapide, sans frais, sauf pour les prêts syndiqués
Échéance	Long terme	Court terme
Taux d'intérêt	Taux fixes	Taux variables
Remboursement	Rachat à l'échéance	Par tranches
Avantages et inconvénients	Souscription par de nombreux investisseurs ; une notation élevée est requise pour l'émission.	Une notation n'est pas requise ; les banques peuvent offrir des prêts fondés sur les relations de confiance instaurées avec l'emprunteur lors de transactions antérieures, plutôt que sur des indicateurs de risques spécifiques (mais il subsiste des avantages et des inconvénients).

Encadré 7.12 Comparaison des obligations et du crédit bancaire

- *Long terme ou court terme.* Les obligations peuvent servir à financer des investissements à court ou à long terme et répondre à divers besoins, tels que le développement d'infrastructures. En général, une émission d'obligations sert à financer un investissement à long terme, alors qu'un prêt bancaire convient mieux pour les besoins à court terme.
- *Accès au marché.* La plupart des municipalités ont accès au crédit bancaire (à condition d'avoir des recettes régulières), alors que les collectivités locales ont des démarches lourdes et coûteuses à faire pour accéder au marché obligataire. Seules celles qui ont suivi la procédure voulue peuvent émettre des obligations, mais une fois qu'elles ont accès à ce marché, le coût de l'emprunt (frais administratifs et de recherche) diminue sensiblement.
- *Souplesse et information.* La plupart des collectivités locales utilisent le crédit bancaire. Les banques locales répondent aux besoins de liquidités et offrent un ensemble de services bancaires au quotidien. Elles établissent des relations durables avec les municipalités qui peuvent compter sur elles chaque fois qu'elles ont besoin d'argent.

La relation entre la banque et la collectivité locale permet d'assouplir les conditions de prêt. L'emprunteur peut rembourser le prêt en tout ou partie, à n'importe quel moment, quasiment sans préavis. Il y a cependant un inconvénient, à savoir que le prêteur peut également modifier les conditions de prêt, bien que l'emprunteur puisse (en principe) chercher ailleurs, à condition qu'il trouve un autre prêteur. En tout état de cause, les banques peuvent modifier les conditions de prêts à leur guise, ou presque.

- *Réputation sur le marché obligataire.* Les collectivités locales doivent se forger une réputation. Elles sont mieux protégées contre une modification unilatérale des conditions, étant donné que l'émission d'obligations repose sur des conditions normalisées, selon les conditions d'emprunt. Bien que la *normalisation* permette d'accéder à un plus large éventail d'investisseurs, réduise les coûts de recherche et assure la liquidité — le produit de l'émission d'obligations est immédiatement accessible à l'emprunteur, sans aucune condition et quel que soit le calendrier d'exécution du projet — il est pratiquement impossible de renégocier en cas de difficultés.

Source : Platz 2009.

émettre des obligations en raison du coût élevé de ces émissions et parce que les investisseurs ne sont guère intéressés par les émissions de faible montant.

Plusieurs pays ont essayé de renforcer les capacités de notation au niveau local afin d'aider les municipalités à améliorer leurs données et à accroître leur capacité d'emprunt sur le marché. L'encadré 7.13 décrit brièvement le cas du Mexique et les efforts déployés par l'administration centrale pour instaurer une culture de notation des collectivités locales qui puisse être utilisée par l'ensemble du système bancaire pour les prêts aux collectivités locales.

Conditions nécessaires au succès des émissions d'obligations

Le bon fonctionnement des marchés d'obligations municipales dépend de la taille et de la capacité d'absorption du marché financier intérieur et de la réglementation des emprunts des collectivités locales. Les marchés financiers intérieurs se développent avec la croissance des fonds de pension au niveau national (comme au Chili et au Mexique ; voir l'encadré 7.14), la décentralisation des services et des recettes au niveau des collectivités locales, et le renforcement des institutions locales, qui permet notamment de produire des rapports financiers conformes à la pratique normale. Dans les pays où les fonds de pension et les compagnies d'assurance sont autorisés à investir dans la dette des collectivités locales, celles-ci ont beaucoup plus de possibilités d'émettre des obligations.

Il faut également une législation qui autorise expressément les collectivités locales à émettre des obligations, exige la publication des informations requises et garantisse que l'émission est conforme au cadre institutionnel en place. La dette des autorités

---

Encadré 7.13 Introduction d'un système de notation au Mexique

Le Mexique a encouragé la notation des collectivités locales grâce à la réglementation adoptée en 2004 par la Commission nationale des opérations bancaires et des valeurs mobilières, selon laquelle les banques doivent constituer des réserves en cas de non-remboursement qui soient proportionnelles à l'échéance de la dette en cours et au niveau de risque, tel que déterminé par la note attribuée par une agence de notation extérieure. Si la collectivité locale n'est pas notée, les banques lui attribuent le niveau de risque le plus élevé et sont naturellement moins enclines à lui accorder un prêt.

Source : Annez et Peterson 2008.

Encadré 7.14 Modernisation du système de financement local des investissements au Mexique

Les autorités locales mexicaines n'avaient pas directement accès aux marchés des capitaux. Elles obtenaient la plus grande partie de leurs financements de la banque officielle (Banobras), sous la forme de crédit bancaire à court ou moyen terme. L'obligation d'obtenir une cote nationale, initialement utilisée pour les banques, a fortement contribué à l'expansion des marchés obligataires locaux. Les collectivités locales mexicaines peuvent désormais obtenir des capitaux des compagnies d'assurance et des banques d'investissement. Les émissions d'emprunts se multiplient, grâce aux fonds de réserve qui exigent que l'émetteur dépose l'équivalent de trois ans de remboursement à titre de garantie pour les investisseurs.

Source : Annez et Peterson 2008.

---

locales est toujours réglementée par une loi sur la dette publique, suivie d'une réglementation spéciale sur la dette locale. La loi réglemente au moins trois aspects : a) autorisation d'émission de dette pour chaque type de collectivité locale ; b) types de dette autorisés (court terme, long terme, emprunts et obligations) ; et c) plafond de la dette.

Tout au long de l'histoire des États-Unis, la presse a systématiquement fourni des informations cruciales aux investisseurs. Les agences de notation existent depuis 1909 et ont toujours joué un rôle important sur les marchés émergents et établis. Au cours des 60 dernières années, l'obtention d'une cote de crédit est devenue une condition sine qua non pour la plupart des émetteurs publics ou privés qui cherchent à mobiliser des capitaux importants. La notation est particulièrement importante pour les émetteurs moins connus qui veulent s'implanter sur le marché intérieur ou accéder aux marchés internationaux (Platz 2009). La crise financière de 2008-2009 et le rôle joué par certaines agences de notation ont malheureusement fortement ébranlé la confiance dans ces agences.

Réglementation de la dette des collectivités locales

Si de nombreuses collectivités locales ont réussi à obtenir des financements à long terme, certaines n'ont pas pu rembourser leur dette à temps, ce qui a occasionné des coûts supplémentaires, mis l'administration centrale dans l'embarras et finalement conduit à la faillite. Plusieurs cas de cette nature — principalement dans les années 90 — ont discrédité les collectivités locales sur les marchés financiers et expliquent pourquoi les banques commerciales hésitent à prêter aux autorités locales sans une garantie suffisante des échelons supérieurs de l'administration publique. Aux États-Unis, il y a eu plusieurs cas retentissants de faillites de collectivités locales dans les années 90, parmi lesquels le comté d'Orange, en Californie ; la ville de New York ; et la capitale Washington. On assiste aujourd'hui à une nouvelle vague de dépôts de bilan de collectivités locales qui se sont fortement endettées pour financer des investissements (tels que des réseaux d'assainissement et des incinérateurs), ont accumulé des arriérés et sont au bord de la faillite. L'encadré 7.1 décrit brièvement la situation de Harrisburg, une ville de Pennsylvanie qui a été déclarée

en cessation de paiements parce qu'elle avait accordé une garantie au constructeur d'un incinérateur.

Pourquoi et comment la dette est-elle réglementée

Pour rétablir la confiance du secteur privé dans le secteur municipal et maintenir la dette des collectivités locales dans les limites de leur capacité de remboursement, la plupart des pays ont adopté des lois imposant des limites et des conditions pour les emprunts des collectivités locales. Certains pays interdisent les emprunts municipaux (le Chili, la Chine et le Pakistan, par exemple). Mais dans la majorité des cas, les contrôles s'appliquent au montant maximal que les collectivités locales peuvent emprunter (ou plafond de la dette), au type d'emprunt autorisé (les collectivités locales ne sont généralement pas autorisées à emprunter à l'étranger) ou aux types de dépenses pouvant être financées au moyen d'emprunts (généralement des dépenses d'investissement).

Le Brésil a établi des limites très strictes pour les emprunts afin d'éviter une crise de la dette semblable à celle des années 90, lorsque de grandes municipalités comme Rio de Janeiro et Sao Paulo ont dû être renflouées à plusieurs reprises et l'administration centrale a dû éponger leur dette. Lorsque les autorités nationales autorisent les collectivités locales ou étatiques à emprunter en devises, elles s'engagent implicitement à les renflouer si elles ne remboursent pas à temps. De fait, la cessation de paiements d'une grande municipalité peut porter gravement atteinte à la réputation d'un pays sur les marchés internationaux.

La loi sur la responsabilité financière adoptée par le Brésil oblige les collectivités locales à respecter le principe de discipline budgétaire, étape importante qui marque une rupture avec la tendance passée au surendettement (voir l'encadré 7.15). Le gouvernement national a interdit la souscription de nouveaux emprunts municipaux en 2000, la plupart des 5 560 municipalités brésiliennes ayant presque atteint leur limite d'endettement. Par ailleurs, le Mexique a promu le développement des marchés intérieurs pour la dette des collectivités locales et les a encouragées à obtenir une évaluation de leur capacité d'endettement (Platz 2009).

La réglementation des emprunts des collectivités locales porte généralement sur quatre points :

- *L'utilisation du produit de l'emprunt.* Le prêt doit financer des projets d'investissement à long terme et non des dépenses courantes.

- *Le plafond de la dette.* L'encours total de la dette ou le service de la dette (paiement des intérêts et remboursement de l'encours de la dette) doit être limité à un certain pourcentage des recettes.

- *Sources de financement.* En général, aucun emprunt extérieur n'est autorisé.

- *En cas de cessation de paiements.* L'entité qui est dans l'obligation de payer en cas de non remboursement doit être spécifiée.

La plupart des États membres de l'OCDE et de l'Union européenne autorisent les emprunts locaux pour des projets d'investissement, ainsi que les prêts à court terme visant à mobiliser des liquidités, mais ceux-ci doivent être remboursés au cours de l'exercice budgétaire. Certains contrôles utilisés par les États membres de l'OCDE s'appliquent à l'encours de la dette, aux garanties, aux recettes servant à garantir la dette, aux objectifs des projets financés et aux intermédiaires (voir l'encadré 7.16 pour une liste détaillée des règles appliquées dans certains pays).

- *Les contrôles concernant l'encours ou le service de la dette* (amortissement plus intérêts) limitent le montant de la dette, dont le plafond est généralement exprimé en pourcentage des recettes annuelles. Au Brésil, l'encours de la dette ne peut excéder 60 % des recettes annuelles et le service de la dette doit être inférieur à 25 % des recettes annuelles.

- *Les contrôles concernant les garanties* s'appliquent à l'émission de garanties et aux types de nantissements qu'une collectivité locale peut offrir à un prêteur. Les garanties municipales sont justifiées pour les projets de services essentiels mais ne devraient pas être utilisées à l'appui d'investissements commerciaux ou rémunérateurs.

- *Les contrôles concernant les recettes utilisées pour garantir la dette* s'appliquent au type de recettes qui peuvent servir à assurer le service de la dette.

- *Les contrôles concernant les objectifs* s'appliquent aux types de projets pour lesquels une municipalité peut emprunter. La plupart des pays n'autorisent des emprunts municipaux que pour les projets d'investissement à long terme.

- *Les contrôles concernant les intermédiaires* sont des restrictions imposées aux types d'établissements de crédit, notamment en ce qui concerne la monnaie, les taux d'intérêt, les commissions et autres conditions de prêt.

Modalités d'emprunt informelles ou exceptionnelles

Bien que le montant des emprunts soit clairement réglementé, les collectivités locales contournent souvent les plafonnements imposés. C'est tout particulièrement le cas lorsque les systèmes de gestion ne sont

---

Encadré 7.15 Loi brésilienne sur la responsabilité financière

La loi de mai 2000 sur la responsabilité financière régit les dépenses et les emprunts des municipalités. Elle impose de rigoureuses limites budgétaires en plafonnant le montant qu'une municipalité peut emprunter, ainsi que certaines dépenses. Par exemple, le service de la dette ne peut pas excéder 25 % des recettes courantes, les dépenses de personnel ne peuvent pas être inférieures à 60 % des recettes courantes nettes, et le rapport entre l'encours total de la dette et les recettes nettes ne peut pas être supérieur à 100 %. Si une municipalité ne respecte pas les limites imposées aux dépenses, elle n'est pas autorisée à signer des contrats, ni à souscrire des crédits. En outre, les municipalités soumettent des rapports trimestriels à l'administration centrale. Les maires ne sont pas autorisés à engager de nouvelles dépenses les six derniers mois de leur mandat.

Sources : Platz 2009 ; Melo 2005 ; Banque mondiale 2002.

Encadré 7.16 Contrôles de la dette municipale dans certains pays

- *Autriche*. Critères individuels ; pas de règle générale pour les collectivités locales, avec plafonds absolus ou variables selon les cas.
- *Brésil*. Aucun emprunt extérieur n'est autorisé ; le service de la dette ne doit pas excéder 15 % des recettes nettes ; l'encours de la dette ne doit pas dépasser 100 % des recettes nettes. Les emprunts auprès de la banque centrale et des échelons supérieurs des administrations publiques sont interdits.
- *République tchèque et Pologne*. Le service de la dette doit être inférieur à 15 % des recettes. Des prévisions à cinq ans du service de la dette sont requises.
- *Danemark*. Les emprunts municipaux sont interdits, à quelques exceptions près. Les entreprises de services collectifs reçoivent automatiquement l'autorisation de souscrire des emprunts qui seront remboursés au moyen des redevances.
- *France*. Les excédents d'exploitation des exercices précédents doivent être supérieurs aux paiements effectués au titre du service

de la dette. Aucune autre restriction ne s'applique.
- *Allemagne*. Chaque collectivité locale est assujettie à un plafond d'endettement, et l'approbation expresse de l'État fédéré est requise.
- *Irlande*. Chaque emprunt municipal doit être approuvé par le ministère des Finances.
- *Italie*. Les municipalités doivent avoir des comptes équilibrés. Les paiements au titre du service de la dette ne doivent pas excéder 25 % des recettes courantes. Les prêts doivent avoir une échéance d'au moins 10 ans. Le Trésor public fixe le taux d'intérêt maximal autorisé.
- *Norvège*. Les emprunts ne sont autorisés que pour les investissements.
- *Espagne*. Le montant total de la dette municipale ne peut excéder 110 % des recettes annuelles.
- *Royaume-Uni*. L'administration centrale fixe chaque année la limite de crédit autorisée pour chaque collectivité locale.

---

pas rigoureux et que les collectivités locales peuvent supposer qu'elles ne seront pas rappelées à l'ordre avant un certain temps. Dans les années 80 et 90, c'était la pratique courante dans la plupart des municipalités en Argentine, en Bolivie et au Brésil. Comment ces administrations ont-elles réussi à dépasser les limites autorisées ?

- D'une part, les collectivités locales peuvent décider d'ignorer ou de *dissimuler les limites*. Elles peuvent accepter des prêts de banques locales et ne pas les enregistrer dans les documents budgétaires officiels. À la date d'échéance des prêts, elles doivent payer ou demander à l'État fédéré ou à l'administration centrale de les renflouer.

- D'autre part, les collectivités locales peuvent emprunter à un fournisseur sous la forme d'un *paiement différé*, souvent assorti d'un taux d'intérêt très supérieur au taux du marché, ou bien simplement payer leurs fournisseurs avec du retard.

Cette pratique fait souvent du tort au secteur privé, car les fournisseurs peuvent avoir du mal à survivre sans être payés. En Grèce et au Portugal, les récentes difficultés financières ont conduit certains fournisseurs à la faillite, car ils n'ont pas pu se faire payer par les collectivités locales.

Emprunts auprès d'entités spéciales

Les municipalités aiment emprunter par le biais de leurs entreprises, parfois appelés entités ad hoc, ou par le biais des entreprises de services collectifs, qui sont détenues à 100 % par la municipalité. C'est généralement le cas en Chine, où la loi interdit aux collectivités locales d'emprunter aux banques nationales ou étrangères et d'émettre des emprunts. Pour contourner cette restriction, les collectivités locales utilisent leurs entités ad hoc (ou des entreprises financées à 100 % par la municipalité) qui sont autorisées à emprunter. Les grandes métropoles comme Beijing et Shanghai ont fréquemment utilisé des entités ad hoc pour emprunter de quoi financer d'importants projets d'aménagement. Cela pose un gros problème de transparence et de contrôle budgétaire. Le montant de la dette de la collectivité locale est inconnu, les autorités locales n'étant pas obligées de faire état de la dette de leur entité ad hoc. C'est pourquoi les autorités chinoises envisagent d'assouplir les restrictions en vigueur et d'autoriser les collectivités locales à emprunter sur les marchés des capitaux selon des règles précises et transparentes.

Check-list pour les gestionnaires de la dette

Afin de respecter les limites et les lois imposées par l'administration centrale, les responsables locaux jugent utile d'appliquer quelques règles pratiques pour maintenir leur dette à un niveau gérable ; de cette façon, la dette peut être remboursée sans perturber les autres prestations de service. Le tableau 7.6 contient une check-list à l'intention des gestionnaires de la dette.

Sachant que le service de la dette est variable, le responsable du suivi de la dette doit analyser de près les fluctuations des intérêts à payer et du principal à rembourser. C'est pourquoi il importe d'éviter de se fonder sur des tendances simples pour prévoir le service de la dette, qui pourrait être plus élevé que prévu pour certaines années à venir, notamment si une partie de l'encours de la dette consiste en obligations dont le principal doit être remboursé en une seule fois à l'échéance des obligations. Pour éviter des problèmes de service de la dette et de graves crises de liquidités, les collectivités locales pourraient envisager de créer un fonds de réserve au titre du service de la dette afin d'être certaines de pouvoir rembourser leurs dettes en temps utile. Le graphique 7.4 illustre les fluctuations du service de la dette. Dans cet exemple, la municipalité doit prévoir un budget suffisant pour éviter des problèmes en 2014, lorsque le service annuel de la dette augmentera de 90 millions d'unités (de n'importe quelle monnaie) à 190 millions ; le prochain cap difficile à franchir interviendra en 2017.

Les turbulences sur les marchés financiers en 2009 semblent avoir eu des répercussions sur les collectivités locales. Les émissions obligataires sont devenues trop compliquées, avec des clauses opaques qui ont fini par jouer contre les collectivités locales en leur laissant une faible marge de manœuvre pour refinancer. Des prévisions trop optimistes pour les projets rémunérateurs et le débat actuel entre les villes et les États fédérés sur la question de savoir quels impôts augmenter et quels actifs vendre ont créé une situation difficile. La ville de Harrisburg (voir l'encadré 7.1) et le comté de Jefferson (encadré 7.17) se sont tous deux déclarés en faillite[3].

Les emprunts ne font pas qu'accroître la capacité de financement des collectivités locales, ils accroissent aussi le risque d'insolvabilité pour des raisons, telles

---

Tableau 7.6 Check-list à l'intention des gestionnaires de la dette

Indicateur	Que faire ?
Structure de la dette : court ou long terme, intérieure ou extérieure, taux d'intérêt fixe ou variable	S'assurer que la dette est viable et faire attention aux fluctuations et au regroupement des paiements en un versement forfaitaire et final.
Service de la dette, en % des recettes nettes	Ne devrait pas dépasser 15 % pendant la période de planification.
Encours total de la dette, en % des recettes nettes	Ne devrait pas dépasser 60 % ; un pourcentage supérieur augmentera le service de la dette et causera des problèmes.
Dette totale par habitant	Comparer avec les villes ayant atteint le même stade de développement.
Sélection des programmes d'emprunt	• Utiliser la valeur actuelle nette de différents profils d'amortissement pour choisir la meilleure option compte tenu de la structure de la dette prévue. • Établir un modèle de simulation des flux de recettes et de dépenses. • Définir la base de référence et différents scénarios. • Choisir le taux d'actualisation.

Graphique 7.4   Exemple de fluctuations du service de la dette d'une municipalité, 2012-2017
En millions d'unités (de n'importe quelle monnaie)

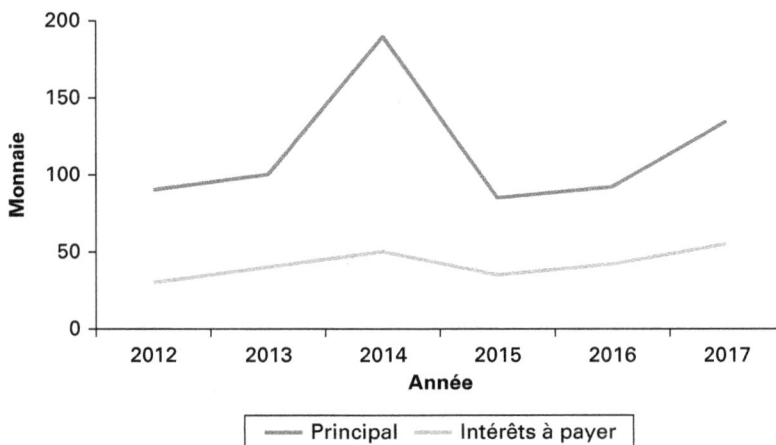

que notamment des prévisions de recettes trop optimistes, des cycles économiques qui réduisent les recettes propres, l'irrégularité des transferts, l'inefficacité de la perception des taxes et impôts et les mauvais résultats des projets rémunérateurs. Les responsables des finances locales et les dirigeants politiques devraient donc être conscients du risque d'insolvabilité et des conséquences que peut avoir le non-paiement du service de la dette. Certains pays, comme l'Afrique du Sud, les États-Unis et la Hongrie suivent une procédure réglementée qui prévoit la désignation d'un mandataire par le tribunal (États-Unis) ou d'un administrateur par un échelon supérieur de l'administration publique (Afrique du Sud) afin de prendre le contrôle des finances de la municipalité en difficulté. L'administrateur réduit les dépenses et s'efforce de payer les créanciers en vendant les actifs négociables et en puisant dans les recettes, en veillant à répartir équitablement les pertes entre les parties prenantes. Le principal objectif est de continuer à assurer des services minimum et le fonctionnement de la collectivité locale, de payer les créanciers de la manière la plus équitable possible et de prendre les mesures nécessaires pour rétablir la viabilité financière (Canuto et Liu 2013).

À défaut d'avoir adopté des règles pour gérer les situations d'insolvabilité, la plupart des pays en développement prennent des mesures ponctuelles, telles que la cession d'actifs, des prélèvements sur les recettes des échelons supérieurs des administrations publiques, et dans bien des cas, le renflouement par ces derniers. Ces mesures ont toutes le même objectif — assurer les services — mais elles sont souvent inefficaces, déresponsabilisent les responsables locaux, allègent les contraintes budgétaires et soulèvent la question d'équité. Le prélèvement sur recettes est une méthode couramment employée mais souvent inefficace, car seule une partie des recettes peut être prélevée, ce qui ne permet donc pas d'éponger des dettes considérables. Le renflouement est souvent inéquitable parce que les municipalités bien gérées ne reçoivent rien alors que celles qui dépensent sans compter peuvent recevoir une énorme injection d'argent de l'administration centrale pour payer les salaires ou les frais d'approvisionnement en eau et en électricité. En bref, les procédures de redressement judiciaire en cas d'insolvabilité sont plus efficaces, en harmonie avec le marché et facilitent l'accès aux financements extérieurs fondés sur les lois du marché.

Amélioration des conditions de crédit et garanties de prêt

L'amélioration des conditions de crédit permet d'atténuer les risques liés aux emprunts. Le principal

Encadré 7.17 Le comté de Jefferson se déclare en faillite

Le comté de Jefferson, en Alabama, a emboîté le pas au comté d'Orange, en Californie, dont la faillite a été provoquée par des investissements à haut risque — recommandés par une banque d'affaires — dans des produits dérivés sur taux d'intérêt. En 1994, le comté d'Orange s'est déclaré en faillite, citant 1,7 milliard de dollars d'obligations. C'était la plus grande faillite municipale de toute l'histoire des États-Unis jusqu'en novembre 2011, lorsque le comté de Jefferson a déclaré 4,23 milliards de dollars de passifs, dont un emprunt de 3,14 milliards de dollars au titre d'un réseau d'assainissement, un emprunt de 800 millions de dollars pour la construction d'écoles et 305 millions de dollars de bons de souscription d'emprunts remboursables sur les recettes générales.

Les difficultés du comté de Jefferson sont liés à deux problèmes : a) l'investissement dans un réseau d'assainissement trop onéreux pour le comté ; et b) la structure financière de l'emprunt obligataire qui a financé cet investissement. Comme le comté d'Orange, la débâcle du comté de Jefferson serait attribuable en partie au conseiller financier qui a structuré et vendu la plupart des 3,1 milliards de dollars d'obligations qui devaient financer le réseau d'assainissement mais qui ont conduit à la faillite, ce à quoi se sont ajoutées des transactions financières risquées, car soumises aux fluctuations des taux d'intérêt. Les obligations vendues aux investisseurs pour financer les travaux étaient assorties de clauses prévoyant l'accélération des paiements et l'augmentation des taux d'intérêt si le marché obligataire réunissait certaines conditions. Ces conditions étaient jugées peu probables à l'époque, et les clauses étaient censées permettre au comté d'économiser à long terme. Mais les conditions extraordinaires sur le marché obligataire en 2008 ont déclenché l'application des clauses, avec un calendrier de remboursement accéléré et des intérêts de pénalisation. Une dette d'un montant initial de 1 milliard de dollars a plus que triplé.

Les problèmes financiers du comté de Jefferson ont atteint un niveau insurmontable lorsque la taxe professionnelle a été déclarée anticonstitutionnelle en 2011, privant le comté de 66 millions de dollars de recettes annuelles. La décision de déclarer faillite reposait sur l'idée qu'il serait plus facile d'obtenir une réduction de dette ordonnée par les tribunaux que de négocier avec chaque porteur d'obligations.

Source : Church, Selway et McCarty 2011.

---

risque posé par les prêts aux collectivités locales est le risque de défaillance, c'est-à-dire le risque que la collectivité locale n'ait pas assez d'argent pour payer les intérêts et rembourser le principal de la dette à l'échéance. Cette situation peut se produire en cas de manque de ressources de la collectivité locale, de carences du système de perception des recettes, d'événement imprévu, tel qu'une catastrophe naturelle, ou même en cas de modification de la réglementation nationale.

Dans les pays où les emprunts municipaux sont rares, les banques exigent certains dispositifs de protection, tels que des hypothèques, le droit de prétendre à des biens immobiliers municipaux, ou des prélèvements sur recettes. La dette peut être influencée par le type de biens que les municipalités peuvent légalement offrir en garantie. Si quelques biens seulement peuvent servir de garantie, les banques et les municipalités devront mettre au point d'autres types de prêt qui utilisent les flux de trésorerie provenant des recettes générales ou réservées. Pour réduire le risque perçu des emprunts qu'elles souscrivent, les collectivités locales peuvent utiliser plusieurs types de mécanismes d'amélioration des conditions de crédit ou instruments de garantie de prêt. Le graphique 7.5 décrit brièvement le cadre et l'impact positif des instruments de garantie. Par exemple, la collectivité locale peut acheter une garantie moyennant le paiement d'une commission et obtenir ainsi de meilleures conditions de crédit. Ou bien le garant peut continuer d'assurer le service de la dette au nom de la collectivité locale si elle n'est plus

Graphique 7.5   Cadre pour les garanties de prêt

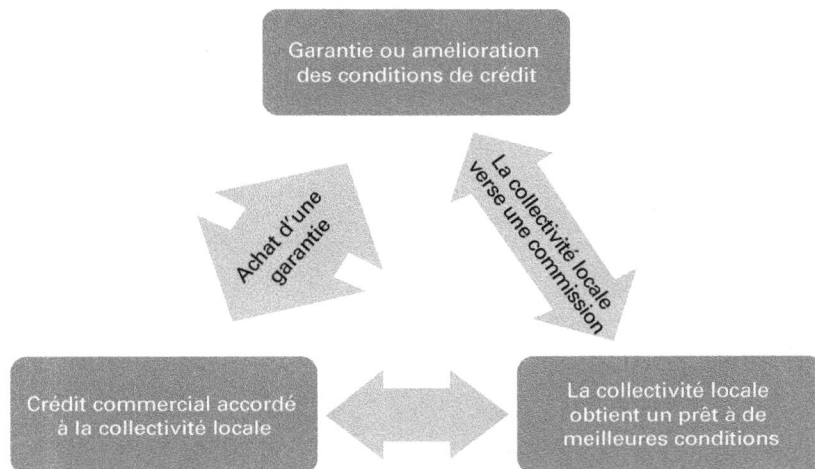

en mesure de le faire. Le garant peut soit payer une partie (par exemple, la moitié) des intérêts exigibles, auquel cas le débiteur absorbe la perte (« garantie de crédit »), soit payer l'intégralité du service de la dette jusqu'à ce que la collectivité locale rétablisse sa situation financière (« garantie financière intégrale »).

Prélèvements sur recettes

Une clause de prélèvement sur recettes signifie que les paiements effectués par des échelons supérieurs de l'administration publique (transferts) peuvent être donnés en garantie de remboursement de la dette. Cette clause est largement utilisée comme mécanisme de garantie, notamment lorsque les collectivités locales empruntent au secteur privé. Il convient cependant de mentionner que les prélèvements sur recettes peuvent avoir des effets préjudiciables : les prêteurs risquent de négliger leur devoir de vigilance, les prélèvements risquent de répercuter tous les risques commerciaux sur la municipalité qui emprunte ou sur l'administration centrale, et ils risquent de soulever des questions d'équité du fait qu'ils favorisent certaines municipalités alors que d'autres honorent leurs obligations financières. Les prélèvements sur recettes sont devenus ingérables en Argentine et au Brésil dans les années 90, ce qui a entraîné l'adoption de sévères restrictions juridiques.

Garanties et amélioration des conditions de crédit

Les garanties et mécanismes d'amélioration des conditions de crédit rassurent les prêteurs qui hésitent à prêter aux collectivités locales lorsqu'il n'existe pas suffisamment d'informations et de transparence financière. On peut citer à titre d'exemple la Unit Guarantee Corporation aux Philippines, qui accorde des garanties de crédit aux municipalités qui veulent financer des projets d'infrastructure par émission d'obligations (voir l'encadré 7.18). Les collectivités locales doivent cependant tenir compte du fait que, lorsqu'elles accordent une garantie au titre d'un projet ou d'une entreprise publique, elles doivent être certaines que le projet produira des recettes suffisantes pour rembourser sa propre dette. Les cas de Harrisburg, en Pennsylvanie (encadré 7.1), et de Johnsville, dans le comté de Jefferson en Alabama (encadré 7.17), ont montré que la garantie de projets dont la rentabilité est incertaine peut avoir des conséquences graves.

L'Infrastructure Guarantee Fund, en Corée, et FINDETER, en Colombie, jouent le même rôle, à savoir, protéger ceux qui prêtent aux municipalités et garantir que celles-ci remboursent leurs prêts. Au niveau multinational, l'USAID a créé un mécanisme, la Development Credit Authority (DCA), pour encourager le développement des marchés du crédit dans les

Encadré 7.18 Prêts à une collectivité locale sans garantie souveraine

La Local Government Unit Guarantee Corporation (UGC), aux Philippines, a été créée en 1998 à titre d'institution de garantie des financements privés. Elle est détenue par la Bankers Association of the Philippines (38 %), la Development Bank of Philippines (37 %) et la Banque asiatique de développement (25 %). L'UGC a signé avec l'USAID un accord de garantie des projets d'infrastructure des collectivités locales. L'UGC a pour objectif de faciliter l'accès des collectivités locales solvables aux ressources financières privées de façon à pouvoir financer les projets d'infrastructure sur les marchés des capitaux et emprunter à des banques commerciales. Les garanties de l'UGC couvrent jusqu'à 85 % du principal et des intérêts ; les obligations sont garanties à hauteur de 100 % du principal et des intérêts, à condition que le taux soit plafonné. La commission de garantie varie entre 1 et 2 % par an. Si les emprunteurs n'affichent pas de recettes régulières, leurs recettes mensuelles brutes sont versées sur un fonds de réserve.

Source : Alam 2010.

---

pays émergents. La DCA intervient aujourd'hui dans la plupart des pays en développement.

Depuis sa création à la fin de 1999, plus de 267 garanties partielles de crédit ont été accordées pour plus de 2,3 milliards de dollars d'emprunts sur le marché des capitaux privés dans plus de 64 pays. Le mécanisme de garantie de la DCA permet à l'USAID de mobiliser un montant moyen de 28 dollars dans le secteur privé pour chaque dollar dépensé par le Gouvernement américain. Les créances représentent environ 1 % du portefeuille de la DCA, preuve que les emprunteurs visés sont à la fois solvables et rentables (pour de plus amples informations, consulter le site http://www.usaid.gov/our_work/économique_growth_and_trade /development_credit).

Entités ad hoc et dispositifs de financement commun

Si les grandes municipalités ont accès aux prêts bancaires ou aux marchés des capitaux, les petites collectivités locales n'ont pas toujours les compétences ou les ressources nécessaires pour financer les coûts de transaction d'une émission obligataire. Le regroupement des emprunts et des projets des municipalités peut réduire le coût et le risque d'un projet. Des dispositifs spéciaux peuvent être mis en place dans les pays émergents qui ont d'importants besoins de financement d'infrastructures. Les banques spécialisées dans les émissions d'obligations municipales et les

entités ad hoc sont bien développées en Amérique du Nord, notamment au Canada et aux États-Unis. Les entités ad hoc sont également utilisées en Asie. L'encadré 7.19 décrit le cas du Fonds pour l'eau dans l'État de Tamil Nadu.

Entités ad hoc

Une entité ad hoc (également appelée structure à usage spécial) est une entité légale créée pour répondre à des objectifs spécifiques ou temporaires. Le secteur privé y a recours lorsqu'une entreprise veut investir sans mettre en jeu ses actifs non liés au projet devant être financé. De même, une collectivité locale peut confier la gestion de ses actifs à une entité ad hoc (telles qu'une société de promotion immobilière) ou utiliser une entité ad hoc pour financer un projet important, ce qui ne met en jeu que les actifs investis et permet d'atteindre des objectifs précis sans compromettre tout son patrimoine. Les entités ad hoc créées conjointement par des collectivités locales et des partenaires privés pour financer des projets dans le cadre de partenariats public-privé sont très courantes en Europe.

Cette formule est également utilisée dans le secteur public pour établir une distinction entre le caractère public de la municipalité et les projets rentables. Une entité ad hoc est une entreprise expressément créée pour accomplir une certaine tâche. Elle peut être détenue par une entreprise privée, une municipalité ou un partenariat public-privé. La particularité d'une entité ad hoc est qu'elle ne met pas en danger le capital de ses principaux actionnaires. En ce sens, les municipalités chinoises ont créé et utilisé des entités ad hoc pour financer des infrastructures par emprunt, tout en contournant l'interdiction d'emprunter directement. Dans ce cas, les dépenses et les recettes de l'entité ad hoc ne sont pas inscrites au budget des collectivités locales ni soumises à l'examen critique du public. Les municipalités chinoises ont largement fait appel aux entités ad hoc et aux entreprises détenues par la collectivité locale pour émettre des obligations municipales, la loi ne les autorisant pas à le faire directement. Le marché ne surveille pas de près les conditions financières sous-jacentes et il existe peu d'informations sur l'encours total de ce type de dette. La Shanghai Urban Development Investment Corporation a émis des obligations pour aider à financer un projet de transport, et de nombreuses autres villes chinoises ont émis des obligations par le biais d'entités ad hoc et de leurs entreprises, en utilisant le modèle des obligations de société.

Prêts hybrides

Dans les pays pauvres, le prêt hybride, un prêt aux conditions du marché combiné avec des dotations, est un important moyen d'obtenir des fonds. Cette formule réduit le service de la dette, ce qui permet

à l'autorité locale d'emprunter. Un bon exemple est le financement hybride de Ouagadougou (encadré 7.20).

Gestion de la dette et cadre institutionnel

La gestion de la dette d'une collectivité locale est une tâche ardue qui demande une attention soutenue et des outils perfectionnés pour mesurer la capacité d'emprunt par rapport aux futures recettes et charges à payer, tout en respectant la réglementation nationale. Comme les municipalités semblent avoir des difficultés à maîtriser leur dette, de nombreuses administrations centrales imposent des règles pour limiter les emprunts municipaux. En outre, les prêteurs manquent souvent à leur propre devoir de vigilance parce qu'ils supposent que les municipalités ne peuvent pas faire faillite ou qu'il existe une garantie souveraine implicite, ou parce qu'ils ne comprennent pas la différence entre les finances publiques et les opérations de marché.

Combien une collectivité locale peut-elle emprunter ?

La capacité d'emprunt est le montant maximum d'une dette nouvelle qu'une collectivité locale peut émettre sans compromettre sa capacité de fournir des services et de couvrir la dette existante et la dette nouvelle.

Encadré 7.20 Exemple de financement hybride : Ouagadougou

La capitale du Burkina Faso a plus de 1,2 million d'habitants. La collectivité locale voulait investir dans la modernisation du marché local, qui peut accueillir 2 900 commerçants. Son objectif était d'agrandir et d'améliorer le marché central couvert ainsi que les marchés des villes secondaires. Une analyse économique et financière a permis de déterminer le montant des recettes générées par les achats des consommateurs et la part de l'épargne municipale pouvant être affectée au service de la dette. Étant donné que de nombreuses collectivités locales n'auraient pas les moyens de rembourser la dette, les dotations disponibles ont été allouées en priorité aux collectivités les plus défavorisées. En moyenne, le prêt hybride comprenait un prêt de 2 millions d'euros et une dotation de 3,15 millions d'euros. Le prêt est assorti d'un taux variable très avantageux (EURIBOR moins 1,86 %), avec une échéance de 20 ans et un différé d'amortissement de 5 ans.

Source : Paulais 2013.

Cela dépend du montant disponible aujourd'hui pour payer le principal et les intérêts de la dette nouvelle, compte tenu des engagements exigibles à l'avenir, d'une part, et des futures recettes probables, d'autre part.

D'autres limites sont souvent imposées, telles que des contraintes juridiques et le plafonnement de la dette, mais le plus important est de déterminer si la collectivité locale sera en mesure de payer la dette existante et la nouvelle dette à temps. Il est essentiel d'avoir une idée du montant qu'une collectivité locale peut emprunter ou de la dette qu'elle peut émettre, de façon à garantir qu'un projet prévu sera mis en œuvre sans compromettre la stabilité budgétaire à long terme de la collectivité locale.

La capacité d'emprunt d'une collectivité locale dépend de quatre facteurs :

- *Les perspectives économiques et financières de la municipalité.* Lorsque les perspectives sont bonnes en termes d'activité économique et de recettes fiscales, la capacité d'emprunt est plus grande qu'en période de crise économique et de vaches maigres. Dans un système de transferts intergouvernementaux, il faut également prendre en compte le risque associé à la politique de transferts de l'administration centrale.

- *Les attributs des nouveaux prêts ou obligations, les taux d'intérêt et les échéances.* Si la ville peut émettre des dettes assorties de longues échéances et de taux d'intérêt faibles ou concessionnels, la municipalité aura une plus grande capacité d'emprunt que si sa seule option est d'emprunter aux conditions du marché.

- *La structure et le montant de l'encours de la dette.* Si une collectivité locale a une dette à échéance courte et un taux d'intérêt élevé, ou si elle a des emprunts qui coïncident et nécessitent plusieurs paiements simultanés, il est probable que le service de la dette absorbe une grande partie de ses recettes courantes. Dans certains cas, une collectivité locale émet une nouvelle dette pour restructurer la dette existante, prolonger l'échéance moyenne et réduire la charge annuelle que représente le service de la dette.

- *Le cadre institutionnel et les limites imposées par l'administration centrale ou d'autres échelons supérieurs de l'administration, ou par la collectivité locale elle-même.*

Risque associé à un versement forfaitaire et final

La capacité d'emprunt est une question importante à laquelle on peut répondre en utilisant des indicateurs obligatoires simplifiés, tels que l'encours de la dette ou le montant de la dette nouvelle en pourcentage des recettes d'exploitation nettes. Mais pour les emprunts importants, il convient de procéder à une analyse plus détaillée des flux de trésorerie pendant toute la période de remboursement de la dette nouvelle. Les collectivités locales des pays en développement se fondent souvent sur le montant du service de la dette et des recettes nettes observé au cours des années passées pour justifier leur capacité d'endettement. Ces prévisions peuvent ignorer ou dissimuler des versements forfaitaires et finals dus au fait que les différés d'amortissement des différents prêts ou le paiement final du principal d'obligations coïncident, ce qui entraînera une dépense exceptionnelle dans quelques années. Ce sont souvent des erreurs commises de bonne foi, mais de nombreuses collectivités locales dissimulent intentionnellement les versements forfaitaires et finals parce qu'elles tiennent à financer un projet particulier. Il est essentiel d'effectuer de bonnes études de faisabilité assorties d'une analyse financière et d'une analyse des flux de trésorerie approfondies, portant sur toute la durée du prêt, pour éviter des versements forfaitaires ou en réduire le montant. Les créanciers peuvent également atténuer ces risques en exigeant que l'emprunteur crée un fonds de réserve sur lequel il dépose progressivement de quoi couvrir 6 à 12 mois de service de la dette. Pour les projets rémunérateurs, les créanciers peuvent demander que l'emprunteur crée un compte séquestre sur lequel il dépose toutes les recettes générées par le projet, en effectuant les décaissements au titre du service de la dette avant les autres paiements exigibles.

Stratégies de gestion de la dette

Une stratégie de gestion de la dette est un plan que la collectivité locale entend mettre en œuvre à moyen terme pour parvenir à la composition voulue du portefeuille de créances (Banque mondiale 2009). Elle s'assure ainsi de pouvoir faire face à ses besoins de financement et à ses obligations de paiement au moindre coût, tout en maintenant le risque à un niveau raisonnable. Les stratégies de gestion de la dette aident les collectivités locales à déterminer combien elles peuvent emprunter, la meilleure combinaison de titres de créance et les mesures à prendre pour éviter que l'encours et le service de la dette n'atteignent un montant impossible à payer. Lorsqu'on parle de stratégie de gestion de la dette, on fait souvent référence aux objectifs et processus suivants :

- Choisir les instruments de dette et conditions de la dette nouvelle, en tenant compte de l'encours de la dette existante.

- Veiller à ce que la dette de la collectivité locale n'excède pas la capacité de remboursement, telle qu'estimée par une analyse des flux de trésorerie.

- Créer un fonds de réserve pour le service de la dette, afin de garantir que l'emprunteur pourra assurer plusieurs mois de service de la dette, comme les créanciers l'exigent souvent.

- Choisir des options de financement par l'emprunt en utilisant la méthode de la valeur actuelle nette pour comparer différents emprunts à moyen et à long terme.

La sélection des instruments de dette peut paraître simple pour la plupart des collectivités locales, mais pour les grandes villes, le trésorier ou le directeur financier doit faire des choix difficiles entre différents instruments. Par exemple, si les taux d'intérêt étrangers sont inférieurs aux taux intérieurs, un emprunt en devises pourrait sembler intéressant. Mais le choix devient moins évident si l'on tient compte du risque de change, qui détermine le coût final de la dette en devises après une éventuelle dévaluation de la monnaie nationale. Étant donné que les collectivités locales n'ont pas de recettes en devises, leur exposition au risque de change est particulièrement élevée. C'est pourquoi la plupart des pays n'autorisent pas les collectivités locales à emprunter en devises. L'encadré 7.21 décrit la crise qui a entraîné un changement de réglementation en Argentine.

Alignement de la dette locale sur la capacité de remboursement

Veiller à ce que la dette locale n'excède pas la capacité de remboursement fait partie de l'analyse de la capacité d'emprunt examinée plus haut. Cela étant, gérer l'exposition au risque inhérent au portefeuille de créances et veiller à ce que la dette actuelle de la municipalité lui coûte le moins cher possible sont des aspects importants de la stratégie de gestion de la dette. Par exemple, les prêts à court terme et les prêts à taux d'intérêt variable sont plus risqués, plus précaires, et généralement plus onéreux que les prêts à long terme. La restructuration du portefeuille de créances des villes confrontées à une crise budgétaire commence souvent par le refinancement de la dette à court terme et l'obtention de garanties du gouvernement fédéral afin de prolonger les échéances et de réduire les taux dans toute la mesure du possible. Le choix des instruments de dette (obligations ou crédit bancaire) est également fondamental. Les obligations ont généralement un taux d'intérêt moins élevé, mais elles comportent aussi des coûts, liés notamment à l'information et à la transparence financières. Les prêts peuvent cependant être renégociés, alors que c'est quasiment impossible pour les obligations, en partie en raison du grand nombre de détenteurs.

La ville de Saint-Pétersbourg est un bon exemple : après avoir connu des difficultés lors du passage à une économie de marché, elle a réussi à réduire la durée moyenne de ses emprunts, ainsi que l'encours et le service de sa dette (encadré 7.22). Saint-Pétersbourg a connu une croissance supérieure à la moyenne nationale, représentant plus de 15 % de l'investissement étranger direct dans le pays. La ville a beaucoup emprunté sur les marchés intérieur et extérieur mais elle a connu ensuite plusieurs revers. Après un gros effort de restructuration, elle a centralisé la gestion de sa dette, qui est désormais gérée par le Comité des finances. La direction de la dette publie des rapports périodiques et gère activement le risque.

Comparaison des options de financement par l'emprunt

La méthode de la valeur actuelle nette est un instrument utile pour comparer des prêts assortis d'échéances et de conditions différentes, en tenant compte des taux en vigueur sur le marché et autres taux d'actualisation pertinents. Les banques sont généralement mieux informées et plus compétentes que les municipalités dans ce domaine ; elles peuvent donc présenter différentes options complexes, avec différents taux d'intérêt, calendriers d'échéances et conditions. L'analyse de la valeur actuelle nette aide à comparer différentes propositions en révélant leur coût réel. (L'échéancier de remboursement est également un facteur important à prendre en compte pour calculer le coût de la dette.) Il est particulièrement intéressant de comparer les prêts et les obligations, car les prêts sont souvent décaissés et remboursés

---

■

Encadré 7.21 La difficulté d'emprunter en devises

À la fin des années 90, les villes de Mendoza en Argentine et Rio de Janeiro et São Paulo au Brésil ont emprunté en devises pour refinancer leur dette intérieure parce que les taux d'intérêt étrangers étaient sensiblement moins élevés que les taux intérieurs. Si ces villes ont initialement bénéficié d'une forte réduction du service de la dette, le risque de dévaluation de leurs monnaies nationales est devenu trop élevé. Les administrations centrales en ont tiré des enseignements, et les gouvernements argentin et brésilien ont interdit aux collectivités locales d'emprunter en devises.

L'histoire a tendance à se répéter : les municipalités hongroises ont allégrement emprunté en francs suisses à des taux bas au début des années 2000, mais beaucoup d'entre elles ont fait faillite après 2010. La crise a suscité un vif débat sur la responsabilité des créanciers.

■

Encadré 7.22 Saint-Pétersbourg : exemple de gestion de la dette

Pour faire face à ses problèmes d'endettement, Saint-Pétersbourg a centralisé la gestion de sa dette et adopté une stratégie axée sur quatre objectifs :

- Minimiser le coût des emprunts en améliorant la cote de crédit de la ville

- Réduire l'exposition au risque de change
- Réduire le coût des emprunts intérieurs en prolongeant les échéances
- Assurer une bonne utilisation des garanties pour promouvoir les investissements en capital.

Source : Platz 2009.

progressivement, alors que le produit des obligations peut être décaissé en une seule fois et le remboursement reporté à la date d'échéance (obligation sans amortissement). Les obligations peuvent aussi être émises par tranches et remboursées à intervalles réguliers, sans versement final. Une tâche importante du gestionnaire de la dette est l'organisation des données de manière à pouvoir déterminer rapidement le service de la dette et l'échéancier de remboursement[4].

Créer des institutions qui réduisent les inefficacités du marché en ce qui concerne les emprunts municipaux

Intermédiaires financiers

Pour réduire les obstacles aux emprunts locaux, les administrations centrales, souvent avec le concours d'organisations internationales, ont créé des intermédiaires financiers qui facilitent l'accès des collectivités locales au marché du crédit. Pour aider à déterminer la meilleure option pour différentes collectivités locales, le Gouvernement philippin utilise le cadre présenté au graphique 7.6. Pour les collectivités locales défavorisées qui financent des projets à caractère social, la meilleure formule de financement est une dotation du gouvernement ou d'un bailleur de fonds. Si l'investissement génère des recettes, la collectivité locale peut emprunter, qu'elle soit riche ou pauvre. Les émissions obligataires devraient cependant être réservées aux collectivités locales riches qui financent des projets rémunérateurs.

Parmi les institutions qui peuvent aider les collectivités locales à accéder au marché du crédit, on citera notamment :

• Les banques de développement

• Les institutions spécialisées, telles que les fonds de développement municipal, qui acheminent les prêts et les dotations aux collectivités locales (par exemple, le Municipal Development Fund Office, aux Philippines ; le Town Development Fund, au Népal ; le Tamil Nadu Urban Development Fund, en Inde ; et le Municipal Development Fund, en Géorgie)

• Les mécanismes d'amélioration des conditions de crédit, tels que la Local Government Unit Guarantee Corporation aux Philippines et l'Infrastructure Credit Guarantee Fund en Corée

Graphique 7.6 Cadre pour les instruments de dette

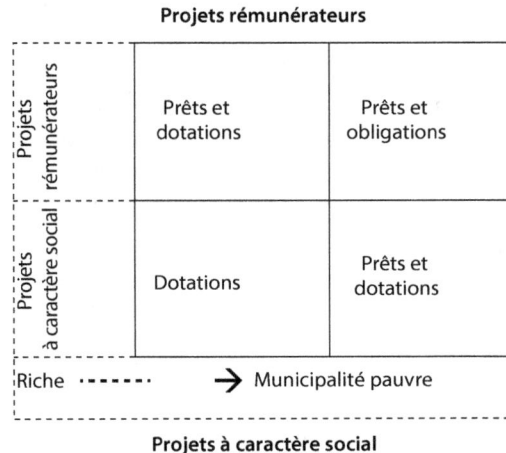

Projets rémunérateurs

	Projets rémunérateurs	
Projets rémunérateurs	Prêts et dotations	Prêts et obligations
Projets à caractère social	Dotations	Prêts et dotations

Riche ·····→ Municipalité pauvre

Projets à caractère social

• Les entités ad hoc, telles que les fonds communs pour l'approvisionnement en eau et l'assainissement dans les États de Tamil Nadu et Karnataka, en Inde, qui mobilisent des ressources pour les petites municipalités ; le Fonds d'investissement pour le développement urbain au Viet Nam ; et les sociétés d'investissement pour le développement urbain en Chine.

Reprise des prêts bancaires aux collectivités locales

La réticence initiale des banques à accorder des prêts aux municipalités a progressivement diminué, compte tenu des succès remportés dans ce domaine. Par exemple, en Afrique du Sud, certaines banques commerciales sont prêtes à financer les programmes d'investissement des grandes villes. Au Maroc, les banques commerciales ont fourni une grande partie des ressources nécessaires certaines années pour refinancer les programmes d'investissement public. Au Cap-Vert (comme dans de nombreux autres pays), un bailleur de fonds international passe par les banques commerciales pour allouer ses ressources aux autorités locales, en utilisant des directives claires sur le risque et les conditions de remboursement. On trouve un exemple similaire en Colombie, FINDETER, une institution financière créée en tant que prêteur de second rang pour soutenir le marché et encourager les prêts commerciaux aux municipalités.

Nouveaux instruments

De nouveaux instruments ont été mis au point pour répondre aux besoins et aux caractéristiques des collectivités locales. Par exemple, les États-Unis ont utilisé avec succès des fonds renouvelables créés dans les États avec un apport du gouvernement fédéral afin de mobiliser les ressources nécessaires pour financer des secteurs prioritaires, tels que l'approvisionnement en eau et l'assainissement. En outre, des instruments de « financement vert » ont été mis au point pour encourager les pays émergents à investir dans des activités qui réduisent les émissions de gaz à effet de serre et de dioxyde de carbone.

Emprunts auprès des banques de développement et des institutions financières

Dans les pays en développement, les municipalités travaillent souvent avec les banques commerciales pour gérer leurs flux de trésorerie, et il leur arrive d'emprunter pour faire face à leurs dépenses courantes. En revanche, il est rare qu'elles empruntent des sommes importantes pour financer des projets d'investissement à long terme qui ont une longue période de maturation. Cela s'explique par plusieurs raisons. D'une part, la réglementation bancaire restreint les prêts au titre de projets à long terme parce que les dépôts bancaires sont essentiellement à court terme et variables. D'autre part, les banques commerciales n'ont généralement pas les compétences voulues pour évaluer les projets municipaux et les risques qu'ils présentent. C'est pourquoi soit elles refusent de financer des investissements municipaux, soit elles appliquent des taux d'intérêt élevés ou demandent des garanties importantes pour se protéger contre les risques perçus des collectivités locales.

Compte tenu de ces contraintes, de nombreux pays ont créé des institutions financières spécialisées qui accordent des prêts à long terme pour les projets d'infrastructures municipales :

- L'Infrastructure Development Finance Company, en Inde, a été créée en 1997 pour fournir une assistance technique et des financements privés à long terme au titre de projets d'infrastructure. Initialement placée sous la tutelle du Gouvernement indien, l'institution a été ultérieurement privatisée.

- La Banque de développement de l'Afrique australe a créé en 2001 un fonds de développement qui accorde des dotations et une assistance technique aux municipalités pour la mise en œuvre de projets d'infrastructure. La banque mobilise des fonds sur les marchés de capitaux intérieurs et internationaux, auprès des investisseurs institutionnels, et auprès des institutions bilatérales et multilatérales de financement du développement. Elle accorde des prêts pour des projets d'infrastructures municipales, de rénovation urbaine, d'approvisionnement en eau, d'assainissement, de santé, de transport et d'éducation, par exemple.

- La banque Caixa Economica Federal, au Brésil, gère plusieurs programmes et fournit une assistance technique aux municipalités admises à recevoir des prêts à taux bonifié.

Banques obligataires

Vu le faible montant des emprunts souscrits par la plupart des collectivités locales, il est intéressant de regrouper les prêts et les émissions obligataires, surtout pour les gros prêteurs. Les banques obligataires (bond banks), établies par les gouvernements fédéraux, évaluent le montant total des besoins de financement des municipalités et émettent une seule classe d'obligations garanties par un portefeuille diversifié d'emprunteurs. Cette formule réduit le risque couru par les investisseurs et les coûts d'emprunt des collectivités locales ; l'encadré 7.23 décrit l'exemple du Fonds commun pour l'approvisionnement en eau et l'assainissement, en Inde.

Les banques obligataires sont couramment utilisées au Canada et aux États-Unis depuis les années 70. Celles créées dans le secteur de l'eau aux États-Unis par la loi fédérale sur la propreté de l'eau de 1984 (Federal Clean Water Act) ont permis aux municipalités d'émettre des obligations garanties par des dotations fédérales et des contributions de contrepartie des États. En dehors du continent nord-américain, on peut citer notamment la Kommunalbanken au Danemark, la Kommunivest aux Pays-Bas et l'Infrastructure Finance Corporation en Afrique du Sud.

Institutions spécialisées : Fonds de développement municipal

Les Fonds de développement municipal (FDM) ont contribué pour beaucoup à la création de marchés intérieurs du crédit municipal, tout en renforçant la capacité des collectivités locales d'élaboration et d'évaluation de projets et en acheminant vers les entités infranationales les fonds alloués par les bailleurs (Clark et al. 2008). Cela permet de financer des petits sous-projets qui répondent aux besoins des villes secondaires. Les administrations centrales ont créé des FDM pour offrir aux municipalités des prêts à plus long terme assortis de taux moins élevés que ceux du marché intérieur. Par ailleurs, ils fournissent souvent une assistance technique pour la conception et le montage des projets, ainsi qu'une formation à l'intention du personnel des services municipaux sur le financement et la mise en œuvre des projets.

Les fonds de développement municipal sont des caisses communes qui sont alimentées par des dotations des échelons supérieurs de l'administration publique et des prêts de bailleurs de fonds, ce qui leur permet d'accorder des prêts bonifiés aux collectivités locales pour financer des projets d'infrastructure. Les autorités locales sont évaluées en termes de capacité de remboursements des prêts. Jusqu'à présent, les FDM fonctionnaient généralement comme des fonds renouvelables. Plus récemment, certains se sont tournés vers le marché de la dette et ont émis des obligations pour accroître leur assise financière de façon à pouvoir aider les collectivités locales.

Les FDM peuvent opérer comme une banque de premier rang et prêter directement aux collectivités locales, ou servir de banque de second rang en prêtant aux banques commerciales et en les encourageant à rétrocéder aux collectivités locales les fonds empruntés. Les prêts aux collectivités locales s'accompagnent souvent d'une assistance technique et d'un appui pour la conception et la sélection des projets. Au-delà des opérations de prêt, les FDM fournissent des capacités techniques aux municipalités, les aident à évaluer les projets et supervisent la préparation des projets et les travaux de construction (Banque mondiale-IEG 2009).

Plus de 60 pays ont créé des FDM, généralement avec le concours d'organisations internationales. On peut citer notamment les exemples suivants :

- *Bolivie*, Servicio Nacional de Desarollo Urbano
- *Colombie*, Findeter
- *République tchèque*, Municipal Finance Co.
- *Géorgie*, Municipal Development Fund
- *Jordanie*, Cities Villages Development Bank
- *Lettonie*, Municipal Development Fund Latvia

Encadré 7.23 Syndication de prêts et accès au marché : Le Fonds commun pour l'approvisionnement en eau et l'assainissement

Le Fonds commun pour l'approvisionnement en eau et l'assainissement a été créé dans l'État de Tamil Nadu pour aider les petites localités à financer des projets d'approvisionnement en eau et d'assainissement. En 2003, ce fonds commun a émis 6 millions de dollars d'obligations qui seraient remboursées au moyen des redevances d'eau perçues dans un groupe de municipalités.

Pour produire le résultat attendu, l'émission nécessitait trois niveaux de garantie :

- *Compte séquestre :* Les municipalités déposent les redevances perçues sur un compte séquestre.
- *Fonds de réserve :* Ce fonds contient un montant 1,5 fois supérieur au service annuel de la dette.
- *Garantie partielle de crédit :* Une garantie (fournie par la Development Credit Authority de l'USAID) couvre 50 % du prêt.

Le taux final était inférieur de 3 % au taux du marché appliqué par le Tamil Nadu Urban Development Fund. En plus de financements, le fonds commun fournit également des conseils aux municipalités qui en sont membres.

Source : USAID 2003.

- *Maroc*, Fonds d'équipement communal

- *Népal*, Town Development Fund

- *Panama*, Fondo de Desarollo Municipal

- *État de Paraná (Brésil)*, Paranacidade

- *Philippines*, Municipal Development Fund Office

- *Sénégal*, Fonds d'équipement des communes

- *Sri Lanka*, Local Government Loan Fund

- *État de Tamil Nadu (Inde)*, Tamil Nadu Urban Development Authority

- *Tunisie*, Caisse des prêts et de soutien des collectivités locales

- *Viet Nam*, Local Development Investment Funds

Les FDM ont obtenu des résultats mitigés — excellents dans certains cas, passables dans d'autres cas. Il est essentiel de poser la question de savoir a) si les FDM sont censés être des intermédiaires provisoires qui aident les municipalités à se familiariser avec le financement par l'emprunt, en ce qui concerne notamment les conditions à remplir, la sélection des instruments et la conception et la mise en œuvre de grands projets), ou b) s'ils sont censés aider les municipalités à accéder progressivement aux marchés des capitaux et aux marchés financiers locaux pour obtenir directement des financements. Les FDM semblent être en mesure d'assumer le premier rôle, mais ils sont moins efficaces pour ce qui est de permettre aux municipalités d'accéder aux marchés. L'encadré 7.24 décrit brièvement quelques exemples concluants.

La Banque mondiale et la Banque interaméricaine de développement se sont particulièrement attachées à soutenir la mise en place de fonds de développement municipal. Entre 1998 et 2008, le Groupe de la Banque mondiale a financé 190 projets de développement municipal. Un quart des projets ont aidé à créer des fonds de développement municipal. Les projets étaient axés sur quatre grandes priorités : a) amélioration de la gestion financière, notamment intégration des comptes municipaux et formation du personnel des services financiers ; b) amélioration des dossiers fiscaux ; c) accès aux marchés du crédit ; et d) aide à l'amélioration des capacités de notation et de supervision.

Toutes les expériences n'ont pas été concluantes. En Afrique, cinq programmes de développement municipal ont échoué parce que les recettes municipales avaient été surestimées et les prêts n'ont pas été remboursés (p. ex., au Zimbabwe et au Nigéria), ou parce que les banques commerciales contactées ont refusé de participer au programme, craignant un manque de capacité financière du secteur municipal. En Asie, l'expérience a bien démarré avec le fonds créé dans l'État de Tamil Nadu, mais le marché financier s'est ultérieurement développé en Inde, les taux d'intérêt ont baissé et ces fonds sont devenus beaucoup moins attractifs. Au Pakistan, le FDM a surtout mis l'accent sur le financement sous forme de dotations.

Les FDM continuent de fonctionner et d'aider les municipalités à emprunter directement sur le marché. Mais lorsque les municipalités ou les marchés du crédit sont prêts à travailler directement ensemble, les FDM risquent de perdre leur attrait, car ils n'ont pas toujours les outils nécessaires pour rivaliser avec les banques commerciales qui sont plus agressives, connaissent bien les caractéristiques des collectivités locales et la réglementation, et sont prêtes à accorder des prêts à des taux compétitifs. Dans ces conditions, les FDM peuvent disposer de ressources suffisantes pour octroyer des prêts, mais ils n'ont pas de clients potentiels (Tunisie et Maroc). Il convient donc de maintenir la marge de manœuvre nécessaire pour que ces fonds puissent servir à soutenir les collectivités locales ou les projets plus petits ou financièrement moins attrayants.

Aide extérieure offerte aux collectivités locales

Les institutions multilatérales et bilatérales ont toujours contribué au financement des collectivités locales et cherché à faciliter leur accès au marché pour financer leurs projets. Comme mentionné plus haut, la Banque mondiale et l'USAID ont encouragé les FDM et les émissions d'obligations municipales. En Inde, par exemple, la promotion du marché des obligations municipales faisait partie du projet de réforme et d'expansion des institutions financières de l'USAID.

Pour obtenir une aide extérieure officielle, les collectivités locales se mettent directement en rapport avec ces institutions (par exemple, la Banque interaméricaine de développement, le Groupe de la Banque mondiale, la Banque asiatique de développement, la Banque africaine de développement et la Banque européenne pour la reconstruction et le développement, ou BERD) ou utilisent les informations

Encadré 7.24 Exemples concluants de fonds de développement municipal

Bangladesh. Le Fonds de développement municipal du Bangladesh a été créé en 2002 en tant qu'entreprise publique chargée d'aider les collectivités locales à financer les projets d'investissement urbains. Il était alimenté par une ligne de crédit de 78 millions de dollars de la Banque mondiale. Tous les types de projets urbains sont admis à bénéficier d'une aide ; le taux d'intérêt a été fixé à 9 %. Le projet a été très concluant : 113 municipalités ont emprunté au Fonds. Étant donné que toutes les municipalités qui empruntent doivent déposer 10 % du montant de leur prêt sur un compte séquestre (pour garantir qu'elles remboursent le montant voulu dans les délais prévus), le Fonds a eu pour effet secondaire un accroissement général des recettes propres. Les collectivités locales ont également amélioré leur système de gestion du patrimoine et leurs procédures comptables.

Brésil. Le Fonds de développement urbain (FDU) de l'État de Parana a été créé en 1998 dans l'État de Parana, au Brésil. Alimenté par des crédits budgétaires de l'État, un prêt de la Banque mondiale et, ultérieurement, de la Banque interaméricaine de développement, ainsi que par les bénéfices mis en réserve, le Fonds a régulièrement accru ses actifs, qui devraient atteindre 1 milliard de dollars en 2015 (contre 311 millions de dollars en 2001). Le Fonds prête aux municipalités de l'État de Parana ainsi qu'aux services d'utilité publique. Les taux d'intérêt varient selon les programmes, mais ils sont fortement bonifiés. Les prêts sont garantis à 100 % par les transferts de l'État aux municipalités ou par les recettes des services d'utilité publique. Le FDU a été le premier de nombreux fonds de développement urbain créés au Brésil. Le principal rôle était d'aider les municipalités brésiliennes à accéder au marché du crédit et à améliorer la sélection et la supervision des projets.

Inde. Le Fonds de développement urbain de Tamil Nadu (Tamil Nadu Urban Development Fund — TNUDF, initialement dénommé Municipal Urban Development Fund — MUDF) a été créé dans le cadre du projet de développement urbain de Tamil Nadu financé par la Banque mondiale. En 1996, le MUDF, une entité publique, avait financé plus de 500 sous-projets dans 90 des 110 municipalités de Tamil Nadu. Fort de ce succès, le MUDF a été transformé en intermédiaire financier autonome, avec un apport de capitaux privés, et renommé TNUDF. Une société de gestion d'actifs — un partenariat public-privé entre l'État de Tamil Nadu et des sociétés d'investissement privées — gère actuellement le TNUDF. La réorganisation a permis de faire appel aux compétences du secteur privé en matière de gestion pour la sélection et le financement de sous-projets parrainés par des entités publiques ou privées et a facilité l'accès des municipalités solvables au marché des capitaux privés. Un guichet Dotations a été créé pour les investissements visant à lutter contre la pauvreté, tels que les projets d'assainissement des taudis et de réinstallation. Ce guichet est géré par une société de gestion d'actifs qui fournit également une assistance technique aux municipalités pour le montage des projets et l'amélioration de leur gestion financière.

Sénégal. Le Fonds d'équipement des communes, créé dans le cadre du Programme de développement urbain et de décentralisation, a considérablement aidé les autorités locales à mieux gérer leurs investissements, à accroître leurs recettes, à respecter les conditions d'emprunt et à hiérarchiser leurs dépenses. Grâce à la formule des contrats municipaux (introduite en même temps), le Fonds a joué un rôle clé en renforçant le processus de décentralisation au Sénégal.

Afrique du Sud. L'Infrastructure Finance Corporation a une structure similaire à celle du Fonds de développement urbain de l'État de Parana. Elle accorde des prêts aux municipalités — notamment les grandes métropoles — pour financer des projets d'infrastructure et d'adduction d'eau. Les sources de financement sont notamment le marché intérieur et les marchés internationaux, les émissions d'obligations et les prêts à long terme octroyés par des institutions financières internationales. Les prêts consentis aux municipalités ont généralement un taux fixe et une échéance maximum de 20 ans.

Source : Sood 2009 ; Alam 2010 ; Freire et Petersen 2004.

publiées régulièrement par le ministère de la Planification et du Développement lorsque des projets de grande envergure sont élaborés pour aider les collectivités locales. En général, les institutions financières internationales et les autorités nationales appliquent certains critères pour sélectionner les collectivités locales admises à recevoir un prêt, tels que notamment des indicateurs budgétaires (pour estimer la capacité de la collectivité locale de rembourser le prêt et de faire un apport de contre-partie), les résultats obtenus par des projets précé-dents, et les méthodes budgétaires et comptables. En outre, les collectivités locales doivent parfois démontrer que leurs stratégies répondent à l'objectif principal du programme global, tel que la lutte contre la pauvreté, l'amélioration de la compétitivité ou le développement des services de base.

Banque mondiale : Aide de la BIRD et de l'IDA au développement municipal

L'aide multilatérale peut revêtir la forme de dons ou de prêts. La plus grande partie consiste en prêts bonifiés, notamment pour les pays pauvres admis à bénéficier de crédits de l'Association internationale de développement (IDA) à des conditions de faveur. L'encadré 7.25 décrit les conditions des prêts de la Banque internationale pour la reconstruction et le développement (BIRD), ou de la Banque mondiale, ainsi que celles des crédits de l'IDA. Dans l'un et l'autre cas, les collectivités locales doivent acquitter d'importants coûts de transaction associés à ces dons ou prêts bonifiés. Avant qu'une ville ou une administration centrale reçoive une assistance, d'importantes améliorations doivent être apportées au niveau des institutions, des opérations et de l'information.

Les collectivités locales reçoivent rarement des prêts directs d'organisations internationales. Dans la plupart des cas, un projet est élaboré et négocié avec la collectivité locale, mais l'administration centrale ou étatique souscrit l'emprunt et rétrocède les fonds à la collectivité locale, avec ou sans droits de débours. Les fonds sont décaissés par l'intermédiaire d'un mécanisme central, d'un fonds de développement municipal ou d'une banque de second rang, puis alloué à certaines collectivités locales bénéficiaires, conformément à un accord préalable ou une formule d'allocation. L'exception concerne les prêts aux grandes villes, comme Le Caire, Mexico, Mumbai, Rio de Janeiro, Sao Paulo et Shanghai, où la Banque mondiale a financé des projets directement, mais généralement avec une garantie souveraine.

Mécanisme de financement des municipalités UE-BERD

Le Mécanisme de financement des municipalités est une initiative de la BERD et de la Commission européenne qui vise à promouvoir les prêts consentis par les banques commerciales aux petites et moyennes municipalités et à leurs services d'utilité publique dans les pays qui ont rejoint l'UE depuis 2004 (République tchèque, Estonie, Hongrie, Lettonie, Lituanie, Pologne, République slovaque et Slovénie, suivis de la Bulgarie et de la Roumanie). Le mécanisme combine des financements de la BERD, sous la forme de prêts à long terme ou de mutualisation des risques, et des subven-tions phares de l'UE, sous la forme de prorogation des échéances et de coopération technique pour les banques ou services d'utilité publique partenaires.

Objectifs

Le mécanisme vise à encourager les banques commer-ciales à accorder des prêts aux petites et moyennes municipalités, à permettre aux banques de mieux évaluer les risques des municipalités et à gérer leurs pertes dans le secteur, à faciliter l'accès des collecti-vités locales au financement à moyen ou long terme et à les aider à élaborer et mettre en œuvre des projets d'infrastructure réalisables et suffisamment solides financièrement pour bénéficier de crédits.

■

Encadré 7.25 Conditions des crédits de l'IDA et des prêts de la BIRD

- Prêts de la BIRD : échéance de 20 ans et taux égal au Libor à six mois majoré d'une marge de 0,5 %.
- Crédit de l'IDA : échéance de 40 ans, différé d'amortissement de 10 ans et commission de 0,75 %.

La BERD a octroyé jusqu'à 75 millions d'euros de lignes de crédit sur 10 et 15 ans aux banques partenaires qui rétrocèdent ces fonds aux collectivités locales en euros ou en monnaie nationale. Les banques partenaires accordent des prêts à hauteur de 5 millions d'euros, pour une durée de 5 à 15 ans, aux collectivités locales qui veulent investir dans les infrastructures. La BERD fournit un mécanisme de mutualisation des risques qui couvre jusqu'à 35 % des risques associés aux prêts de la banque partenaire aux collectivités locales. L'appui de la BERD sert de garantie, et la banque ne participe au financement des risques qu'en cas de défaut de paiement d'un prêt municipal. D'autre part, l'UE accorde des aides financières aux municipalités au titre des demandes de prêts et de la préparation et de la mise en œuvre des projets.

Critères

Les municipalités bénéficiaires doivent desservir une population de moins de 100 000 personnes. Elles doivent avoir une bonne gestion financière et une trésorerie solide. Les investissements peuvent porter sur les transports locaux, le chauffage urbain, l'approvisionnement en eau, l'assainissement, la gestion des déchets solides, la voirie publique, les parcs de stationnement et autres équipements.

La Banque interaméricaine de développement et la Banque mondiale ont mis au point leurs propres mécanismes de financement au niveau infranational qui permet aux municipalités solvables de financer des infrastructures sans garantie de l'administration centrale.

Prêts et crédits au titre de la protection de l'environnement et des économies d'énergie

Les économies d'énergie et le changement climatique ont gagné en importance au cours des dix dernières années, ce qui a conduit à l'élaboration de programmes expressément destinés à aider les collectivités locales et les entités nationales dans ces domaines. Les institutions financières internationales, les bailleurs de fonds bilatéraux et les institutions privées ont mis au point des produits spécifiques pour éduquer les autorités locales et élaborer des projets qui s'autofinancent. Un projet typique est la rénovation d'un bâtiment public pour réduire sa consommation

d'énergie. Par exemple, Los Angeles a financé la rénovation des bureaux administratifs du centre-ville grâce aux économies d'énergie réalisées sur trois ans. La Russie avance rapidement dans ce domaine également. En novembre 2009, le pays a adopté la loi fédérale 261-FZ (« Amélioration de l'efficacité énergétique et économies d'énergie ») pour aider à réduire son intensité énergétique de 40 % d'ici à 2020. Cette nouvelle réglementation a des implications importantes pour les collectivités locales et les villes, notamment la nécessité de nouvelles compétences et fonctions dans le domaine de la maîtrise de l'énergie de façon à obtenir des résultats durables dans les bâtiments et les services publics locaux, la supervision de l'installation de compteurs, l'installation et l'entretien de systèmes d'information locaux sur l'efficacité énergétique des bâtiments (résultats des audits énergétiques, « passeports énergétiques », mesures d'amélioration de l'efficacité énergétique et rapports sur les économies réalisées). La Banque mondiale et l'IFC ont mis sur pied un large éventail de programmes qui permettent d'assurer le financement durable des villes russes.

L'une des manifestations du changement climatique est le réchauffement de la planète, qui entraîne de graves perturbations économiques et le déplacement de millions de personnes. Des mesures ont été prises pour lutter contre les émissions et la pollution, telles que notamment la mise en place de règles et de normes, d'instruments économiques, tels que droits et redevances, droits d'émission échangeables, accords librement acceptés, subventions et incitations financières.

De plus en plus de villes obtiennent des ressources substantielles pour financer les services locaux essentiels dans le cadre du Mécanisme pour un développement propre, qui établit un lien entre la réduction de l'empreinte carbone d'une ville et les changements de comportements nécessaires pour y parvenir (l'encadré 7.26 décrit l'exemple de la ville de Lahore, au Pakistan). Ces changements sont encouragés par des incitations, telles que les crédits carbone offerts aux villes qui réduisent leurs émissions de gaz à effet de serre. En 2007, la Société municipale de Mumbai a financé un projet de fermeture de la décharge de Gorai et de récupération des gaz de décharge en recourant au marché du carbone. La Banque asiatique de développement a financé le projet grâce à l'émission de crédits carbone en échange d'unités de réduction certifiée des émissions (URCE). Une URCE représente une économie d'une tonne de dioxyde de carbone.

Jordanie

La municipalité du Grand Amman assure le traitement de la moitié des déchets solides produits en Jordanie. Avec un financement de 25 millions de dollars de la Banque mondiale, la ville a agrandi la décharge et les sites de transfert existants (Banque mondiale 2010). Le projet prévoit le recyclage des matériaux récupérables et la récupération des gaz de décharge, ce qui permettra de produire 160 000 mégawattheures d'électricité « verte » qui viendront alimenter le réseau électrique national. En outre, le projet réduira les émissions à hauteur de quelque 950 000 tonnes de CO_2, ce qui générera 15 millions de dollars supplémentaires d'URCE en 2014, tandis que les ventes d'électricité devraient produire 25 millions de dollars de recettes à l'horizon 2019.

Maroc

En 2006, le Maroc a adopté sa première loi sur la gestion des déchets solides. En 2007, le pays a lancé un programme de gestion des déchets solides municipaux pour les quinze années suivantes. Les objectifs étaient les suivants : couverture de 90 % des besoins d'ici à 2021, aménagement de sites de décharge contrôlée dans toutes les zones urbaines, fermeture et réhabilitation des décharges à ciel ouvert, et promotion de la réduction du volume de déchets solides et de leur récupération. Le programme vise à améliorer les méthodes de traitement des déchets solides au Maroc, qui placent le pays au bas de l'échelle en Afrique du Nord : les dépenses annuelles consacrées au traitement des déchets solides représentent 0,05 % du produit intérieur brut, contre 0,2 % en République arabe d'Égypte et 0,1 % au Liban, en Syrie et en Tunisie. Les projets de récupération des gaz de décharge permettront de capter et brûler le méthane en torchère, ce qui réduira les émissions de 0,7 à 1 million de tonnes d'équivalent CO_2 par an et générera des recettes provenant des crédits de réduction des émissions de carbone vendus dans le cadre du Mécanisme pour un développement propre. Les recettes générées par le marché du carbone sont une raison de plus pour les

■

Encadré 7.26 Lahore : Projet de compostage financé grâce au marché du carbone

Le Groupe Saif, par l'intermédiaire de Lahore Compost (Pvt.) Ltd., a construit sa première usine de compostage à Mahmood Booti, au Pakistan, dans le cadre d'un accord avec la ville de Lahore. Il s'agit d'un accord de construction-exploitation-transfert, qui prévoit la cession du projet à la ville au bout de 25 ans. C'est le premier partenariat public-privé mis en place au Pakistan à une telle échelle dans le domaine du recyclage des déchets solides municipaux.

En avril 2010, le projet a été homologué comme projet exécuté au titre du Mécanisme pour un développement propre, dans le cadre de la Convention-cadre des Nations Unies sur les changements climatiques. Il produit jusqu'à 150 tonnes de compost par jour à partir des 1 000 tonnes de déchets solides fournis par la ville. Lahore Compost utilise un processus aérobie avec mise en andains sur aire ouverte

pour produire le volume maximal de compost sans danger pour l'environnement et réduire de moitié la quantité de déchets produits. Le processus de compostage prend généralement 60 jours environ dans des conditions normales (voir les graphiques B7.26.1 et B7.26.2).

Le projet a été vérifié en 2011 par l'Autorité des Nations Unies chargée du contrôle des émissions de carbone, et le volume de réduction des émissions est contrôlé chaque année depuis cette date. Le projet a donc bénéficié des crédits carbone, qui devraient générer quelque 6 millions de dollars de recettes totales sur cinq ans et assurent la viabilité financière du projet. Outre ses avantages sur le plan financier et écologique, le projet a permis de créer une cinquantaine d'emplois, dont 20 emplois non qualifiés occupés pour la plupart par d'anciens ramasseurs de déchets.

(suite page suivante)

Encadré 7.26 *(suite)*

Les crédits carbone sont de l'argent gratuit, mais les coûts de transaction sont considérables. La vérification du projet nécessite un plan de gestion pour produire des données aussi probantes que des analyses de laboratoire, ainsi que des doubles contrôles pour démontrer la réduction des émissions, qui sera également bénéfique pour la population.

Figure B7.26.1 Retournement des andains

Figure B7.26.2 Homologation

municipalités de s'attaquer au problèmes des déchets solides tout en luttant contre le changement climatique (Banque mondiale 2010).

Bolivie

Santa Cruz, en Bolivie, est une ville de 1,3 million d'habitants qui affiche une expansion de 6 % par an. Les services d'assainissement assurés par dix coopératives sont de bonne qualité mais ne couvrent que 32 % de la population. Pour améliorer la situation, il est notamment prévu de construire quatre stations d'épuration des eaux usées dont le méthane sera acheminé vers une torchère par un système de tubes. Ce projet est financé par l'achat de

2,09 millions de dollars de crédits de réduction des émissions par le Fonds « carbone » pour l'aide au développement de proximité et le Fonds « biocarbone ». La coopérative locale SAGUAPAC reçoit le produit de cet achat et assurera l'exécution du projet, dont le coût d'installation est estimé à 1,48 million de dollars et les coûts d'exploitation et d'entretien annuels à 24 000 dollars (Jaguari 2007).

Inde

Les 18 millions de citadins vivant dans l'État de Karnataka, en Inde, ont accès à l'eau courante moins de quatre heures par jour. Pour améliorer l'approvisionnement en eau, l'État a lancé un programme d'accroissement de l'efficacité énergétique et de réduction des émissions de gaz à effet de serre. Le programme a été mis en place dans six villes, où il a permis d'économiser 16 millions de kilowattheures et de réduire de 13 620 tonnes le volume total des émissions de CO_2. Les quelques 60 000 unités de réduction des émissions ainsi obtenues seront achetées par le Fonds « carbone » pour l'aide au développement de proximité. Le programme générera entre 600 000 et 900 000 dollars de recettes brutes qui seront réparties entre les municipalités participantes.

Participation du secteur privé

Les partenariats public-privé sont une formule de plus en plus utilisée par les collectivités locales pour financer les infrastructures et assurer des services publics efficaces. Le secteur privé apporte les capitaux et le savoir nécessaire, tout en donnant accès aux technologies et aux méthodes de gestion qui permettent des gains d'efficacité. Les PPP se caractérisent par le partage des investissements, des risques et responsabilités, ainsi que des profits, entre les partenaires. Grâce au principe du partage des responsabilités, le projet répond également mieux aux besoins des usagers. Dans le contexte de ce chapitre, le point à retenir est que de nombreux types de PPP offrent différentes options de financement aux municipalités. Les villes peuvent économiser des derniers publics en formant un PPP avec un investisseur privé, ce qui leur permet d'utiliser les fonds publics pour d'autres projets publics qui n'intéressent pas les investisseurs privés. En confiant la gestion du patrimoine à des entités privées, les municipalités peuvent réduire les coûts d'exploitation, à condition que l'entreprise privée soit plus efficace et assure la même qualité de service à moindre coût.

Services publics ou services privés

En principe, le secteur privé devrait normalement assurer les services locaux, tels que notamment l'approvisionnement en eau et en énergie, qui sont considérés comme des biens privés. La concurrence entre les entreprises privées garantirait que les services sont fournis au moindre coût. Mais le principe de la libre concurrence ne s'applique pas toujours. Par exemple, pour des services d'utilité publique, tels que l'éclairage urbain, la protection civile et la sécurité, les villes ne peuvent pas facturer les usagers parce que ces services doivent être accessibles à tous. On peut également citer le cas des gros investissements, qui créent un monopole naturel de facto, comme par exemple les services locaux d'approvisionnement en eau. Dans ce cas, un opérateur privé (en situation de monopole) risque de ne pas appliquer le tarif le plus bas possible. Le tableau 7.7 décrit brièvement le rôle que le secteur public et le secteur privé peuvent jouer dans plusieurs services urbains.

Types de partenariat public-privé

Les modalités contractuelles d'un PPP dépendent du type de service, du propriétaire des actifs (la collectivité locale ou le partenaire privé), de la répartition des risques et de la durée du contrat. Le tableau 7.8 décrit les principaux types de PPP. La forme la plus simple est un contrat de gestion de services pendant une période d'un à trois ans, les actifs restant la propriété du secteur public. Dans le cas des contrats de construction-exploitation-transfert, de location et de concession, les actifs sont publics, mais le partenaire privé assume tout ou partie des risques et de l'investissement requis. Les concessions ont une durée maximale de 25 ans. La cession est la forme la plus extrême de privatisation : le secteur public vend tous les actifs au secteur privé et cesse toute intervention (par exemple, le Royaume-Uni a entièrement privatisé son réseau ferroviaire dans les années 80).

Les PPP offrent des avantages appréciables

Les principaux avantages des PPP sont les suivants :

- *Économies.* Les collectivités locales réduisent les coûts de construction des projets d'investissement ainsi que les dépenses d'exploitation et d'entretien des services.

- *Partage des risques.* La collectivité locale peut partager les risques avec le partenaire privé, notamment les risques de dépassement des coûts, les problèmes d'application de la réglementation environnementale et le risque que les recettes ne couvrent pas les dépenses de fonctionnement et d'équipement.

- *Amélioration du service.* Les PPP peuvent introduire des innovations dans l'entreprise qui organise et assure la prestation des services. Ils permettent également d'adopter des technologies nouvelles et de réaliser des économies d'échelle qui réduisent souvent les coûts.

Après plusieurs décennies d'expérience en matière de PPP, on dispose aujourd'hui de données factuelles confirmant l'impact positif de la collaboration avec des partenaires privés pour assurer les services. L'intervention du secteur privé dans le domaine des infrastructures permet de gagner en efficacité et d'améliorer la satisfaction des usagers. Les prix diminuent fortement et la population cible reçoit des services de meilleure qualité. Ce résultat est particulièrement visible dans le cas des services de téléphonie, d'eau et d'électricité. La productivité de la main-d'œuvre augmente sensiblement, de 50 % dans certains cas. Dans le secteur de l'électricité, le nombre de raccordements par employé est passé de moins de 500 par employé avant la privatisation à 750 après la privatisation. Les pertes de distribution ont également beaucoup diminué, dans certains cas de 20 % et 40 % dans les secteurs de l'électricité et de l'eau respectivement, à 10 % et 20 % après la privatisation (Andres et al. 2008).

Les PPP présentent aussi des risques

La privatisation est souvent vue d'un mauvais œil. Les premiers contrats reposaient sur un optimisme

Tableau 7.7   Services urbains : typologie

Services urbains	Type de bien	Rôle du secteur public	Rôle du secteur privé
Transports urbains	Bien privé (avec des externalités positives), bien d'intérêt social.	Assurer des services efficaces et desservir les catégories à faible revenu.	Construit et exploite les réseaux.
Réseaux d'assainissement	Bien public ; monopolistique ; externalités positives.	Service assuré directement par la municipalité.	Peut effectuer certains travaux sous contrat.
Approvisionnement en eau	Bien quasi-public ; externalités positives.	Réglementation requise pour assurer la santé publique.	Peut assurer ce service, moyennant une réglementation.
Services fonciers, infrastructures et raccordements individuels	Tous les biens sont privés et peuvent être fournis par le secteur privé.	Réglementation requise pour tenir compte des questions environnementales et sanitaires ; zonage.	Fournit les infrastructures, finance les aménagements, facture les usagers.
Assainissement des taudis	Bien public en grande partie.	Finance les éléments publics : adduction d'eau et assainissement.	La population locale peut assurer une grande partie des travaux et services.
Collecte des déchets solides	Bien privé (externalités positives).	Le secteur public veille à ce que le service soit assuré, avec une couverture adéquate.	Service assuré par le secteur privé.
Évacuation des déchets	Bien quasi-public.	Service assuré directement par la municipalité.	Service contractuel.

Source : Batley 2001.

Tableau 7.8　Types de partenariat public-privé

Type de PPP	Ce qu'ils font	Caractéristiques
Contrat de gestion et CET	Transfère les activités d'exploitation et d'entretien d'un projet public au secteur privé pendant une durée maximale de cinq ans.	La collectivité locale reste propriétaire du projet et en assure le financement. Elle fixe des objectifs de résultats pour évaluer l'efficacité de l'entreprise chargée de l'exploitation et de l'entretien. *Exemples :* L'usine de compostage de Lahore (sous contrat CET) et le service d'autobus de Hanoi.
Location	L'autorité locale détient les actifs, mais le secteur privé les loue et en assure l'entretien et l'exploitation.	Les risques sont partagés ; la durée de location varie entre 5 et 20 ans.
Concession	Le secteur privé investit dans l'installation et en assure l'entretien et l'exploitation.	La durée de concession varie entre 25 et 30 ans. Les contrats sont très détaillés ; ils définissent les normes de rendement, l'investissement requis et les mécanismes d'ajustement des tarifs. Exemples : le réseau d'autobus Transmillenio ; les services urbains d'approvisionnement en eau du Sénégal.
Coentreprise	Le secteur privé détient des parts dans l'entité. À terme, la collectivité locale peut vendre les autres parts au secteur privé.	L'autorité locale peut confier la gestion courante au partenaire privé.
Propriété intégrale ou partielle	Le secteur privé détient tout ou partie du service ou de l'entité.	Si le secteur public cède toutes ses parts, le secteur privé assume l'entière responsabilité de l'exploitation, de l'entretien et de l'investissement, et devient propriétaire de tous les actifs.

Source : Delmond 2009.
Note : CET = construction-exploitation-transfert.

excessif et sur des critères techniques et financiers laxistes. La collectivité locale ne disposait pas d'informations suffisantes sur le secteur en question ou n'avait pas assez d'influence sur le partenaire privé pour contrôler les résultats du partenariat et prendre des mesures correctives. La mauvaise qualité des contrats est l'une des raisons qui explique la forte proportion de PPP renégociés ou annulés. En Amérique latine dans les années 90, 74 % des contrats de PPP dans le secteur de l'eau ont été renégociés au cours des 18 premiers mois (Batley 2001).

Le taux d'annulation est cependant très faible aujourd'hui, ce qui donne à penser que la collectivité locale et le partenaire privé sont satisfaits de l'accord une fois les détails techniques réglés. Les points les plus contestés des contrats renégociés semblent être le niveau du tarif minimum, l'investissement requis et le

manque de réglementation. Le contrat initial se ressent parfois du manque de communication avec le public, de l'absence de programmes sociaux, de violations des clauses contractuelles, et de l'inefficacité et du caractère imprévisible des mécanismes de règlement des conflits.

Les principaux risques associés aux PPP sont les suivants :

• Le principal risque est la perte de contrôle. Les PPP fondés sur un investissement important du partenaire privé permettent souvent à ce dernier d'influencer lourdement les décisions concernant la qualité et le prix des services, en allant à l'encontre des intérêts des usagers.

• Les risques politiques sont également courants. En cas de réglementation insuffisante et de corruption, les partenariats public-privé peuvent être une source d'abus et de troubles politiques.

Bien que le manque de compétences techniques au niveau local suscite quelques inquiétudes, les PPP sont une formule très utilisée dans les pays en développement. En Ouganda, par exemple, les collectivités locales peuvent sous-traiter les services et sont encouragées à le faire. Des contrats ont été signés pour la gestion des déchets solides, l'entretien des routes, les marchés de détail, les parcs de stationnement, et même la perception de l'impôt foncier. Pour les aménagements fonciers, les terrains sont loués à des entrepreneurs privés pour une durée de 15 ans.

Modèles réussis de PPP

Le nombre de PPP qui fonctionnent bien dans les municipalités ne cesse d'augmenter. Quatre exemples sont particulièrement intéressants : le contrat de concession octroyé pour le réseau d'autobus Transmillenio de Bogota, le service d'autobus de Hanoi, le contrat CET attribué pour l'usine de compostage de Lahore, et la mise en concession des services d'eau urbains au Sénégal. Dans tous les cas, le contrat est très clair, les clauses traitant des problèmes ont été bien définies et la participation financière du secteur privé, les tarifs et le taux d'intérêt ont été judicieusement négociés. En outre, la préparation a été rigoureuse et a tenu compte de la demande de services, des flux de recettes, des coûts d'investissement, de l'intérêt probable du secteur privé et du type de PPP approprié pour le projet. En principe, une étude de préfaisabilité devrait être réalisée avant d'inviter des entreprises privées à soumissionner pour le projet. Un PPP bien conçu suit cette règle et ceux qui ont échoué ont probablement été mis en place sans étude de préfaisabilité. Les encadrés 7.27 et 7.28 illustrent ces problèmes.

Bien que les avantages des PPP pour les villes ne soient plus à démontrer, les collectivités locales devraient se pencher de près sur les compétences techniques et financières requises, de façon à bien maîtriser la situation lorsqu'elles négocient les contrats. Comme mentionné plus haut, la renégociation des PPP est la norme dans le secteur de l'eau en Amérique latine. Il existe également des PPP en difficulté en Afrique ; l'encadré 7.29 décrit un exemple à Dar es Salaam, en Tanzanie. Ces expériences ne remettent pas en cause les avantages des PPP, mais elles montrent que ces partenariats nécessitent une bonne préparation et une amélioration des compétences techniques. Fort heureusement, les institutions financières internationales et les organismes d'aide bilatérale offrent divers programmes d'assistance technique pour faire en sorte que les partenariats soient rigoureusement conçus, tiennent compte des aléas du secteur et prévoient des mesures correctives en cas de violation du contrat.

Les PPP et les populations défavorisées

Un bon moyen pour le secteur privé de participer à des projets urbains rentables tout en desservant les populations défavorisées consiste à lancer des produits novateurs spécialement conçus pour répondre aux besoins des populations défavorisées à des prix qui sont à leur portée, en tenant compte de leurs modes de vie (l'encadré 7.30 montre les défis à relever pour répondre à ces exigences). Il existe des possibilités notamment dans le secteur des services financiers, comme le Fonds Kuyasa au Cap, en Afrique du Sud. Un autre exemple est SKS Microfinance en Inde, dans le secteur du logement. Dans le secteur de la gestion et du recyclage des déchets solides, on peut citer les installations de récupération des matériaux recyclables à Quezon City, aux Philippines, et le Conseil municipal de New Delhi, en Inde. Ce dernier verse une subvention officielle aux populations défavorisées qui ramassent les déchets déposés par les habitants devant chez eux, assurant 33 % de la récupération des déchets par des recycleurs indépendants privés.

L'aide basée sur les résultats est de plus en plus utilisée pour l'octroi au secteur privé de subventions qui garantissent que les objectifs de performance visés sont atteints, pour ce qui est notamment des services aux populations défavorisées. L'aide basée sur les résultats consiste essentiellement à subordonner le versement d'une subvention à la fourniture d'un service ou à l'obtention d'un résultat spécifique : par exemple, le raccordement d'un certain nombre d'usagers au réseau d'eau ou d'électricité. Les prestataires privés doivent donc assumer leurs propres risques d'inexécution et faire eux-mêmes (dans la plupart des cas) l'apport initial nécessaire pour atteindre les objectifs de performance et recevoir une subvention au titre de l'aide basée sur les résultats. Cette forme d'aide s'est avérée particulièrement efficace pour les raccordements au réseau d'adduction d'eau dans les quartiers précaires en accordant une subvention non récurrente pour l'extension du réseau et les raccordements, notamment en Éthiopie, en Indonésie, au Mozambique et aux Philippines (GPOBA 2008 ; Banque mondiale 2005).

Quelques enseignements tirés de l'expérience des PPP

Les partenariats public-privé peuvent aider les collectivités locales à fournir des services plus étendus, moins chers et plus efficaces. Mais pour en tirer le meilleur parti possible, les collectivités locales doivent mieux connaître les secteurs dans lesquels elles interviennent et les clauses juridiques à prévoir en cas de différend avec leurs partenaires privés. Pour obtenir les résultats voulus, la localité doit avoir une stratégie à long terme et être en mesure, d'une part, de réglementer les prestataires et la qualité des services, et d'autre part, d'appliquer la réglementation. Pour aller de l'avant, les collectivités locales doivent

---

Encadré 7.27 Étude de faisabilité pour une décharge contrôlée

Les villes asiatiques se tournent de plus en plus vers le secteur privé pour les investissements dans le secteur des déchets solides. Durant la phase d'évaluation, différents types d'analyses et de données sont nécessaires pour entreprendre un projet dans ce secteur. Compte tenu des économies d'échelle associées aux décharges contrôlées (le coût par tonne est inversement proportionnel à la taille de l'installation), le secteur privé veut s'assurer qu'un certain volume de déchets sera mis en décharge afin de générer les recettes nécessaires pour les opérations de recyclage et d'évacuation. Une partie de l'étude de faisabilité consiste donc à recueillir des données auprès de différentes sources sur le volume et la densité des déchets, actuels et prévus.

Afin de déterminer les options viables, des analyses de coût seront effectuées pour différents services d'évacuation des déchets. Il s'agit notamment de déterminer les besoins d'investissement et de prévoir les dépenses de fonctionnement et d'entretien, ainsi que l'amortissement intégral de chaque option. Il faut également déterminer la valeur des terrains alloués à la nouvelle décharge.

L'analyse de la demande nécessite une étude afin de déterminer si les habitants sont disposés à payer pour des services améliorés. Il convient d'interroger les bénéficiaires potentiels sur ce qu'ils pensent des options de service, des coûts et des méthodes de paiement.

Il faut également étudier les possibilités de recyclage des déchets comme source de revenu, parallèlement au recyclage et au compostage sur place, ce qui minimiserait la production de déchets et offrirait le choix de ne pas payer pour le service complet.

Source : CIDA 2011.

Encadré 7.28 PPP dans le secteur de l'eau en Argentine

Lorsque la société internationale de distribution d'eau Aguas del Tucuman, en Argentine, a soudainement augmenté les tarifs de l'eau sans apporter les améliorations prévues, le secteur public a essayé de faire appliquer certaines clauses du contrat, sans grand succès. La société a finalement intenté un procès contre l'État pour rupture de contrat.

Source : Andres et al. 2008.

se pencher sur la teneur des contrats, les méthodes de règlement des différends et les détails techniques avant et après la signature du contrat de PPP.

Le contrat doit contenir des règles précises de contrôle des services fournis, et il convient de veiller à l'application de ces règles. Si les collectivités locales n'ont pas les connaissances ni les compétences nécessaires pour créer un PPP sans aide extérieure, elles ne devraient pas hésiter à demander de l'aide, à condition qu'elles comprennent bien l'objectif général et les principes directeurs du PPP. Les responsables locaux doivent également avoir une idée claire des risques qu'ils prennent dans le cadre d'un PPP, ainsi que de leurs obligations conditionnelles si les choses ne se déroulent pas comme prévu.

Contributions philanthropiques et individuelles

Outre les autres sources de financement, les municipalités devraient faire appel aux contributions philanthropiques. Depuis la fin des années 90, ce type d'assistance a considérablement augmenté et se chiffre aujourd'hui à quelque 5 milliards de dollars à l'échelle mondiale, dont 75 % proviennent de fondations américaines. Les contributions de ces fondations ont plus que triplé au cours des dix

---

Encadré 7.29 Dar es Salaam : Un PPP qui a échoué

De nombreuses villes ont eu des difficultés avec les premiers PPP mais en ont tiré des enseignements utiles, comme dans le secteur de l'eau et de l'assainissement à Dar es Salaam. Le secteur souffrait d'un manque d'investissements depuis 30 ans. En 2002, une coentreprise britannique-allemande-tanzanienne (City Water Services) s'est vu attribuer un contrat de location de 10 ans pour gérer les opérations techniques et commerciales du réseau d'approvisionnement en eau et d'assainissement de la ville. Trois ans plus tard, en mai 2005, la collectivité locale a accusé l'opérateur de non-exécution et résilié le contrat.

Source : Sway 2011.

Les raisons invoquées étaient le non-respect de l'engagement pris d'élargir la portée des services, d'appliquer les règles de passation de marché et de verser à la ville la part convenue des bénéfices.

Dix ans plus tard, la ville a revu sa stratégie et est prête à tenter à nouveau l'expérience ; elle prévoit d'inviter des investisseurs privés à participer à des projets de transport public et de développement immobilier. Une décennie d'apprentissage par la pratique lui a permis de formuler d'excellentes directives sur la marche à suivre pour former un partenariat public-privé qui respecte les principes de la collectivité locale.

Encadré 7.30 « Concessions urbaines » au Brésil

Sào Paulo, au Brésil, met en place de nouveaux partenariats public-privé — appelés « concessions urbaines » — pour confier la gestion des quartiers défavorisés au secteur privé en échange de l'exécution d'un programme d'investissement. Les concessionnaires récupéreront leur investissement et dégageront un profit de la remise en état des biens expropriés pendant la durée de la concession. Les propriétaires des biens seront indemnisés sur la base de critères prédéfinis, tandis que les locataires seront réinstallés dans des logements sociaux ou recevront une allocation-logement.

---

dernières années, pour atteindre un montant total de 44 milliards en 2007 (Paulais 2013 ; Foundation Center 2009). La Fondation Bill et Melinda Gates occupe le premier rang mondial. La plupart des ressources sont acheminées par le biais d'organisations non gouvernementales, souvent européennes (par exemple, le siège de nombreuses fondations se trouve en Suisse, notamment la Croix-Rouge et le Fonds mondial de lutte contre le sida, la tuberculose et le paludisme).

Il est rare que les autorités locales aient directement accès aux contributions philanthropiques ; elles doivent passer par les administrations étatiques ou centrales. En 1995, la Fondation Soros (Open Society Institute) a aidé à créer la National Urban Reconstruction and Housing Agency, en Afrique du Sud, pour octroyer des prêts hypothécaires à taux bonifiés aux personnes à faible revenu. En 2007, une contribution de la Fondation Gates a permis de renforcer les capacités des collectivités locales dans le secteur de l'eau et de l'assainissement.

Les collectivités locales font cependant appel à la participation du public pour financer certains projets de développement. Par exemple, dans la ville d'Uzgen en République kirghize, la collectivité locale a demandé à la population de l'aider à lever des fonds pour améliorer le système d'approvisionnement en eau, qui n'était plus à la hauteur des besoins de cette ville en pleine expansion. La municipalité n'a pas pu obtenir un prêt de la Banque mondiale, car elle ne disposait pas des fonds de contrepartie nécessaires (3 % du coût total). Elle a donc organisé une campagne de relations publiques pour convaincre ses habitants de faire une contribution ponctuelle afin de lever les fonds nécessaires. Pour financer la première phase, la collectivité locale a mobilisé des étudiants pour sensibiliser la population à l'importance de l'eau potable et convaincre leurs parents de faire une contribution. Ultérieurement, la même démarche a permis à la ville de porter de 35 % à 65 % le pourcentage d'habitants ayant accès à l'eau courante (Kaganova 2011).

Les fonds communautaires gagnent en importance, notamment pour aider les familles défavorisées à se loger. Ces fonds créent et alimentent des groupes d'épargne au niveau local qui accordent des financements collectifs pour l'amélioration du logement et mobilisent des ressources auprès de l'administration centrale et des bailleurs de fonds étrangers. Ces groupes peuvent jouer un rôle important en promouvant le développement de proximité.

Ils peuvent également aider à construire des infrastructures à moindre coût (Mitlin et Muller 2004). On peut citer à titre d'exemple Slum Dwellers International, une fédération qui associe l'épargne et le crédit pour améliorer le logement. Au cours des quinze dernières années, l'organisation est devenue un mouvement international qui a des antennes dans plus de douze pays. Elle a aidé des millions de ménages à avoir accès à la terre et à améliorer leur logement en leur octroyant de petites subventions. Le Cambodia Urban Poor Development Fund, le Bann Mankong (sécurité du logement) en Thaïlande, le Community Mortgage Program aux Philippines, PRODEL au Nicaragua, et Jamii Bora Trust au Kenya sont d'autres exemples.

Jamii Bora Trust a créé un programme d'habitat social qui se chiffre à 12,5 millions de dollars environ (bâtiments à usage commercial et résidentiel). Grâce à l'épargne de ses membres, au marché financier et à des bienfaiteurs, l'organisation a acheté 118 hectares de terrains privés pour construire des logements. Les membres reçoivent un prêt de Jamii Bora Trust pour financer leur logement (environ 3 000 dollars), moyennant un versement d'environ 45 dollars par mois et par ménage, plus environ 7 dollars de frais d'entretien (UN-HABITAT 2005). Les fonds communautaires en Inde et en Thaïlande se sont rapidement développés avec l'aide du gouvernement central et des bailleurs de fonds étrangers.

Le Community-Led Infrastructure Financing Facility est un fonds créé à l'intention des citadins défavorisés avec le concours de bailleurs de fonds, afin de financer des projets communautaires de logement et d'infrastructure susceptibles d'être transposés à plus grande échelle. Il collabore avec la National Slum Dwellers Federation et d'autres grandes organisations communautaires pour apporter des solutions cohérentes et mobiliser le plus de ressources possible. L'objectif est d'améliorer l'accès des collectivités urbaines défavorisées aux ressources publiques et privées pour financer des projets d'investissement et de logement à grande échelle. L'organisation accorde des prêts relais, des garanties et une assistance technique, mène des projets de modernisation du logement et mobilise des financements commerciaux, locaux et publics pour d'autres programmes (http://www.homeless-international.org).

Principaux messages

De nombreuses collectivités locales ont d'énormes besoins d'infrastructures et de services de base. Vu le caractère durable des infrastructures municipales, il est possible et efficace d'utiliser des financements à long terme pour ces projets. Cela permet de garantir que les générations qui bénéficieront du projet sont aussi celles qui paieront pour en profiter.

Mais les collectivités locales et les institutions financières ont besoin de temps et d'expérience pour apprendre à se connaître et comprendre leurs modes de fonctionnement mutuels. En attendant, les autorités centrales interviennent pour réglementer le montant et l'utilisation des prêts consentis aux collectivités locales, ainsi que les recettes pouvant être données en garantie. Dans de nombreux pays (comme le Chili), les collectivités locales ne sont pas autorisées à emprunter. Dans d'autres pays, le gouvernement central emprunte en leur nom.

Voici quelques-unes des mesures importantes à prendre par les collectivités locales qui souhaitent obtenir des financements extérieurs et peuvent le faire :

- Sélectionner les projets suffisamment rentables pour justifier un financement sur le marché (coûte cher).

- S'assurer qu'elles ont une bonne situation financière (mesurée par l'excédent net d'exploitation).

- Établir un bilan prévisionnel et déterminer si la souscription de nouveaux emprunts respecte les limites imposées par la législation nationale

- Comparer différentes formes d'emprunt, notamment auprès des banques et sur les marchés financiers.

- Déterminer si un partenariat public-privé est un moyen efficace de financer des infrastructures coûteuses et quelles mesures de contrôle doivent être prévues pour garantir que le secteur public reçoit la part qui lui revient.

- Les municipalités qui n'ont pas l'habitude d'emprunter sur le marché peuvent faire appel aux institutions, telles que les banques publiques d'investissement et les fonds de développement municipal pour les aider à se familiariser avec les règles du financement fondé sur le jeu du marché.

Les instruments d'amélioration des conditions de crédit, tels que les garanties sont également utilisés pour réduire les risques courus par les créanciers qui financent des projets municipaux et pour attirer des investisseurs.

Il se peut qu'une collectivité locale connaisse une crise financière qui l'accule à la faillite. Il est toujours utile de comprendre les risques auxquels on s'expose lorsqu'on emprunte pour financer un projet, ainsi que les mesures correctives que la collectivité locale peut prendre si les recettes sont inférieures aux prévisions, si les coûts sont plus élevés que prévus ou si d'autres facteurs se sont dégradés (par exemple, en cas d'emprunt en devises ou de dévaluation de la monnaie nationale).

Notes

1. En général, pour faire approuver un plan d'amélioration des équipements, les auteurs de propositions doivent présenter non seulement les avantages et les coûts (ventilés par phase d'exécution), mais également une liste de tous les permis, licences et titres de propriété ou droits de passage requis pour faire approuver un projet, obtenir des financements et entamer les travaux de construction.

2. Calcul de la valeur actuelle — Illustration

Taux d'actualisation $a = 5\%$	Année de référence	A1	A2	A3
Taux d'intérêt composé $(1 + t)^i$	1,000	1,050	1,103	1,158
Coefficient d'actualisation l'année i $a_i = 1 / (1 + t)^i$	1,000	0,952	0,907	0,864
Valeur actuelle des flux de trésorerie $VA = FT^* a_i$	2,000	1,905	1,814	5,719

3. Les municipalités peuvent se déclarer en faillite dans quelques pays, par exemple, en Hongrie et aux États-Unis. Contrairement à la faillite d'une entreprise, qui peut aboutir à sa cession, la mise en faillite d'une municipalité est une procédure de mise sous tutelle qui vise à maintenir les services essentiels, tandis que les actifs non essentiels et les investissements commerciaux sont vendus — en réduisant éventuellement les services assurés et les effectifs de personnel — de manière à satisfaire les créanciers, qui courent aussi le risque de n'être que partiellement indemnisés.

4. Pour des informations et des conseils plus détaillés sur la structure des emprunts municipaux, voir Petersen et Crihfield 2000.

Bibliographie

ADB (Asian Development Bank). 2011. *Urban Infrastructure Financing*. http://www.adb.org/documents/periodicals/intersections/2011/Urban_Infrastructure_Financing.asp.

Amim, Munawwar. 2010. "Municipal Infrastructure Financing: Innovative Practices from Developing Countries." Commonwealth Secretariat Local Government Reform Series, No. 2, Marlborough House, London.

Andres, Luis A., L. Guasch, T. Haven, and Vivian Foster. 2008. *The Impact of Private Sector Participation in Infrastructure: Lights, Shadows and the Road Ahead*. Washington, DC: World Bank.

Annez, P., and G. Peterson. 2008. *Lessons for the Urban Century: Decentralized Infrastructure Finance in the World Bank*. Directions in Development Series. Washington, DC: World Bank Institute.

Batley, Richard. 2001. "Public-Private Partnerships for Urban Services." In *The Challenge of Urban Government,* edited by Mila Freire and Richard Stren. Washington, DC: World Bank.

Canuto, Otaviano, and Lili Liu. 2013. *Until Debt Do Us Part: Subnational Debt, Insolvency, and Markets*. Washington DC: The World Bank.

Church, Steven, William Selway, and Dawn McCarty. 2011. "Jefferson County Files for Bankruptcy." *Bloomberg News*, November 9. http://www.bloomberg.com/news/2011-11-10/alabama-s-jefferson-county-declares-biggest-municipal-bankruptcy.html.

CIDA (Canadian International Development Agency). 2011. "PPP Guide for Municipalities: Cities Development Initiative for Asia." CIDA. http://www.cdia.asia/wp-content/uploads/PPP-Guide-for-Municipalities2.pdf.

Delmond, Jeff. 2009. *Private Sector Investment in Infrastructure–Project Finance, PPP Projects and Risks*. 2nd ed. Alphen aan den Rijn, Netherlands: Wolters Kluwer.

Foundation Center. 2009. *Philanthropy Annual: 2009 Review*. http://foundationcenter.org/philanthropyannual.

Freire, Mila, and John Petersen. 2004. *Access to Sub-National Credit*. Oxford: Oxford Press; Washington, DC: World Bank.

GPOBA (Global Partnership on Output-Based Aid). 2008. "GPOBA Activities." Global Partnership on Output-Based Aid. www.gpoba.org.

IFC (International Finance Corporation). 2004. *Structured Finance: The City of Johannesburg*. Washington, DC: IFC.

Jaguari, Sergio. 2007. *Contribution of CDM Projects to Sustainable Development Case Study: Bolivia*. Washington, DC: World Bank.

Kaganova, Olga. 2011. *Guidebook on Capital Investment Planning for Local Governments*. Washington, DC: World Bank.

Melo, Luis. 2005. "Financial Decentralization and the Law of Fiscal Responsibility in Brazil." In *City Finance,* edited by George Peterson and Patricia Clarke Annez. Washington, DC: World Bank.

Mitlin, Diana, and Anna Muller. 2004. "Windhoek, Namibia: Towards Progressive Urban Land

Policies in Southern Africa." *International Development Planning Review* 26 (2):167–86.

Ngobeni, Jason. 2008. "Asking the Right Questions: Johannesburg Completes a Groundbreaking Municipal Bond Issue." PPIAF Gridlines 22 (Public-Private Infrastructure Advisory Facility). World Bank, Washington, DC.

Novi Sad. 2011. "Information Memorandum for the Issue of the City of Novi Sad Long-Term Debt Securities." Novi Sad, Serbia.

OECD (Organisation for Economic Co-operation and Development). 2010. *Innovative Financing Mechanisms for the Water Sector*. Paris: OECD.

Paulais, Thierry. 2013. "Financing African Cities—The Imperative of Local Investments." AfD and World Bank, Washington, DC.

Petersen, John, with John Crihfield. 2000. "Linkages between Local Governments and Financial Markets: A Tool Kit to Developing Sub-Sovereign Credit Markets in Emerging Economies." Working paper, World Bank, Washington, DC.

Peterson, George. 1998. "Measuring Local Government Credit Risk and Improving Creditworthiness." World Bank Working Paper 37855, World Bank, Washington, DC.

Peterson George and Annez P. 2007. Financing Cities. Fiscal Responsibility and Urban Infrastructure in Brazil, China, India, Poland and South Africa. World Bank and Sage Publications, Delhi.

Platz, Daniel. 2009. "Infrastructure Finance in Developing Countries: The Potential of Sub-Sovereign Bonds." United Nations Department of Economic and Social Affairs, Working Paper 76, New York. http:// www.un.org/esa/desa/papers/2009/wp76_2009.

Platz, Daniel, and Frank Schroeder. 2007. *Moving beyond the Privatization Debate: Different Approaches to Financing Water and Electricity in Developing Countries: Dialogue on Globalization*. New York: Friedrich-Ebert Stiftung. http://library. fes.de/pdf-files/iez/04877.pdf.

Shapiro, Mary. 2010. Speech of Mary L. Schapiro, Chairman of the Securities and Exchange Commission, at the SEC Open Meeting on Municipal Securities Disclosure. Washington, DC. May 26. http://www.sec.gov/news/ speech/2011/spch012011mls.htm.

Sood, Pryanka. 2004. "India: Experiments in Local Governments Accessing the Private Capital Markets Provide Promising Results." In *Subnational Capital Markets in Developing Countries: From Theory to Practice*, edited by Mila Freire and John Petersen, 413–42. Washington, DC: Oxford University Press and the World Bank.

Sway, Idda L. 2011. *The Failure of Public Private Partnerships in Water Delivery Services: A Case of Dar-es Salaam City, Tanzania*. Saarbrücken, Germany: LAP Lambert Academic Publishing. http://www.cdia.asia/wp-content/uploads/ PPP-Guide-for-Municipalities2.pdf.

Tavernise, Sabrina. 2011. "City Council in Harrisburg Files Petition on Bankruptcy." *New York Times*. October 21.

UN-HABITAT. 2005. *Financing Urban Shelter: Global Report on Human Settlements*. London: Earthscan and UN-HABITAT.

USAID (U.S. Agency for International Development). 2003. "Pooled Finance Model for Water and Sanitation Projects: The Tamil Nadu Water and Sanitation Pooled Fund (WSPF)." USAID Note, USAID, Washington, DC.

World Bank. 2002. *Cali: A City Development Strategy*. Washington, DC: World Bank.

———. 2005. "Output-Based Aid: Supporting Infrastructure Delivery through Explicit and Performance-Based Subsidies." OBA Approaches Note 5, World Bank, Washington, DC.

———. 2009. *Improving Municipal Management for Cities to Succeed*. Washington, DC: World Bank.

———. 2010. *The Cost of Environmental Degradation: Case Studies from the Middle East and North Africa*. Washington, DC: World Bank.

World Bank–IEG. 2009. "Improving Municipal Management for Cities to Succeed." Internal Evaluation Group Special Study, World Bank, Washington, DC.

World Bank and IMF (International Monetary Fund). 2009. *Developing a Medium-Term Debt Management Strategy: Guidance Note for Country Authorities.* Washington, DC: World Bank and IMF. http://www.idfc.com/.

Renforcer la transparence et la responsabilité des collectivités locales : Comment évaluer la performance des finances municipales et ouvrir la voie aux réformes

Catherine Farvacque-Vitkovic et Anne Sinet

Dans la plupart des pays en développement, les collectivités locales sont confrontées à une urbanisation rapide et aux exigences croissantes de leur population en matière de fourniture de services de base. Le mouvement de décentralisation contribue à leur transférer des responsabilités plus importantes, notamment en termes d'investissements. Ces exigences interviennent dans un contexte où les collectivités locales sont soumises à des contraintes budgétaires fortes, et où, généralement, elles doivent faire plus avec moins de ressources. Les performances des collectivités locales sont souvent mesurées à l'aide de méthodes conçues par la tutelle dans le cadre de ses missions de supervision et de contrôle (ministères de l'Intérieur et des Finances), ou par les banques pour analyser les risques financiers.

La revue des performances doit permettre d'évaluer non seulement l'efficacité et l'efficience des services fournis par la municipalité, mais aussi la productivité des services municipaux. Les résultats peuvent être mesurés à partir de plusieurs indicateurs : l'*efficience*, c'est-à-dire la relation entre les services rendus et les ressources financières et humaines utilisées pour les fournir ; l'*efficacité*, qui illustre la qualité du service rendu, ou la réalisation des objectifs que s'était fixés la municipalité ; et la *productivité*, qui cumule l'efficience et l'efficacité en un seul indicateur pour évaluer le personnel et la performance des structures organisationnelles mises en place.

En résumé, l'évaluation des résultats est un concept général qui vise à répondre à deux grandes questions :

1. Faisons-nous ce qu'il faut ?

2. Le faisons-nous correctement ?

Pourquoi est-il important d'autoévaluer sa situation financière ?

Il est important de mesurer les performances financières de la collectivité, car cette évaluation permet de formuler un bilan de la situation financière de la municipalité et de renforcer la qualité du dialogue avec les partenaires (administration centrale, partenaires financiers, citoyens). Cela permet aussi d'établir des comparaisons (ratios) et d'évaluer dans quelle mesure les fonds publics sont utilisés de manière efficace et efficiente.

Les pays anglo-saxons ont poussé assez loin la réflexion sur les méthodes d'évaluation des performances appliquées aux collectivités locales. Au Canada, au Royaume-Uni et aux États-Unis, les municipalités ont une tradition d'autoévaluation. C'est un principe ancré dans la culture de ces pays depuis plusieurs décennies. Cependant, l'efficacité de ces méthodes est régulièrement sujet à débat, et le bilan est globalement mitigé : souvent, les collectivités locales pensent moins en termes de résultats que de volume ou de quantité. En outre, la mesure des résultats devrait également servir à évaluer la manière dont l'action des collectivités locales est perçue et aider à orienter la

politique municipale. Ce processus est complexe, difficile et coûteux.

Malgré ces obstacles, la culture de l'évaluation des performances financières s'étend aujourd'hui au-delà des pays anglophones. Par ailleurs, cette notion prend une signification nouvelle dans les pays en développement, où les recettes locales sont souvent insuffisantes pour répondre aux besoins essentiels et où la question de l'efficacité des dépenses publiques est encore un enjeu clé.

Enfin, la crise économique mondiale de 2008 et son incidence sur les finances publiques ont contribué pour beaucoup à promouvoir l'évaluation des résultats obtenus dans le domaine des finances municipales (Paulais 2009). L'objectif ultime est de promouvoir une plus grande transparence et une responsabilisation plus forte des autorités locales dans un contexte de pénurie des ressources financières.

De l'analyse des finances municipales à l'évaluation des résultats

L'analyse de la situation financière d'une municipalité est la première étape du processus d'évaluation des résultats. L'analyse s'appuie sur les données et les procédures comptables spécifiques de chaque pays, et sur un cadre relativement générique de recettes et de dépenses locales (incluant les services d'eau potable, de déchets solides, etc.). Les principaux ratios et indicateurs utilisés s'inspirent directement des méthodes mises au point par l'administration centrale ou déconcentrée dans le cadre de l'exercice de la tutelle, ou par les banques et les agences de notation dans le cadre de leurs analyses de risque ; ils ne contiennent souvent aucun indicateur élaboré localement par la municipalité.

Il est plus difficile d'évaluer l'efficacité, l'efficience et la qualité de la programmation et de l'exécution budgétaire. La tâche qui consiste à déterminer si les dépenses ont été réalisées de manière optimale et si les investissements ont eu des effets positifs sur la population est en effet complexe. La perception par la population coïncide- t-elle avec les efforts déployés par la municipalité ?

Les gouvernements ont dû revoir à la baisse leurs efforts de suivi (benchmarking), en raison de la complexité croissante des systèmes de décentralisation, de financement des investissements locaux et de répartition des compétences entre les différentes autorités. En outre, la diversité de situation des collectivités locales (taille, potentiel économique, existence ou non d'intercommunalités, etc.) a rendu de plus en plus difficile la définition d'indicateurs financiers pertinents, même entre collectivités locales d'un même pays.

Toutes ces raisons ont incité à réfléchir sur un modèle d'Autoévaluation des finances municipales (MFSA) permettant d'orienter la programmation des investissements et leur budgétisation et, de convaincre les partenaires de la solidité des finances et de la gestion financière de la collectivité locale.

Vers un modèle d'autoévaluation des finances municipales (MFSA)

Les tableaux de MFSA (Municipal Finances Self-Assessment) sont présentés à la fin du chapitre. Ils couvrent cinq thèmes : a) comment déterminer la situation financière d'une municipalité ; b) quels ratios financiers utiliser ; c) comment faire des prévisions financières ; d) comment évaluer la gestion financière ; et e) comment récapituler les enseignements tirés des étapes précédentes et les intégrer dans un programme de réformes des finances municipales.

Le présent chapitre comprend trois grandes sections :

- La première section souligne les leçons tirées des expériences d'évaluation des résultats pratiqués dans les pays développés, et évalue les moyens d'adapter ces méthodes à la situation des municipalités des pays en développement.

- La deuxième section passe en revue les quatre principales méthodes de « reporting » généralement utilisées pour évaluer les finances municipales : a) tutelle financière de l'État, b) analyse du risque par les partenaires financiers, c) audit interne des services municipaux, et d) information des citoyens.

- La troisième section présente le modèle d'Autoévaluation des finances municipales (MFSA), et guide le lecteur dans son utilisation.

Section 1 : Expériences d'évaluation des performances dans le domaine des finances municipales : leçons tirées

Trois systèmes peuvent être considérés comme représentatifs :

- *Le système d'évaluation des municipalités au Canada et aux États-Unis.* C'est le système qui a introduit la culture de la mesure des résultats dans les collectivités locales et dans l'ensemble du secteur public. Cependant, même si ce système est largement appliqué aux États-Unis et dans quelques autres pays, la plupart des municipalités ont une capacité limitée d'évaluation en raison de la charge de travail que cette évaluation exige, et il est souvent difficile de savoir si la qualité et l'efficacité des services sont à la hauteur des ressources mobilisées.

- *Le système européen d'évaluation des résultats financiers des municipalités.* Le système européen est illustré ici par le modèle français, qui met l'accent sur l'analyse de la situation financière de la municipalité et de sa marge de manœuvre en terme de décision d'investissement. La culture d'évaluation des résultats a commencé à apparaître avec les débats sur la qualité de la gestion des services municipaux comme la distribution de l'eau potable, la protection de l'environnement, ainsi que sur les « responsabilités sociales » des municipalités.

- *L'évaluation des résultats dans les pays à économie planifiée.* Ces pays ont également mis en place des systèmes d'évaluation des finances municipales, mais ces dispositifs ont généralement consisté à vérifier que les collectivités locales contribuaient aux objectifs stratégiques planifiés au niveau national. Les ressources financières des municipalités sont allouées au moyen de mécanismes de péréquation complexes, conçus pour répondre à des objectifs quantitatifs prédéterminés. Ce système repose sur des audits spécifiques et autres contrôles visant à déterminer si les objectifs quantitatifs sont atteints et à modifier en conséquence les ressources financières allouées aux collectivités locales par le gouvernement central. La plupart de ces pays ont amorcé une transition, mais certaines lourdeurs subsistent, la mise en œuvre de la décentralisation étant complexe.

Cette classification n'est en aucun cas exhaustive ; elle donne une vue d'ensemble des principaux systèmes et permet de tirer quelques enseignements sur les expériences en cours.

Expériences du Canada et des États-Unis

Aux États-Unis, il y a longtemps que les municipalités procèdent à l'autoévaluation régulière de leurs finances. L'idée de mesurer la performance de la gestion municipale est née aux États-Unis au début des années 30. Cela tient au fait que les villes ont été très tôt tenues responsables de la fiscalité locale et de la prestation de services, et ont été par conséquent amenées à s'aligner aux pratiques d'évaluation du secteur public. (voir encadré 8.1).

Les responsables locaux étaient tenus par la loi de présenter régulièrement des statistiques aux échelons supérieurs de l'administration sur la qualité et le coût des services fournis. Cette obligation était justifiée par l'importance des subventions de l'État fédéral aux budgets locaux[1], et par la nécessité pour les différents États (State Administration) du pays de contrôler l'usage de ces fonds.

A partir des années 80, mesurer les performances municipales suscite un nouvel intérêt, en raison notamment de la généralisation des émissions obligataires municipales comme principale source de financement des investissements locaux (voir le chapitre 7). Outre les ratios traditionnellement utilisés pour calculer la capacité d'emprunt de la municipalité, celle-ci doit également démontrer qu'elle est bien gérée. Les ratios et indicateurs portent sur les coûts d'investissement et de fonctionnement, ainsi que sur la quantité et la qualité des services fournis.

Dans l'ensemble, plus de la moitié des villes américaines mesuraient leurs résultats d'une manière ou d'une autre à la fin des années 90 (GASB 1997 ; Poister et Streib 1999). La mesure des résultats au niveau local a été imposée par le Government Accounting Standards Board créé en 1984 (le Conseil qui établit les normes de la comptabilité publique), avec l'accord de la Financial Accounting Foundation et des dix associations nationales de représentants des États et des collectivités locales ; le but était d'établir et d'améliorer les règles de comptabilité et d'information financière appliquées aux États et aux collectivités locales.

La situation et la gestion financières des collectivités locales sont devenues des éléments clés de l'analyse menée par les agences de notation. Ils déterminent si la municipalité est capable d'émettre des obligations ou non.

En conséquence, la plupart des municipalités américaines pratiquent aujourd'hui l'évaluation des résultats, ne fût-ce que pour répondre aux questions spécifiques des inspections d'État et des agences de notation intervenant dans le montage des émissions obligataires. Par ailleurs, les municipalités cherchent aussi à améliorer leur gestion interne, leurs méthodes de budgétisation et leurs dispositifs de planification stratégique à moyen et long termes.

Le dispositif s'accompagne de sondages d'opinion et de politiques de communication ciblant les citoyens et usagers. L'encadré 8.2 décrit l'importance accordée à la mesure des résultats dans la communication avec la population. Très tôt, ces mesures ont fait partie de l'autoévaluation des résultats par les municipalités, ce qui a contribué à instaurer une véritable culture de la performance au sein des administrations publiques locales[2].

Le mode de présentation des résultats nécessite de combiner des données budgétaires et physiques, qui sont généralement fonction du niveau de développement des infrastructures et des services et du coût de leur mise en œuvre. Chaque municipalité choisit sa propre présentation, sans format obligatoire, et on trouve aujourd'hui de nombreux exemples

Encadré 8.1 L'expérience américaine de l'évaluation des résultats au niveau municipal

L'évaluation des finances publiques remonte aux années 30, lorsque Herbert Simon a mis au point le concept d'efficience et étudié les méthodes d'évaluation des résultats au niveau des municipalités américaines (Simon 1947/1997) (voir Ridley et Simon 1938).

Une étape importante dans l'histoire des systèmes de mesure des résultats a été l'introduction d'études sur les administrations publiques au New York Bureau of Municipal Research. Ces études mettaient l'accent sur la budgétisation fondée sur les résultats ou la comptabilité des coûts de revient. La question posée était la suivante : comment l'exécutif local peut-il agir avec la marge de manœuvre souhaitable tout en restant soumis au contrôle du conseil ?

Plus récemment, l'intérêt d'évaluer la performance des entités publiques est apparu lorsqu'on s'est intéressé à l'élaboration de budgets-programmes dans les années 60, puis à l'évaluation des programmes dans les années 70. Des études ont valorisé l'utilisation de mesures des résultats et indiqué comment mettre au point et utiliser ces mesures (Hatry et Fisk 1971 ; Hatry et al. 1988), tandis que d'autres auteurs ont étudié les moyens de les intégrer dans des systèmes de gestion plus larges (Epstein 1984).

Source : Williams 2004.

Ainsi, bien qu'on pense généralement que la gestion des affaires publiques s'inspire en grande partie des idées et modèles du secteur privé, il existe une longue tradition de mesure de la performance du secteur public, provenant principalement des États-Unis et d'autres pays anglo-saxons.

La mesure des résultats dans le secteur public consiste à évaluer des indicateurs d'efficience (minimiser les ressources utilisées pour obtenir un résultat donné), d'efficacité et d'équité, qui sont censés être utilisés dans les processus administratifs et politiques pour aider à prendre des décisions plus rationnelles.

Il ressort cependant d'une enquête sur les municipalités au Canada et aux États-Unis que la méthode du tableau de bord est peu utilisée. La plupart des municipalités ont toutefois mis au point des méthodes qui permettent de mesurer les résultats financiers de leurs organisations, la satisfaction des usagers, l'efficacité de l'exploitation, l'innovation et la conduite du changement, et la qualité du travail des employés. Les employés interrogés ont généralement confiance dans la qualité des mesures ainsi effectuées, et environ la moitié d'entre eux ont indiqué que ces outils servaient à évaluer diverses procédures et modes de fonctionnement. Ils ont également une bonne compréhension du tableau de bord et sont satisfaits de l'expérience.

---

et applications qui illustrent les efforts déployés par les municipalités canadiennes et américaines pour présenter leurs performances[3].

Les rapports, qui sont généralement établis localement, sont complétés par des audits indépendants réglementés par la loi et basés sur les principes comptables généralement reconnus. Depuis plusieurs décennies, la mesure des résultats obtenus fait partie intégrante du système et des procédures de gestion des municipalités.

Mais comment est mesurée la performance obtenue ? L'évaluation des résultats n'a pratiquement

Encadré 8.2 Vancouver : Communiquer sur les priorités et les résultats obtenus

Ces images sont des exemples d'outils de communication créés par la ville de Vancouver pour illustrer la budgétisation et l'exécution des dépenses. Tous les deux ans, la ville effectue un sondage d'opinion en deux volets sur les services publics locaux et les priorités des habitants.

Les résultats aident les responsables locaux à identifier les questions les plus importantes aux yeux des habitants, à déterminer leur niveau de satisfaction, et à communiquer sur le processus de programmation budgétaire.

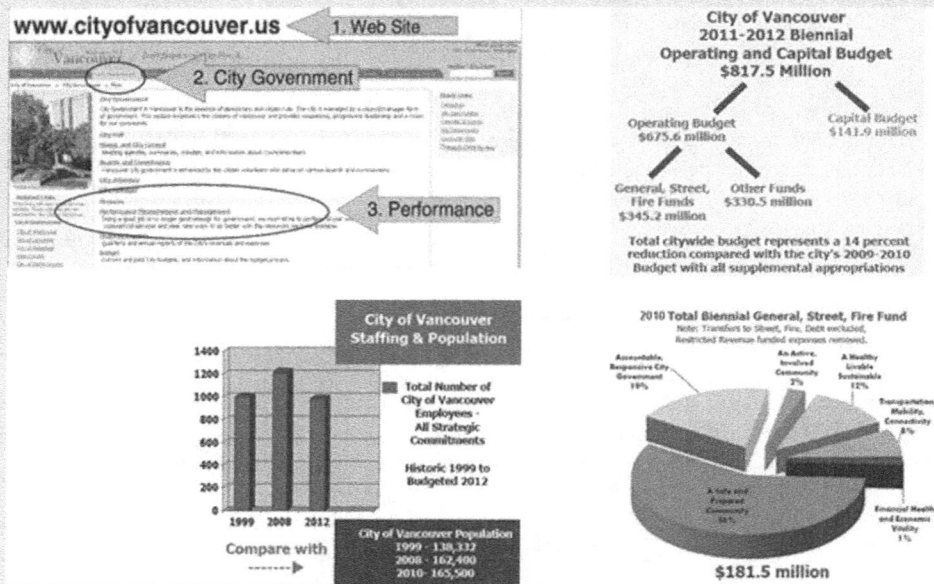

www.cityofvancouver.us — 1. Web Site

2. City Government

3. Performance

City of Vancouver
Staffing & Population

1400
1200
1000
800
600
400
200
0

1999   2008   2012

Compare with

Total Number of
City of Vancouver
Employees ·
All Strategic
Commitments

Historic 1999 to
Budgeted 2012

City of Vancouver Population
1999 - 138,312
2008 - 162,400
2010 - 165,500

City of Vancouver
2011-2012 Biennial
Operating and Capital Budget
$817.5 Million

Operating Budget
$675.6 million

Capital Budget
$141.9 million

General, Street,
Fire Funds
$345.2 million

Other Funds
$330.5 million

Total citywide budget represents a 14 percent
reduction compared with the city's 2009-2010
Budget with all supplemental appropriations

2010 Total Biennial General, Street, Fire Fund
Note: Transfers to Street, Fire, Debt excluded,
Restricted Revenue funded expenses removed.

$181.5 million

aucun intérêt sans comparaison avec des données de référence. Ainsi, la première mesure prise par les municipalités américaines a été la mise en place d'un instrument de mesure interne pour comparer les résultats d'une année sur l'autre et entre services ou directions, et pour dégager des tendances générales.

Les comparaisons entre municipalités sont encore rudimentaires, pour diverses raisons techniques et politiques. L'encadré 8.3 présente deux exemples de mesure des résultats : le Programme de mesure de la performance des services municipaux dans l'État de l'Ontario, au Canada, et le Système d'information sur les résultats obtenus par la ville de New York.

Le graphique 8.1 présente des indicateurs de résultats des principaux services municipaux et une évaluation des coûts d'entretien des voiries urbaines.

Tableau 8.1   Vue d'ensemble des résultats

Services rendus	Gestion financière	Gestion des ressources humaines
Les indicateurs de performance appliqués aux objectifs fixés par les collectivités locales portent sur des questions, telles que le niveau des infrastructures, le taux de scolarisation, le taux de délinquance et la qualité de l'eau. L'objectif est d'établir des indicateurs fondés sur les résultats afin d'obtenir des informations sur l'état d'avancement des objectifs à long terme. Les besoins mobilisés et les progrès réalisés sont publiés dans des rapports. Les résultats sont présentés sous la forme de pourcentage des objectifs visés.	*Indicateurs concernant la gestion des ressources.* Ils servent à évaluer l'efficience et l'efficacité dans l'utilisation des ressources financières, dans des domaines, tels que la fiscalité locale et le paiement des factures. Les indicateurs sont les dépenses par habitant consacrées aux principaux services rendus : police, protection de l'environnement, sécurité civile, transports, etc. L'évolution sur 1, 5 ou 10 ans est indiquée. Les dépenses de fonctionnement et les dépenses d'investissement peuvent être indiquées séparément.	*Indicateurs qui fournissent des informations sur les questions stratégiques touchant aux ressources humaines, telles que les réductions d'effectifs, la diversité et la rotation du personnel.* Certaines municipalités effectuent des enquêtes auprès de leurs employés pour mesurer leur degré de satisfaction et recenser les nouveaux enjeux. L'objectif est de mettre en place des mécanismes de programmation des activités et des profils de poste axés sur les résultats pour que tous les employés comprennent comment leur travail contribue à la réalisation des objectifs de la municipalité.

Source : Boyle 2004.

Encadré 8.3 L'évaluation des résultats dans les municipalités de l'Ontario et de New York

Mesure de l'efficacité des services municipaux, Ontario, Canada. Dans le cadre du Programme de mesure de la performance des services municipaux dans l'État de l'Ontario, les municipalités doivent communiquer aux autorités provinciales et au public des données financières et des informations connexes sur différents services municipaux (administration générale, sécurité civile, police, voirie, transports en commun, eaux usées, eaux pluviales, eau potable, déchets solides, parcs et espaces récréatifs, services de bibliothèque et aménagement de l'espace). Le programme a plusieurs objectifs :

- Garantir de meilleurs services locaux et promouvoir l'amélioration constante des services fournis ainsi que le respect du principe de responsabilité.
- Sensibiliser davantage les contribuables aux services fournis par la municipalité.
- Comparer le coût et le niveau des services fournis, d'une année sur l'autre, et par rapport aux autres municipalités.

La liste des indicateurs comprend notamment :

- Dépenses d'administration générale et incluant les dépenses de gestion déléguée, en pourcentage du montant total des dépenses de fonctionnement de la municipalité.

- Dépenses de fonctionnement et coût total des services de police par habitant.
- Coût d'exploitation et coût total des routes (par kilomètre de voie revêtue), du réseau d'évacuation des eaux pluviales et du système de collecte et d'évacuation des eaux usées par kilomètre.

Système d'information sur les résultats obtenus par la ville de New York. Le site web de la ville de New York (http://www.nyc.gov) offre un bon exemple du système de mesure des résultats mis en place par les municipalités américaines et de la politique de communication interactive (souple et conviviale). Principalement destiné aux citoyens et usagers, le système fournit des informations régulières sur les dépenses et les fonds alloués aux principaux postes de dépenses : des indicateurs de résultats essentiels sont publiés pour tous les services municipaux, avec des mises à jour mensuelles et une évaluation automatique des tendances dans certains programmes.

Le système utilise un dispositif interne de collecte et de traitement des données (Citywide performance reporting), prenant en compte les données enregistrées dans différentes bases de données établies et gérées par des entités distinctes.

Graphique 8.1 Deux exemples d'évaluation des résultats par des collectivités locales au Canada

a) Évaluation des résultats dans le secteur voirie, Durham, Ontario

COÛT D'EXPLOITATION/COÛT TOTAL DES ROUTES REVÊTUES, PAR KILOMÈTRE DE VOIE		
	Durham, résultat en 2009	**Durham, résultat en 2010**
Coût d'exploitation des voiries revêtues, au kilomètre	USD 6 053,91 par kilomètre de voie revêtue	USD 7 034,05 par kilomètre de voie revêtue
Coût total* des voiries revêtues, par kilomètre de voie	USD 19 019,01 par kilomètre de voie revêtue	USD 23 876,73 par kilomètre de voie revêtue

Le texte explicatif ci-après fait partie intégrante des résultats présentés ci-dessus. Ces résultats ne doivent pas servir à comparer les chiffres de différentes municipalités, sauf si les facteurs déterminants mentionnés dans le texte sont également pris en compte.

* **Le coût total** désigne le coût d'exploitation tel que défini par le MPMP (Programme d'évaluation de la performance des services municipaux), plus les intérêts de la dette à long terme et l'amortissement des immobilisations comptabilisés dans le rapport d'information financière.

Observations générales	Le coût des routes revêtues peut être influencé par : • la fréquence des gels et dégels • la fréquence et le volume des précipitations • l'âge et l'état du réseau routier • la proportion de poids lourds dans le trafic routier • les normes municipales en matière de revêtement • le nombre et le type de véhicules empruntant les routes
Observations détaillées	Le réseau routier de la Région de Durham est entièrement composé d'artères principales. Ces routes sont des axes à grande circulation (notamment empruntés par les véhicules) qui se dégradent donc plus rapidement et demandent un niveau de service plus élevé que les routes locales et les rues résidentielles.

b) Indicateurs de résultats des municipalités de l'Ontario

Type de service	Évaluation
Administration générale	Dépenses de gouvernance et de gestion déléguée en pourcentage du coût de fonctionnement total de la municipalité
Sécurité civile incendie	Dépenses de fonctionnement des services de pompiers, par tranche de 1 000 dollars de la valeur d'évaluation des biens
Sécurité	Dépenses de fonctionnement des services de police, par habitant
	Taux de crimes violents, pour 1 000 personnes
	Taux d'infractions contre la propriété, pour 1 000 personnes
	Taux global de criminalité, pour 1 000 personnes
	Taux de criminalité juvénile, pour 1 000 jeunes
Routes	Coût d'exploitation des routes revêtues, par kilomètre de voie
	Coût d'exploitation des routes non revêtues, par kilomètre de voie
	Coût d'entretien hivernal des routes, par kilomètre de voie entretenue en hiver
	Pourcentage de kilomètres de voies revêtues dont l'état est jugé bon ou très bon
	Pourcentage d'interventions en hiver où les services municipaux d'entretien routier correspondent au niveau fixé au niveau local ou l'excèdent
Transport en commun	Coût d'exploitation des services de transport en commun régulier, par trajet
	Nombre de déplacements par personne effectués dans les transports en commun réguliers dans la région desservie, sur douze mois
Eaux usées	Coût d'exploitation du système de collecte des eaux usées, par kilomètre de conduites principales
	Coût d'exploitation du système de traitement et d'évacuation des eaux usées par mégalitre
	Coût d'exploitation du système de collecte, de traitement et d'évacuation des eaux usées par mégalitre (Système intégré)
	Nombre de reflux des conduites principales pour 100 kilomètres d'eaux usées, sur douze mois
	Pourcentage des eaux usées dont on estime qu'elles n'ont pas été traitées
Eaux pluviales	Coût d'exploitation du système de gestion des eaux pluviales urbaines (collecte, traitement et évacuation) par kilomètre du système de drainage
	Coût d'exploitation du système de gestion des eaux pluviales rurales (collecte, traitement et évacuation) par kilomètre du système de drainage

Comme on peut le constater, les indicateurs sont simples, pratiques et propres au secteur concerné.

Principaux enseignements tirés de l'expérience du Canada et des États-Unis

L'évaluation des finances municipales au Canada et aux États-Unis met l'accent sur le niveau de service fourni à la population. Le principal objectif de l'évaluation est de déterminer les dépenses selon une méthode de budgétisation axée sur les résultats, qui consiste à allouer les ressources en vue d'obtenir des résultats spécifiques, mesurables et conformes aux priorités définies.

L'un des principaux enseignements tirés de l'expérience des municipalités américaines en matière de mesure des résultats porte sur l'importance de la communication avec les associations et les habitants. de façon à accroître la confiance du public à l'égard de l'administration municipale. Cette confiance repose avant tout sur l'aptitude des pouvoirs publics à dépenser judicieusement. Or les budgets regorgent souvent de détails administratifs sans rapport apparent avec la vision et la direction stratégique de la municipalité. L'objectif est d'établir un lien entre les ressources et les résultats, de sorte que la budgétisation soit un outil de gestion stratégique et de communication pour les décideurs.

Cela étant, l'évaluation des résultats dans la plupart des municipalités américaines ne porte en fait que sur les efforts et la production, sans informer le public sur l'efficience, l'efficacité ou la productivité de la municipalité (voir Ammons 2001). Malgré la généralisation des systèmes d'évaluation des résultats au sein des collectivités locales américaines, il est difficile d'obtenir des données comparables entre les villes, même aujourd'hui. Les administrations sont très prudentes lorsqu'il s'agit de publier des normes et des résultats, en raison des nombreux facteurs externes qui influent sur les résultats (voir ci-dessus) ou des différences dans les méthodes comptables utilisées par les municipalités pour calculer les coûts fixes, les coûts salariaux, les coûts d'acquisition ou d'amortissement de biens d'équipement, etc. Cette situation, également observée dans de nombreux autres pays, montre les limites d'un système d'évaluation des résultats trop ambitieux.

C'est pourquoi il est important de concevoir un système qui corresponde aux objectifs et aux capacités de la municipalité.

L'expérience européenne

Sauf au Royaume-Uni, on ne trouve aucun système interne d'évaluation des résultats en Europe. Mesurer les résultats financiers des municipalités en termes de qualité et de coût-efficacité des services fournis ne fait pas partie de la culture politico-administrative. Cependant, les ratios financiers et la situation financière globale des municipalités sont généralement suivis de près par le maire et ses collaborateurs, comme par l'administration centrale et même, aujourd'hui, la Commission européenne[4] : le volume des financements, leur augmentation d'une année à l'autre, l'équilibre entre les budgets de fonctionnement et d'investissement, et les ratios d'endettement sont des concepts que la plupart des responsables locaux connaissent bien. L'évaluation des finances municipales est une pratique généralisée, mais elle porte essentiellement sur les équilibres financiers et la capacité d'endettement et leurs tendances.

Les ratios financiers sont publiés chaque année par les organismes publics (ministères des Finances ou de l'Intérieur), et par les associations nationales de collectivités locales (graphique 8.2). Il existe de nombreuses informations sur les finances locales dans la plupart des pays européens, mais, encore une fois, elles concernent surtout la situation financière et les recettes. Seuls les acteurs du développement local et les experts ou les cabinets de conseil font usage de ces informations.

La budgétisation des dépenses est rarement évaluée, étant donné qu'il revient au conseil municipal de fixer les priorités, généralement sur la base du programme sur lequel il a été élu[5]. L'évaluation des résultats porte donc davantage sur la viabilité financière que sur l'efficience de la politique de budgétisation.

Cependant, avec les contraintes imposées par la crise financière, de nouvelles approches concernant

Graphique 8.2 Dette municipale par habitant et dette totale dans 10 villes françaises

LES VILLES LES PLUS ENDETTÉES

Communes françaises de plus de 100 000 habitants, chiffres 2010	Dette par habitant en €	Dette totale en millions d'€
Saint-Etienne	2 160	385
Marseille	2 120	1 800
Argenteuil	2 030	211
Perpignan	2 000	236
Montreuil	1 890	194,4
Reims	1 790	336,3
Tours	1 740	243,6
Grenoble	1 710	272
Rouen	1 580	175
Nîmes	1 390	203

Sources : l'Actuariel et ministère des Finances

Source : Agence Française de Notation 2010.

l'évaluation financière des municipalités se font jour. L'objectif est généralement de rétablir une certaine marge de manœuvre budgétaire tout en continuant à privilégier la dépense sociale. Les gens sont de plus en plus conscients que la meilleure façon d'atteindre cet objectif est de moderniser l'administration publique et de la rendre plus efficace. La plupart des services étant désormais assurés par les collectivités locales, les municipalités sont directement concernées par ces impératifs de modernisation et de professionnalisation.

Les citoyens et les contribuables s'intéressent également de près à l'impact des décisions des autorités nationales et locales sur l'environnement, la qualité des services fournis et, en fin de compte, sur la qualité de la vie.

Cette tendance est confirmée par différents classements qui forcent les autorités locales à élargir le champ de leur évaluation financière en direction de la quantité et la qualité des services financés par le budget municipal ou en partenariat avec le secteur privé (graphique 8.3). Ces classements ont

visiblement contribué à améliorer la gestion urbaine, du moins dans les grandes villes (plus de 100 000 habitants). Le graphique 8.3 indique le degré de satisfaction de la population vis-à-vis des dépenses municipales dans des secteurs, tels que les services urbains, le développement économique, la police et la sécurité, l'éducation, la culture et les sports.

Les indices de satisfaction des citadins fournissent des références utiles sur les conditions de vie, les impôts locaux, les services fournis, les actions économiques en faveur des entreprises et la capacité d'une ville à attirer les investissements privés ; ils deviennent progressivement des objectifs à atteindre pour les élus locaux et leurs collaborateurs. Même si leur mandat ne porte pas sur toutes les fonctions du service public, les municipalités ont inscrit la mobilité de la population et la mondialisation dans leurs politiques et savent qu'elles sont en compétition avec les autres villes pour assurer leur développement. Pour la plupart des villes européennes, grandes et moyennes, les grandes priorités sont la qualité des services fournis à la population, l'aide sociale, le

Graphique 8.3 Dépenses municipales dans certains secteurs et satisfaction des citoyens

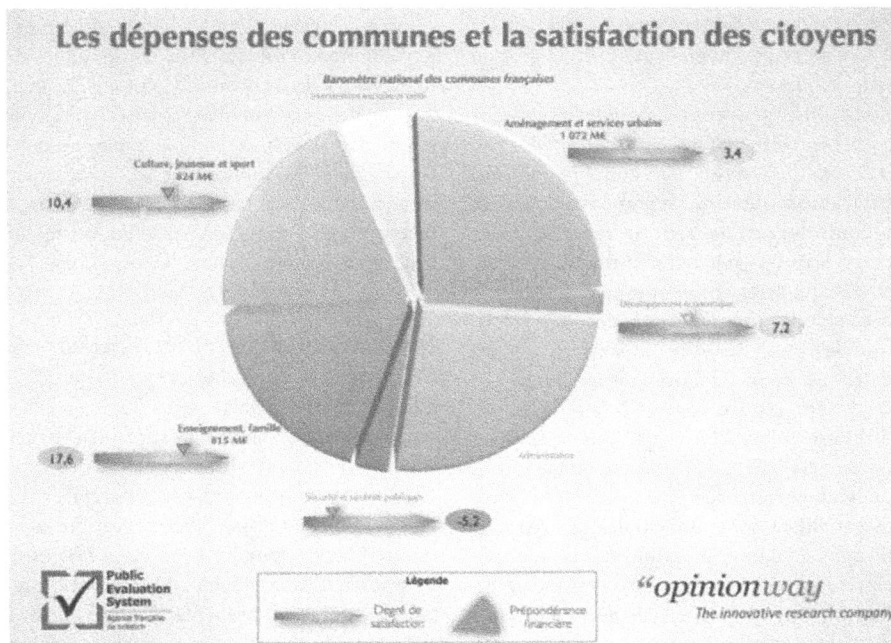

Les dépenses des communes et la satisfaction des citoyens

Source : Agence Française de Notation 2010.

logement, la protection de l'environnement et le climat des investissements.

Cette évolution de l'évaluation des finances municipales se heurte cependant à plusieurs problèmes techniques : a) la nomenclature comptable est souvent insuffisante pour estimer le coût d'un service ou d'un projet d'investissement ; b) la fourniture de services fait généralement intervenir de nombreux partenaires ou prestataires sur lesquels la municipalité n'a qu'un contrôle partiel ; et c) les performances en termes de résultats atteints peuvent varier sensiblement d'une année sur l'autre, et il est donc difficile d'évaluer la situation de manière pertinente, notamment pour les villes petites et moyennes dont l'effort d'investissement varie sensiblement d'une année sur l'autre.

Les méthodes classiques d'analyse financière ne permettent souvent pas de régler convenablement

ces problèmes. Les sondages sur la satisfaction des citoyens constituent l'un des instruments les plus efficaces pour combler ces lacunes. Étant donné que tous les services de base sont remplis dans ces pays, les enquêtes accordent une plus grande place par exemple à la tarification des services, à la durabilité des politiques mises en œuvre, ou encore aux questions relatives aux impacts sur l'environnement.

Adapter l'évaluation des résultats à la situation des villes dans les pays en développement : conditions essentielles de succès

Dans la plupart des pays en développement, mesurer les performances des municipalités en matière de finances est une notion nouvelle qui s'inscrit dans le cadre des politiques de réformes. On en trouve encore peu d'exemples dans ces pays, où il s'agit donc de promouvoir l'évaluation des résultats en tant que partie intégrante des efforts d'amélioration de la gouvernance et de professionnalisation de la gestion urbaine et municipale.

Les municipalités peuvent adapter les méthodes existantes et prouver qu'elles sont capables de s'autoévaluer et d'en tirer les conclusions qui s'imposent. L'autoévaluation n'empêche pas les audits, les contrôles et ne saurait remplacer les analyses financières des partenaires financiers, tels que les banques, qui interviennent avec des objectifs bien précis et selon leurs propres méthodes. Mais, il est clair que les municipalités qui sont en mesure de procéder à une autoévaluation seront beaucoup mieux placées pour rendre compte à leur administration centrale et à leurs citoyens, ainsi que pour préparer des projets bancables, et donc de gagner la confiance de leurs partenaires.

Certaines conditions sont susceptibles de favoriser la promotion et la généralisation de la mesure des performances, notamment : a) le niveau de décentralisation ou l'importance accordée aux réformes sur la décentralisation, même si celles-ci ne règlent généralement pas tous les problèmes ; b) les pressions exercées pour accroître les investissements locaux et mobiliser des financements à cette fin ; et c) la transparence des données financières et les efforts déployés en faveur du renforcement des capacités des collectivités locales.

Première condition : Le niveau de décentralisation

La poursuite de la décentralisation et l'importance accordée aux réformes devraient inciter les administrations centrales et locales à diffuser des informations sur leur situation financière et la rigueur de leur gestion financière.

Le niveau de décentralisation d'un pays peut être estimé en fonction de la marge de manœuvre dont disposent les collectivités locales en matière financière et au poids de leur contribution dans l'ensemble des finances publiques au niveau national. Sur cette base, la contribution des municipalités à l'effort d'investissement national, sous la forme d'impôts et autres catégories de prélèvements, ainsi qu'à l'amélioration des conditions de vie de leur population semble généralement être une condition préalable à l'adoption d'un système d'évaluation des performances des finances municipales. Dans la plupart des pays en développement, les collectivités locales contribuent faiblement à l'effort d'investissement public (moins de 10 % du montant total des investissements publics), ou, dans certains cas, leur contribution est directement déterminée par le gouvernement central, sans guère tenir compte de leurs résultats financiers.

Deuxième condition : L'implication des partenaires financiers

L'implication des partenaires financiers (les banques, les institutions financières spécialisées ou le marché financier) dans le financement des programmes d'investissement locaux est généralement un moyen efficace d'encourager l'amélioration des finances municipales : pour accéder au crédit et démontrer leur solvabilité à moyen et long termes, les municipalités doivent présenter des ratios financiers suffisamment bons pour inspirer confiance à leurs partenaires financiers.

Dans la plupart des pays en développement, la contribution du secteur bancaire au financement des collectivités locales est limitée (du moins en l'absence de garanties de l'État). Mesurer les performances financières encouragerait les banques, les institutions spécialisées ou les marchés financiers à s'intéresser au financement des investissements locaux, et ainsi contribuer à créer un cercle vertueux.

Une part substantielle des financements destinés aux collectivités locales est proposée par les bailleurs de fonds et les agences de développement ; mais soit les collectivités locales sont insuffisamment équipées pour élaborer des programmes d'investissement financièrement viables, soit les bailleurs ne disposent pas d'outils et de procédures d'intervention adaptés pour intervenir au niveau local. Dans les pays des Balkans, par exemple, les besoins d'investissement sont immenses, mais l'Union européenne affirme qu'elle ne peut décaisser au profit des municipalités en l'absence de propositions de projets viables. La Banque mondiale est impliquée dans des projets de développement municipal depuis 30 ans, et pourtant elle semble réinventer la roue et les règles du jeu chaque fois qu'un nouveau projet est proposé : dans bien des cas, les dotations basées sur les résultats promues depuis quelques années n'entraînent pas une transformation en profondeur des finances et des pratiques des municipalités. Le financement des sous-projets d'infrastructures municipales est l'occasion de promouvoir une conception commune de l'évaluation des finances municipales et des réformes qu'il nécessite.

Troisième condition : Collecte et diffusion des données

Tous ceux qui ont travaillé dans des villes de pays en développement soulignent, qu'en général, la non-disponibilité des données constitue un enjeu, notamment lorsqu'il s'agit de préparer un projet financé par un bailleur de fonds. Les principales questions sont : quelles données recueillir et dans quel but ? Les données sont-elles fiables et pertinentes ? Qui devrait utiliser les données et les tenir à jour ? Pourquoi les données sont-elles perdues ou inutilisées lorsque le projet ne bénéficie plus de financements extérieurs ? Comment aller vers des dispositifs d'open data permettant l'accès du public et des autres partenaires aux données ? Dans le cas des données relatives aux finances municipales, un point important est la définition des termes. Dans bien des cas, les insuffisances de la nomenclature comptable peuvent constituer un obstacle. Une mauvaise interprétation des données, peut envoyer des signaux erronés, et expliquer également les difficultés rencontrées lorsqu'on essaie d'instaurer l'évaluation des performances dans les pays en développement.

Toutefois, même si le contexte reste difficile, on note déjà une évolution dans certains pays, surtout lorsque les villes font déjà l'objet de classements, en particulier en termes de qualité de vie et de compétitivité, qui reflètent les politiques municipales dans des domaines, tels que celui des services de base, du logement, des politiques sociales, de la qualité des espaces urbains et de l'emploi.

Toutes ces politiques sont liées d'une manière ou d'une autre aux finances municipales et à leur gestion : même si des agences nationales ou des concessionnaires privés sont souvent chargés de fournir ces services et équipements, les pouvoirs locaux ont un rôle important à jouer et contribuent à l'image de la ville. L'amélioration des conditions de vie des citadins dépend de la capacité des municipalités à fixer les priorités, à mettre en œuvre et à coordonner les projets, et à prendre en charge l'entretien et la maintenance. Les finances municipales jouent donc un rôle stratégique.

Le graphique 8.4 décrit brièvement les efforts déployés au Maroc pour montrer les liens entre amélioration des finances municipales et développement urbain. Dans les deux exemples cités, les collectivités locales se voient accorder une plus grande responsabilité dans l'amélioration des services publics, sous le contrôle étroit de l'État. Dans les deux cas, la situation financière de la municipalité est jugée essentielle pour améliorer l'efficacité, l'efficience et la productivité de la contribution de la municipalité au développement urbain.

Les villes marocaines sont classées selon plusieurs critères pour évaluer la qualité de vie et la compétitivité des services qui relèvent directement des municipalités et des wilayas, tels que la santé, l'éducation, le logement et les services de base, les infrastructures, l'attractivité foncière et la présence administrative. Le Fonds d'équipement communal du Maroc applique les critères ci-après pour sélectionner les municipalités admises à emprunter : a) un taux d'endettement inférieur à 40 % (rapport entre le montant annuel des remboursements et le montant total des ressources) ; b) un excédent net d'exploitation qui permet à la municipalité de rembourser sa dette totale (prêts déjà contractés plus nouveaux prêts) ; c) une mise de fonds représentant au moins 20 % du coût du projet ; et d) des capacités humaines, matérielles et administratives nécessaires pour mener à bien le projet.

Plusieurs projets financés par la Banque mondiale en Afrique prévoient la mise en place d'un mécanisme d'évaluation des performances. Le Programme d'appui aux communes (PAC) lancé au Sénégal dans les

Graphique 8.4 Exemple d'évaluation des résultats et critères de classement des villes au Maroc

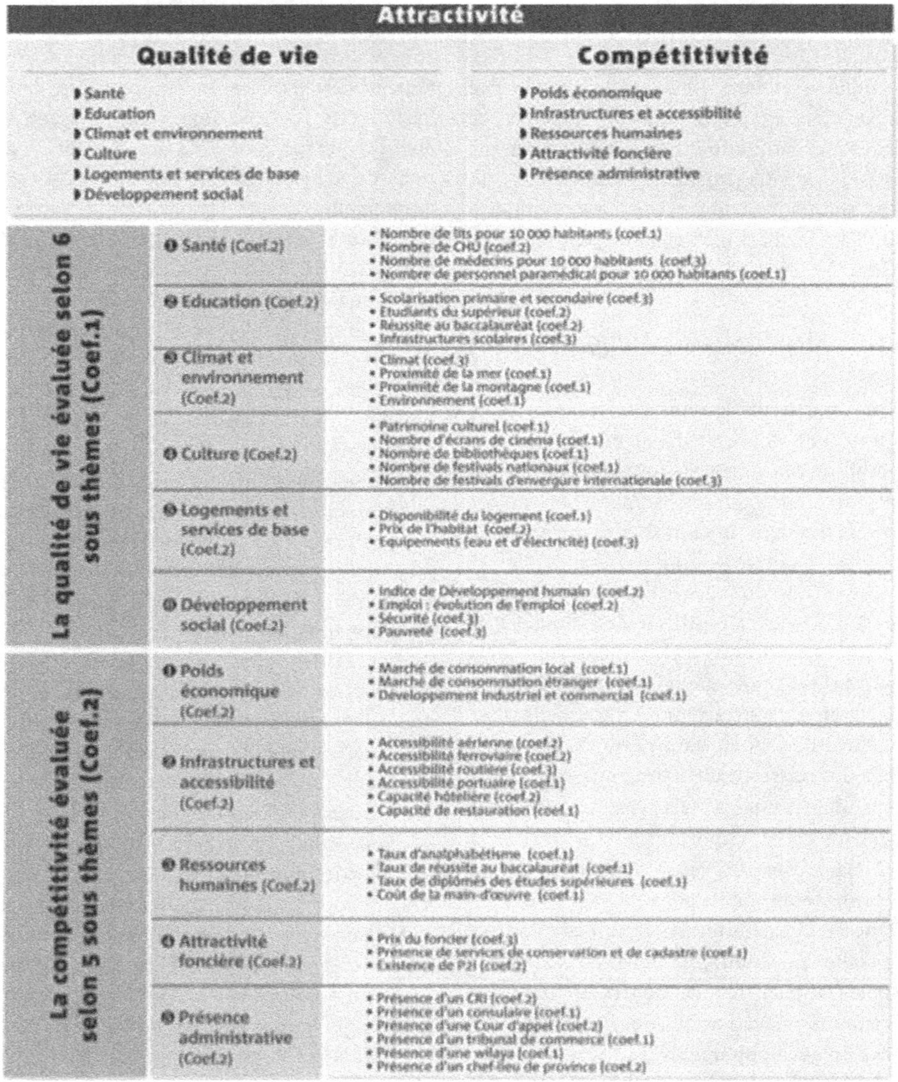

Attractivité		
Qualité de vie		**Compétitivité**
▶ Santé ▶ Education ▶ Climat et environnement ▶ Culture ▶ Logements et services de base ▶ Développement social		▶ Poids économique ▶ Infrastructures et accessibilité ▶ Ressources humaines ▶ Attractivité foncière ▶ Présence administrative

La qualité de vie évaluée selon 6 sous thèmes (Coef.1)	❶ Santé (Coef.2)	• Nombre de lits pour 10 000 habitants (coef.1) • Nombre de CHU (coef.2) • Nombre de médecins pour 10 000 habitants (coef.3) • Nombre de personnel paramédical pour 10 000 habitants (coef.1)
	❷ Education (Coef.2)	• Scolarisation primaire et secondaire (coef.3) • Etudiants du supérieur (coef.2) • Réussite au baccalauréat (coef.2) • Infrastructures scolaires (coef.3)
	❸ Climat et environnement (Coef.2)	• Climat (coef.3) • Proximité de la mer (coef.1) • Proximité de la montagne (coef.1) • Environnement (coef.1)
	❹ Culture (Coef.2)	• Patrimoine culturel (coef.1) • Nombre d'écrans de cinéma (coef.1) • Nombre de bibliothèques (coef.1) • Nombre de festivals nationaux (coef.1) • Nombre de festivals d'envergure internationale (coef.3)
	❺ Logements et services de base (Coef.2)	• Disponibilité du logement (coef.1) • Prix de l'habitat (coef.2) • Equipements (eau et d'électricité) (coef.3)
	❻ Développement social (Coef.2)	• Indice de Développement humain (coef.1) • Emploi : évolution de l'emploi (coef.2) • Sécurité (coef.3) • Pauvreté (coef.3)
La compétitivité évaluée selon 5 sous thèmes (Coef.2)	❶ Poids économique (Coef.2)	• Marché de consommation local (coef.1) • Marché de consommation étranger (coef.1) • Développement industriel et commercial (coef.1)
	❷ Infrastructures et accessibilité (Coef.2)	• Accessibilité aérienne (coef.2) • Accessibilité ferroviaire (coef.2) • Accessibilité routière (coef.3) • Accessibilité portuaire (coef.1) • Capacité hôtelière (coef.2) • Capacité de restauration (coef.1)
	❸ Ressources humaines (Coef.2)	• Taux d'analphabétisme (coef.1) • Taux de réussite au baccalauréat (coef.1) • Taux de diplômés des études supérieures (coef.1) • Coût de la main-d'œuvre (coef.1)
	❹ Attractivité foncière (Coef.2)	• Prix du foncier (coef.3) • Présence de services de conservation et de cadastre (coef.1) • Existence de P2I (coef.2)
	❺ Présence administrative (Coef.2)	• Présence d'un CRI (coef.2) • Présence d'un consulaire (coef.1) • Présence d'une Cour d'appel (coef.2) • Présence d'un tribunal de commerce (coef.1) • Présence d'une wilaya (coef.1) • Présence d'un chef-lieu de province (coef.2)

Source : La Vie Eco 2011 (journal marocain).

années 90 a ouvert la voie à de nombreux autres projets similaires en Afrique qui ont appliqué ce modèle. Le PAC a introduit pour la première fois la notion d'audits municipaux et de contrats de ville en Afrique. L'Agence de développement municipal (ADM) a aidé les 67 municipalités existantes à mettre en œuvre un programme d'investissements prioritaires viables grâce à un plan de financement combinant prêts concessionnels, dons et épargne, et prévoyant notamment : a) des investissements physiques et des mesures d'amélioration des performances financières dans le cadre de contrats de ville signés entre les municipalités et l'ADM ; b) le financement des investissements conçu comme un mécanisme d'incitation à l'amélioration des performances, en faisant du remboursement des prêts un levier pour l'accroissement des recettes ; et c) la veille étroite de l'évolution des finances locales à travers le *Guide des ratios financiers des communes* (graphique 8.5) publié par l'ADM.

Graphique 8.5   Guide des ratios au Sénégal

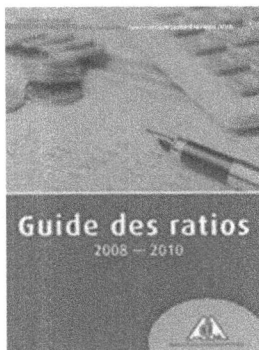

Source : Agence de Développement Municipal (ADM).

Section 2 : Évaluation des performances financières des municipalités : Principaux mécanismes de reporting utilisés

Quatre différentes méthodes utilisées pour mesurer les performances financières des municipalités sont décrites ci-dessous : a) la tutelle et le contrôle exercés par l'État ; b) les analyses des risques menées

par les partenaires financiers ; c) le contrôle et l'audit internes des services ; et d) la communication en direction des citoyens. Les deux premières méthodes sont conçues et développées par des partenaires extérieurs aux collectivités locales. Leur objectif est d'évaluer la situation financière de la municipalité. Les deux autres méthodes sont menées en interne avec pour objectif d'améliorer la gestion et la situation financière et de communiquer avec les citoyens et les partenaires extérieurs. L'objet de cette section est de présenter ces différentes méthodes et de montrer comment elles peuvent guider l'évaluation des performances municipales.

De la tutelle de l'État à la communication en direction des citoyens : vue d'ensemble

Les outils et procédures de contrôle par l'État sont partagés par la plupart des administrations centrales des différents pays. Celles-ci appliquent une grille d'indicateurs de suivi qui permettent de déterminer si les budgets et les comptes municipaux sont conformes aux règles de la comptabilité publique ainsi qu'aux objectifs des politiques nationales illustrées à travers les transferts financiers de l'État aux collectivités locales.

Les *analyses de risque* des collectivités locales menées par les partenaires financiers (banques et agences de notations, par exemple) respectent les normes internationales tout en répondant aux exigences propres au pays. Ces exigences peuvent être plus ou moins détaillées, selon la nature et l'ampleur du projet ou du programme à financer.

Le contrôle financier interne porte sur la gestion financière et comptable et vient compléter l'analyse et l'évaluation de la situation financière proprement dite. Dans le cas des municipalités, la méthode appliquée ne suit pas les normes internationales, mais s'inspire généralement des méthodes utilisées par les entreprises.

La communication en direction des citoyens est illustrée par diverses initiatives. Le principal objectif est de montrer aux citoyens que la municipalité tient ses promesses et ne ménage aucun effort pour améliorer les services et la qualité de vie de ses citoyens.

Obligations vis-à-vis de l'État et tutelle exercée par l'État sur les collectivités locales

Dans tous les pays à travers le monde, l'État surveille et contrôle les finances de ses collectivités locales. Dans la plupart des cas, le budget des collectivités locales n'excède pas 5 à 10 % du budget national et l'évaluation des performances se limite à un contrôle administratif et comptable des budgets locaux et des décisions prises au niveau local (voir la section consacrée au contrôle budgétaire ci-après).

Lorsque la part du budget des collectivités locales dans le budget national est supérieure à la fourchette habituelle de 5 à 10 %, le contrôle exercé par l'État devient une question économique. Dans ce cas, l'évaluation des résultats vise davantage à améliorer la transparence des finances municipales afin de stimuler la croissance économique, d'élargir l'accès des municipalités au crédit, et de promouvoir la compétitivité entre régions. Les outils et méthodes employés sont nécessairement plus perfectionnés et font intervenir à la fois les collectivités locales et l'administration centrale dans le cadre de systèmes de contrôle des performances exercé par la tutelle.

Contrôle budgétaire

Il existe autant de grilles d'indicateurs budgétaires que de pays. Elles sont généralement établies par le ministère des Finances ou de l'Intérieur. La tutelle ou le Trésorier général établit les états de situation financière, à partir des états comptables et de la situation de trésorerie. L'objectif est de vérifier que le budget de la municipalité est conforme aux règles de comptabilité publique et aux objectifs stratégiques nationaux reflétés notamment dans le volume et les modalités d'allocation des transferts financiers de l'État aux collectivités locales.

Avec la montée en puissance de la décentralisation, les autorités centrales ont mis au point une série de ratios d'objectifs en matière de gestion financière des collectivités locales afin de prévenir d'éventuels déficits ou situations de surendettement qui seraient susceptibles de déstabiliser les finances publiques. En général, les ratios visent essentiellement à répondre aux questions suivantes (voir également le tableau 8.2) :

- Le budget est-il équilibré ?

- Les crédits ouverts pour les dépenses obligatoires, telles que les salaires et le service de la dette sont-ils suffisants ?

- Les investissements (le budget en investissement) sont-ils supérieurs à 40 % du budget total ?

- La collectivité locale est-elle suffisamment autonome ? Le montant total des transferts financiers est-il inférieur à un certain pourcentage des recettes courantes ?

- Le budget est-il établi et approuvé dans les délais prévus ?

Les indicateurs utilisés en Afrique de l'ouest et centrale offrent un bon exemple des objectifs ciblés et des critères d'évaluation :

- Date d'approbation du budget.

- Le budget est-il équilibré et sincère ?

- Les dépenses obligatoires sont-elles inscrites au budget ?

- Le déficit budgétaire de l'exercice n-1 est-il inférieur à 5 % des recettes de fonctionnement ?

- Les salaires et traitements sont-ils inférieurs à 20 % des recettes courantes ?

- Le budget d'investissement est-il supérieur à 40 % des dépenses totales?

- Le service de la dette est-il inférieur à 12 % des recettes courantes ?

L'efficacité du suivi de ces indicateurs dépend de plusieurs facteurs :

- La disponibilité des données et la qualité de la gestion comptable, qui se limite souvent à la gestion de la trésorerie.

Tableau 8.2 Principaux ratios de finances municipales

Information sur la fiscalité locale			
	Potentiel fiscal	Pression fiscale	Par habitant	Moyenne
Trois impôts (Taxe foncière, taxe sur le foncier non-bâti, taxe d'habitation ou de résidence)			
Taxe professionnelle			
Les quatre impôts			

	Principaux ratios	Montant	Moyenne
1	Dépenses de fonctionnement réelles par habitant		
2	Recettes fiscales locales par habitant		
3	Recettes courantes réelles par habitant		
4	Dépenses d'investissement totales par habitant		
5	Encours de la dette par habitant		
6	Transferts financiers de l'État par habitant (DGF)		
7	Dépenses de personnel /dépenses de fonctionnement totales		
8	Pression fiscale (réelle ou potentielle)		
9	Dépenses de fonctionnement + remboursement de la dette/recettes courantes réelles		
10	Dépenses d'investissement/recettes de fonctionnement réelles		
11	Encours de la dette/recettes de fonctionnement réelles		

- La capacité de l'administration centrale de gérer l'information et d'intervenir de manière appropriée en cas de difficultés.

- La capacité de la collectivité locale de surmonter les difficultés techniques liées à la communication des données, et de mettre en œuvre les recommandations. Cette question est particulièrement importante dans les pays où l'exécution d'une partie du budget national est déléguée aux collectivités locales, dont les recettes proviennent essentiellement des transferts de l'État.

En France, la Loi de finances de 1999 stipule que, même si les budgets municipaux ne sont plus soumis à un contrôle préalable, les municipalités doivent calculer onze ratios chaque année et les communiquer au gouvernement central. Ces ratios, qui sont publiés par le ministère de l'Intérieur, donnent une idée claire de l'évolution des finances locales. Le tableau 8.2 présente une liste des principaux ratios, basés sur les pratiques relevées en France et à l'international.

Collecte et diffusion des données financières des collectivités locales

Lorsque la contribution des collectivités locales au produit intérieur brut (PIB) et aux finances publiques est importante, l'administration centrale souhaite suivre de plus près ce qui se passe dans les municipalités et être en mesure de communiquer ces informations aux autres collectivités locales afin qu'elles contribuent davantage à l'amélioration des finances publiques dans leur ensemble.

L'administration centrale publie des bilans annuels statistiques ou des guides de ratios de plus en plus détaillés qui présentent les résultats financiers des collectivités locales et consolident leurs données budgétaires dans les comptes nationaux.

Ce type de suivi des résultats financiers des échelons locaux demande une grande précision, et revient souvent à des services spécialisés de l'administration centrale. En France, par exemple, au moins deux ministères (Finances et Intérieur) et l'INSEE publient annuellement des statistiques détaillées sur les finances et les budgets des collectivités locales. Par ailleurs, les associations nationales de collectivités locales publient leurs propres statistiques.

Le graphique 8.6 montre deux pages d'un livre blanc publié chaque année par le ministère japonais de l'Intérieur et des Communications. Il évalue la situation des recettes et des dépenses, la souplesse de la structure financière (solde budgétaire ordinaire, ratio du service de la dette en valeur réelle et ratio d'amortissement du service de la dette), l'encours de la dette des collectivités locales, les données relatives aux entreprises publiques locales, ainsi que les mesures prises pour promouvoir une gestion saine des finances publiques locales.

Reporting et comptes-rendus aux partenaires financiers

Outre la tutelle et le contrôle exercés par l'État, les conseils fournis par les partenaires financiers sont essentiels pour améliorer l'évaluation des performances des municipalités.

Il est généralement admis que les fonds publics ne suffiront pas à combler le besoin de financement des investissements et qu'il faudra obtenir des financements extérieurs auprès des banques nationales ou sur les marchés financiers. Les partenaires financiers ont besoin de plus amples informations sur les indicateurs de performance financière :

Graphique 8.6   Illustrations tirées du Livre blanc publié par le Japon en 2011 sur les finances publiques locales

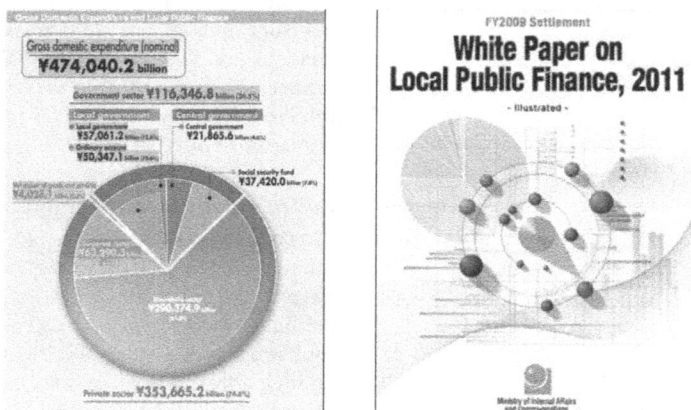

Source : ministère japonais des Affaires intérieures et des Communications.

- *Conditions requises pour l'octroi de transferts financiers de l'État.* Ces conditions dépendent des critères d'attribution (dotations en fonctionnement, subventions spécifiques en investissement, etc.) et des règles en vigueur. L'État central exige que les collectivités locales répondent à des normes financières de plus en plus exigeantes, y compris pour recevoir des dotations globales automatiques.

- *Conditions requises pour l'obtention d'un prêt (d'une banque commerciale ou d'un bailleur de fonds).* Ces conditions s'appuieront essentiellement sur des ratios qui démontrent la solvabilité de la collectivité locale, dans le cadre d'une analyse de risques. Si la banque ou le bailleur de fonds exige une garantie de l'État, ce dernier appliquera sa propre procédure pour évaluer la solvabilité de la collectivité locale.

- *Conditions requises pour l'émission d'obligations municipales.* Ces conditions comprennent la notation du client (collectivité locale), ainsi que l'analyse de la viabilité financière du projet.

Il incombe aux partenaires financiers de promouvoir la performance financière des municipalités, parallèlement au contrôle de l'État et à l'obligation de rendre compte aux citoyens.

Les transferts de l'État comme moyen d'inciter à mieux mesurer les résultats financiers des municipalités

Les transferts constituent le principal moyen dont dispose l'État pour allouer des ressources aux budgets municipaux. De nombreuses villes à travers le monde sont fortement tributaires de ces transferts, qui représentent une proportion importante de leurs recettes.

Les *dotations de péréquation fiscale* sont souvent utilisées dans les pays développés comme dans les pays en développement. Elles peuvent cependant avoir une incidence négative sur les résultats financiers des municipalités et doivent être allouées de manière judicieuse. En général, ce type de transferts a trois effets pervers : 1) les dotations accordées à de nombreuses petites et moyennes collectivités locales ont un coût très élevé ; 2) ces dotations peuvent décourager les efforts déployés par les municipalités pour mobiliser davantage leurs ressources locales ; et 3) elles bénéficient aux villes défavorisées, ce qui peut décourager les autres à faire les efforts attendus.

Les *subventions allouées en fonction des performances (performance grants)* encouragent une gestion efficace des finances locales grâce à des indicateurs spécifiques, tels que « l'effort fiscal », c'est-à-dire le rapport entre les recettes fiscales recouvrées et le potentiel fiscal de ces mêmes impôts et taxes, ou encore, le pourcentage de recettes alloué aux investissements sociaux et prioritaires.

Cependant, les subventions allouées en fonction des performances sont généralement des dispositifs exigeants, car ils nécessitent de disposer d'une base de données complète et détaillée ainsi que d'informations fiables sur les résultats financiers des collectivités locales, cela afin d'établir des comparaisons à l'échelle nationale, un classement des villes et le calcul d'indices. Les autorités locales critiquent souvent les méthodes de calcul de l'administration centrale et leur manque de transparence.

En France, le calcul de la *dotation globale de fonctionnement* nécessite chaque année de réunir 65 données par municipalité, incluant des données démographiques, ainsi que de nombreuses données sur la politique fiscale mise en œuvre par la collectivité locale (bases brutes et nettes des impôts locaux, exonérations fiscales, taux d'imposition, etc.).

Les critères de répartition privilégient souvent une répartition optimale des fonds et la correction des inégalités structurelles de ressources entre un grand nombre de collectivités locales, et accordent peu d'attention aux performances financières des municipalités. Il existe une littérature abondante sur ces questions, avec des expériences intéressantes par exemple au Brésil, au Mexique et en Afrique du Sud, mais aussi des expériences plus discutables dans des pays comme la Tunisie ou le Viet Nam (voir le chapitre 1).

Évaluation des performances financières des municipalités et analyse du risque par les banques

Le développement de prêts sous-souverains sans garantie de l'État incite les collectivités locales à améliorer l'information financière et à mettre en place des systèmes internes de mesure de leur performance financière.

L'analyse de risque effectuée par les banques met l'accent sur la viabilité financière de l'emprunteur et son aptitude à rembourser le prêt. Les ratios clés. présentés ci-après sont généralement jugés adéquats dans la plupart des situations :

- Encours de la dette existante et future, en pourcentage des recettes courantes

- Excédent de fonctionnement, en pourcentage des recettes courantes

- Solde de trésorerie en début et en fin d'exercice

- Prévisions des recettes (potentiel de croissance).

Les critères varient selon le montant du prêt, le type de financement (financement de projets ou appui budgétaire) et le contexte institutionnel et économique du pays et de la ville.

La principale différence entre l'analyse de risque et les méthodes décrites plus haut est que l'analyse de risque comporte des prévisions financières dont l'horizon est conforme au calendrier d'amortissement du prêt (dépréciation financière et physique des investissements financés), prévisions qui sont rares dans la plupart des municipalités des pays en développement. L'analyse peut comporter des éléments généraux, telle qu'une analyse du risque-pays, des caractéristiques du système de décentralisation, du degré de décentralisation, de l'environnement fiduciaire et des règles : Qui est responsable ? Qui fixe les tarifs ? Qui définit la politique fiscale ? Le remboursement annuel de la dette est-il une dépense obligatoire selon les procédures comptables ? Le tableau 8.3 présente la méthodologie de l'analyse de risque publiée par le Réseau des Associations des Collectivités Locales de l'Europe du Sud-Est (Network of Associations of Local Authorities of South-East Europe — NALAS) à l'intention des municipalités partenaires.

Les institutions financières internationales apportent un important soutien financier et technique aux municipalités afin qu'elles améliorent leur solvabilité et leurs capacités d'analyse de risque.

Évaluation des performances financières des municipalités et accès aux marchés financiers et aux partenariats public-privé

Les procédures de notation mettent l'accent sur les performances financières et non financières des collectivités locales, et peuvent inclure l'évaluation de la faisabilité et de la viabilité de certains projets à financer (autrement dit, une évaluation des risques liés au projet). Les trois principales agences de notation internationales — Moody's, Standard & Poor's, et Fitch Ratings (voir le chapitre 7) publient leurs propres évaluations mais ne communiquent pas sur leurs méthodologies ni leurs notes internes. Les agences de notation nationales (qui sont souvent des partenaires des trois agences internationales) jouent un rôle de plus en plus important dans la notation et l'évaluation financière des municipalités. D'autre part, un nombre croissant de municipalités procèdent à des autoévaluations et appliquent généralement les mêmes normes internationales que les trois grandes agences de notation internationales, ou des normes similaires.

Les six principaux domaines couverts par les scoring figurent ci-après ; chacun renvoyant à plusieurs critères :

- Cadre juridique et économique

- Base économique des services fournis

- Finances municipales

- Activités de la municipalité

- Évaluation de la gestion

- Questions spécifiques au projet

Les agences de notation procèdent souvent à des évaluations de la capacité d'emprunt qui servent de référence ; l'encadré 8.4 décrit les quatre principaux critères pris en compte.

Tableau 8.3 Méthode d'analyse des risques et ratios clés

Analyse du risque financier			
Capacité à dégager un excédent et à financer le service de la dette	**Liquidités suffisantes**	**Structure du capital**	**Liquidités et marge de manœuvre**
• Analyse et rentabilité des centres de coûts	• Capacité à couvrir le service de la dette	• Effet de levier	• Sources de liquidités
• Nature et structure de la dette	• Analyse et rentabilité des centres de coûts	• Nature et structure de la dette	• Possibilités d'utiliser la trésorerie
• Analyse de la capacité d'épargne et de la situation de trésorerie	• Nature et structure de la dette	• Couverture du risque de change	• Dette à court terme
	• Analyse de la capacité d'épargne et de la situation de trésorerie	• Engagements hors bilan	• Facilités bancaires
		• Valeur du patrimoine	• Immobilisations non-grevées et capacité d'emprunt

Ratios	Définitions	Interprétation
Rapport entre les recettes courantes et les recettes totales	Mesure la dépendance de la collectivité locale à l'égard des recettes courantes.	Un rapport de 100 % ou proche de 100 % pourrait être inapproprié pour une collectivité locale qui investit de manière significative.
Recettes courantes par habitant	Mesure la pression exercée sur les contribuables et usagers des services sous la forme de taxes, impôts et redevances.	Un niveau élevé de recettes courantes par habitant indique qu'une pression fiscale relativement lourde est exercée sur les contribuables
Rapport entre les recettes propres et les recettes totales	Mesure la part des recettes propres d'une collectivité locale dans ses recettes totales.	Un pourcentage relativement élevé de recettes propres (indicateur maximum : 100 %) indique que la collectivité locale compte davantage sur les recettes courantes prévisibles pour financer ses activités.

Source : Josifov, Pamfil et Comsa 2008.

De nombreuses administrations centrales n'autorisent pas leurs collectivités locales à émettre des obligations municipales sur les marchés de capitaux. En Afrique, seules Johannesburg et Lagos ont procédé à des émissions obligataires. Au Maroc, le Fonds d'équipement communal (FEC) a une longue expérience d'émission d'obligations municipales groupées par le biais de la Caisse de dépôt et de gestion.

Encadré 8.4 Évaluation de base du crédit

Fin 2006, l'agence de notation Moody's avait noté 249 collectivités locales et régionales dans 30 pays autres que les États-Unis. Le nombre de collectivités locales notées avait plus que doublé depuis 1998.

Moody's utilise deux facteurs clé pour attribuer une note : a) la solidité financière intrinsèque de la collectivité locale ; et b) la probabilité de bénéficier d'une aide d'une autre entité, à titre exceptionnel, pour éviter un défaut de paiement. Les quatre éléments de l'analyse sont les suivants :

- L'évaluation de base de la solvabilité de la collectivité locale
- La notation de l'entité publique qui apporte un soutien financier
- Une évaluation du risque de non remboursement des deux entités
- Une évaluation de la probabilité que l'autre entité fournisse un appui à titre exceptionnel pour éviter un défaut de paiement de la collectivité locale.

Source : Rubinoff, Bellefleur et Crisafelli 2008.

Information et responsabilité vis-à-vis des citoyens (responsabilité sociale)

Qu'est-ce que la responsabilité sociale ? Dans la pratique, c'est un terme générique en constante évolution qui recouvre plusieurs réalités, telles que : 1) le suivi/l'évaluation/la surveillance/ de la performance du service public par les citoyens ; 2) l'accès des usagers à l'information ; 3) les dispositifs de traitement des plaintes du public et les possibilités de recours ; 4) la participation des citoyens aux décisions concernant l'allocation des ressources, comme dans le cas du budget participatif. Comment définir l'open-government ? La *Transparency and Accountability Initiative* (à laquelle participent notamment la Fondation Ford, l'Open Society Foundation et le Département du Développement International du Royaume-Uni) propose la définition suivante : une gestion ouverte des affaires publiques repose sur trois grands principes : a) la transparence, qui consiste à communiquer au public des informations essentielles sur l'action des pouvoirs publics ; b) l'engagement civique qui permet au public de faire bénéficier les dirigeants de ses idées et de ses compétences pour

qu'ils puissent élaborer des politiques fondées sur des informations émanant de toutes les couches de la société ; et c) le respect du principe de responsabilité qui garantit que les pouvoirs publics rendent compte de leurs décisions et de leur actes au public.

Communication et partage de l'information : *open data, open government*

Divers outils et méthodes ont été mis au point ces dernières années pour s'attaquer à la question de la transparence des affaires publiques. La cible est généralement l'administration centrale, mais les efforts ont parfois porté sur les collectivités locales. Ces efforts ont concerné entre autres le suivi des dépenses, le suivi externe, la consultation des bénéficiaires et le budget participatif.

Suivi des dépenses (BOOST). BOOST est un outil qui permet de suivre les dépenses publiques en utilisant des données détaillées des systèmes intégrés d'information relatifs à la gestion financière, y compris au niveau des collectivités locales. BOOST a été expérimenté au Kenya, en Moldavie et au Togo, où les autorités centrales ont accepté de mettre leurs données financières (Trésor) en ligne. Le système est actuellement étendu à plusieurs autres pays. Dans certains cas, BOOST peut utiliser des techniques de cartographie pour contrôler l'usage des fonds publics. Un autre outil est l'Examen des Dépenses Publiques et de la Responsabilité Financière (PEFA), un programme financé par la Banque mondiale. Il s'agit d'un partenariat multi-bailleurs, dont le but est d'évaluer les dépenses publiques d'un pays, ses systèmes de passation de marché et de responsabilisation financière, et de définir un calendrier des réformes et mesures de renforcement des capacités à mettre en place (http://www.pefa.org/en/content/resources). Le programme peut être appliqué au niveau national ou municipal, mais peu de villes l'ont utilisé (Dakar en 2009, Ouagadougou en 2010 et quelques travaux expérimentaux au Kosovo).

Suivi effectué par une tierce-partie. On s'attache de plus en plus à doter les organisations de la société civile des outils nécessaires pour soumettre des avis et conseils aux organismes publics. Le problème est que, dans bien des cas, ces organisations ne sont pas des entités indépendantes capables d'exprimer une position rigoureusement impartiale.

Consultation des bénéficiaires. Les évaluations citoyennes (feedback, questionnaires, pétitions en ligne) sont des outils qui permettent aux citoyens de s'exprimer lorsqu'ils ne sont pas satisfaits de la qualité ou du niveau de couverture des services municipaux. De nombreuses villes à travers le monde lancent des enquêtes auprès des bénéficiaires, créent des plateformes électroniques ou organisent des réunions communautaires plus structurées afin de permettre aux citoyens d'exprimer leurs préoccupations et de participer au processus de décision.

Budget participatif. Le meilleur exemple de participation citoyenne est probablement le budget participatif. L'initiative de budget participatif a été lancée en 1989 dans la municipalité de Porto Alegre, la capitale de l'État le plus méridional du Brésil, Rio Grande do Sul, afin que les citoyens et les résidents des quartiers défavorisés soient mieux représentés dans les discussions sur les dépenses publiques (voir l'encadré 8.5). Dans les années 90,

l'idée a été adoptée par d'autres municipalités du Brésil et d'autres pays d'Amérique latine, notamment la Bolivie, le Guatemala, le Nicaragua et le Pérou, et différentes formes de budget participatif ont vu le jour dans d'autres régions du monde. Grâce à ces programmes, les citoyens appartenant aux populations défavorisées traditionnellement exclues ou marginalisées de la société peuvent participer à la prise de décisions. En général, cependant, seul un faible montant du budget total, consacré aux petits investissements de proximité est effectivement ouvert à la discussion. Les grands projets d'investissement, qui représentent l'essentiel du budget, ne sont pas soumis à un débat public, ce qui suscite des critiques selon lesquelles la participation est souvent purement symbolique.

Responsabilité sociale : Solution miracle ou simple slogan ?

Que savons-nous de l'impact des expériences en matière de responsabilité sociale ? Il existe d'excellentes études sur la question et, dans bien des cas, elles concluent que ces expériences ne sont guère probantes. Que faire pour mieux relever les défis de ces prochaines années. Trois orientations s'imposent : a) rendre le processus et les outils plus rigoureux ; b) éviter les situations conflictuelles ; et c) établir un meilleur équilibre entre la demande et l'offre. Les mécanismes de responsabilité sociale suscitent à bien des égards de nombreuses attentes du côté de la demande, sans toujours apporter de réponse appropriée du côté de l'offre. En effet, les collectivités locales ne sont pas necessairement les moteurs de corruption et de mauvaise gouvernance. Le fait est que de nombreuses collectivités locales voudraient pouvoir offrir des services de meilleure qualité, mais font face à de multiples demandes concurrentes, avec des budgets et des capacités d'intervention très limités. Il est essentiel d'apprécier les contraintes rencontrées au niveau de l'offre. C'est pourquoi les audits/autoévaluations sont si importants, car ils permettent d'avoir une vision d'ensemble de la situation. Il est intéressant de noter que les outils visant à promouvoir la responsabilité sociale semblent avoir été surtout utilisés pour des

Encadré 8.5 Participation citoyenne : Budget participatif à Porto Alegre

- Porto Alegre, au Brésil, a été la première ville à adopter le système de budget participatif, en 1989. L'un des objectifs était de remédier aux profondes inégalités entre quartiers, en termes de services fournis (notamment l'approvisionnement en eau et l'assainis- sement) et de qualité de la vie.

- Le budget participatif donne aux habitants un droit de regard sur la répartition des dépenses d'investissement annuelles. Ils peuvent participer aux décisions concernant certains quartiers, telles que l'emplacement d'un parc ou les rues à remettre en état, ainsi qu'aux décisions concernant toute la ville, comme les programmes d'aide aux sans-abri.

- Des représentants élus participent à des réunions régulièrement convoquées pour prendre des décisions à différents niveaux : des habitants de différents quartiers de la ville participent à seize forums régionaux et à cinq forums thématiques (sur la santé, l'éducation, le logement et l'assainissement, par exemple) ; et des représentants des forums régionaux et thématiques siègent à un conseil chargé du budget municipal.

- Le budget participatif est appliqué pour toutes les dépenses d'investissement représentant entre 5 et 15 % du budget total des municipalités brésiliennes. À Porto Alegre, plus de 14 000 personnes participent à ce processus chaque année.

Source : Goldsmith et Vainer 2002.

projets sociaux ou de développement communautaire. Leur application en milieu urbain, pour des projets de grande envergure, reste limitée. Combiner audits sociaux avec audits urbains et financiers constitue une excellente opportunité de donner plus de sens aux notions de responsabilisation et de transparence.

Section 3 : Vers un cadre générique d'évaluation des performances financières des municipalités : l'Autoévaluation des finances municipales (MFSA)

La Banque mondiale a mis au point, au fil des années, un cadre d'évaluation des collectivités locales (audits municipaux) qui a été testé, mis en œuvre et adapté dans un nombre croissant de municipalités. L'autoévaluation des finances municipales (MFSA), également appelée « audit financier » fait partie de ce cadre. C'est un instrument fort utile pour améliorer la gouvernance et le respect du principe de responsabilisation, moderniser les méthodes de gestion et ouvrir la voie au changement et aux réformes (encadré 8.6).

L'objectif du MFSA est d'évaluer la santé financière d'une municipalité et de définir les mesures à prendre pour améliorer la mobilisation des ressources locales, les dépenses publiques, la gestion et l'entretien du patrimoine, la programmation des investissements et l'accès aux financements extérieurs (emprunts et aide de bailleurs de fonds).

Le MFSA comprend plusieurs composantes : a) l'examen du budget municipal (recettes et dépenses), des pratiques de gestion financière, de la

Encadré 8.6 Améliorer la capacité des collectivités locales : L'autoévaluation des finances municipales en Europe du Sud-Est

La méthode d'autoévaluation des finances municipales (MFSA) a été mise au point par la Banque mondiale, qui l'a ensuite adaptée pour l'Europe du Sud-Est avec l'appui d'experts locaux et internationaux. Cette adaptation nécessitait une compréhension commune de la terminologie et une définition précise des postes budgétaires (nomenclature des recettes et des dépenses). Le modèle retenu comme cadre d'analyse a été validé par l'ensemble des parties prenantes.

1. Un enseignement important tiré du MFSA par les municipalités participantes est le besoin d'échanger des informations et des données entre les services techniques, les concessionnaires de services publics, les services financiers, le Trésor public, etc., ce qui n'a généralement pas été le cas. L'analyse de la capacité d'endettement, les prévisions financières ou encore les stratégies de financement à adopter au niveau municipal, nécessitent des données issues de différentes sources dont on ne dispose pas dans les documents comptables généralement produits. Le MFSA constitue une opportunité pour rassembler et réconcilier ces données.

2. Le City to City Dialogue (C2C) et le processus MFSA mis en place ont permis d'établir un lien essentiel entre financement, planification urbaine, gestion foncière et, ultérieurement, programmation des investissements et amélioration des services rendus. Sept C2C ont été organisés de telle manière qu'il a été possible de boucler la boucle. Plusieurs facteurs ont un impact déterminant sur les modes d'urbanisation et sur les investissements urbains : le fait qu'une grande partie des recettes locales provienne des aménagements fonciers, conduit à une certaine volatilité des financements, de surcroît

vulnérables aux crises financières ; cette situation favorise l'aménagement et la vente de terrains dont la responsabilité revient aux villes, généralement mal préparées à la décentralisation des fonctions d'urbanisme et d'octroi des permis de construire. Il est essentiel que la région des Balkans engage un dialogue sur ces questions importantes, avec la participation de tous les échelons de l'administration, des citoyens, des concessionnaires de services, du secteur privé et des bailleurs de fonds. La série de C2C dialogue a aidé à engager ce dialogue dans un cadre qui permet d'aborder ces questions en toute sécurité, de démêler les problèmes et d'y apporter des solutions. La méthode MFSA a mis en lumière la nécessité d'une approche plus globale et plus intégrée qui combine le MFSA avec un audit urbain (autoévaluation du foncier, des infrastructures et des services), et un certain nombre de municipalités se sont engagées sur cette voie.

3. Le débat engagé dans le cadre du MFSA-audit urbain, ainsi que les conclusions de l'étude sur la décentralisation budgétaire réalisée par le Réseau des Associations des Collectivités locales de l'Europe du Sud-Est (NALAS), et de l'étude de la Banque mondiale sur les finances municipales, ont montré qu'il importait de faire le point de le financement de la décentralisation dans la région.

4. 25 villes et municipalités de la région (y compris des capitales) ont participé à cette expérience et d'autres municipalités ont exprimé leur intérêt. Il s'agit à présent de diffuser et d'institutionnaliser ces outils, en collaboration avec les acteurs régionaux, nationaux et locaux.

Source : C. Farvacque-Vitkovic, S. Palmreuther, T. Nikolic et A.Sinet.

capacité d'épargne, des efforts d'investissement, et des prévisions financières à cinq ans ; b) l'analyse comparée grâce à un ensemble de ratios et indicateurs simples ; et c) l'identification des principales mesures à inclure dans un plan d'amélioration des finances municipales, en indiquant comment elles seront mises en œuvres et par qui, ainsi que le calendrier et le coût de mise en œuvre (le cas échéant).

Le MFSA s'accompagne parfois d'un audit urbain qui donne un aperçu du volume et de la qualité des services et équipements urbains, ainsi que du programme d'investissements municipaux (encadré 8.7). La Banque mondiale a également mis au point un dispositif d'audit urbain qui, comme l'audit financier, a été testé, mis en œuvre et adapté dans un nombre croissant de municipalités. L'audit urbain vise essentiellement à recueillir des données de base sur l'état des infrastructures et des services, à identifier les modes d'urbanisation et les poches de pauvreté, ainsi qu'à localiser et quantifier les lacunes de manière à définir les priorités d'investissement et d'entretien.

MFSA : Innovations

Le MFSA a permis d'introduire plusieurs innovations. Tout d'abord, le MFSA implique directement les services municipaux, selon une approche intégrée, permettant d'évaluer la situation financière de la municipalité. Ensuite, elle laisse aux élus locaux le soin de déterminer les mesures les plus appropriées et les plus réalistes à inclure dans leur plan d'amélioration des finances locales. Troisièmement, elle encourage les élus locaux à communiquer sur leurs résultats avec les autres municipalités de la région. Quatrièmement, elle aide à déterminer dans quelle mesure cet outil de suivi ou tableau de bord peut être intégré dans le système de gestion de la ville. Cette tâche est généralement confiée à des auditeurs externes pour éviter que les collectivités locales ne contrôlent directement le processus. En outre, les évaluations sont le plus souvent effectuées de manière ponctuelle ; il ne s'agit pas d'un outil de suivi régulier. Le MFSA s'écarte donc de la

pratique courante et contribue à la réalisation de plusieurs objectifs complémentaires :

- Promouvoir l'autoévaluation financière au niveau municipal, dans le cadre du processus de transformation de la gestion des collectivités locales : **Responsabilité**.

- Encourager les collectivités locales à partager l'information entre elles, et à tenir l'administration centrale, les associations de collectivités locales et les citoyens au courant de leur situation : **Visibilité sur l'utilisation des fonds publics**.

- Encourager la direction des finances et les autres services municipaux concernés — gestion du patrimoine, planification urbaine et stratégique, et cabinet du maire — à collaborer dans l'élaboration de plans d'investissement et de programmes municipaux financièrement viables : **Priorisation**.

- Surveiller la situation financière et mettre en œuvre une série d'initiatives essentielles pour mobiliser davantage de ressources locales, rationaliser les dépenses publiques et améliorer les méthodes de gestion financière : **Efficacité et transparence**.

- Définir un ensemble commun de concepts, méthodologies et indicateurs reconnus au niveau international, et améliorer la communication et le dialogue avec les institutions bancaires et les bailleurs de fonds : **Accès aux financements extérieurs**.

Autoévaluation des finances municipales (MFSA) : Description du modèle

Le modèle d'autoévaluation des finances municipales est décrit dans les pages suivantes. Il constitue un cadre d'analyse que les collectivités locales peuvent utiliser en l'adaptant à leur situation particulière. Les utilisateurs potentiels peuvent télécharger le modèle (format Excel) sur le site http://siteresources.worldbank. org/EXTURBANDEVELOPMENT/Resources/ MFSATemplate.xlsx.

Encadré 8.7 Audits urbains et financiers : Une complémentarité efficace

Audits urbains et financiers intégrés au Sénégal. Au milieu des années 90, au Sénégal, la Banque mondiale a lancé un programme de développement municipal intéressant et innovant (Programme d'appui aux communes – PAC). Ce programme repose sur les notions d'audits municipaux et de contrats de ville, et vise à encourager les collectivités locales à assumer une plus grande part de responsabilité dans la planification et le financement de leurs investissements, et à leur donner les outils nécessaires pour mieux évaluer leurs besoins et gérer leurs activités courantes. Les audits municipaux, qui comprennent un audit financier et un audit urbain, ont conduit à l'établissement d'un programme municipal fondé sur un « contrat de ville ». Toutes les municipalités sénégalaises ont aujourd'hui, signé et mis en œuvre plusieurs générations de contrats de ville. Depuis sa création au Sénégal, le modèle a été adopté dans de nombreux pays africains et plus de 200 municipalités réparties dans dix pays ont signé un ou plusieurs contrats de ville (Burkina Faso, Cameroun, Côte d'Ivoire, Guinée, Madagascar, Mali, Mauritanie, Niger, Sénégal et Rwanda). La Figure B8.7.1 illustre les principales étapes de la marche à suivre pour réaliser un audit financier et urbain intégré/autoévaluation.

Analyse de risque et méthode novatrice d'analyse financière en Tunisie. La Tunisie a également été l'un des premiers pays à adopter la formule des audits municipaux et des contrats de ville. Le troisième Projet de Développement Municipal pour la Tunisie, financé par la Banque mondiale, a démarré en 2002. Sur 260 municipalités, environ 132, dont la ville de Tunis, avaient des problèmes financiers suffisamment préoccupants pour revoir le calendrier de remboursement des prêts accordés par la Caisse de prêts et de soutien des collectivités locales (CPSCL). La situation était critique pour les 71 municipalités sans aucune capacité d'emprunt et pour les 61 municipalités qui n'avaient pas une épargne suffisante pour assurer le service de la dette ou mobiliser des fonds dans le cadre du Plan d'Investissement Communal.

Le principal objectif du projet, qui était financé par la Banque mondiale et l'Agence française de développement (AFD), était de restructurer les 132 municipalités en grave difficulté financière. Les moyens suivants ont été mis en place pour atteindre cet objectif :

- des *plans de restructuration* propres à chaque municipalité, pour leur permettre d'assainir leur situation financière ;
- des « *contrats de ville* » définissant les objectifs, les conditions à remplir et les méthodes d'exécution et de suivi du Plan d'Investissement Communal, ainsi que les obligations respectives des municipalités et du gouvernement central.

Des plans de restructuration ont été élaborés (objectifs, activités de restructuration, ressources et calendriers, indicateurs de résultats et procédures de suivi). Des contrats-programmes de restructuration ont été signés entre le ministère de l'Intérieur, les autorités municipales et la CPSCL, ce qui a ouvert la voie à plusieurs générations de plans d'amélioration des finances municipales en Tunisie.

(suite page suivante)

Encadré 8.7 *(suite)*

Graphique B8.7.1   Principales étapes pour réaliser un audit urbain et financier intégré

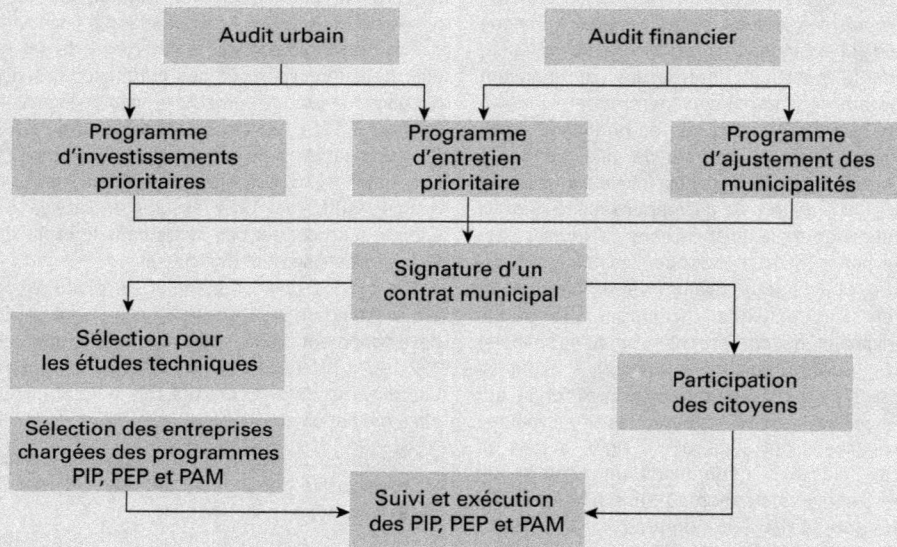

Note : PIP = Programme d'investissements prioritaires ; PEP = Programme d'entretien prioritaire ;
PAM = Programme d'ajustement des municipalités (Plan d'amélioration des finances municipales).

Le MFSA contient quatre principaux modules (voir le graphique 8.7) :

- *Module 1.* Collecte et organisation des informations pertinentes sur les finances municipales et les questions de gestion urbaine (profil de la ville) (étapes 1 et 2).

- *Module 2.* Analyse rétrospective et tableaux récapitulatifs (recettes, dépenses et situation financière) (étapes 3 à 5).

- *Module 3.* Prévisions financières (étape 6).

- *Module 4.* Évaluation des outils et des méthodes de gestion financière, et élaboration d'un plan d'amélioration des finances municipales (étapes 7 et 8).

Les principales conclusions du MFSA mettront en lumière plusieurs aspects des finances municipales :

- Viabilité financière de la collectivité locale, basée sur l'excédent d'exploitation, la capacité d'emprunt et la possibilité d'investir davantage.

- Gouvernance financière et qualité de la gestion, basée sur la crédibilité, l'exhaustivité et la transparence du budget.

Graphique 8.7 Modules de l'autoévaluation des finances municipales

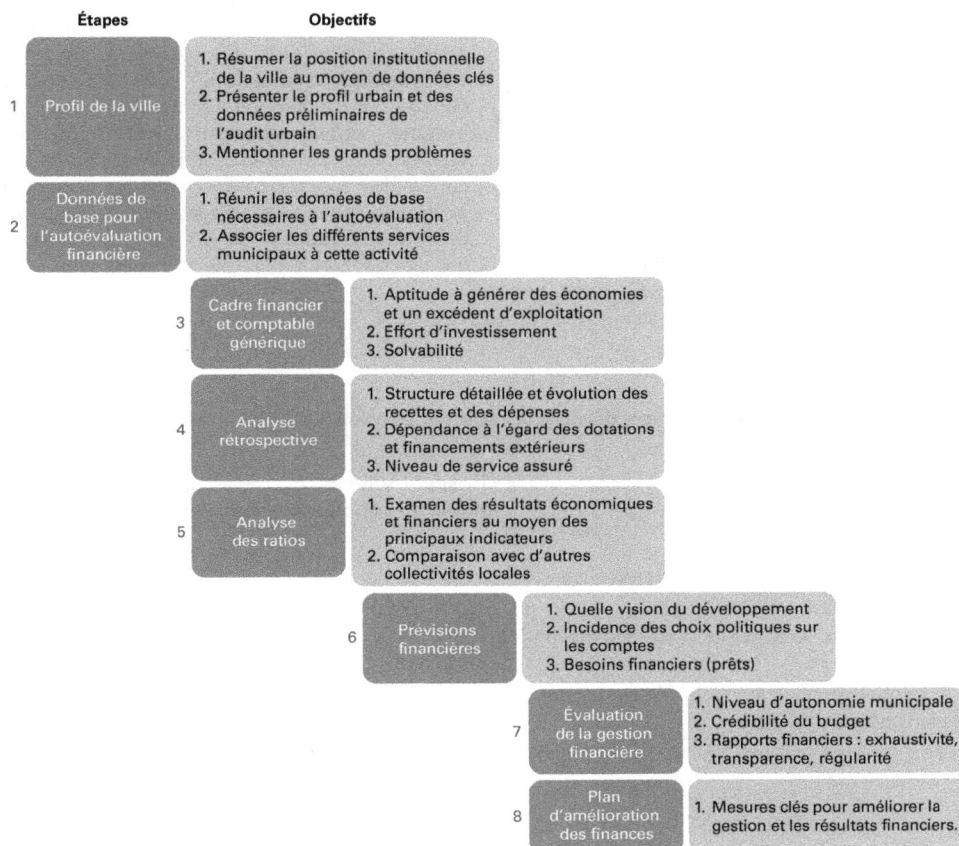

Étapes		Objectifs
1	Profil de la ville	1. Résumer la position institutionnelle de la ville au moyen de données clés 2. Présenter le profil urbain et des données préliminaires de l'audit urbain 3. Mentionner les grands problèmes
2	Données de base pour l'autoévaluation financière	1. Réunir les données de base nécessaires à l'autoévaluation 2. Associer les différents services municipaux à cette activité
3	Cadre financier et comptable générique	1. Aptitude à générer des économies et un excédent d'exploitation 2. Effort d'investissement 3. Solvabilité
4	Analyse rétrospective	1. Structure détaillée et évolution des recettes et des dépenses 2. Dépendance à l'égard des dotations et financements extérieurs 3. Niveau de service assuré
5	Analyse des ratios	1. Examen des résultats économiques et financiers au moyen des principaux indicateurs 2. Comparaison avec d'autres collectivités locales
6	Prévisions financières	1. Quelle vision du développement 2. Incidence des choix politiques sur les comptes 3. Besoins financiers (prêts)
7	Évaluation de la gestion financière	1. Niveau d'autonomie municipale 2. Crédibilité du budget 3. Rapports financiers : exhaustivité, transparence, régularité
8	Plan d'amélioration des finances	1. Mesures clés pour améliorer la gestion et les résultats financiers.

- Efficacité des services rendus, basée sur une analyse des coûts et des tarifs, en plus des autres ratios permettant d'évaluer les performances des services eux-mêmes.

On trouvera ci-après une description détaillée de chaque étape, suivie d'un tableau montrant comment remplir un formulaire MFSA avec des données réelles. Le format Excel est le plus facile à utiliser. Ces tableaux peuvent être modifiés en fonction du contexte local.

Étape 1 : Profil de la ville

Le profil de la ville comprend trois éléments :

1. Organisation institutionnelle et territoriale/ Démographie/Économie urbaine

2. Organisation municipale

3. Principaux problèmes urbains à régler au cours des trois à cinq prochaines années.

1. Organisation institutionnelle / Carte de la ville / Démographie/Économie

Objectif : Donner une vue d'ensemble de la situation démographique et économique de la municipalité grâce à quelques indicateurs de base ; et préciser l'organisation territoriale de l'entité, qui peut être complexe (Ville, Arrondissement, Zone métropolitaine).

Insérer une carte de la ville (A4) indiquant les limites administratives de la municipalité. Pour les subdivisions (au niveau sous-urbain) ou entités métropolitaines existantes, indiquer les différents niveaux d'administration.

Décrire brièvement les trois éléments — organisation territoriale, démographie, économie — en indiquant comment ils sont influencés par la situation financière ou l'influencent. Par exemple, indiquer comment l'organisation territoriale a une incidence directe sur la répartition du budget et l'exécution des compétences ; comment l'augmentation, la diminution ou la composition de la population influence le budget ; ou comment la fiscalité locale influence l'économie locale et inversement.

Tableau 1 Indicateurs de la situation démographique et économique des municipalités

	Un seul échelon	Ville avec arrondissements	Ville avec structure intercommunale	
I Organisation territoriale				
Nombre/Nom des échelons inférieurs/échelons intercommunaux				
Arrondissements ou échelons intercommunaux financés par la Ville		*Oui/Non*	*Oui/Non*	
Ville financée par les arrondissements et/ou des échelons intercommunaux		*Oui/Non*	*Oui/Non*	
Superficie de la municipalité et de l'agglomération en kilomètres carrés				
	Année N-3	**Année N-2**	**Année N-1**	**Année N**
II Démographie				
Population du pays				
Population totale de la municipalité				
Croissance annuelle				
Rang national (en termes de population)				
III Économie				
PIB par habitant au niveau national, en dollars ou en euros				
PIB par habitant au niveau de la ville (si disponible), en dollars ou en euros				
Revenu annuel moyen disponible par ménage, en dollars ou en euros				
Proportion d'actifs				
Taux de chômage (% de la population active)				

	Année N-3	Année N-2	Année N-1	Année N
IV Recettes budgétaires municipales totales				
Recettes totales				
Recettes par habitant				
Investissements urbains annuels				
Encours de la dette				

V Gestion des services collectifs	Nom	Budget annexé au budget principal (Oui/Non)	Tarif (actuel)
Eau potable			
Eaux usées			
Électricité			
Chauffage urbain			
Autres services			

VI Fiscalité	Taux	Dernière hausse	Fixé localement
Impôt foncier/immobilier			
Taxe professionnelle			
Impôt 3			
Impôt 4			

VII Agents municipaux (personnel permanent)	Effectif	%	
Total		100 %	
Administration générale			
Éducation			
Services sociaux			
Services techniques			
Environnement (y compris déchets solides)			
Travailleurs contractuels (total)			

VIII Rapports financiers (Oui/Non)	Année N-3	Année N-2	Année N-1	Année N
Programme d'investissement à long terme				
Budget annuel				
Comptes administratifs ou de gestion				
Comptes audités				

2. Finances locales et gestion

Objectif : Présenter un premier ensemble de données récapitulatives sur le volume des finances locales, la gestion des services publics, l'effectif et la composition des services municipaux, etc.

Décrire brièvement les différents éléments.

Horizon : L'analyse peut remonter jusqu'à trois ou quatre ans en arrière pour donner une meilleure idée des tendances.

Services collectifs : Indiquer si les budgets des concessionnaires de services publics sont séparés ou annexés au budget municipal.

Impôts : Fournir les données concernant l'impôt foncier et la taxe professionnelle, et indiquer les deux autres principaux impôts locaux.

3. Questions urbaines et problèmes à régler
Objectif et contenu : Expliquer et illustrer la politique d'investissement de la municipalité à l'aide du cadre suivant :

- *Existe-t-il une vision stratégique pour le développement de la ville ?* Si oui, décrire brièvement ses principaux éléments, tels que la *Stratégie de développement urbain* et le *Plan d'investissement à long terme*, et indiquer les niveaux d'approbation requis (conseil municipal ou gouvernement central, par exemple).

- Présenter les principaux *éléments* du Plan de développement de l'économie locale nécessaire pour concrétiser cette vision, tels que les investissements prévus, le développement institutionnel, etc.

- *Le cas échéant, décrire brièvement le Plan d'investissement* dans la rubrique ci-après :

IX Plan d'investissement			
Nom du projet	Horizon	Coût total	Source de financement

Décrire brièvement le programme d'investissement pluriannuel approuvé par le Conseil municipal. Fournir une liste des projets prioritaires, en ajoutant des lignes si nécessaire.

Étape 2 : Données comptables et financières de base

Objectif et contenu : Recueillir des données et informations de référence pour les analyses rétrospectives et les prévisions, et calculer les ratios de performance et les écarts à combler. L'objet n'est pas de présenter les données dans le format habituel, qui peut varier d'un pays à l'autre, ou même d'une municipalité à l'autre, mais sous la forme de tableaux financiers génériques.

Il est recommandé d'établir une base de données (format Excel) contenant cinq principaux tableaux :

- Budget municipal + annexe contenant les budgets des concessionnaires et/ou régies

- Situation de trésorerie et arriérés

- Dette

- Investissements

- Potentiel fiscal et produit fiscal encaissé

Ces cinq tableaux doivent présenter trois années de données historiques (données réelles) et une année de données prévisionnelles. Les sources doivent être précisées, en indiquant notamment le titre et la source du document (direction du budget, services fiscaux, services économiques, entité autre que la municipalité, ministère des Finances, etc.).

Base de données du budget général :

- Étant donné que les systèmes comptables et modes de classification des comptes sont tous différents (classification fonctionnelle, par nature, etc.), il convient d'ajuster la base de données budgétaires pour assurer sa cohérence. Les dépenses et les recettes doivent être classées par nature (recettes fiscales, dotations, redevances, prêts, etc.) et par finalité (salaires, exploitation et entretien, service de la dette). Il faut éviter de présenter une longue liste de recettes et dépenses mal organisée.

- Les *données réelles* sont préférables aux prévisions budgétaires. Il peut s'agir des opérations comptabilisées sur la base des encaissements et décaissements (paiements et recettes) ou sur la base des engagements (contrat signé et titres de recettes).

- Les *dépenses de fonctionnement et les dépenses d'investissement* doivent être clairement identifiées, même si elles ne le sont pas dans la nomenclature comptable. Les dépenses sont normalement considérées comme des *dépenses d'investissement* lorsqu'elles visent à accroître le patrimoine de la municipalité.

- Les *dépenses prescrites par l'État* doivent être distinctes des dépenses propres à la municipalité. De même, les recettes provenant de l'administration centrale et affectées à des dépenses spécifiques doivent être identifiées comme telles.

- Les différents *types de subventions ou transferts financiers* doivent être indiqués, en faisant une distinction entre les transferts *libres d'affectation* par la municipalité et ceux *affectés à des dépenses spécifiques*.

- Le budget général et les budgets des *concessionnaires de services* autonomes doivent être analysés séparément. Il convient de prendre en compte uniquement les mouvements entre le budget principal et les budgets annexes qui sont comptabilisés dans le budget principal. Par exemple, les subventions aux concessionnaires de services imputées au budget général doivent être comptabilisées comme des dépenses dans le budget principal et comme des recettes dans le budget des concessionnaires ; de même, les dividendes ou liquidités provenant des concessionnaires doivent être comptabilisés comme des recettes dans le budget principal. Si possible, il convient d'établir ensuite un budget consolidé.

Tableau 2   Étape 2 : Base de données de référence pour l'autoévaluation financière

1. BUDGET GÉNÉRAL (tableau simplifié)					
En millions de ...	**Année N-3**	**Année N-2**	**Année N-1**	**Année N**	**Année N+1**
	R	R	R	E	P

RECETTES TOTALES

I RECETTES DE L'ÉTAT (INTERGOUVERNEMENTALES)

1 Impôts partagés — Part de la ville ...

- TVA et taxes sur les ventes — % ...
- Impôt sur le revenu des personnes physiques — % ...
- Impôt sur les bénéfices des sociétés — % ...
- Impôt sur le transfert des droits de propriété — % ...
- Taxe sur les véhicules — % ...
- Autres — % ...

2 Transferts inconditionnels
- Transfert de fonctionnement
- Dotation d'investissement

    Entretien des voiries
    Éducation

    ...

3 Transferts conditionnels
- salaires — du ministère
- aide sociale (aux ménages défavorisés) — du ministère
- .... — du ministère

(suite page suivante)

II RECETTES LOCALES

1 Taxes et impôts locaux
   - Impôt foncier/immobilier (qu'il soit perçu ou non au niveau central)
   - Taxe professionnelle
2 Redevances locales
   - Licences
   - Permis
   - Participations d'urbanisme
   - Autorisations et certificats
   - Autres (amendes ...)
3 Produit du domaine
   - Loyers
   - Cessions
   - Charges
   - Droits d'exploitation des ressources naturelles (forêts, minerais, eau, etc.)
   ...Autres
4 Dividendes, fonds ou actifs provenant des concessionnaires de services

   Entreprise 1
   Entreprise 2
   Entreprise 3

5 Dotations
6 Emprunts
7 Emprunts obligataires

Note : R = Montant effectif (réalisé) ; E = Estimation ; P = Prévision.

En indiquant les dividendes, les fonds ou les actifs provenant des entreprises de services collectifs, il importe de calculer la valeur totale de ces transferts à la municipalité pour chaque année. Il peut s'agir de liquidités, de terrains ou d'équipements.

Tableau 3   Dépenses totales

En millions d'unités de monnaie nationale...	Année N-3	Année N-2	Année N-1	Année N	Année N+1
	R	R	R	E	P

I   DÉPENSES AU TITRE DES FONCTIONS DÉLÉGUÉES

1   Enseignement préscolaire

   Salaires
   Fonctionnement
   Entretien
   Investissement (construction)

2   Enseignement primaire et secondaire

                    Salaires

                Fonctionnement

                    Entretien

                Investissement

3   Santé

4   Aide sociale et lutte contre la pauvreté

5   Maintien de l'ordre et protection civile

                    Salaires

                Fonctionnement

                    Entretien

                Investissement

6   Protection de l'environnement

                    Eaux usées

                Déchets solides

7   Autres

II DÉPENSES PROPRES

1   Infrastructures et services publics

- Dépenses de fonctionnement

                Dépenses directes

                  Sous-traitance

- Dépenses d'investissement

                Dépenses directes

                  Sous-traitance

2   Dépenses au titre des services sociaux, culturels et récréatifs

3   Développement de l'économie locale

4   Logements sociaux

5   Aménagement urbain

6   Sécurité civile

7   Transfert aux collectivités locales

8   Appui aux concessionnaires (subventions, dotations ou aide en nature)

                Entreprise 1

                Entreprise 2

                Entreprise 3

9   Remboursement des prêts

10   Paiement des intérêts

11   Garanties (payées par la municipalité)

Pour l'appui aux concessionnaires (subventions, dotations ou aide en nature), indiquer la valeur totale de l'aide fournie (par secteur ou par service), qu'il s'agisse de versements (dotation, subvention), d'un apport en capital ou d'une aide en nature (terrains, bâtiments ou équipements) provenant de la municipalité.

Trésorerie et arriérés :

- L'objectif est de compléter le tableau sur les données budgétaires et comptables en fournissant des informations sur la *situation de trésorerie*. Veuillez présenter un récapitulatif mensuel.

- Indiquer le montant des arriérés (dépenses engagées mais non payées) en distinguant les prestataires publics et les prestataires privés.

Tableau 4   2. Trésorerie et arriérés

I   Trésorerie

	Encaissements	Décaissements	Entrées de fonds cumulées	Sorties de fonds cumulées	Variation nette de l'encaisse
Janvier					
Février					
Mars					
Avril					
Mai					
Juin					
Juillet					
Août					
Septembre					
Octobre					
Novembre					
Décembre					

II   Arriérés (sommes à payer par la ville ou ses entités)

	Année N-3	Année N-2	Année N-1	Année N
Concessionnaires de services				
- Eau potable				
- Électricité				
- Aide sociale				
- ...				
Entreprises privées				
Personnel (traitements et salaires)				

Base de données sur la dette :

- Rassembler les données utiles sur les *emprunts souscrits et les obligations émises* qui ne sont pas entièrement remboursés.

- Faire une distinction entre la dette à *moyen ou long terme* et la dette à court terme (crédit par découvert).

- Remplir le tableau en indiquant l'*amortissement* de chaque prêt, ce qui peut être utile pour une analyse plus détaillée et pour les prévisions financières.

Tableau 5 3. Base de données sur la dette

	Banque ou institution	Année de souscription du prêt	Montant initial	Durée	Monnaie	Échéance	Différé d'amor-tissement	Taux d'intérêt (fixe, variable)	Taux (%)
I DETTE À MOYEN OU LONG TERME									
1 Prêt rétrocédé (par l'administration centrale)									
2 Prêt direct									
- Banque commerciale									
- Banque d'État pour le développement									
3 Obligation municipale									
II DETTE À COURT TERME									
1 Facilités de trésorerie de l'État									
2 Facilités de trésorerie d'une banque commerciale									

+ amortissement de chaque prêt à moyen ou long terme.

Tableau 6   4. Base de données sur les investissements

	Année N-3	Année N-2	Année N-1	Année N	Année N+1	Année N+2	Année N+3	Année N+4
	R	R	R	E	P	P	P	P

Population

Taux d'inflation (annuel)

I   TOTAL INVESTISSEMENTS   100 %

Taux de croissance

Investissements délégués (financés par des dotations spéciales)   ... %

- Éducation

- Santé

- Logement

- ...

Investissements municipaux   ... %

- Entretien des voiries

- Éclairage public

- Achat d'équipement de ramassage des déchets

- Rénovation de quartiers

- ...

Investissement dans des entreprises de services collectifs (actifs, dotations ou prises de participation, à titre de contributions en espèces ou en nature)   ... %

- Eau potable

- Eaux usées

- Transport

- Chauffage urbain

- Autres

II   TOTAL

- Dotations spéciales   ... %

- Recettes propres   ... %

- Emprunts ou obligations municipales   ... %

- Prises de participation dans des concessionnaires de services publics   ... %

Base de données sur les investissements :

- Indiquer le montant des dépenses d'investissement, *par année* (données rétrospectives et prévisionnelles) et *par secteur* (les secteurs peuvent être modifiés selon la politique suivie).

- Présenter un *plan de financement provisoire* simplifié.

Potentiel fiscal et produit fiscal encaissé :

- L'objectif est de présenter des informations pertinentes de l'administration fiscale sur le potentiel fiscal de la ville.

- Les rubriques (impôt foncier, taxe professionnelle, ...) peuvent être modifiées selon la législation et la réglementation fiscales en vigueur.

Tableau 7 Potentiel fiscal et produit fiscal encaissé

	Année N-3		Année N-2		Année N-1		Année N	
	Nombre de contribuables	Montant	Nombre de contribuables	Montant	Nombre de contribuables	Montant	Nombre de contribuables	Montant
I IMPÔT FONCIER								
Base d'imposition (entités imposables)								
Ménages								
Entreprises								
Autres								
Taux d'imposition								
Ménages								
Entreprises								
Autres								
Exonérations								
Ménages								
Entreprises								
Autres								
Produit fiscal encaissé								
Ménages								
Entreprises								
Autres								
II TAXE PROFESSIONNELLE								
Base d'imposition								
Taux								
Exonérations								
Produit fiscal encaissé								
III Participations d'urbanisme								

- Il est important d'obtenir des informations sur le nombre de contribuables et de faire une distinction entre les particuliers et les entreprises, surtout dans le cas de l'impôt foncier.

Étape 3 : Cadre financier générique

Objectif et contenu : Même si la base de données varie d'une municipalité à l'autre, le cadre financier générique ne change pas. L'objectif est de pouvoir évaluer rapidement la situation financière de la municipalité, notamment :

- La capacité de réaliser des économies et de dégager un excédent d'exploitation pour financer le budget d'investissement : calculer l'excédent de fonctionnement et déterminer dans quelle mesure il contribue à l'autofinancement du budget d'investissement. Cela démontrera la capacité de la municipalité, en fin d'exercice, à autofinancer une partie de son budget d'investissement, directement ou par l'emprunt.

- Solvabilité : Service de la dette par rapport aux actifs de la municipalité.

- Investissements par rapport au budget de fonctionnement.

- Degrés de dépendance à l'égard des dotations de l'État.

- Excédent général en fin d'exercice, compte tenu de l'excédent ou du déficit général de l'année N-1 imputé sur le budget réel de l'année N.

Graphique 8.8 **Structure du budget de fonctionnement et du budget d'investissement**

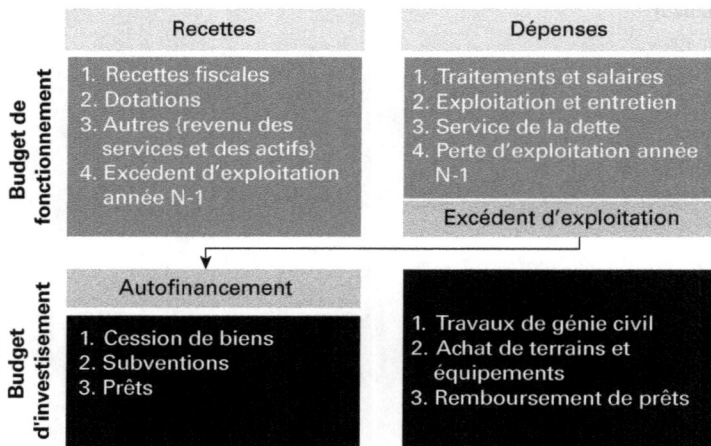

Le graphique devrait être complété par un autre graphique comparant l'excédent d'exploitation aux recettes courantes et aux dépenses d'investissement.

Encadré 8.8 Principaux défis

- *Le budget de fonctionnement* doit contenir les recettes courantes et les dépenses nécessaires pour assurer les activités courantes. Elles sont généralement considérées comme obligatoires et sont relativement prévisibles.

(suite page suivante)

- *Les recettes courantes* comprennent les recettes fiscales, les subventions de l'État et d'autres échelons et les recettes générées (sous la forme de tarifs, droits et redevances perçus, etc.) par le patrimoine appartenant à la municipalité (terrains, immeubles et équipements publics, etc.).

- *Les dépenses de fonctionnement* comprennent essentiellement les traitements et salaires (y compris les prestations d'assurance sociale et autres charges liées à la gestion du personnel), les frais de fonctionnement et d'entretien (souvent difficiles à calculer en raison des subventions versées par les collectivités locales pour aider d'autres entités (associations, budgets connexes, etc.), et le service de la dette contractée par la collectivité locale.

- *Les recettes en capital et les dépenses d'investissement* sont les opérations qui augmentent ou réduisent le patrimoine de la collectivité locale (acquisitions ou cessions, travaux de génie civil). La plupart des systèmes comptables des collectivités locales sont basés sur la comptabilité de caisse ou comptabilité de trésorerie et ne prennent pas en compte la dépréciation des biens des municipalités. En conséquence, les recettes en capital et les dépenses d'investissement sont comptabilisées sur une base annuelle.

- En général, les dépenses d'investissement s'exécutent sur plus d'un an (douze mois) et doivent être réparties entre plusieurs exercices. Les montants peuvent varier d'une année à l'autre.

- *Le service de la dette* doit être réparti entre le budget de fonctionnement (pour les intérêts payés) et le budget d'investissement (pour le remboursement du prêt). Si l'on veut suivre une approche plus rigoureuse, le montant total du service de la dette (y compris le remboursement du principal) doit être couvert par l'excédent de fonctionnement, comme preuve de la capacité à assurer le service de la dette.

- *Le budget total* ou les comptes annuels peuvent être équilibrés, en excédent ou en déficit : situation nette.

- Pour une analyse plus détaillée du budget, il convient de prendre en compte (directement dans le budget ou dans un budget en annexe) les dépenses impayées qui laissent apparaître un excédent en fin d'exercice, ainsi que les recettes correspondant aux produits facturés ou perçus mais non recouvrés au cours de l'exercice.

Étape 4 : Analyse rétrospective et tableau récapitulatif

Objectif et contenu : Analyser le budget de l'exercice précédent et identifier les tendances et les résultats obtenus (services assurés, efficience fiscale, etc.)

L'objectif est de comprendre la structure du budget et d'identifier les grandes tendances et leurs causes. L'analyse repose essentiellement sur l'autofinancement (ou l'épargne), c'est-à-dire la différence entre les recettes et les dépenses de fonctionnement. L'autofinancement permet de payer une partie du coût des investissements ; c'est un indicateur essentiel de la qualité de la gestion assurée par l'autorité locale, qui occupe une grande place dans le dialogue avec les partenaires financiers, car ils ne veulent pas que leurs ressources servent à financer un déficit de fonctionnement.

Après l'autofinancement, il s'agit d'analyser les caractéristiques de la dette déjà contractée par la collectivité locale :

- Le niveau d'endettement est-il acceptable ?

- Qui sont les prêteurs ?

- Quel est le coût de la dette ?

- Combien de temps faudra-t-il pour la rembourser ?

Le fait que les collectivités locales puissent établir un tableau récapitulatif en utilisant une méthode transparente et facile à contrôler, comme celui recommandé ici, renforce la confiance dans la gestion financière de la municipalité.

Principaux tableaux à établir : Dix tableaux devraient être établis :

- Tableau 1 : Situation financière
- Tableau 2 : Principales sources de recettes
- Tableau 3 : Potentiel fiscal et produit fiscal encaissé
- Tableau 4 : Prévisibilité des transferts et dépendance de la ville à leur égard
- Tableau 5 : Principales dépenses de fonctionnement, par catégorie
- Tableau 6 : Patrimoine municipal et dépenses d'entretien

- Tableau 7 : Endettement
- Tableau 8 : Financement des investissements
- Tableau 9 : Trésorerie
- Tableau 10 : Arriérés

Ces tableaux et graphiques doivent être établis à partir de la base de données (cinq tableaux) constituée dans l'Étape 2. À ce stade, les liens entre les deux fichiers ne sont pas analysés parce que le mode de présentation des comptes varie d'un pays à l'autre.

Tableau 1   1. Situation financière

	Rubrique	Calcul	Année N-3 Montant effectif	Année N-2 Montant effectif	Année N-1 Montant effectif	Année N Est.	Croissance annuelle moyenne	% structure
1	Recettes courantes totales							
2	Solde N-1 (si excédent)							
3	Recettes courantes année N	(1 – 2)						
4	Dépenses de fonctionnement							
5	Excédent brut de fonctionnement	(1 – 4)						
6	Remboursement de la dette							
7	Épargne nette	(5 – 6)						
8	Dépenses d'investissement							
9	Besoins de financement	(8 – 7)						
10	- Recettes propres en investissement							
11	- Dotations d'investissement							
12	- Prêts	(9 – (10+11))						
13	Solde en investissements	(8 – (7+10+11+12))						
14	Solde de clôture global	(1+10+11+12) – (4+6+8)						

Récapituler et commenter brièvement les principaux enseignements tirés des données sur la situation financière (sur la base des ratios) présentées dans l'analyse des ratios (Étape 5).

Tableau 2   2. Principales sources de recettes

Rubrique	Calcul	Année N-3 Montant effectif	Année N-2 Montant effectif	Année N-1 Montant effectif	Année N Est.	Croissance annuelle moyenne	% structure (total)
TOTAL RECETTES COURANTES							
1 Transferts de l'État							
- Impôts partagés							
- Transferts/dotations inconditionnels							
- Transferts conditionnels au titre du fonctionnement							
2 Recettes propres							
- Taxes et impôts locaux	Se référer à la base de données						
- Redevances locales							
- Produit du domaine							
3 Autres recettes							
- Excédent de l'année N-1							
- Recettes des concessionnaires de services							
TOTAL RECETTES NON RÉCURRENTES							
1 Transferts et dotations d'État							
- Transferts inconditionnels en investissement							
- Subventions conditionnelles en investissement							
2 Recettes propres	Se référer à la base de données						
- Aliénations							
- Contrats de location à long terme							
3 Recettes extérieures							
- Emprunts							
- Obligations municipales							
- Dons							
TOTAL RECETTES							
1 Transferts	Se référer à la base de données						
2 Recettes propres							
3 Recettes externes							

Récapituler et commenter brièvement les principaux enseignements tirés des données sur les sources de revenus : analyser les principales sources de financement de la municipalité (impôts, dotations, taxes locales, etc.) ; estimer les recettes et le potentiel fiscal de la municipalité ; et estimer les recettes des services marchands.

Tableau 3   3. Potentiel fiscal et produit fiscal encaissé

Rubrique	Source	Année N-3 montant effectif	Année N-2 montant effectif	Année N-1 montant effectif	Année N Est.	Croissance entre année N-3 et année N-2	Croissance entre année N-2 et année N-1
1 **Impôt sur la propriété (logement)**							
- Nombre d'articles imposés							
- Nombre de contribuables							
- Montant imposable							
- Montant perçu							
- Taux de recouvrement							
2 **Impôt sur la propriété (commerces et entreprises)**							
- Nombre d'articles imposés							
- Nombre de contribuables							
- Montant imposable							
- Montant perçu							
- Taux de recouvrement							
3 **Taxe professionnelle**							
- Nombre d'articles imposés							
- Nombre de contribuables							
- Montant imposable							
- Montant perçu							
- Taux de recouvrement							
Principaux contribuables *Liste des 10 à 50 plus gros contribuables*							

Récapituler et commenter brièvement les principaux enseignements tirés des données ci-dessus, en analysant le potentiel fiscal et la pression fiscale (impôt foncier, impôt immobilier et taxe professionnelle) : a) activité économique et potentiel fiscal du secteur moderne et du secteur informel ; b) taux d'imposition ; c) taux de recouvrement global et par catégorie d'impôt (concentration).

Tableau 4   4. Prévisibilité des transferts : dépendance de la ville

Rubrique	Critère d'allocation	Année N-3 montant effectif	Année N-2 montant effectif	Année N-1 montant effectif	Année N Montant prévu	Croissance annuelle moyenne	% structure (recettes totales)
1 **Transferts inconditionnels**							
- Transfert 1							
- Transfert 2							
- …							
2 **Transferts conditionnels**							
- Transfert 1							
- Transfert 2							
- …							

Récapituler et commenter brièvement les principaux enseignements tirés des données qui précèdent sur la prévisibilité des transferts et le degré de dépendance de la ville : montant des transferts en pourcentage des recettes totales.

Fournir des informations sur les critères d'octroi de subventions, et évaluer dans quelle mesure les collectivités locales peuvent influencer le montant des subventions qu'elles reçoivent (critères de résultats, le cas échéant).

Tableau 5   5. Principales dépenses de fonctionnement par nature (plutôt que par fonction)

Rubrique	Année N-3 montant effectif	Année N-2 montant effectif	Année N-1 montant effectif	Année N Montant prévu	Croissance annuelle moyenne	% structure (recettes totales)
DÉPENSES COURANTES						
1 Traitements et salaires (y compris indemnités et avantages divers)						
- Personnel administratif						
- Personnel des services techniques						
- Autres catégories de personnel (travailleurs contractuels)						
2 Dépenses de fonctionnement						
- Fournitures de bureau						
- Électricité						
- Communications (téléphone, etc.)						
- Carburant						
- …						
3 Dépenses d'entretien						
…						
4 Dont entretien du patrimoine de l'État						
Total						

Récapituler brièvement les principales dépenses de fonctionnement. Estimer les dépenses particulières, telles que l'entretien des équipements et installations, etc.

Tableau 6 6. Patrimoine et dépenses d'entretien

Rubrique	Inventaire provisoire des actifs	Année N-3 chiffre effectif	Année N-2 chiffre effectif	Année N-1 chiffre effectif	Année N chiffre prévu	Croissance annuelle moyenne	Principale modalité d'exécution (1)
Voirie							
Grands axes (km)							
Rues résidentielles (km)							
Routes revêtues (km)							
Éclairage public (nombre de lampadaires)							
Réseau d'adduction d'eau (km)							
Stations de traitement des eaux (nombre)							
Réseau d'assainissement (km)							
Stations d'épuration des eaux usées (nombre)							
Gestion des déchets solides (véhicules)							
Déchets solides (stations de transferts, capacité totale de mise en décharge, en tonnes par jour)							
Autres équipements publics (parcs, cimetières, parkings et garages, etc.) (m²)							
Établissements scolaires (nombre de salles de classe ou m²)							
Établissements de santé (m²)							
Locaux administratifs (m²)							
Établissements culturels (m²)							
Installations sportives (m²)							
Commerces (m²)							
Équipements écologiques							
Logements publics (nombre d'appartments et autres unités, ou surface en m²)							
Patrimoine culturel							
Terrains municipaux vacants (hectares)							

(1) entretien assuré par les services municipaux, par des sous-traitants, par les occupants ...

Décrire brièvement la composition du patrimoine et son système de gestion, en indiquant notamment s'il existe des logements et du foncier domanial, et si l'entretien est assuré par la municipalité ou par des concessionnaires des entreprises privées ou les occupants.

Aucune information n'est demandée sur l'évaluation des actifs en raison de la complexité des calculs. Si la municipalité a déjà évalué ses actifs, présenter les principaux résultats et la méthode de calcul.

Tableau 7 7. Dette

Rubrique	Conditions	Année N-3 Montant effectif	Année N-2 Montant effectif	Année N-1 Montant effectif	Année N Montant prévu
Prêt 1					
- Encours					
- Remboursement					
- Intérêts					
Prêt 2					
- Encours					
- Remboursement					
- Intérêts					
Prêt 3					
- Encours					
- Remboursement					
- Intérêts					
Obligation municipale					
- Encours					
- Remboursement					
- Intérêts					
Facilité de caisse (court terme)					
…Prêt					
Découvert					
Crédit fournisseur					

Présenter un bref tableau de l'endettement de la municipalité : a) nombre de prêts ou autres financements extérieurs, b) profil de ces prêts, et c) paiements annuels au titre du service de la dette. Les tableaux d'amortissement seront utiles pour les prévisions sur les 5 à 10 prochaines années.

Tableau 8   8. Financement des investissements

Rubrique	Année N-3 Montant effectif	Année N-2 Montant effectif	Année N-1 Montant effectif	Année N Montant prévu	Croissance annuelle moyenne	% structure (recettes totales)
Dépenses d'investissement totales						
- Travaux de génie civil						
- Acquisition d'équipements						
- Autres						
Financement						
- Dotations d'État						
- Recettes propres d'investissement (aliénations du patrimoine, etc.)						
- Autofinancement (Année N ou N -1)						
- Emprunt						

Décrire brièvement la structure du budget d'investissement de la municipalité et son financement.

Tableau 9   9. Équilibre de trésorerie

	Encaissements	Cumul	Décaissements	Cumul	Solde	
Janvier						
Février						
Mars						
Avril						
Mai						
Juin						Graphique
Juillet						
Août						
Septembre						
Octobre						
Novembre						
Décembre						

Insérer un bref compte rendu sur la situation de trésorerie en fin d'exercice et les flux de trésorerie mensuels. Décrire les difficultés éventuellement créées par les fluctuations mensuelles des encaissements (par exemple, le taux de versement des dotations ou le taux de recouvrement des impôts) et les décaissements. Indiquer, le cas échéant, les dispositions particulières prises avec le Trésor ou les banques (facilité de caisse).

Tableau 10   10. Arriérés

	Rubrique	Calcul	Année N-3 Montant effectif	Année N-2 Montant effectif	Année N-1 Montant effectif	Année N Montant prévu	Croissance annuelle moyenne	% décaissements fonctionnement et investissements
BUDGET DE FONCTIONNEMENT								
Énergie	-							
Matériel	-							
Salaires et autres coûts de main-d'œuvre	-							
Sécurité sociale								
BUDGET D'INVESTISSEMENT								
Institutions publiques	-							
Entités privées	-							
TOTAL								

Insérer un bref compte rendu sur les factures impayées et les engagements de la municipalité, en distinguant les dépenses de fonctionnement et les dépenses d'investissement. L'analyse peut également faire une distinction entre la dette ou les arriérés à l'égard d'institutions publiques et ceux à l'égard de fournisseurs privés.

Étape 5 : Analyse de ratios

Objectif et contenu : L'analyse de ratios vise à établir des critères d'évaluation interne de la gestion des finances municipales (tableau de bord), ainsi que des point de référence pour faire des comparaisons au niveau régional.

Les ratios et indicateurs suivants sont basés sur les normes internationales utilisées dans les pays d'Europe occidentale et aux États-Unis.

Le MFSA permet à chaque municipalité de mieux apprécier sa situation par rapport aux autres municipalités dans la région et le reste du monde, tout en mettant en lumière les atouts et les principales lacunes à combler. Les tableaux peuvent être remplis en se référant aux cases correspondantes dans les tableaux d'analyse rétrospective.

Il est important de collaborer étroitement avec le ministère des Finances pour que toutes les municipalités publient ces ratios chaque année, aux fins de comparaison et d'amélioration interne.

Il est recommandé de se référer aux ratios déjà utilisés par les ministères des Finances ou de l'Intérieur, ou même à ceux calculés par les associations de collectivités locales.

Enfin, il n'est pas recommandé de présenter ici des ratios comparant les résultats obtenus dans le domaine des finances locales et le PIB, sauf s'il existe des données sur le PIB local. Le ratio ci-après est souvent utilisé au niveau national : rapport entre les montant des dépenses locales et des impôts locaux et le PIB.

Étape 5. Analyse de ratios (tableau de bord de la municipalité)

Critères	Indicateur (définition)	Objectif	Indice de référence	Indice de la ville			Graphique indiquant l'indice de référence, si possible
				N-3	N-2	N-1	
RATIOS FINANCIERS							
Solvabilité							
	Épargne avant intérêts/Recettes courantes réelles	La municipalité peut emprunter et investir	> 0,3				Graphique indiquant l'indice de référence, si possible
	Épargne nette (après service de la dette, y compris remboursement du capital)/Recettes courantes réelles	La municipalité peut emprunter davantage	> 0,2				Graphique indiquant l'indice de référence, si possible
	Encaissement (en fin d'année)/dépenses à court terme (divisé par 365 jours)	La municipalité peut faire face à ses obligations à court terme	90 jours				Graphique indiquant l'indice de référence, si possible
Dette							
	Encours de la dette/Épargne brute (capacité de rembourser la dette)	La municipalité peut rembourser sa dette au moyen de son excédent d'exploitation	Plus de 10 ans				Graphique indiquant l'indice de référence, si possible
	Service de la dette/Recettes courantes totales	La dette représente une charge annuelle acceptable par rapport aux recettes courantes	< 10 %				Graphique indiquant l'indice de référence, si possible
Autonomie fiscale							
	Recettes fiscales propres + dotations inconditionnelles/Recettes courantes réelles	La municipalité peut accroître ses recettes	> 80 %				Graphique indiquant l'indice de référence, si possible
	Pression fiscale (Recettes fiscales/Potentiel fiscal)		< 70 %				

Effort d'investissement

Dépenses d'investissement/ Recettes courantes réelles	La municipalité privilégie les dépenses d'investissement	> 40 %
Dépenses d'investissement déléguées par l'État/Dépenses d'investissement totales	L'exercice des fonctions municipales laisse encore à désirer	> 50 %

Niveau de service

Dépenses d'entretien/Dépenses de fonctionnement	La municipalité a de nombreuses immobilisations à entretenir, et c'est une priorité pour elle	> 30 %

Autres

Nombre total d'agents municipaux/ population	La municipalité a une faible marge de manœuvre pour financer les dépenses d'entretien et d'investissement	Plus de 25 agents pour 1 000 habitants
Traitements et salaires/Dépenses effectives de fonctionnement		> 40 %
Recettes réelles/Estimations	La municipalité a une bonne visibilité et son budget est fiable	> 95 %
Montant des arriérés/Bilan de trésorerie en fin d'exercice	La municipalité a une dette à court terme qui réduit sa crédibilité au yeux des fournisseurs	> 1

Graphique indiquant l'indice de référence, si possible *(pour chaque ligne)*

(suite page suivante)

| Critères | Indicateur (définition) | Objectif | Indice de référence | Indice de la ville | | | Graphique indiquant l'indice de référence, si possible |
				N-3	N-2	N-1	
RATIOS DE TRÉSORERIE							
1	Taux de marge : Ressources financières totales (liquidités)/ obligations financières totales (paiements + arriérés)	La municipalité fonctionne ou non dans la limite de ses moyens financiers	1,02				Graphique indiquant l'indice de référence, si possible
RATIOS COMPARATIFS							
	Recettes totales par habitant Dépenses totales par habitant Recettes courantes réelles par habitant Encours de la dette par habitant Dépenses d'investissement par habitant	Comparaison avec des municipalités de même taille dans le pays ou ailleurs (UE) : liste à établir					Graphique indiquant l'indice de référence, si possible

Récapituler brièvement les enseignements tirés de l'analyse de ratios.

Étape 6 : Prévisions financières

Objectif et contenu : Les prévisions financières sur cinq ans visent à donner un aperçu de la situation financière de la municipalité en mettant l'accent sur sa solvabilité. Le principal objectif est de démontrer l'incidence des décisions stratégiques (dépenses, emprunts, fiscalité, etc.) et des hypothèses qui les sous-tendent sur la situation financière de la municipalité. Plusieurs séries d'hypothèses et scénarios sont généralement testés pour faire des prévisions basées sur les conclusions des années précédentes en tenant compte des changements importants. La méthode devrait être adaptée en fonction de la taille de la municipalité et des questions qui se posent actuellement, telles que les programmes d'investissement prévus, les problèmes de dette à régler, etc.

Les tableaux ci-après fournissent un cadre préliminaire simplifié pour les prévisions. Récapituler brièvement les enseignements tirés des résultats préliminaires obtenus.

Étape 6. Prévisions financières sur cinq ans

En monnaie courante

Rubrique	Tendances sur les 3 années précédentes	Hypothèses principales	Indice	Calcul	Année N-1	Année N	Année N+1	Année N+2	Année N+3	Année N+4	Année N+5
					Montant effectif	Estimation	Prévision	Prévision	Prévision	Prévision	Prévision
A TOTAL RECETTES COURANTES											
Recettes fiscales propres											
- Impôt foncier											
- Taxe professionnelle											
- Autres (participations d'urbanisme)											
Transferts											
- Impôts partagés											
- Dotations inconditionnelles											
- Dotations conditionnelles											
Autres recettes											
- Loyers, intérêts											

B TOTAL DÉPENSES DE FONCTIONNEMENT

Traitements et salaires (y compris indemnités et avantages divers)

- Personnel administratif
- Personnel technique
- Autres catégories de personnel (Préciser)

Frais de fonctionnement

- Fournitures de bureau
- Électricité
- Communication (téléphone, etc.)
- Carburant
- Frais d'entretien
- Autres

C ÉPARGNE BRUTE (A - B)

(suite page suivante)

Rubrique	Tendances sur les 3 années précédentes	Hypothèses principales	Indice	Calcul	Année N-1 Montant effectif	Année N Estimation	Année N+1 Prévision	Année N+2 Prévision	Année N+3 Prévision	Année N+4 Prévision	Année N+5 Prévision
D SERVICE DE LA DETTE											
Dette existante											
- Intérêts											
- Remboursement											
Dette nouvelle (prêts contractés après N-1)											
- Intérêts											
- Remboursement											
Total Service de la dette											
- Intérêts											
- Remboursement											
E ÉPARGNE NETTE (C - D)											
F DÉPENSES D'INVESTISSEMENT											
G FINANCEMENT DES INVESTISSEMENTS (F – E)											
Dotations d'investissement											
Recettes propres d'investissement (excédent d'exploitation non compris)											
Prêts											
H SOLDE DE CLÔTURE GLOBAL (TRÉSORERIE) (A+G) - (B+D+F)											

Étape 7 : Évaluation de la gestion financière

Objectif et contenu : L'objectif est d'évaluer la solidité de la gestion financière de la municipalité.

Une municipalité peut avoir une bonne situation financière mais une mauvaise gestion financière, tout comme elle peut avoir de faibles capacités financières mais un bon système de gestion financière.

Les six principaux indicateurs de solidité de la gestion financière décrits ci-dessous reposent sur la méthodologie PEFA (Examen des dépenses publiques et de la responsabilité financière), également mise au point par la Banque mondiale.

Faire des observations sur les différents points et proposer des améliorations spécifiques.

Évaluation de la gestion financière

	Discipline budgétaire globale	Affectation stratégique des ressources	Efficacité des services fournis
1. Crédibilité du budget	Prévisions budgétaires trop optimistes/ insuffisantes pour les dépenses obligatoires/ irrégularités dans le budget	Pertes de recettes/ sous-estimation du coût des priorités stratégiques/ irrégularités dans l'utilisation des ressources	Efficacité des ressources utilisées pour la prestation des services/modification du poids relatif de certaines catégories de dépenses, apparemment dictée par des préférences personnelles plutôt que par un souci d'efficacité des services.
2. Exhaustivité et transparence	Les activités non gérées et comptabilisées dans le cadre d'un processus budgétaire adéquat risquent de ne pas être soumises au même niveau de vérification et de contrôle (notamment sur les marchés financiers) que les activités inscrites au budget.	Fonds extrabudgétaires/ affectation de certaines recettes à certains programmes/empêche l'appareil législatif, la société civile et les médias d'évaluer dans quelle mesure la collectivité locale met en œuvre les priorités stratégiques.	Manque d'exhaustivité/accroît le gaspillage des ressources/ réduit la portée des services/limite la concurrence dans l'examen de l'efficience et de l'efficacité des différents programmes et des ressources qu'ils utilisent/ peut favoriser le clientélisme et la corruption.
3. Budgétisation en fonction des politiques	Processus de planification inadéquat/ne respecte pas le cadre budgétaire et macroéconomique/ compromet la viabilité des politiques.	Le processus d'affectation des ressources globales en fonction des priorités/ du budget annuel de la collectivité locale est trop court pour modifier sensiblement les dépenses/le coût des nouvelles politiques qui est systématiquement sous-estimé.	L'absence de prévisions pluriannuelles risque de contribuer à une planification inadéquate des charges courantes liées aux investissements et du financement des marchés pluriannuels.
4. Prévisibilité et contrôle de l'exécution du budget	Impact sur la gestion financière/politique d'endettement inadéquate/ dépenses excessives.	Réaffectations de crédits prévues/ dépenses autorisées/paiements frauduleux.	Planification et utilisation rationnelles des ressources/ procédures d'appel d'offres/ contrôle des états de paie.

(suite page suivante)

| 5. Procédures comptables et rapports financiers | Assure la viabilité financière à long terme et garantit que les politiques peuvent être financées : informations exactes et à jour sur les recettes prévisionnelles et leur recouvrement/ niveaux de liquidités et flux de dépenses/niveaux d'endettement, garanties/ passifs éventuels et coûts prévisionnels des programmes d'investissement. | Des informations régulières sur l'exécution du budget permettent de contrôler l'utilisation des ressources, tout en aidant à identifier les goulets d'étranglement et les problèmes susceptibles d'entraîner d'importantes modifications dans l'exécution du budget. | L'absence d'informations et écritures adéquates empêcherait d'obtenir les données probantes nécessaires pour une vérification et un contrôle efficaces de l'utilisation des fonds, et pourrait faciliter les détournements de fonds, des pratiques frauduleuses dans la passation des marchés, ou l'utilisation des ressources à d'autres fins que celles prévues. |
| 6. Vérification et contrôle externes | Examiner les questions de viabilité financière à long terme et respecter les objectifs fixés. | Faire pression sur la municipalité pour allouer les crédits budgétaires et exécuter le budget conformément aux politiques établies. | La municipalité est tenue de gérer les ressources de manière efficace et dans le respect des règles, faute de quoi la valeur des services risque de diminuer. La comptabilisation et l'utilisation des fonds sont examinées et vérifiées en détail. |

Étape 7. Évaluation de la gestion financière

Critères	Indicateur	Indicateur
A. Crédibilité du budget		
	Dépenses totales réelles au regard du budget initialement approuvé.	
	Composition des dépenses réelles au regard du budget initialement approuvé	
	Recettes totales au regard du budget initialement approuvé	
	Encours et suivi des impayés	
B. Exhaustivité et transparence		
	Classification du budget	
	Exhaustivité des informations figurant dans la documentation budgétaire	
	Ampleur des opérations engagées au titre de l'action publique dont il n'est pas fait état	
	Transparence des relations budgétaires intergouvernementales	
	Contrôle des risques budgétaires agrégés posés par d'autres entités du secteur public	
	Publication des principales informations budgétaires	

C. Cycle budgétaire

Budgétisation en fonction des politiques

Caractère ordonné du processus d'élaboration du budget annuel et participation au processus

Caractère pluriannuel de la planification budgétaire, de la politique de dépenses et de l'élaboration du budget

Prévisibilité et contrôle de l'exécution du budget

Transparence des obligations des contribuables et des sommes imposables

Efficacité des mesures d'enregistrement des contribuables et de calcul de la base d'imposition

Efficacité de la collecte des impôts

Prévisibilité des fonds disponibles pour engager des dépenses

Enregistrement et gestion des soldes de trésorerie, de la dette et des garanties

Efficacité du contrôle des états de paie

Système de passation des marchés : concurrence, optimisation des dépenses et contrôle

Efficacité des mesures de contrôle interne des dépenses non salariales

Efficacité des procédures de vérification interne

Procédures comptables et rapports financiers

Régularité des activités de rapprochement des données et respect des délais prévus en la matière

Disponibilité d'informations sur les ressources reçues par les unités dépensières

Qualité des rapports infra-annuels sur l'exécution du budget et respect des délais prévus en la matière

Qualité des états financiers annuels et respect des délais prévus en la matière

Vérification et contrôle externes

Portée et nature des audits externes, et suites qui y sont données

Examen rigoureux de la loi de finances par le conseil municipal

Examen rigoureux des rapports d'audit externe par le conseil municipal

D. Pratiques des bailleurs de fonds

Prévisibilité de l'aide budgétaire directe

Informations financières fournies par les bailleurs de fonds pour la budgétisation de l'aide fournie au titre des projets et programmes et l'établissement de rapports financiers y afférents

Proportion de l'aide gérée au moyen de procédures nationales

Prévisibilité des transferts provenant d'échelons supérieurs de l'administration

Étape 8 : Plan d'amélioration des finances municipales

Objectif et contenu : L'objectif est de traduire les enseignements tirés des différentes étapes du MFSA en un certain nombre de mesures qui permettent d'améliorer la situation financière de la municipalité et la gestion des finances municipales. Le modèle ci-dessous est une simple ébauche préliminaire à compléter en se fondant sur les résultats du MFSA. La municipalité peut établir une liste de toutes les mesures qu'elle juge prioritaires, y compris celles qui ne relèvent pas entièrement d'elle mais qui font partie des réformes examinées à un échelon supérieur ou sont inscrites à l'ordre du jour des associations nationales de collectivités locales.

Autrement dit, elles doivent bénéficier d'un certain soutien pour être mises en œuvre, et il convient d'indiquer précisément ce qui est attendu de l'administration centrale.

Le Plan d'amélioration des finances municipales peut être divisé comme suit :

– Mesures à court terme (1 an)

– Mesures à moyen terme (1 à 3 ans).

Dans chaque cas, il convient d'indiquer précisément les mesures à prendre et pourquoi, assorties ci-possible d'un calendrier précis, en indiquant également comment elles seront mises en œuvre et par qui, et s'il y aura ou non des coûts à prendre en charge.

Objectif 1 : Améliorer la situation financière de la municipalité

Objectif spécifique	Éléments	Mesure prioritaire	Résultat attendu	Mesure à court terme/ à long terme	Coût estimatif (le cas échéant)	Entité/ personne responsable
Mesures relevant de l'État						
Accroître l'autonomie fiscale	*Remplacer les dotations conditionnelles par des dotations inconditionnelles ou des impôts partagés*					
	Assouplir la fiscalité locale					
...						
Mesures à prendre par la municipalité						
Accroître l'autonomie fiscale	*Accroître le recouvrement des impôts locaux*					
	Revoir le taux de l'impôt foncier					
...						

Objectif 2 : Améliorer la gestion des finances municipales

Objectif spécifique	Éléments	Mesure prioritaire	Résultat attendu	Mesure à court terme/ à long terme	Coût estimatif (le cas échéant)	Entité/ personne responsable
Crédibilité du budget	*Améliorer la fiabilité des prévisions*					
Budgétisation en fonction des politiques	*Améliorer l'analyse des principaux postes de dépenses*					
Meilleure exécution du budget	*Améliorer le contrôle des dépenses*	p. ex., appel d'offres, contrats-programmes				

Notes

1. Sauf l'impôt foncier, la plupart des recettes du budget local proviennent des impôts perçus à un échelon supérieur de l'administration publique (États fédérés ou administration centrale) et redistribués au titre de la fiscalité partagée ou comme dotations.

2. Pour de plus amples renseignements sur l'efficacité de la mesure des résultats obtenus par les municipalités et les comtés aux États-Unis, voir les modèles d'évaluation des résultats utilisés par les collectivités locales. Voir également Melker et Willoughby 2005.

3. À noter cependant les efforts des États et des provinces pour fixer des normes dans le cadre d'un programme obligatoire de mesure des résultats municipaux visant à normaliser la collecte des données et à établir des indicateurs qui permettent éventuellement de faire des comparaisons. À cet égard, on agit avec prudence en raison des nombreux facteurs externes qui influencent les résultats, tels que notamment la situation géographique et démographique, les priorités locales, les formes d'organisation, les pratiques de comptabilité et d'information fiscale, l'âge des infrastructures, etc.

4. La première réforme adoptée dans le cadre de la décentralisation en France, par exemple, a été l'abrogation du contrôle préalable des décisions prises par les conseils municipaux. Les comptes publics sont toutefois consolidés (administration centrale et collectivités locales) et utilisés ensemble pour calculer les ratios qui servent à évaluer les résultats économiques d'un pays. Une attention particulière est donc accordée aux indicateurs de l'équilibre des comptes et du niveau d'endettement. En France, les calculs reposent sur le système du Trésor public et le principe de l'unité de caisse. En général, la pression fiscale est également déterminée sur la base d'une analyse globale de la fiscalité nationale et locale.

5. Les conseils municipaux sont libres de décider de l'utilisation des ressources budgétaires. Ce principe fondamental de l'autonomie municipale est renforcé par le système de financement lorsque les impôts locaux représentent plus de 50 % des recettes de la municipalité.

Bibliographie

Abers, R. 2001. "Learning Democratic Practice: Distributing Government Resources through Popular Participation in Porto Alegre, Brazil." In *The Challenge of Urban Government: Policies and Practices,* edited by M. Freire and R. Stren, 129–43. Washington, DC: World Bank Institute.

ADM (l'Agence de Développement Municipal). 2008. *Guide de Ratios* 2008–2011. Senegal: l'Agence de Développement Municipal.

Agence Française de Notation. 2010. *Rapport de l'Observatoire des Finances Locales.* Paris: Agence Française de Notation.

Ammons, D. N. 2001. *Municipal Benchmarks: Assessing Local Performances and Establishing Community Standards.* Thousand Oaks, CA: Sage Publications Inc.

Boyle R. 2004. "Assessment of Performance Reports: A Comparative Perspective." In *Quality Matters: Seeking Confidence in Evaluation, Auditing and Performance Reporting,* edited by R. Schwartz and J. Mayne,. New Brunswick, N.J.: Transaction Publishers.

Epstein, P. D. 1984. *Using Performance Measurement in Local Government: A Guide to Improving Decisions, Performance and Accountability, with Case Examples Contributed by 23 Government Officials from across the Country.* Council on Municipal Performance Series. New York: Van Nostrand Reinhold.

Farvacque-Vitkovic C., A. Sinet, and L. Godin. *Municipal Self-Assessments, A Handbook for Local Governments.* World Bank publication (forthcoming).

Farvacque-Vitkovic C., A. Sinet, and S. Palmeuther, T. Nikolic, 2014. *Improving Local Governments Capacity, The Experience of Municipal Finances Self-Assessment (MFSA) in South East Europe.* World Bank publication.

Farvacque-Vitkovic C. and S. Palmeuther. 2014: *Improving Local Governments Capacity, City to City Dialogues on Municipal Finances, Urban Planning and Land Management in South East Europe.* World Bank publication (forthcoming).

GASB (Governmental Accounting Standards Board). 1997. "Analysis of State and Local Government Performance Measurement Applications." http://www.seagov.org.

Goldsmith, W.W., and C. B. Vainer. 2001. "Participatory Budgeting and Power Politics in Porto Alegre." *Land Lines* 13 (1):

Hatry, H., and D. Fisk. 1971. "Improving Productivity and Productivity Measurement." In *Local Governments.* Washington, DC: Urban Institute Press and National Commission on Productivity.

Hatry H., D. Fisk, M. D. Kimmel, and H. Blair. 1988. *Program Analysis for State and Local Governments.* 2nd ed. Lanham, MD: University Press of America.

International Centre for Local Credit. 2008. International Survey on the Impact of the Financial Crisis on the Public Finances (conducted October 2008–July 2009).

Josifov G., C. Pamfil, and R. Comsa. 2011. *Guidelines on Local Government Borrowing and Recent Developments in South East Europe.* Skopje, Macedonia: Network of Associations of Local Authorities of South-East Europe (NALAS).

Melker, S. J., and K. Willoughby. 2005. "Models of Performance-Measurement Use in Local Governments: Understanding Budgeting Communication and Lasting Effects." *Public Administration Review* 65 (2).

MIAC (Ministry of Internal Affairs and Communication). 2011. "White Paper on Local Public Finance." Tokyo: Ministry of Internal Affairs and Communication.

NALAS. 2011. Report on Fiscal Decentralization Indicators in South East Europe.

Paulais T. 2009. *Local Governments and the Financial Crisis: An Analysis.* Washington, DC: Cities Alliance and Agence Française de Développement.

Poister, H. T., and C. Streib. 1999. "Performance Measurement in Municipal Government: Assessing the State of the Practice." *Public Administration Review* 59: 325–35.

Ridley, Clarence E., and Simon A. Herbert. 1938. *Measuring Municipal Activities: A Survey of Suggested Criteria and Reporting Forms for Appraising Administration.* Chicago: International City Managers' Association.

Rubinoff D., A. Bellefleur, and M. Crisafulli. 2008. "Regional and Local Governments outside the US." Moody's International Public Finance. http://www.moodys.com.

Serageldin, M., D. Jones, F. Vigier, and E. Solloso. 2008. *Municipal Financing and Urban Development.* Human Settlements Global Dialogue Series 3. New York: UN-Habitat.

Williams, Daniel W. 2004. "Evolution of Performance Measurement until 1930." *Administration and Society* 36 (2): 131–65.

Autres références : Chapitre 8

Évaluation des résultats

All American City: History. 2004. http://www.ncl.org/aac/information/history.html

Allecian, S., and Foucher, D. 1994. *Guide du Management dans le Service Public.* Paris: Editions d'Organisations.

Allegre, H., and Mouterde, F. 1989. *Le Contrôle de Gestion dans les Collectivités Locales: Méthodes, Outils, Tableaux de Bord.* Paris: Editions du Moniteur.

Ammons, D. N., C. Coe, and M. Lombardo. 2000. "Performance Comparison Projects in Local Governments: Participants' Perspective." *Public Administration Review* 61: 89–99.

Ammons, D. N. 1994. "The Role of Professional Associations in Establishing and Promoting Performance Standards for Local Government." *Public Productivity and Management Review* 17: 281–98.

Anthony, R. N. 1965. *Planning and Control System, A Framework for Analysis.* Division or Research, Harvard Business School (180 p).

Arrow, K. J. 1997. *Choix collectifs et Préférences Individuelles (traduction française de Social Choice and Individual Value, 1951).* Diderot Editeur, Paris.

Bessire, D. 1999. "Définir la Performance." *Comptabilité Contrôle Audit* 5 (1): 416–24.

Bouquin, H. 1991. *Le Contrôle de Gestion.* Paris: PUF.

Bourguignon, A. 2000. "Performance et contrôle de gestion." In *Encyclopédie comptabilité contrôle Audit.* 931–41. Paris: Economica.

Bruder, K. A., and Gray, E. M. 1994. "Public Sector Benchmarking: A Practical Approach." *Public Management* 76: S9–S14.

Brule, J. 1997. "Contribution à l'Elaboration d'un Contrôle de Gestion dans les Collectivités Locales." Thèse de Doctorat en Sciences de Gestion, CENAM, Paris (344 p).

Carles, J. 1999. *Management Stratégique et Renouveau du Projet Politique.* La lettre du cadre territorial (400 p).

Coe, C. 1999. "Local Government Benchmarking: Lessons from Two Major Multi-Government Efforts." *Public Administration Review* 59: 110–23.

Crowel, A., and S. Sokol. 1993. "Playing in the Gray: Quality of Life and the Municipal Bond Rating Game." *Public Management* 75: 2–6.

Demeestere, R. 2002. *Le Contrôle de Gestion dans le Secteur Public.* Paris LGDJ (196 p).

Downs, A. 1957. *An Economic Theory of democracy.* New York: Harper.

Victor, D. A., and K. Kaiser. *Sub-National Performance Monitoring Systems – Issues and options for higher levels of Government.*

Dupuis, F., and Thoening, J. C. 1985. *L'Administration en Miettes.* Paris Ed. Fayard (316 p).

Gibert, P. 1980. *Le Contrôle de Gestion dans les Organisations Publiques.* Editions d'organisations, Paris.

Grizzle, G. A. 1987. "Linking Performance to Funding Decisions: What is the Budgeter's Role." *Public Productivity Review* 10: 33–44.

Guenguant, A. 1995. "Equilibre Budgétaire et Diagnostic Financier Global." *In Analyse Financière des Collectivités Locales*. Paris: PUF.

Hofstede, G. 1981. "Management Control of Public and Not-For-Profit Activities." *Accounting, Organizations and society* 6(3): 193–211.

ICMA (International City/County Management Association). www.icma.org.

Jensen, M. C., and W. H. Meckling. 1976. "Theory of the Firm: Managerial Behavior, Agency Costs and Ownership Structure. *Journal of Financial Economics* 3 (October): 305–60.

Joncour, Y. 1993. "Moderniser la gestion et les financements publics: des priorités à contresens." *Pol et Management* 2 (June).

Morin, E. M., A. Savoie, and G. Beaudin. 1994. *L'Efficacité Organisationnelle: Théories, Représentations et Mesures*. Gaétan Morin Editeur, Québec.

Kaplan, R., and Norton, D. 1998. *Le tableau de bord prospectif*. Paris: les éditions d'organisations.

Kaplan, R., and Norton, D. 2004. *Strategy Maps: Converting Intangible Assets into Tangible Outcomes*. Harvard Business School Press.

Duff, R. L., and J.-C. Papillon. 1988. Gestion Publique. Editions d'organisations, Vuibert, Paris.

Lorino, P. 2003. *Méthodes et Pratiques de la Performance. Le Pilotage par les Processus et les Compétences*. Les Editions d'Organisations, Paris.

Meyssonier, F. 1992. *Stratégie et Style de Contrôle de Gestion dans les Communes*. 13ème Congrès de l'AFC Bordeaux mai (31 p).

Morin, E., M. Guindon, E. Boulianne. 1996. *Les Indicateurs de Performance*. Editeur Guérin Montréal.

Performance des Services Publics Locaux. 1989. *Colloque Paris IX 24 avril 1989*. Litec, Paris.

Poincelot, E., and Wegmann, G. 2007. "What Are the Motives of the Managers Using Non-Financial Indicators: An Empirical Study." Working Papers, FARGO (Research Center in Finance, Organizational Architecture and Network).

Poister, H. T. 2003. *Measuring Performance in Public and Nonprofit Organizations*. John Wiley & Sons–Jossey-Bass.

Rey, J. P. 1991. *Le Contrôle de Gestion des Services Publics Communaux*. Editions Dunod.

Roussarie, O. 1994. "Les Outils de Contrôle de Gestion Utilisés dans les Services Publics Urbains." Thèse de Doctorat Sciences de Gestion, Université de Poitiers.

Schmitt, D. 1988. "Le Contrôle Budgétaire Interne." *Politiques et Management 3* (September).

Thiebout, C. M. 1956. "A Pure Theory of Local Expenditures." *Journal of political Economy* 64 (October): 416–24.

UN-Habitat. 2009. *Guide To Municipal Finance*. UN-Habitat.

Guides d'autoévaluation

Almy, R. R., R. J. Gloudemans, and G. E. Thimgan. 1991. *Assessment Practices: Self-Evaluation Guide*. Chicago: International Association of Assessing Officers.

Shah, A. 2007. *Local Budgeting, Public Sector Governance and Accountability Series*. The World Bank. http://www.worldbankinfoshop.org/ecommerce/catalog /product?item_id=6355058

Fund for Moroccan Township Facilities and Infrastructure. (Fonds d'Equipement Communal du Maroc). 2008. *Handbook for Participatory Planning in Local Development*. DGCL, Ministry of Interior. www.fec.org.ma

Groupe de Travail Financement des Investissements des Collectivités Locales. 2005. Financer les Investissements des Villes en Développement—*Notes & Douments n°23*—Agence Française de Développement. http://www.afd.fr/jahia/webdav /site/myjahiasite/users/administrateur/public/publications/notesetdocuments/ ND-24.pdf

Groves, S. M., and M. G. Valente. 2003. *Evaluating Financial Condition: A Handbook for Local Government*. Washington, DC: International City/County Management Association.

Hatry, H. P., D. Fisk, E. R. Winnie. 1973. *Practical Program Evaluation for State and Local Government Officials*. Urban Institute Press.

Partenariat Pour le Développement Municipal, L'Emprunt des Collectivités Locales D'Afrique Sub-Saharienne (PDM). 2008. *Revue Africaine des Finances Locales*. juin. http://www.pdm-net.org/PDM_final_130608_web.pdf

SNV Mali (Organisation Néerlandaise de Développement). 2004. *Outil d'Auto-évaluation des Performances des Collectivités Territoriales*. MATCL SNV Helvetas. http://www.snvmali.org/publications/outilautoeval.pdf

Southwestern Pennsylvania Regional Planning Commission. 1990. *Standards for Effective Local Governments: A Workbook for Performance Assessment*. Pittsburgh, PA.

La voie à suivre

Catherine Farvacque-Vitkovic

Mieux gérer les finances municipales est un défi majeur, mais réalisable. Il ne fait aucun doute que le monde municipal est de plus en plus complexe. Les autorités locales doivent non seulement gérer les activités courantes associées à la gestion d'une ville mais aussi, de plus en plus souvent, faire face à des problèmes délicats relatifs à l'inclusion sociale, au développement économique local, à la création d'emplois, à la criminalité et la violence, au changement climatique et aux catastrophes naturelles. Elles sont également censées accueillir un nombre croissant d'habitants, faire face à une augmentation des zones d'habitat spontané, et financer le coût d'infrastructures et de services dans des villes de plus en plus géographiquement étalées.

Il n'existe pas de solution miracle ; aucun modèle n'est applicable à toutes les villes. Le lecteur pourra, toutefois, tirer des huit chapitres de cet ouvrage des éléments de réponses sur le chemin des réformes :

Relations intergouvernementales. Le processus de décentralisation est en cours dans de nombreux pays, en partie dû à la reconnaissance du fait que les collectivités locales, étant plus proches de leurs administrés, peuvent mieux répondre à leurs attentes. La dévolution des fonctions et responsabilités des collectivités locales n'a toutefois pas été accompagnée d'un transfert des ressources financières. De nombreux pays sont aujourd'hui engagés dans des réformes des transferts intergouvernementaux afin d'améliorer leur transparence et leur visibilité. L'expérience montre que l'adoption d'une formule transparente de calcul des transferts et la mise en place de mécanismes d'incitation à la performance ont des effets positifs sur la mobilisation des recettes locales et sur l'utilisation des fonds publics. Les relations financières intergouvernementales posent les fondations du cadre de gouvernance, des règles de fonctionnement et des mécanismes de gestion des recettes, des dépenses, du patrimoine et de l'accès aux financements extérieurs. Il est par conséquent crucial d'accorder beaucoup d'importance au montage institutionnel et financier de la décentralisation.

Finances des métropoles. Aujourd'hui, trois milliards et demi d'habitants vivent dans les villes. On compte par ailleurs 27 mégapoles de plus de 10 millions d'habitants et 500 zones métropolitaines de plus de 1 million d'habitants. Non seulement le monde s'urbanise, mais les grandes villes deviennent la norme. Se posent donc les problèmes de coordination et de financement des grandes infrastructures multi-juridictionnelles. Parfois, ce sont des raisons politiques plutôt qu'un souci d'efficacité et d'équité qui déterminent la création d'institutions métropolitaines. Dans d'autres cas, c'est un besoin de cofinancement de grosses infrastructures (réseau routier, transport public ou aménagement d'une décharge) qui motive la mise en place d'une gouvernance métropolitaine. Il existe de nombreux modèles et méthodes de gouvernance, dont chacun présente des avantages et des inconvénients. Ils couvrent notamment la simple coopération entre collectivités locales ; la mise en place d'autorités régionales (ou d'agences à vocation spéciale) ; des administrations métropolitaines ; et des syndicats intercommunaux. Les principaux domaines de coopération financière, sources d'avantages dans les régions métropolitaines, comprennent les mécanismes de partage des recettes fiscales pour prévenir la concurrence fiscale et harmoniser les recettes ; le partage des coûts ou un budget commun pour les projets et les services concernant l'ensemble de la zone métropolitaine ; la mobilisation coordonnée des recettes au travers des droits et redevances, des taxes foncières et des taxes affectées ; et la mobilisation concertée de financements pour les grandes infrastructures profitant à l'ensemble de la région. Une structure de gouvernance métropolitaine peut permettre de réaliser des gains d'efficacité et des économies d'échelle tout en réduisant les disparités en terme de prestation de services urbains.

Gestion financière. Les concepts et les techniques de gestion financière aident les collectivités locales à utiliser les ressources financières limitées dont elles disposent de manière efficace et transparente et, par conséquent, leur permettent de fonctionner de manière responsable. La budgétisation, la comptabilité et l'établissement de rapports financiers sont les piliers d'une bonne gestion financière. Les technologies modernes de l'information et la mise en place de systèmes de gestion financière informatisés ont accéléré la circulation de l'information ainsi que la sécurité des données. Fait encore plus important, elles ont transformé les fonctions des trois piliers qui ne consistent plus simplement à enregistrer les données mais contribuent désormais à faciliter la gestion stratégique des opérations courantes des municipalités et à fournir des informations opportunes permettant d'aider à la prise de décisions. Les responsables de la gestion financière disposent d'une large gamme d'instruments et de techniques, mais il est important de comprendre que ces derniers n'ont d'intérêt que si les collectivités locales les emploient pour s'acquitter de leur mission fonda-mentale, qui consiste à fournir des services de manière efficiente, efficace et durable. Bien que tous les concepts et tous les instruments de gestion financière soient impor-tants, les responsables des collectivités locales ont intérêt à commencer par employer des outils et des techniques simples mais essentiels afin d'acquérir l'expérience néces-saire avant d'adopter des outils et des systèmes plus perfectionnés et complexes.

Gestion des recettes. Les collectivités locales doivent apprendre à faire plus avec moins de ressources. Dans de nombreux pays, les recettes locales représentent moins de 10 % des recettes publiques, et rares sont les administrations centrales qui sont prêtes à habiliter les collectivités locales en leur attribuant des sources de recettes supplémentaires ou à accorder beaucoup d'attention à l'administration et à la mobilisation des recettes fiscales municipales. Abstraction faite des politiques formulées à l'échelon central, dans de nombreux pays en développement, les collectivités locales pourraient mobiliser des recettes nettement plus importantes si elles suivaient les recommandations suivantes : 1) focaliser leur attention sur les recettes potentiellement les plus prometteuses et 2) améliorer l'identification de leur assiette fiscale. Dans certaines villes en développement, l'expérience montre que des ressources sont mises sur des revenus fiscaux ou non fiscaux peu porteurs. En même temps, elles utilisent des instruments d'identification de l'assiette fiscale peu adaptés à leur contexte. Beaucoup d'entre elles bénéficieraient de programmes d'adressage leur permettant de mieux capter l'assiette fiscale tout en ayant un impact positif sur de nombreux aspects de la gestion municipale. Il est aussi possible de dégager des recettes en élargissant la base des impôts, des droits et des redevances, en recouvrant de manière rigoureuse les redevances au titre des services marchands, en instaurant une culture d'imposition ou de prélèvement de droits auprès des bénéficiaires de la construction de nouvelles infrastructures, en mobilisant des recettes assises sur le foncier ou en utilisant le patrimoine pour générer et accroître des recettes de manière stratégique.

Gestion des dépenses. Il importe de considérer la gestion des dépenses comme un cycle de programmes que la collectivité souhaite accomplir. Le premier élément à considérer est la priorisation des dépenses. Cette priorisation se fait rarement au niveau des collectivités locales où il existe un réel manque de coordination entre les différents services chargés de la programmation urbaine et de la programmation financière. Dans certains pays, les collectivités locales se sont vu imposer un exercice de programmation des investissements (Capital Investment Planning), mais n'ont pas toujours la capacité de le mettre en œuvre. Des outils intermédiaires, tels que les audits urbains peuvent aider les collectivités locales à faire une meilleure priorisation de leurs investissements. Le deuxième élément à considérer consiste à suivre et à évaluer les réalisations pour déterminer si elles ont été faites de façon satisfaisante. Il existe diverses manières d'analyser une activité en considérant les résultats sur le plan des opérations et sur le plan financier mais, à l'évidence, l'analyse des écarts entre les prévisions ou les montants inscrits au budget et les résultats obtenus sont l'une des meilleures méthodes pouvant être utilisée. Pour réaliser des économies au niveau des dépenses, il est nécessaire de contrôler rigoureusement et systématiquement les dépenses de fonctionnement (salaires et recrutement d'effectifs), de procéder par voie d'appel à la concurrence pour la passation de marchés et gérer rigoureusement les contrats. Les collectivités locales s'efforcent fréquemment d'éviter de recourir à des procédures d'appel à la concurrence parce que cela les oblige à suivre un processus qui est généralement long et difficile. Cependant, améliorer la transparence et l'efficacité dans la passation de marchés est un élément important de toute réforme de la gestion des dépenses.

Gestion du patrimoine municipal. Les collectivités locales contrôlent d'importants portefeuilles d'immobilisations physiques (terrains, bâtiments, infrastructures, véhicules et matériels) qui constituent l'essentiel du patrimoine public local. Il est important pour ces collectivités de mieux connaître l'étendue de leur patrimoine et de mieux gérer ces actifs pour assurer la qualité et la fiabilité des services locaux (routes, services d'eau, écoles, etc.), promouvoir le développement économique local (terrains pour la production privée et les entreprises) et veiller à la qualité de vie des citoyens. Une bonne gestion du patrimoine procure de nombreux avantages : elle permet de réaliser des économies ou de générer des recettes supplémentaires pour le budget local, d'améliorer la qualité des actifs et des services et de renforcer la confiance entre la population et les autorités publiques. Les principaux outils et procédures de gestion du patrimoine sont, notamment : le recensement des actifs, l'utilisation de procédures transparentes pour l'allocation des actifs à des fins privées ; l'alignement où la classification des actifs en fonction de leur contribution à la prestation des services ; l'utilisation de la valeur marchande des actifs dans le cadre de la prise de décision ; la constitution d'un fond d'amortissement pour financer le remplacement des actifs ; le suivi des indicateurs de performance essentiels comme les coûts et les recettes ; et la planification des futures dépenses de fonctionnement et d'entretien lors de l'acquisition de nouveaux biens. Enfin, le personnel de l'administration municipale doit acquérir les compétences spéciales nécessaires et prêter attention au cadre réglementaire, aux procédures et aux outils d'analyse ainsi qu'aux marchés immobiliers.

Gestion des financements extérieurs. Les besoins d'investissement des collectivités locales sont souvent bien supérieurs à l'excédent d'exploitation qu'elles peuvent dégager chaque année pour financer ces derniers. Il leur faut donc obtenir des ressources extérieures, que ce soit par le biais de la souscription d'emprunts, de l'émission d'obligations, de partenariats public-privé, de dotations privées ou de contributions philanthropiques. Les municipalités empruntent des fonds directement auprès de banques ou indirectement en émettant des obligations. La capacité d'emprunt d'une municipalité est fonction de sa solvabilité, qui dépend de sa situation économique et financière. L'analyse de solvabilité et l'évaluation du crédit sont de précieux outils qui permettent d'établir que la municipalité a la capacité de rembourser un emprunt ou une émission obligataire dans les délais prescrits. Une municipalité doit faire preuve de prudence lorsqu'elle a recours à des ressources extérieures car, elle risque de compromettre sa situation financière pour les années à venir. Les ressources extérieures devraient servir à financer les projets prioritaires indiqués dans le programme d'investissement de la ville, et les engagements contractés à leurs titres ne devraient jamais dépasser le montant des flux de revenus attendus. Bien que le choix des projets résulte d'un processus politique, la poursuite d'un dialogue participatif et la réalisation d'études techniques peuvent contribuer dans une mesure importante à établir l'ordre d'importance des projets considérés et à justifier les décisions retenues.

Évaluer la performance des finances locales. Il est important de mesurer les résultats obtenus dans le domaine des finances municipales parce que cela permet d'avoir une vision claire de la situation financière et d'alimenter le dialogue avec les parties prenantes (administration centrale, partenaires financiers ou citoyens). Cette évaluation fournit des données et des ratios qui sont utiles pour établir l'ordre de priorité des investissements. Enfin, elle permet d'évaluer le degré d'efficacité avec lequel les ressources publiques sont utilisées. Dans une société démocratique, où une administration transparente et l'accès libre aux données sont devenus la norme, une multitude d'instruments relevant des médias sociaux permettent aux citoyens de s'exprimer et d'exiger des représentants de l'État qu'ils rendent compte de leurs actions et agissent de manière transparente. Il est essentiel que les collectivités locales soient prêtes à présenter et à expliquer, aussi précisément que possible, la situation en vigueur, les obstacles rencontrés et les perspectives d'avenir (projections). Cela aidera également les municipalités à présenter à l'administration centrale des arguments concernant l'allocation de transferts et les garanties ; à préparer des projets bien montés et finançables ; et à rendre compte à leurs administrés de la manière dont elles utilisent les fonds publics. Compte tenu de ces objectifs, l'autoévaluation des finances municipales (MFSA) offre une occasion unique de doter les collectivités locales d'un instrument qui leur permet de faire facilement le lien entre une discipline budgétaire responsable, une bonne gestion financière et la capacité de financer des dépenses courantes et d'investissement ainsi que d'attirer des financements privés.

Mieux gérer les finances municipales doit devenir notre devise collective. Dans un monde de plus en plus urbanisé, les cités et les villes jouent un rôle important dans les économies nationales et contribuent largement à la prospérité et à la stabilité sociale. Les enjeux sont importants et nécessitent qu'on leur prête attention. Qu'attendons-nous des villes de demain ? Que souhaitons-nous léguer aux prochaines générations ? Les finances municipales sont au cœur des problèmes mais aussi la clé des solutions.

INDEX

Encadrés et notes sont indiqués par e et n à la suite des numéros de page.

péréquation fiscale, 23–24, 25–26
système unitaire et décentralisation, 7
infrastructure.
    identification des besoins et priorités, 330, 332–333
    recensement des actifs, 289–292
    financements extérieurs, 325–378 (*Voir aussi* crédit bancaire (prêts); dette; obligations municipales)
Infrastructure Development Finance Company (Inde), 360
Infrastructure Finance Corporation (Afrique du Sud), 360, 363*e*
Infrastructure Guarantee Fund (Corée), 353, 359
Initiative pour la transparence et la responsabilisation, 400
installations de récupération des matériaux recyclables (Quezon City, Philippines), 371
institution supérieure de contrôle des finances publiques, 120, 143
intérêt des obligations, 340
intermédiaires financiers, 348, 359
Inventaire pour la programmation des infrastructures et équipements (IPIE), 291*e*
investissement(s)
    capital (*Voir* financement des investissements de capital ; plan d'investissement)
    indicateurs de comparaison, 299–303
investisseurs, comme utilisateurs de rapports financiers, 136
IPIE. *Voir* Inventaire pour la programmation des infrastructures et équipements
IPSAS. *Voir* Normes comptables internationales du secteur
Irlande
    impôts fonciers, 159
    règlement de la dette, 349*e*
    tarif de l'eau, 176*e*
ISO. *Voir* Organisation internationale de normalisation
Istanbul, Turquie
    Fusion territoriale, 84, 91
    ventes foncières, 182, 311
Italie
    gouvernance métropolitaine, 50, 67, 90
    taxes (péages) de congestion (véhicules), 175, 211

impôts locaux commerciaux, 172
règlement de la dette, 349*e*

J
Jamii Bora Trust (Kenya), 374
Japon
    données sur les finances publiques locales, 396
    gouvernance métropolitaine, 50
    impôts locaux commerciaux, 174
    obligations municipales, 341*e*
Jhelum (Pakistan), budget, 217
Johannesburg (Afrique du Sud)
    budget pluriannuel, 229, 230
    gouvernance métropolitaine, 86–87, 86*e*, 90
    location de terrains municipaux, 317
    obligations municipales, 341, 341*e*, 342*e*, 399
    transparence, 232
joint-venture. *Voir* partenariats public-privé
Jordanie
    affectation de dépenses, 13–14
    dépenses locales, 218
    fonds de développement municipal, 361
    gestion des déchets, 366
    recettes assises sur le foncier, 181
    recettes des amendes et pénalités, 154, 179
    transferts intergouvernementaux, 22

K
Kaboul (Afghanistan), établissements informels, 92*n*1
Kampala (Ouganda)
    autorité fiscale, 154
    établissements informels, 92*n*1
    plan de redressement financier détaillé, 191, 192*e*
    pression politique et dépenses, 272
Karachi (Pakistan)
    gestion du patrimoine, 282
    tarif de l'eau, 176*e*
Karnataka (Inde)
    efficacité énergétique, 368
    entités ad hoc, 359
Katmandou (Népal), gestion du patrimoine, 287, 288*e*
Katowice (Pologne), gestion du patrimoine, 292
Kenya
    pouvoir de collecte, 153
    fonds communautaire, 374
    gestion des dépenses, 401

Network of Associations of Local Authorities of South-East Europe (NALAS), 398, 403e
neutralité de l'information financière, 137
New Delhi (Inde)
    conseil municipal, 371
    tarifs et subventions, 236
New Jersey, politique et dépenses, 269e
New York Bureau of Municipal Research, 383e
New York City, New York
    faillite, 347
    mesure de la performance, 385e
Niamey (Niger), 191e
Nicaragua
    budget participatif, au, 401
    fonds communautaire au, 374
Niger
    contrats municipaux dans, 30
    initiatives d'adressage des rues, 191e
Nigéria
    fonds de développement municipal, 362
    obligations municipales, 399
    urbanisation et croissance économique, 48
Normes comptables internationales du secteur (IPSAS), 112
normes internationales de présentation de l'information financière, 112
Norvège
    impôt sur le revenu local, 172
    règlement de la dette, 349e
    tarif de l'eau, 176e
Nouvelle-Zélande
    propriété de la terre, 322n4
    tarif de l'eau, 176e
Novi Sad (Serbie), 342e
Nyiregyhaza (Hongrie), 238

O

obligation
    attribution des subventions, 241
    autoévaluation des finances municipales, 404
    budgétisation basée sur la performance, 263
    gestion des dépenses, 224, 232, 255–256, 400–401
    gouvernement ouvert, 400–401
    impôt foncier, 158
    planification de l'investissement en capital, 334
    information financière, 138e, 139

marchés, 248
    mesure du rendement, 380, 394–402
    recouvrement des recettes, 158, 182, 194
    transferts intergouvernementaux, 25
    ventes de terres publiques, 182
    petite échelle/grande échelle, 402
obligation (financement). *Voir* obligations municipales
obligations financières (engagements), 111–112, 112e
obligations municipales, 337, 339–347
    avantages, 344
    court terme/long terme, 340
    coûts d'émission, 344, 346
    crédit bancaire, 344–346, 345e, 358–359
    pays en développement et à revenu intermédiaire, 340–341, 341e
    date d'échéance, 340
    définition, 340
    succès des émissions obligataires, 346–347
    exonération fiscale aux États-Unis, 340
    intérêt (coupon), 340
    investisseurs, 340
    lacunes, 344–346
    législation habilitante, 346–347
    mesures de rendement, 382, 397
    normalisation, 345e
    numéro électronique, 340
    obligation générale, 339e, 341–342, 342e
    recettes ou but spécifique, 339e, 342
    regroupement de ressources, 354–355, 360, 361e
    réputation sur le marché obligataire, 345e
    risques et cotes de crédit, 343–344, 343e, 344, 346, 346e, 382, 398
    souscription, 340e
    structurée, 342–343
obligation sociale, 400–402
obligations (recettes), 339e, 342
obligations spécifiques d'usage, 339e, 342
obligations structurées, 342–343
observations (auditeur), 143
Ontario (Canada). *Voir aussi* Toronto (Canada)
    mesure de la performance, 385e, 386
OP. *Voir orcamento participativo*
Open Society Institute, 374, 400
opérations d'actifs fixes, comptabilité pour, 132
opérations en espèces, 414

ÉCO-AUDIT
Déclaration des avantages environnementaux

La Banque mondiale s'attache à préserver les forêts menacées et les ressources naturelles. Son Bureau des publications a décidé d'imprimer l'ouvrage *Finances municipales* sur papier recyclé constitué à 50 % de fibres provenant de déchets de consommation conformément aux normes recommandées par l'Initiative Green Press, programme sans but lucratif visant à encourager les éditeurs à utiliser des fibres ne provenant pas de forêts menacées. Pour plus d'informations, se rendre sur le site www.greenpressinitiative.org.

Économies réalisées :
• 25 arbres
• Énergie totale :
  11 millions BTU
• Gaz à effet de serre :
  952 kg
• Eaux usées : 43 010 litres
• Déchets solides : 346 kg

green press
INITIATIVE

www.ingramcontent.com/pod-product-compliance
Lightning Source LLC
Chambersburg PA
CBHW082120210326
41599CB00031B/5816